王熙元編著

論語通釋

(上)

臺灣學生書局印行

民族生命的根源

——「論語通釋」自序

論語一書，雖然只是孔子與其弟子及時人的對話錄，或者說：只是一部孔門師弟言行的紀錄，但兩千多年以來，我國歷史文化的發展，莫不深受孔子思想的影響，甚至民族意識的凝聚，民族道統的形成，與民族精神的激發，也莫不深受孔子言論的啓示，因而逐漸融合成我們的民族性。換句話說：孔子以前的民族道統，賴孔子而傳，孔子以後的民族文化，賴孔子而成，故紀錄孔子思想言論的古籍——論語，便成了中國人人人必讀的一部寶典，甚至可說是中國人的聖經。西方人所崇奉的聖經，是一部宗教經典，而我國這部「聖經」，則是一部人生的經典，講倫理道德的實踐，以求個人人格的圓滿，與人生價值的發揚，並求人際關係的和諧，和西方聖經旨趣大不相同。

我中華民族，是一個文化博大深厚、歷史悠久光輝的民族，在距今二千五百年前的春秋時代，被後世譽爲「至聖先師」、「萬世師表」的偉大教育家孔子，便已打破當時被貴族壟斷的教育制度，而開平民教育的先河，在魯國洙泗之間，廣授生徒，先後達三千人，創私人講學的風氣，並樹立「有教無類」、「誨人不倦」的教師典型，而論語便是他設教講學時，經弟子筆記、後學整理所留下來的一部師生「傳習錄」與「言行錄」，其中包含許多精言粹語，對個人人格修養，家庭與社會倫理道德，提供了一些永遠可資遵循的準繩，如孝弟、忠恕、仁愛、信義、禮讓等等，至今雖然時移世異，但對人生行爲的指導，仍有其超越時空的價值，並已成爲我全民族的共同德性。

一個民族的生存發展，或者說：一個民族生命的延續，文化上的根源，可說是整個民族命脈之所繫，尤其我國，處在當前這一傳統文化遭遇邪說暴政摧殘的空前災難時期，除了發展經濟、鞏固國防、厚植國力之外，就民族長遠的利益來說，必須力圖文化的復興，與力謀國土之重光，同時並進，然後國家民族才有更光輝的前途與希望。文化復興最澈底有效的方法，當是運用教育的力量，將傳統文化的種子，深植在這一代與後代青年的心田中，以啓發他們深切體認民族文化的價值，珍惜民族文化優良的傳統，並矢志以承繼、弘揚這一傳統自任。換句話說：要鼓勵他們去探尋民族生命的根源，意識到自己對民族文化承前啓後的責任之重大，從而奮發有爲，以時下所謂「龍的傳人」自我期許。如此代代相續，則我中華民族生命的綿延，方如巨木之根深而葉茂、大川之源遠而流長，永垂無疆之休。

論語便是這一文化根源的所在，值得我們去探尋與體認。在距今恰好十年以前，筆者接受教育部的委託，於教育廣播電台每周二次的「四書講座」中播講論語，在講前撰寫講稿時，便立意將論語作全盤的整理和詳盡深入的剖析，並準備講後出書，以提供青年一個研究論語的階梯，且作爲探尋、體認這一文化根源的憑藉。後來因教育部又委託鳴鳳唱片公司，將全部講辭錄製成唱片，復因講稿篇幅多達六十萬字，錄製時斷時續，故延擱至今，始交由臺灣學生書局印行，而以書本的面目與聽衆見面。

此書命名爲「論語通釋」，涵義有二：一是對論語作通盤的詮釋，包括每一章節的分合，錯簡、衍文或脫字的考定等；二是作融會貫通的剖析，務期讀者對每一語句皆能透澈理解、每一疑義皆能豁然會通而後已。依原來二十篇的次序，每篇提示篇意與章數，然後逐章先列原文，再加詮釋。詮釋部分，分爲四個層次：首爲「提旨」，以簡明的語句，提舉一章的主旨。次爲「釋詞」，即解釋一章的詞句，生難字注以直音，並附國語注音符號；除解說其字詞涵義外，必要時進而串解句意；有時亦作簡單的文法分析，使句型復原；或採比較方法，說明某字在論語中用法的同異；或以辨證方式，分析過去學者解說的歧異，並確定一可從的正說。又次爲「譯義」，以淺顯的語體文，通譯全章的意義，譯時兼顧字面的涵義與文字以外的隱義，務使理路清暢，眞意顯豁。

此書最大的特點，在第四個層次，謂之「析微」，意在剖析一章深微的要旨，即在章旨、注釋、語譯之餘，更進一步作深一層的探討，以闡發其精義所在。讀論語最怕斷章取義，食古不化，故此處以論語全書的思想脈絡爲基礎，常將立義相關各章作一比照與提示，發揮先儒「以經解經」

的妙用；若與儒家其他重要典籍或先秦古書，如易經、書經、左傳、孟子、荀子、大學、中庸，或禮記其餘各篇，有義旨相通的文句，也一併引述，以供參證；儒家以外的古籍，如老子、莊子、管子等，間或也有旨趣相近的片段文字，甚至明儒王陽明的知行合一說、國父的三民主義、先總統　蔣公的力行哲學，如有可互相發明的地方，也一一疏通證明，使聖賢心同理同的人生哲理得以靈光互映，使我國古今一脈相承的文化體系得以彰明昭著；有時更以歷史事蹟與實際生活和孔子言論相印證，以實證其思想學說恒久性與普遍性的價值。如此反覆剖析，多方取證，旨在使讀者由徹底理解、深入體認而獲得觸類旁通、融會貫通的讀書樂趣。

無可否認的，論語中的言論，除了絕大部分仍能適用於現代社會外，不免有極少數言論，因時代環境的不同，而應有所斟酌，如當時禮制、習俗、觀念與現代不同的，本書都分別剖明其時代背景，並解說其當時的用意。至於若干容易滋生誤會的語句，如「民可使由之，不可使知之。」「唯女子與小人爲難養也」等，則反覆剖示孔子的原意，並批駁謬說，澄清誤解，使聖人不致蒙受不白之誣。

書中凡所詮釋，必有所本，共參考古今名家注解及論著數十種，廣泛採取如魏何晏論語集解中所保存的漢儒孔安國、馬融、鄭玄等精義，以及梁皇侃義疏、宋邢昺疏、朱熹集注、清劉寶楠正義等解說與考證所得，而有所折衷，間亦參取近人或域外學者之意見，以資佐證。

論語大體是一部講「行爲哲學」的書，我們讀論語的目的，應不只在通曉訓詁義理，或能背誦其文句、熟知其內容而已，當以能進而陶冶身心、鍛鍊志節、對一己的言行與立身處世之道，都能受其薰染而有所助益爲尚。如借用荀子的話來說，論語之學，不只是口耳之學，而當是身心之學。事實上孔子人生哲學的精義，全在一個「行」字上，故論語全書都充溢着力行實踐的精神，若談論知與行的問題，孔子總以行爲本，如「弟子入則孝」章所謂「行有餘力，則以學文」，便足以透示這一旨趣。希望青年們能常從論語中探尋民族生命的根源，擷取民族文化的精義，以爲個人生命成長的激素，更時時身體力行，以滙爲民族生命成長永恒的精神動力，使人人都成有爲有守且不惑、不憂、不懼的堂堂正正的中國人。

中華民國六十九年十一月王熙元序於景美清風堂

論語通釋 目錄

論語通釋

前　言

論語是一部語錄體裁的書，書中所記錄的語句，既不是一個人記載下來的，也不是一個人著手編成的，有些問題相同、或意義相近的章句，有時編列在一起，有時却分散在各篇，譬如爲政篇連續記孟懿子、孟武伯、子游、子夏等人的問孝，而樊遲問仁，卻先後見於雍也、先進和子路篇。可見論語編輯的方法，沒有一定的體例，換句話說，論語的編者，並沒有作統一分類的工作。可能初記的人，把意思相同的大致排在一起，後來篇章加多，門目難以區分，而負責編輯的人，只是把各人所記的聚集起來，分成二十篇。分篇的理由，不過因簡策的多寡大致相等而已，沒有任何義例。前後篇的次序，或一篇之內各章的次序，也不一定有什麼含義，以前有些學者，往往喜歡解釋其中的道理，有時不免造成牽強附會的毛病。

因爲各篇沒有一定的內容，所以篇名並不代表全篇的意義，只是編者或後世誦習的人，爲了某種方便，採取開頭一章第一句的兩、三個字而命名的。像首篇第一句除「子曰」二字之外，截取「學而時習之」的「學而」二字爲篇名，這兩個字並不成詞，可見篇名是沒有任何意義的。

下面我想就依照論語原來各篇的次序，一章一章加以解說，首先說明一章的主旨，其次註釋詞句的含義，然後語譯全章的意思。如果在意義上還有可發揮的地方，在章法上還有可探究的地方，或者與論語中其他各章有互相關連的地方，間或再作適當的提示、講解或疏通，使大家聽孔子的道，讀孔子的書，而有融會貫通的樂趣。

首篇共分十六章，內容大致如邢昺疏所說：「此篇論君子孝弟，仁人忠信，道國之法，主友之規，聞政在乎行德，由禮貴於用和，無求安飽以好學，能自切磋而樂道，皆人行之大者，故爲諸篇之先。」朱子集註則說：「此爲書之首篇，故所記多務本之意，乃入道之門，積德之基，學者之先務也。」

第一篇　學　而

第一章

子㊀曰：「學而時㊁習㊂之，不亦說㊃乎？有朋㊄自遠方來，不亦樂乎？人不知㊅而不慍㊆，不亦君子㊇乎？」

【提旨】孔子敍述爲學的方法、樂趣和態度，並勸人學做君子。

【釋詞】

㊀子　古代弟子對老師的尊稱。論語「子曰」的「子」，都是指孔子而言。

㊁時　王肅解爲「以時」，意思是在適當的時候；朱子解爲「時時」，則是經常不斷的意思。兩說都有可取，一般採用後說。

㊂習　溫習的意思，但也可解爲演習、實習。因爲孔子以詩書禮樂教弟子，述而篇又說：

「子以四教：文行忠信。」文就是詩書禮樂等典籍，行是行爲的實踐，忠信是品性的修養。其中詩書固需溫習，禮樂則需演習，忠信又需實習，就是應用到實際生活上。

㈣不亦說乎　不亦，猶如「豈不」，「亦」是語助詞。說，音義同悅，內心愉悅的意思。

㈤有朋　古本或作「友朋」，白虎通辟雍篇說師、弟子之道有三，一爲朋友之道，引此文作「朋友自遠方來」。可能是原文的本來面目，則朋友指弟子而言。又史記孔子世家說：「孔子不仕，退而修詩書禮樂，弟子彌衆，至自遠方。」所以「有朋自遠方來」，就是指弟子至自遠方。孟子以「得天下英才而教育之」爲君子三樂之一，與孔子語意正同。

㈥人不知　有二說：一爲自己學問有成，而不爲人所知；一爲自己以學問教誨人，而人有所不知；後說比較牽強。

㈦慍　音運（ㄩㄣˋ），心中含有怨意。

㈧君子　古代稱天子以至於士凡有官位的人爲「君子」，有道德而可任在位的也稱「君子」。論語所稱的君子，也有這兩種區別，這裏是指有道德修養的人。

【譯義】孔子說：「學得了新的知識，要時常去溫習它，既不會忘記，又往往會悟出新的道理來，心裏難道不喜悅嗎？有志同道合的人從遠地方來，與我共同研討學問，能教育天下英才，難道不是一件快樂的事嗎？自己的學問有了成就，而不爲他人所知，心中卻沒有怨意，不是一個很有道德修養的君子嗎？」

【析微】本章可分三節，第一節的「學而時習之」，是爲學的方法。爲政篇孔子曾說：「溫故而知新，可以爲師矣！」本節的「學」相當於「知新」，而「習」則相當於「溫故」；子張篇記子夏的話說：「日知其所亡，月無忘其所能，可謂好學也已矣！」本節的「學」相當於「日知其所亡」，而「習」則相當於「月無忘其所能」；孔門言論往往彼此相通，類多如此。

第二節的「有朋自遠方來」，是爲學的樂趣。這種樂趣，固然來自朋友間的相互切磋琢磨，但弟子向師長的問難請益，也足以引發「敎學相長」的樂趣。何況敎育造就了衆多的人才，適足以引爲樂事，孔子常能享受這種快樂，如先進篇記載：「閔子侍側，誾誾如也；子路行行如也；冉有、子貢侃侃如也；子樂。」其中「樂」字就是這種樂趣的表露。

第三節的「人不知而不慍」，是爲學的態度，也是修養。論語中孔子所說的「學」，都兼知識與德行兩方面而言，尤其偏重於德行方面的修養，由本節可見孔子的用意所在。他一再說：「不患人之不己知」（見本篇末及憲問篇）、「不患莫己知」（見里仁篇）、「不病人之不己知也」（見衞靈公篇），都在敎人不要因爲不被人所知而有所介意。又曾說：「古之學者爲己」（見憲問篇），學問是爲了修己，不是爲了成名，所以本節的精神頗能與孔子其他言論相吻合。

第二章

有子㊀曰：「其爲人也孝弟㊁，而好犯上㊂者，鮮㊃矣；不好犯上，而好作亂㊄者，未之有也㊅。君子務本㊆，本立而道生㊇。孝弟也者，其爲仁之本與㊈！」

【提旨】有子說明孝弟是仁德的根本，敎人在根本上用心。

【釋詞】

㊀有子　孔子弟子，名若，魯國人，比孔子小十三歲，一說小三十三歲。相貌與孔子相似，孔子死後，弟子異常思慕，曾共立爲師。論語對弟子多稱字，有若稱子，可能就是這個緣故。

㈡孝弟　孝是子女對待父母的正確態度；弟、音替（ㄊㄧˋ），同悌，是弟弟對兄長的正確態度。

㈢好犯上　好、讀去聲（ㄏㄠˋ），喜歡的意思。犯上、冒犯、觸犯在上的人。

㈣鮮　音顯（ㄒㄧㄢˇ），少的意思。

㈤作亂　做出悖理亂常的事。

㈥未之有也　「未有之也」的倒裝句型，意思是絕沒有這樣的事。古代文法，凡否定句止詞是指稱詞，這指稱詞一般放在動詞之前。句中的「之」字是指稱「不好犯上，而好作亂」的事。

㈦務本　專心致力於根本的培養。

㈧本立而道生　根本樹立之後，做人的正道自然而生。意思是孝弟之行立，則仁道由此而生。

㈨與　音義同歟（ㄩˊ），句末語氣詞，論語凡「歟」字都借「與」字用。

【譯義】有子說：「他平常做人的態度，既能孝順父母，又能敬愛兄長，然而却喜歡觸犯在上的人，這種事是很少的；不喜歡觸犯在上的人，卻喜歡做悖理亂常的事，這是絕不會有的。一個君子，他會專心致力於根本的培養，因爲根本培植好以後，做人的正道自然而生。孝順父母，敬愛兄長，這兩種品德，就是仁道的根本吧！」

【析微】有若因感傷當時人倫敗壞、風俗衰替，天下竟有臣子觸犯君主、子弟觸犯父兄，甚至臣子弒君主、子弟弒父兄的逆倫亂常事件，所以說出這段話來，以勸勉人們從孝弟的根本做起。他的話可分上、下二節，從「未之有也」以上是上節，「君子務本」以下是下節。上節在說明具有孝、弟兩種德行的人，必然心性和順，因而不好犯上、作亂；下節在泛說君子務求根本，然後歸到孝、弟就是仁道的根本；於是兩節有了脈絡相貫通。因爲犯上、作亂就是不仁道的事，能孝、能弟則自然不會做這些不仁道的事；反過來說：他所作爲的，自然在於仁道了。所以「仁」字與上文的犯上、作亂相照，孝、弟爲仁道的根本，從上節不好犯上、作亂的話就可看出。總之，孔門的教育思想，最重視做人的訓練，而家庭是個人成長最初的環境，因此，家庭倫理成爲將來到社會上做人的根本。仁道是一個人一生爲人處世的大道，它的基礎就是建立在這個根本——孝弟之上。

第三章

子曰：「巧言㈠令色㈡，鮮矣仁！」

【提旨】孔子戒人言語、態度不要虛僞，應當誠實正直，存養仁道。

【釋詞】

㈠巧言　巧飾言語，就是故意說些好聽的話，以博取他人的歡心，也就是花言巧語的意思。

㈡令色　令、善；色、容色。就是故意裝出恭敬的樣子，以奉承他人，也就是現出僞善的面貌。

【譯義】孔子說：「故意說些花言巧語，以博取他人的歡心；或裝出一付僞善的面孔，去奉承諂媚人家；這種人是很少有仁德的。」

【析微】本章的「巧言令色」四字，在古代經典中，有時固然表示壞的意義，如尙書皐陶謨記大禹的話說：「何畏乎巧言令色孔壬？」「孔壬」就是極諂佞的意思，說「巧言令色」的人是極爲諂佞的人。但如左傳昭公八年叔向所說：「哿矣能言，巧言如流」的「巧言」，則是指美好的言語；而詩經大雅烝民篇稱頌仲山甫：「令儀令色，小心翼翼」的「令色」，是指美好的容色，與本章的用意完全不同。

孔子對「巧言令色」的人，一向深爲厭惡，如陽貨篇也有與本章相同的話，當是重複的記載。而公治長篇曾說：「巧言、令色、足恭，左丘明恥之，丘亦恥之。」認爲這種人可恥。衞靈公篇又說：「巧言亂德。」孔子教人，總是以發揮仁德相勉，而仁德是基於「誠」的，一個有仁德的人，必然直言正色，誠實無僞，所以孔子又曾說過：「剛毅木訥，近仁。」（見子路篇）一個剛正、果毅、樸拙而不善於說話的人，卻是接近仁德的人。

第四章

曾子㊀曰：「吾日三省㊁吾身——爲人謀而不忠㊂乎？與朋友交而不信㊃乎？傳㊄不習㊅乎？」

【提旨】曾子自述他進德修業、每日自省的工夫，以戒人不要自欺，必須日常反省，盡力而爲。

【釋詞】

㊀曾子　孔子弟子，名參，字子輿，魯國武城人，比孔子小四十六歲，在孔門弟子中年紀最輕。事親極孝，能領悟聖人一貫之道的精義。傳學於子思，後世稱爲宗聖。

㈡三省　省，音醒（ㄒㄧㄥˇ），反省、檢討的意思。「三省」的「三」，表示多次，因古人習慣用「三」、「九」等字表示次數的多，詳見清汪中述學釋三九一文。曾子所反省的是三件事，所以有人認爲「三省」的「三」，是指以下三件事而言，但這只是巧合而已，否則，依論語的句法，如憲問篇的「君子道者三」，而應該說成「吾日省者三」。

㈢爲人謀而不忠　爲，讀去聲（ㄨㄟˋ），替的意思。謀，計劃籌辦的意思。忠，盡到自己的能力。

㈣信　誠實信用。

㈤傳　音船（ㄔㄨㄢˊ），動詞作名詞用，指老師傳授的學業。

㈥習　與「學而時習之」的「習」相同，這裏可以釋爲「研習」。

【譯義】曾子說：「我每天必然多次地這樣自我反省：替別人辦事，有沒有忠實地盡到自己的能力呢？和朋友交往，有沒有不誠實、不信用的地方呢？老師傳授我的學業，有沒有用心研習呢？」

【析微】孔子教人，以忠信爲社會生活的重要德目，所以他屢次以「忠信」並舉，如說：「主忠信」（見本篇及顏淵篇）。又說：「十室之邑，必有忠信如丘者」（見公冶長篇）。又說：「言忠信，行篤敬，雖蠻貊之邦行矣！」（見衞靈公篇）因爲「文行忠信」原是他施教的四大項目。大體說來，忠屬於事，信屬於言，如爲人謀事，爲國謀政，應以「忠」爲極則；與朋友交往，與鄰國交結，應以「信」爲極則。曾子能深體孔子教學的旨意，他這段話，正說明了忠信是傳習之本，也發揮了孔門教育的精神。

第五章

子曰：「道㈠千乘之國㈡，敬事㈢而信，節用㈣而愛人，使民㈤以時㈥。」

【提旨】孔子談論治理國家的幾個重要原則。

【釋詞】

㈠道　讀去聲（ㄉㄠˋ），動詞，本或作導，當引導講，引申有治理的意思。

㈡千乘之國　乘，音剩（ㄕㄥˋ）；古代兵車，一輛用四匹馬牽引，稱爲一乘，內有甲士三人，步卒七十二人。春秋時代，列國作戰，都使用兵車，所以國家的強弱，用兵車的數量來計算。千乘之國，是指擁有兵車一千乘的諸侯之國。

㊂敬事　敬、謹愼鄭重的意思；事、指政事而言。
㊃節用　節制國家的財用。
㊄使民　徵用人民，以服公役。
㊅以時　在適當的時節，也就是農事已過、百姓閒暇的時候，和孟子「不違農時」的意思正同。

【譯義】孔子說：「治理一個擁有千輛兵車的國家，要謹愼鄭重地處理政事，而且發號施令，要樹立威信，要節制國家的財政用度，而且要愛恤人民，徵用老百姓服役，要在農作閒暇的時候。」

【析微】孔子的政治思想，以愛民爲中心，可以說是以民爲本，如本章揭舉的幾項原則，都是爲人民設想的。以「信」繼於「敬事」之後，是因爲不敬事，則朝令暮改，無以取信於民。以「愛人」繼於「節用」之後，是因爲不節用，則國用不足，必致橫征暴斂，無從愛恤人民。古代是農業社會，農作時令，最爲當政者所重視，這是儒家施行仁政的重點。

第六章

子曰：「弟子㈠入則孝，出則弟㈡，謹而信㈢，汎㈣愛衆，而親仁㈤。行有餘力㈥，則以㈦學文㈧。」

【提旨】孔子教人以修養德行爲本，求取知識爲次。

【釋詞】

㈠弟子　論語稱弟子有兩種意義：一種是指學生而言，一種是對兄父而言，指爲弟爲子的青年人，相當於「青年子弟」，這裏用的是後一種意義。

㈡弟　音替（ㄊㄧˋ）。孝悌的「悌」，論語都作「弟」，因爲當時還沒有造出「悌」，所以假借兄弟的「弟」字來用。

㈢謹而信　朱子解爲「謹者，行之有常也；信者，言之有實也。」以謹屬於行，信屬於言，未必可信。依上下文的意義來看，孔子的原意，恐怕是以孝弟指行，謹信指言，因爲必須說話謹愼，才能做到信實可靠。

㊃汎　廣博普遍的意思。

㊄親仁　親近有仁德的人。「親仁」與「愛衆」對文，所以「仁」字指仁人而言。

㊅行有餘力　「行」字統指上文孝弟、謹信、愛衆、親仁的行爲而言。餘力，就是多餘的心力。

㊆以　用的意思。「以」字下面省略了指稱詞「之」字，指「餘力」而言。

㊇文　泛指一切典籍中用文字記載的知識而言。

【譯義】孔子說：「青年子弟在家要孝順父母，出外要敬愛長上，說話要謹愼而信實，普遍地關愛大衆，親近有仁德的人。這樣躬行實踐，如果還有多餘的心力，就可以去學習書本上的知識。」

【析微】孔門之學，最講求做人的道理，從孔子和他弟子的言論，處處可以看出以德行爲本、知識爲次的旨趣，這段話尤爲顯然。可見孔子諄諄教人，無非以言行的履踐爲人生第一要務，敦品然後力學，進德重於修業，孔子眞是一位倡導人格教育最偉大的先師。

本章以孝弟爲本，以學文爲末，因爲孝弟是一個人從小在家庭中培養的基本德行，孟子盡心篇上說：「孩提之童，無不知愛其親也；及其長也，無不知敬其兄也。」可見它是人的本性中自然具備的傾向。由此進而做到言語的謹愼和信實，與人交接，做到愛護衆人，親近仁者，最後才以餘力學文。先進篇記述十位弟子，分爲四科，層次正與本章相合，先述德行，猶如本章的入孝出弟；次述言語，相當於本章的謹而信；又其次述政事，等於本章愛衆、親仁的事；最後記述文學，與本章以餘力學文殿後正同。全章也是以德行爲本，文學爲末，由此足見孔門一貫的教育精神所在。

第七章

子夏㈠曰：「賢賢易色㈡；事父母，能竭其力㈢；事君，能致其身㈣；與朋友交，言而有信。雖曰未學，吾必謂之學矣！」

【提旨】子夏談論倫理道德是爲學的根本，實踐了做人的道理，就是「學」的內容。

【釋詞】

㈠子夏　孔子弟子，姓卜，名商，字子夏，衞國溫邑人，比孔子小四十四歲。擅長文學，又長於詩，孔門詩學及春秋公羊、穀梁之學，都是由子夏傳授的，孔子死後，子夏講學於西河，爲魏文侯的老師。

㈡賢賢易色　上一個「賢」字作動詞用，是敬重的意思；下一個「賢」字是名詞，指賢人或賢德而言；易，作輕易講，色，指女子的美色，易色，就是不重美色的意思。

㈢竭其力　竭盡自己的心力。

㈣致其身　致，委致；致身，捨命獻身的意思。

【譯義】子夏說：「對待妻子，能夠敬重她賢良的品德，而不重視她美好的容貌；服侍父母，能夠竭盡自己的心力；事奉君主，能夠捨身獻命；和朋友相交，說話能夠誠實守信。這樣的人，雖說沒有學過什麼，我一定說他已經學了。」

【析微】本章「賢賢易色」四字，後世學者的解釋，異說紛歧，都是發生在「易」字上，如朱註說：「賢人之賢，而易其好色之心。」則「易」作替換講，意思是：「將敬重賢人的心來代替愛好美色的心。」又漢書李尋傳引「賢賢易色」，顏師古注說：「賢賢，尊上賢人；易色，輕略於色，不貴之也。」則「易」作輕易講，「易色」就是「不重美色」的意思。

又王念孫廣雅疏證據廣雅釋言的解釋：「易、如也」。而說「賢賢易色」：「猶言好德如好色也。」意思是：「愛好美德的心像愛好美色的心那樣專誠。」宋翔鳳樸學齋札記認爲以下事父母、事君、交朋友三句，各指一定的人事關係，那麼，「賢賢易色」也應該是指某種一定的人事關係而言。古人把夫妻間的合理關係看得很重，認爲是「人倫之始」「王化之基」，所以他說：「三代之學，皆明人倫，賢賢易色，明夫婦之倫也。」宋氏的說法很有道理，因爲以下三句：「事父母能竭其力」，在明父子之倫；「事君能致其身」，在明君臣之倫；「與朋友交，言而有信」，在明朋友之倫；這是很顯然的。所以，我採用他的說法及顏師古對「易」字的解釋，而將其餘兩種異說列爲參考。

孟子曾說三代之學，「皆所以明人倫也。」又中庸說：「君子之道，造端乎夫婦。」所以「賢賢易色」列在事父母、事君之前。淸人劉寶楠的論語正義也贊成宋翔鳳的說法，並引毛詩序：「關雎樂得淑女，以配君子，憂在進賢，不淫其色」等語，爲「賢賢易色」指夫婦的切證。子夏認爲一個人對於人倫大端，無所違失，與已學無異，所以說：「必謂之學」，可見實踐倫理道德，就是爲學的大要。

第八章

子曰：「君子不重㈠，則不威㈡；學，則不固㈢；主忠信㈣；無友㈤不如己者㈥；過，則勿憚㈦改。」

【提旨】孔子談論一些進德修業的道理，以勉勵人做君子。

【釋詞】

㈠重　舉止莊重的意思。

㈡威　儀態威嚴的意思。

㈢固　有兩種說法：何晏論語集解引孔安國說：「固、蔽也。」就是拘泥固執的意思；又學一說，解作堅固，朱子集註就是採用這一說；但以前一說比較合理。因爲「學，則不固」這句話，旨在勉人爲學，與上文的意思不相連；而且陽貨篇記孔子六言六蔽的話，都在說明不好學所產生的不良後果，「學，則不固」則是說明好學所得到的良好效果。拘泥固執，有害於事，爲學的益處，在於見多識廣，遇事不會固執不通。陳大齊先生在論語臆解一書中，曾就論語用「固」字的通例，及孔子言論間的關係，作很詳盡的解釋。

㈣主忠信　做人、做事以盡忠、守信爲主。

㈤無友　無、同毋，表示有所禁止的意思；友、這裏作動詞用，與人爲友的意思。

㈥不如己者　仁德不如自己的人。朱子集註：「友所以輔仁，不如己，則無益而有損。」劉寶楠正義：「不如己者，卽不仁之人。夫子不欲深斥，故祇言不如己而已。」

㈦憚　音旦（ㄉㄢˋ），畏難的意思。

【譯義】孔子說：「一個君子，如果舉止不莊重，就沒有威儀；求得學問，就見多識廣，以免不會拘泥固執；做人、做事要以盡忠、守信爲主要原則；不要結交仁德不如自己的人，以免無益而有損；有了過失，不要畏難，而不肯改過。」

【析微】本章指出了君子進德修業的層次。人與人相接，最先莫過於外貌舉止，君子的外貌舉止，必須莊重而不輕率，才有令人敬畏的威儀。堯曰篇說：「君子正其衣冠，尊其瞻視」，正是本章「重」字的註脚；接着又說：「儼然人望而畏之，斯不亦威而不猛乎？」則說明了莊重才有威儀的道理。此外，還要求得學問，以變化內在的氣質，不學無術的人，在思想性格、言語行爲上，將弊病叢生，其中尤以固陋爲甚；有了學問，自然智慮洞明，情理通達，可見學問的益處之大。而學問之道，重在行爲實踐，行爲實踐當以忠信爲主，因忠信是爲人處世的通則。禮記學記說：「七年視論學取友。」學問有成，還需要擇交勝於自己的朋友，以輔助德業的增進，大戴禮曾子制言篇中引周公說：「不如我者，吾不與處，損我者也；與吾等者，吾不與處，無益我者也；吾所與處者，必賢於我。」正是「無友不如己者」的意思。但若怯於改過，則非但不能遷善，更無從養成圓滿的道德，衞靈公篇說：「過而不改，是謂過矣！」所以要勇於改過。「勿憚」二字，大有斬釘截鐵的克己工夫，破釜沉舟的改過決心。

第九章

曾子曰：「愼終㈠，追遠㈡，民德歸厚㈢矣！」

【提旨】曾子談論重視喪葬、祭祀的效果，足以感化百姓，使民情趨於敦厚。

【釋詞】

㈠愼終　謹愼地辦理父母的喪事。

㈡追遠　追念致祭於遠代的祖先。

㈢歸厚　趨向於淳厚。

【譯義】曾子說：「在父母壽終的時候，辦理喪事，要謹愼地盡禮盡哀；對於遠代的祖先，要誠敬地追念致祭。在上位的人能夠這樣做，百姓受到感化，民情風俗自然趨向於淳厚了。」

【析微】儒家重視喪葬、祭祀的事，是希望人子對父母的喪事，盡到哀戚之情；子孫對遠代的祖先，盡到思慕之心；而不至於忘本。這樣做所得到的效果，將能轉移澆薄的民間風俗，培養成仁厚的民族道德。不過，後世盛行厚葬，或由於奢侈的惡習，或由於風水的迷信，那又與儒家「愼終」的旨意相去很遠。古代墨子主張薄葬，他曾譏笑儒家不信鬼神而重喪祭之禮，好比水裏沒有魚而撒下網，家中沒有客而行客禮，這是由於墨子不明白儒家的深遠旨趣所致。

第十章

子禽㊀問於子貢㊁曰：「夫子㊂至於是邦㊃也，必聞㊄其政，求之與㊅？抑與㊆之與？」子貢曰：「夫子溫、良、恭、儉、讓㊇以得之。夫子之求之也，其諸㊈異乎人之求之與？」

【提旨】子貢解釋孔子與聞他國的政事，完全是由於盛德感化而來。

【釋詞】

㊀子禽　孔子弟子，姓陳，名亢，字子禽，齊國人。

㊁子貢　孔子弟子，姓端木，名賜，字子貢，衞國人，比孔子小三十一歲。善於言語，又善於經商，家境很富有。

㊂夫子　古代對大夫以上的官吏尊稱夫子，孔子曾任魯國司寇，所以弟子稱他爲夫子，後來

相沿稱老師爲夫子，這裏特指孔子。

㈣是邦　是、此的意思，用作指稱詞；邦、國家。

㈤聞　與聞，就是參與聽聞的意思。

㈥求之與　與、同歟，句末疑問語氣詞。

㈦抑與　抑、或者的意思。

㈧溫良恭儉讓　溫、和藹；良、平易；恭、莊敬；儉、樸實；讓、謙遜。

㈨其諸　齊、魯間習用語，表示不肯定的語氣詞，有「或者」、「或許」的意思。

【譯義】子禽問子貢說：「我們老師每到一個國家，必然與聞這個國家的政事，究竟是老師自己請求的呢？還是國君情願告訴他的呢？」子貢說：「老師待人，容色溫和，性情平易，態度恭敬，生活儉樸，言語謙遜，由於這五種美德，深受國君的欽佩，所以每到一個國家，得以與聞這個國家的政事。老師得與聞這一國的政事，原不是出於自己的請求，即使是老師自己的請求，那或許也不同於別人的請求吧？」

【析微】子貢在孔門弟子中，以擅長言語著稱，古人也盛讚他「善觀聖人」、「善言德行」，論語中屢記他解釋人家對孔子的看法或誤解，都能說得十分中肯。在這一章中，他以溫、良、恭、儉、讓五個字，描繪孔子與國君相見時的氣象，至今讀來，還令人想見他的形容，是如何的和藹可親，胸無城府。而且，在解答了子禽「夫子並非自求」之後，意思已經足了，又補說「夫子之求之也」兩句，來和一般人比較，借子禽所說的「求」字，而說明了「不求」的意思，這是子貢說話巧妙的地方。

第十一章

子曰：「父在，觀其志；父沒，觀其行㈠；三年㈡無改父之道㈢，可謂孝矣。」

【提旨】孔子談論孝子如何繼父之志、述父之事。

【釋詞】

㈠其志、其行　據孔安國、朱熹的說法，解作子的志行，但這一章的主旨，在於論孝，不在觀人，應該是孝子觀父的志行，而不是第三者觀人子的志行。所以范祖禹說：「人子於父在時，觀父之志而承順之；父沒，則觀父之行而繼述之。」適與中庸：「夫孝者，善繼人之志，善述人之事者也。」有同條共貫的道理。

㈡三年　孝子於父沒之後，居喪三年。

㈢父之道　指父親生前的行事。

【譯義】孔子說：「父親在世的時候，人子應當觀察父親的志向，以便有所承順；父親去世以後，就應當考察父親的遺行，以便有所繼述；在居喪三年之中，由於孝子的一片哀慕之心，不忍改變他父親生前的行事，能這樣做，可以說是盡到孝心了。」

【析微】清人汪中認爲「三年」是指時間的長久，「父之道」是指父親生前合理的行爲。因爲合理，所以不改；如果不合理，雖朝死而夕改，也是可以的。曾子曾說：「君子之所謂孝者，先意承志，諭父母於道。」是說父在可以改，可見並非以「不改」爲孝。他這意見很有道理。禮記坊記篇說：「子云：『君子弛其親之過，而敬其美。』論語曰：『三年無改於父之道，可謂孝矣』」所謂弛過、敬美，正是擇善而從，如論語子張篇曾子述孔子的話，論魯國大夫孟莊子的孝，以爲他能不改變他父親孟獻子的舊臣和舊政，是難能可貴的，這因爲獻子有賢德，舊臣、舊政都不須改，而莊子能繼承父業，所以孔子讚美他孝行可貴。

如果父親行事不善，而孝子仍然相承不變，豈非世世助長邪惡，這種「愚孝」，就毫無可貴之處了，當然是孔子所不取的。

第十二章

有子曰：「禮之用㈠，和㈡爲貴。先王之道㈢，斯㈣爲美；小大由之㈤。有所㈥不行，知和而和，不以禮節之，亦不可行也。」

【提旨】有子談論禮的精神在於和諧。

【釋詞】

㈠禮之用．儒家主張以禮治國，所謂禮，諸如君臣上下的分別，親疏遠近的等差，衣服宮室的制度，進退動作的儀節等都是；用、作用或應用的意思。

㈡和　禮記中庸說：「喜怒哀樂之未發，謂之中；發而皆中節，謂之和。」不獨喜怒哀樂的表現，任何事合乎節度就是和，所以「和」就是自然和諧、恰到好處的意思。

㊂先王之道　先王、指堯、舜、禹、湯、文、武等先代帝王而言，他們都是孔子所祖述、憲章的聖君，也就是孔子心目中理想的君主。所謂先王之道，就是指他們當時治國的道理。

㊃斯　爾雅：「斯、此也。」尙書多用玆，論語多用斯，大學以後的書多用此，顧炎武日知錄說：「論語之言斯者七十，而不言此。」這是古書用詞的習慣。這裏用作指稱詞，指禮的和諧精神而言。

㊄小大由之　由、依循的意思；之、指稱詞，與「斯」字所指相同。小大由之，意思是政事無論大小，都依循這個原則去做。

㊅有所不行的「所」　有指示兼稱代的作用，指動詞「行」下面所省略的事。

【譯義】有子說：「禮的作用，以達到自然和諧爲可貴。古代聖明的君王治理國家的道理，就是以發揮這種和諧精神爲極致；無論大小政事，都依循這個原則去處理。這樣，如果還有行不通的地方，是由於行禮的人只知道和諧的可貴，凡事不合於禮的節度，也一概求其和諧，不用合理的原則去加以節制，也是行不通的。」

【析微】有子這一段話，用一個「和」字，說明禮的精神，足以發明孔子所倡的「中庸之道」。上古堯咨舜、舜咨禹，都說：「允執其中。」孔子曾說舜：「執其兩端，用其中於民。」

孟子也說：「湯執中。」這些都是先王以中庸的道理治國治民的事實，所以孔子追本先王之道，崇尚中庸之德；子思又本孔子之意，而作中庸。有子所說的：「禮之用，和爲貴。」也就是禮主中庸的道理。

第十三章

有子曰：「信㈠近㈡於義，言可復㈢也。恭近於禮，遠㈣恥辱也。因㈤不失其親，亦可宗㈥也。」

【提旨】有子談論一些待人接物應守的原則。

【釋詞】

㈠信　約信，與人期約而求其信實。

㈡近　接近，兩「近」字都可作「合」字解。

㈢復　實踐、履踐的意思。

㊃遠 讀去聲（ㄩㄢˋ），作動詞用，使之遠離的意思，這裏也可作避免講。

㊄因 依憑或親近的意思。

㊅宗 作動詞用，尊敬的意思。

【譯義】有子說：「與人約信而合於義理，所約的話才可以履踐。對人態度恭敬而合於禮節，才能避免被人鄙笑的恥辱。所親近的不失爲他應當親近的人，那麼，這人也就很值得尊敬了。」

【析微】本章有子的話，可分三節。前二節分辨「信」與「恭」這兩種言行的準則，說明約信必須切合於義，才能產生「言可復」的功用；恭敬必須不離於禮，才能獲得「遠恥辱」的效果。「信」原是美德，如陽貨篇所謂「尊五美」，「信」是五美之一，但常人容易輕約寡信，或固執小信，子路篇孔子曾批評說：「言必信，行必果，硜硜然小人哉！」陽貨篇又說：「好信不好學，其蔽也賊。」所以「信」如果不合義，反而有害。孟子離婁篇下說：「大人者，言不必信，唯義所在。」也是說信須合義而行。

「恭」也是五美之一，但有人不免過份恭敬，因而不合於禮，可能被人輕侮，甚至不免招致恥辱。泰伯篇說：「恭而無禮則勞。」正說明「恭」不合禮的弊端。禮記表記篇說：

「恭以遠恥。」又仲尼燕居篇也說：「恭而不中禮謂之給。」都與本章意同。

至於第三節的「因不失其親，亦可宗也。」雖然後世頗有異說，我仍根據孔安國的註作解釋，他說：「因、親也；言所親不失其親，亦可宗敬。」這樣解說，可以找出旁證，如大戴禮曾子立事篇說：「觀其所愛親，可以知其人矣！」與本章含義正同。

第十四章

子曰：「君子食無求飽㈠，居無求安㈡，敏㈢於事而慎於言，就有道㈣而正㈤焉，可謂好學㈥也已㈦。」

【提旨】孔子說明眞正好學的人，專志於學習做人的道理，而無暇顧及物質生活的安飽。

【釋詞】

㈠食無求飽　因一心向學，飲食無暇求飽足。

㈡居無求安　居住無心專求安適。

㊂敏　勤敏的意思

㊃有道　有學問、道德的人。

㊄正　作動詞用，端正的意思，引申可作請教講。

㊅好學　愛好學習做人的道理。

㊆已　句末語氣詞。

【譯義】孔子說：「君子對於飲食，無暇專求飽足，對於居住，也無心專求安適，但做事却很勤敏，說話又很謹愼，自己心中覺得有疑惑的時候，就去向有學問、道德的人虛心求教。能這樣做，可以說是眞正好學的人了。」

【析微】孔子自己就是一個非常好學的人，他曾很自信地說：「十室之邑，必有忠信如丘者焉，不如丘之好學也。」所以他常常勉勵弟子好學。但孔子所說的「好學」，不是像後世指的讀書而言，實在是指學做人而言，譬如魯哀公問孔子，弟子中誰最好學？孔子回答說：「有顏回者好學，不遷怒，不貳過。」自己心裏不高興，不把怒氣發洩到旁人身上，也從不再犯同樣的過失，這是顏回「好學」的事實，卻都是行爲方面的事。而顏回「一簞食，一瓢飲，在陋巷，人不堪其憂，回也不改其樂」的好學精神，也正是「君子食無求飽，居無求安」的一個實例。這一章所說的敏事愼言、虛心求正，也完全是行爲的事，而孔子卻許爲「好學」，由此足見孔門教育的精神，純粹是行爲方面的實踐。

第十五章

子貢曰：「貧而無諂㈠，富而無驕㈡，何如？」子曰：「可也，未若貧而樂㈢，富而好禮者也。」

子貢曰：「詩㈣云：『如切如磋，如琢如磨㈤。』其斯之謂與？」

子曰：「賜也，始可與言詩已矣！告諸㈥往而知來㈦者。」

【提旨】子貢與孔子討論做人的修養，當精益求精，不只是消極地有所不爲，更要積極地有所作爲。

【釋詞】

㈠諂　音產（ㄔㄢˇ），諂媚，就是以卑下的言語、態度去奉承他人、取悅他人。

㈡驕　驕傲而輕蔑他人。

㈢貧而樂　史記弟子列傳、皇侃義疏本論語都作「貧而樂道」，可見「樂」下原有「道」字。

㈣詩　就是詩經。古代只稱詩，戰國末年，始有「經」的名稱，直到南宋初期，才有人用「詩經」二字為書名。子貢引詩，見衞風淇奧篇。

㈤切磋琢磨　據爾雅的解釋：「治骨曰切，治象曰磋，治玉曰琢，治石曰磨。」朱子集註解釋這兩句詩說：「言治骨角者，既切之，而復磋之；治玉石者，既琢之，而復磨之；治之已精，而益求其精也。」

㈥諸　用法同「之」，指稱詞，用來指稱子貢。

㈦往、來　往，指過去已經知道的道理；來，指未來還沒說出的道理。

【譯義】子貢說：「一個人雖然貧窮，卻能夠不向他人諂媚；雖然富有，卻能夠不在人前驕傲；這兩種做人的態度怎麼樣？」孔子說：「大致可以，但是還不如雖然貧窮，卻樂於求取做人的道理；縱使富有，卻仍然愛好遵禮行事。」

子貢說：「詩經上說：『譬如治理牛骨和象牙，分切開了，還要磋得光滑；又如治理玉石，雕琢好了，還要磨得細潤。』這都是精益求精的道理。我說了一層比較淺近的道理，老師就拿更深一層的道理來教誨我，那道理就是詩經上說的這個意思吧？」孔子說：「賜啊！這才可以跟你談詩了，因爲告訴你已經說出的道理，你就能悟知我沒說出的道理。」

【析微】孔子教育弟子，很注重弟子的悟性，必須舉一隅而能以三隅反，這樣學問才有進益。子貢是孔門悟性很高的弟子，雖然比不上顏回的「聞一以知十」，卻足以當得起他自己說的：「聞一以知二」，這一章顯示子貢能從詩經的話，悟出精益求精的道理，就是一個事實的例證。

第十六章

子曰：「不患㈠人之不己知㈡，患不知人㈢也。」

【提旨】孔子教人充實自己，以求有知人之明，而不求別人知道自己。

【釋詞】

㈠患　憂慮的意思。

㈡不己知　「不知己」的倒裝句，意思是別人不知道自己有才學、有道德修養。

㈢不知人　不知道他人的是非善惡。

【譯義】孔子說：「不必憂慮別人不知道自己的才學道德，而該憂慮不知道別人的是非善惡。」

【析微】一般人都免不了有好名之心，自己有了才學道德，就想讓人知道；孔子卻以爲：卽使人家不知道，對我並無損害，所以說：「不患人之不己知。」他一向主張：「君子求諸己，小人求諸人。」（見衞靈公篇）曾一再說：「不患人之己知，患其不能也。」（見憲問篇）又說：「君子病無能焉，不病人之不己知也。」（見衞靈公篇）都是這個意思。「求諸己」在一面自求才學道德的增進，一面責求自己的過失而有所改正。

雖然不求別人知道自己，但卻不可不知道別人，譬如：我知道某人是一位有才學、有道德的君子，我就應該敬重他，或者請教他；知道某人是個心術很壞的小人，我就可以遠避他，或者防備他。可見「知人」倒是一件很重要的事，所以說：「患不知人也。」能「知人」，才能「見賢思齊，見不賢而內自省。」（見里仁篇）

第二篇　爲政

前言

本篇內容，並非全與「爲政」有關，只因首章「爲政以德」，而截取「爲政」二字爲篇名。但邢昺疏卻說：「此篇所論，孝、信、敬、勇，爲政之德也；聖賢、君子，爲政之人也；故以爲政冠於章首，遂以名篇。」這是不甚可信的。全篇共分二十四章。

第一章

子曰：「爲政㈠以德㈡，譬如北辰㈢，居其所㈣，而衆星共㈤之。」

【提旨】孔子藉天象作比喻，來說明德政的感化力。

【釋詞】

㈠爲政　爲、作動詞用，治理的意思；爲政、就是國君治理政事。

㈡以德　以、憑藉；德、泛指道德而言。

㈢北辰　爾雅釋天說：「北極謂之北辰。」所以北辰就是北極星，位於北方，古人依它分辨四時，或識別方向。

㈣居其所　北極星共有五顆，雖然旋轉，而仍然居留在它固定的位置。

㈤共　同拱，環繞、歸向的意思。

【譯義】孔子說：「國君憑藉道德力量去治理國政，好比北極星一般，靜靜地居留在它固定的位置，而其他衆多的星辰，都在四周環繞、歸向於它。」

【析微】孔子的政治思想，是「德治主義」，主張國君以身作則，用道德力量感化人民，這樣，就可以不用繁刑重罰，而人民自然歸服。朱子認爲「爲政以德」是一種無爲而治的政治，事實上不然，劉寶楠的論語正義引李允升四書證疑說：「既曰爲政，非無爲也，政皆本於德，有爲如無爲也。」又說：「爲政以德，則本仁以育萬物，本義以正萬民，本中和以制禮樂，亦實有宰制，非漠然無爲也。」可見孔子「以德爲本」的政治主張，並非純粹無爲，他稱讚過舜的無爲說：「無爲而治者，其舜也與？夫何爲哉？恭己正南面而已矣！」（參見衞靈公篇）所謂「恭己」，是恭肅自己的道德和儀容。由於舜有盛德，人民自然受到感化，無須有所作爲，卽使有爲，而不見有爲的迹象，這就是所謂「有爲如無爲。」

第二章

子曰：「詩三百㈠，一言㈡以蔽㈢之，曰：『思無邪㈣』。」

【提旨】孔子用一句簡明的話，來概括三百篇詩的用意。

【釋詞】

㈠詩三百　詩經原有三百十一篇，其中只有篇目而沒有詩辭的六篇，剩下三百零五篇，古人通稱三百篇，或者詩三百，是舉整數而說的。

㈡一言　古代稱一句爲一言，秦、漢以後才稱句。

㈢蔽　概括的意思。

㈣思無邪　本來是詩經魯頌駉篇的詩辭，孔子借它來評論所有的詩篇，都出於詩人性情之正，沒有邪惡的思想或念頭。

【譯義】孔子說：「詩經三百篇，用一句話來概括它的用意，就是：『詩人作詩的思想，是完全沒有邪念的。』」

【析微】後人研究詩經，有所謂美刺，有所謂正變，都是用來勸善懲惡的；可見三百篇詩的作者，他們作詩的思想，都歸於純正無邪。史記屈賈列傳說：「國風好色而不淫，小雅怨誹而不亂。」就是說的詩歸於性情之正。而詩的效用，又能使天下後世的讀者，同歸於「思無邪。」

第三章

子曰：「道㈠之以政㈡，齊㈢之以刑㈣，民免㈤而無恥；道之以德，齊之以禮，有恥且格㈥。」

【提旨】孔子評論法治與德治的優劣。

【釋詞】

㈠道　同導，作動詞用，事先引導的意思。

㈡政　指政令而言。

㈢齊　整飭，事後齊一的意思。

㈣刑　指刑罰而言。

㈤免　先秦古書凡單用「免」字，通常是免罪、免刑、免禍的意思。

㈥格　鄭玄註說：「格、來也。」就是來歸於善的意思；何晏集解說：「格、正也。」就是改邪歸正的意思；朱子集解則根據爾雅釋詁，而解作：「格、至也。」並申釋說：「至於善也。」鄭註的「來也」與朱註的「至也」，字面雖然不同，意思則是相同的，都是應該在「來」字或「至」字下面補一個「善」字，意義才能完全。其實，「來於善」或「至於善」就是何晏所解釋的「正」的意思，它們之間意義可以相通，只是解釋「格」爲「正」的意思，下面不必加字，意義已很明顯，而且也直截了當些。

【譯義】孔子說：「用政令引導人民，如果不肯服從，就用刑罰整飭他們，使他們的行爲歸於一律，這樣，人民只求暫時避免刑罰，然而却沒有羞恥心；如果用道德去引導人民，進而以禮教去整飭他們，使他們的行爲趨向齊一，那麼，人民不但有羞恥心，而且能徹底改邪歸正。」

【析微】禮記緇衣篇說：「夫教之以德，齊之以禮，則民有格心；教之以政，齊之以刑，則民有遯心。」正與本章所說的意思相同。所謂「道之以政，齊之以刑」，就是法家所主張的「法治」；而「道之以德，齊之以禮」，則是儒家所主張的「德治」。孔子認爲：要使社會安定，實行「法治」，只能收到事後懲罰的效果，只是一種治標的辦法，人民犯了罪，爲了怕受嚴格的法律制裁，一定會想盡方法去逃避刑罰，這樣，人民並不認爲犯罪是一件可恥的事；如果實行「德治」，用道德去感化他們，用禮義去教育他們，使人民自己知道犯罪的可恥，而自動改邪歸正，這樣，豈不可以收到事前預防的效果嗎？這才是「治本」的辦法。可見儒家的政治思想，在於「正本清源」，「德治」比「法治」優良的地方在此，而孔子之所以主張「德治」的原因也在此。不過，現代社會的政治趨向，顯然已走向「法治」的途徑，我認爲「德治」與「法治」必須相輔而行，才能兼收積極與消極兩方面的效果。因爲一個具有道德修養的政治領袖，才能贏得人民眞誠的擁戴；一個具有法治基礎的民主社會，才能踏上政治清明的軌道。

第四章

子曰：「吾十有㊀五而志於學㊁，三十而立㊂，四十而不惑㊃，五十而知天命㊄，六十而耳順㊅，七十而從心所欲㊆，不踰矩㊇。」

【提旨】孔子晚年自己追述他一生中進德修業進步的過程。

【釋詞】

㊀有　音右，同又。古人習慣在說到年齡的時候，在整數和零數之間用一「有」字，所以「十有五」就是十五歲。

㊁志於學　據朱子的解釋，古人年十五而入大學，這個「學」是指大學之道，所謂大學之道，就是學做君子的道理。

㊂立　站立的意思，就是學問、道德有了成就，在社會上有所自立的意思。

㊃不惑　信從事物當然的道理，而無所疑惑。

㊄天命　朱子集註說：「天命、卽天道之流行而賦於物者，乃事物所以當然之故。」他的意思，所謂天命，好比近人所說的「天演」，是宇宙間一切事物自然演變、自然進行的原理。

㊅耳順　鄭玄的註解說：「聞其言而知其微旨也。」意思是一聽到別人所說的話，就能了解他話中深微的含義，這樣解釋，不十分妥貼。朱熹的集註說：「聲入心通，無所違逆，知之之至，不思而得也。」意思是別人說話的聲音，一傳入自己的耳朵，心裏就能融會貫通，而不覺得有什麼逆耳的地方，因爲他的智慧已到了極端成熟的階段，所以，不須多費思索，就能很有心得。朱子這一解釋，詳盡而確實得多，因爲「耳順」是孔子晚年心智達到圓融透徹的一種境界，由於學問修養、人生經驗的累積，使他對於世間的事理，有了更深微的觀察，更徹底的了悟，心耳之間，通達無礙。

㈦從心所欲　就是隨心所欲的意思，「從」字當「隨」字講。

㈧不踰矩　踰、超越的意思；矩、古代工匠畫直線或方形所用的工具，引申有法度的意思，這裏是指做人的道理。不踰矩、是指行爲修養的最高造詣，隨便心裏有什麼念頭，或者一言一行，一視一聽，不必注意，就能自然合乎人生的道理。

【譯義】孔子說：「我在十五歲的時候，就有志於求取知識和做人的道理；到了三十歲，學問、道德就有了相當的成就，而能卓然自立；到了四十歲，就能明白事理，而心中沒有疑惑；到了五十歲，就能通達宇宙間一切事物自然演變、自然進行的原理；到了六十歲，耳邊一聽到別人說話，就能融會貫通，不覺得有逆耳的地方；直到七十歲，就能想到那裏，做到那裏，思想言行，不會超越法度，而自然合乎做人的道理。」

【析微】孔子所說「志於學」的「學」，包括求取知識和學習做人的道理，而尤其偏重於後者，所以朱子解釋所學的是「大學之道」，所謂「大學之道」，就是如何學習做一個大人君子的道理。至於「三十而立」，論語泰伯篇有「立於禮」的話，季氏篇又說：「不學禮，無以立。」因爲古代是講究禮儀的社會，所以，要能立身處世，必須熟知禮儀，然後才能與人周旋，而進退合度。至於「四十而不惑」，論語子罕篇和憲問篇都有「知者不惑」的話，這時，孔子的知識領域擴展，能洞察事物的道理，而很少有疑惑存在於心中。至於「五十而知天命」，所謂「天命」，就是古人所說「天道之流行」而賦於萬物的道理，也就是自然的法則。至於「六十而耳順」，是說對別人言論的是非眞僞，能完全分辨兩面的道理，了解它的得失邪正，而毫無滯礙，毫無格格不入的感覺。論語最後一章說：「不知命，無以爲君子也；不知禮，無以立也；不知言，無以知人也。」與本章的三十知禮、五十知命、六十知言的道理是一貫的。至於「七十而從心所欲，不踰矩」。則已經到達從容中道的聖人境界了，所以朱註用中庸的「安而行之」、「不勉而中」來解釋。

第五章

孟懿子㊀問孝。子曰：「無違㊁。」

樊遲㊂御㊃，子告之曰：「孟孫㊄問孝於我，我對曰：『無違。』」

樊遲曰：「何謂也？」子曰：「生，事之以禮㊅；死，葬之以禮，祭之以禮。」

【提旨】孔子針對魯國三家權臣的違禮，而說明循禮以盡孝的道理。

【釋詞】

㈠孟懿子　魯國大夫，姓仲孫，名何忌，「懿」是他死後的諡號。他父親是孟僖子仲孫貜，左傳昭公七年說：孟僖子將死，遺囑要向孔子學禮，所以他向孔子請問孝道。

㈡無違　不違背禮制的意思。

㈢樊遲　孔子弟子，名須，字子遲，齊國人，一說魯國人。比孔子小三十六歲，一說小四十六歲。

㈣御　音育（ㄩˋ），駕車的意思。

㈤孟孫　就是孟懿子。仲孫氏曾改稱孟孫氏。

㈥以禮　就是用一定的禮制。古代的禮制，依身份的不同，而有一定的等級和差別，天子、諸侯、大夫、士、庶人各不相同。

【譯義】魯國大夫孟懿子向孔子請問孝道。孔子說：「不違背禮制，就是盡孝。」

後來，樊遲替孔子駕車，孔子告訴他說：「孟孫曾向我問孝道，我答覆他說：『不違背禮制，就是盡孝』」樊遲說：「這是什麼意思呢？」孔子說：「在父母生存的時候，要依一定的禮節侍奉他們，以盡孝順之道；當父母去世以後，要依規定的禮制，辦理喪葬的事，以盡哀戚之情，還要常常祭祀他們，以盡思慕之心。」

【析微】春秋時代，魯國三大公族：孟孫氏、叔孫氏、季孫氏，世代擴展權勢，破壞禮制，不但有時用諸侯的禮制，甚至還用天子的禮制，這種行爲，當時叫做「僭禮」，是孔子所最痛心的事，所以，他以不違背禮制來回答孟懿子的問孝，就是針對三家「違禮」、「僭禮」的現象而發的。樊遲不懂「無違」的具體內容，所以孔子用具體事實告訴他。宋人邢昺的論語疏，對這些依禮所行的孝道，有詳細的解釋：所謂「生，事之以禮」，就是「冬溫夏涼，昏定晨省」之類，也就是在冬天嚴寒的時候，使父母得到溫暖；夏天炎熱的時候，使父母感覺涼爽；晚間服侍父母休息，使他們有安定的睡眠；早晨起床以後，要向父母請安。所謂「死，葬之以禮」，就是「爲之棺槨衣衾而舉之，卜其宅兆而安厝之」之類，也就是當父母去世以後，要爲他們準備棺木壽衣，選擇良好的墓地安葬。所謂「祭之以禮」，就是「春秋祭祀，以時思之，陳其簠簋而哀戚之」之類，也就是每逢春秋節日，要陳設祭品，祭祀父母的亡靈，以表示追思孺慕的孝子心情。可見「無違」的意思，是不違背事親之禮，因爲「孝」是百善之先，是一切禮的根本所在。

第六章

孟武伯㈠問孝。子曰：「父母唯㈡其㈢疾之憂。」

【提旨】孔子說明子女能憂慮父母的疾病，就是一種孝道。

【釋詞】

㈠孟武伯　孟懿子的兒子仲孫彘，「武」是諡號。

㈡唯　通惟，獨的意思。

㈢其　在文法上是第三人稱，表示領屬性的指稱詞，相當於「他的」或「他們的」，但這裏所指稱的，究竟是父母呢？還是子女呢？前人有兩種說法：一種是說「其」字指父母而言，意思是子女以擔憂父母的疾病爲孝，如孝經孝行章說：「孝子之事親也，病則致其憂。」又王充論衡問孔篇說：「武伯善憂父母，故曰唯其疾之憂。」淮南子說林訓說：「憂父之疾者子。」高誘註說：「論語曰：『父母唯其疾之憂』，故曰憂之者子。」另一種是說

「其」字指子女而言，如朱子集註說：「言父母愛子之心，無所不至，唯恐其有疾病，常以爲憂也。」又引馬融的話說：「言孝子不妄爲非，唯疾病然後使父母憂。」這兩說都可以通，但前說比較直捷，而後說比較迂曲。

【譯義】孟武伯向孔子請問孝道。孔子說：「子女對於父母，唯一憂慮的是他們有疾病，能有這種憂心，就是盡了孝道。」

【析微】孔子曾說：「父母之年，不可不知也，一則以喜，一則以懼。」（見里仁篇）意思也在教孝，父母年事漸高，子女不可不特別注意，一方面固然欣喜父母能樂享高壽，一方面也害怕他們身體日漸衰老。子女憂父母疾病的心情，正如憂父母衰老的心情一樣，所以本章與「一則以懼」的話，有互相貫通的道理。

第七章

子游㊀問孝。子曰：「今之孝者，是㊁謂能養㊂，至於㊃犬馬，皆能有養㊄，不敬，何以別乎？」

【提旨】孔子說明子女盡孝道，不僅在於奉養父母的生活，尤其着重能有誠懇的敬心。

【釋詞】

㊀子游　孔子弟子，姓言，名偃，字子游，吳國人，一說魯國人，比孔子小四十五歲，曾任魯國武城邑宰，擅長文學。

㊁是謂的「是」　王引之經傳釋詞作「祇」字講。

㊂養　音漾（ㄧㄤˋ），奉養的意思，指飲食等物質生活方面的供奉而言。

㊃至於　有人解作「卽使」、「就是」的意思，雖然很通順，但這樣用法，在先秦古書中，找不到相同的例子。孟子告子篇說：「惟耳亦然，至於聲，天下期於師曠，是天下之耳相似也。」其中「至於」二字的用法，與「至於能養」的「至於」相近，是「談到」的意思。

㊄至於犬馬，皆能有養　這一句的意義，何晏論語集解擧出兩種解釋：一種是說犬馬養人，集解引後漢經學家包咸的話說：「犬以守禦，馬以代勞，能養人者也。」意思是犬能替人看家，馬能代人任勞，也可算是養人；但犬馬是不知恭敬的。一種是說人養犬馬，集解引另一說：「人之所養，乃能至於犬馬。」朱註就是採用後一種，他解釋說：「犬馬待人而

食，亦若養然，言人畜犬馬，皆能有以養之。」意思是人對於犬馬，能供給牠們食物，也像只供養父母的口體一樣，沒有恭敬之心。清人劉寶楠等，認爲這樣解釋，等於以犬馬來比喩父母，但這是他們過份的想法，孔子的原意，無非用來極言子女若只能奉養父母的口體（就是只能照顧父母衣食的需要），而不知道以恭敬之心去孝敬父母，不能算是孝道。所以下文說：「不敬，何以別乎？」是說不能尊敬父母，和飼養犬馬有什麼區別呢？至於後人還有一些不同的說法，由於理由很薄弱，都不足信，這裏不一一列舉了。

【譯義】子游向孔子問孝道。孔子說：「現在一般所謂孝順父母的人，只是說能夠養活父母，就算是盡孝了。說到人對於犬馬，也一樣供給牠們食物，如果不以恭敬之心侍奉父母，那和飼養犬馬有什麼分別呢？」

【析微】現在一般年輕人，在父母面前說話頂撞，或者態度惡劣，很少能對父母有恭敬之心，這樣，卽使能供父母吃山珍海味，穿綾羅綢緞，住高樓大廈，物質生活再豐富，在孔子看來，也不能算是盡孝。所以，如今我們一談到對父母的「孝」，總是和「敬」字連在一起，說成「孝敬父母」，就是這個緣故。

第八章

子夏問孝。子曰：「色難㊀。有事，弟子㊁服其勞；有酒食㊂，先生㊃饌㊄，曾㊅是以爲孝乎？」

【提旨】孔子教子夏，以和顏悅色孝順父母，以盡孝道。

【釋詞】

㊀色難　有兩種解釋，一種是說「色」指父母的顏色，如何晏論語集解引包咸的話說：「色難者，謂承順父母顏色，乃爲難也。」又引馬融的話說：「承順父母顏色，乃爲孝耳。」一種是說「色」指子女的顏色，如鄭玄的注解說：「言和顏悅色爲難也。」又皇侃義疏引顏延之的話說：「夫氣色和，則情志通，善養親之志者，必先和其色，故曰難也。」朱子集註兼取二說，但就文氣和義理來說，鄭玄、顏延之的說法比包咸、馬融的說法好。因爲孔子這句話，是就子女說的，不是就父母說的，所以只說「色難」，足以令人想見是指子

女的顏色，如果指父母的顏色，應該說成「侍色爲難」，包咸、馬融都在「色」字上面增加「承順」二字來解釋，這種增字解經的方法是不夠謹嚴的。

㈡弟子　論語說到弟子的地方共有七次，其中學而篇「弟子入則孝，出則弟」的「弟子」和本章所說的「弟子」，都指年幼的後生而言，其餘五次，則是指門人說的。

㈢食　古音飼（ㄙˋ），作名詞用，食物的意思。不過現在仍讀如實（ㄕˊ），像主食、副食、麪食等就是。

㈣先生　馬融解釋說：「先生、謂父兄也。」大體泛指長輩而言。

㈤饌　音撰（ㄓㄨㄢˋ），動詞，飲食的意思。

㈥曾　音增（ㄗㄥ），副詞，竟然的意思。

【譯義】子夏向孔子問孝道。孔子說：「子女侍奉父母，以和顏悅色最難得。如果只在有事的時候，由年輕人爲長輩代勞；有酒食的時候，先給父兄吃，這樣，竟可以算是盡到孝道了嗎？」

【析微】本章與上章有相通的地方，和顏悅色是「敬」，「酒食」只是口體的奉養，不能算是孝。一個人「誠於中，必形於外」，內心誠敬，一定能和顏悅色，所以禮記義祭篇說：

「孝子之有深愛者，必有和氣；有和氣者，必有愉色；有愉色者，必有婉容。」就是這個道理。即使父母有了過失，也要和顏悅色，盡力諫諍，以免陷父母於不義，所以里仁篇說：「事父母幾諫，見志不從，又敬不違，勞而不怨。」就是隱含着色難的意思，而教人勉為其難。

第九章

子曰：「吾與回㈠言終日，不違㈡如愚。退而省其私㈢，亦足以發㈣，回也不愚。」

【提旨】孔子讚美顏回，能完全接受師說，而且有所闡發。

【釋詞】

㈠回　孔子最得意的弟子，姓顏，名回，字子淵，論語中多省略「子」字，而稱顏淵。魯國人，比孔子小三十歲，據後人的考證，應該小四十歲。家境貧窮，但能安貧樂道；而且聰敏好學，能聞一知十。品行最好，孔子屢次稱讚他的賢德，可惜很早就短命而死，後世尊為復聖。

㈡不違　只聽而不問，從不提出反對的意見。

㈢其私　指顏回私下的言行。

㈣發　就是能發明夫子之道，發揮孔子學說的精神。

【譯義】孔子說：「我整天和顏回談論，他總是靜靜地聽受，從來不提出相反的意見或疑惑，像個愚笨的人一樣。等我退身以後，考察他私下的言行，發覺他却能把我所說的道理發揮出來，顏回啊！實在並不愚笨。」

【析微】本章是顏回初學於孔子時，孔子發現他對於自己的言教，只默默聽受，而無懷疑問難，好像顯得愚昧的樣子。但事實上他是一個絕頂聰明的人，一聽就能了解，公冶長篇子貢曾說他能「聞一以知十」，子罕篇他自述經驗，說是經過長久的鑽研，欲罷不能，而竭盡才力去學的。所以，當孔子考察他私下的學習狀況，却發覺他的言行足以發明自己平日言論的道理，並能發揮言外的旨趣，這就是荀子大略篇所說：「善學者盡其理」的意思。禮記學記篇說大學之教：「退息必有居學。」所謂居學，就是居家的學習，也就是本章所說的

「私」，而同學們私下的討論也是「私」。先進篇孔子說：「回也，非助我者也，於吾言，無所不說。」可以與本章互證。

第十章

子曰：「視㈠其所以㈡，觀㈢其所由㈣，察㈤其所安㈥。人焉㈦廋㈧哉？人焉廋哉？」

【提旨】孔子談論觀察一個人的行爲的方法。

【釋詞】

㈠視　說文：「視、瞻也。」就是看的意思。穀梁傳隱公五年說：「常視曰視，非常曰觀。」這是解釋春秋用字的意思，一般典籍的用法也相似，所以「視」就是平常地看。

㈡以　何晏集解說：「以、用也。」意思是指行爲的用意；朱子集註說：「以、爲也。」意思是指行爲的善惡。前一解釋比較妥當。

㊂觀　詳視爲觀，就是詳盡地看。

㊃由　何晏集解說：「由、經也。」朱子集註說：「由、從也。」這兩種解釋，意思相通，是指行爲經由的途徑，也就是行爲所採取的手段。

㊄察　細觀爲察，仔細考察的意思。

㊅安　與里仁篇的「仁者安仁」的「安」字相同，安然、自然的意思，所安是指平素行爲的習慣，是否出於自然。

㊆焉　何處、那裏的意思。

㊇廋　音搜（ㄙㄡ），或音叟（ㄙㄡˇ），隱藏的意思。

【譯義】孔子說：「觀察一個人行爲的方法，先看他行爲的動機是否純正，進而觀察他行爲所採的手段是否適宜，然後再仔細考察他行爲的習慣是否出於自然。能夠這樣一步一步的觀察，這個人的人格，那裏隱藏得住呢？那裏隱藏得住呢？」

【析微】孔子認爲：要了解一個人，光聽他的言論是不夠的，還必須觀察他的行爲，所以，他曾說：「始吾於人也，聽其言而信其行；今吾於人也，聽其言而觀其行。」（見公冶長篇）本篇所講的觀察人的方法，也是觀察他的行爲。

一般人的行爲，一定有它的用意所在，不是無所爲而爲的。有的是爲了滿足個人的私慾；有的是爲了謀求公衆的利益；這種行爲的動機，有邪也有正。動機純正的人，必能以仁居心；動機邪惡的人，則沒有仁德可言。因此，「視其所以」是考察他行爲的動機是否能「以仁居心」。進一步要觀察的，是他行爲所採取的手段，是否適當。雖然動機純正，如果手段不適當，也不能算是善良的行爲。譬如孔子曾說：「富與貴，是人之所欲也，不以其道得之，不處也。」（見里仁篇）想要獲得富貴，動機並不邪惡，如果不以正當的手段去取得，那就有損人格了。所以，孔子不贊成不義而得的富貴，他曾說過：「不義而富且貴，於我如浮雲。」（見述而篇）因此，所謂「觀其所由」，是就他行爲的手段來觀察是否能「以義行事」。

觀察一個人行爲的動機和手段之後，還不足以判斷他整個的人格，最後需要考察他的日常行爲，是否出於心安理得，里仁篇所說的「仁者安仁」，是說眞正有仁德的人，他的行爲，自然而然合乎仁道，一點也不勉強。唯有從這方面去仔細考察，一個人的全部人格，才能看得清楚，而無所遁形。

第十一章

子曰：「溫故㈠而知新㈡，可以爲師矣。」

【提旨】孔子認爲能溫習舊學，體悟新得，而學問無窮，是成爲老師的條件。

【釋詞】

㈠溫故　溫習過去已經學過的知識。

㈡知新　悟解新的道理。

【譯義】孔子說：「能夠溫習舊日所學的知識，而且能悟出新的道理來，使自己的學問日益長進，隨時應付無窮，這樣，就可以做人家的老師了。」

【析微】古代學者對本章溫故的「故」與知新的「新」這兩個字的意義，有人解釋成「古」與「今」，像東漢的王充，在他的論衡一書中說：「溫故知新，可以爲師。古今不知，稱師如何？」博古通今，固然是一個老師必需具備的條件之一，但是，在日常進修的過程中，熟習舊的知識，因而有新的體會、新的發現，使學問不斷長進，更是重要的條件。況且所謂「溫」，只有已經學過的知識，曾經讀過的書，現在再來重學、重讀，才可以說「溫」；古代的知識，古代的書籍，如果沒有學過，沒有讀過，就不能說「溫」。所以溫故的「故」字解釋成「古」，是不合事理的。又因爲孔子這句話，是就做老師的人學與知的過程來說，並不是就所學、所知的對象本身立說，所以「故」與「新」的意思，應該像皇侃義疏所說的：「故、謂所學已得之事也；新、謂卽時所學新得也。」或者像朱子集註所說：「故者，舊新聞；新者，今所得。」至於古、今的學問，自然都包含在「故」與「新」當中。

禮記學記篇說：「記問之學，不足以爲人師。」和本章有相互發明的地方。只憑臨時記憶和詢問得來的學問，像浮光掠影一般的膚淺，是沒有任何心得的，這樣的學問，當然「不足以爲人師」。只有經過一再重溫，一再咀嚼，而有新的體悟和心得，這樣求來的學問，才是深刻的、踏實的，所以說：「可以爲師矣。」論語第一章說的：「學而時習之。」「學」就是「知新」，「時習」就是「溫故」；又子張篇子夏說的：「日知其所亡」，就是「知新」，「月無忘其所能」，就是「溫故」；可見論語中有些相近的道理，是可以相互貫通的。

第十二章

子曰：「君子㈠不器㈡。」

【提旨】孔子談論君子的才學是多方面的，不受局限的。

【釋詞】

㈠君子　指有才德的人。

㈡器　就是器物、器皿。一般器皿，大多只有一種用途，而不能多方面適用，所以孔子用來比喻只具備一種才能或一種技藝的人。

【譯義】孔子說：「君子才德俱全，他的造詣是多方面的，不像器皿一樣，只限於一種用途而已。」

【析微】孔子所說的：「君子不器」，與禮記學記篇所說的：「大道不器」意思相同。單具某種才能、或某種技藝的人，固然有他的長處，但也有他的短處，像器物、器皿一樣，用途有限。公冶長篇記載子貢問孔子：「賜也何如？」孔子說他只是一件「瑚璉之器」，瑚璉雖然是珍貴而華美的器皿，孔子用來比喻子貢是一個有用的人才，但卻終究沒有達到「君子不器」的程度。所以，孔子的教育宗旨，是培養「不器的君子」，換句話說，是重視通才教育。不過，古代的社會環境和現代不同，古代比較單純，現代社會進步，各種事業都注重分工，分工愈細，則所求愈精。因此，就現代社會來說，通才與專才應當並重，不可偏廢，因爲專才可以促進專門學術的發展，社會各部門的進步；而通才則可以領導群倫，使人類邁向理想的世界。這一點是我們要特別分辨、了解而不能對孔子的話發生誤解的。

第十三章

子貢問君子。子曰：「先行其言㊀，而後從之㊁。」

【提旨】孔子教人注重實行，做一個言行一致的君子。

【釋詞】

㈠先行其言　先去實行自己想要說出的話。朱子集註引周氏（爭先）的解釋說：「先行其言者，行之於未言之前。」說得很正確。

㈡而後從之　實行了以後，再把要說的話說出來。而後從之的「之」字是個指稱詞，或叫代名詞，用來稱代上文的「其言」二字。所以朱子集註引周氏說：「而後從之者，言之於既行之後。」

【譯義】子貢問要怎麼樣才能成為一個君子。孔子說：「先去實行要說的話，等到實行了，然後再說出來，那就是君子。」

【析微】一個人說話容易，能說到做到卻並不容易，事情還沒有做，往往先發議論，這是一般人的通病。所以，孔子主張言行要兼顧，特別注重實行，本章就是充分發揮了他的重行、慎言的精神。在論語其他篇章中，孔子常常向弟子說明這個意思，像學而篇講過的：「敏於事而慎於言」，就是實行在先、言語在後。又如憲問篇的：「其言之不怍，則為之也難。」意思是說大話而不感到慚愧的人，是很難實行的。同篇又說：「君子恥其言而過其行。」是說君子以說得多而實行得少為恥。又如里仁篇說的：「古者言之不出，恥躬之不逮也。」是說古人不輕易出言，因為唯恐說了做不到，而認為那是一種恥辱。以上這些話，都可以與本章的精神相輝映。其次，大戴禮記曾子制言篇說：「君子先行後言。」又曾子立事篇說：「君子微言而篤行之，行必先人，言必後人。」這些話，也都可以和本章的義旨相互印證。

第十四章

子曰：「君子周㈠而不比㈡，小人㈢比而不周。」

【提旨】孔子談論君子與小人的分別，在於公私、義利之間。

【釋詞】

㈠周　以義與人相合爲周，就是待人普遍親厚的意思。

㈡比　讀去聲，音避（ㄅㄧˋ）。以利與人相合爲比，就是與人勾結營私的意思。

㈢小人　沒有品行的人，論語中常以「君子」與「小人」相對舉，這兩個名稱一直沿用到現在。

【譯義】孔子說：「君子待人普遍親厚，而不與人勾結營私；小人與人勾結營私，而不能待人普遍親厚。」

【析微】朱子論語集註解釋「周」、「比」二字說：「周、普遍也；比、偏黨也；皆與人親厚之意，但周公而比私耳。」王引之經義述聞說：「周、比皆訓爲親、爲密、爲合。以義合者，周也；以利合者，比也。」因此，君子與小人的區別，全在公私、義利之間。

第十五章

子曰：「學㊀而不思㊁則罔㊂，思而不學則殆㊃。」

【提旨】孔子認爲學習與思考必須並重，不能偏廢。

【釋詞】

㊀學　學習以往的知識、取法前人的經驗。

㊁思　思考、思索、思辨的意思。

㈢罔　包咸解作罔然無所得，皇侃解作誣罔，都不十分妥切。罔、通羅網的網，作動詞用，引申有拘束、蒙蔽的意思。

㈣殆　包咸解釋成精神疲殆，朱子解釋成危而不安，王引之的經義述聞解釋成疑而不能定，以朱子的解釋比較妥當，因為論語所用的「殆」字，像本篇第十八章：「多見闕殆」的「殆」，衛靈公篇：「佞人殆」的「殆」，微子篇的：「今之從政者殆而」的「殆」，都作「危」字解釋。

【譯義】孔子說：「只是學習以往的知識，不去思辨其中的道理，就會受到知識的蒙蔽；如果單憑思考，不去取法前人的經驗，就會遭遇危而不安的情況。」

【析微】我們學習得來的知識，必須經過思考，才能穩固，才能有心得，所以「學」與「思」要並用，不能有所偏廢。衛靈公篇孔子曾說出他的經驗：「吾嘗終日不食，終夜不寢，以思，無益，不如學也。」可見思而不學，是得不到益處的，因為空泛而不着邊際。所以，子張篇子夏曾說：「博學而篤志，切問而近思。」所謂博學、切問就是「學」；篤志、近思就是「思」。中庸更說：「博學之、審問之、慎思之、明辨之。」所謂博學、審問就是「學」；慎思、明辨屬於「思」。這些話，都可以與本章「學思並重」的道理互相參證。

第十六章

子曰：「攻㈠乎㈡異端㈢，斯㈣害也已㈤。」

【提旨】孔子說明對於事物的道理，不要固執一端。

【釋詞】

㈠攻　以往的學者大多解作「治」（作動詞的「治」，讀如持ㄔˊ），應該是治去的意思，也就是攻擊的意思。與先進篇的「小子鳴鼓而攻之」的「攻」，以及顏淵篇的「攻其惡，無攻人之惡」的「攻」相同。

㈡乎　關係詞，和「於」字的用法相同，有「向」的意思。

㈢異端　何晏解釋作「非善道」，皇侃解釋作「諸子百家的雜書」，朱子解釋作「非聖人之道」，這些說法，意義都不免偏狹。因為孔子那個時代，諸子百家的學說還沒有興盛起來，所以，這「異端」不是指不同的學說，或相異的主張。異端的「端」字和子罕篇的「我叩其兩端而竭焉」的「端」字相同，兩端就是兩頭，任何事物的性質都有兩端，像剛與柔，各處一端，彼此互異。由剛這一端看來，柔是異端；由柔這一端看來，剛又是異端；所以「異端」是相對的，不是絕對的。

㈣斯　關係詞，有「這就」、「那就」的意思。

㈤已　與學而篇的「就有道而正焉，可謂好學也已」的「已」相同，是句末語氣詞。

【譯義】孔子說：「對於事物的道理，如果執著某一端，以為是對的，因而攻擊不同的另一端，以為一定不對，這就有害於是非的判斷了。」

【析微】論語中孔子其他的言論，有與本章意義相通的，像微子篇的：「我則異於是，無可，無不可。」所謂「無可，無不可」，意思是事物兩方面的道理，不能說某一方面全對，某一方面全不對。又如里仁篇的：「君子之於天下也，無適也，無莫也，義之與比。」意思是君子對於天下事物，既不認為絕對是，也不認為絕對不是，要看是否適用得合理。所以，憲問篇說：「非敢為佞也，疾固也。」可見孔子是厭惡「固執」的。譬如先進篇說：「求也退，故進之；由也兼人，故退之。」冉求和子路兩人的性格，一個退縮不前，一個好勇過人，各走極端，所以孔子要從另一端去矯正他們，進與退互為異端，但進、退本身各有「無可無不可」的，或許有益，也可能有害，要決定可與不可，全看用得適當不適當，如果認定一端以爲可，而推定另一端以爲不可，那就有所固執了，有所固執，就有害於是非的判斷。因此，我們對於天下事物，必須認識異端各有可與不可，而不能固執一端，以攻擊另一端。

第十七章

子曰：「由㊀！誨㊁女㊂知之乎？知之爲知之，不知爲不知，是知也。」

【提旨】孔子教子路不可強不知以爲知。

【釋詞】

㊀由　孔子弟子，姓仲，名由，字子路，或稱季路，魯國卞邑（今山東泗水縣東）人，比孔子小九歲。性好勇，曾任衞國邑宰，後來，由於孔悝之難而遇害。

㊁誨　教誨的意思。

㊂女　通汝，相當於白話的「你」。

【譯義】孔子問子路說：「仲由！我教誨你求知的道理，你知道了嗎？凡是自己知道的，就說知道；不知道的，就說不知道；這種不自欺的態度，也就是求知的道理了。」

【析微】子路好勇，常有強不知以爲知的毛病，所以孔子這樣教誨他。荀子子道篇記孔子告子路說：「故君子知之曰知之，不知曰不知，言之要也。」與本章旨意相同。又儒效篇說：「知之曰知之，不知曰不知，內不自以誣，外不自以欺。」則意思更爲明顯，說明了不自誣、不自欺才是求知的態度。又非十二子篇說：「言而當，知也；默而當，亦知也。」也與本章的精神一貫。

第十八章

子張㈠學干祿㈡。子曰：「多聞闕疑㈢，愼言其餘，則寡尤㈣；多見闕殆㈤，愼行其餘，則寡悔㈥。言寡尤，行㈦寡悔，祿在其中㈧矣！」

【提旨】孔子告誡子張，在言行方面盡其在我，而毋須專求利祿。

【釋詞】

㈠子張　孔子弟子，姓顓孫，名師，字子張，陳國人，比孔子小四十八歲。

㈡干祿　干、求的意思；祿、俸祿、祿位的意思。

㈢闕疑　闕、同缺，空缺的意思；引申有擱置、保留的意思。疑、心中懷疑的地方。

㈣尤　過失的意思。

㈤殆　危而不安的意思。

㈥悔　悔恨的意思。

㈦行寡悔的「行」　讀去聲（ㄒㄧㄥˋ），作名詞用，指行爲而言。

㈧祿在其中　官爵俸祿不求而自至的意思。

【譯義】子張學做官求俸祿的事。孔子對他說：「多聽聽各方的意見，如有心中懷疑的地方，暫且保留下來，其餘不懷疑的部份，也要謹愼地談論，這樣，就可以減少言論的過失。多看看各處的事物，如果有心中不安的地方，暫且擱置下來，其餘沒有不安的部份，也要謹愼地實行，這樣，就可以減少內心的悔恨。說話很少有過失，行爲很少有悔恨，言行修養這樣好，自然有人薦擧你，官爵、俸祿也就不求而自至了，何須處心積慮、刻意經營呢？」

【析微】孟子說：「修其天爵，而人爵從之。」所謂「天爵」，是指行爲、道德方面的修養；所謂「人爵」，是指官位、俸祿之類。所以，朱子論語集註引程子的話說：「修天爵，則人爵至；君子言行能謹，得祿之道也。」孔子的意思是：言行方面修養好了，官爵俸祿自然而來，他主張「君子求諸己。」（見衞靈公篇）又說：「不患無位，患所以立。」（見里仁篇）都是教學生「務本」的意思。言行修養是做人的根本，子張學干祿，就是一種捨本逐末的行爲，所以，孔子告訴他求取官爵、俸祿的自然之道，是修養言行，盡其在我。

第十九章

哀公㈠問曰：「何爲㈡則民服㈢？」孔子對曰㈣：「舉直錯諸枉㈤，則民服；舉枉錯諸直，則民不服。」

【提旨】孔子談論君主要使民心悅服，在於舉用賢才。

【釋詞】

㈠哀公　魯國的君主，姓姬，名蔣，定公的兒子，繼定公而卽位，在位二十七年，當春秋末葉。「哀」是他死後的諡號。

㈡何爲　爲、讀陽平聲，音微（ㄨㄟˊ），動詞，作爲的意思。何、何事，什麼事的意思。何爲，就是「爲何」的倒裝語，意思是要做些什麼事。

㈢民服　民心悅服的意思。

㈣對曰　依論語行文的體例，凡臣民回答君主的詢問，通常用「對曰」二字，表示尊敬的意思。

㈤舉直錯諸枉　舉直、舉用正直的人；錯、通措，放置、安置的意思；諸、是「之於」二字的合音；枉、指邪枉的人。全句的意思是：舉用正直的人，安置在邪枉的人之上，劉寶楠就是這樣解釋的。而包咸卻把「錯」字解作「廢置」，朱熹解作「捨置」，又把「諸」字解作「衆」，則全句的意思是：舉用正直的人，廢置那些邪枉的人。這兩種說法，都可以通，但是，依古代文法的規律及論語用字的慣例來說，前一種解釋比較妥當。因爲「諸」解釋成「衆」，就是數量形容詞，通常只放在實體名詞之上，而「枉」、「直」卻是以虛代實的名詞，不是眞正的實體名詞，像八佾篇的「不如諸夏之亡也」，其中「夏」字指華夏民族，是實體名詞，所以「諸夏」的「諸」作「衆」字解釋，而「舉直錯諸枉」的「諸」字，適與公冶長篇「乞諸其鄰而與之」的「諸」、衛靈公篇「子張書諸紳」的「諸」字用法相同，都是用在動詞之下。禮記也有用「錯諸」二字的，像祭義篇的「孝以事親，順以聽命，錯諸天下，無所不行。」所以，「錯諸枉」就是「置之於枉」，等於說「置之於枉人之上」，因爲古代文法「於」字下面的方位詞可以省略。

【譯義】魯哀公問孔子說：「要做些什麼事，才能使民心悅服呢？」孔子回答說：「舉用正直的人，安置在邪枉的人之上，民心就悅服了；如果舉用邪枉的小人，安置在正人君子之上，民心就不會悅服。」

【析微】由於春秋時代，官吏多半不能稱職，有賢德的君子往往隱處，或身居下位，所以，孔子告訴哀公，使人民心服的方法，在於適當地舉用人才。顏淵篇孔子告訴樊遲鑑別人物的道理說：「舉直錯諸枉，能使枉者直。」當時樊遲不了解這兩句話的意思，去請敎同學子夏，子夏用具體的歷史事實解釋說：「舜有天下，選於衆，舉皐陶，不仁者遠矣；湯有天下，選於衆，舉伊尹，不仁者遠矣！」如果「錯」解釋成「廢置」或「捨置」，就是棄而不用的意思，而子夏的解釋，只說不仁者遠離，並沒有說捨棄不仁者。可見孔子的意思，是讓有賢德的正人領導不仁的邪枉小人，使他們居於下位，以便有所遵仰和效法，因受到感化而變得正直，這樣，才合乎孔子尊賢容衆的德性。

第二十章

季康子㊀問：「使民敬、忠以勸㊁，如之何？」子曰：「臨㊂之以莊㊃，則敬；孝慈，則忠；舉善而教不能，則勸。」

【提旨】孔子教季康子用道德修養去領導人民。

【釋詞】

㊀季康子　魯國大夫季孫氏，名肥，「康」是他的諡號。曾任魯哀公的正卿，是當時政治上極有權勢的大臣。

㊁以勸　以、連接詞，相當於「與」或者「而」；勸、互相勸勉的意思

㊂臨　居上臨下的意思。

㊃莊　莊重而有威嚴的意思。

【譯義】季康子問孔子：「要使人民敬仰，又能盡忠，而且互相勸勉，怎樣才可以辦得到呢？」孔子說：「在上位的人，在人民面前能有莊重、威嚴的態度，人民自然會敬仰；能孝順父母，慈愛大衆，人民自然會盡忠；能舉用善良的人，而教化不能行善的人，人民自然會互相勸勉了。」

【析微】論語中，凡是孔子與當時的國君或權臣談話，大多勸他們以道德修身，然後以身作則，人民自然會受到感化。這種以德治國、以德化民的「德治主義」，就是孔子政治思想的中心，所以本篇開頭就說：「爲政以德」，又說：「道之以德，齊之以禮。」

第二十一章

或㈠謂孔子曰：「子奚㈡不爲政？」子曰：「書云㈢：『孝乎惟孝㈣，友于兄弟㈤。』施於有政㈥，是亦爲政，奚其爲爲政㈦？」

【提旨】孔子認爲齊家可以推而治國，爲政不必居位。

【釋詞】

㈠或　某人，就是有這麼一個人。凡古書稱某人，而不說出名字，就略稱「或」。

㈡奚　與「何」字意義相同，就是爲什麼的意思。

㈢書云　以下兩句是尙書的逸文，東晉梅賾所獻的僞古文尙書，就是從這裏採入君陳篇，朱子誤以「書云孝乎」爲一句，因爲古書體例，沒有既稱「書云」，而又在經文之上攙進兩個字的口語，況且或問爲政，又不是問孝，孔子不會用「孝乎」二字相告，這是很顯然的。

㈣孝乎惟孝　是讚美孝道之辭，句法與禮記的「禮乎禮」、公羊的「賤乎賤」、爾雅的「微乎微」相似。

㈤友于兄弟　兄弟相善爲友。

㈥施於有政　以下是孔子的話。施、推廣的意思；有政、「有」字是語助詞，沒有意思，與周禮「亂爾有政」的「有政」用法相同。凡衆人的事稱爲政，國家的事固然是「政」，家庭的事也是「政」，所以現在稱家事爲「家政」。所謂「施於有政」，就是把書經所說的道理，推廣到一家的事務上。

㈦奚其爲爲政　奚、何必的意思；其、指稱詞，指問孔子的人所謂的「爲政」，他的意思是「居身於官位」；上一「爲」字，「是」的意思，下一「爲」字，「治理」或「推行」的意思。全句的意思是：何必居身於官位，才算是治理政事呢？

【譯義】有人問孔子說：「您爲什麼不去做官理政呢？」孔子說：「書經上說：『孝啊！只要是孝順父母的人，就能友愛兄弟。』如果我們把這孝順、友愛的行爲，推廣到一家，就能治好一家的事，這也算是『爲政』，何必一定要居身於官位，才算是『爲政』呢？」

【析微】孔子引書經的話，意思是在闡明孝、友是政治的根本，而政治就是孝、友的推廣。根本的工夫做好了，那麼居家就是「爲政」，因爲把孝、友的倫理道德推廣到一家、一國，則家可以齊、國可以治，甚至天下可以平。儒家的政治思想，認爲政治的道理，不外乎修明人倫，而修明人倫，其中也含有政治的道理，與居位爲政的作用是相同的。

第二十二章

子曰：「人而無信㈠，不知其可也。大車㈡無輗㈢，小車無軏，其何以行之哉？」

【提旨】孔子告誡人們：立身處世，不能不講求信實。

【釋詞】

㈠人而無信　「而」字不能當「如果」講，要當「然而卻」的語氣講，句法與詩經相鼠篇及禮記禮運篇的「人而無禮」相同。信、就是信實的意思。一個人說了話，一定能踐行，這是「信」；而所說的話，全是誠實不虛的，這是「實」。所以這個「信」字，包括言、行兩方面。

㈡大車、小車　大車，就是用牛牽引、用來載重的車子，車形比較大，所以稱「大車」；小車、指用馬牽引、用來載人的車子，車形比較小，所以稱「小車」。

㈢輗、軏　輗、音倪（ㄋㄧˊ）；軏、音月（ㄩㄝˋ）。車前的直木叫做「轅」，轅的前端連著一根橫木叫做「衡」，衡的兩端連著一對曲形而朝下的東西叫做「軛」，用來套在牛馬頸子上。轅的前端和衡的中央，都鑿有圓孔，轅與衡相連的地方，有一道圓環穿過兩個圓孔，這道圓環，大車叫做「輗」，小車叫做「軏」，是車子行動的關鍵，轅與衡都可以活動自如，車子無論上坡下坡，左轉右轉，都不受阻礙。如果沒有這個關鍵，車就不能行動；人的言行如果不講求信實，與人相處，就沒有信用可言，做起事來，一定到處受阻礙，到處行不通。所以，孔子用當時大車、小車的關鍵來做比喻，可見「信」就是人立身行事的關鍵。

【譯義】孔子說：「作爲一個人，然而卻不講求信實，不知道他怎麼可以立身處世？好像大車沒有連接轅端橫木的輗，小車沒有連接這橫木的軏，這樣怎麼能行動呢？」

【析微】孔子認爲個人立身處世，最重要的一種社會道德就是「信」，這是他教育弟子的一個重大項目，述而篇記載說：「子以四教：文、行、忠、信。」論語中，孔子與弟子們的談話，經常以忠、信二字並舉，有時也單獨強調信，像本章就是。他認爲「信」不但是個人在社會上言行的準則，而且也是政府對民衆施政的一項最重要的原則，顏淵篇記載子貢問政，孔子告訴子貢說：「自古皆有死，民無信不立。」一個國家，國防的建設，糧食的儲備，都比不上取信於人民來得重要，可見孔子是如何特別重視「信」了。

第二十三章

子張問：「十世㈠可知也㈡？」子曰：「殷㈢因㈣於夏㈤禮㈥，所損益㈦可知也；周㈧因於殷禮，所損益，可知也。其或繼周者，雖百世，可

知也。」

【提旨】孔子教子張考察歷代禮制的因革，可以推知未來演變的輪廓。

【釋詞】

㈠十世　指今後的十個朝代。
㈡也　和「耶」字的用法相同，表示疑問的語氣詞。
㈢殷　朝代名，本來稱商。夏朝末年，湯興兵討伐夏，放逐暴君桀，因而統有天下，建都於亳（今河南商丘縣西南），國號叫商。傳位到盤庚，遷都於殷（今河南偃師縣西），改國號爲殷，所以又稱殷，也稱殷商。
㈣因　沿襲的意思。
㈤夏　朝代名，舜讓位給禹，因而統有天下，建都於安邑（今山西夏縣以北），國號叫夏。
㈥禮　古代所謂禮，包括一切典章、制度、政令、儀式及社會習俗。
㈦損益　損、減少；益、增加的意思。
㈧周　朝代名，商朝末年，紂王無道，武王興兵伐紂，商朝被滅，武王因而統有天下，建都於鎬（今陝西長安縣西），國號叫周，孔子就是周朝人。

【譯義】子張問孔子：「從今以後十個朝代，禮儀制度的演變，可以預先知道嗎？」孔子說：「殷朝沿襲夏朝的禮制，其中所減少或增加的部份，都可以知道；周朝又沿襲殷朝的禮制，其中所減少或增加的部分，也都可以知道。那麼，將來或許有新的朝代接替周朝，即使以後一百個朝代禮制的演變，也是可以預先推知的。」

【析微】歷史是人類社會演進的過程，在這一過程中，前後時代政治、社會方面種種禮法制度，自然有因果關係可尋，所以，由古可以推今，察往可以知來。因爲「禮」包括外在的制度、儀式和內在的精神、意義，儘管歷代禮的制度、儀式，也許不完全相同，但是，禮的精神、禮的意義，卻是不變的。禮的制度、儀式雖然可能有所改變，但前後演變的軌跡，一定有因革損益的某種規律，可以讓我們掌握或推測的。譬如古人所謂三綱五常，就是歷代相因相益的，三綱就是君爲臣綱，父爲子綱；夫爲妻綱；五常就是仁、義、禮、智、信。現在雖然實行民主政治，已經沒有君臣這一綱，但仍然有長官、部屬的關係；現在雖然男女平等，夫妻在家庭中的地位，也因而完全相等，但丈夫仍然是一家之主。近年，政府頒布的國民生活須知及國民禮儀規範，所依據的行爲準則，不外乎仁、義、禮、智、信，這「五常」仍然是個人立身處世、待人接物的準繩。至於政治體制、婚喪儀式等等，與古代有很多不同，這就是所革、所損的地方，因爲任何一種禮制，都需要適應時代環境的需要，所以不免有所改革，有所減損。

第二十四章

子曰：「非其鬼㊀而祭㊁之，諂㊂也。見義不為㊃，無勇也。」

【提旨】孔子告誡人們，要依禮行祭，不要媚神求福；要見義勇為，不要廢棄人事。

【釋詞】

㊀非其鬼　古代人死都叫「鬼」，非其鬼、是說不是自己已死的祖先，也就是不該祭祀的鬼神。

㊁祭　是指吉祭，和凶祭的「奠」不同（人剛死的時候，家人陳設飲食，以安定他的靈魂，叫做奠），祭鬼的目的一般在於祈福。

㊂諂　諂媚鬼神的意思。

㊃見義不為　見到合理的、應該做的事而不做。

【譯義】孔子說：「不是應該祭祀的鬼神，卻去祭祀他，這是諂媚的行為。見到合理而應該做的事情，卻袖手旁觀，不肯去做，那就是沒有勇氣了。」

【析微】「非其鬼而祭之」，是不當祭而祭；「見義不為」是當為而不為；都是不合理的。這段話前後兩節，並非完全不相關聯，孔子的主要意思，是勸人見義勇為，前兩句是「賓」，用來說明不當祭而祭與當為而不為，同樣的不對；後兩句才是「主」，也就是這一章的中心。因為孔子一向主張先做好人事，所以他回答子路問事奉鬼神的事說：「未能事人，焉能事鬼？」又說：「未知生，焉知死？」（都見先進篇）可見孔子重視生前的人事，而不重視死後事鬼神的事。

第三篇 八佾

前言

本篇共計二十六章，連前篇的最後兩章，全是討論禮樂方面的事，內容純粹，可見這一部分是經過編者特意安排的，可能由某一弟子整理而成。

第一章

孔子謂㊀季氏㊁，「八佾㊂舞於庭㊃，是可忍㊄也，孰不可忍㊅也？」

【提旨】孔子評論魯卿季氏僭用禮樂是不合理的。

【釋詞】

㊀謂　談說的意思，表示有所評論之詞，與公冶長篇的「子謂公冶長」、「子謂南容」的「謂」字用意相同。

㊁季氏　據左傳昭公二十五年的記載及漢書劉向傳、呂氏春秋察微篇高誘注，這季氏是指魯國大夫季平子，就是季孫意如。但韓詩外傳似指季康子，馬融注則以爲季桓子，恐怕都不可信。

㊂八佾　佾、音逸（ㄧˋ），古代宗廟禮樂中的舞蹈行列。八佾就是八行，每行八人，共計六十四人，這是天子的禮樂。諸侯用六佾，就是六行，每行八人，共計四十八人。大夫用四佾，就是四行，每行八人，共計三十二人（這是採用服虔左傳解誼的說法）。季氏是大夫，

應該用四佾，但他卻用了天子的八佾，這在古代叫做僭用禮樂。

㈣庭　依古代宮室、宗廟的制度，正廳叫做堂，通常比地面高，堂前較低的空地叫做庭，這裏是指季氏家廟的庭中。由於魯國是周公的後裔，而周公有功勳於天下，所以，周成王以天子禮樂特賜魯公（這事禮記祭統及明堂位兩篇都有記載），但這種天子禮樂，只能行於文王、周公的宗廟，用於大夫的家廟，自然是僭禮的行爲。

㈤是可忍　是、相當於「此」字，指季氏這樣僭用禮樂；忍、容忍的意思。當時魯國的君臣，對於季氏僭用禮樂的行爲，無法以正禮去制止，只得容忍。

㈥孰不可忍　孰、相當於白話的「誰」字。孰不可忍、意思是季氏目無禮法，居然膽大妄爲到這種程度，如果還可以容忍，那麼亂臣賊子，誰不可以容忍呢？

【譯義】孔子談到季氏，評論說：「他用六十四人在家廟的庭中奏樂舞蹈，這樣僭用天子禮樂，如果還可以容忍的話，那麼，什麼人不可以容忍呢？」

【析微】孔子認爲：「禮」是維繫國家社會正常秩序的工具，如果人人守禮安分，則家可以齊，國可以治，甚至天下可以平，這是以禮治國的效用。否則，如果人人違背禮制，僭越禮制，則將造成社會秩序的紊亂，政治體制的破壞，君臣上下不成體統，甚至臣民犯上作亂的事，將層出不窮。由於古代禮樂制度，從天子、諸侯、大夫、士、以至庶人，都各有等級，各有一定，不容許超越。像季平子這樣破壞禮制、不守法度的行爲，是孔子最深惡痛絕的，所以，他才作這樣嚴厲的批評。由本章的末兩句，我們足以想見孔子當時正言厲色的憤慨神情，可見孔子是如何爲維護正禮、譴責失禮的行爲而伸張他的道義。

第二章

三家㈠者以雍徹㈡。子曰：「『相維辟公㈢，天子穆穆㈣。』奚取㈤於三家之堂㈥？」

【提旨】孔子譏刺魯國當政的三卿越禮的行爲。

【釋詞】

㈠三家　魯國當政的三卿：孟孫（原稱仲孫）、叔孫、季孫三家。

㈡以雍徹　雍、也寫作「雝」，詩經周頌篇名；徹、通撤，祭完以後，撤去「祭俎」，所謂祭俎，就是祭祀時放三牲的架子。古代詩經都可以配樂而歌，天子祭於宗廟，歌雍篇的詩以撤去「祭俎」，當時三家僭用這種天子的禮樂。以上六字是弟子記載的話。

㊂相維辟公　相、音向（ㄒㄧㄤˋ），助祭的意思；維、語助詞；辟公、馬融說指諸侯及二王之後，據皇侃的解釋：辟訓君，指諸侯，公指二王之後，就是夏王的後裔杞、殷王的後裔宋，凡天子大祭，同姓、異姓諸侯都來助祭，所以統稱「辟公」。相維辟公，是說助祭的是諸侯及夏、殷的後裔。

㊃天子穆穆　「穆穆」二字形容天子主祭時莊嚴靜穆的容貌。以上兩句，都是雍詩的原文。

㊄奚取　奚、與「何」字同義；取、取義的意思。

㊅三家之堂　三家祭祖的大廳。

【譯義】孟孫、叔孫、季孫這三家當政的大臣，當他們祭祀祖先的時候，竟然僭用天子禮樂，唱着雍這篇詩來撤除祭俎。孔子說：「雍詩上有這樣的話：『助祭的是諸侯及夏、殷二王的後裔，天子莊嚴靜穆地在那兒主祭。』這兩句詩，如今竟用在三家祭祖的大廳上，在意義上取的是那一點呢？」

【析微】本章與上一章，都是孔子對當時權貴們的「僭越」行爲，表示他的痛恨與憤慨之情。

由此，我們可以看出：儒家所謂「禮治」的目的，最重要的，在於維繫君臣上下的合理關係，大夫不但目無國君，竟敢僭越天子，可見大膽放肆到什麼程度？這是後來政治上綱紀廢弛、所謂「君不君，臣不臣」的開端，也是整個春秋時代成為亂世的原因所在。

第三章

子曰：「人而不仁㈠，如禮何㈡？人而不仁，如樂何？」

【提旨】孔子認為禮樂以仁德為本質，因而主張充實這一本質，不可專尚虛文。

【釋詞】

㈠人而不仁　與前篇的「人而無信」句法相同，是身為一個人，卻沒有仁德的意思。

㈡如禮何、如樂何　「如……何」的句法，我們可以用論語中相同的例子，來作解釋的參證，像里仁篇的：「不能以禮讓為國，如禮何？」與本章的「如禮何」語法相同，意思是如果不能以禮讓治國，那麼禮就不復存在，也沒有了禮的價值。又像子路篇：「不能正其身，如正人何？」也用了「如……何」的句法，意思是自身不正的人，要想正人，就不能收到正人的實效。因此，本章所謂「如禮何」、「如樂何」，意思就是如果虛有禮樂的表現，而沒有禮樂的實質，就不再成爲眞正的禮樂，也不再具有禮樂的價值。

【譯義】孔子說：「身爲一個人，卻沒有仁德作爲禮的本質，只知道表現禮的虛文，怎麼能算是眞正的禮呢？身爲一個人，卻沒有仁德作爲樂的本質，只知道表現樂的虛文，怎麼能算是眞正的樂呢？」

【析微】孔子認爲：禮樂的本質，是發自本心的仁德，如果喪失了這個仁德，那禮樂只是虛有其表，而缺乏實質，便不能算是眞正的禮樂，也失去了禮樂的價值。所以陽貨篇說：「禮云禮云，玉帛云乎哉？樂云樂云，鐘鼓云乎哉？」禮樂的眞正意義，不在於虛贈玉帛、虛鳴鐘鼓的外在形式，而在於發自仁德、發自仁行的實質內容。禮樂的精神，是仁德的發揮；換句話說：玉帛鐘鼓，只是表現禮樂的工具，而它們所要表現的，是本心的仁德。所以，禮記仲尼燕居篇說：「郊社之義，所以仁鬼神也；嘗禘之禮，所以仁昭穆也；饋奠之禮，所以仁死喪也；射鄉之禮，所以仁鄉黨也；食饗之禮，所以仁賓客也。」又儒行篇說：「禮節者，仁之貌也；歌樂者，仁之和也。」

第四章

林放㈠問禮之本㈡。子曰：「大哉問㈢！禮，與其㈣奢㈤也，寧儉㈥；喪，與其易㈦也，寧戚㈧。」

【提旨】孔子因林放的問禮，而說明禮的本原，寧可捨棄虛文，而着重實質。

【釋詞】

㈠林放　魯國人，史記仲尼弟子列傳沒有記載，大約不是孔子弟子。

㈡問禮之本　林放因發現當時一般人對於禮儀，專事繁文縟節，而懷疑禮的本原不在於形式，所以提出這一問題問孔子。

㈢大哉問　與穀梁傳哀公十二年所說：「孔子曰：『大哉夫差！未能言冠而欲冠也。』」語例相類似，表示一種讚歎的語氣。因爲當時一般人都在捨本逐末，而林放卻能從大處著想，注意禮的本意，所以孔子特別讚美他，提出這個很有份量的問題，用意非常重大。

㊃與其……寧　表示比較性、或者有所取捨的關係詞（或稱連接詞）。與其、有「如果」的意思；寧、寧可的意思。

㊄奢　奢侈的意思，就是講究排場，過分舖張。

㊅儉　節儉的意思。

㊆易　包咸、皇侃解作「和易」，是說居喪的人沒有哀戚的心情，卻有和易的容貌，這一解釋，不合情理。朱熹解作「治也」，意思是辦理喪事，力求豐盛，甚至超過財力的負擔，藉此粉飾哀情，猶如孟子「易其田疇」的「易」。這一解釋，在訓詁上有所本，在情理上也能通，所以比較可取。

㊇戚　過分哀痛的意思。

【譯義】林放請問禮的本意。孔子說：「你問的問題，意義眞是重大啊！就一般禮儀來說：與其奢侈舖張，寧可節儉來得質樸；辦理喪事，與其力求豐盛，寧可哀戚來得誠敬。」

【析微】世俗對於一般禮儀，或者辦理喪事，大多盡量求舖張，而忘卻了禮的本意。本來過分節儉與過分奢侈同樣的不合禮，過度哀痛與過度舖張也同樣的不合禮，但兩者比較起來，與其在形式上求奢侈鋪張，寧可在實際上做到質樸誠敬，盡到哀戚的心情。「儉」與「戚」雖然不完全是禮的根本，卻接近了禮的根本，因爲它們都是發乎本心的仁德。禮記檀弓篇記載子路的話說：「吾聞諸夫子：喪禮，與其哀不足而禮有餘也，不若禮不足而哀有餘也。」就是本章：「喪，與其易也，寧戚」的註脚。本篇下文又說：「臨喪不哀，吾何以觀之哉？」可見孔子是如何重視喪禮中發乎至情的哀戚。

第五章

子曰：「夷狄㈠之有君，不如㈡諸夏㈢之亡㈣也。」

【提旨】孔子談論中國有禮義文明，政治教化的功效，遠勝於夷狄。

【釋詞】

㈠夷狄　古代稱東方的野蠻民族爲夷，北方的野蠻民族爲狄，這裏泛指沒有禮義文明的落後國家。

㈡不如　論語中凡用「不如」，都當「不及」講，像雍也篇的：「知之者不如好之者」，意思是知而不好，不及好而不知。又如子路篇的：「吾不如老農」，是孔子自己承認，在耕耘方面的知識，還不及老農夫。本章的「不如」二字，與以上各例相同，也是「不及」的意思。

㊂諸夏　古代稱中原漢民族所成立的國家爲夏，或稱華夏。華有光明的意思，夏有廣大的意思，由於中國有光輝博大的文化，所以稱爲華夏。諸夏，是泛指中原一帶文化程度較高的各國。

㊃亡　音義同無，下面的止詞（也就是賓語或受詞）承上省略了，也就是「無君」的意思。所謂「無君」，只是假設之辭，並非眞的「無君」。

【譯義】孔子說：「文化程度低落的國家，雖然有君主統治，社會治安的情形，還不及中原文化較高的各國，沒有君主統治來得好。」

【析微】本章的義旨，誠如皇侃所說：「此章重中國，賤蠻夷也。」又像邢昺所說：「夷狄雖有君長，而無禮義；中國雖偶無君，若周召共和之年，而禮義不廢。」但朱子集註引程子的話，則大異其趣，他說：「夷狄且有君，不如諸夏之僭亂，反無上下之分也。」如此說來，似乎在稱揚夷狄之有君，而貶抑諸夏之僭亂與無上下之分，把原文的「不如」二字，解作「不像」，並隱約含有夷狄在「有君」這一點上「勝於」諸夏的意思。這樣解釋，與本章的主旨，及論語用「不如」二字的通例不符，所以前面解釋的時候，沒有採用程子的說法。

第六章

季氏㊀旅㊁於泰山㊂。子謂冉有㊃曰：「女弗㊄能救㊅與？」對曰：「不能。」子曰：「嗚呼㊆！曾㊇謂泰山不如林放㊈乎？」

【提旨】孔子譏刺季氏祭祀泰山是僭禮的行爲。

【釋詞】

㊀季氏　據左傳哀公七年、十一年、十二年的記載，知道這一季氏是指季康子。

㊁旅　玉篇作祣，古代祭山的名稱，這裏用作動詞。在當時，只有天子才有資格祭祀天下的名山大川，只有諸侯才有資格祭祀境內的名山大川。季氏只是魯國的大夫，竟然祭祀泰山，

所以孔子認爲是僭禮的行爲。

㊂泰山　在魯國的北部，就是現在山東泰安縣境的泰山。

㊃冉有　孔子弟子，姓冉，名求，字子有，論語多稱冉有，魯國人，比孔子小二十九歲。當時正做季氏的邑宰，所以孔子責備他。

㊄弗　同「不」。

㊅救　指勸諫季氏，以挽救他陷於僭越的罪過。

㊆嗚呼　表示感嘆的語氣詞。

㊇曾　音增（ㄗㄥ），與「乃」字語意相同，有「竟然」的意思。

㊈泰山不如林放　意思是說：神靈不會接受非禮的祭享，林放尚且知道請問禮的本原，泰山之神難道不如林放知禮，而接受非禮的祭享嗎？

【譯義】季氏將要祭祀泰山。孔子對冉有說：「你不能諫止季氏，挽救他陷於僭越的罪過嗎？」冉有回答說：「我不能。」孔子說：「唉！難道竟可以說：泰山之神還不及林放那麼懂禮，居然接受這不合理的祭祀嗎？」

【析微】魯國權臣季康子，立於魯哀公三年，當時孔子在陳國，還沒有回到魯國來。哀公七年，孔子回國，聽說季氏將旅祭泰山，這本是天子、諸侯的祭禮，禮記王制篇說得很明白：「天子祭天下名山大川，諸侯祭名山大川之在其地者。」又曲禮下和王制篇都說：「大夫祭五祀。」而不說祭山川，季氏只是大夫的身份，由他旅祭泰山，自然是非禮的行為。當時冉有正擔任季氏的家臣，所以孔子希望他能勸諫救止，但冉有深知季氏徼幸祈福的心理，不是口舌所能爭的，因而引發孔子對季氏僭越行動的感歎。這段回答，大約與前章「林放問禮之本」同時，即使不在同一日，也不出旬日之內。孔子舉林放為例，以明泰山之神不可誣。曲禮說：「非其所祭而祭之，名曰淫祀，淫祀無福。」神靈既不降福，可見必不享用。林放尚且知禮，泰山之神怎會不如林放，而享用非禮的祭祀呢？

第七章

子曰：「君子無所爭㈠；必也射乎㈡！揖讓而升㈢，下而飲㈣，其爭也君子㈤。」

【提旨】孔子教人不與人作無謂的爭勝，而須培養彬彬有禮的君子風度。

【釋詞】

㊀無所爭　是說沒有什麼可爭的事情。

㊁必也射乎　這四個字要連起來讀，其中「也」字是表示停頓的語氣詞，論語中這樣的句法很多，像雍也篇的「必也聖乎！」顏淵篇的「必也使無訟乎！」子路篇的「必也正名乎！」和「必也狂狷乎！」等等。射、是指在大射禮中，比賽射箭的技藝。「必也射乎」的意思是：如果有什麼可爭的事，必定是在行射禮的時候。所以，下文就說出在射禮中如何揖讓以爭勝負的事。

㊂揖讓而升　揖、兩手相拱於胸前爲禮；讓、遜讓的意思；升，就是升堂射箭。古代射禮，參加比賽的人，先在堂下，互相作揖行禮，遜讓一番，然後登堂而射。

㊃下而飲　下、就是射完由堂上走下臺階；飲、讀去聲（ㄧㄣˋ），使別人飲酒的意思。下而飲的意思是：射完以後，再互相作揖行禮，遜讓一番，然後走下堂來，勝的人請敗的人飲罰酒。上文的「揖讓」二字，直貫下面的「升」、「下」、「飲」三個字，意思是不但升堂射箭時需要「揖讓」，就是射完走下堂來，以及請飲罰酒時，也需要「揖讓」。

㊄其爭也君子　其、指稱詞，相當於白話「這樣的」；也、停頓語氣詞。全句的意思是：這樣的相爭，雙方彬彬有禮，才是君子風度。

【譯義】孔子說：「一個君子，沒有什麼值得與人相爭的事情，如果有什麼可爭的事，一定是在行射禮的時候。參加比賽的人，相互作揖行禮，一再遜讓，而後登堂射箭；射完以後，又相互作揖遜讓一番，才走下堂來；比賽有了勝負，得勝的人有禮貌地請失敗的對方飲酒受罰。像這樣爭勝負，才是彬彬有禮的君子。」

【析微】道家主張「不爭」，譬如老子曾說：「夫唯不爭，故天下莫能與之爭。」幾千年來，一般愛好道家人生觀的人，他們多能體會老子的話，而終生過著與人無爭、與世無爭的恬淡生活，但老子所謂的「不爭」，另有深長的含義。孔子也主張「不爭」，所以本章說：「君子無所爭。」衞靈公篇說：「君子矜而不爭。」不過，我們要知道：孔子是一向主張「無可無不可」（見微子篇）及「義之與比」（見里仁篇）的，換句話說，「爭」的本身，是「無可無不可」的，要用「義」的標準來衡量，才能斷定爭還是不爭，合於義的，當然要爭，正如孔子所謂「當仁不讓於師」（見衞靈公篇）；不合於義，則不可爭，所以孔子又主張：「以禮讓爲國」（見里仁篇）。因此，「君子無所爭」與「君子矜而不爭」，是就義所不應該爭的事而說的；「其爭也君子」，是就義所應該爭的事而說的。雖然有所爭，但不可有失君子風度，這是孔子的用意所在。

第八章

子夏問曰：「『巧笑倩兮㈠，美目盼㈡兮，素以爲絢㈢兮。』何謂也？」子曰：「繪事後素㈣。」曰：「禮後乎㈤？」子曰：「起予㈥者商㈦也！始㈧可與言詩已矣。」

【提旨】孔子與子夏討論詩義，而子夏從孔子的比喻中，領悟到「禮」發生的程序。

【釋詞】

㈠倩兮　倩、音欠（ㄑㄧㄢˋ），形容女子微笑的時候，面頰美好的樣子；兮、詩經、楚辭裏常用的語助詞，相當於白話的「啊」字。

㈡盼　形容眼睛轉動的時候，黑白分明的樣子。

㈢素以爲絢　素、白彩，就是白色的粉；絢、衆彩，就是各種彩色的顏料。劉寶楠論語正義解釋說：「素以爲絢，當是白采用爲膏沐之飾，如後世所用素粉矣。絢有衆飾，而素則後加，故曰『素以爲絢』。戴氏震孟子字義疏證：『素以喻其人嫻於儀容，上云巧笑倩、美目盼者，其美乃益彰，是之謂絢。』」意思是說借用「素」與「絢」這兩個字，來比喻所形容的女子，本來容色已經很美，再加上儀態端莊、素雅大方，更襯托出她美麗的光彩。這樣解釋，比朱子的說法妥當些，朱子以「素」爲粉地，在道理上不順適。以上三句都是逸詩，雖然前兩句見於衞風碩人篇，但這三句是相連的，原來應該在同一篇中。

㈣繪事後素　何晏集解引鄭玄說：「繪，畫文也。凡繪畫先布衆色，然後以素分布其間，以成其文。」朱子集註則說：「繪事，繪畫之事也；後素，後於素也。考工記曰：『繪畫之事後素功。』謂先以粉地爲質，而後施五采。」朱註與鄭註解釋「後素」二字，意義正好相反。鄭註以爲施彩在先，施素在後；朱註則以爲施素在先，施彩在後。這兩種說法，以鄭註比較合理，清人凌廷堪有「論語禮後說」，他說：「詩云素以爲絢兮者，言五采待素而始成文也。今時畫者尚如此，先布衆色畢，後以粉勾勒之，則衆色始絢然分明，詩之意即考工記意也。」因此，「繪事後素」的意思，應該是繪畫的事，先施彩色，而後用素粉來勾勒，才更加顯露原施的彩色之美。

㈤禮後乎　這是子夏因孔子「繪事後素」的話而悟解出的道理，意思是禮居於後，居於什麼之後呢？依孔子其他的言論，應該是指居於「仁德」之後。

㈥起予　起、啓發的意思；起予，就是啓發我的思想。

㈦商　子夏名商，論語中凡孔子與弟子談話，孔子多直呼其名。

㈧始　才的意思。

【譯義】子夏請問說：「『靈巧的笑容多麼優美啊！醉人的眼波多麼明媚啊！配上端莊嫻雅的儀容，更顯得多麼秀慧啊？』這幾句詩是什麼意思？」孔子說：「正如繪畫的事，先着上彩色，然後再用素粉勾勒，才更顯得鮮明美麗。」

子夏又問：「那麼，是不是禮的產生在後呢？」孔子說：「卜商啊！你眞是能啓發我的思想的人。這才可以和你談論詩經了。」

【析徵】本章孔子所說的「繪事後素」，我爲什麼採用鄭註而不取朱註？現在再來補充說明幾點理由：首先，我們可以從論語用「後」字的文例來看，論語用「後」字，不外兩種用法：一種是用作內動詞（也稱自動詞），像先進篇的「顏淵後」、「曾晳後」，都是表示主詞所指的人居於後；一種是用作外動詞（也稱他動詞），像顏淵篇的「先事後得」、衞靈公篇的「事君敬其事而後其食」，都是表示動詞下的止詞所指的事居於後。「繪事後素」的「後」字，很明顯的是個外動詞，與「先事後得」、「事君敬其事而後其食」的「後」字用法相同，所以「素」應該居後，正合鄭註的意思。

其次，由本章前後文的義理來看，下文子夏說：「禮後乎？」孔子接着說：「起予者商也」，可見孔子也贊同子夏「禮後」之說。孔安國解釋「禮後乎」的意思說：「孔子言繪事後素，子夏聞而解知以素喻禮，故曰禮後乎？」即使孔子沒有用「素」來比喻禮的意思，至少子夏有因「素」而悟解禮的事實，因為「禮」在行為上的作用，類似「素」在繪畫上的作用。所悟的「禮」既然居後，可見所由悟禮的「素」必然後施，而鄭註正是以為素後施的。

最後，再從孔子其他的言論來看，像本篇第三章說：「人而不仁，如禮何？」意思是沒有仁德，而虛行禮儀，則禮不能發揮它的效用。可見孔子以「仁德」為禮的根本，而禮是仁德的發揮，因此，禮的確是居後的。

由於上述種種理由，所以，我採取鄭註的解釋，而摒棄了朱註的說法。

第九章

子曰：「夏禮，吾能言之，杞㈠不足徵㈡也；殷禮，吾能言之，宋㈢不足徵也。文獻㈣不足故也；足，則吾能徵之矣。」

【提旨】孔子慨嘆夏、殷兩代禮制的失傳，因文獻不足而無所取證，顯示孔子重視證據的精神。

【釋詞】

㈠杞　音起（ㄑㄧˇ），國名，夏禹的後裔，周武王所封，故城在現在的河南杞縣。後來因國勢弱小，常依靠他國的力量以延長國命，最後被楚國消滅。

㈡徵　取得證驗的意思。

㈢宋　國名，商湯的後裔，也是周武王所封，故城在現在的河南商邱縣以南，戰國時，被齊、魏、楚三國所滅。

㈣文獻　文、指典籍，就是文字記載的史料；獻、指賢者，就是通曉典籍、掌故的賢人所獻，也就是口頭傳述的史料。

【譯義】孔子說：「夏朝的禮制，我能夠說得出來，可惜它的後代杞國所保存的史料，不能拿來取證；殷朝的禮制，我也能夠說得出來，可惜它的後代宋國所保存的史料，不夠用來取證。這都是因爲兩國文字記載和口頭傳述的史料欠缺的緣故，如果有足夠的史料，那麼就能夠證實我所說的禮制了。」

【析微】爲政篇孔子回答子張的問題說：「殷因於夏禮，所損益，可知也；周因於殷禮，所損益，可知也。」本章又說：「夏禮吾能言之」、「殷禮吾能言之」，可見夏、殷二代的禮制，不但是孔子所能「知」，而且是孔子所能「言」的。但是，究竟還嫌知道得不夠眞切，說得不夠實在，有更進一步尋求證驗的必要。杞、宋二國是夏、殷的後裔，應該是保存史料最完整，而尋求證驗最適當的地方。可惜當時的杞、宋二國，有關他們先代夏、殷二朝的文獻，大多喪失，保存得很少，不夠作爲取證的憑藉，所以孔子才抒發這樣的慨嘆。

本章值得特別注意的一點，是孔子重視證據的精神。所謂「文獻」，都是史料的來源，典籍中所記載的，賢者們所傳述的，都是一些客觀的事實，都是對前代禮制取得證驗的資料，也就是近代學者研究學問所重視的「證據」。可見兩千多年以前的孔子，研究古代的知識，已經有了求證的科學精神，這是孔子很了不起的地方。中庸所說的：「無徵不信」，正是孔子這一精神的代表。中庸又說：「吾說夏禮，杞不足徵也。」禮記禮運篇說：「我欲觀夏道，是故之杞，而不足徵也。……我欲觀殷道，是故之宋，而不足徵也。」都與本章大旨相同。

第十章

子曰：「禘㊀自既灌㊁而往㊂者，吾不欲觀之矣。」

【提旨】孔子評論魯國大禘之祭不合於禮。

【釋詞】

㊀禘　指大禘而言，是古代天子宗廟大祭之禮。禮記大傳說：「王者祭其祖之所自出，以其祖配之。」就是天子於宗廟追祭始祖所自出的帝王，而以始祖配祭。大傳又說：「禮不王不禘。」是說這種禘祭，只有天子才能舉行。不過周成王因爲周公對周朝曾有過莫大的功勳，而魯國是周公的後裔，所以特許魯國的國君舉行禘祭，祭祀始祖周公所自出的文王，而以周公配祀。因此，魯君舉行大禘之祭，是得自周天子的特賜，不能算是僭禮。但後世的魯君沿用這一慣例，逐漸用於群公的宗廟，或不合禘禮應有的儀節，這便是非禮了，所以禮記禮運篇說：「魯之郊禘，非禮也。」本章孔子所說：「吾不欲觀之」，就是這個緣故。

㈡灌　本作祼。古代祭祀，不立牌位，也沒有畫像，而用童男童女代替受祭的祖先，這叫做「尸」。祭祀開始的時候，獻酒給尸，尸接受以後，把酒澆灌在地面，這樣可以使神靈下降。這種獻酒、灌地、降神的儀式稱爲灌。

㈢而往　與周易繫辭的：「過此以往，未之或知也」的「以往」二字相同，就是「以後」的意思。

【譯義】孔子說：「舉行禘祭的時候，從祭祀開始，獻酒灌地這一儀式以後的節目，我就不想看了。」

【析微】禘本爲天子宗廟的大祭，魯國是諸侯，也舉行禘祭，是得自周天子的特賜。禮記祭統說：「昔者，周公旦有勳勞於天下，周公旣沒，成王、康王追念周公之所以勳勞者，而欲尊魯，故賜之重祭。外祭則郊、社是也；內祭則大嘗禘是也。」又明堂位說：「季夏六月，以禘禮祀周公於太廟。」可見魯國周公廟得以行禘禮，是由於成王、康王所賜。但禮運篇卻載孔子的話，以魯郊、禘爲非禮，又歎周公其衰，是因爲後世魯君行禘祭於群公之廟的緣故，如春秋閔公二年二月，吉禘于莊公，當時閔公年幼，政在大夫，初行禘禮於群廟，所以春秋書而譏之。文公、宣公以後，禮樂征伐，出自大夫，又繼踵前失，如昭公十五年禘于武宮，二十五年禘于襄宮，於是群廟有禘祭。又魯國本在六月行禘祭，而僖公八年以七月，昭公十五年以三月，定公八年以十月，雜記說：「七月而禘，孟獻子爲之。」禘祭之不能定時，也是魯禘非禮的一端。至於本章說：「自既灌而往，不欲觀之。」孔安國註以爲：「既灌之後，列尊卑、序昭穆，而魯逆祀，躋僖公，亂昭穆，故不欲觀之。」但這說法不可取，因諸侯五廟，而孔子生於昭公、定公時，閔公、僖公的神主，這時已列入遠祖廟；況且孔子在魯國做官，是定公十年的事，而陽虎順祀在定公元年，這時沒有逆祀的事。朱子集註以爲：「魯之君臣，當此之時（指灌祭時），誠意未散，猶有可觀；自此以後，則浸以懈怠，而無足觀矣！」但誠意之散，只是一時的過失，不足以厚責。可見各家的註，對何以「既灌而往」孔子「不欲觀之」的原因，所作的解釋，都不能令人滿意。但我們可以揣想的是：灌後的禮儀節目，必有過簡或過繁、僭禮或非禮的。

第十一章

或問禘之說㈠。子曰：「不知也㈡，知其說者之於天下也，其如示諸斯

㊂乎！」指其掌㊃。

【提旨】孔子答覆他人的問題，因而論到深知禘祭義蘊的人，治理天下必然是容易的。

【釋詞】

㊀禘之說　指禘祭的道理、禘祭的義蘊。

㊁不知也　因為禘祭是天子的事，而魯國的禘祭非禮，所以孔子深諱而說不知。

㊂示諸斯　示、與視相通；諸、「之於」二字的合音；斯、這裏的意思，指掌中。

㊃指其掌　這三個字是記錄的人所記的話，顯示孔子說到「如示諸斯」的時候，一面用手指着掌心，表示容易的意思。

【譯義】有人向孔子請問關於禘祭的道理。孔子說：「我不知道；知道禘祭義蘊的人，對於治理天下，那就好像在手掌中看天下那麼容易吧！」一面說着，一面指着手掌。

【析微】中庸說：「郊社之禮，所以事上帝也；宗廟之禮，所以祀乎其先也；明乎郊社之禮、禘嘗之義，治國其如示諸掌乎！」與本章含義大同小異，只是中庸說得比較詳細，而論語記得比較簡略。又禮記祭統篇論禘、嘗二祭說：「禘者，陽之盛也；嘗者，陰之盛也；故曰莫重於禘嘗。古者於禘也，發爵賜服，順陽義也；於嘗也，出田邑，發秋政，順陰義也；故曰禘嘗之義大矣！治國之本也，不可不知也。明其義者，君也；能其事者，臣也。不明其義，君人不全，不能其事，爲臣不全。」比中庸所說還要詳盡，都可以作爲本章的註脚。

第十二章

祭如在㈠，祭神如神在㈡。子曰：「吾不與㈢祭，如不祭㈣。」

【提旨】孔子認爲祭祀要出於內心的孝思和誠意。

【釋詞】

㈠祭如在　是說祭祀祖先，要出於內心一片至孝，覺得所祭祀的祖先，好像就在眼前。

㈡祭神如神在　是說祭祀神靈，要出於內心一片誠敬，覺得所祭祀的神靈，彷彿就在眼前。以上兩句，朱子以爲是「門人記孔子祭祀之誠意。」日人竹添光鴻的論語會箋認爲是「古經傳之語」，他說：「此將欲記孔子語，故先述古語，爲之張本也。」因而以孔子的話爲本章的主文，而前引古語是客文，這意見頗有道理，因爲如果依朱子的說法，是門人記孔子，照論語的文例，應該作「子祭如在，祭神如神在。」

㊂與　音預（ㄩˋ），參預的意思。

㊃如不祭　是說因故不能參與祭祀，而使他人代理，就不能直接表達內心的誠敬，所以，雖然已經祭祀，而內心總覺得有欠缺之感，像不曾祭祀一般。

【譯義】祭祀祖先，要出於內心一片至孝，覺得祖先好像就在眼前一樣；祭祀神靈，要發乎內心一片至誠，感到神靈彷彿就在眼前一般。孔子說：「我如果不能親自參加祭祀，只好請人代理，可是孝心、誠意沒有表達出來，總覺得好像沒有祭祀似的。」

【析微】孔子認爲：祭祀的主旨，在於表達內心的誠敬，缺乏這份誠敬之心，就失去了祭祀的意義。這是儒家一貫的主張，所以中庸說：「事死如事生，事亡如事存。」禮記祭法篇說：「文王之祭也，事死者如事生，稱諱如見親，如見親之所愛。」又說：「祭之日，入室，僾然必有見乎其位；周旋出戶，肅然必有聞乎其容聲；出戶而聽，愾然必有聞乎其嘆息之聲。」這些話，都是表示祭祀的人有至孝之心、誠敬之意，所以心裡才覺得「如見其上，如聞其聲」，這都與本章「祭如在，祭神如神在」旨意相同。

第十三章

王孫賈㈠問曰：「與其媚㈡於奧㈢，寧媚於竈㈣，何謂也？」子曰：「不然；獲罪於天㈤，無所禱㈥也。」

【提旨】孔子答覆衞國大夫王孫賈的問題，而談到祭祀應該盡禮，不求媚於神；以比喻做人應該守禮，不求媚於人。

【釋詞】

㈠王孫賈　衞國大夫，靈公的臣子。

㈡媚　諂媚的意思。

㈢奧　屋裏的西南角，古人稱爲奧。爾雅釋宮說：「西南隅謂之奧。」郭璞注：「室中隱奧之處。」邢昺疏：「古者爲室，戶不當中而近東，則西南隅最爲深隱，故謂之奧。」

㈣竈　厨房燒飯菜的爐竈，古人相信有竈神，俗稱竈君司命。以上兩句是當時的俗語，王孫賈引用來請教孔子。當時的人以爲：竈設有神主，神有所棲，求媚於竈，容易得到福佑；奧沒有神主，必須迎尸而祭，尸是臨時用人代替，神無所憑依，求媚於奧，或許無益；所以，才有「與其媚於奧，寧媚於竈」的話。

㊄天　指天帝而言，與本篇下文的「天將以夫子爲木鐸」及子罕篇的「吾誰欺？欺天乎」的「天」相同。

㊅無所禱　無處祈禱的意思。換句話說：人如果不守禮，做了壞事，得罪了上天，無論諂媚奧神或竈神以求福免禍，都沒有用處。

【譯義】衞國大夫王孫賈請問說：「『與其諂媚屋裏西南角的神，寧可諂媚廚房的竈神。』這兩句話是什麼意思？」孔子說：「這話說得不對！如果一個人行爲不守禮，得罪了上天，那就無處祈禱了，不但媚於奧沒有用，就是媚於竈也不會發生效果。」

【析微】古人解釋這一章，認爲王孫賈所問與孔子所答的話，都是用的比喻，至於他們正確的意思何在？都從這些比喻中去猜測。有人認爲奧是一室之主，比喻衞國的國君，又在室內，也可以比喻靈公的寵姬南子，竈是王孫賈自比，而這一章是王孫賈暗示孔子：與其奉承衞君或南子，不如奉承我。也有人認爲這是王孫賈請教孔子的話，奧指衞君，竈指南子及有權勢的臣子彌子瑕，意思是說：與其阿附國君，不如阿附像南子、彌子瑕這樣有權有勢的左右。這兩種說法，雖然後一說比較接近情理，但總不免是出於揣測，甚至附會。我認為解釋古書，與其捕風捉影，不如直捷了當，更能獲得原文的本意。

第十四章

子曰：「周監㊀於二代㊁，郁郁乎㊂文㊃哉！吾從周㊄。」

【提旨】孔子說明他信從周朝的文物制度，是因為周朝取法夏、商二代，而有所折衷，更富文彩的緣故。

【釋詞】

㊀監　與鑑字相通，是觀察而有所取法的意思，也就是斟酌損益而有所折衷的意思。

㊁二代　指夏、商兩個朝代。

㊂郁郁乎　「郁郁」二字，形容文彩之盛；「乎」字是形容詞詞尾，作用等於「然」字，所以「郁郁乎」就是「郁郁然」，也就是文彩燦爛的樣子。

㈣文　古人常用來與「質」相對，指一切禮儀、典章、文物、制度，更趨文明，更富文彩。

㈤從周　信從周朝的文物制度。

【譯義】孔子說：「周朝的文物制度，是取法夏、商兩代，而有所損益，然後制定的，那文彩是多麼豐盛啊！所以，我信從周朝的文物制度。」

【析微】本章孔子先讚嘆周朝的文物制度，取法夏、商二代，因而文彩豐盛，然後說出他自己主張「從周」，看來好像孔子主張「尚文」；可是先進篇又說：「先進於禮樂，野人也。」「如用之，則吾從先進。」似乎又主張「尚質」，這是由於孔子因有鑑於周朝末年的禮儀制度，漸趨於繁文縟節，造成文勝於質的流弊，所以，才傾向於「尚質」的主張，以爲補偏救弊的。孔子所信從的，是周朝初年文王、武王、成王、康王時代盛世的禮儀制度，就是中庸所謂「憲章文武」的意思。他對文與質的態度，主張得文質之宜，就是文與質必須適度。所以他曾說：「質勝文則野，文勝質則史，文質彬彬，然後君子。」（見雍也篇）可見孔子對文與質的問題，也是有所損益，有所折衷，而求其合宜適度的。

第十五章

子入大廟㈠，每事問㈡。或曰：「孰謂鄹人之子㈢知禮乎？入大廟，每事問。」子聞之，曰：「是禮也㈣。」

【提旨】記孔子對祭祀大典的誠敬謹愼，足見他好禮、好問的精神。

【釋詞】

㈠大廟　大，讀爲太，古代二字相同。天子、諸侯始祖之廟稱太廟，周成王因周公有大勳勞，封他的兒子伯禽於魯，所以魯國人尊奉周公爲始祖，稱祭祀周公的廟爲太廟。據朱子集註，這時孔子開始在朝廷做官，入太廟而參與助祭。

㈡每事問　孔子入太廟以後，見到每件事物，都要詳細地請問。

㈢鄹人之子　鄹、音鄒（ㄗㄡ），魯國的一個城邑，在現在山東省曲阜縣。孔子的父親叔梁紇，曾做過鄹邑的大夫，古人常稱某地大夫爲某人，因此，這裏稱鄹邑大夫叔梁紇爲「鄹人」，「鄹人之子」就是指孔子。

㊃是禮也　何晏集解引孔安國註及朱子集註，都以爲孔子知而復問是敬愼之至，所以說「每事問」就是「禮」。換句話說，孔子的意思是：這樣恭敬、謹愼的態度，正合乎禮。

【譯義】孔子做魯國大夫的時候，初次進入太廟助祭，看到每件事物，都要詳細詢問。有人就譏笑孔子說：「誰說鄹邑大夫叔梁紇的兒子懂得禮呢？他進入太廟，每件事物都要問人。」孔子聽了這話，就辯解說：「我這樣恭敬、謹愼的態度，正合乎禮的精神啊！」

【析微】孔子少年的時候，就以知禮而聞名於鄉黨，因此，有人看到他在太廟中每件事物都要問人，好像並不懂禮，就譏笑他徒有知禮之名，而無知禮之實，孔子聽到這樣的批評，就針對這一批評而作辯解，所謂「是禮也」，是指每件事物都經過詳細詢問，以求明白，以資印證，這是明禮份內的事，由此可見孔子好禮、好學、好問、好求證的精神。他並不以自己知禮、明禮而不問，也不以問人爲恥，這正是孔子爲人所不及的地方，所以譏笑、批評孔子的人，是不足以眞正了解孔子的。

第十六章

子曰：「射不主皮㈠，爲㈡力不同科㈢，古之道㈣也。」

【提旨】孔子說明古代禮射的精神，在於觀摩揖讓的禮儀，不在於表現憑勇力以射中的技能。

【釋詞】

㈠射不主皮　這四個字見於儀禮鄉射禮篇，大約孔子引述古禮成文，而鄉射禮偶與相合，並非孔子專爲鄉射而發。古代射箭的靶稱爲「侯」，有布做的，也有皮做的，這裏所謂「皮」，是兼指布侯和皮侯而言。古代射禮，有大射、鄉射、賓射、燕射等種，這裏所謂「射」，也不專指那一種射，但是指以禮爲容、以樂爲節的禮射（就是上述幾種），而不是不習禮樂、不講容節的軍中武射。「射不主皮」的意思是：射禮的主要意義，在觀摩禮儀容止，表現優良的德性、美好的風度，而不專在射中目標。

㈡爲　讀去聲，音位（ㄨㄟˋ），因爲的意思。

㈢力不同科　這是孔子解釋爲何「射不主皮」的道理。科、程度、等次或類別的意思；力不同科，是說人的體力強弱有不同的程度。

㊃古之道　古代射禮的精神。

【譯義】孔子說：「在射禮中比賽射箭，不以射中皮侯爲主要目的，因爲各人力氣有強弱不同的程度，這是古時射禮的精神。」

【析微】孔子一向主張「以禮讓爲國」，主張「道之以德，齊之以禮」，所謂「貴揖讓而賤勇力」，正是儒家禮治的精神。本來射箭是憑勇力的事，是戰亂之端；揖讓卻是禮樂的精義，是靖亂之本。禮射之所以不主皮，不以射中爲能事，乃是儒家寓勇力於揖讓、寓兵於禮、寓武於文的作用，藉此以收化力而爲德、化干戈而爲玉帛、化兵爭之氣、而爲詩書禮樂之氣的一種敎化。有了這種敎化，才能使國家社會處於長治久安的局面。由於春秋末年，列國兵爭不息，只盛行基於勇力的武射，不懂得基於揖讓的禮射，古代那種「射以觀德」的精神，當時已完全不存在，所以孔子說到古代的正禮，而有感嘆當代正禮衰廢的意思。

第十七章

子貢欲去㈠告朔之餼羊㈡。子曰：「賜也！爾愛㈢其羊，我愛其禮。」

【提旨】孔子重視古禮的保存，足見他維護禮制的一番深意。

【釋詞】

㈠去　讀上聲，音取（ㄑㄩˇ），因爲這裏作外動詞用，和「來去」的「去」意思不同。

㈡告朔之餼羊　告，古人讀如谷（ㄍㄨˇ），現在可以讀如字；朔，每月的第一天，就是初一；餼，音戲（ㄒㄧˋ），生的祭牲，餼羊就是生的羊。「告朔」是古代的禮制，據古書的記載，有兩種「告朔」之禮：一爲天子告於諸侯，如周禮太史說：「頒告朔于邦國」，是說天子每年季冬，以來年十二月的朔政，頒告於諸侯。不說「頒朔」，而說「頒告朔」，意思是頒行所當布告於臣民的每月所行的政令。一爲天子告朔於明堂，諸侯告朔於廟，論語本章所說的「告朔」，是諸侯告朔於廟這一類，就是諸侯接受了天子所頒的朔政，藏在祖廟，每月初一，用一隻生羊爲供品，祭告於祖廟，然後奉行。春秋時，天子雖不頒布朔政，諸侯也照常行告朔之禮，魯國是周公的後裔，能遵守周禮，所以還奉行這一禮制，但從文公以後，逐漸曠廢，據春秋文公六年及十六年的記載，文公曾因閏月而不告朔，又因疾病而四度不視朔。子貢欲去羊的事，大約在哀公時，這時告朔之禮久已廢了，但每月初一，祖廟仍供奉一隻生羊。子貢認爲：既然告朔之禮已不存在，乾脆連羊也不必供奉了。

㊂愛　愛惜的意思，與孟子梁惠王：「吾何愛一牛」的「愛」相同。

【譯義】子貢因見魯國告朔之禮早已不行，而祖廟管事的人卻仍然循例供奉告朔的生羊，他覺得這生羊也可以廢去不用，以免有名無實。孔子說：「賜啊！你只是愛惜那隻生羊，我卻愛惜這個禮制啊！」

【析微】當時魯國的禮制衰廢，告朔之禮，徒然保存一隻供羊而已，正禮久已廢而不行。子貢的意思，只是私下議論這一禮制，覺得枉費一隻羊，只具備禮的形式，成了虛而不實，沒有意義；但孔子與他的意見相反，他覺得卽使殘存着這一形式，總比完全廢棄的好；因爲正禮雖然廢了，但後人看到這隻供羊，還能識別這個禮制，或許還能恢復它，如果連羊也免除了，那麼這禮就全部滅亡了。竹添光鴻的論語會箋引王宇泰的話說：「此一羊也，在子貢見以爲羊，在夫子見以爲禮。以羊爲羊，是禮在羊之外而禮亡；以羊爲禮，是禮在羊之中而禮存。」這是他們師生見解不同的分野。但子貢的主張，也另有一番見識，會箋引困勉錄說：「子貢惜費之意，亦不是無關係，蓋此一羊也，供之有司，必派之百姓，其間胥吏之誅求，豈能不騷擾乎民間？子貢去之，亦自有識見。」而孔子的主張，卻看重在古代的禮制，是一種良好的傳統，足見他自有一番珍惜古禮、維護傳統的深意和遠見。

第十八章

子曰：「事君盡禮㈠，人以為諂㈡也。」

【提旨】孔子說明臣子事君，盡到為臣之禮，與諂媚不同。

【釋詞】

㈠盡禮　盡到做臣子應盡的禮節。

㈡人以為諂　當時的人曲解盡禮是諂媚。

【譯義】孔子說：「臣子事奉國君，盡到他做臣子的人應盡的禮節，一般人卻曲解為諂媚。」

【析微】盡禮與諂媚，貌似相同，而實不相同。因爲貌似相同，所以容易被人誤解或曲解；它們不同的地方是：盡禮是人所當爲的，諂媚是人所不當爲的。因爲孔子所謂禮，是用來行義的，所以盡禮就是盡義，就是把義所當爲的表現於外，如憲問篇說：「子路問事君，子曰：『勿欺也，而犯之。』」可見一個事君盡禮的臣子，絕不欺矇國君，只要是義之所在，不惜犯顏力諫；諂媚則一味逢迎，不顧義與不義，君之所是，莫不以爲是，君之所非，莫不以爲非。其次，盡禮是無所求的，既不願藉以求個人之利，也不願藉以避個人之害，甚至因盡禮而個人喪失利益，遭遇危害，也在所不惜。學而篇所謂「事君能致其身」，就是這個意思；諂媚則不然，它是別有用意的，既想藉此謀個人的利，也想藉此避個人的害，陽貨篇孔子描述這樣的人說：「其未得之也，患得之；既得之，患失之。苟患失之，無所不至矣。」這正是諂媚者的寫照。

第十九章

定公㈠問：「君使臣㈡，臣事君，如之何㈢？」孔子對曰：「君使臣以禮，臣事君以忠。」

【提旨】孔子回答魯定公的問題，而論到君臣相對待，要各盡道義，各盡責任。

【釋詞】

㈠定公　魯國國君，名宋，昭公的弟弟，繼昭公而立，在位十五年，「定」是他死後的諡號。

㈡君使臣　國君使用臣子。

㈢如之何　就是「如何」的意思，論語常在當中加一個「之」字，這個「之」只是一個虛字，孟子中也常有這個習慣。

【譯義】魯定公問：「君主使用臣子，臣子事奉君主，應該怎麼樣？」孔子回答說：「君主應該依禮來使用臣子，臣子應該忠心地事奉君主。」

【析微】皇侃義疏解釋這一章說：「言臣之從君，如草從風。故君能使臣得禮，則臣事君必盡忠也。君若無禮，則臣亦不忠也。」朱子集註引尹氏說：「君臣以義合者也，故君使臣以禮，則臣事君以忠。」皇、尹二氏的解釋，都在「君使臣以禮」和「臣事君以忠」兩句之間，增加了一個「則」字，這樣一來，「君使臣以禮」，便成爲「臣事君以忠」的條件，意思是只有在「君使臣以禮」的情形下，臣才須盡忠，在其他任何情形下，臣都不必盡忠。這樣解釋，在義理上，與孔子平常的主張不合；在文理上，與上文定公的問話不能前後呼應。先從義理上說：孔子曾說：「事君敬其事而後其食。」（見衞靈公篇）所謂「敬其事」，就是盡忠。孔子這句話，在教人事君應該以盡忠爲先，而以生活所必需的食爲後，試想：人不食將無以爲生，怎麼能敬事呢？但孔子還是擱在敬事的後面，而不作爲盡忠的條件。由此可以推知：事君盡忠不以「君使臣以禮」爲條件。其次，從文理上說：定公所問的，明明是兩件平行的事，一爲君如何使臣，一爲臣如何事君；所以，孔子分別作答，說在爲君這方面，使臣必須合禮；在爲臣這方面，事君必須盡忠，各擧君臣份內應盡的道義和責任相應。如果依皇、尹二氏的意思，只有在「君使臣以禮」的情形下，臣才事君以忠，那麼，孔子所答的只有「臣事君」一事，顯然與定公所問不能相應。因此，皇、尹二氏的解釋都不足取，應該取朱註所說的：「二者皆理之當然，各欲自盡而已。」

第二十章

子曰：「關雎㊀，樂而不淫㊁，哀而不傷㊂。」

【提旨】孔子評論關雎一詩的內容，能得性情之正，樂音能得性情之和。

【釋詞】

㊀關雎　詩經國風周南第一篇篇名，也是全詩經的第一篇。古代的詩都用來配樂，所以，這裏是兼評關雎一詩的內容和樂音。

㊁樂而不淫　淫是樂得過分而失去性情之正，所以樂而不淫，是雖快樂而有節制，並不過分。

㊂哀而不傷　傷是悲哀過分而有害於性情之和，所以哀而不傷，就是雖悲哀而有節制，並不傷情。

【譯義】孔子說：「關雎這篇詩的內容和樂音，表現得雖快樂而不至於過分，雖悲哀而不至於傷情。」

【析微】據詩序解釋關雎這篇詩的作者作詩的用意說：「樂得淑女，以配君子，憂在進賢，不淫其色。」就是樂而不淫；又說：「哀窈窕、思賢才，而無傷善之心焉。」就是哀而不傷。古人認爲關雎一詩，是在「興后妃之德」，在「正夫婦以風天下」，所以依詩序的說法，孔子所謂「樂而不淫」、「哀而不傷」，樂與淫都是指后妃之心，淫字、傷字則是指宮中之風，誠如竹添光鴻的論語會箋說：「上以色選爲樂，則不以色寵成風矣；上以進賢爲樂，則下以貞靜成風矣！」又說：「上有賢賢易色之意，則下有嫁德不嫁色之風矣；上有我見猶憐之事，則下有女無妍媸、入宮見妬之風矣！其所以哀窈窕者，正是思賢才之故，所以宮中無傷善之心。」又說：「故孔子謂哀之風易于傷，關雎以思賢爲哀，而下乃能以無傷善之心爲風也，以是風行天下，風俗安得而不美乎？」以上是就詩序解釋關雎詩的用意，與孔子評論關雎的話相比附，以見前人說詩的方法，着重在風俗敎化上。

第二十一章

哀公問社㈠於宰我㈡。宰我對曰：「夏后氏以松，殷人以柏，周人以栗

㊂，曰：使民戰栗㊃。」子聞之，曰：「成事不說㊄，遂事不諫㊅，既往不咎㊆。」

【提旨】孔子因弟子宰我妄自答覆魯哀公的問題，而告誡他說話要謹慎。

【釋詞】

㊀社　古代稱土神爲社，哀公所問的社，指社主而言。當時祭祀土神，要立一塊木製的牌位，這牌位稱爲主，它是神靈的憑依。

㊁宰我　孔子弟子，姓宰，名予，字子我，論語多稱宰我，魯國人，善於言語。

㊂以松、以柏、以栗　古代中原各國，多以農立國，因土地能繁殖五穀，育養人民，所以建立國家，必定祭祀土神，而各以土地所宜生長的樹木作社主。夏朝建都於安邑（今山西夏縣一帶），土地宜於生長松，所以用松木作社主；殷朝建都於亳（今河南商丘縣一帶），土地宜於生長柏，所以用柏木作社主；周朝建都於鎬（今陝西、河南一帶），土地宜於生長栗，所以用栗木作社主。又夏時諸侯以上稱后，而夏是天子，所以尊稱夏后氏。

㊃使民戰栗　栗、通慄；戰慄、恐懼的樣子。宰我答覆哀公，不根據「各以土宜」的意思，

因爲周朝用栗木，就妄自解釋它的用意在使人民恐懼。

㊄成事不說　已經形成的事，不便解說它的是非了。

㊅遂事不諫　已經完成的事，不便挽救它的錯誤了。遂、有達成的意思；諫、有匡救的意思。

㊆既往不咎　已經過去的事，不便追究它的過失了。咎、就是過失的意思。以上三句，是孔子因宰我妄自作答，並非立社的本意，但話已說出，無法挽救，所以重覆地說明一個意思，以深責宰我，並告誡他以後說話要謹慎。

【譯義】魯哀公向宰我說，作社主用什麼木。宰我回答說：「夏代用松木，殷代用柏木，周代用栗木，用意在使人民恐懼戰慄。」孔子聽到了這番話說：「已經形成的事，不便再解釋了；已經完成的事，不便再挽救了；已經過去的事，不便再追究了。」

【析微】據朱子的推測，宰我回答哀公，認爲周朝用栗木作社主的用意，在於使人民戰慄，可能是古時在土神宗廟殺戮人犯，因而附會其說。如尚書甘誓說：「不用命，戮於社。」周禮大司寇也說：「大軍旅，蒞戮於社。」孔子之所以深責宰我，是由於他的解釋足以啓動國君殺戮之心。有人認爲在哀公的時候，魯國三家權臣的勢力，已經十分強大，到了剝奪政權的地步，哀公有聲罪致討的意思，但難以明說，因此，借社主的問題來問宰我可行與否，而宰我的答覆，正所以鼓勵哀公斷行聲討的事。也有人認爲宰我這樣作答，是期望魯君建立威風，增強公室，他只知道國家不振，是由於威權下移，卻沒想到這時大勢已成，積重難返，所謂「祿去公室，政在大夫，非一朝一夕之故。」「大夫專諸侯，陪臣專大夫，其所由來者漸矣！」要想收回已經失去的威權，在事勢上已不可能，也就是事勢已成而不可說，已遂而不可諫，既往而不可咎，所以孔子的話，是爲魯國的這一事勢而發，當然也有可能。

第二十二章

子曰：「管仲㈠之器㈡小哉！」

或曰：「管仲儉乎？」曰：「管氏有三歸㈢，官事不攝㈣，焉得儉？」

「然則管仲知禮乎？」曰：「邦君樹塞門㈤，管氏亦樹塞門。邦君爲兩君之好㊅，有反坫㊆，管氏亦有反坫。管氏而㊇知禮，孰不知禮？」

【提旨】孔子批評管仲的若干行爲，而尤其非責他的僭禮。

【釋詞】

㊀管仲　春秋時齊國人，名夷吾，做齊桓公的宰相，使桓公稱覇諸侯，成爲春秋五覇之一。

㊁器　器量、器度的意思。

㊂三歸　何晏集解引包咸註，以爲是娶三姓之女，但婦人出嫁稱歸，從管仲來說，應該說三娶，不應該說三歸；況且，如果三歸是指娶三姓之女，只是不知禮，並非不儉，否則便是答非所問，可見這一說不可取。朱子集註據劉向說苑，以三歸爲臺名，這一說法不見於先秦古書，所以不足依據。韓非子外儲說篇有一段話：「管仲相齊，曰：『臣貴矣，然而臣貧。』桓公曰：『使子有三歸之家。』」韓非子是先秦古書，足可依據。所謂「三歸」，是說管仲從朝廷歸家，有三個地方。家有三個地方，那麼三個地方都需有鐘鼎、帷帳之類的設備，由此可見其奢侈。

㊃官事不攝　由於家有三個地方，每個地方都設有管事的官，彼此不相兼攝，由此也可見其奢侈。

㈤樹塞門　爾雅釋宮說：「屏謂之樹。」鄭玄論語註說：「人君別內外，於門樹屏以蔽之。」由這兩個解釋對照來看，可見樹字是動詞，樹立的意思；不過這裏兼名詞用，樹立屏風的意思。屏風設在門內，用來遮蔽門外，所以塞就是遮蔽的意思。當時只有國君有這樣的設施，管仲也有，所以孔子舉這件事為證，說明管仲並不知禮。

㈥為兩君之好　為了兩國國君的友好而會合。

㈦反坫　坫，音店（ㄉㄧㄢˋ），用土築成的高臺，用來放置器物的設備，國君相互饗宴時，設在臺上東西兩楹柱之間，主君獻酒、賓飲酒完畢，將空的酒尊放回這高臺上，所以稱為反坫。

㈧而　假設連詞，也就是關係詞，假如、如果的意思。

【譯義】孔子說：「管仲的器度狹小得很啊！」

有人就問：「管仲是不是太節儉了呢？」孔子說：「管仲有三個地方的家，替他管事的官吏彼此不兼職，怎麼算得上節儉呢？」

那人又問：「這樣說來，那麼管仲懂得禮節嗎？」孔子又說：「國君宮室的門內，樹有屏風來屏蔽門的內外，管仲也在門內樹立屏風；國君為了兩國的友好而相互饗宴，堂上設有放置酒尊的設備，管仲也有這樣的設備；假如說他懂得禮節的話，那誰不懂得禮節呢？」

【析微】管子小匡篇說：「施伯謂魯侯曰：『管仲者，天下之賢人也，大器也。』」這是當時人對管仲的評論，是說管仲輔佐齊桓公建立霸業，有大才器。孔子則從另一角度去批評，所謂小哉，是嘆惜之詞，不是鄙夷之詞，凡器都有一定的容量，譬如升的容量不能接受斗的容量，器的容量大，施出去也不容易竭盡，管仲崇尚功名權力，務求富國強兵，不導之以德而以政，不齊之以禮而以刑，雖然一度稱霸諸侯，而霸業卻不能永久，假使他的器度更大些，以王道政治輔佐桓公，一定能建立更偉大的王業，更有利於天下後世，而管仲卻只能做到利於己身的富貴，利於齊國的霸業，所以孔子深爲嘆惜！下文又批評他生活奢侈、行爲犯禮，都是由於缺乏容受富貴的器度。不過這些都是就某種具體行爲而立論，如果就管仲的功業來論，孔子甚至還以「仁」讚許過他（見憲問篇），所以孔子批評人，不一筆抹煞，而分別評論。

第二十三章

子語㈠魯大師㈡樂曰：「樂其㈢可知也：始作㈣，翕如㈤也；從之㈥，純如㈦也，皦如㈧也，繹如㈨也，以成。」

【提旨】孔子告訴魯國樂官關於音樂節奏演變的過程。

【釋詞】

㈠語　讀去聲，音育（ㄩˋ），告訴的意思。這裏名詞作動詞用，論語常有這樣的用法，像雍也篇的：「中人以上，可以語上也；中人以下，不可以語上也。」

㈡大師　大、讀如太；太師、樂官之長。

㈢其　句中語助詞，有大概、也許的意思。

㈣始作　開始演奏音樂。

㈤翕如　翕、音細（ㄒㄧˋ），當「合」字講；翕如、等於翕然，就是五音六律，聲音翕合盛大的樣子。

㈥從之　從、音義同放縱的縱（ㄗㄨㄥˋ）；之、指音調節奏。從之、就是音調散揚開來。

㈦純如　音調和諧的樣子。

㈧皦如　皦、音皎（ㄐㄧㄠˇ），當「明」字講；皦如、就是音調明朗的樣子。

㈨繹如　繹、音亦（ㄧˋ），絡繹不絕的意思；繹如、就是音調連續不斷的樣子。

【譯義】孔子告訴魯國樂官之長關於演奏音樂的道理說：「音樂的音調和節奏的演變或許是可以知道的，當開始演奏的時候，各種音調翕然相合；到聲音散揚開來，節奏便顯得和諧一致，而且音調皦然明朗，絡繹不絕，於是整個樂曲，也就完成了。」

【析微】子罕篇孔子曾說：「吾自衞反魯，然後樂正，雅頌各得其所。」本章對魯國太師所說的話，大約就是這個時候說的。因爲當時魯國音樂廢缺，所以孔子特別對主管音樂的官吏，說明音樂演變的道理，以矯正當時音樂的過失。

所謂「大師」，相當於周禮的「大司樂」，是掌理音樂的主管官。諸侯的樂官，大師只有一人，所以這裏所說的大師，應該是指的師摯，就是泰伯篇：「師摯之始，關雎之亂」的師摯。

孔子的話，開頭就說：「樂其可知也。」猶如說：「音樂的道理，大約是不難明白的。」當中的一個「其」字，顯出孔子對魯國太師談論音樂，表示了謙虛的語氣。以下再就開始演奏到完成一個樂章之間，說明音節演變的四個自然的過程。由音調的翕合如一，演變爲純粹諧和，正如書經所謂「八音克諧」，然後演變爲分明清晰的節奏，並顯示出連綿不斷的音節，這是天地間自然的節奏。當時魯國的音樂，已失去這自然的節奏，所以孔子才以音樂的「自然之道」相告。

第二十四章

儀封人㈠請見㈡，曰：「君子之至於斯㈢也，吾未嘗不得見也。」從者㈣見之㈤。出曰：「二三子㈥何患於喪㈦乎？天下之無道㈧也久矣！天將以夫子爲木鐸㈨。」

【提旨】衞國儀邑典守邊疆的官見孔子之道偉大，預言孔子將替天宣道，垂教萬世。

【釋詞】

㈠儀封人　儀、衞國的一個城邑；封人、官名，掌理邊疆防務的官。

㈡請見　請求進見的意思；見、音現（ㄒㄧㄢˋ）。

㈢斯　此地的意思，指儀邑而言。

㈣從者　隨從孔子的弟子；從、音縱（ㄗㄨㄥˋ）。

㈤見之　使孔子接見了他的意思；見、音現（ㄒㄧㄢˋ）。
㈥二三子　指孔子的幾位弟子。
㈦喪　讀去聲（ㄙㄤˋ），指孔子喪失官位、離開魯國的事。
㈧無道　凡社會黑暗、政治不上軌道，都稱無道。
㈨木鐸　銅質木舌的大鈴。古代政府要發布政令、宣明教化時，就派人到各處搖動木鐸，召集百姓聆聽。這裏比喻孔子是警世的木鐸，將以他的學問道德垂教於萬世。

【譯義】衞國儀邑掌管封疆的官請求進見孔子，說道：「凡是有學問道德的人來到我這個地方，我從來沒有不能和他們見面的。（聽說孔老夫子駕到，所以特來求見）孔子的隨行弟子請求孔子接見了他。他見過了孔子，告辭出門的時候，對孔子的弟子們說：「你們各位何必憂愁夫子失去了官位呢？天下亂亡已經很久了，上天將以夫子作警醒世人的木鐸，替天宣道，垂教於千秋萬世。」

【析微】「儀」是衞國西北邊境的小城，與齊國、晉國接壤；「封人」是守封疆的大夫，左傳有潁谷封人、蔡封人、蕭封人等，都是這種官，周禮有封人職。凡邊疆聚土爲界稱封，所以守邊疆的官吏稱「封人」。這事大約發生在定公十三年左右，當時孔子五十六歲，正辭去大司寇的職位，離開魯國，前往衞國，這時衞靈公還不知孔子，也沒有人薦用孔子，孔子因而想西至晉國，拜見晉國的權臣趙宣子，路過衞國西北的儀邑，所以儀封人得以請見。封人所謂「何患於喪？」就是指喪失魯國司寇的官位而言。儀封人又以木鐸比喻孔子，他的用意，據朱子集註說：「言亂極當治，天必將使夫子得位設教，不久失位也。」又說：「或曰、木鐸所以徇于道路，言天使夫子失位，周流四方，以行其教，如木鐸之徇于道路也。」這兩種說法，以後一說比較好，因爲天下無道，不必在位才能救濟，孔子倡明教化，不止教化一時，將遠播千秋萬世。誠如劉寶楠論語正義所說：「封人蓋知夫子之終無所遇，而將以言垂教，故以木鐸爲喻。」

第二十五章

子謂韶㈠：「盡美㈡矣，又盡善㈢也。」謂武㈣：「盡美矣，未盡善也。」

【提旨】記孔子評論虞舜和周武王所制作的樂章，因二人功業所開創的局面不同，故各有不同的氣象。

【釋詞】

㊀韶　讀（ㄕㄠˊ），虞舜所製作的樂曲名稱。

㊁盡美　指樂曲的聲容極其完美。

㊂盡善　指樂章的內容極其精善。

㊃武　周武王所制作的樂曲名稱。

【譯義】孔子評論舜所作的韶樂說：「舜以揖讓而有天下，他的功德是出於自然的，所以那韶樂全是雍容和平的氣象，不但音調極度優美，而且含義也非常精善。」又評論武王所作的武樂說：「武王以征伐而得天下，所以那武樂便不免帶着嚴厲威武的氣象，音調雖然相當壯美，但內容卻不完全精善。」

【析微】古代開國帝王，功成治定之後，常制作一種樂章，以歌舞太平，所以韶與武都必須兼歌、舞說，才算完備。舜的樂章何以稱爲「韶」？據禮記樂記篇說：「韶，繼也。」鄭玄註說：「韶之言紹也，言舜能繼紹堯之德。」至於武王的樂章稱爲「武」的原因，禮記禮器篇說：「樂也者，樂其所自成。」鄭玄註說：「作樂者緣民所樂於己之功。」這樣說來，武王伐紂，用武力除暴安民，因而爲天下所樂，所以稱他的樂章爲武樂。那麼孔子何以評論舜樂盡美又盡善，而武王樂則盡美而未盡善呢？所謂「盡美」，是說樂章的音調、樂舞的形態，都極爲完美；至於「盡善」，則是說樂章所含的道德意義，也絲毫沒有缺陷，並且，是就這道德意義用之於天下而言；「未盡善」是說在這方面微有欠缺，還不十分精善。鄭玄論語註說：「韶、舜樂也，美舜自以德禪於堯；又盡善，謂太平也。武、周武王樂，美武王以此定功天下；未盡善，謂未致太平也。」漢書董仲舒傳對策說：「堯在位七十載，廼遜于位，以禪虞舜；舜因堯之輔佐，繼其統業，足以垂拱無爲而天下治。孔子曰：『韶，盡美矣，又盡善矣！』此之謂也。」董仲舒說的這段話，正與鄭玄的意思相同。因爲舜的道德盛美，又能親致天下於太平，所以，他的樂章，氣象恢宏，雍容和穆，盡美盡善；而武王平定天下之後，未能制禮作樂，致天下於太平，不能不有待於後人，所以，武樂的氣象便不如韶樂，盡美而未盡善。後來周公制禮作樂，才開創了天下太平的局面，所成就的就是武王「未盡善」的地方。

第二十六章

子曰：「居上㊀不寬㊁，爲禮㊂不敬，臨喪㊃不哀，吾何以觀之哉？」

【提旨】孔子教人重視行爲的根本。

【釋詞】

㊀居上　居身上位的人。

㊁寬　寬厚愛人的意思。

㊂爲禮　指奉行禮儀、主持典禮的時候。

㊃臨喪　親臨喪事的意思。

【譯義】孔子說：「居身於上位的人，不能寬厚愛人；奉行禮儀的時候，不能表現恭敬的態度，親臨喪祭的時候，不能顯露哀戚的表情；這種人，我還憑什麼來看他的做人呢？」

【析微】朱子集註說：「居上主於愛人，故以寬爲本；爲禮以敬爲本；臨喪以哀爲本。」居上位的人應有寬弘的度量、寬厚的德性，尙書大禹謨說：「御衆以寬。」皐陶謨記皐陶爲禹述九德，以「寬而栗」爲第一，孔子也曾說：「寬則得衆。」（見陽貨及堯曰篇）可見「寬」字確爲君主愛民的基本德性。至於「爲禮」，例如迎賓、祭祀、鄉飲酒、大射諸禮，無不以恭敬之心爲基礎，孟子告子篇上說：「恭敬之心，禮也。」如沒有恭敬之心，就失去了禮的意義。自臨其喪與臨視他人之喪，都可以稱爲「臨喪」，與「居喪」不同，但居喪自然包括在內。禮記曲禮篇說：「臨喪不笑。」又說：「臨喪則必有哀色。」又少儀篇說：「喪事主哀。」都說明了「臨喪以哀爲本」的道理。孔子認爲：如果連這些基本的德性修養都不能具備，這人也就不足觀了。

第四篇　里仁

前言

本篇前半部，多半論述仁德道義方面的事，後半部性質比較不純，共計二十六章。

第一章

子曰：「里仁㈠爲美。擇㈡不處仁㈢，焉㈣得知㈤？」

【提旨】孔子教人愼重選擇環境，以有仁厚的風俗爲準。

【釋詞】

㈠里仁　鄭玄註說：「居於仁德之里。」則里字名詞作動詞用；朱熹集註說：「里有仁厚之俗。」則里字仍是名詞。兩種說法都能通，今依朱註。

㈡擇　選擇居住的地方。

㈢不處仁　不居處在風俗仁厚的地方。處、讀上聲，音楚（ㄔㄨˇ）。

㈣焉　當「何」字講，怎麼的意思。

㈤知　音義同智（ㄓˋ），論語凡智字都作知，明智的意思。

【譯義】孔子說：「人民相聚而居住的鄉里，要有仁厚的風俗才好。如果選擇住處，不在風俗仁厚的地方，怎麼算得上明智呢？」

【析微】環境對人的影響很大，所謂：「近朱者赤，近墨者黑。」又所謂：「染於蒼則蒼，染於黃則黃。」孟母三遷的故事，尤為家喻戶曉，耳熟能詳。不過孟子公孫丑篇引用這一章，然後說：「夫仁，天之尊爵也，人之安宅也，莫之禦而不仁，是不智也。」似乎是泛指立身處事而言，不單指擇居，凡擇業、擇友等都包括在內。因此有人主張這樣解釋，也能合乎孔子的思想。

第二章

子曰：「不仁者不可以久處約㈠，不可以長處樂㈡。仁者安仁㈢，知者利仁㈣。」

【提旨】孔子教人不因境況而喪失本心的仁德。

【釋詞】

㈠約　窮困的意思，指貧窮窘困的境況。

㈡樂　安樂的意思，指富貴安樂的境況。

㈢仁者安仁　心性仁厚的人，會自然而然、毫不勉強地實踐仁德。安、安然，自然而不勉強的意思。

㈣知者利仁　理性明智的人，會妥當適切、毫無偏蔽地推行仁道。知、同智；利、利益，作動詞用，利仁、有使仁獲益的意思，所以「利」字引申有妥當、適切的意思。

【譯義】孔子說：「沒有仁德的人，不可以長久地處身在貧窮窘困的環境中，也不可以長久地居身於富貴安樂的環境中。只有心性仁厚的人，無論貧賤富貴，都能自然而然地實踐仁德；理性明智的人，無論貧賤富貴，都能妥當適切地奉行仁道。」

【析微】本章的前兩句，是孔子說明沒有仁德的人，容易受環境的影響，壞的環境容易使他墮落，因而做出違法亂紀的事情來，所以「不可以久處約」；好的環境容易使他驕奢，因而做出傷風敗俗的事情來，所以「不可以長處樂」。正如俗話所說：「飽暖生淫慾，飢寒起盜心。」前句是「長處樂」的後果，後句是「久處約」的後果。所以孟子說：「若民則無恆產，因無恆心，苟無恆心，放辟邪侈，無不爲已。」（見梁惠王上）只有仁者才能久處約，長處樂，所以孟子又說大丈夫是「富貴不能淫，貧賤不能移」的（語見滕文公下）。

本章的後兩句，是在舉出實踐仁德的兩種主要因素，分別說明它們的功用，以顯示仁與智必須兼備與並重。孔子說過：「好仁而不好學，其蔽也愚。」（見陽貨篇）只是一味好仁，而不同時兼好學，將產生流弊，仁德變質而爲愚昧，可見行仁必須用智來調節，才能妥當適切，沒有偏弊。前人解釋這兩句，都把仁者與智者分成兩種不同的人，而且認爲他們行仁有深淺的不同，仁者高於智者，又把「利仁」的「利」當作對我有利或利用的意思，都不十分妥貼。

第三章

子曰：「唯㈠仁者能好人㈡，能惡人㈢。」

【提旨】孔子說明有仁德的人，沒有私心偏見，所以好惡都能公正得當。

【釋詞】

㈠唯　唯獨、只有的意思。
㈡好人　好、讀去聲（ㄏㄠˋ）；好人、是說能公正地愛好所應當愛好的人。
㈢惡人　惡、音務（ㄨˋ）；惡人、是說能公正地厭惡所應當厭惡的人。

【譯義】孔子說：「只有心性仁厚的人，才能公正地愛好那所當愛好的人，也能無私地憎惡那所當憎惡的人。」

【析微】本章與大學所說的：「惟仁人爲能愛人，能惡人」旨意相同，都在闡明仁者對於他人的爲人，好惡非常得當，絲毫沒有偏差或私心。陽貨篇記載一段對話：「子貢曰：『君子亦有惡乎？』子曰：『有惡。惡稱人之惡者，惡居下流而訕上者，惡勇而無禮者，惡果敢而窒者。』」論語所說的君子與仁者，往往同義，由此可以證明：本章所說的「好人」與「惡人」，是對他人爲人的好惡而言。尤其值得特別重視的，是本章「好人」與「惡人」之上的「能」字，能、是能得其當的意思，衞靈公篇記載：「子曰：『衆惡之，必察焉；衆好之，必察焉。』」衆人也有所好惡，但不一定能得其當，所以需要重作一番考察；仁者則與衆人不同，他能做到公正無私，合理得當。

第四章

子曰：「苟㈠志於仁㈡矣，無惡㈢也。」

【提旨】孔子勉人專心向善。

【釋詞】

㈠苟　孔安國、朱熹都解作：「誠也。」竹添光鴻論語會箋引日本學者中井的話說：「苟、如字，不理他之辭，言仁一事便了，其他有未盡者不論也。」有「只要」的意思，似乎比解作「誠實」好些。

㈡志於仁　志、朱註說：「志者，心之所之也。」就是一心嚮往的意思。所以志於仁就是一心嚮慕仁德。

㈢無惡　惡、音餓（ㄜ）；無惡、朱註解作：「必無爲惡之事」，竹添的論語會箋說：「惡字兼心與事，無惡者，惡自然而消之謂也。」似乎比朱註來得周密圓通，因此，無惡、就是沒有惡念與惡行。

【譯義】孔子說：「只要一心嚮慕仁德，就自然不會有壞的念頭和不好的行爲了。」

【析微】本篇第七章有「觀過，斯知仁矣」的話，可見仁者未嘗沒有過失，但仁者絕不至於有心去作惡。當然，過與惡是有差別的，凡有心違背天理稱爲惡，若無心的違失，則只是過失而已。因此，古人極重視心志的善惡，東漢桓寬鹽鐵論刑德篇說：「故春秋之治獄，論心定罪，志善而違於法者免，志惡而合於法者誅。」正是本章「苟志於仁，無惡」的用意。「無惡」的「惡」兼惡念與惡行而言，惡念的有無，與「志於仁」與否直接相關，所以朱子語錄說：「纔志仁時，便無惡；若間斷不志仁時，惡又生。」至於何以「志於仁」則「無惡」的道理，宋人趙順孫論語纂疏引黃榦的話說：「人心不可兩用，志於此，必遺於彼，所患者無其志耳。況仁者此心之全德，誠志於仁，則必先存此心天理之公，而去其人欲之私，惡念何自而生乎？」徐英論語會箋則說：「天下之善，皆仁心之所發，仁者善之本，誠志於仁，何惡之有？」心志嚮於仁道的人，惡念不生，則自然沒有惡行；否則一生惡念，則惡行必有所不免。

第五章

子曰：「富與貴㈠，是人之所欲也；不以其道㈡得之㈢，不處㈣也。貧與賤㈤，是人之所惡也；不以其道得之，不去㈥也。君子去仁，惡乎㈦成名㈧？君子無終食之間㈨違仁㈩，造次⑪必於是⑫，顛沛⑬必於是。」

【提旨】孔子說明君子以仁德居心，不因外在環境的不同而有所轉移。

【釋詞】

㈠富與貴　錢財豐多稱爲富，職位高顯稱爲貴。

㈡道　道義的意思，引申作合理的方法、正當的途徑。

㈢得之　朱子集註解釋這一句：「不以其道得之，謂不當得而得之」，很明顯的，是從「得之」這裏斷句，把「得」字當作動詞，得到的意思，「之」字指富與貴。這樣說來，那麼下文的「貧與賤，是人之所惡也，不以其道得之」，句法相同，也應該從「得之」斷句，但富貴可以「以其道得之」，也可以「不以其道得之」，貧賤就不可能「以其道得之」，或「不以其道得之」。因此，東漢王充論衡主張下文的「得」字：「當言去，不當言得。」原文應該是「貧與賤，是人之所惡也，不以其道去之，不去也。」這意見雖然很有道理，而且可能是傳寫的人因上文的「得」字而把「去」字也誤寫作「得」字的，但終究缺乏誤寫的證據，當然不能肯定判斷下文的「得」字是「去」字之誤。因此，後人又從變更句讀方面，去尋找較爲妥善的解釋，如宋人俞琰的書齋夜話、清人畢沅的論語補疏等，都主張從「不以其道」的「道」字斷句，而「得之」二字屬下句，俞琰這樣主張的理由，是因爲懷疑不可能有「以其道得之」的貧賤，但上文這樣斷句，不如在「得之」下斷句順當，因而這一主張，不免有上下文不太相應的缺點。畢沅的主要論證，是舉呂氏春秋有度篇高誘註：「不以其道，得之不居。」認爲「得之」二字當屬下句，因而證明論語本章的兩個「得之」也該屬下句；但劉寶楠的論語正義已加辨正，認爲仍當讀成：「不以其道得之，不居。」所以論語也該維持舊的讀法。現在，我們既不改字，也不變更句讀，只從義理去尋求合理的解釋，竹添光鴻論語會箋引日本學者中井的話說：「兩『得之』，上『之』字指處，下『之』字指去，言雖所欲者，非以道得處，則不處也；雖所惡者，非以道得去，則不去也。上文指下，古文多是類。」他不把「得」字當動詞，而當副詞看待，而以「之」字代替了下文的兩個動詞，這倒是一個創見。會箋又引古賀煜的話說：「此言富貴人之所大欲，惟恐不得處之，君子則不然，苟不以道得處之，則不肯處也；貧賤人之所甚惡也，惟恐不得去之，君子則不然，苟不以道得去之，則不肯去也。」解釋得極爲明確。

㊃處　讀上聲（ㄔㄨˇ），居處或引申爲安享的意思。

㊄貧與賤　錢財寡少稱爲貧，職位低微稱爲賤。

㊅去　離去的去讀去聲，除去的去古人讀上聲（ㄑㄩˇ）。這裏可作免除講，所以可讀上聲；但也可作避去講，所以也可讀去聲，下文「君子去仁」的「去」也一樣。

㊆惡乎　惡、音烏（ㄨ），當「何」字講，怎麼的意思；乎字只是語助字。

㊇成名　成爲君子的名稱。

㊈終食之間　朱註說：「終食者，一飯之頃。」所以終食之間就是吃完一頓飯的時間，形容很短暫的時刻，猶如「須臾」的意思。

㊉違仁　違、離開的意思，與公冶長篇：「棄而違之」的「違」意義相同。違仁、就是離開仁道。

⑪造次　造、古音讀如操的去聲（ㄘㄠˋ）；造次、馬融註：「急遽。」鄭註：「倉卒也。」

卒與猝同。造次就是「倉猝」二字的轉音，也就是迫促不暇的意思。

㊂於是　歷來註家都不註解這兩個字，所謂「必於是」，是必定依於仁的意思，「是」字指仁而言，因上句「無違仁」就是依於仁，「依」就是「違」的相反義，所以下兩句以肯定語氣說，應該有「依」字的意思在內，但省略了，我們上下參照，就可以探索出來。

㊂顛沛　就是「顛仆」或「顛撲」的轉音。朱註說：「顛沛、傾覆流離之際。」

【譯義】孔子說：「發大財和做大官，這是一般人所盼望的；如果不依合乎道義的正當途徑享有財富和地位，君子是不願安享的。境況貧困和地位低賤，這是一般人所厭惡的，如果不用合乎道義的合理方法避免貧困和低賤，君子是不肯躲避的。一個君子，如果拋棄了仁德，怎麼能成爲君子呢？君子不可在片刻之間離開仁道，就是在急遽倉促的時候，必然依從仁德；在顛沛流離的時候，一定依從仁德。」

【析微】本章是孔子告誡人們，面臨富貴不要苟取，面臨貧賤不要苟避，要時時刻刻以仁居心，卽使在一飯之頃，倉促之間，流離之際，也不可離開仁道。中庸說：「道也者，不可須臾離也；可離非道也。」「仁」就是爲人之道，所以不可須臾離。君子所處的是仁，假如不以其道而處富貴，就是處於不仁；不以其道而去貧賤，也是處於不仁。孔子曾說：「不義而富且貴，於我如浮雲。」（見述而篇）孟子所謂：「非其道，則一簞食，不可受於人。」（見滕文公下）都與本章有相通的地方。

第六章

子曰：「我未見好仁者㈠，惡不仁者㈡。好仁者，無以尚之㈢；惡不仁者，其爲仁矣㈣，不使不仁者㈤加乎其身㈥。有能一日㈦用其力於仁㈧矣乎？我未見力不足者㈨。蓋有之㈩矣，我未之見㈪也。」

【提旨】孔子勉人努力實踐仁道，不要自暴自棄。

【釋詞】

㈠好仁者　指眞正愛好仁德的人；好、讀去聲（ㄏㄠˋ），愛好的意思。

㈡惡不仁者　指厭惡不仁德的人；惡、音務（ㄨˋ），厭惡的意思。

㊂尚之　尚、通上，當動詞用，超過的意思；之、指好仁者而言。

㊃爲仁矣　爲仁、就是行仁、實踐仁德的意思；矣、與「也」字的用法相同，表示停頓的語氣詞。

㊄不仁者　指不仁的事，或不仁的言行。

㊅加乎其身　自己加於自身，連上文不使不仁者加乎其身，就是不使自身稍有不仁的言行，以自陷於不仁。

㊆一日　就是一天之間，或一旦的意思，形容在很短暫的時間內。

㊇用其力於仁　運用他的心力到仁德方面去，或在仁德方面運用他的心力。

㊈力不足者　指心力不夠的人。

㊉蓋有之　大概有這樣的人；蓋、表示揣測的語氣詞，大概的意思。

⑪未之見　「未見之」的倒裝句，就是未曾見過這種人。

【譯義】孔子說：「我沒有見過眞正愛好仁德的人，也沒有見過厭惡不仁德的人。眞正愛好仁德的人，他能積極地實踐仁德，所以沒有任何人的行爲更能超過他了；厭惡不仁德的人，他行仁的特徵，在於不使自己有不仁的言行。天下有沒有人能夠在一天這樣短暫的時間之內，使用他的心力去實踐仁德呢？我沒見過實踐仁德而心力不夠的人。大概有這樣的人，只是我沒有見過罷了。」

【析微】本章中對一般實踐仁德的人，說出了三種類型，一種是「好仁者」，一種是「惡不仁者」，一種是「能一日用其力於仁者」，這三種人，孔子說他都不曾見過，可見眞正實踐仁德，是多麼難能可貴！孔子曾說：「仁者不憂，知者不惑，勇者不懼。」（見子罕篇及憲問篇）又說：「仁者安仁，知者利仁。」（見本篇上文）又說：「或安而行之，或利而行之，或勉強而行之。」（見中庸）這些話都能與本章相呼應。「好仁」屬於「仁」，屬於「安仁」，好仁的人實踐仁德是「安而行之」的；「惡不仁」屬於「智」，屬於「利仁」，惡不仁的人實踐仁德是「利而行之」；「能一日用其力於仁」屬於「勇」，屬於「強仁」，這樣的人實踐仁德是「勉強而行之」。這三種類型的人，表現了三種不同的「行仁」的態度，雖然很難遇到能眞正實踐仁德的人，但孔子還是鼓勵人去做到，他說過：「爲仁由己，而由人乎哉？」（見顏淵篇）又說：「仁遠乎哉？我欲仁，斯仁至矣！」（見述而篇）意思是仁道距離我們不遠，只要自己肯用心力，就能獲致仁德、求得仁道。

第七章

子曰：「人之過㈠也，各於其黨㈡。觀過㈢，斯知仁㈣矣！」

【提旨】孔子教人觀察自己的過失，以體認仁的道理。

【釋詞】

㈠過　過失、過錯的意思。

㈡各於其黨　黨，指性質類別；各於其黨，就是各自居於不同的類別，所謂不同的類別，如朱子集註引程子說：「君子常失於厚，小人常失於薄；君子過於愛，小人過於忍。」

㈢觀過　觀察、省察自己的過失，並非觀察他人的過失。

㈣斯知仁　意思是這樣就能認識仁的道理。

【譯義】孔子說：「人的過失，各有不同的類別。觀察自己的過失，這樣就能體認仁的道理。」

【析微】前人解釋本章，都把「觀過」解作觀察別人的過失，而且孔安國、皇侃的意思，認為這一章是教人寬恕小人的過失，以表示自己存有仁心，這樣解釋，顯得迂曲，很難令人滿意；朱子的意思，認為這一章是教人觀察別人的過失，以推知他是仁還是不仁，這樣解釋，雖然比較合理，但還不夠簡明和順適。從孔子整個思想看來，與其把「觀過」解作觀察他人的過失，實不如解作觀察自己的過失；把「知仁」解作認定觀過的人或有過的人具有仁心仁德，還不如解作識得仁的道理更能與他其他的言論相呼應。

孔子曾說：「躬自厚而薄責於人。」（見衛靈公篇）又說：「攻其惡，無攻人之惡。」（見顏淵篇）可見孔子是注重責求自己的過失，攻治自己的缺點的，因此，必須常常留意自己的過失，但人之常情，很容易忽略自己的過失，孔子曾說：「吾未見能見其過而內自訟者也。」（見公冶長篇）這句話指出了一般人的通病：不肯找出自己的過失而自加譴責，這是進修品德的一大障礙。「能見其過而內自訟」的人，就是能責求自己的過失、攻治自己的缺點的人，孔子歎息說「未見」這種人，正顯示他對這種人的珍視，也顯示他對人們能轉變成這種人的期望。所謂「能見其過」，就是本章的「觀過」，孔子的用意，無非是在勉勵大家，有了過失，雖然類別不同，要能自見其過，就是找出自己的過失來。

至於「觀過」所以能「知仁」的緣故，同樣也可以藉孔子的話來說明，他曾稱讚顏回說：「有顏回者好學，不遷怒，不貳過。」又說：「回也，其心三月不違仁。」（並見雍也篇）

易經繫辭傳說：「有不善，未嘗不知，知之，未嘗復行也。」顏淵之所以能夠「不貳過」，正是如此，正是他「能見其過而內自訟」的結果，也是他能「三月不違仁」的原因。足見在行爲上，「不貳過」可以達到「不違仁」的效果，這正與在知識上，「觀過」可以達到「知仁」的效果相同。因此，所謂「觀過，斯知仁矣」的意思，是在教人觀察自己的過失，以體認仁的道理。請參看陳大齊先生的論語臆解，其中有更詳盡的分析和說明。

第八章

子曰：「朝㈠聞道㈡，夕死可矣㈢！」

【提旨】孔子道出眞理的可貴，而勉人求取眞理。

【釋詞】

㈠朝　音招（ㄓㄠ），早晨的意思。

㈡聞道　聞，聽聞、得知的意思，由耳有所聞，引申爲心有所悟；道，朱子解作「事物當然之理。」孔子所說的「道」，通常泛指宇宙、人生的眞理。

㊂夕死可矣　夕、夜晚，朱子集註說：「朝夕、所以甚言其時之近。」這一章在極度形容期望「聞道」的殷切心情，卽使是朝聞而夕死，也是心甘情願的。

【譯義】孔子說：「如果早晨能得知宇宙人生的眞理，卽使在當天晚上不幸死去，也是心安而無所遺憾的。」

【析微】孔子這兩句話，充分顯示他熱愛眞理甚於生命的精神。所謂「道」，如君子之道、聖人之道的「道」，是人所共由的大道，人之所以爲人，人之所以異於禽獸，就是由於人有這個「道」。人的一生，如果不曾得知這個爲人之道，未免辜負了做人的意義，可是一旦深知爲人之道，了解了人貴於禽獸的道理，就不至於辜負做人的意義，不算虛度一生，雖死而無憾，雖死也無妨。可見孔子是如何尊崇「道」、如何強調眞理的價值！

第九章

子曰：「士㊀志於道㊁，而恥惡衣惡食㊂者，未足與議㊃也。」

【提旨】孔子勉人篤志求取人生的眞理，而不必注重物質的享受。

【釋詞】

㈠士　泛指還沒有做官的讀書人、知識份子。

㈡志於道　立志求取人生的眞理。

㈢恥惡衣惡食　以惡衣惡食爲恥；恥、對……感到恥辱、覺得慚愧的意思；惡、音餓（ㄜ）粗惡的意思。

㈣未足與議　不值得與他議論；議是議道，談論人生的眞理。

【譯義】孔子說：「讀書人專心求取人生的眞理，卻對自己穿的衣服粗惡、吃的飲食不好而感到羞恥，像這樣注重物質享受的人，是不值得和他談論人生之道的。」

【析微】禮記學記篇說：「士先志。」孟子說：「士尚志。」古人認爲讀書人的先務、讀書人所崇尚的，在於立志，而志在於「道」，也就是在於尋求人生的眞理，進而實踐這一眞理，這才是做人的意義，尤其是讀書人的使命，因爲古人所謂「士農工商」，以士爲四民之首，就是看重知識份子，而知識份子足以領袖群倫，教化群倫，如果他的心志還被外物所役使，還留戀物質生活的享受，那麼，他一定不是眞正「志於道」的士人，宋代理學家眞德秀舉出論語所記的弟子顏回與子路爲例說：「顏子簞食瓢飲，不改其樂；子路衣敝緼袍，與衣狐貉者立而不恥；皆所謂不恥惡衣惡食者。」要像顏回和子路這樣，才能說是「志於道」，也才値得和他們「論道」。

第十章

子曰：「君子之於天下㊀也，無適㊁也，無莫㊂也，義之與比㊃。」

【提旨】孔子說到君子處理事情的態度，不要固執成見，只求適宜合理。

【釋詞】

㊀於天下　意思是對於天下的事，與八佾篇的：「知其說者之於天下也」語法相同。八佾篇記載有人問到禘祭的意義，孔子回答他說：「知其說者之於天下也，其如示諸斯乎？」意思是了解禘祭意義的人，對於天下一切事情，無不理解得很明白。以「天下」二字指事，不指人；皇侃、邢昺解釋本章，以爲「天下」二字指人，與孔子原意不符。

㈡適　音敵（ㄉㄧˊ），朱註解作：「專主也。」又引謝氏說：「可也。」張居正說：「適是必行的意思。」都很正確。鄭註以爲是敵的借字，解作敵對；范甯註解作厚；邢昺疏解作富厚，都與原意不合。

㈢莫　朱註解作：「不肯也。」又引謝氏說：「不可也。」張居正說：「莫是必不行的意思。」都很正確。鄭註以爲是慕的借字，解作貪慕；范甯註解作薄；邢昺疏解作窮薄；都與原意不合。

㈣義之與比　義、中庸說：「義者、宜也。」是適宜、合理、得當的意思；比、讀去聲（ㄅㄧˋ），朱註解作「從也。」就是依從的意思。

【譯義】孔子說：「君子對於天下一切事情，不以爲一定要如此，也不以爲一定不如此，完全依從合理的原則來決定。」

【析微】孔子在本篇第十六章說：「君子喻於義。」與本章所闡發的道理，前後互相呼應。孔子以「義」爲衡量天下事情的標準，因爲天下一切事情，本身並無可與不可，完全取決於事情適用得合宜與否，本章的「義之與比」，正提示了可與不可的標準。又本章所謂「無適也，無莫也」，正與子罕篇的「無必，無固。」微子篇的「無可，無不可」相呼應，所以朱註引謝氏說，以可與不可來解釋適與莫，這樣以論語解論語，最爲可取，最能與孔子的言論相符合。因爲孔子是最不喜歡遇事固執拘泥的人，而儒者行事的最高準則在於通權達變，所以孟子推崇孔子是「聖之時者」，因爲孔子「可以仕則仕，可以止則止，可以久則久，可以速則速。」（語見孟子公孫丑篇上）能做到唯義是從。

第十一章

子曰：「君子㊀懷德㊁，小人㊂懷土㊃；君子懷刑㊄，小人懷惠㊅。」

【提旨】孔子談論君子與小人的心性、志趣不同。

【釋詞】

㊀君子　指成德的君子而言，並非專指國君。

㊁懷德　懷、與詩經大雅皇矣篇：「予懷明德」、板篇：「懷德維寧」的「懷」意思相同，由懷抱引申有思念、念念不忘的意思；懷德、就是思念常在德行的增進。

㊂小人　指離德的小人，並非指一般人民。

㈣懷土　土、田地、家產的意思，引申指一己的安樂；懷土、就是思念常在圖一己的安樂。

㈤懷刑　刑、法刑、法度的意思；懷刑、就是思念常在法度的遵守。

㈥懷惠　惠、由恩惠引申爲私惠的意思；懷惠、就是思念常在私惠的獲取。

【譯義】孔子說：「君子念念不忘於德業的增進，小人念念不忘於居處的安樂；君子念念不忘於法度的遵守，小人念念不忘於私惠的獲得。」

【析微】朱子集註解本章說：「懷、思念也。懷德、謂存其固有之善；懷土、謂溺愛其所處之安；懷刑、謂畏法；懷惠、謂貪利。君子小人，趣向不同，公私之間而已矣！」大體能把握本章的旨意，只是以「固有之善」解釋「德」字，微有不妥，因爲儒家稱人的本性爲固有之善，「德」與「性」顯然有所不同。孟子說：「有恒產者有恒心，無恒產者無恒心。」本章所謂「懷土」，正指小人念念在於恒產，在於田宅。

第十二章

子曰：「放㊀於利㊁而行，多怨㊂。」

【提旨】孔子道出多怨的原因，而戒人不要縱心於私利。

【釋詞】

㊀放　前人解釋這個字，多把它解作依倣，以爲是「倣」的借字，因而讀成上聲（ㄈㄤˇ）。從孔安國、皇侃、邢昺到朱熹，都是這樣解釋。但劉寶楠論語正義舉出漢書引桓寬鹽鐵論說：「始放於末利。」顏師古註說：「放、縱也，謂縱心於利也。」因此，「放」字有兩種解釋：一是解作依倣，一是解作放縱，雖然都可以通，但從它與下文的關係來看，利愈放縱，則怨愈多，解作放縱，更能與下文的「多」字相呼應，所以解作放縱比較好些。

㊁利　指私利、自己的利益、利慾。

㊂怨　孔安國、邢昺解作取怨，意思是招致他人對自己的怨恨；但也可解作抱怨，意思是自己對他人的怨恨。這兩種解釋，雖然都可以通，但依論語用「怨」字的通例來說，以解作

自己的抱怨比較適當。因爲論語中凡孔子說到「怨」，都用作自己抱怨的意思，像述而篇的「求仁而得仁，又何怨」？是說伯夷、叔齊無所抱怨；又像憲問篇的「貧而無怨難」，是說貧窮的人無所抱怨；可見孔子不以抱怨爲然。

【譯義】孔子說：「只圖放縱自己的利慾去做事，結果會使自己多所抱怨。」

【析微】我對本章的解釋，與通常的解釋方法稍有不同，是因爲依孔子的思想來說，他一直不以抱怨爲然，在憲問篇內，孔子曾自稱「不怨天，不尤人。」又在顏淵篇中，鼓勵弟子仲弓「在邦無怨，在家無怨。」本來人們在做事的時候，如果遇到挫折，總不免會發生抱怨，孔子追本溯源，提示人們之所以多所抱怨的一大原因，是由於自己不能約束利慾，以致侵害到他人的利益，因而加以阻礙。要想減少抱怨，最有效的辦法，就是從自己的行爲着手，約束自己的私慾，不讓它放肆。

孔子曾說：「躬自厚而薄責於人，則遠怨矣。」（見衞靈公篇）最能與本章相輝映。這兩章的主旨，都在戒人抱怨。厚於責人而薄於責己，是造成抱怨的一大主因，所以孔子教人要「躬自厚而薄責於人」，意思是要厚於責己而薄於責人；放縱自己的利慾，也是引起抱怨的一大原因，所以本章在戒人「放於利而行」，意思是教人不要放縱自己的利慾。

第十三章

子曰：「能以禮讓㈠爲國㈡乎！何有㈢？不能以禮讓爲國，如禮何㈣？」

【提旨】孔子說明禮讓是治國的根本要義。

【釋詞】

㈠禮讓　指禮法上的謙讓精神。

㈡爲國　就是治國的意思。

㈢何有　這是春秋時代的常用語，意思是何難之有？所以何晏論語集解說：「何有者，言不難。」朱熹論語集註說：「何有、言不難也。」劉寶楠論語正義說：「何有、不難之詞。」論語中常有這樣的用語，像雍也篇說：「由也果，於從政乎何有？」子路篇說：「苟正其身矣，於從政乎何有？」

㈣如禮何　禮的實質，在於表現辭讓謙遜的精神，如果不能以禮讓爲國，就是喪失了這個精神，那麼禮就沒有作用了。意思與八佾篇的「人而不仁，如禮何」相同。

【譯義】孔子說：「在上位的人，如果能夠用禮法上的謙讓精神去治理國家，使上下和睦，沒有悖亂的事情發生，那治國又有什麼困難呢？假若不能用禮法上的謙讓精神去治理國家，則禮法只具備外表的虛文，不能發揮它的作用，要它做什麼呢？」

【析微】儒家認爲：禮的實質，在於辭讓謙遜的精神，所以孟子說：「辭讓之心，禮之端也。」孔子曾哂笑子路說：「爲國以禮，其言不讓。」（見先進篇），可見「讓」是禮的實質內容，沒有這種精神，禮就只剩下形式、軀殼而已，怎能發揮它的效用？大學說：「一家讓，一國興讓。」是說在上位的人如果能謙讓，那麼全國的人將感發興起，莫不謙讓；襄公十三年左傳說：「讓、禮之主也。范宣子讓，其下皆讓。」所以孔子主張國君要有謙讓的精神，才能影響臣民，形成禮讓的風氣。管子五輔篇說：「夫人必知禮，然後恭敬，恭敬然後尊讓，尊讓然後少長貴賤不相踰越，少長貴賤而不相踰越，故亂不生而患不作，故曰：禮不可不謹也。」這是提倡禮讓的效果，足以闡明本章的旨意。

第十四章

子曰：「不患㈠無位㈡，患所以立㈢；不患莫己知㈣，求爲可知㈤也。」

【提旨】孔子勉人力求造就自己的才學品德。

【釋詞】

㈠患　憂慮的意思。

㈡位　指職位而言。

㈢所以立　指用來立身於職位的才學品德等憑藉。

㈣莫己知　「莫知己」的倒裝句，意思是無人知道自己。

㈤可知　是說自己有可以讓人知道的實際才學品德。

【譯義】孔子說：「不必憂慮自己沒有職位，該憂慮的是有沒有用來立身在那職位上所需具備的才學品德；不必憂慮沒有人知道自己，所要求的是可以讓人家知道的眞才實學和良好的品德。」

【析微】孔子向來主張：「君子求諸己，小人求諸人。」（見衞靈公篇）所以憲問篇說：「不患人之不己知，患其不能也。」衞靈公篇又說：「君子病無能焉，不病人之不己知也。」都與本章的意思相同。又荀子非十二子篇說：「君子能爲可貴，不能使人必貴己；能爲可用，不能使人必用己；能爲可信，不能使人必信己。故君子恥不修，不恥見汙；恥不信，不恥不見信；恥不能，不恥不見用。」也足與本章的旨趣相發明。

第十五章

子曰：「參乎㈠！吾道㈡一以貫之㈢。」曾子曰：「唯㈣。」子出，門人㈤問曰：「何謂也？」曾子曰：「夫子之道，忠恕㈥而已矣！」

【提旨】孔子以自己學說的重點指示曾子。

【釋詞】

㈠參乎　參、音森，曾子名參，凡孔子與弟子談話，都直呼其名；乎、等於白話的「啊」字。

㈡吾道　意思是我所主張的人生眞理。

㈢一以貫之　「以一貫之」的倒裝句，意思是用一個道理統貫天下萬事萬物的道理；貫、統貫、貫通的意思。

㈣唯　讀上聲（ㄨㄟˇ），表示答應之辭，相當於「是」、「是的」。

㈤門人　皇侃、邢昺以爲指曾子弟子；劉寶楠以爲指孔子弟子；當以後說比較妥當。因爲曾子在孔子門下，不可能率領他的門人一同侍奉孔子；而且曾子在弟子中年紀最小，孔子在生時，他不可能教育弟子；又論語各章凡稱門人，都是指夫子的弟子。門人和弟子是一而二、二而一的稱謂，竹添光鴻論語會箋說：「蓋弟子、門人一也，以執禮之卑曰弟子，以受業于門曰門人，門人合言之則曰門弟子，約言之則曰徒。孔子之稱其弟子，或以小子，或以二三子，而記者書之曰門人，爲其不可悉名也。」

㈥忠恕　朱註說：「盡己之謂忠，推己之謂恕。」凡事盡到自己的心意稱爲忠；以自己的心意體察他人稱爲恕，孔子自己下的定義是：「己所不欲，勿施於人。」

【譯義】孔子說：「參啊！我所主張的人生眞理，可以用一個道理去統貫它。」曾子說：「是的。」孔子走出去以後，別的弟子問曾子說：「夫子剛才說的一貫之道，到底是什麼意思呢？」曾子說：「夫子的一貫之道，就是忠、恕二字罷了。」

【析微】中庸有一段話論到忠恕說：「忠恕違道不遠，施諸己而不願，亦勿施於人。」又說到「君子之道」應當以所求乎子者以事父、所求乎臣者以事君、所求乎弟者以事兄、所求乎朋友者先施之，意思是我希望後輩或朋友如何對待自己，也要以這樣的態度去對待長輩或朋友。這種盡心待人、推己及人的態度，是儒家最注重的一種爲人之道，也是求得仁道的方法，實踐仁德的工夫，所以，孔子曾說：「夫仁者，己欲立而立人，己欲達而達人。能近取譬，可謂仁之方也已。」（見雍也篇）又回答仲弓問仁說：「己所不欲，勿施於人。」（見顏淵篇）孟子曾說：「強恕而行，求仁莫近焉。」（見盡心篇上）都在說明這個道理。子貢曾問孔子，是否有一個字可以作爲終身奉行的準則，孔子告訴他說：「其恕乎！己所不欲，勿施於人。」（見衞靈公篇）由此可見，恕道或忠恕之道，是做人最重要、也是最基本的道理。孔子學說的中心思想在於仁，而忠、恕是求得仁道、達到仁德的基本工夫。由於孔子的提倡，忠恕之道已成爲我國民族的德性，也成爲人與人之間和諧相處最好的德性。

第十六章

子曰：「君子㊀喻㊁於義㊂，小人㊃喻於利㊄。」

【提旨】孔子就君子、小人用心之不同，說明他們的區別在於義、利兩字。

【釋詞】

㊀君子　指有德行的君子。

㊁喻　漢以來註家多解作「曉也」，就是通曉的意思。但朱子集註引程子說：「唯其深喻，所以篤好。」那麼，喻字除通曉之外，兼含有愛好的意思。本來，喻字可以通用作愉字，譬如莊子齊物論中「自喻適志與」的喻字，就是用作愉字。孔子曾說：「知之者不如好之者。」（見雍也篇）他認爲知而又好，才會進而實行。所以，喻字應該解作深喻而篤好，也就是知而又好。這樣解釋，意義比較深入而周全。

㊂義　朱子集註說：「義者，天理之所宜。」就是合於天理、應當做的，可以解作道義。

㊃小人　指沒有德行的小人。

㊄利　朱子集註說：「利者，人情之所欲。」這樣解釋，不免過於寬泛，因為人情之所欲，除了利之外，還有其他。皇侃、邢昺解作「財利」，比朱子的解釋要狹窄些，但比較具體，因為小人所愛好的利，雖然不限於貨財，卻無非以貨財為主。所以，這個利是偏指私人的財利，因為單單一個「利」字，如果合於「義」，就是有益處的利，就是人們常說的「利益」；如果對公衆有益，就稱為「公益」；小人所愛好的，是與此相反的私利。

【譯義】孔子說：「君子德行高超，深明道義，因而篤好道義，一切行為都以道義為準則；小人德行卑淺，只曉得私利，因而唯利是圖，一切行為都以私利為目標。」

【析微】本章孔子拈出義、利兩個字，作為君子與小人的分野，但孔子的意思，並非認為義與利是互不相容的，也並非認為君子只可「喻於義」，而絲毫不能「喻於利」，相反的，只要是合於義的利，還是可取的，所以孔子曾說：「見利思義……亦可以為成人矣。」（見憲問篇）又說：「君子有九思……見得思義。」（見季氏篇）所謂「見利思義」與「見得思義」，在於教人見到有利可得的時候，不要忘記了義，一定要考慮考慮：這利合不合於義。如果合於義才可取，不合於義就不可取。所以，孔子曾說：「不義而富且貴，於我如浮雲。」（見述而篇）富貴是一種利，但孔子所視若浮雲而不想取得的，只是不義的富貴。

換句話說：如果是合義的富貴，孔子並不擯棄，而且認爲應當求取，他曾說：「邦有道，貧且賤焉，恥也；邦無道，富且貴焉，恥也。」（見泰伯篇）富貴的取捨，所需固守的一項原則就是義，能固守這項原則就是君子；如果不能堅守這項原則，取得不義的富貴，只是圖謀不正當的私利，那就是小人的行徑了。

第十七章

子曰：「見賢㈠思齊㈡焉，見不賢而內自省㈢也。」

【提旨】孔子教人隨時隨地取法他人的賢德，反省自己的過失。

【釋詞】

㈠賢　指有賢德的人。

㈡思齊　朱註說：「冀己亦有是善。」意思是希望自己也有像他那樣的賢德；也就是想向他看齊的意思。

㈢內自省　朱註說：「恐己亦有是惡。」意思是心恐自己也有像他那樣不賢的行爲；也就是內心自我反省的意思。

【譯義】孔子說：「看見有賢德的人，就想向他看齊，希望自己也有像他那樣的賢德；看見不賢的人，就從內心反省，自己有沒有像他那樣不賢的行爲，以便有所改正。」

【析微】本章與述而篇所說的：「三人行，必有我師焉，擇其善者而從之，其不善者而改之。」旨意相同。賢與不賢，善與不善，都是自己取法或借鏡的對象。荀子修身篇說：「見善，修然必以自存也；見不善，愀然必以自省也。」也與本章旨意相同。竹添光鴻的論語會箋有幾句話說得很精要，他說：「賢是先天之善，人有，己亦有，故曰思齊；不賢是後起之惡，人有，不必己亦有，故曰內省。」又引薛文清讀書錄說：「不獨見當時之人如此，以至讀古人之書，見古人之賢者，皆思齊；見古人之不賢者，皆自省；則進善去惡之功益廣矣！」

第十八章

子曰：「事父母幾諫㈠，見志不從㈡，又敬不違㈢，勞㈣而不怨。」

【提旨】孔子教人勸諫父母的態度。

【釋詞】

㈠幾諫　幾、音機（ㄐㄧ），何晏集解引包咸、朱子集註都解作「微也。」意思是輕微的言語、婉轉的口氣；諫、以正言勸戒別人的過失。幾諫、就是輕微而委婉地規勸。

㈡見志不從　意思是發覺父母的心意，有不肯聽從的表示。

㈢又敬不違　意思是仍舊要恭恭敬敬對待父母，不可違抗父母的心意。

㈣勞　王引之經義述聞說：「勞、憂也。」就是心裏擔憂的意思。

【譯義】孔子說：「做子女的侍奉父母，如果他們有不對的地方，應該輕微而委婉地規勸，若是發現父母的心意有不肯聽從的表示，仍舊要恭恭敬敬對待父母，不可違抗父母的心意，只是心裏擔憂，而不敢有絲毫怨忿的言語或表情。」

【析微】在家庭倫理方面，孔子最注重的就是孝道，而孝道的實踐，最重要的在於子女的一片恭敬之心，而恭敬之心的表達，全在言詞的委婉和態度的和悅，尤其是發現父母有了過錯，而子女不忍心父母陷於不義的時候，更需要以無比的耐心，最眞誠的敬意去進行勸諫，如果遇到阻難，仍舊要以同樣的耐心和敬意繼續努力，萬一不能達成願望，還是恭順如故，只是內心發愁，不敢埋怨父母。孔子在本章中的幾句話，完全描繪出這樣一個十足的孝子，在父母面前恭順到底的態度，值得我們現代青年反省、學習和仿效。禮記內則篇也有類似的一段話說：「父母有過，下氣怡色，柔聲以諫；諫若不入，起敬起孝，悅則復諫。」與本章旨意正同。又檀弓篇說：「事親有隱而無犯。」鄭玄註說：「無犯、不犯顏而諫。」就是本章所說的「幾諫」。又曲禮篇說：「三諫而不聽，則號泣而隨之。」就是本章所說的「勞而不怨」，而且所憂更甚！由此可見：儒家是如何重視孝子勸諫父母時態度的恭順。孝經第十五章便是諫諍章，專講臣子如何諫諍君父之道，更可見這是孝道中重要的一環。

第十九章

子曰：「父母在㊀，不遠遊㊁；遊必有方㊂。」

【提旨】孔子教人體念父母牽掛子女的心情。

【釋詞】

㊀在　指在世的時候。

㊁遠遊　就是今人所謂「出遠門」，也就是到遠地方去的意思。

㊂方　指一定的地方或方向。

【譯義】孔子說：「父母在世的時候，不可到很遠的地方去；即使不得已要去，也必須有一定的去處。」

【析微】本章有當時說話的時代背景，這是我們讀本章需要了解的。因爲古代交通極不方便，又沒有郵政、電信之類可供私人通信的設備，同時儒家又把「養親」、「愼終」看做子女侍奉父母的大事，所以主張「父母在，不遠遊。」因爲父母有時會思念自己，或一旦有了疾病，離家路途遙遠，不容易回家照應父母，所以說：「不遠遊。」朱子集註解釋「不遠遊」的道理說得很精，他說：「遠遊，則去親遠，而爲日久，定省曠，而音問疏，不惟己之思親不置，亦恐親之念我不忘也。」意思是一出遠門，就與父母距離遙遠，而且離別的時日長久，平常昏定晨省的侍親禮節全都曠廢，而且在外音訊問候的請安家信也會稀疏，不但自己不斷地思念父母，也深恐父母念念不忘地在牽掛着自己。

又說「遊必有方」，這一「遊」字當然還是指遠遊，因爲承接上文而省略了「遠」字。「遊必有方」的意思是：如果萬不得已而必須遠行，也該有個一定的地方或方向，好讓父母在一旦有事的時候，可以通信或派人來找回自己。朱子集註也有一段話解釋說：「遊必有方，如己告云之東，則不敢更適西，欲親必知己之所在而無憂，召己則必至而無失也。」意思是：不得已而必須遠遊，要有一定的方向，譬如已經稟告父母往東邊去，就不敢再向西邊去，用意是在使父母知道自己在什麼地方而不至於擔憂，一旦有事召喚自己，一定會召喚得到而不至於失望。禮記曲禮篇說：「所遊必有常。」玉藻篇說：「親老，出不易方。」都與本章的旨意相同。

第二十章

子曰：「三年㈠無改於父之道㈡，可謂孝矣！」

【提旨】孔子勉人在居喪期間，固守父道，以盡哀戚思慕之心。

【釋詞】

㈠三年　古代孝子在父沒之後，要守喪三年。

㈡父之道　指父親生前的行事。

【譯義】孔子說：「孝子在居喪三年之中，由於哀戚思慕之心，不忍改變他父親生前的行事，能這樣做，可以說是盡到孝心了。」

【析微】學而篇第十一章說：「父在，觀其志；父沒，觀其行；三年無改於父之道，可謂孝矣。」後兩句和本章完全相同，所以邢昺論語疏釋本章說：「此章與學而篇同，當是重出。」朱子論語集註引胡氏說：「已見首篇，此蓋複出，而逸其半也。」但是，如果我們仔細考察，可以發現學而篇那一章是談論觀人的方法，所以多兩句；本章在說明孝子的行爲，而前後各章都是談孝，所以類列在這裏。而且漢石經也有這一章，可見是因爲孔子當時常常談到，而弟子各記所聞的緣故，與八佾篇的「入太廟，每事問。」又見於鄉黨篇「君命召」一章之下情形相同，可能並非錯簡重出，而是弟子有意這樣大致分類而編列的。春秋繁露祭義篇記載孔子的話說：「書之重，辭之復，嗚呼！不可不察也，其中必有美者焉。」所以本章的重複，也許是有意的安排。

第二十一章

子曰：「父母之年㈠，不可不知㈡也；一則以喜㈢，一則以懼㈣。」

【提旨】孔子教人及時奉行孝道。

【釋詞】

㈠父母之年　指父母的年紀。

㈡知 與「識」字相通，識、音志（ㄓˋ），記憶在心、念念不忘的意思，所以朱子集註說：「知、猶記憶也。」

㈢一則以喜 是說一方面因而高興父母健康高壽。

㈣一則以懼 是說一方面因而恐懼父母身體衰老。

【譯義】孔子說：「父母的年紀，不能不時時記在心裏，一方面欣喜着父母得享高壽，一方面恐懼着父母身體衰老，侍奉父母的日子也漸漸短了。」

【析微】本章孔子就孝子對父母年壽的增長、形體的衰老，而引起一喜一懼的心情，說得眞是貼切極了！入微極了！喜是喜的父母年壽俱增，能多享人間的福份；懼是懼的父母在世的日子卻與日俱減，自己承歡膝下的機會也越來越少。因爲年壽與日俱增，父母漸入老境，使自己覺得應該更加克盡孝道，以安慰父母老去的心境；因爲在世的日子與日俱減，父母形體漸衰，使自己覺得應該趕快把握機會，珍惜時日，及時努力，以盡孝順之道。否則一旦父母離開人世，將永遠懷抱後悔、悲痛的心情，鑄成無以彌補的缺憾。孔子家語有一段話說：「丘吾子曰：『樹欲靜而風不停，子欲養而親不待。往而不來者年也，不可再見者親也。』」韓詩外傳也說：「臯魚曰：『……樹欲靜而風不止，子欲養而親不待也。往而不可得見者親也。』」都可作為本章的註脚。

第二十二章

子曰：「古者㈠言之不出㈡，恥㈢躬㈣之不逮㈤也。」

【提旨】孔子教人說話需謹慎，要顧到實踐。

【釋詞】

㈠古者　指古時候的人。

㈡言之不出　言語不輕易出口，或不輕易出言的意思。

㈢恥　用作意謂動詞，以……為恥的意思。

㈣躬　「躬行」的省文，就是自身實踐的意思。

㈤逮　當「及」字講。

【譯義】孔子說：「古時候的人，說話不輕易出口，為的是恐怕自身做不到，認為這是一種恥辱。

【析微】在論語中，我們可以讀到孔子常教人「愼言」的話，像學而篇的：「敏於事而愼於言。」里仁篇的：「君子欲訥於言而敏於行。」都在教人行事要勤敏，言語要謹愼，「訥於言」的意思，就是說話遲鈍而不容易出口，也就是本章「言之不出」的意思。又如顏淵篇的：「仁者其言也訒。爲之難，言之得無訒乎？」其中「訒」字的意思和「訥」字相近，也是遲鈍而不容易出口的意思，這裏更說明它的原因，是爲了做起來很難，所以說話要謹愼出口，也就在告訴我們：言行要相顧。又如憲問篇說：「其言之不怍，則爲之也難。」意思是說大話而不覺得慚愧的人，要他實際去做的時候很難做到，這就是言不顧行的人。孔子認爲：一個人說話誇大，超過他行爲的能力，君子是引以爲恥的，所以他曾說：「君子恥其言而過其行。」（見憲問篇）以上所引述的話，都足以與本章相互發明。

第二十三章

子曰：「以約㈠失之㈡者，鮮㈢矣！」

【提旨】孔子敎人約束自己的言行，以免因放縱而失誤。

【釋詞】

㈠約　何晏集解引孔安國說以爲「儉約」，朱子集註引謝氏說，以爲「不侈然以自放之謂約」。又引尹氏說：「非止謂儉約也。」比孔安國的說法好，因爲論語所用的「約」字，不外兩種意義：一是窮困的意思，二是約束的意思，本章的「約」字，正如孟子公孫丑篇「曾子守約」的「約」，是約束、節制的意思，凡是言語謹愼、行爲約束、費用節制，都可以說是「約」。至於把「約」字直接解作儉約，是秦、漢時相傳的說法，如荀子榮辱篇說：「約者有筐篋之藏，然而行不敢有輿馬。」楊倞註說：「約，儉嗇也。」又如後漢書虞延傳說：「昔晏嬰輔齊，鹿裘不完；季文子相魯，妾不衣帛；以約失之者鮮矣！」就是把「約」字當儉約的意思用。

㈡失之　是說有失誤、犯過失的意思。

㈢鮮　讀上聲（ㄒㄧㄢˇ），少的意思。

【譯義】孔子說：「依循約束、節制的原則守身、處事，卻還會犯過失的情形是很少的。」

【析微】孔子的意思是：一個人的言行舉止，與其放縱，不如適當的約束、節制，因爲放縱可能犯大錯，適當的約束、節制，就不至於多犯過失。不但言行舉止如此，譬如逞露才智、放縱情慾、浪費財物，都足以招致過失，甚至造成禍患；如果能作適度的約束，恰當的節制，過失自然少了。禮記曲禮篇說：「傲不可長，欲不可縱，志不可滿，樂不可極。」就是說的守約之道。意思是不可助長驕氣，因爲驕傲的人必遭失敗；不可放縱情欲，因爲一陷身物欲，就難以自拔；不可躊躇滿志，因爲自滿將招致損害；不可過分尋樂，因爲樂極將會生悲。由此可見，約束和節制是多麼重要了。

第二十四章

子曰：「君子欲訥於言㈠而敏於行㈡。」

【提旨】孔子教人言語謹愼、行事勤敏。

【釋詞】

㈠訥於言　訥、說文：「訥、言難也。」廣雅釋詁：「訥、遲也。」訥於言的意思：說話遲鈍而難於出口。

㈡敏於行　敏、勤敏的意思；行、朱子集註讀去聲（ㄒㄧㄥˋ），與禮記坊記篇的：「民猶貴祿而賤行」的「行」相同，指所行的事，就是工作的意思。敏於行就是工作勤敏。

【譯義】孔子說：「君子希望在說話的時候，十分謹慎，好像木訥而說不出口的樣子；在做事的時候，卻非常勤敏。」

【析微】本章與學而篇的「敏於事而愼於言」意思相同，「欲訥於言」的用意在「愼於言」，「敏於行」的意義就是「敏於事」，但這兩章並非重複。學而篇全章是：「君子食無求飽，居無求安，敏於事而愼於言，就有道而正焉，可謂好學也已。」是以「敏於事而愼於言」爲君子好學的幾個特徵或條件之一；本章則是單就君子在言行兩方面的修養來說。

又末章與前章：「古者言之不出，恥躬之不逮也。」也有相同的地方，那就是兩章都以言與行相提並論。但前章的主要意思，在教人言行要相稱，不要使言浮於行；本章則是就言與行兩方面可能的弊端予以矯正，因爲言語容易出口，弊端在於放言高論而不顧實際，所以君子希望自己言語遲鈍些；又因爲行事很難周到，弊端在於精神懈怠而進行緩慢，所以君子希望自己行事勤敏些；這是兩章旨意稍爲不同的地方。換句話說：本章旨在矯正輕言的習氣，警戒惰行的毛病，重點在一個「欲」字上。言與行分開來說，並非言行相顧，這是我們要分辨清楚的。

第二十五章

子曰：「德不孤㊀，必有鄰㊁。」

【提旨】 孔子勉人修養德行，自然能博取志同道合的朋友。

【釋詞】

㊀德不孤　是說有道德的人不會孤立。

㊁必有鄰　朱子集註說：「鄰、猶親也。」但這裏以鄰本字本義解釋，自然可通，不必訓為親。四家稱為鄰，這裏是借用它的意思，並非譬喻。必有鄰的意思是：一定有左右前後許多志同道合的朋友因嚮慕德行，而來信從。這樣，才能顯出慕德的人盛多的意思，不說親而親在其中。假如只當做親的意思講，不但不是鄰的本義，而且看不出同道的人群相信從的意義來，所以我仍用本字本義來解釋。

【譯義】孔子說：「有道德的人決不會孤立，一定會有志同道合的朋友群起相從。」

【析微】儒家的人生哲學，主張個人立身處世之道，在於以道德修身。個人道德力量的發揮，足以使家庭融洽和睦，國家長治久安，世界太平康樂。因而形成大學所謂「修身、齊家、治國、平天下」的政治哲學，這個政治哲學，是以修身為本，而修身以道德為本。因此，孔子學說無不以道德為中心，他談忠恕，論孝弟，講仁愛，說信義，無不在道德範圍之內。到了孟子，更認為仁、義、禮、智是人類天賦的四種基本的道德心，人如果能發揚這種道德心，就能發生極大的效果，所謂「苟能充之，足以保四海。」意思是假如能夠擴充這種道德心，它所獲得的最大效果，足以使天子保有整個天下，相當於大學所說的「平天下」。可見在孔、孟的思想裏，道德是一種無形的、潛在的偉大力量，它能在人與人之間產生一種巨大的感應力；如果一個政治領袖具有崇高的道德，它將對人民產生莫大的號召力。所以，儒家要以道德為人生哲學和政治哲學的中心。

我們撇開政治上道德的感化力不說，單就個人的道德修養對志同道合的朋友所產生的影響來說，易經常常說到這一點，譬如繫辭上說：「方以類聚，物以群分。」意思是道術以同類而相聚，萬物以群處而彼此有所分別。又如乾卦文言說：「子曰：『同聲相應，同氣相求。』」意思是萬物聲氣相同，就會互相感應，因而人的志氣相投，也會相求而為朋友。

這就是所謂「必有鄰」，也是有道德的人所以不至於孤立的原因。又坤卦文言說：「君子敬以直內，義以方外，敬義立而德不孤。」意思是一個君子內有敬心，外以道義，與人相接，那麼別人也會以敬心與道義相應，這也就是「德不孤」了，正與本章的義旨相同。

第二十六章

子游曰：「事君數㈠，斯辱㈡矣；朋友數，斯疏㈢矣。」

【提旨】子游談論爲臣事君、與朋友相交，應當依禮漸進，不可煩瑣迫切。

【釋詞】

㈠數　音朔（ㄕㄨㄛˋ），爾雅釋詁說：「數、疾也。」有迫切的意思，與和緩相反。朱子集註引程子說：「數、頻數也。」有煩瑣的意思。

㈡斯辱　意思是：這樣就會招致侮辱。

㈢斯疏　意思是：這樣就會反被疏遠。

【譯義】子游說：「臣子事奉國君，如果過於煩瑣迫切，就會招致侮辱；朋友間相對待，如果過於煩瑣迫切，就會反被疏遠。」

【析微】古人認爲：君臣朋友，都是憑道義相結合的，臣子事奉國君，朋友之間相對待，有一個相同的道理，就是主於規正過失，但必須以禮漸進，不可過份煩瑣迫切，否則將自取罪辱，或反被朋友疏遠。除此以外，君臣之間、朋友之間相處，不可過分頻數狎昵，所謂「上交不諂，下交不瀆。」臣子過於諂媚國君，朋友之間過分褻瀆，也可能招致侮辱，或被疏遠。以往的學者解釋本章，專就納諫、責善方面說，像朱子集註引胡氏說：「事君，諫不行則當去；導友，善不納則當止。」意思是：臣子事奉國君，如果諫言不被採行，就應當告退；誘導朋友，如果善意不被採納，就應當停止。」但本章的「數」字所包含的意義很廣，實不止進言一方面，格君心之非，規朋友之過，只是其中主要的部分。中庸說：「君子之道，淡而不厭。」禮記表記篇說：「君子之接如水，小人之接如醴。君子淡以成，小人甘以壞。」莊子山木篇也說：「君子之交淡若水，小人之交甘若醴。君子淡以親，小人甘以絕。」因爲君臣、朋友之間沒有利的存在，所以能像水一般淡而交融；純粹以道義相合，所以能成交而相親。相反的，如果不以道義相合，只一味態度諂媚而語言煩瑣，或態度親暱而語言甘蜜，最後就會造成關係破壞，交情斷絕。顏淵篇說：「子貢問友。子曰：

『忠告而善道之，不可則止，無自辱焉。』」也正與本章的部分意思相同。

第五篇　公冶長

前言

本篇內容，大致是評論古今人物的賢否得失，因第一章第一句：「子謂公冶長」略去「子謂」二字，而命名爲「公冶長」篇。共計二十八章，何晏集解把第十章「子曰：始吾於人也」以下又分一章，所以題爲二十九章；朱熹集註把第一、二兩章併爲一章，所以題爲二十七章。

第一章

子謂公治長㊀：「可妻㊁也。雖在縲絏㊂之中，非其罪也。」以其子㊃妻之㊄。

【提旨】孔子評論弟子公治長德行純備，可以把女兒嫁給他做妻。

【釋詞】

㊀公治長　孔子弟子，姓公治，名長。史記以爲齊國人，孔安國及孔子家語以爲魯國人，據後漢書郡國志引博物記，公治長墓在齊國，所以史記的說法比較可靠。

㊁可妻　妻、讀去聲（ㄑㄧˋ），作動詞用，把女兒嫁給人家做妻的意思；可妻，是說公治長這個人德行純備，可以把女兒嫁給他做妻的意思。

㊂縲絏　縲、音雷（ㄌㄟˊ），綑綁犯人的黑繩子；絏、音謝（ㄒㄧˋㄝ），牽引的意思；縲絏、就是拘牽罪犯，這裏稱代監獄。

④子　古人稱兒子、女兒都稱子，這裏指女兒。
⑤妻之　妻、也讀去聲（ㄑㄧˋ），作動詞用；妻之、就是嫁給他做妻。之、指公治長。

【譯義】孔子評論公治長這個人：「可以把女兒嫁給他。雖然他曾被關在監獄裏面，但却不是他的罪過。」於是就把女兒嫁給他。

【析微】本章是孔子在選擇女婿之前，對他心目中的未來女婿所下的評語，但孔子只是泛泛的說他「可妻也」，並沒有具體說明公治長的優點，不過，我們從孔子一向注重個人的德行來說，可以想像公治長一定是個德行完備的人。孔子又補充說：「雖在縲絏之中，非其罪也。」可見孔子是個明辨是非的人。究竟公治長因何而曾經被關進監獄？又爲什麼不是他的罪過而被關進監獄？孔子並沒有交代，論語和其他儒家的書似乎都沒有記載。相傳公治長懂得鳥語，梁朝皇侃的論語義疏引到論釋這部書的說法，說公治長因懂得鳥語而被誤會爲殺人犯，因而囚禁了六十天，這當然不太可信。古人常有代替父母接受罪刑、或者爲了主持道義而寃枉受刑的，公治長的服刑，大約就是這一類的原因，由於古書缺乏眞實的記載，所以我們無法確實知道。

第一章

子謂南容㊀：「邦有道㊁，不廢㊂；邦無道㊃，免於刑戮㊄。」以其兄之子㊅妻之。

【提旨】孔子評論弟子南容的賢良德行。

【釋詞】

㊀南容　孔子弟子，姓南宮，名縚，字子容，魯國人。不稱南宮子容，而稱南容，是古人的簡稱法。

㊁邦有道　國家清平、政治上軌道的意思。

㊂不廢　被朝廷任用而不廢棄的意思。

㊃邦無道　國家紛亂、政治不上軌道的意思。

㊄免於刑戮　不受刑罰戮辱的意思；戮、羞辱的意思。

㊅兄之子　指姪女而言，「子」仍當女兒講；兄、指他哥哥孟皮。

【譯義】孔子評論南容這個人，「當國家政治清明的時候，他總能被朝廷任用而不至被廢棄；當國家政治黑暗的時候，他總能言行謹愼而不至於受刑罰。」於是把自己的姪女嫁給他。

【析微】孔子批評南容，也只是泛泛地評論，而不曾具體指出他的長處。但我們可以從孔子其他的言論，了解孔子可能的意思，在憲問篇中，孔子曾說：「邦有道，危言危行；邦無道，危行言孫。」意思是：國家政治清明的時候，言語、行爲都應該正直，做一個正人君子；國家政治黑暗的時候，行爲要正直，言語要謙遜，才會免於刑戮。可見南容在言語、行爲方面，無論治世、亂世，都能適度得當，可見南容對處世哲學很有修養。

其次，由本章與上一章對照來看，可見孔子觀人擇婿的態度，能夠深得中正之道，如果是一般世俗的人，只知道取免於刑戮的南容，曾在縲紲之中的公冶長必然被擯棄，而孔子却都有所取，因爲孔子只重視實際的德行，而一時的遭遇或幸或不幸，並不計較。

第三章

子謂子賤㊀：「君子哉若人㊁！魯無君子者㊂，斯焉取斯㊃？」

【提旨】孔子評論弟子宓子賤的賢德堪稱君子，兼勸人接近賢人，以增進德行。

【釋詞】

㈠子賤　孔子弟子，姓宓，名不齊，字子賤，魯國人，比孔子小四十九歲。做過邑宰，很有才智，能仁愛百姓，所以孔子稱讚他是君子。

㈡若人　包咸說：「若人者，若此人也。」意思是：像這樣的人。

㈢魯無君子者　有假設語氣，意思是：假若魯國沒有君子的話。

㈣斯焉取斯　上、下兩個「斯」字都是指稱詞，上一「斯」字指稱人，指子賤這個人；下一「斯」字指稱德，指這種君子的德行。焉，等於「安」字、「何」字，從何處、從那裏的意思。取，取法的意思。全句的意義是：子賤這個人從那裏去取法君子的德行呢？

【譯義】孔子評論宓子賤說：「這人眞是君子啊！假如魯國沒有君子的話，這宓子賤從那裏取法這種君子的好品德呢？」

【析微】朱子集註解釋宓子賤所以被孔子讚歎的原因，是「子賤蓋能尊賢取友，以成其德」，意思是：子賤能夠尊重有賢德的人，又能取益於師友，因而助成自己的德行修養。據呂氏春秋察賢篇的記載，宓子賤治理單父的時候，人民都能歸附他，孔子問到他政治成功的原因，他說得力於「所父事者三人，所兄事者五人，所友者有十有二人，所師者一人」，可見孔子所謂「魯之君子」，就是指宓子賤所曾父事、兄事、所友愛、所師尊的人，而宓子賤之所以有治績，之所以被孔子讚爲君子，得益於賢師友的薰陶很大。

第四章

子貢問曰：「賜也何如？」子曰：「女㊀，器㊁也。」曰：「何器也？」曰：「瑚璉㊂也。」

【提旨】孔子評論弟子子貢是可貴而有用的人才。

【釋詞】

㊀女　通汝，指子貢而言。

㊁器　器皿的意思，凡器皿都有用處，孔子借喻子貢爲有用的人。

㈢瑚璉　瑚、音胡（ㄏㄨˊ）；璉、音臉（ㄌㄧㄢˇ）。據何晏集解引包咸註，瑚璉是盛黍稷的器皿，夏朝稱爲瑚，殷朝稱爲璉，周朝稱爲簠簋。因瑚璉是宗廟貴重的器皿，孔子借來譬喻子貢是可貴而非常用的才器。子貢是周朝人，孔子不用簠簋，而稱瑚璉，可見是稀有可貴的古器。

【譯義】子貢問道：「我是一個怎樣的人？」孔子說：「你好比是一個器皿。」子貢說：「什麼器皿？」孔子說：「宗廟裏盛黍稷用的瑚璉。」

【析微】本章是子貢向孔子請問自己的爲人，以求進益。孔子借器皿來比喻子貢是有用的人才，所謂「女，器也。」只是稱揚之辭，沒有貶抑的意思。雍也篇記載魯國大夫季康子問孔子說：「賜也可使從政也與？」孔子告訴他說：「賜也達，於從政乎何有？」所謂「達」，是說子貢通達人情事理，所以可使從政，就像宗廟貴重的瑚璉一樣。又爲政篇孔子曾說：「君子不器。」主張一個君子不要像器皿一樣，只有某種一定的用途，而本章卻以器皿來稱美子貢，豈非矛盾嗎？我認爲這兩章要分開來看，「不器」是君子自我進修的目標，要博學多聞，不要局限自己；本章孔子以器皿來比喻子貢，是就國家、社會擇取人才、重用人才方面來說，所以不可混淆。

第五章

或曰：「雍㈠也仁而不佞㈡。」子曰：「焉用佞㈢？禦人以口給㈣，屢憎於人㈤。不知其仁㈥，焉用佞？」

【提旨】孔子辨明有仁德的人，用不着巧辯的口才。

【釋詞】

㈠雍　孔子弟子，姓冉，名雍，字仲弓，魯國人，比孔子小二十九歲。

㈡仁而不佞　佞、音濘（ㄋㄧˋㄥ），有口才的意思。仲弓為人，厚重而沈默，而當時人以富於口才為賢，所以有人稱美仲弓有仁德，而可惜沒有口才。

㈢焉用佞　焉、讀陰平聲（ㄧㄢ），相當於安字、何字；焉用佞，意思是那裏用得着口才呢？或者何必要口才呢？

㈣禦人以口給　禦、抵禦、應付的意思；以、依靠、憑藉的意思；口給、給有足的意思，口給就是言辭無窮、辯才無礙的意思，這裏偏指巧辯銳利的口才。禦人以口給的意思是：靠巧辯銳利的口才去應付別人。

㈤屢憎於人　憎，音增（ㄗㄥ），厭惡的意思；屢憎於人，是說常常被別人厭惡。

㈥不知其仁　「其」字指冉雍。全句的意思：我雖然不知道他仁德修養的程度。不過孔子所說的不知，不是眞的不知，只是說冉雍還不能達到「仁」的境界，正如本篇第八章：「孟武伯問子路仁乎？子曰：不知也」的「不知」，因爲孔子不輕易以「仁」許人，對他最得意的弟子顏淵，也只許爲「三月不違仁」。

【譯義】有人說：「冉雍這個人啊！雖然有仁德，但可惜沒有口才。」孔子說：「那裏用得着口才呢？靠巧辯銳利的口才去應付人，往往會被人厭惡。我雖然不知道他仁德修養的程度，但仁者那裏用得着口才呢？」

【析微】仲弓在孔門弟子中，與顏淵、閔子騫、冉伯牛同以德行著稱，屬於「行必先人，言必後人」的典型人物，在當時崇尚以口才取勝的風氣下，有人批評他雖然有仁德，而可惜沒有口才。孔子的看法不同，因而在他所作的分辯中，兩度說到「焉用佞」？可見孔子的用意，是在深斥巧辯沒有什麼可貴，因爲沒有口才並不妨害仁德，相反的，如果不顧是非可否，一味以巧辯銳利的口才去抗拒別人的詰難，最多只能屈人之口，而不能服人之心，所謂「屢憎於人」，「人」字足堪玩味，可見不獨取得賢者的憎惡，也是衆人的公惡。所以，孔子的話，不單單是爲仲弓而發，爲仲弓而辯，除了「不知其仁」一句點到仲弓身上以外，其餘都可以說是警醒世人的話。

第六章

子使漆雕開㈠仕㈡。對曰：「吾斯之未能信㈢。」子說㈣。

【提旨】孔子因弟子漆雕開不求榮祿，篤志於道，而感到欣慰。

【釋詞】

㈠漆雕開　孔子弟子，姓漆雕，名啓，字子開，魯國人，比孔子小十一歲。

㈡仕　做官的意思。

㈢吾斯之未能信　就是「吾未能信斯」的倒裝句，「斯」指仕進之道；信，自信的意思。

㈣說　通悅，因漆雕開不求榮祿，篤志求道而欣悅。

【譯義】孔子要漆雕開去做官。他回答說：「我對這做官的事還不能有所自信。」孔子聽了覺得欣慰。

【析微】孔子曾一度出任魯國的司寇，當時多使門人出仕，像原憲、子羔、冉有、子路、樊遲、子貢、公西華等都是秉承老師的意思而出去做官的。又如子游、子夏、子賤、仲弓等弟子，也都曾出任官職，不知道是否孔子所使？至於漆雕開不願出任官職，還有閔子騫也不樂於做官，大約都在這個時期。本來，孔子教育弟子的最終目的，是在修養好自己的學問道德以後，爲國家社會服務的，所以中庸說：「誠者，非自成己而已也，所以成物也。」孔子自己也說：「仁者己欲立而立人，己欲達而達人。」（見雍也篇）可見「修己以安人」、「修己以安百姓」二語（見憲問篇），由修身、齊家而達到治國、平天下，是一個儒者、也可以說是一個知識份子應有的抱負，最終的目標。那麼，本章弟子漆雕開辭謝做官的事，孔子爲什麼表示喜悅呢？孔子相信漆雕開的才德足以出任官職，但他本人却沒有自信，這一來表示漆雕開不汲汲於榮祿，而篤志於求道，二來顯示他深覺學問道德還沒有大成，對於居官爲政的道理還沒有完全通達，所以婉謝了孔子的好意。孔子見他不爲榮名利祿所動，而信道之心如此誠篤，難能可貴，所以深覺喜悅和快慰。孔子曾說：「不患無位，患所以立。」（見里仁篇）又說：「三年學，不至於穀，不易得也。」（見泰伯篇）漆雕開的態度，正是如此，他只擔憂自己學問道德不能自立；即使學問有了一點成就，而不至於心存利祿，豈不是難得的事嗎？

第七章

子曰：「道不行㈠，乘桴㈡浮於海㈢。從㈣我者，其由與㈤？」子路聞之喜。子曰：「由也！好勇過我，無所取材㈥。」

【提旨】孔子慨嘆自己的理想不能實現，並裁抑弟子子路過份好勇的材質。

【釋詞】

㈠道不行　就是理想不能實現、學說不能行於世的意思。道、指孔子自己的學說、理想；行是被動詞。

㈡桴　音孚（ㄈㄨˊ），古代用竹子或木材編成、可以浮行水面的交通工具，猶如現在的竹筏、木筏。

㈢浮於海　浮行於海面、或飄浮到海上去的意思。
㈣從　音綜（ㄗㄨㄥ），跟隨的意思。
㈤其由與　其、表示推測的語氣詞；由、指子路，子路名仲由；與、通歟，句末疑問語氣詞。全句的意思是：恐怕只有仲由吧？
㈥無所取材　朱註以「材」通裁，釋「無所取材」爲「不能裁度事理以適於義也。」但這樣解釋，原文的「取」字便沒有着落，不如解作「材質」，指子路好勇過份的材質。

【譯義】孔子說：「我的理想既不能行於天下，不如駕着木筏飄行到海上去，能夠跟我一同去的，恐怕只有仲由吧？」子路聽到這話，心裏覺得很高興。孔子就說：「仲由這個人啊！好勇的精神固然勝過我，但這種過份好勇的材質是沒什麼可取的。」

【析微】孔子所懷抱的人生理想、政治主張，由於不被當時那般迷信武力、擴張強權的國君們所採信，因而一時憤慨，說出「乘桴浮於海」的話，正如子罕篇所記的：「子欲居九夷」，有想歸隱的意思。子路好勇，孔子如果眞的浮海，他是最好的護衞人選，有他在，當能克服一路的風險。但孔子只是偶然憤世才說的，子路却當做眞的，不覺高興起來。孔子見他遇事不能沈着，就藉此機會教誨他。好勇是很好的德行，但不能過份，要適可而止，子路就是生性過份好勇，所以孔子常替他耽心，一有機會，總要裁抑他一番，這是孔子對弟子常施的機會教育。譬如述而篇教訓子路說：「暴虎馮河，死而無悔者，吾不與也。」陽貨篇告誡他：君子尙勇，要「義以爲上」。都是裁抑他過份好勇的例子。

第八章

孟武伯問：「子路仁乎？」子曰：「不知也。」又問。子曰：「由也，千乘之國，可使治其賦㈠也；不知其仁也。」

「求也何如？」子曰：「求也，千室之邑㈡，百乘之家㈢，可使爲之宰㈤也；不知其仁也。」

「赤㈥也何如？」子曰：「赤也，束帶㈦立於朝㈧，可使與賓客㈨言也；不知其仁也。」

【提旨】孔子因回答孟武伯的問話，而不厭其詳地告訴他：關於諸弟子的長處，却不肯輕易以仁德讚許人。

【釋詞】

㈠治其賦　治、音持（ㄔˊ），治理，引申有負責、主持的意思；賦、指軍賦，出車徒以供兵役稱爲賦，這裏指軍政工作而言。

㈡千室之邑　住有千戶人家的縣邑。

㈢百乘之家　擁有一百輛兵車的卿大夫之家。古代諸侯把一定的地方封給卿大夫，由卿大夫派人治理，並且收用當地的賦稅，這地方就叫做采地或采邑。諸侯的領土稱爲國，卿大夫的采地稱爲家。

㈣之　與「其」字用法相同，這裏指千室之邑或百乘之家的。

㈤宰　古代一個縣邑的長官稱爲宰，卿大夫家的主持人也稱爲宰，所以這裏的「宰」字承上文而兼指邑宰和家宰而言。

㈥赤　孔子弟子，姓公西，名赤，字子華，魯國人，比孔子小四十二歲。

㈦束帶　古代做官的人，上朝所穿的禮服，腰間繫上大帶。

㈧朝　指朝廷。

㈨賓客　二字的原意稍有差別；貴客稱爲賓，所以天子、諸侯的客人稱賓；一般的客人稱爲客，像易經需卦爻辭：「有不速之客三人來」的「客」就是。這裏把「賓客」合爲一詞，指他國派來的使者。

【譯義】孟武伯問孔子：「子路有仁德嗎？」孔子說：「不知道。」他又問了一遍。孔子就說：「仲由這個人，假如有具備一千輛兵車的大國，可以使他主持軍事方面的工作；至於他有沒有仁德，我却不知道。」

孟武伯又繼續問：「那麼冉求又怎麼樣呢？」孔子說：「冉求這個人，假如有住了一千戶人家的縣邑，或者有具備一百輛兵車的卿大夫家，可以派他去做邑宰或家宰；至於他有沒有仁德，我却不知道。」

孟武伯再問：「那麼公西赤怎麼樣呢？」孔子說：「公西赤這個人，當他穿着禮服，繫着大帶，站在朝廷上，可以讓他和四方來聘問的賓客們應對；至於他有沒有仁德，我却不知道。」

【析微】孟武伯是魯國的執政大夫，來問孔子弟子仁不仁，孔子把子路等三個弟子的特長都告訴他，多少含有介紹的意思，可見孔子對弟子們的才性，平時就留心觀察，而有所了解，所以他們的長處，可以隨口說得出來。先進篇記載子路、冉求、公西赤等弟子侍奉孔子閒坐，各人說出自己的志向，子路自己道出：他治國三年，可使人民有勇，而且知道大義所在，可見子路善治軍旅，是個軍事人才；冉求也自己說出：他治國三年，可使人民豐衣足食，可見冉求善於理政，是個政治人才；公西赤也自己說他願做宗廟裏的小相，可見他長於應對，是個外交人才；本章孔子告訴孟武伯的話，關於三位弟子的才性，完全與先進篇的記載相符，但孔子不以仁德來稱許他們，都說：「不知其仁也。」可見孔子認爲仁德是一種最難修養完善的德性，所以，他平常絕不輕易以仁德讚許任何人。就弟子來說：像顏回這樣有賢德的人，孔子也只讚許他：「三月不違仁」，其餘弟子，只不過「日月至焉而已」。子路、冉求、公西赤都只能做到：或一日之內、或一月之內，偶然達於仁的境界，也所以孔子只說「不知」，以顯示他不輕以仁德許人的意思，正如本篇第五章評論冉雍，也說「不知其仁」一樣。對他人也是如此，像本篇第十九章子張問到楚國令尹子文和齊國大夫尹文子的行爲，孔子只讚許令尹子文的忠於職守，陳文子的操守清高，而不以仁德讚許他們。

第九章

子謂子貢曰：「女與回也孰愈㈠？」對曰：「賜也，何敢望㈡回？回也，聞一以知十；賜也，聞一以知二。」子曰：「弗如也，吾與㈢女弗如也。」

【提旨】孔子舉賢弟子顏回，使子貢自作比較，而孔子對子貢加以安慰，勉勵他再加深造。

【釋詞】

㈠愈　勝、強的意思。

㈡望　有仰望、奢望的意思。

㈢與　這字有兩種不同的解釋：一是何晏集解引包咸說：「吾與女俱不如者，蓋欲以慰子貢也。」王充論衡問孔篇引本文，就直接作「吾與汝俱不如也。」這是把「與」字解作連接詞；一是朱熹註說：「與、許也。」就是讚許或贊同的意思，這是把「與」字解作動詞。二說比較起來，以前說較爲妥當。

【譯義】孔子對子貢說：「你和顏回二人，那一個比較強些？」子貢回答說：「賜怎麼敢奢望比得上顏回呢？顏回聽到一個道理，就能觸類旁通，悟知十個類似的道理；賜聽到一個道理，只能悟知兩個類似的道理。」孔子說：「你的確不如他，我和你都不如他啊！」

【析微】本章末句：「吾與女弗如也」的「與」字，朱子之所以解爲許的緣故，大約認爲夫子自以爲不如顏回，未免稱譽過甚，而言過其實，不知道正是孔子教誨弟子的方術。孔子詢問子貢，以顏回作比較，想藉此來試觀子貢是否有自知之明。從子貢的答話中，可見他自知不及顏回，而且以聞一知十、聞一知二的比喻，來說明彼此悟性的懸殊，相形之下，優劣可見。

孔子見子貢有自知之明，而且還能善自卑屈，所以就以師長之尊，自稱與子貢同居不如之列，用意在藉此安慰子貢，而袪除他的自卑之感，並進而勉勵子貢再加深造，這是孔子的一番深微的意旨。

論語中孔子常常以自己與弟子同列，來說明同具某種修養，或同有某項缺點，這正是孔子平易近人的教育家風度。像述而篇中，孔子曾對顏淵說：「用之則行，舍之則藏，惟我與爾有是夫！」對於用舍行藏的處世態度，孔子自稱與顏回同樣具有這樣的修養，用意在勉勵顏回；所以，本章子貢自知不如顏回，孔子自稱與子貢同樣不如，用意也在勉勵子貢。

第十章

宰予㈠晝寢㈡。子曰：「朽木㈢，不可雕㈣也；糞土之牆㈤，不可杇㈥也；於予與㈦何誅㈧？」子曰：「始吾於人也，聽其言而信其行㈨；今吾於人也，聽其言而觀其行。於予與改是㈩！」

【提旨】孔子痛責弟子宰予志氣昏沈，並教人言行必須一致。

【釋詞】

㈠宰予　孔子弟子，姓宰，名予，字子我，見八佾篇註。

㈡晝寢　白天睡覺的意思。

㈢朽木　腐爛的木頭，比喻宰予不成材。

㈣不可雕　雕、雕刻的意思；不可雕、比喻宰予不堪教育。

㈤糞土之牆　糞土、汚穢的泥土；糞土之牆，就是用汚穢的泥土築成的牆，也是比喻宰予不成材。

㈥不可杇　杇、音汚（ㄨ），泥水匠粉刷牆壁用的工具，這裏用作動詞，就是粉刷的意思；不可杇，也是比喻宰予不堪造就。

㈦於予與　於、對於；予、指宰予；與、讀陽平聲（ㄩˊ），同歟，語助詞。末句「於予與」三字同。

㈧何誅　誅、用言語責備的意思；何誅、就是何必責備的意思。

㈨行　讀去聲（ㄒㄧㄥˋ），行爲的意思；下文「觀其行」的「行」音義相同。

㈩改是　意思是改變成這樣的態度；「是」字指上文「聽其言而觀其行」。

【譯義】宰予在白晝睡覺。孔子說：「腐爛的木頭，不可以雕刻；汚穢的牆壁，不可以粉刷。對於宰予這樣志氣昏惰的人，又何必責備他呢？」孔子又說：「最初，我對於任何人，聽了他的話，就相信他的行爲；如今，我對於任何人，聽了他的話，還要觀察他的行爲。由於宰予這件事，才使我改變成這樣的態度。」

【析微】孔子平常責備弟子，一向寬大，而本章却對宰予痛加申斥，可見宰予所犯的過失不小。宰予晝寢，顯示他志氣昏沈，精神懶散，對這樣不長進、不振作的弟子，孔子自然深為厭惡，而以腐爛的木頭、汚穢的牆壁來比喻宰予的不成材；又進而以不可雕、不可杇來比喻宰予的不堪造就。孔子為什麼要這樣深責宰予呢？我們從下文孔子再度責備的話，可以揣想到宰予可能在孔子面前說過自己勤學的話，如今，孔子親眼見他白天睡覺，發現他言行如此相悖，這是孔子最深惡痛絕的，所以，才作這樣嚴厲的斥責，並說出他對一個人言行的判斷，因宰予的這一行為而有所改變，其中當然含有勉人言行一致的意思，因為他一向認為：「君子恥其言而過其行」的。

第十一章

子曰：「吾未見剛者㈠。」或對曰：「申棖㈡。」子曰：「棖也慾㈢，焉得剛㊃？」

【提旨】孔子歎惜剛強是難得的德性。

【釋詞】

㊀剛者 剛強不屈的人。

㊁申棖 棖、音（ㄔㄥ），孔子弟子，字子周，魯國人，就是史記弟子列傳的申黨。

㊂慾 慾望的意思。

㊃焉得剛 怎能算得上剛強不屈的意思。

【譯義】孔子說：「我從來沒有見過意志剛強不屈的人。」有人囘答說：「申棖就是這樣的人。」孔子說：「申棖是個多慾望的人，怎能算得上剛強不屈呢？」

【析微】凡是眞正剛強的人，很少有私慾，所謂「剛者無欲」，又所謂「無欲則剛」，因爲沒有私慾，所以能不爲外物所屈撓。當他臨事判斷的時候，凡是妨礙他私慾的事情，必然畏縮而不敢有所作爲，他的心常被外在的物慾所役使，容易被富貴所淫，當然不能成爲剛強不屈的大丈夫。由於多慾望的人，往往以勝人爲強，類似於剛，所以有人把多慾的申棖當作剛強的人，其實，他只是以僞亂眞。眞正的剛者，要像易經繫辭所說：「天行健，君子以自強不息。」要效法天體的運行，剛健不已，自強不息。不但能消極地做到廉潔、正直、耿介和有所不爲，而且能積極地做到孟子所謂：「富貴不能淫，貧賤不能移，威武不能屈。」進而能有所作爲。對他所堅守的正道，雖然歷盡艱辛，仍能百折不回。

第十二章

子貢曰：「我不欲人之加㈠諸㈡我也，吾亦欲無㈢加諸人。」子曰：「賜也！非爾所及㈣也。」

【提旨】子貢說出想實行恕道的心願，孔子認爲他未免看得太容易，所以說難以做到，以勉勵他徹底力行。

【釋詞】

㈠加　表示以某事施於某事，與里仁篇「不使不仁者加乎其身」的「加」字用法相同，與顏淵篇「己所不欲，勿施於人」的「施」字意義相同。

㈡諸　作用等於「於」或「之於」，相當於白話的「在」字。

㈢無　與「勿」字稍有不同，「勿」是表示有所禁止之辭，「無」是表示有所自制之辭。

㈣非爾所及　意思是這不是你一下子所能做得到的。

【譯義】子貢說：「我不願別人加在我身上的事，我也不願把同樣的事加到別人身上。」孔子說：「賜啊！這不是你一下子所能做得到的事。」

【析微】子貢所說的話，與孔子所謂「己所不欲，勿施於人」意思相同。在顏淵篇裏，孔子回答仲弓問仁的時候，曾經以「己所不欲，勿施於人」爲行仁的重要德目；在衞靈公篇裏，子貢問孔子：「有一言而可以終身行之者乎？」孔子告訴他說：「其恕乎！己所不欲，勿施於人。」可見孔子是以「己所不欲，勿施於人」作爲「恕」的定義，正因爲子貢不能徹底實行恕道，所以孔子才以行恕道的話勉勵他，這是孔子因材施教的方法。實行恕道是實行仁道的基本工夫，雖然不像實行仁道那樣難，但要眞正做到，完全做到，並不容易，所以子貢雖然能以行恕道自勉，而孔子却說「非爾所及」，好比說談何容易，這「及」字是就眼前說的，不是就將來說的，孔子把恕道的事說得難以做到，正所以勉勵他徹底實行，而絕不是貶抑子貢、小看子貢的話。

第十三章

子貢曰：「夫子之文章㈠，可得而聞㈡也，夫子之言性㈢與天道㈣，不可得而聞也。」

【提旨】子貢談論孔子平常的言論，大多偏重於詩書禮樂方面，而很少涉及性命和天道問題，以說明性命、天道不是孔子所注重的學問。

【釋詞】

㈠文章　指孔子所修的詩書禮樂。史記孔子世家說：「孔子以詩書禮樂教弟子，蓋三千焉。」所以下文說「可得而聞」。詩書禮樂都是用文字記載、經孔子整理過的古代文獻，所以稱為「文章」；孔子以詩書禮樂作教育弟子的教材，所以這「文章」二字是就孔子發於言論而說，所以說：「可得而聞」。

㈡可得而聞　可得、可能、可以的意思；聞、聽聞。

㈢性　指性命方面的理論。中庸說：「天命之謂性。」人的天性問題，孔子很少談論，論語中只在陽貨篇說過：「性相近也，習相遠也」的話，到後來的孟子、荀子才暢論人性的問題。

㈣天道　指上天自然力量與人類社會吉凶禍福的關係而言。

【譯義】子貢說：「老師平常談論詩書禮樂等古代文獻方面的學問，我們都可以聽得到；至於談論性命、天理方面的事，却不是輕易聽得到的。」

【析微】孔子平生學問的重點，在於具體而切實的人事，詩書禮樂等文章，都是在修明人事，對於那些虛玄莫測的性命、天道問題，他只取存而不論的態度，而不肯多講，所以弟子們「不可得而聞」，這可能由於孔子「多聞闕疑」，因爲這兩件事在當時是難以明白和肯定的；也可能由於這些事都不是當務之急，所以孔子避而不談。子貢說這話的本意，正想讓學者專致力於修明人事的「文章」，而不必外求性命、天道方面的理論，由此可見性命、天道都不是孔子所重視的。宋以後的學者，專講明心見性的道理，流於空疏而不切實際，完全忽略了修己治人的實用之學，孔子學說的精神已逐漸喪失，這是我們應該體認和明辨的。

第十四章

子路有聞㈠，未之能行㈡，唯恐有聞㈢。

【提旨】孔子弟子記子路勇於力行。

【釋詞】

㈠有聞　有所聽聞的意思。

㈡未之能行　「未能行之」的倒裝句，「之」字指稱上句有所聽聞的事。

㈢有聞　又有所聞的意思，有、通又。

【譯義】子路每聽到一個道理，在還沒能實行它之前，唯恐又聽到新的道理，以致來不及實行。

【析微】子路這種勇於力行的態度，和他剛強勇敢的個性有關，凡是他在師友面前有所聽聞的時候，都想急急地實行出來，好像積欠別人的債，急於償還一樣，這三句話的記載，完全描繪出子路這種迫切的心情。常人有所聽聞，未必肯卽刻實行，可見勇於力行是子路的一項優點，正如荀子大略篇說：「君子之學，無留善，無宿問。」意思是君子求學，一有好的道理，就立刻實行，不留滯在心中；如果心中有了疑問，就立刻問明白，不等待明天。不過，子路這種卽知卽行的態度，由於他好勇的個性，有時不免操之過急，或者有欠考慮，或者考慮有欠週密，因而事情做不成功，或者雖然成功而不圓滿，這是性急的人容易犯的過失，子路可能常犯，所以孔子常常利用機會矯正他、教誨他。在先進篇中，子路問孔子：是否聽到一件事，就可以立刻去做呢？孔子告訴他：「有父兄在，如之何其聞斯行之？」意思是先要稟告長輩，以謹愼的態度去做，孔子這樣說的目的，在抑制子路的銳氣，告誡他不可獨斷獨行，以免莽撞輕率，有害於事。又本篇第七章，孔子曾批評子路：「好勇過我，無所取材。」由於子路的過份好勇，所以往往不知道如何裁度事理。可見卽知卽行、聞斯行之的態度要用得適當。

第十五章

子貢問曰：「孔文子㈠何以謂之『文』也？」子曰：「敏而好學㈡，不恥下問㈢，是以謂之『文』㈣也。」

【提旨】記孔子不隱沒他人的長處。

【釋詞】

㈠孔文子　衞國大夫孔圉（音雨ㄩˇ），也稱仲叔圉，謚號為「文」。

㈡敏而好學　天資聰敏，且篤好學問；好，讀去聲（ㄏㄠˋ）。

㈢不恥下問　意思是不以向不如自己的人請問為恥。「下」字是指官位、才學、德行、年歲等都在自己之下的人。

㈣謂之「文」　這是孔子說明衞國人賜給大夫孔圉謚號為「文」的緣由，謚法有所謂「勤學好問曰文」的話。

【譯義】子貢問孔子說：「孔文子這個人憑什麼賜他諡號叫『文』呢？」孔子說：「他天資聰敏，而且篤好學問，又不以向不如自己的人請問爲恥，他能有這樣的長處，所以才賜他諡號爲『文』。」

【析微】古人在人死以後，就他生前的行爲立號，稱爲諡號，這種辦法，相傳起自周朝，如禮記檀弓篇說：「死諡，周道也。」衞國大夫孔圉死後諡號爲「文」，「文」是美好的諡號，但孔圉的爲人，據左傳的記載，並不美好，因此，子貢懷疑名實不副，以此詢問孔子。孔子認爲一般人天性聰敏的，大多不好學；官位高顯的，大多恥於下問；而孔圉却能既聰敏而愛好學習，官位既高而能不恥下問，有這樣難能可貴的優點，所以才獲得美好的諡號。由孔子的解釋，可見孔文子在小節方面雖然有缺點，但仍有可取，所以孔子依然加以表揚，而不埋沒他的長處；同時，也可見孔子如何重視好學、好問的精神，他本人就是勤學好問的典型，在論語中，我們隨處可以讀到他鼓勵人們好學、好問的言論。所謂「下問」最爲可貴，不僅是以貴問賤，更要像曾子所說：「以能問於不能，以多問於寡。」（見泰伯篇）。

第十六章

子謂子產㈠：「有君子之道㈡四焉：其行己㈢也恭，其事上也敬；其養民也惠㈣，其使民也義㈤。」

【提旨】孔子評論鄭國大夫子產，讚美他有君子的賢德，藉此以教化世人嚮慕道德之心。

【釋詞】

㈠子產　鄭國大夫，姓公孫，名僑，字子產，鄭穆公之孫，是春秋時鄭國的賢相，在鄭簡公、鄭定公時執政二十二年。當時正是晉、楚兩國爭強鬥勝、戰爭不息的時候，而鄭國周旋在這兩大強國之間，子產却能不低聲下氣，也不妄自尊大，使他的國家獲得安全，並贏得鄰國的尊重，足見他的確是一位傑出的政治家和外交家。

㈡君子之道　子產是當政的大夫，他的行為又完全合乎道德，所以這「君子」兼指在位者和有德者而言；道、指爲人的道理。

㊂行己　與子罕篇「行己有恥」的「行己」相同，就是己身自處的意思。

㊃惠　給人民恩惠的意思。

㊄義　合宜、合理的意思。

【譯義】孔子評論子產說：「他有四種行爲合乎君子爲人的道理：他自己在做人方面態度謙恭，他事奉君上用心誠敬，他教養人民能給予恩惠，他使用人民能合於義理。」

【析微】孔子稱讚子產的行爲，說他有四樣完全合於君子爲人的道理，這是就他行爲中舉出四種最值得稱道的賢德，正如周易繫辭傳所謂：「易有君子之道四焉」，中庸所謂：「君子之道四」。恭是驕傲的反面，諸如不以自己享有富貴，而在人前驕傲；不以自己擁有才智，而在人前自高自大；所以，恭是做人態度上的謙遜。因爲謙遜，所以，才能禮遇有賢德的人，尊重有才智的人，樂於接受他人善意的進言。孔子首先說出子產在行己方面謙恭的美德，因爲這是做人的根本，這一方面能完全使人心服，事奉君上，使用下民，才能順利而達成心志。敬是怠慢的反面，事奉君主或長上，處處愼重，不敢輕忽，因而才能恪遵職守，奉獻忠誠之心。至於教養人民，能有種種惠政，諸如使人民的田疇都能耕殖，子弟都能受到教誨，這樣才能制定人民的產業，厚植人民的生力，使人民得到實惠。所謂「使民也義」，義就是合宜，正如孔子所說：「使民以時」（見學而篇），國家有重大建設，需要徵用人民的時候，盡量利用冬季農閒的時節，不耽誤他們耕耘的工作，這就是合義。孔子又說過：「擇可勞而勞之」的話（見堯曰篇），也是合理使民的一項原則。總之，假如不是爲國家、爲人民而漫興土木，以供個人的遊覽觀賞而役使百姓，就是使民不合宜；如果興築城牆、開鑿運河、修建堤防、建造橋樑等等，足以利國利民，一勞永逸，那就是使民合宜的措施。子產能忠君愛民，擧措得宜，所以能深得國君的信賴和人民的感懷，可知他在政治上、外交上的成就不是偶然的。

第十七章

子曰：「晏平仲㈠善與人交，久而敬之㈡。」

【提旨】孔子評論齊國大夫晏平仲，讚美他善與人交的德行。

【釋詞】

㈠晏平仲　齊國大夫，名嬰，字仲，平是他的謚號，漢書藝文志注以爲字平仲，史記卷六十二有他的傳記，事奉齊靈公、莊公和景公，能節儉力行，危言危行，成爲賢相。現在傳世的晏子春秋一書，就是記述晏嬰生平遺事的，當然不是他自己的作品，也未必是他的門客所作，大約是西漢初年人摭拾舊事編集而成的。

㈡久而敬之　與人相交越久，越恭敬他，「之」字指上文「善與人交」的「人」；皇侃本論語作「久而人敬之」，則「之」字指晏平仲自己。但「久而敬之」在說明晏子善與人交的事，當然是晏平仲尊敬他人，所以劉寶楠的論語正義贊成「之」字指「人」而言。

【譯義】孔子說：「晏平仲善於和別人交朋友，相交越久，越尊敬別人。」

【析微】晏平仲與孔子同時，是孔子所素知的人物，本章只是偶然記述他的一個長處來稱讚他，並非概論他的爲人，與上章評論子產不同例。皇侃疏引孫綽說：「交有傾蓋如舊，白首如新，隆始者易，克終者難，敦厚不渝，其道可久，所以難也。」意思是說：朋友之交，有途中相遇，一見如故的；有相交日久，直到年老白頭，情誼如新的。大約開始相交時，彼此情意篤厚，容易做到；能始終維持感情於不墜，很難做到。必須敦睦情誼、厚愛朋友之心永遠不變，朋友之道才能恒久維持，這是所以很難做到的地方。晏子能以恭敬之心敦睦情誼、厚愛朋友，而且時日越久，越能發揮恭敬之心。孔子曾說：「故舊不遺，則民不偷」

（見泰伯篇），晏子是在位的大臣，他能做到「故舊不遺」、「久而敬之」，對人民自然能產生很大的影響力，使人民相交，講求情義，因而風俗趨於敦厚，所以孔子才這樣讚揚他。

第十八章

子曰：「臧文仲㊀居蔡㊁，山節藻棁㊂，何如其知㊃也？」

【提旨】孔子批評魯國大夫臧文仲，指出他諂瀆神物，希求福佑，是一種不智的行為。

【釋詞】

㊀臧文仲　魯國大夫臧孫氏，名辰，文是他的謚號，稱臧文仲，猶如上章稱晏平仲。

㊁居蔡　居、居藏的意思；蔡、古代稱大烏龜為蔡。何晏集解引包咸註，以為出於蔡國地方，所以叫做「蔡」，這說法很不合理。尚書禹貢篇說：「九江納錫大龜。」可見大龜不出於蔡國。九江屬於楚國，假如出於楚國地方，難道可以稱大龜為「楚」嗎？清儒俞曲園說：「疑蔡當讀為㲋，說文：『㲋、楚人謂卜問吉凶曰㲋，讀若贅』。龜者所以卜問吉凶也，

因卽名之曰㚟，蓋楚語也。」龜本荊州所貢，故沿襲其語耳。」（見所著羣經平議）兪氏的說法，倒可以信從。

㊂山節藻梲　節，通楶，或作楶，柱頭的小方木，俗稱斗拱；山節，是斗拱雕刻成山的形狀。梲，音拙（ㄓㄨㄛˊ），屋樑上的短柱子；藻，水草；藻梲，是短柱上繪畫水草形的花紋。山節藻梲是華麗的裝飾，據禮記明堂位說是天子宗廟的裝飾，臧文仲竟用來裝飾家廟藏龜的地方，而龜是用來向鬼神卜問吉凶的，可見他這種行爲是諂媚神物，以希求福佑。

㊃何如其知　意思是他的聰明是什麼聰明；知，同智，當聰明講。

【譯義】孔子說：「臧文仲建築一棟房屋以藏置大龜，這棟房屋裝飾得很華麗，有雕刻得像山一樣的柱頭斗拱和畫着水草花紋的樑上短柱，這個人的聰明算是什麼聰明呢？」

【析微】臧孫辰用華麗的建築物藏置大龜以媚神求福的事，左傳文公二年也有記載，左傳只記他：「作虛器」，杜預的註解說：「作虛器，謂居蔡山節藻梲也。有其器而無其位，故曰虛。」本來山節藻梲是天子宗廟的裝飾，大概臧文仲以爲不用於家廟的堂宇，而用於藏龜的地方，可以免得受人譴責，說他有僭上的罪。當時的人稱臧文仲智，孔子以爲他不務民事，而諂瀆鬼神，所以不斥責他的僭越，而指出他的不智，但孔子只說：「何如其知也？」

語意間只帶有委婉的譏諷。孔子曾認爲沒有恒心、恒德的人不必占卜（語見子路篇），可見孔子對於向鬼神問吉凶有兩種思想：那就是吉凶禍福的求得在於自己，龜卜未必靈驗，重要的還是盡到人的本份。

第十九章

子張問曰：「令尹子文㈠三仕㈡爲令尹，無喜色；三已㈢之，無慍色；舊令尹之政，必以告新令尹。何如？」子曰：「忠矣！」曰：「仁矣乎？」曰：「未知，焉得仁㈣？」

「崔子弒齊君㈤，陳文子㈥有馬十乘㈦，棄而違之㈧。至於他邦，則曰：『猶吾大夫崔子也㈨。』違之。之㈩一邦，則又曰：『猶吾大夫崔子也。』違之。何如？」子曰：「清㈡矣！」曰：「仁矣乎？」曰：「未知，焉得仁？」

【提旨】孔子評論楚國令尹子文與齊國大夫陳文子，只分別稱道他們謀國忠誠，守身清白，而不肯輕易以仁德相許。

【釋詞】

㈠令尹子文　令尹、楚國執政的上卿，相當於後世的宰相。子文、楚國大夫，姓鬬，名穀於菟（音垢烏徒，楚國人稱乳養爲穀，稱老虎爲於菟。相傳子文初生時，因是私生子，被拋棄在外，受老虎乳養長大，所以名叫穀於菟。事見左傳宣公四年），字子文。

㈡三仕　三次或多次做官的意思。根據左傳的記載，子文做令尹，始於魯莊公三十年，也就是楚成王八年，到魯僖公二十三年，也就是楚成王三十五年，讓位給子玉，其中相距二十八年。在這二十八年中，可能有幾次被罷免，又被任命，國語楚語下說：「昔鬬子文三舍令尹，無一日之積。」可見子文三仕爲令尹，都是事實。據清人全祖望的考證，子文只兩度出仕，兩度罷官，所以，這「三仕」及下文「三已」的「三」字不是實數，只是虛數，表示多次的意思。

㈢已　罷去、罷免的意思。

㈣未知，焉得仁　意思是：我不知道他仁德修養的程度，怎麼能輕易以仁德的美名讚許他呢？「未知」二字的用意，與本篇第五章孔子評論弟子冉雍所說的：「不知其仁」、第八章評論子路所說的：「不知也」、以及憲問篇第一章回答原憲所問的：「仁則吾不知也」相同。不過孔子所說的不知，不是眞的不知，是表示對方還不能達到「仁」的境界，而孔子有所懷疑，又不便作肯定判斷的一種否定方式。

㈤崔子弒齊君　崔子、齊國大夫崔杼。齊君、齊莊公，名光。弒，凡下殺上稱弒，如子弒父、臣弒君，崔杼是臣子，殺了自己的國君，所以稱爲弒。「崔子弒齊君」的事見於左傳襄公二十五年。

㈥陳文子　也是齊國大夫，名須無，文是他的諡號。他出奔的事，左傳沒有記載。

㈦十乘　一乘是四匹馬，因此十乘是四十匹馬。古代以馬的多少代表大夫的財富，禮記曲禮說：「問大夫之富，數馬以對。」

㈧棄而違之　拋棄這四十匹馬的財富而離開了齊國。違、離去的意思；之、指陳文子自己的國家。

㈨猶吾大夫崔子也　意思是：還是和我國的大夫崔子一樣，表示他所到的國家的一些臣子也是僭亂的。

⑽之　動詞，前往或到的意思。

⑾清　不與人同流合汙、守身清白的意思。

【譯義】子張問孔子說：「楚國的令尹子文數度出任令尹的官，並沒有喜悅的神色；幾次被罷免官職，也沒有怨忿的表情；而且他在新令尹上任的時候，一定把他從前在令尹的職位上施政的情形，詳細地告訴新令尹。像他這樣的人怎麼樣？」孔子說：「可以算是謀國忠誠了！」子張又問：「算不算仁呢？」孔子說：「我不知道他仁德修養的程度，怎麼能輕易用仁的美名讚許他呢？」

子張又問：「齊國大夫崔杼殺掉了齊莊公，那時齊國有個大夫陳文子，家裏有四十匹馬，他都拋棄了這些財富而離開齊國。到了另一個國家，不料那一國的臣子也是僭亂的，他就說：『這裏的臣子還是和我國的大夫崔子一樣。』於是又離開了。再到另一個國家，不料那一國的臣子仍是僭亂的，他又說：『這裏的臣子還是和我國的大夫崔杼一樣。』於是又離開了。像他這樣的人怎麼樣？」孔子說：「可以算是守身清白了！」子張又問：「算不算仁呢？」孔子說：「我不了解他仁德修養的程度，怎能輕易用仁的美名讚許他呢？」

【析微】儒家所說的「仁」，就是人之所以爲人的道理，孔子平生教育弟子、弟子們日常所學，都不外乎這個道理。但仁德的內涵和功用都很廣大，必須內心的道德修養圓滿無缺，而且能完全表現於行爲，又能使天下人都受到感化，因而也能體會和實踐這人之所以爲人的道理，然後仁德的內涵和功用才算完備，可見「仁」不是輕易能修養到的至高德行。因此，孔子平生絕不輕易用仁的美名讚許任何人，連他最得意的弟子顏回，也只許爲「三月不違仁」，可知仁德的確不是容易造就得來的，但孔子教育弟子、教化世人，仍以「仁」懸爲最高的鵠的。子文的行爲，忠誠奉公，全無私心，似乎接近仁者的心。子張的用意，在於想了解仁德的內涵，而不在於了解子文的爲人，所以假借古人事跡來請示孔子。孔子既不肯以仁讚許子文，因而子張又借陳文子的事請教。陳文子對財富看得很輕，近乎沒有私欲之心，孔子曾說：「克己復禮爲仁」（見顏淵篇），去私欲就是克己，因而子張以爲文子已接近仁者。但文子拋棄財富，恥與惡人同朝，不受他們汚染，就這一事而論，可以算是潔身自好、操守清高的人。令尹子文的忠，陳文子的清，只是仁德中的一部分，還沒有達到完備的仁德，所以孔子不能賦予他們仁的美名。

第二十章

季文子㈠三思㈡而後行。子聞之，曰：「再㈢，斯㈣可矣！」

【提旨】孔子對魯國大夫季文子做事過份謹慎，因而顧慮太多的作風，不表贊同，以勉人見義勇爲。

【釋詞】

㈠季文子　魯國大夫季孫氏，名行父（父、音甫，ㄈㄨˇ），文是謚號。歷仕魯文公、宣公、成公、襄公諸朝。孔子生於襄公二十二年，文子死於襄公五年，所以孔子說這話的時候，文子死了很久了。

㈡三思　再三思慮的意思，這「三」字是虛數，表示多次，不一定三次，朱子讀成去聲。

㈢再　「再」字只是副詞，下面承上文省略了動詞「思」字。唐石經本作「再思」，「思」字不省。

㈣斯　在文法上屬於連詞，或稱關係詞，古人只說是語詞，可作「就」字講。

【譯義】季文字每做一件事，都要再三的考慮，然後才去做。孔子聽到以後，說：「只要想了一次，再想一次，也就可以了。」

【析微】季文子爲人，思慮詳密，長處在於謹愼，短處在於顧慮多，反而有害於事。本來，遇事經過再三的思考，然後再決定，總是利多弊少的，但季文子生平行事常計較禍福利害，世故太深，過份謹愼，不免發生因循偏私的流弊。譬如忠孝節義之士，他們的堅貞志節，雖然靠天分和學力的鍛鍊，尤其需要臨時當機立斷，有百折不回的勇氣，才能成功。自古至今，由於一念之間的錯誤，而抱憾終身、遺恨千古的人不少。因爲過分思慮，在生死存亡之間，一旦萌生利害觀念，往往會喪失初衷。孔子的意思，凡事第一番思慮，應以當局者的心情，集中心思在這件事之內；第二番思慮，以旁觀者的心情，審察它的前後左右有沒有妨礙，然後再作決定，這就很適當了。當然孔子所謂：「再，斯可矣」的話，是針對三思的話而說的，也是針對季文子而說的，並非是說凡人只須再思而不必三思。總之，這是因人而異、因事而異，也是因時而有所不同的，我們不能固執不通。什麼事該愼重考慮，什麼事該再三深思，要看情形而定。

第二十一章

子曰：「甯武子㈠，邦有道，則知㈡；邦無道，則愚㈢。其知可及也，其愚不可及也。」

【提旨】孔子評論衞國大夫甯武子，盛讚他以深沈的智慧謀國處世，爲常人所不及。

【釋詞】

㈠甯武子　衞國大夫，名俞，武是謚號，事衞成公。

㈡知　讀去聲（ㄓˋ），同智，顯露才智的意思。

㈢愚　指不逞露才智，表現得像愚昧的人一樣。

【譯義】孔子說：「衞國從前有個大夫叫甯武子，在君臣相安、國家無事的時候，就充分顯露他的聰明才智，以盡忠於國事；當君臣相亂，國家多事的時候，就完全隱藏他的聰明才智，看來就像愚昧的人一樣，以度過艱險的國運。他那樣顯露聰明才智，別人還趕得上，但他隱藏聰明才智，顯得像愚昧的人，却是別人趕不上的。」

【析微】本章孔子評論甯武子，以邦國有道、無道的處境，來觀察他的爲人、處世的態度，作爲判斷他品德、行爲的憑藉，與評論史魚和蘧伯玉相同（二人也是衞國大夫，語見衞靈公篇），因爲不同的環境，通常會影響一個人的作爲，從一個人在治世或亂世所表現的作風，足以看出一個人的德行操守。所謂「邦有道，則知」，就是在國家太平的時候，無論事奉君主，與鄰國相交，莫不盡心竭力，以展露一己的智慧，奉獻滿腔的忠誠。所謂「邦無道，則愚」，就是當國家紛亂的時候，因爲處境艱險，法紀蕩然，一言一行，都要委屈隱晦，不能太露鋒芒，否則容易招致喪身危國的禍害，而甯武子却能做到藏而不露，好像愚昧的人。事實上，這種愚昧中有深沉的智慧在，不是他人所能，唯有智者才能的，這「愚」字正如孔子評論顏回的：「不違如愚」、「回也不愚」的「愚」（見爲政篇），是一種透過智慧的「愚」，所以孔子讚歎這不是常人趕得上的。

第二十一章

子在陳㈠，曰：「歸與㈡！歸與！吾黨㈢之小子㈣狂簡㈤，斐然成章㈥，不知所以裁之㈦。」

【提旨】孔子周遊列國，因發覺自己的主張不能實行，想回到魯國培植人才，傳道於後世。

【釋詞】

㈠陳　國名，姓嬀。周武王滅殷以後，封舜的後代嬀滿於陳，春秋時據有今河南開封以東、安徽亳縣以北一帶地方。建都於宛丘（今河南淮陽縣），春秋末年被楚國所滅。

㈡與　通歟，相當於白話的「吧」字。

㈢吾黨　猶如說我的故鄉，指魯國而言。黨是鄉黨，泛指鄉里而言。

㈣小子　指弟子。

㈤狂簡　狂是志向高大，簡是行事簡略。

㈥斐然成章　是說弟子們學問修養，已有成就，能成文章，頗有可觀的意思。斐然、文彩盛美的樣子。

㈦裁之　就是裁度、矯正自己的短處。

【譯義】孔子在陳國閒住了很久，因見自己的主張不能實行，想囘魯國去，因而感嘆說：「囘去吧！囘去吧！我家鄉的弟子們，都懷着高大的志向，但行事簡略，他們學問文章的成就都很可觀，却不曉得怎樣裁度矯正自己的短處，必須我囘去施以教訓，才能使他們成爲濟世救人的全材。」

【析微】孔子眼見當時各國爭城奪地，戰爭不息，弄得天下擾攘不安，生靈塗炭，因而主張仁政，以挽救天下的沉淪，消弭列國的戰禍，解除人民的痛苦。在他垂老之年，懷着濟世救人的熱誠，僕僕風塵，周遊列國，希望藉此遊說各國的國君，採用他的政治主張，大約在哀公六年的時候，他遍歷各國，到了最南方的楚國，楚君也不採用他的主張，只好囘到陳國。這時，孔子想起了留在家鄉的弟子們，一個個慨然有澄清天下的大志，都是些進取的狂者，但却不知道裁度事理，更不知道矯正自己的短處，所以孔子打算結束周遊列國的行程，囘到故鄉去裁正他們、培植他們，好讓他們成爲濟世救人的全材，繼承自己的心願，發揚自己的主張，以擔當救世救民的大事業。

第二十三章

子曰：「伯夷、叔齊㊀不念舊惡㊁，怨是用希㊂。」

【提旨】孔子稱讚古代賢者伯夷、叔齊的寬宏大量、絕無私心。

【釋詞】

㊀伯夷、叔齊　殷朝末年有個小國叫孤竹國，伯夷是這小國國君的大兒子，叔齊是小兒子。父親死了，他們互相讓位，都逃到周文王那裏。後來周武王起兵討伐商紂，他們攔住車馬勸阻，武王不聽。等周朝統一天下，他們以吃周朝的糧食為恥，隱居首陽山，採野菜當作食物，最後餓死了，史記卷六十一有他們的傳記。

㊁不念舊惡　不記人家舊時的怨惡。念是記掛在心、念念不忘的意思；舊惡、皇侃義疏：「舊惡、故憾也。」毛奇齡四書改錯：「此惡字，猶左傳周鄭交惡之惡。舊惡、即夙怨也。」意思都是指別人從前所做對不起伯夷、叔齊的事情，像嫌隙、仇恨之類。

㊂怨是用希　意思是：因此很少與人有怨恨。邢昺疏說：「故希爲人所怨恨也。」朱子集註說：「故人亦不甚怨之也。」都把「怨」字解作取怨於人，也就是指別人對他們的怨恨。但皇侃疏說：「所以與人怨少也。」似乎也含有抱怨他人的意思。我認爲這「怨」字兩方面的意義都有，因爲他們能做到「不念舊惡」，自然不會抱怨人家，也不會招惹人家的怨恨，所以我解釋成「很少與人有怨恨」。是用的「用」通以，是以就是因此的意思。希、同稀，少的意思。

【譯義】孔子說：「伯夷、叔齊不把人家過去對不起自己的事情記在心上，因此很少與人發生怨恨。」

【析微】伯夷、叔齊二人，常被孔子、孟子所讚揚，孔子稱許他們：「不降其志，不辱其身。」（見微子篇）說他們不降低自己的志節，保持人格的清高；不辱沒自己的身體，保持人性的尊嚴。又說他們都是「古之賢人」，他們雖然餓死在首陽山，那是「求仁而得仁，沒有什麼抱怨的」（語見述而篇）。孟子稱許伯夷是「聖之清者」，他秉性清高的事實是：「非其君不事，非其民不使。治則進，亂則退」（見公孫丑上及萬章下）。「當紂之時，居北海之濱，以待天下之清也」（見萬章下）。

他又嫉惡如仇：「目不視惡色，耳不聽惡聲」。他不願立於惡人之朝，與惡人相處，所謂「橫政之所出，橫民之所止，不忍居也。思與鄉人處，如以朝衣朝冠坐於塗炭也」（以上都見於萬章篇下）。可見他是如何的嫉惡如仇，但他卻不記別人過去的怨惡，所以孔子特別稱許他們兄弟這種難得的修養。

第二十四章

子曰：「孰謂微生高㊀直？或乞醯㊁焉，乞諸㊂其鄰而與之㊃。」

【提旨】孔子批評微生高不夠正直，以辨明矯情、虛偽不合直道。

【釋詞】

㊀微生高　姓微生，名高，魯國人，素來以正直出名。

㊁乞醯　乞、討的意思；醯、音兮，就是醋。

㊂諸　「之於」二字的合音，「之」字稱代醋，「於」字有向的意思。

㊃與之　與、同予，給予的意思；之、稱代討醋的人。

【譯義】孔子說：「誰說微生高這個人正直？曾經有人向他討點醋，他自己家裏沒有，不肯直說，卻向他鄰居討了來轉給那討醋的人，這怎麼能算正直呢？」

【析微】本章是孔子藉一件小事來評論微生高的爲人。微生高素來有正直的美名，有人向他討點醋，而他家沒有醋，如果是眞正正直的人，這時候只需告訴他沒有就可以了，而微生高卻唯恐別人懷疑自己吝嗇，所以向熟悉的鄰居討來轉給他，以表示自己果眞沒有。這只是一件小事，而孔子卻認爲微生高這人名實不相副，因而辨明這並非正直，乃是出於矯情，矯情是孔子所厭惡的，因爲那不是內在的眞情實意，不免要向外去揣度別人的意向爲轉移，容易流爲裝飾虛僞、巧言令色，所以孔子才加以嚴正的批評。

第二十五章

子曰：「巧言、令色、足恭㈠，左丘明㈡恥之㈢，丘㈣亦恥之。匿怨㈤而友其人㈥，左丘明恥之，丘亦恥之。」

【提旨】孔子勸戒人存心要正直。凡是在言語、表情、態度上諂媚人家，或假裝與人友善，都不是以正直待人之道。

【釋詞】

㈠足恭　依朱子集註，「足」字讀如巨（ㄐㄩˋ），當「過」字講，足恭就是過於恭敬。依何晏集解引孔安國註，「足」字讀如字（ㄗㄨˊ），足恭爲便僻貌，就是習於威儀而心不正直的樣子。爾雅釋訓有所謂：「口柔、面柔、體柔」。足恭就是體柔，郭璞註爾雅「體柔」說：「屈己卑身，以柔順人也。」換句話說：足恭就是在態度上裝得很卑屈，顯得過份恭敬的樣子，以逢迎人家的意思。應兼採二家的註義。

㈡左丘明　何晏集解引孔安國註：「左丘明、魯太史。」邢昺疏說：「左丘明，魯太史，受春秋經於仲尼者也。」據此則本章的左丘明就是相傳爲左氏傳作者的左丘明。但有人認爲這個左丘明大概是孔子的前輩，必然先孔子而生，不與孔子同時，尤其不是他的弟子，因爲孔子先稱他的姓名，然後才稱自己的名，顯然有尊重左丘明的意向，正如述而篇所謂「竊比我於老彭」的意思，可見孔子說這話時懷古情深，同時人很少有如此的；如果是孔子弟子，就應當單稱他的名，不該連姓帶名的稱呼，論語中少數連姓稱弟子的地方，如先進篇稱：「孝哉閔子騫」，是引述他人稱讚閔子騫的話，又如雍也篇和先進篇都說：「有顏回者好學」，是因爲孔子回答哀公和季康子時，顏回已經死了的緣故；據此則本章的左丘明與魯國太史、曾受春秋經於孔子的左丘明不是一人，所以朱子集註引程子只說：「古之聞人也」，這一說很有道理。

㊂恥之　「恥」字當意謂動詞用，恥之就是以之爲恥，「之」字稱代前文的巧言、令色、足恭。

㊃丘　孔子自稱。

㊄匿怨　隱藏心中的怨恨；匿、音膩（ㄋㄧˋ），隱藏的意思。

㊅友其人　表面上還是和他做朋友的意思。友字名詞作動詞用，與學而篇：「無友不如己者」的「友」相同；其人、指心中所怨恨的那個人。

【譯義】孔子說：「說話花言巧語，裝出一付僞善的面貌，態度顯得卑屈而過份恭敬的樣子，左丘明認爲可恥，我也認爲可恥。心裏怨恨他人，卻隱藏不露，表面上仍和他做朋友，這種行爲，左丘明認爲可恥，我也認爲可恥。」

【析微】學而篇中，孔子曾說過：「巧言，令色，鮮矣仁！」因爲仁者是以正直存於心，以正直待人的。如果言語故意說得好聽，臉色故意裝得好看，態度故意顯得恭順，這種虛僞諂媚的做法，非但距仁道很遠，也不是正直的人待人之道。本章再加上「足恭」，是就態度說的，巧言是就言語說，令色是就表情說，三者都是虛僞裝飾的外表。至於「匿怨而友其人」，也不外是外表做好人，而內心卻與外表不一致。這兩種人與中庸所說的「誠」字正相反，孔子認爲「誠」是一個人待人的基本態度，所謂「誠則明」，所謂「不誠無物」，孔子教人，以及宋代的理學家們所講求的，不外乎「去僞存誠」。孔子深以虛僞爲恥，是在深戒學者以正直立心、以誠實立心。

第二十六章

顏淵、季路㈠侍㈡。子曰：「盍㈢各言爾志？」

子路曰：「願車、馬、衣、輕裘㈣，與朋友共，敝之而無憾㈤。」

顏淵曰：「願無伐善㈥，無施勞㈦。」

子路曰：「願聞子之志。」

子曰：「老者安之㈧，朋友信之㈨，少者懷之㈩。」

【提旨】記孔子與弟子談論志向，以顯示聖人大公無私之心。

【釋詞】

㈠季路　就是子路，古人以伯、仲、叔、季區分兄弟長幼，季是幼輩的稱號。

㈡侍　陪侍在孔子身邊。

㈢盍　「何不」二字的合音。

㈣衣、輕裘　衣，讀陰平聲（一），指衣服；裘，皮衣。唐石經初刻本論語沒有「輕」字，「車馬衣裘」四字連用，見管子小匡及國語齊語，可見子路本來是用成語，後人因雍也篇子華使於齊章：「乘肥馬，衣輕裘」而誤衍「輕」字。

㈤與朋友共以下九字　劉寶楠論語正義、竹添光鴻論語會箋都認爲這九字應合成一句，因白虎通三綱六紀篇引本章到「敝之」斷句，北齊書唐邕傳記顯祖賜唐邕裘說：「朕意在車馬衣裘與卿共敝。」如果讀「與朋友共」爲一句，「敝之而無憾」爲一句，似乎「敝之」專指朋友了。但我認爲分成兩句意思更明白，「共」字屬上句，只是副詞，下面省略了動詞，敝之而無憾，就是卽使用壞了也毫無遺憾！敝當壞講，「之」字指車馬衣裘，所以「敝之」就是用壞了車馬，穿破了衣裘。車與衣裘當說「敝」，馬不當說「敝」，這是古文連類省文的方法，像易經繫辭的：「潤之以風雨」，風不當說「潤」，文例相同。

㊅伐善　誇耀自己的長處；伐、誇大的意思。

㊆施勞　張揚自己的功勞；施、與淮南子詮言訓的：「功蓋天下，不施其美」的「施」字意義相同，禮記祭統篇注說：「施、猶著也」，就是表白、張揚的意思。

㊇老者安之　意思是：對於老年人都能予以安撫。以下三句的文法結構相同，都是特殊句型，「安」字是主要動詞作述詞用，上面省略了起詞（或稱主詞）「吾」（孔子自稱），「之」字是指稱詞（或稱代名詞）作止詞（或稱受詞，只是形式上的受詞）用，指稱上文的「老者」，而「老者」在文法上是外位止詞（事實上的受詞），文例與子張篇的：「可者、與之，其不可者、拒之」相同。

㊈朋友信之　意思是：對於朋友都能待以誠信。

㊉少者懷之　意思是：對於少年人都能加以關懷。

【譯義】顏淵和子路陪侍在孔子的身邊。孔子說：「何不各人說說自己的志向？」

子路說：「我願把自己的車子、馬匹、衣服、皮裘，和朋友共同享用，即使用壞了，也不會覺得遺憾。」

顏淵說：「我願不誇耀自己的長處，也不張揚自己的功勞。」

子路又說：「我們也願聽聽您的志向。」

孔子說：「但願老年人我都能安撫他們，朋友們我都能以誠信對待他們，少年人我都能關懷他們。」

【析微】子路比顏淵大二十一歲，而本章記顏淵在前，子路在後，是紀錄的人表示崇尚顏淵德行的意思。孔子讓他們各自談談志向，子路先回答，顯示子路性急，論語中凡弟子多人與孔子對答，如有子路在場，必然是他先發言，可見他迫不及待的個性。從子路的願望看，他是一個輕財好義的人；從顏淵的願望看，可知是一個富於仁德的人；兩人的用心，都不過施於朋友鄉黨之間，雖然都表示了他們無私的品行，但孔子的懷抱顯然比他們宏大。對老年人能盡孝弟之心，對朋友能講信修睦，對少年人能盡教育愛，這完全是聖人的情懷。孔子舉出朋友，介於老少之間，是指強壯的人，但他不說壯者，而說朋友，可見是就平日結交的朋友說的，因而老者少者也是就親戚鄉黨的諸老弱而說，並非泛指天下的老少，由此足見孔子說話著實平穩的作風。

第二十七章

子曰：「已矣乎㈠！吾未見能見其過、而內自訟㈡者也。」

【提旨】孔子教人勇於改過自新。

【釋詞】

㈠已矣乎　表示感嘆的語氣辭，猶如俗語說：「罷了」、「算了吧」！朱子說：「恐其終不得見而歎之也」。

㈡內自訟　在內心自己責備；訟、責備的意思。

【譯義】孔子說：「算了吧！我從來沒看見過能夠發現自己的過失、而且能夠在內心自己責備的人。」

【析微】人不怕有過錯，只怕不能改過，但必須要有悔悟之心，然後才有改過之心，悔悟之心愈深切，然後改過之心才愈勇猛。在孔門弟子裏，顏淵能做到「不貳過」（見雍也篇），子路則「人告之以有過則喜」（見孟子公孫丑上篇），都是很難得的！如今孔子嘆息說「未見」，可能這話是在顏淵、子路死後說的。本章孔子用「內自訟」三字，是很有深意的，「訟」字本是訴訟於公庭的意思，現在假借來訟責自己的過失。凡訴訟的人，必求勝訴才肯罷休，在內心深處訟責自己過失的人也是如此，必求完全根除過失，然後才停止訟責，可見孔子教人徹底改過，用字何等警切！

第二十八章

子曰：「十室之邑㊀，必有忠信如丘㊁者焉㊂，不如丘之好學也。」

【提旨】孔子認爲忠信的美質易得，而學問之道無窮，所以勉人好學。

【釋詞】

㊀十室之邑　只住了十戶人家的小地方，指極小的城邑，以顯示忠信之人易得。

㊁如丘　意思是像我孔丘一樣。這並非孔子自誇，而是在說明忠誠信實的本質到處都有，以

襯出好學的可貴，這是孔子勸人好學的一片苦衷。

㊂焉　凡文言文句尾用「焉」字，有時只是句末語氣詞，有時相當「於是」二字，這裏相當「於是」，「是」指十室之邑。

【譯義】孔子說：「卽使只有十戶人家居住的小地方，一定有像我這樣忠誠信實的人，但卻不像我這樣好學。」

【析微】孔子認爲：一個秉性忠厚誠信的人，多半由於天生的本質如此，這種人不難遇到，他自己就是這樣的人。孔子一生總是謙遜的，對於自己的天資，他覺得沒有什麼大爲超過旁人的地方，當時有人稱譽他，他每每謙讓不敢當，只有好學一事，孔子常以此自居，他曾說：「若聖與仁，則吾豈敢？抑爲之不厭，誨人不倦，則可謂云爾已矣！」（見述而篇）又說：「我非生而知之者，好古敏以求之者也」（也見述而篇）。因爲一個人的本質雖好，如果沒有學問來助成它，不免會蔽於事理。一切疑難，學問可以解決；一切偏見，學問可以補救；所以學問是可貴的。孔子勉人好學的用意，在教人有了良好的本質，還要加上進修的功夫，以培養自己完美的德行，造就成賢人君子。

第六篇 雍也

前言

本篇內容，也是在評論賢人君子及仁、知、中庸的德行，第十四章以前，大意與前篇相同，因章數多而分在本篇。又因第一章第一句：「子曰：『雍也可使南面』。」略去「子曰」二字，而命名爲「雍也」篇。共計二十八章，其中第一章和第三章，何晏集解本各分爲兩章，所以有三十章；朱熹集註不分，所以題爲二十八章，今依朱子。

第一章

子曰：「雍也，可使南面㊀。」

仲弓問子桑伯子㊁。子曰：「可也，簡㊂。」

仲弓曰：「居敬而行簡㊃，以臨其民㊄，不亦可乎？居簡而行簡，無乃㊅大㊆簡乎？」子曰：「雍之言然㊇。」

【提旨】孔子與冉雍談論政治的原則在於簡約，並辨明簡約歸本於敬愼之心。

【釋詞】

㊀南面　古人認爲南方是光明的方向，所以天子、諸侯和一般治民的官吏，總是坐北朝南以聽治政事的，這是所謂「嚮明而治」。南面是「面南」的倒裝語，「面」有朝、向的意思。

孔子說冉雍可使他南面聽治天下，是讚許冉雍有人君的氣度、治民的才能。

㈡子桑伯子　桑是姓氏，伯是字，下一「子」字是男子的美稱，上一「子」字是弟子對老師的尊稱，像公羊傳所稱子沈子、子公羊子就是。這人已經不可考，朱子集註說是魯國人，又引胡氏說懷疑就是莊子山木篇的子桑戶，但很有問題。仲弓聽到孔子讚許自己可以南面，因而問子桑伯子是否也可以南面？因前文已提南面，所以這裏只用一個「問」字，並非泛問伯子的爲人。

㈢可也，簡　「可也」二字，是說這人可使南面，「可」是大略稱許之辭，雖然未能盡善，但沒有不滿的意思。簡是行事簡約而不繁，這字在申述伯子可使南面的原因，朱子以爲「簡」之所以「可」，在於「事不煩而民不擾」，很有道理。

㈣居敬而行簡　就是居心敬愼，不敢怠慢，而行事簡約，不煩擾人民的意思。

㈤以臨其民　以居心敬愼、行事簡約的作風臨治自己統屬下的人民。

㈥無乃　相當於「不是」、「未免」，有質疑的語氣，所以只用在反問句中。

㈦大　同太，過的意思。

㈧然　說得對、說得正確的意思。

【譯義】孔子說：「冉雍這個人很有人君的容度，可以使他面朝向南方坐在君主的尊位上，做個治理人民的國君。」

仲弓見孔子稱許他，因而問到子桑伯子。孔子說：「還可以，他平常做事很簡約。」仲弓又說：「依我看來：如果居心敬慎，處處顧慮周到，不敢怠慢做事；而行事簡約，事事把握重點，不敢煩擾人民；像這樣的人，如果去做官治理人民，不也就可以了嗎？假若居心簡約，處處深怕多事，不肯盡心竭力；而行事也只圖簡約，事事敷衍塞責，不切實際；像這樣的人，未免太簡約了吧？」孔子說：「冉雍的話說得很對！」

【析微】子桑伯子大概是道家一流的人物，能秉要執本，以簡馭繁，這是君主治理天下的要術，但仍須歸本於敬愼之心。仲弓曾向孔子請問仁道，孔子告訴他說：「出門如見大賓，使民如承大祭」（見顏淵篇），這就是「居敬」；又曾請問政治，孔子告訴他三件事：「先有司，赦小過，舉賢才」（見子路篇），這就是「行簡」；可見仲弓可使南面是有來由的。又孔子曾稱道舜的政治作風：「無爲而治者，其舜也與？夫何爲哉？恭己正南面而已矣」（見衞靈公篇）。「恭己」就是「居敬」，「無爲而治」就是「行簡」。孔子認爲政治的原則，不外這個「簡」字，但是是居敬之簡，不是居簡之簡。

第二章

哀公問：「弟子孰爲好學？」孔子對曰：「有顏回者好學，不遷怒㈠，不貳過㈡，不幸短命㈢死矣！」今也則亡㈣，未聞好學者也。」

【提旨】孔子深許顏回好學的精神，痛惜他已不幸死去，並感嘆沒有像他那樣好學的弟子了。

【釋詞】

㈠不遷怒　不把自己心中的憤怒之情發洩到旁人身上；遷、轉移的意思。

㈡不貳過　不再犯同樣的過錯；貳、再度的意思。

㈢短命　公羊傳以爲顏淵死於魯哀公十四年，當時孔子七十一歲，據史記仲尼弟子列傳，顏淵比孔子小三十歲，那麼顏淵死時四十一歲（見李鍇南史、江永鄉黨圖考）。孔子家語以爲顏淵死時只有三十一歲，因此毛奇齡論語稽求篇說史記「少孔子三十歲」，原是四十之誤。王肅的說法不可靠，因爲這時孔子六十一歲，正在周遊列國途中，還沒有回到魯國，哀公無從詢問。毛奇齡以爲史記有錯誤，在沒有確實的證據以前，我們不能輕易採信。

㊃亡　同無，是說沒有這樣好學的弟子。

【譯義】魯哀公問孔子：「你門下的弟子，誰最好學？」孔子回答說：「曾經有個弟子叫做顏回的最好學，他從來不把心中的憤怒發洩到別人身上，也從來不再犯同樣的過失，可惜他不幸短命而死了！如今再也沒有這樣好學的弟子了，也聽不到有這樣眞正好學的人了。」

【析微】本章值得注意的有兩點：首先值得注意的，是魯哀公問孔子，弟子中誰最好學？孔子舉出顏回，又說明他好學的事實是：「不遷怒，不貳過」。不遷怒和不貳過都是行爲方面的事，可見孔子所謂「學」，是指行爲的修養、品德的增進，而不是偏指知識的追求，因爲孔子認爲：做人是一個人立身處世的根本，這是孔子教育思想的重要特色，這一點我在前面幾講中常有提示，整部論語也處處融攝了這一精神，本章就是最好的反映和說明。其次值得注意的，是孔子爲什麼舉「不遷怒,不貳過」的事回答哀公？據王充論衡問孔篇的解釋，是由於「幷攻哀公之性遷怒、貳過故也。」又說孔子是針對哀公的發問，暗自諷諫他的短處，這意見很有道理，因爲哀公是一個昏暗的國君，禮記哀公問篇所記，也常在諷諫哀公，可見哀公必有遷怒、貳過的短處，不然不必特別舉出「不遷怒、不貳過」兩件事；

而且，先進篇季康子也曾問過同樣的問題，孔子只舉出顏回好學，並沒有說出「不遷怒、不貳過」的話。

第三章

子華(一)使(二)於齊，冉子(三)爲其母請粟(四)。子曰：「與之釜(五)。」請益(六)。曰：「與之庾(七)。」冉子與之粟五秉(八)。子曰：「赤之適(九)齊也，乘肥馬(一〇)，衣(一一)輕裘。吾聞之也：君子周急不繼富(一二)。」

原思(一三)爲之宰(一四)，與之粟九百(一五)，辭(一六)。子曰：「毋(一七)！以與爾鄰里鄉黨㈧乎！」

【提旨】孔子認爲君子應周濟窮人的急需，而不必增加富人的財富。

【釋詞】

㈠子華　孔子弟子公西赤，字子華，長於外交禮儀，見公冶長篇註釋。

㈡使　舊讀去聲（ㄕˋ），出使的意思。

㈢冉子　據鄭玄註，就是冉有；本章可能是冉有的門人所記，所以稱冉子。

㈣粟　說文：「粟、嘉穀實也。」古代帶殼的穀粒叫粟，去殼就叫米，但古書也有稱米爲粟的。這裏指穀，因古代公家倉廩多半積藏穀。

㈤釜　古代量名，容受六斗四升。

㈥請益　請求增加的意思。

㈦庾　古代量名，容受二斗四升，指增加的數目。

㈧秉　也是古代量名，容受十六斛，十斗爲斛，所以一秉一百六十斗，就是十六石。

㈨適　動詞，前往的意思。

㈩乘肥馬　乘坐由肥馬駕的車輛，不能解釋成「騎肥馬」，因爲當時的服裝不便騎馬，直到戰國時的趙武靈王才改穿胡人的服裝，學習騎著馬射箭，以便利作戰。

㈡衣　讀去聲（一ˋ），動詞，當穿講。

㈢周急不繼富　周濟窮人的急需，不繼續增加富人的財富。周、同賙，救濟的意思；人家已經富有，而我又使他更富，稱爲繼富。這話重在「繼富」，「周急」只是輕輕帶過。

㈢原思　孔子弟子，姓原，名憲，字子思，鄭玄目錄以爲魯國人，王肅家語以爲宋國人，比孔子小三十六歲。性格清靜，家境貧窮，而樂於求道。

㈣爲之宰　做孔子的家宰，這時孔子正任魯國司寇。因上文已有使於齊一節，所以這裏只用一個指稱詞「之」字，當然是指稱孔子。這「之」字用法與「其」字相同，相當於白話「他的」。

㈤九百　數目下沒有量名，何晏集解引孔安國註以爲九百斗。從原思的辭而不受來看，這九百必然不是常祿，而是多過於常祿。

㈥辭　辭讓而不敢接受的意思。

㈦毋　不必辭的意思，下面承上省略了動詞「辭」字。

㈧鄰里鄉黨　都是古代地方單位的名稱，五家爲鄰，二十五家爲里，一萬二千五百家爲鄉，五百家爲黨。

【譯義】公西華被派到齊國去做使者，冉有替他母親向孔子請求穀子。孔子說：「給她六斗四升。」冉有認爲太少了，請求增加。孔子說：「再給她二斗四升。」冉有卻給了她八十石。孔子說：「公西赤到齊國去的時候，乘坐由肥馬駕的車輛，穿着又輕又暖的皮袍，他已經這樣富有，還需要我拿出這麼多穀子嗎？我聽說過：君子只是雪中送炭，周濟窮人的急需，不去錦上添花，繼續增加富人的財富。」原思做孔子的家宰，孔子給他九百斗穀作俸祿，他覺得數量太多，辭讓而不肯接受。孔子說：「不必辭讓，如果有多餘的，就給你地方上的窮人吧！」

【析微】本章何晏集解本以子華與原思的事分成兩章，事實上這兩件事性質相同，它們的中心意旨，都在孔子所說的：「君子周急不繼富」一句話，所以記的人合記在一起，朱子集註併爲一章，由這兩件事合起來看，更足以貫徹孔子「周急不繼富」的主張，前節重在不繼富，後節重在周急。世俗大多錦上添花，很少雪中送炭，孔子卻以爲公西華已經富有，不必再使他更富；原思本來就窮，所以多賜俸祿，使他能進而周濟貧困。讀本章，一方面可以了解孔子矯正世俗的用意，一方面也可以了解到取予之間，各有所宜。公西華並非貧乏，而冉有給他家的粟過多，這是不當予而予，所以孔子教訓了冉有一番；原思當受的應該受，因為一來己身窮困，二來剩餘的可以周濟鄰里，原思當取而不取，所以孔子也教育他一番。

第四章

子謂仲弓曰：「犂牛㈠之子，騂㈡且角㈢；雖欲勿用㈣，山川㈤其舍諸㈥？」

【提旨】孔子藉比喻評論仲弓父雖然微賤，但不能掩沒仲弓的賢才。

【釋詞】

㈠犂牛　何晏、朱熹都解作雜色的牛，皇侃疏引另一說以為耕牛，因古代純色的牛少，凡用來耕田、負重的都是毛色駁雜的牛。古人名字相應，從孔子弟子冉耕字伯牛、司馬牛字子耕的現象來看，可見用牛耕田的方法當時已很普遍。

㈡騂　音星（ㄒㄧㄥ），純赤色。禮記檀弓說：「周人尚赤，牲用騂。」意思是：周朝人以赤色為貴，所以祭祀的時候也用赤色的牲牛。

㊂角　何晏、朱熹都解作頭角長得周全而端正。俞樾群經平議以爲只說角，無從知道它周正與否，所謂角，是別於童牛而說的。古代祭祀的牛，頭角以小爲貴，童牛沒有角，還不能用於祭祀，所以必須說長出角了，以表明這小牛到了可用於祭祀的時候。

㊃用　用以供祭祀的意思。

㊄山川　指山嶽、河川的神靈。古代諸侯有望祭境內名山大川的制度。

㊅其舍諸　「其」字通豈，難道的意思；「舍」字通捨，捨棄的意思；「諸」是「之乎」二字的合音，其中「之」字指稱上文毛色純赤而頭角端正的「犂牛之子」。

【譯義】孔子談論仲弓說：「毛色駁雜的耕牛，生下了小牛，牠毛色純赤，而且長出了端正的頭角，正好適合做祭祀的牲牛。雖然有人以爲牠出身微賤，說牠是毛色駁雜的牛所生，想不用牠來祭祀，但那山嶽、河川的神靈難道肯捨棄牠嗎？」

【析微】本章完全用比喻，「犂牛」是比喻仲弓的父親，孔子爲什麼用毛色駁雜的耕牛來比喻仲弓的父親呢？據史記仲尼弟子列傳說，仲弓的父親是個微賤的人，因此「犂牛之子」是比喻仲弓的出身微賤。但仲弓卻是「可使南面」的人才，所以孔子用「騂且角」來比喻他的賢才。「雖欲勿用」只是假設之辭，比喻當政的人雖然不想任用他。「山川其舍諸」一句，比喻朝廷需要賢才，不會因爲仲弓的出身微賤而捨棄這樣有用的人才。因爲古代供祭祀的犧牲不用雜色的牛，也不用耕田的牛，另外專門豢養純色的牛來用，所以，雜色的耕牛所生的小牛，自然不配做祭祀用的犧牲。孔子卻認爲：如果夠得上做犧牲的條件，山川的神靈一定會接受這種祭享的。那麼，像仲弓這樣有賢德、有才能的人，爲什麼因爲他父親身份微賤而捨棄不用呢？古人中父親微賤而兒子出衆的大有人在，像舜的父親瞽瞍，性格凶殘，而舜卻聖德超群，就是最顯著的例子。可見孔子的比喻是很切合事理的。

第五章

子曰：「回也，其心三月㈠不違仁㈡，其餘㈢則日月㈣至焉㈤而已矣。」

【提旨】孔子稱許顏回的仁德修養，也在勉勵其餘弟子。

【釋詞】

㈠三月　這「三」字只是虛數，「三月」是說歷時長久，所以朱子集註說：「三月、言其久。」論語常用「三」爲虛數，像學而篇曾子說的：「吾日三省吾身」的「三」、公冶長篇：

「季文子三思而後行」的「三」都是。

㈡不違仁　心中沒有私欲，不違背仁德、不離開仁道的意思。

㈢其餘　指顏回以外、其他的弟子。

㈣日月　或一日、或一月，形容時間的短暫而不能持久。

㈤至焉　相當「至於是」，其中「是」字指稱上文的「不違仁」，所以「至焉」的意思是：達到不違仁的修養。

【譯義】孔子說：「顏回啊！他的心思幾個月之久都不會離開仁道。其餘那些弟子，就只能在一日之間、或一月之內的短暫時間，達到不違仁的修養罷了。」

【析微】孔子畢生提倡仁道，他全部學說的中心思想，也在於這個「仁」字，「仁」字的含義非常豐富，它是基於孟子所謂「惻隱之心」，心中毫無私欲，毫無邪念，而發爲對人類乃至萬物的渾然無間的愛心，它是人類萬物生生不已的原動力。所以，孔子特別重視仁德，他平常講學的重心在於仁德，弟子們向孔子請益最多的也在仁德。本章孔子藉仁德修養深淺的程度，來評論顏回與其他弟子的優劣，「三月」和「日月」只是用來說明他們不違背仁道維持時間的長久和短暫，不一定恰好三月或一日一月。孔子曾說出德行最好的弟子是顏淵、閔子騫、冉伯牛、仲弓（見先進篇），如今稱許顏淵「三月不違仁」，那麼閔子騫等三人該是「月不違仁」，其餘弟子大多屬於「日不違仁」了。顏淵的不違仁，雖然能歷時長久，但還是免不了有間斷的時候。間斷了以後，雖然能自我警惕，恢復他的仁心，但究竟不是終身不違仁。如本篇第二章孔子曾說顏淵不貳過，不貳過只是犯了過失而不再犯，不是終身不犯過失。當他偶然犯了過失，就是違背仁道的時候。正因爲顏淵間或也違背仁道，所以孔子只稱許他能長久不違背仁道，而沒稱許他永遠不違背，可見終身不違仁是很難做到的。

第六章

季康子問：「仲由可使從政㈠也與？」子曰：「由也果㈡，於從政乎何有㈢？」

曰：「賜也可使從政也與？」曰：「賜也達㈣，於從政乎何有？」

曰：「求也可使從政也與？」曰：「求也藝㈤，於從政乎何有？」

【提旨】孔子答覆季康子的發問，舉出各弟子的長處，以顯示他們都是可用的人才。

【釋詞】

㈠從政　從事政治工作。

㈡果　勇敢果決的意思。

㈢何有　等於「何難之有」，是說有什麼困難的意思。

㈣達　能通達事理的意思。

㈤藝　富於才能、多才多藝的意思。

【譯義】季康子問：「仲由這個人，可以使他從事政治嗎？」孔子說：「仲由果敢決斷，對於治理政事有什麼困難呢？」

又問：「端木賜這個人，可以使他從事政治嗎？」孔子說：「端木賜通達事理，對於治理政事有什麼困難呢？」

又問：「冉求這個人，可以使他從事政治嗎？」孔子說：「冉求多才多藝，對於治理政事有什麼困難呢？」

【析微】孔子從衞國回到魯國，正是季康子執政的時候，這時子路、冉有都已做了季氏的宰臣，子貢也已被魯國任用，只是還沒有做從政的大夫而已。季康子問：他們是否都可以從事政治？孔子不以可否回答他，只把三位弟子在政治方面的長處告訴他，然後說一句：「於從政乎何有？」可見孔子認爲他們三人都是很好的政治人才。由於孔子對弟子們的個性、優點，平時留意觀察，瞭如指掌，所以能隨口道出他們的長處來答覆季康子。子路和冉有是孔門有名的政治人才，孔子在先進篇中曾說：「政事：冉有、季路。」至於子路果敢決斷的長處，也可以從論語中看得出來，孔子曾稱許過：一個「千乘之國」，可使子路去治理軍政工作（見公治長篇）；又曾稱許過他：根據片面的言詞，就可以判決獄訟的案件（見顏淵篇）。至於子貢，先進篇說他長於言語，善於言語的人自然能圓通明達，這些都是從事政治難得的優點。冉有的政治才幹，孔子也曾稱許他說：「千室之邑，百乘之家，可使爲之宰也。」他自己也有自信：治理三年，可以使地方上的人民富足，可見他確有才藝了。由本章孔子的話，可知三位弟子各有不同的長處，這些長處都是難得的政治憑藉。

第七章

季氏㊀使閔子騫㊁爲費㊂宰。閔子騫曰：「善爲我辭㊃焉！如有復我㊄者，則吾必在汶上㊅矣。」

【提旨】記弟子閔子騫善辭富貴，由此可見他的賢德。

【釋詞】

㊀季氏　指魯國的執政大夫季桓子。

㊁閔子騫　孔子弟子，名損，字子騫，魯國人，比孔子小十五歲。性行孝友，以德行著稱。

㊂費　音壁（ㄅㄧˋ），季氏的采邑，故城在今山東費縣西北二十里。

㊃善爲我辭　好好替我辭謝的意思。

㊄復我　再度找我、重來召我的意思。

㊅汶上　汶、音問（ㄨㄣˋ），水名，就是山東的大汶河。古代以水之北爲陽，凡說某水上，

都是指某水之北。「汶上」是暗指離開魯國、前往齊國之地。

【譯義】季桓子要閔子騫做他采邑費的邑宰。閔子騫對季氏的使者說：「好好地替我辭謝吧！假如再來找我的話，那我一定會離開魯國，逃到汶水以北去了。」

【析微】季氏使閔子騫爲費宰，這事大約在魯定公十二年左右，當時的費宰常背叛季氏，逃奔齊國，季桓子因鑑於家臣的凶惡，想覓取德行和順的人，替他治理采邑，聽說孔門弟子閔子騫有賢德，所以派了使者來邀請，這時孔子正任魯國司寇，眼見季氏腐敗，正想離開魯國，在這種情形下，閔子騫當然不會樂於做季氏的邑宰，所以堅決辭謝。但又不便明白的說出原因，所以囑咐前來的使者，希望他能委婉陳述，以轉達自己的心意。最後說出：「必在汶上」的話，足見他「志不可奪」的決心，也足見他「富貴於我如浮雲」的恬淡胸襟，他的德行修養，於此可見一般。

第八章

伯牛㊀有疾，子問㊁之。自牖執其手㊂，曰：「亡之㊃，命矣夫㊄！斯人也，而有斯疾也！斯人也，而有斯疾也！」

【提旨】記孔子探問弟子的疾病，足見師生間情誼篤厚。

【釋詞】

㊀伯牛　孔子弟子，姓冉，名耕，字伯牛，魯國人。

㊁問　探問的意思。

㊂自牖執其手　牖、音友（ㄧㄡˇ），窗戶。何晏集解引包咸說：「牛有惡疾，不欲見人，故孔子從牖執其手。」這惡疾可能是某種傳染病，所以沒讓孔子進入室內探問。但他們師生情重，所以孔子仍從窗外握住伯牛的手，與伯牛訣別。

㊃亡之　「亡」字先儒有兩種解釋：一種解釋「喪」或「死」，如集解引孔安國說：「亡、

喪也。」皇侃疏解釋說：「喪之，言牛必死也。」因伯牛的病不可救藥，而說如果不幸而死的意思。另一種解作「無」，如何焯義門讀書記說：「亡字當讀爲無……亡之者，言無可以致此疾之道。」是說伯牛沒有生這種病的道理，應以後一說爲正解。

㈤命矣夫　感嘆這是天命；夫、語詞。

【譯義】冉伯牛患有重病，孔子親自去探問。孔子從窗外握住他的手，悲嘆地說：「你沒有生這種病的道理，如今卻生了這種病，大概是命中註定的吧！像你這樣的好人，怎麼會生這種病啊！像你這樣的好人，怎麼會生這種病啊！」

【析微】伯牛究竟生的什麼病？竟致不可救藥，如今已不可考，史記弟子傳只說：「伯牛有惡疾。」前人曾以爲是癩病，就是痲瘋病，全身皮膚長出斑點或水泡，有傳染性。孔子去探問伯牛疾病的時候，病況已經很嚴重，伯牛大約怕老師受到感染，辭而不見，這時，孔子如果一定要進入室內，怕有傷伯牛之心，如果不見伯牛，又不忍失去師生訣別的最後機會，於是從窗外握住他的手，說出幾句充滿悲傷婉惜語氣的話，可見孔子的人情味何等深厚！

其次，本章的「亡之」二字，先儒一向解作死亡的意思，但這樣解釋在事理上有些說不過去，孔子探問伯牛的病，雖然明知病重而無可救藥，也應該安慰他，不應該說出「你要死了」這種不合人情的話。而且，論語所用的「亡」字，大多解作「無」的意思，像八佾篇的：「不如諸夏之亡也。」子張篇的：「日知其所亡。」而從未解作喪亡的意思，因爲「亡」、「無」二字古代相通。「無之」的意思，是說伯牛不應當有這樣的病，正與下文的：「斯人也，而有斯疾也」前後呼應。不應該有這種病，如今竟有了這種病，只好歸於命運，所以緊接着感嘆地說：「命矣夫！」

第九章

子曰：「賢哉回也！一簞食㈠，一瓢㈡飲，在陋巷㈢，人不堪其憂，回也不改其樂。賢哉回也！」

【提旨】孔子稱許顏回能安貧樂道。

【釋詞】

㈠一簞食　簞，音單（ㄉㄢ），古代盛飯的竹器，圓形；食，音飼（ㄙ），指飯食。

㈡瓢　音嫖（ㄆㄧㄠˊ），古代窮人用瓠瓜縱剖成兩半所作的舀水器。

㈢陋巷　房屋矮小、破舊的巷子。

【譯義】孔子說：「賢良啊顏回！他吃的只是一竹筐的飯，喝的只是一瓜瓢的水，住在房屋矮小、破舊的巷子裏，要是別人，一定受不了這種憂苦，可是顏回卻絲毫不改變他平日自有的樂趣。眞是賢良啊顏回！」

【析微】大凡一個人，都有憂愁和快樂，一般人處身於富貴才感覺快樂，處身於貧賤就會覺得憂愁，只有像顏回這樣深具賢德、熱愛人生眞理的人，才能做到抵抗富貴的誘惑、安於貧賤的痛苦，一切外在環境的因素，都不足以動搖他的心懷。孔子曾說過：「貧而無怨難，富而無驕易」（見憲問篇）。顏回卻能做到「貧而無怨」，當然難能可貴，所以孔子稱讚他：「賢哉回也！」這種安於貧賤的修養，只是消極方面的；尤其可貴的，是在這種「人不堪其憂」的生活環境中，他仍能「不改其樂」。他所樂的是什麼？樂的是道，是人生眞理的探求。他自己說：「夫子循循然善誘人，博我以文，約我以禮」（見子罕篇）。他所探求的不外是博文約禮，博文是知識的尋求，約禮是行爲的實踐，這兩方面他都能樂之不倦，有「欲罷不能」的趨勢，這樣好學的精神最是難得，所以孔子深深的讚美他。從前後兩度說到：「賢哉回也」的讚辭，足以表現孔子無限讚歎的情意。顏回是這樣一位家境清寒、而奮鬥不懈的青年，他的精神是值得我們效法的，只是我們該稍作修正的是：藉着自己的努力，驅除貧窮，改造環境，使物質生活能與精神生活平衡。

第十章

冉求曰：「非不說㊀子之道㊁，力㊂不足也。」子曰：「力不足者，中道而廢㊃；今女畫㊄。」

【提旨】孔子告誡冉求：爲學不可半途而廢。

【釋詞】

㊀說　通悅，喜歡的意思。

㊁子之道　指孔子所講的「道」，「道」指孔子的學說。

㊂力　心力的意思。

㈣中道而廢　半路停止的意思。中道、就是中途、半路；廢、有放棄、停頓的意思。

㈤畫　朱註讀或，畫地自限、自己停止的意思。

【譯義】冉求說：「我並非不喜歡夫子的學說，無奈我心力不夠。」孔子說：「自以為心力不夠的人，是因為他半路停止、不肯繼續前進的緣故；現在你也說心力不夠，等於是在自己面前劃一道界限，自己限定自己不再前進。明明是自己沒有竭盡心力，怎麼能說是心力不夠呢？」

【析微】冉求的個性比較保守，安於小的成就，缺乏奮進不已的精神，所以孔子鼓勵他前進，不要畫地自限，正是先進篇所說：「求也退，故進之」的意思，也正是孔子常施予弟子的一種機會教育。據論語的記載，冉求是一個富於才藝、長於政事的人，怎麼會這樣懈怠、這樣沒有恒心呢？原因是「子之道」三字是指孔子學說的全體大用，學理高深的地方，自然不是資質平常、勇毅不足的人所容易貫徹會通的，以顏回那麼聰敏好學的弟子，尚且還要喟歎：「仰之彌高，鑽之彌堅，瞻之在前，忽焉在後」（見子罕篇）。孔子的意思，是無論多麼艱深的學理，只要勤奮不懈，精進不已，久而久之，自然會有豁然貫通的一天，如果半途而廢，不但永遠不能成功，而且以前的功夫也將完全廢棄。在子罕篇中，孔子曾舉堆土成山爲譬喩，以說明這個眞理，他說：「譬如爲山，未成一簣，止，吾止也。譬如平地，雖覆一簣，進，吾往也」。如果中途停止，等於畫地自限，必須勇往邁進，才能達成目的，而且不會力量不夠，里仁篇孔子曾說：「有能一日用其力於仁矣乎？我未見力不足者」。可見只要以恒心、毅力貫徹始終，任何困難都能克服，任何事業都能成功。

第十一章

子謂子夏曰：「女爲君子儒㈠，無㈡爲小人儒㈢。」

【提旨】孔子勉勵子夏做君子型的大儒。

【釋詞】

㈠君子儒　儒、類似現在所稱的學者、知識份子；據周禮太宰篇，凡「以道得民」的人稱爲儒，據鄭玄的註解，是指身通六藝、敎化人民的學者，所以說文解字說：「儒、術士之稱。」可見儒是有道術的知識份子。凡才德出衆的稱君子，君子儒則是指能明道致用的大儒，能經世濟民的通儒。

㈡無　通毋。

㈢小人儒　凡道德卑淺的稱小人，小人儒則是指識見淺狹、不能大用的陋儒，墨守訓詁、不知通變的迂儒。

【譯義】孔子對子夏說：「你要做一個君子型的大儒，不要做一個小人型的陋儒。」

【析微】論語中凡孔子單獨對弟子說告誡性的話，大都是針對他的缺點說的；本章孔子勉勵子夏做君子儒，可見子夏平常在這方面還做不到。大致說來，子夏雖然長於文學，但性格比較偏於拘謹，因而思想、懷抱、胸襟都不免偏於狹隘，不敢激昂開展，所以孔子激勵他進而做君子儒。衛靈公篇孔子曾說：「君子不可小知，而可大受也；小人不可大受，而可小知也。」所謂君子儒，就是器識宏大、能躬行道德、經綸世務，足以擔當重任的儒者；如果器量淺狹、徒務近利、只能小知，不足以致遠任重的，不過小人儒而已。子路篇孔子說的：「言必信，行必果，硜硜然小人哉！」就是小人儒的行爲，因爲不問是非，只一味求言行的信實與果決，不免拘滯而不合宜。子張篇子貢所說的：「賢者識其大者，不賢者識其小者」，正足以說明君子儒與小人儒的區別。子路篇記子夏問政，孔子敎誨他說：「無欲速，無見小利。欲速則不達，見小利則大事不成。」可見子夏有欲速而見小利的短處。

又子張篇記子游說的：「子夏之門人小子，當洒掃應對進退，則可矣，抑末也，本之則無，如之何？」又可見子夏注重小節而不大注意根本的大道理。如今孔子教他要做見識高、修養深、胸懷大的通儒，不要做見識低、修養淺、胸懷小的陋儒，正是孔子因材施教的實踐。

第十二章

子游爲武城㊀宰。子曰：「女得人㊁焉爾乎㊂？」曰：「有澹臺滅明㊃者，行不由徑㊄；非公事㊅，未嘗至於偃㊆之室也。」

【提旨】記孔子關心弟子從政及子游能識別賢才。

【釋詞】

㊀武城　魯國的城邑，在今山東費縣西南。

㊁得人　得到賢能的人才。

㊂焉爾乎　焉、猶「於是」，「是」指武城；爾乎、或作耳乎，猶言「矣乎」，都是說話的

人心意以爲如此而未作決定之辭。

㊃澹臺滅明　孔子弟子，姓澹臺（澹、音談ㄊㄢˊ），名滅明，字子羽，魯國武城人。相貌醜陋，而行爲端正。史記仲尼弟子列傳列爲孔子弟子，但從本章子游答話的語氣看來，這時還沒有向孔子受業。

㊄行不由徑　走路不抄小路、不取捷徑的意思，以比喻澹臺滅明行事正大光明。

㊅公事　指公職內的事務，如戶口、賦稅、典禮、刑法之類。

㊆偃　音演（ㄧㄢˇ），子游姓言，名偃，見爲政篇註。

【譯義】子游做武城的邑宰。孔子問他說：「你在這裏得到什麼賢能的人才沒有？」子游說：「有一個叫做澹臺滅明的，爲人正大光明，從來不走捷徑；如果不是爲了公家的事情，他從來不到我家裏來。」

【析微】爲政以得人才爲先，故孔子以得人與否詢問子游，顯示孔子關心子游行政的績效，也顯示孔子的政治思想，重視人才，尤其是賢能的人才。孔子曾說：「爲政在人，取人以身」（見中庸）。可見孔子在政治上的「人治」與「德治」主張。後來孟子繼承孔子思想，也主張「賢者在位，能者在職」（見孟子公孫丑上篇）。因爲唯有賢能的人，才能使政治健全而進步。子游舉用澹臺滅明爲參佐、屬吏之類，以助理自己處理政務，從他不肯往來於捷徑及公私分明的行爲來看，可見他的操守方正，也可見子游的善於識拔人才，他的見識已高人一等。孔子曾說過：「吾以言取人，失之宰予；以貌取人，失之子羽。」可知澹臺子羽這個人，外貌雖然醜陋，人品卻很正直。

第十三章

子曰：「孟之反㈠不伐㈡；奔㈢而殿㈣，將入門㈤，策㈥其馬，曰：『非敢後也，馬不進也。』」

【提旨】孔子表揚魯國大夫孟之反不誇功的長處，以訓誡喜歡居功的弟子。

【釋詞】

㈠孟之反　魯國大夫，名側，字子反。

㈡不伐　不誇耀自己的戰功；「伐」字意義與公冶長篇「無伐善」的「伐」相同。

㊂奔　敗走、逃奔的意思，事見左傳哀公十一年，魯國在抵禦齊國的一次戰役中，右翼的軍隊潰敗了。

㊃殿　在撤退的軍隊後面掩護退卻。

㊄門　指城門。

㊅策　本義爲馬鞭，這裏名詞作動詞用，以馬鞭鞭策的意思。春秋時還沒有單獨騎馬作戰的事，所以這裏是鞭策兵車前兩側的服馬、驂馬。

【譯義】孔子說：「孟之反不誇耀自己的戰功；當他在抵禦齊國的戰役中，右翼的軍隊潰敗了，他在最後掩護撤退。等到軍隊將進入城門的時候，他一面鞭策着他的馬，一面說：『不是我故意殿後，是因爲馬不肯前進啊！』」

【析微】凡作戰如果正在戰場上進行攻擊的時候，做統帥的人一定要身先士卒，才能表現他勇往無前、有我無敵的犧牲精神，如果打了勝仗，自然是他居首功；但如果是打了敗仗，部隊撤退的時候，統帥應該在全軍的最後，以掩護退卻，所以大有保全實力的功勞，而孟之反卻想到國中父老眼看他殿後，可能懷疑他在後面抵拒敵人的追兵，以此顯示他的功勞，所以才在國人矚目的城門口，說出：「非敢後也，馬不進也」的話，以掩沒自己的功勞，消除國人可能的誤會。這並非顯示孟之反的做作，而是他不誇功的具體表現，所以深受孔子的稱揚。有功而不居，是一種很難得的修養，孔門中顏淵具有這項優點，他自己曾說：「願無伐善，無施勞」（見公冶長篇）。又如戰國時的魯仲連，能做到功成身退，故深受後世人們無限的景仰。

第十四章

子曰：「不有㊀祝鮀㊁之佞㊂，而㊃有宋朝㊄之美，難乎免㊅於今之世矣！」

【提旨】孔子感慨當時重視口才的風氣，以表示傷時嫉俗的意思。

【釋詞】

㊀不有　二字用來表示假設語氣，假若沒有的意思。

㊁祝鮀　衞國大夫，字子魚。

㊂佞　指巧辯的口才。祝鮀善於外交辭令，見左傳定公四年，因而得寵於衞國的國君。

㊃而　有「但」、「卻」的意思。

㊄宋朝　宋國的公子朝，當時的美男子，左傳昭公二十年和定公四年都曾記載他因美貌而惹禍的事。

㊅免　免禍的意思，與爲政篇：「民免而無恥」的「免」相同。

【譯義】孔子說：「假如沒有像祝鮀那樣巧辯的口才，卻只有像宋朝那樣美麗的容貌，在今天這個社會裏恐怕難以避免禍害了。」

【析微】本章古今學者有許多不同的解說，但孔子說這話的眞正意旨，很難解釋得完全正確，現在，只能依照詞義和語法，作如上的講解。大致說來，當時的社會風氣，崇尙口才，因爲口才好，可以得官，可以受寵，所以一般人莫不以口才爲獲得富貴的先決條件；但孔子卻不以爲然，更從不以口才爲美德，公冶長篇不是記載有人惋惜冉雍「仁而不佞」嗎？孔子卻說：「焉用佞？禦人以口給，屢憎於人。不知其仁，焉用佞？」先進篇也說：「是故惡夫佞者。」衞靈公篇又說：「遠佞人。」可見孔子是厭惡佞的。因爲祝鮀有因佞而得寵、宋朝有因美而得寵的事實，在當時的社會裏，佞比美更有用、更吃香，甚至如果沒有巧辯的口才，還難免遭受禍害，所以本章完全是孔子傷時嫉俗的話。

第十五章

子曰：「誰能出不由戶㈠？何莫㈡由斯道㈢也？」

【提旨】孔子怪歎一般人立身行事不遵循正道，以提醒人們正道是當行的大路。

【釋詞】

㈠戶　指門戶。分別來說，雙扇稱門，單扇稱戶；通稱時門、戶無異。這裏是通稱。

㈡何莫　爲什麼沒有人的意思。

㈢斯道　就是這條道路的意思。「道」指人生的正道，孟子告子篇說：「夫道猶大路然。」所以儒家認爲「道」是人們應該遵循的大路，通常指仁義而言。

【譯義】孔子說：「誰能夠出外而不從門戶經過？爲什麼沒有人遵循這條仁義的正道行走呢？」

【析微】本章孔子用「誰能出不由戶」來比喻任何人都應該遵循正道。出行、出外就好比人的立身行事，要出外就必須經由門戶，就好比人的立身行事必須遵循正道。論語學而篇說：「先王之道，小大由之。」孟子盡心篇說：「終身由之，而不知其道者，衆也。」告子篇又說：「由今之道。」可見孔子、孟子都認爲「道」是人所共「由」的，也就是人應該共同遵循的。它是一條平坦、正直、通達而安穩的大路，它是由「仁」出發，而沿着「義」的方向的一條康莊大道。孟子曾說：「居惡在？仁是也；路惡在？義是也。居仁由義，大人之事備矣！」（見盡心篇上）又說：「仁、人之安宅也；義、人之正路也。曠安宅而弗居，舍正路而不由，哀哉！」（見離婁篇上）孟子的慨歎，正如孔子的慨嘆，只是孔子說得簡單而含蓄，孟子說得比較詳細而明顯，而且語氣、心情更深沉！

第十六章

子曰：「質㈠勝文㈡則野㈢，文勝質則史㈣；文質彬彬㈤，然後君子。」

【提旨】孔子談論人內在的質樸和外在的文彩不可偏勝，務必兩者兼備均衡。

【釋詞】

㈠質　就是質樸，指內在本性的質實和純樸，與「文」相反，所以不是指質地或本質。

㈡文　就是文彩，指外在言行的文飾和光彩。

㈢野　指粗鄙的野人，像山野的樵夫、田野的農夫，都是本性質樸而言行毫無文彩的人。

㈣史　掌文辭的史官，大多虛文浮誇，言過其實。

㈤彬彬　文質兼備、均衡相配的樣子。

【譯義】孔子說：「如果一個人內在的質樸多過外在的文彩，那就像粗鄙的野人一樣，樸實無文；如果外在的文彩多過內在的質樸，那就像掌文辭的史官一樣，虛浮不實。必須文彩和質樸兼備均衡、表裏相稱，然後才算成爲君子。」

【析微】本章所說的「質」與「文」，正是兩個相對的名詞。「質」有兩個意義：一是質地，一是質樸，這裏用來與「文」相對，當然是質樸的質，而不是質地的質。也不能解作本質，它和「文」沒有本末之分。也不必實指仁義或忠信爲質，禮樂爲文，因爲「質」與「文」是兩個抽象的名詞。大體說來：凡是一個人內在的本性質實、純樸、敦厚、誠謹就是質，至於外在的文飾光彩，如言辭、儀表的修飾都可以說是文。這兩者必須互相調和，不能一有一無，或過多過少，否則就不能成爲文質兼備、表裏相稱的君子。孔子用「野」字來說明質勝於文的缺陷，本來郊外叫做野，因而居住在郊外的人叫做野人，像山野、田野的樵夫、農夫，他們也許目不識丁，沒受過教育的洗禮、文化的薰陶，所以他們只有十分質樸的本性，而不懂得修飾言辭、儀表，講究華麗的衣著或繁多的禮文，所以禮記仲尼燕居篇說：「敬而不中禮，謂之野。」只有內在質樸的敬心，卻表現得不合禮文，未免顯得鄙陋。孔子認爲：一個受過教育、文化薰陶的人，應該講求禮文，三代以周朝的禮文最爲完備，所以他曾說：「郁郁乎文哉！吾從周。」（見八佾篇）孔子又用「史」字來說明文勝於質的缺陷，本來古代史官關係歷史文化、影響天下後世，至深且鉅，必須正直、賢良的人方能勝任，但春秋以來，史官記事，多半文飾浮誇，不求實質，因而當時稱華而無實的人爲史，孔子只是姑且借世俗的說法作比喻，並非古代史官都是文過其實的。儀禮聘禮記說：「辭多則史。」辭多就容易浮誇，浮誇就是多文，所以與多質的「野」相對。「文質彬彬，然後君子」，無過無不及，正顯示了孔子的中庸思想。

第十七章

子曰：「人之生㈠也直㈡，罔㈢之生也，幸而免㈣。」

【提旨】孔子說明人生在世，應當遵行正直之道。

【釋詞】

㈠生　指生活，集解引馬融說：「言人之所以生於世」。

㈡直　就是正直，凡說話不違背事實、行事不違反道理，都是正直。

㈢罔　本義為羅網的網，用作動詞，則有拘禁的意思，更引申而為「無」的意思。所以「罔之」就是沒有這種正直的德性，是承接上文而說的。

㈣幸而免　僥倖免於罪惡禍害的意思。

【譯義】孔子說：「人之所以能夠平安地生活在這個世界上，是由於能夠遵循正直的道理，那些沒有這種正直德性的人，他們往往也能平安地生活着，那是他僥倖而免於禍害。」

【析微】孔子一向主張以正直之道爲人處世，內不自欺，外不欺人，正正當當，實實在在。人類的群體生活，完全依賴大家能夠憑藉正直的心意、正直的道理相處，才能過得安寧，而沒有任何災殃、禍害。如果大家以欺詐、虛僞相處，自欺欺人，那麼社會一定衰亂，國家必然敗亡，個人如果能免於災禍，只是僥倖而已。論語中，孔子常常談到「直」，與人相處，要「以直報怨，以德報德」（見憲問篇）。用人要「舉直錯諸枉」，才有「能使枉者直」的效果（語見顏淵篇）。而且，最可貴的，是無論在治世或亂世，都能直道而行，孔子曾稱讚衞國大夫史魚說：「直哉史魚！邦有道，如矢；邦無道，如矢」（見衞靈公篇）。矢就是箭，箭是最正直不過的了，由此可見史魚是如何正直，而孔子是如何讚賞他的正直了！

第十八章

子曰：「知之㈠者，不如好之㈡者；好之者，不如樂之㈢者。」

【提旨】孔子教人爲學的次序，應當由淺入深，由知而漸進於好與樂的境界。

【釋詞】

㊀知之　知道某事有益處、或知道有這個眞理的意思。前句根據皇侃疏：「知之、謂知學問有益者也。」後句根據朱註引尹氏說：「知之者、知有此道也。」不過本章是孔子泛論爲學的次序，它的對象當很廣博，指一切有價值的事情，不限於學問，凡道德、藝術也在內。所以知之、好之、樂之的「之」就是指稱學問、道德、藝術等等有價值的事。

㊁好之　比「知之」更進一層，就是愛好它們的意思。

㊂樂之　比「好之」又進一層，就是樂在其中的意思。

【譯義】孔子說：「知道某種學問、道藝有益的人，不如進而愛好它們的人；愛好某種學問、道藝的人，不如進而樂在其中的人。」

【析微】本章孔子所說的「知之」，是一種理智作用，「好之」是一種情緒作用，「樂之」則是一種情感作用。它們一層比一層深入，一層比一層精熟。無論是學問的研究，道德的修養，藝術的造詣，或者從事其他任何有價值的事情，莫不是由「知之」入門，由粗知而漸進於深知，自然能產生愛好的情緒，比較起來，「好之」比「知之」工夫更多、程度更深。「知之」只是知而不好，「好之」卻是既知又好，知而後好，所以「知之」還停留在表面，

「好之」卻已深入了內層。不過，孔子是道德哲學家，這「好之」自然不只是純粹心理意義的愛好，應該是帶有道德意義的愛好；換句話說：它是專指好其所當好，而不應該好其所不當好。譬如知道運動有益於身體，進而能愛好運動，便是好其所當好；如果明知賭博有害於身心，卻仍然沉溺於賭博，迷戀不捨，那就是好其所不當好了。凡正當的愛好，由「好之」而漸進於陶醉、忘我的境界，那就進入了尋求學問、道德、藝術的最高境界了，在這一境界裏，充滿了樂趣，自得的樂趣、自在的樂趣！顏淵的簞瓢陋巷，不改其樂；孔子的飯疏飲水，樂在其中，發憤忘食，樂以忘憂；都已到達了陶然「樂之」的境界。古今中外的大哲學家、大宗教家、大文學家、大藝術家、大科學家，當他們的信仰、研究到達登峯造極的階段，也會出現這樣的境界。孔子這句話，是在鼓舞我們進步，勉勵我們向高深的境界探求。

第十九章

子曰：「中人㈠以上，可以語上㈡也；中人以下，不可以語上也。」

【提旨】孔子自述他因材施敎的原則是依學生才智的程度。

【釋詞】

㊀中人以上　中人，指中等智慧的人；中人以上，猶如穀梁傳僖公二年的「中知以上」。孔子把人類天賦的智慧約略分爲三等：「中人」介於上智、下愚之間，天下「中人」居多，這裏說「中人以上」，是包括「中人」在內；下文的「中人以下」，則不包括「中人」在內；所以實際上孔子把人的智慧程度分成兩個階層：「中人以上」是中知、上知的人；「中人以下」則是下愚的人了。

㊁語上　語，朱註讀去聲（ㄩˋ），告訴的意思；上，泛指高深的道理。

【譯義】孔子說：「中等智慧以上的人，領悟力強，可以教授高深的道理；中等智慧以下的人，領悟力弱，不可能教會高深的道理。」

【析微】本章所說的「可以」、「不可以」，並非表示絕對的肯定與否定，與通常所說的「可以」、「不可以」作用稍有出入。「可以」是表示「中人以上」的智慧足以領悟高深的道理；「不可以」是表示「中人以下」的智慧不足以領悟高深的道理。正如泰伯篇的：「民可使由之，不可使知之」的「可」與「不可」一樣，是依對方程度的高低說的。孔子這段話，是很合現代教育原理的，近代西方教育所發展的智力測驗，就是用科學的方法測驗出學生的智慧程度——所謂「智商」，依據智商作爲分班的標準，然後再以深淺不同的教材，分別教授智慧程度不同的學生，這樣在效果上比用同樣的教材去教授程度不同的學生要大得多，因爲教材的深淺適合學生的智慧程度，才容易被他們接受和消化，否則，不但不容易被他們吸收和消化，而且也無從引起他們學習的興趣。

第二十章

樊遲問知㈠。子曰：「務民之義㈡，敬鬼神而遠之㈢，可謂知矣。」問仁。曰：「仁者先難而後獲㈣，可謂仁矣。」

【提旨】孔子指點弟子樊遲求智、盡仁的工夫，智者在於合理地致力人道、對待鬼神；仁者在於不畏艱難、不計近利。

【釋詞】

㈠知　讀去聲（ㄓˋ），同智。

㊁務民之義　專致力於合理的人道。務、專力或從事的意思；民、就是人，民之義、就是禮記禮運篇所說的「人義」，指人所應當做的日常人倫道德之事。

㊂敬鬼神而遠之　尊敬鬼神，而能夠遠離鬼神，不至於迷信的意思。遠、讀去聲（ㄩㄢˋ），作及物動詞用，遠離的意思；「之」字指稱鬼神而言。

㊃先難而後獲　艱難的事，爭先去做，能獲得私利的事，寧願居後。獲、得的意思。

【譯義】樊遲向孔子請問怎樣才算明智。孔子說：「專力從事人所應做的事，尊敬鬼神，而遠離得開，不被迷惑，這就可以說是明智了。」

樊遲又問怎樣才算是仁德。孔子說：「有仁德的人，遇到艱難的事，總是爭先去做，遇到能獲得私利的事，總是寧願居後，這就可以說是仁德了。」

【析微】在孔子當時，一般人只一味信奉鬼神，求鬼神福佑，反而忽略了人所當爲的事，人所應盡的本務，孔子認爲這是捨本逐末的不智之舉，所以藉樊遲問知的事，告訴他眞正的明智，是專心致力於人份內應做的事，諸如人倫道德的事，就是所謂「民之義」，也就是所謂「人義」，禮記禮運篇說：「何謂人義？父慈、子孝、兄良、弟弟、夫義、婦聽、長惠、幼順、君仁、臣忠，十者謂之人義。」這些都是人的本份，盡到了人的本份，自然就有福，自然就吉利，不必去過份接近鬼神，諂媚鬼神，爲政篇說：「非其鬼而祭之，諂也。」對於鬼神，只須尊敬，遠離得開，不被迷惑，這就是智。禮記表記篇也說：「夏道事鬼，敬神而遠之。」

至於先難而後獲，先難就是見義勇爲，不畏艱難，也就是衛靈公篇所說的：「當仁不讓於師。」因爲仁者是有抱負、有擔當的。後獲就是有所獲得的事，尤其是獲得個人私利的事，不願與人相爭。所以「先難而後獲」就是赴義唯恐落後、而攘利不必爭先的意思，也就是宋人范仲淹所謂「先天下之憂而憂，後天下之樂而樂。」豈不是仁者的懷抱、仁者的作爲嗎？這樣解釋，是根據皇侃疏引范甯說：「艱難之事，則爲物先，獲功之事，而處物後。」如果依照朱註所說：「先其事之所難，而後其事之所得。」就與顏淵篇回答樊遲說的：「先事後得」意思相近了，就是先去做那些艱難的事，然後才計較功利的獲得，大約是針對樊遲歡喜計功的缺點而說的。這樣當然也說得通，不過范甯說似乎更勝一籌，因爲更切近仁者。

第二十一章

子曰：「知者樂㊀水，仁者樂山。知者動，仁者靜。知者樂㊁，仁者壽。」

【提旨】孔子說明智者和仁者的性情與特徵。

【釋詞】

㊀樂　音耀（ㄧㄠˋ），動詞，愛好的意思，下句「樂」字同。

㊁樂　音勒（ㄌㄜˋ），就是快樂。

【譯義】孔子說：「有智慧的人，他的性情比較愛好水；有仁德的人，他的性情比較愛好山。有智慧的人，他的特徵比較活動；有仁德的人，他的特徵比較沉靜。有智慧的人，常常快樂；有仁德的人，往往多壽。」

【析微】孔子這幾句話，說得很簡括，至於知者何以樂水？仁者何以樂山？並沒有說明，不過既然孔子以山水爲仁者、智者所愛好的對象，自然由於他們相互之間有共同的特性。朱子集註說：「知者達於事理，而周流無滯，有似於水，故樂水；仁者安於義理，而厚重不遷，有似於山，故樂山。」大體說得還算精要。古書像韓詩外傳三、說苑雜言篇、春秋繁露循天之道篇、申鑒俗嫌篇、中論夭壽篇等都曾談過這個問題。尤其徐幹的中論，更提出一個疑問：孔子既然說仁者壽，何以顏淵這樣一位仁者卻短命而死呢？荀爽以爲是仁者精神不朽，孫翺以爲是孔子誘人行仁的一種教化，徐幹則以爲：「仁者利養萬物，萬物亦受其利」，所以仁者必壽，自古仁者多壽，顏淵只是極少數的例外。至於智者何以動？仁者何以靜？由於水運行不已，而智者也是自強不息，日日求新的，所以他的特徵是不斷前進，常處於動態之中，像水一般；山厚重不遷，而仁者也能克己復禮，無所貪欲，所以他的特徵是安於內修，常處於靜態之中，像山一樣。子罕篇說：「知者不惑，仁者不憂。」而本章卻說：「知者樂。」似乎智者既能不惑，又能不憂，與仁者無異了。這並非孔子說話前後不相顧，而是取義有所不同。智者能明辨是非，當然能無所疑惑；正因爲他對成敗得失看得很清楚，自然無憂而樂了。至於仁者，由於不存私欲，心安理得，自然更能「不憂」；安舒從容，沉靜寡欲，自然能多壽了。

第二十二章

子曰：「齊㈠一變㈡，至於魯㈢；魯㈣一變㈤，至於道㈥。」

【提旨】孔子談論齊、魯兩國的政教風俗，如果能革新振作，必然大有可為。

【釋詞】

㈠齊　指齊國當時的政治、教育和民心、風俗。

㈡一變　一有改革的意思；變、是指革去覇道政治、功利主義，而重新實行王道政治，以仁義教化人民。

㈢至於魯　意思是：能進而達到魯國這樣講和平、講仁義、重教化、重倫常的善良政治、教育和民心、風俗。

㈣魯　指魯國當時的政治、教育和民心、風俗。

㈤一變　有一番振興的意思；這一「變」字與前一「變」字含義稍有不同，因為魯國的立國方針，就是王道政治，以仁義教化人民，只是日久不免積弊叢生，需要重新整頓一番，而不需變革。

㈥至於道　意思是：能進而達到古代聖王那樣理想的政治規模。道、指先王之道，就是堯、舜、禹、湯、文王、武王的政治大道。

【譯義】孔子說：「齊國的政治、教育和民心、風俗，如果一有改革，就能進而達到魯國這樣的善良風氣；魯國的政治、教育和民心、風俗，如果有一番振興，就能進而達到古代聖王那麼理想的政治規模。」

【析微】孔子的政治思想，是繼承堯、舜、禹、湯、文、武、周公相傳的道統，而魯國是周公的後裔，完全秉承了先王的遺風，一切政治教化，莫不以仁義道德為依歸，就是為政篇所謂：「道之以德，齊之以禮。」人民受到感化、濡染，自然民心淳樸，風俗敦厚，因而形成了魯國的文化特徵；而孔子的政治主張，正是這種禮治主義、王道政治。魯國的鄰邦齊國，是太公姜尙的後裔，他們立國的精神，在於刑法嚴明，就是為政篇所謂：「道之以政，齊之以刑。」尤其從齊桓公以來，銳意求富國強兵，稱霸諸侯，人民受到影響，自然崇尙功利，風俗澆薄，因而形成齊國的文化特徵；而法家的政治主張，正是這種法治主義、霸道政治。孔子一向以為：禮治勝於法治，王道優於霸道，他很希望齊國能改弦易轍，捨棄霸道，實行王道，摒除功利，崇尚仁義，與魯國一樣，致力於仁政的建設；他更希望魯國能振衰起弊，發揚王道文化，達到理想的大同世界。

第二十三章

子曰：「觚㈠不觚㈡，觚哉？觚哉？㈢」

【提旨】孔子假借酒器不合古代形制，名存實亡，以隱喻及感慨當時君臣的失道。

【釋詞】

㈠觚 音孤（ㄍㄨ），古代盛酒的器皿，腹部及足部共有八條稜角，容受當時容量二升或三升。

㈡不觚 字面的意思是不像個觚，因爲孔子時的觚腹部已成圓形，沒有稜角了，所以比喻名不符實。

㈢觚哉、觚哉 孔子感嘆當時的觚既然名存實亡，就不能再稱爲觚了。

【譯義】孔子說：「現在的酒器觚不像個觚，這樣就能叫做觚嗎？這樣就能叫做觚嗎？」

【析微】古代有鄉飲酒之禮，說文解字認爲觚就是鄉飲酒時所用的一種爵，當賓主歡飲時，獻酒用爵，酬謝時用觚，孔子的話，大約是他參加酒宴時，因眼見所用的觚形狀、制度都與古代不合，觸發他的感慨而說的。孔子一向主張正名，對於政治人物、社會制度、文化傳統，都講求名實相副，他認爲正名是爲政的先務，子路篇記子路問孔子說：「衞君待子而爲政，子將奚先？」孔子說：「必也正名乎。」顏淵篇記齊景公向孔子請問政治的道理，孔子只告訴他簡單的八個字，就是：「君君，臣臣，父父，子子。」意思是君要像個君，臣要像個臣，父要像個父，子要像個子，這就是正名主義。如今觚不像個觚，名存而實亡，所以引起孔子無限的感慨！他感慨當時的國君完全失去了發號施令的權威，做臣子的反而控制國君。所以朱註引程子說：「觚而失其形制，則非觚也，舉一器而天下之物莫不皆然。故君而失其君之道，則爲不君；臣而失其臣之職，則爲虛位。」

第二十四章

宰我問曰：「仁者，雖告之曰：『井有仁㊀焉。』其從之也㊁？」子曰：「何爲其然㊂也？君子可逝㊃也，不可陷㊄也；可欺㊅也，不可罔㊆也。」

【提旨】孔子解釋仁者雖然應該奮不顧身，以求取仁道，但應該顧及事情的可否、道理的是非，才不致誤事昧理、反成愚人。

【釋詞】

㊀井有仁　井裏有仁道的意思，這是宰我姑且假設之辭，用來問孔子：有仁德的人是否不顧一切環境的危險，以求取仁道。所以上文「仁者雖告之曰」中用一「雖」字，以表示「井有仁」的話原是沒有這種情理的事。集解引孔安國註把「仁」字解作仁人，這種增字解經

的方法究竟不妥；朱子集註用劉聘君的意見，以爲「仁」當作「人」，除非有確實的證據，這種改字求通的方法也不妥善。

㊁其從之也　本句是疑問句，意思是：難道他就跟着跳進井裏去，求取仁道嗎？「其」字通豈，有難道的意思；從、跟隨的意思；之、指井中的仁道；也、通耶，作疑問語氣詞用。

㊂何爲其然　爲何如此、爲什麼這樣做的意思，也是疑問句。何爲就是爲何；其、句中語助詞；然、如此、這樣的意思。

㊃逝　往的意思，就是勇往無前地求取仁道。

㊄陷　陷溺的意思，就是陷身井中、自取死亡。

㊅欺　朱註釋爲：「誑之以理之所有。」就是以合理的事欺騙他。

㊆罔　朱註釋爲：「昧之以理之所無。」就是以不合理的事蒙蔽他。

【譯義】宰我問孔子說：「假如有一個有仁德的人，雖然有人告訴他說：『井裏有仁道。』難道他就跟着跳進井裏去求取仁道嗎？」孔子說：「爲什麼要這樣做呢？一個有學問、道義的君子，可以勇往無前地去求取仁道，但不可以陷身到危險的井中，以自取死亡；可以用合乎情理的話欺騙到他，但不可能用不合情理的事蒙蔽住他。」

【析微】我對本章的解釋，與前人稍有不同，主要在於「井有仁焉」的「仁」字，既不增字而解作「仁人」，也不改字而解作「人」，直接依原文解作「仁道」，因為孔子曾說：「志士仁人，無求生以害仁，有殺身以成仁」（見衞靈公篇）。孔子的意思是：一個眞正有志氣的人、有仁德的人，應當奮不顧身地求取仁道、成全仁道，卽使犧牲生命，也在所不惜。當然，孔子所說的，是眞正值得求取、值得成全的仁道，才值得付出寶貴的生命去換取；否則，便不值得冒昧輕生，付出這樣重大的代價。宰我心中懷疑：是否凡是有仁道的地方，仁者都應該不顧一切地去求取，所以，提出這樣一個在事實上不可能、在理論上有可說的問題，來請示孔子，是否井中有仁道，仁者就應該以身隨仁道，甚至以身殉仁道。從孔子的答話看來，可見他頗不以為然，仁者雖然應有赴湯蹈火、在所不辭的勇氣，但要顧及是非可否，並非能死就是仁，「暴虎馮河，死而無悔」的勇氣，只是一種愚勇，這是孔子所不取的，也是眞正的仁者所不當為的，所以說：「君子可逝也，不可陷也。」這是論事，又說：「君子可欺也，不可罔也。」這是論理。孔子總是敎人作適當的選擇、適當的處理；正如孟子所說：「君子可欺以其方，難罔以非其道」（見萬章篇上）因為君子本性誠實，合乎情理的話，可能一時受人欺騙而信以為眞；像宰我所假設的：「井中有仁道」，這樣不合情理的事，君子能明察是非，絕不可能被蒙蔽而輕易相信、輕易採取行動的。孔子曾說：「好仁不好學，其蔽也愚」（見陽貨篇）。眞正的仁者、眞正的君子，必有相當的學識，以辨別所求仁道的是非可否，才不致流為愚信、愚行，才不致昧理、害事，而作無謂的犧牲。

第二十五章

子曰：「君子博學於文㈠，約之以禮㈡，亦可以弗畔㈢矣夫㈣。」

【提旨】孔子教人品學兼修，才不至於背離做人的道理。

【釋詞】

㈠博學於文　就是博覽典籍的意思；文、指詩書禮樂與古聖先賢所遺留下來的書籍。

㈡約之以禮　「以禮約之」的倒裝語，就是用做人應有的禮節約束自己的意思；其中「之」字指稱上文的「君子」己身而言。

㈢畔　通叛，背叛、違反的意思，指背叛、違反做人的正道。

㈣夫　音扶（ㄈㄨˊ），句末語氣詞。

【譯義】孔子說：「一個君子，要廣泛地研習聖賢的典籍，用應有禮節約束自身一切言行，這樣也就可以不背離做人的道理了。」

【析微】孔子教育弟子的方針，不外「博學於文，約之以禮」兩大端，子罕篇記顏淵的自述說：「夫子循循然善誘人，博我以文，約我以禮。」博文是基礎、是入手工夫，因爲古代聖賢們的嘉言懿行，都記載在詩書禮樂之類的典籍裏，一切做人處世的道理，也都保存在這些典籍裏，博覽古籍，可以多聞多見，多知道一些古聖先賢的言行，多了解一些人生的眞理，足以使我們蓄積道德，增長道德。但徒然博文，而不約之以禮，將會流於有文無行，所以二者要並重。所謂約之以禮，就是孔子告訴顏回的：「非禮勿視，非禮勿聽，非禮勿言，非禮勿動」（見顏淵篇）。這禮是專指本身應當做、應當持守的禮節，也就是做人應有的態度，與「克己復禮」的「禮」相同，並非泛指禮樂的「禮」。博文就是大學的格物、致知；約禮就是大學的誠意、正心、修身。兩者兼備，才是智德兼修的君子，才不會做出悖禮犯上、離經叛道的事來。

第二十六章

子見南子㈠，子路不說㈡。夫子矢之㈢曰：「予所否者㈣，天厭之㈤！天厭之！」

【提旨】記孔子屈辱自己，以求實行他的政治主張。

【釋詞】

㈠南子　衞靈公夫人，把持當時衞國的國政，而且有淫亂的行爲，名聲很不好。

㈡說　通悅，高興的意思。

㈢矢之　爲這件事發誓的意思；矢、古誓字，爾雅釋言也訓爲誓。

㈣予所否者　予、孔子自稱；所否二字，朱註說：「所、誓辭。」又說：「否、謂不合於禮、不由其道也。」予所否者的意思是：我如果有不合於禮的行爲。但否字史記作不，大約是根據古論語；古人誓辭，多用「所不……者」的字樣，像左傳僖公二十四年重耳說的：

「所不與舅氏同心者」，文公十三年秦伯說的：「所不歸爾帑者」。其中「所」字有如果、假若的意思，作假設語氣的連接詞，但只用在誓辭中。孔子說：「予所不者」，是記載的人用詞簡略，「所不」下面應當另有誓詞，大約是說：我見南子，如果不是爲了求得實行我的政治主張的話。

⑤天厭之　意思是：上天也會不容我的；厭、有棄絕的意思。

【譯義】孔子和衞靈公夫人南子相見，子路顯得不高興。孔子爲這件事發誓說：「我見南子，如果不是爲了實行我的政治主張、有什麼不合於禮的行爲的話，上天也會不容我的！上天也會不容我的！」

【析微】子見南子的事，史記孔子世家有比較詳細的記載，大意是說：孔子和南子相見，是出於南子的請求，而且是衞國的國際禮節，孔子再三推辭不了，只好依禮相見。孔子認爲：南子以國君夫人的地位，以禮相邀，自然不宜以無禮相加，拒人於千里之外。孔子之所以採取權宜措施，與南子相見的原因，孔安國以爲：「孔子見之者，欲因以說靈公，使行治道。」意思是：孔子想藉南子的關係，遊說衞靈公，使他實行自己的政治主張。這意見似乎很有道理，因爲孔子周遊列國的主要目的，就是想遊說各國國君，採納並實行自己的政治主張。也有人認爲：南子雖然淫亂，卻有知人之明，對孔子能特別敬重，她請見孔子，可能想重用孔子，或有大事相諮詢，這事大約發生在出公輒的時候，輒是靈公之孫，他的父親蒯聵曾得罪靈公而被驅逐，於是輒被立爲國君，後來晉國保護蒯聵，送還衞國，輒拒而不受，父子爭奪君位。這時輒唯恐君位不夠穩固，想重用孔子，以鎭服人心，所以冉有曾懷疑孔子會協助衞君輒，因而問子貢：「夫子爲衞君乎」（見述而篇）？子路也曾以「衞君待子而爲政」的話問孔子（見子路篇），孔子告訴他爲政的先務在於正名，如今衞君名不正，而南子請見，子路懷疑孔子將協助衞君行政，與正名的話相反，所以不悅。孔子爲了消除子路的誤會，因而發誓，說明正名的主張始終如一，不會因與南子相見而稍有改變。這說法當然也很有道理，值得我們參考。

第二十七章

子曰：「中庸㈠之爲德也，其至㈡矣乎！民鮮㈢久矣！」

【提旨】孔子慨嘆中庸的德性，人們久已不能具備。

【釋詞】

㈠中庸　朱註說：「中者，無過不及之名也；庸、平常也。」又引程子說：「不偏之謂中，不易之謂庸。」所以中庸就是不偏不倚、無過不及而平常不易的德性。

㈡至　至善、至當的意思。

㈢民鮮　人們很少有這種德性。民、指一般人；鮮、音顯（ㄒㄧㄢˇ），少的意思。

【譯義】孔子說：「中庸這種不偏不倚而平常不易的德性，可說是至善、至當的了，可惜人們缺乏這種德性已經很久了。」

【析微】中庸可以說是一種最高的道德標準，由於古代聖賢像堯、舜、禹、湯、孔子、孟子等都提倡它，所以漸漸成為我們民族的特性，我們自稱中國，就是這個原因。古代只說「中」，到孔子才加上「庸」字，以顯示它是一種平常的德性。後代的儒家就根據這兩個字，作成一篇題為「中庸」的文章，收在禮記一書裏，司馬遷以為是孔子孫子思作的，宋朱熹以後，成為儒家的重要典籍四書之一。

孔子以前的聖人，如堯禪讓帝位給舜時，曾對他說：「允執厥中。」（見論語堯曰篇）就是告訴他為人做事要把握中庸之道。後來舜果然能實踐堯的指示，孔子曾讚美舜能「執其兩端，用其中於民。」（見禮記中庸）舜又傳授給禹，尚書大禹謨所謂：「人心惟危，道心惟微，惟精惟一，允執厥中。」被稱爲十六字心傳。後來商湯也能「執中」（見孟子離婁下）。孔子以後，孟子盡心篇常談到「中道」和「執中」。由此可見，中庸的確是中國歷代聖賢一脈相傳的心法。在中國最早的哲學典籍易經裏，常談論「時中」與「位中」，足見古人是如何重視這種德性。

第二十八章

子貢曰：「如有博施㈠於民，而能濟衆㈡？何如？可謂仁乎？」子曰：「何事於仁㈢，必也聖乎！堯、舜㈣其猶病諸㈤！夫仁者，己欲立而立人，己欲達而達人。能近取譬㈥，可謂仁之方㈦也已。」

【提旨】孔子教子貢求仁的方法在推己及人。

【釋詞】

㈠博施　廣博地施予恩惠的意思。

㈡濟衆　救濟大衆疾苦的意思。

㈢何事於仁　豈止是仁道的意思。

㈣堯、舜　上古唐、虞二代的帝王，孔子常奉爲聖君。

㈤其猶病諸　恐怕還愁做不到的意思。其、推測語氣詞，有恐怕的意思；病、憂愁有所不足的意思；諸、猶之，指博施、濟衆的事。

㈥能近取譬　能夠就近從己身取得譬喻，設想他人。

㈦仁之方　求得仁道的方法。

【譯義】子貢說：「假如有人能廣博地施予恩惠給人民，而且能救濟大衆的疾苦，這樣的行爲怎麼樣？可以算是仁道嗎？」孔子說：「豈止是仁道，那一定是聖德了！即使堯、舜那樣的聖人，恐怕還愁做不到哩！說到仁道，是要推己及人：自己要立身，也要使他人能立身；自己要通達，也要使他人能通達。能夠就近以己身爲譬喻，設想他人也和自己一樣，可以說這就是求得仁道的方法了。」

【析微】孔子平生教育弟子，總是教他們從平易、尋常的地方去修養自己，不必好高騖遠。孔子本人就是一位寓偉大於平凡的聖人，他的學說最可貴的地方，就是平易而尋常，也就是上章所說的「中庸」的精神。本章子貢想從事功方面求取仁道，孔子認爲博施、濟衆是聖人的事功，是遠而難以達成的事功，所以告訴他不必捨近而求遠，不如從恕道上下工夫，更爲淺近易行。己立立人，己達達人，就是推己及人的工夫。孔子常以恕道勉勵子貢，如衞靈公篇告訴他可以終身行之的恕道，就是：「己所不欲，勿施於人。」公冶長篇子貢自己說的：「我不欲人之加諸我也，吾亦欲無加諸人。」表明他自願行恕道，孔子雖然說：「非爾所及」，用意還是在勉勵子貢。實踐恕道是求得仁道的方法，孟子盡心篇也說：「強恕而行，求仁莫近焉。」

第七篇 述而

前言

本篇內容，在記敍孔子生平的志節、行事、容貌及自謙以誨人的德性。因第一章第一句：「子曰：『述而不作』，」略去「子曰」二字，而命名爲「述而」篇。共計三十八章。

第一章

子曰：「述而不作㈠，信而好古㈡，竊比㈢我於㈣老彭㈤。」

【提旨】孔子自述他研究學問和著書立說的態度，足以顯示他謙虛的德性。

【釋詞】

㈠述而不作　說文：「述、循也。」所以「述」有遵循古代聖人的道統或歷史的事實，以傳述而垂教於後世的意思；不作、不有所新創或制作的意思。

㈡信而好古　意思是：篤信古人遺留的書籍，而且愛好古代的文化。

㈢竊比　私相比擬、私自相比的意思。

㈣我於　文中子魏相篇說：「問則對，不問則述，竊比我於仲舒。」文句完全模仿論語，可見唐、宋通行本作「我於」，宋邢昺作疏，才從俗本作「於我」，朱子集註也相沿作「於我」。「竊比我於」是「我竊比於」的倒裝語。

㈤老彭　包咸、朱熹都以爲是殷商的賢大夫；鄭玄、王弼則以爲老指老聃，彭指彭祖；邢昺卻以為老彭就是莊子所說的彭祖；日人竹添光鴻更以為就是離騷所說的彭咸。據史記老子韓非列傳，老聃就是老子李耳，是周朝的守藏史；據史記五帝本紀，彭祖是堯的臣子；據楚辭王逸註，彭咸是殷朝的賢大夫，與包咸、朱熹的說法相同，大約享有天子養老之禮，所以稱「老彭」。

【譯義】孔子說：「我生平著書立說，只遵循古人的道統，以傳述、垂教於後世，而並不自己有所新創或制作；我平日研究學問，篤信古人遺留的典籍，而且愛好古代的文化；我私自比擬商朝的賢大夫老彭。」

【析微】相傳孔子曾經刪詩書、定禮樂、贊周易、修春秋，而成六經，這些工作，都只是把古人已有的經典，加以採取、選擇、整理、編輯，以教授弟子、傳於後世而已，所以說：「述而不作」。作是新創制作，中庸說：「非天子不議禮，不制度，不考文。」所謂議禮、制度、考文，都是新創、制作的事，但必須天子才有權制作，所以中庸又說：「今天下車同軌，書同文，行同倫。雖有其位，苟無其德，不敢作禮樂焉；雖有其德，苟無其位，亦不敢作禮樂焉。」這兩段話都是孔子說的，可見孔子因自己沒有天子之位，所以不敢作禮樂，只能有所傳述而已。中庸又說：「仲尼祖述堯、舜，憲章文、武。」意思是：孔子宗師堯、舜，傳述他們留下的道統；取法文、武，彰明他們立下的法度。又說：「文、武之政，布在方策。」意思是：文王、武王當年的政治規模與法度，都記錄在古人留下的典籍裏，這些典籍，就是孔子所謂「古」，都是孔子所篤信和愛好的。本篇第二十八章孔子曾說：「蓋有不知而作之者，我無是也。」與本章「述而不作」的態度是一貫的；又第二十章說：「好古敏以求之。」與「信而好古」的精神也是一致的。朱註說：「老彭、商賢大夫，見大戴禮，蓋信古而傳述者也。」老彭的事蹟，雖因年代湮遠而不可考，但他必然也是「述而不作，信而好古」的古代賢人，所以孔子才引以自比，「竊比」二字足見孔子謙虛的德性。

第二章

子曰：「默而識之㈠，學而不厭㈡，誨人㈢不倦㈣，何有於我㈤哉？」

【提旨】孔子自述他學習新知與教育弟子的勤勉，藉此以勉勵他人。

【釋詞】

㈠默而識之　默默地記在心裏的意思。識、音（ㄓˋ），記憶；之、指所見所聞的知識或做人的道理。

㈡厭　滿足、厭棄的意思。

㈢誨人　教誨人、教導人的意思。

㈣倦　疲倦、懈怠的意思。

㈤何有於我　是「於我何有」的倒裝句，意思是：對於我來說，有什麼困難呢？或者是我所不難做到的。「何有」與雍也篇：「於從政乎何有」句用法相同，等於「何難之有」？

【譯義】孔子說：「把所見所聞的知識或做人的道理默默地記在心裏，努力學習而不厭棄，教誨別人而不倦怠，這些事情對我來說，有什麼困難呢？」

【析微】本章不是孔子自謙，而是他自己承當這三件事都能做到，藉此來勉勵人們的。本篇第二十八章說：「多聞，擇其善者而從之，多見而識之。」相當於本章的「默而識之」。至於「學不厭，誨不倦」的精神，更是孔子常常在弟子面前所自認而不辭的，如本篇第三十四章與公西華說：「若聖與仁，則吾豈敢？抑爲之不厭，誨人不倦，則可謂云爾已矣。」又如孟子公孫丑篇冋答子貢說：「聖則吾不能，我學不厭而敎不倦也。」孔子的確自己已具備這樣的精神，才會用這些話來勉勵別人，可見孔子實在是一位偉大的教師、偉大的教育家。

第三章

子曰：「德之不修㈠，學之不講㈡，聞義㈢不能徙㈣，不善不能改，是吾憂也。」

【提旨】孔子自述以不能進德修業爲心中的憂慮，藉此勉勵人們。

【釋詞】

㈠修　進修的意思。

㈡講　講習的意思。

㈢義　指道義所在。

㈣徙　音喜（ㄒㄧˇ），遷徙的意思。由甲地遷往乙地稱爲徙，因而由不義遷到義之所在也稱爲徒。

【譯義】孔子說：「道德不能進修；學問不能講習；聽到義理所在，卻不能以身相從；自己有了過失，卻不能悔悟改正；這些都是我心中引以爲憂的事。」

【析微】日人竹添光鴻論語會箋有一段話說得很精，他說：「修德是主腦，講學是致知工夫，徙義、改不善是力行工夫，皆修德之實事也。學問與造化一般，頃刻無停機，若工夫稍有作輟，這生機便斬絕，故憂。是吾憂，見責任無可委託，工夫無可替代。」這段話的大意是：修養德行是本章的中心，講習學問在於獲致知識，徙於道義和悔改過失是行爲的實踐，實際上都可歸納在修養德行一項內。無論學習知識或做人的道理，都和大自然的運行一樣，不能有片刻停留，否則就斷了生機，所以令人憂慮。可見這些人生的責任是無法推諉、假託的，這些修養的工夫是無法讓人代替的。這番話很能給人啓發。本章的前兩句是進德修業的事，孔子日常所談的，論語中所記的，大部份都是進德修業的事；至於後兩句，就是易經益卦所說的：「見善則遷，有過則改。」孔子也常教人遷善改過，如里仁篇說：「見賢思齊焉，見不賢而內自省也。」本篇第二十二章說：「三人行，必有我師焉：擇其善者而從之，其不善者而改之。」學而篇說：「過，則勿憚改。」衞靈公篇說：「過而不改，是謂過矣！」可見孔子是如何重視行爲的實踐。

第四章

子之燕居㈠，申申如㈡也，夭夭如㈢也。

【提旨】記孔子閒居時的容態和神色。

【釋詞】

㈠燕居　燕、或作晏，說文：「晏、安也。」所以燕居就是安居，指在家安閒無事的時候。

㈡申申如　據說文「申」有約束自持的意思，所以申申如是形容容態儼然令人敬畏的樣子。如、副詞詞尾，相當於「然」字，白話譯爲……的樣子。

㈢夭夭如　神色溫和的樣子。

【譯義】孔子在家安閒無事的時候，容態總是顯得儼然令人敬畏的樣子，神色總是顯得溫和舒泰的樣子。

【析微】本章是弟子記孔子平日的神情態度，所謂「申申如」，相當於子張篇子夏所說的：「望之儼然」；所謂「夭夭如」，相當於「卽之也溫」。本篇最後一章也有類似的記載：「子溫而厲，威而不猛，恭而安。」朱註引程子說：「此弟子善形容聖人處也，爲申申字說不盡，故更著夭夭字。今人燕居之時，不怠惰放肆，必太嚴厲。嚴厲時著此四字不得，怠惰放肆時亦著此四字不得，惟聖人便自有中和之氣。」孔子這種氣象，完全從他中和的德性自然發出，所以我們修養性情的時候，必須從內在的心性上用功，變化氣質，涵養義理，性情能不偏倚、不乖戾，氣象自然中正和平。

第五章

子曰：「甚矣，吾衰㈠也！久矣，吾不復㈡夢見周公㈢。」

【提旨】孔子晚年感傷衰老，因而理想不能實現。

【釋詞】

㈠衰　志慮衰竭、年歲老大的意思。

㈡不復　不再的意思。

㈢周公　姓姬，名旦，周文王的兒子，武王的弟弟，成王的叔父。當武王駕崩，因成王年幼，由周公攝政，制禮作樂，文物大備，所以成為孔子心目中最敬仰的古代聖人之一。

【譯義】孔子有一天很感傷地說：「現在我衰老得好厲害啊！我已經很久不再在夢中與周公相見了。」

【析微】孔子平生對周朝燦爛的文物制度，內心非常嚮慕，常常想到：如果有一天當政，有權力推行政治的時候，一定要實行周朝那樣的美好制度。所以，他曾說：「周監於二代，郁郁乎文哉！吾從周。」（見八佾篇）周朝的政治規模、禮樂制度，大多是周公所創的，所以孔子常常想着周公這個人，也常常夢見周公，可見孔子盛年時是如何志在天下，志在成功。當孔子懷着熱烈的希望，率領一批弟子，到各國去遊說，盼望他們採納他的主張，實行仁政，經過十多年流浪生涯，僕僕風塵，而一無所獲，回到魯國的時候，他已是近七十歲的老人了。這時，他不但年歲老大，而且志氣也衰竭了，不再魂牽夢縈地想實現周公時的太平盛世了，所以孔子感傷自身的衰老，也就是嘆息世道的衰微。本章所謂「不復夢見周公」，正與子罕篇所謂：「鳳鳥不至，河不出圖」，寓有同樣深沉的感慨！

第六章

子曰：「志於道㈠，據於德㈡，依於仁㈢，游於藝㈣。」

【提旨】孔子教誨弟子進德修業的方法。

【釋詞】

㈠志於道　一心嚮往人生的正道。志、立定志向或一心嚮慕的意思；道、指人倫日用之間所當遵循的眞理。

㈡據於德　堅決執守本心的德性。據、固守、執守而不失的意思；德、指遵行人生正道而在心中有所得的德性，也就是個人的美德。

㈢依於仁　依從仁心、不違離仁道的意思。

㈣游於藝　心神優游於藝術的領域。孔子時的藝術，不外禮、樂、射、御、書、數六藝。

【譯義】孔子說：「進德修業的方法，在於立定志向、一心嚮往人生的眞理，堅決據守本心的德性，始終依從仁愛的心懷，精神優游於藝術的境域。」

【析微】本章所說的，不但是進德修業的方法，而且是爲學做人的全部原則，層次分明。立志是爲學做人的先務，儘管志向有各種不同的類別，但總的目標不外乎「道」，論語、孟子常常說到「道」字，如君子之道、夫子之道、堯舜之道等等。概括地說：道就是人生的眞理，人們共同遵行的正路。後世的儒者，像唐朝的韓愈，曾經專寫了一篇文章，題爲「原道」，以推原、闡釋「道」字的精義，他首先說：「博愛之謂仁，行而宜之之謂義，由是而之焉之謂道。」他擷取了孔、孟學說的兩個重心——仁與義，孔子學說的中心思想是仁，孟子學說的主要精神是義，可以說解釋得相當精要。這樣說來，存心仁愛，行事合義，遵循仁義的方向前進，這就是人生的正道。至於「德」，韓愈說：「足乎己、無待於外之謂德。」朱熹說：「德、則行道而有得於心者也。」因爲「志道」之後，就能心存正道，不會意志紛歧，這時必須在內心固守美好的德性，這美好的德性就是遵行正道所得來的。能固守德性，還要泯除物欲，依從仁心，發揮仁愛的精神，這是人的主要責任，泰伯篇說：「士不可以不弘毅，任重而道遠。仁以爲己任，不亦重乎？死而後已，不亦遠乎？」由志道而據德，由據德而依仁，能這樣循序漸進，深造求全，在講學力行之餘，如果能涵養藝術，使身心獲得均衡發展，更能培養和諧的人生，完整的人格。所以孔子也注重藝術的陶治，禮記少儀篇說：「士游於藝。」學記篇說：「君子之於學也，藏焉，修焉，息焉，游焉。」禮、樂、射、御、書、數六藝的學習，需要憩息其中，心游其中，才能適情適性，收到潛移默化的效果。

第七章

子曰：「自行㊀束修㊁以上㊂，吾未嘗無誨㊃焉。」

【提旨】孔子自述他樂於教誨子弟，成就後進。

【釋詞】

㊀自行　「自」字當自從講，而不作自己講，與下文的「以上」二字相應，與後漢書延篤傳的：「吾自束修厲節以來」的句法相同。「行」字用作他動詞（又稱外動詞或及物動詞），與本篇第三十三章：「躬行君子」的「行」相同，有實踐、做到的意思。

㊁束修　在行爲上有所約束修整的意思。

㊂以上　表示「束修」是值得施教的最基本的條件。

㈣誨　教誨、教導的意思。

【譯義】孔子說：「只要能做到在行爲上有所約束修整的人，我沒有不施以教誨的。」

【析微】本章的「束修」二字，照傳統的解釋，都解作十脡乾肉，是學生拜見老師時的見面禮，而且是最輕微的見面禮，像梁皇侃的論語疏、宋邢昺的論語疏、朱子的論語集註，都是這樣解釋的。但清人臧琳的經義雜記引唐人李翺說：「仲尼言：小人洒掃進退，束修末事，但能勤行此小者，則吾必教誨其大者。」並以爲「束修」的「修」作「修」而不作「脩」，這意見很有道理。漢朝人都以束修爲約束修整的意思，如幽州刺史朱龜碑的：「仁義成於束脩，孝弟根基本性。」後漢書馮衍傳的：「圭潔其行，束脩其心。」鄭均傳的：「束脩安貧」等，其中「束」字都作約束、檢束講；「脩」字都作修整、修潔講。據說文從彡的修是修飾的意思，從月（肉）的脩是乾肉的意思，古書修、脩二字常通用，本章應作「修」字。雖然禮記檀弓篇說：「古之大夫，束脩之問不出境。」穀梁傳隱公元年說：「束脩之問，不行竟（同境）中。」都與傳統的解釋相合，但從論語用字的情形和孔子施教的精神來看，把「束修」解作行爲上的約束修整，比解作十脡乾肉、當奉獻老師的禮物來講，要妥當而合理些。本章所用的「行」字，很顯然的，是一個動詞，因爲用在「束修」之上，又可見是個他動詞，與論語中其他用作他動詞的「行」字相比較，如爲政篇的：「先行其言，而後從之。」子罕篇的：「由之行詐也。」衞靈公篇的：「好行小慧」等等，其中「行」字都用在抽象名詞之上，而不用在具體名詞之上；都是就事而說，沒有就物而說的。如果把「束脩」解作進見的禮物，那麼「行」字用在具體名詞所指的物體上，顯然與論語用字的通例不合。而且，如果「束脩」是最輕微的禮物，那麼「以上」二字就有表示禮物多多益善的嫌疑，這又顯然與孔子設教的精神不相合。奉獻禮物，固然可見向學的誠意，但行爲上有所約束修整，更足見向善的志趣和努力，更值得施以教誨。微子篇記：「孺悲欲見孔子，孔子辭以疾。」孔子之所以藉故不見，可能是孺悲在行爲上不能有所約束修整的緣故。又如本篇第二十九章記孔子接見互鄉童子，門人覺得疑惑，孔子解釋說：「與其進也，不與其退也。」又說：「人潔己以進，與其潔也，不保其往也。」所謂「潔己以進」，正與本章的「束修」同義。

第八章

子曰：「不憤㈠不啓㈡；不悱㈢不發㈣；舉一隅㈤，不以三隅反㈥，則不復㈦也。」

【提旨】孔子自述他教學的方法，在於注重啓發，以勉勵弟子自動用功。

【釋詞】

㈠憤　有發憤的意思，朱註說：「憤者，心求通而未得之意。」就是心裏不明白某種事理，但卻很想求明白的意思。

㈡啓　朱註說：「啓、謂開其意。」就是開導他的心意。

㈢悱　音斐（ㄈㄟˇ），朱註說：「悱者，口欲言而未能之貌。」就是心裏已經明白，口裏想說而說不出來的意思。

㈣發　朱註說：「發、謂達其辭。」就是引發他的言辭。

㈤舉一隅　舉、提示的意思；隅、物的稜角。

㈥三隅反　朱註說：「物之有四隅者，舉一可知其三；反者，還以相證之義。」就是一個方形的東西共有四個稜角，教師提示其中一個稜角，學生應該領悟還有三個同樣的稜角。這是借來比喻領悟事理的聯想力。

㈦復　朱註說：「復、再告也。」就是再度相告的意思。

【譯義】孔子說：「我教導學生，如果他不是心裏想求明白而不明白的話，我就不去開導他心中的意思；如果不是口裏想說而說不出來的話，我就不去引發他想說出來的言辭；如果一個四方形的東西，我已經提示其中一個稜角，而他卻不能推想出其餘三個同樣的稜角來，我就不再重複地告訴他了。」

【析微】孔子雖然樂於教人，但受教的人必須先有求知的動機，心中想克服困難，曾經發憤努力，但卻力不從心，然後才去啓發他、誘導他，使他豁然貫通；並且天下事理無窮，不可能一一說盡，受教的人必須要有舉一反三的領悟力，也就是觸類旁通的聯想力，然後才去教誨他，使他因此而悟彼。這些都是自己已經作了相當的努力，孔子才肯施以教育，因爲這樣才顯示受教的學生有傾向學問事理的心意，這樣才更容易達到教學的效果。禮記學記篇說：「力不能問，然後語之。」就是本章「不悱不發」的意思，不過學記是從正面說，就是「悱而後發」。舉一反三，就是孟子所謂：「欲其自得之」（見孟子離婁下）的意思。「不復」就是學記所謂：「語之而不知，雖舍之可也。」孔子在兩千多年前所實施的教學方法，和現代教育學上的新教學法不謀而合，這是孔子偉大的地方，孔子眞是我國最早、最偉大的教育家。

第九章

子食㈠於有喪者㈡之側㈢，未嘗飽也。

【提旨】記孔子富於同情心。

【釋詞】

㈠食　動詞，進食的意思。

㈡有喪者　家中有喪事的人。喪、讀陰平聲（ㄙㄤ）。

㈢側　身旁的意思。

【譯義】孔子在有喪事的人旁邊進食，從來沒有吃飽過。

【析微】孔子是一位富於情性的人，尤其是一位富於人情味和同情心的人，禮記檀弓篇說：「食於喪者之側，未嘗飽也。」也是記孔子這種發乎自然的情性。何晏集解說：「喪者哀戚，飽食於其側，是無惻隱之心。」家有喪事的人，心中一定哀傷憂戚，表現於外，則一定有哀傷的哭聲，或憂戚的面容，這時，如果孔子前往弔喪，或者協助人家料理喪事，而在人家身旁進食，由於一片惻隱之心，使孔子也同樣感到哀傷憂戚，所以雖食而不飽，這是孔子至情至性的表現。孟子說：「無惻隱之心，非人也。」又說：「惻隱之心，仁之端也。」孔子富於深厚的仁心，自然具有悲惻隱痛的同情心。

第十章

子於是日㈠哭㈡，則不歌㈢。

【提旨】記孔子弔喪以後的心情。

【釋詞】

㈠是日　此日、這一天的意思。

㈡哭　指聽到親友死喪的消息、或前往有喪事的人家弔喪而哭泣。

㈢歌　名詞作動詞用，唱歌的意思。

【譯義】孔子如果在這一天聽到親友的死訊，或因弔喪而哭泣過，回家以後，就整天不再唱歌了。

【析微】禮記檀弓篇說：「弔於人，是日不樂。」也是記孔子在遇到親友的喪事，弔喪過後，當天心情鬱鬱不樂。朱註說：「一日之內，餘哀未忘，自不能歌也。」據論語的記載，孔子不但能欣賞音樂、批評音樂，而且自己也喜歡奏樂、唱歌，如憲問篇記孔子寓居衞國的時候，以擊磬消遣；陽貨篇又記孔子故意不接見孺悲，「取瑟而歌」；本篇第三十二章：「子與人歌而善，必使反之，而後和之。」孔子跟別人一道唱歌，如果唱得好，一定請他再唱一遍，然後自己又和他一遍。可見孔子平常喜歡唱唱歌，但唱歌是內心愉快的表現，在弔過親友喪事以後，心中還有餘哀，自然不會愉快地唱出歌來，可知孔子的心情完全是自然的流露。不過本章的「哭」字，不單指弔喪而哭，凡聽到親友故舊死亡的消息，因而哭泣，這也是合乎禮的，如孔子曾為顏淵、子路的死而傷心地哭泣就是。

第十一章

子謂顏淵曰：「用之㈠則行㈡，舍之㈢則藏㈣，唯我與爾有是夫㈤！」子路曰：「子行三軍㈥，則誰與㈦？」子曰：「暴虎㈧馮河㈨，死而無悔者，吾不與也。必也臨事而懼㈩，好謀而成㈡者也。」

【提旨】孔子以處世合宜稱許顏淵，以義理之勇曉喻子路。

【釋詞】

㈠用之　當時的國君任用我；之、第一人稱指稱詞（或稱代名詞），稱代自己。

㈡行　行道的意思，就是出來做官，實行自己的主張。

㈢舍之　舍、同捨，捨棄不用的意思；之、與「用之」的「之」相同。

㈣藏　隱藏自己的才能，或藏身隱居的意思。

㈤唯我與爾有是夫　只有我和你才有這樣的志趣。唯、或作惟，只有的意思；是、指「用之則行，舍之則藏」的志趣；夫、音扶（ㄈㄨˊ），語尾助詞。

㈥行三軍　率行三軍，也就是統率三軍出征的意思。行、有統率……出征的意思；古代三軍指中軍、左軍、右軍，萬二千五百人爲一軍，大國有三軍，這裏泛指軍隊而言。

㈦與　動詞，偕同的意思。

㈧暴虎　爾雅釋訓：「暴虎、徒搏也。」舍人注：「無兵空手搏之。」就是手中沒有兵器，徒手與虎搏鬥的意思。這是很早就有的俗語，詩經鄭風大叔于田說：「襢裼暴虎」，又小雅小旻說：「不敢暴虎」。

㈨馮河　爾雅釋訓：「馮河、徒涉。」李巡注：「無舟而渡水曰徒涉。」就是沒有渡船，徒步涉水過河的意思。馮、音憑（ㄆㄧㄥˊ）。「馮河」二字也是很早的俗語，如易經泰卦爻辭說：「用馮河。」詩經小雅小旻說：「不敢馮河。」

㈩臨事而懼　身臨統率三軍、指揮作戰的事，要戒愼恐懼、小心周密。懼、有戒愼恐懼、不敢輕敵的意思。

⑪好謀而成　對指揮作戰的事，愛好預先作周密的計謀，以達成克敵制勝的戰果。謀、指軍

事上的權謀方略；成、指制勝、成功。

【譯義】孔子對顏淵說：「國君能任用我，我就出來做官，實行自己的政治主張；不能任用我，我就退身隱居，隱藏自己的政治才能；只有我和你才有這樣的志趣吧！」

子路說：「如果夫子統率三軍出征，和誰一同去呢？」

孔子說：「單憑自己的勇氣，赤手空拳和老虎搏鬥，沒有渡船卻徒步涉水過河，即使到死也不知悔悟的人，我是不與他同去的；必須在身臨統兵作戰的大事的時候，有一種戒愼恐懼之心，喜歡事先周詳地計謀，然後一步步達到勝利成功的人才行。」

【析微】孔子所謂用舍行藏，是在說明他的處世態度，「用舍」二字是就本身而言，「行藏」二字是就經世濟民的大道而言。所以行是行的經綸之道，也就是實行自己的政治主張，實現自己的政治理想，發展自己救人救世的抱負；藏是藏的才學理想，一切主張，一切抱負，都暫且隱藏起來，不再伸張。弟子中只有顏淵有這樣的修養、這樣的志趣，像子路、冉求都偏於「行」，原憲、閔子騫則偏於「藏」，比較起來，可見「用之則行，舍之則藏」的處世態度是卓越的。衞靈公篇孔子稱讚蘧伯玉說：「邦有道，則仕；邦無道，則可卷而懷之。」泰伯篇又說：「天下有道則見，無道則隱。」都限定了有道、無道，而本章卻只說用之舍之，不再限定有道、無道，可見孔子維護世道、改造社會的一番用心，無論有道、無道，只要一有機會行道，就要把握良機，實現理想，更要「易無道爲有道」，孟子稱孔子是聖之時者，就是根據孔子這種懷抱和志趣說的。孟子又稱孔子：「可以仕則仕，可以止則止。」（見公孫丑篇上）就是本章的：「用之則行，舍之則藏。」孟子又說：「古之人，得志、澤加於民；不得志、修身見於世。窮則獨善其身，達則兼善天下。」（見盡心篇上）就是體會了孔子的意思而說的。

子路因見孔子稱許顏淵，而自己好勇，又善於軍旅之事，心想這恐怕不是顏淵所能的，因而輕率地發問，頗有自負其勇的語氣，孔子就趁機施以機會教育。暴虎馮河，死而無悔，是一種不顧危險的血氣之勇，輕率寡謀，不足取法；所以孔子曉喩子路：一個眞正的良將，身臨三軍戰陣的大事，必須持重而不輕率，足智而多計謀，才能克敵制勝，獲致成功，這才是義理之勇。孔子曾說：「好勇不好學，其蔽也亂。」（見陽貨篇）愚勇足以亂事，只有透過智謀的勇，才足以濟事。子路一向有好勇過份、輕率寡謀的缺點，所以孔子針對他的缺點，因材施敎，誘使他進於智謀之勇。

第十二章

子曰：「富而㈠可求㈡也，雖執鞭之士㈢，吾亦爲之；如不可求，從吾所好㈣。」

【提旨】孔子主張：不可違背正理，苟且求得財富。

【釋詞】

㈠而　與「如」字義相通，所以上文：「富而可求也」，用一「而」字，下文：「如不可求」，則用「如」字。焦循論語補疏說：「而與如通，而可求，卽如可求。」俞樾古書疑義舉例說：「上句用而字，下句用如字……而卽如也。」這是上下文變換虛字的例子，都是假設連詞。

㈡求　苟且求取的意思。

㈢執鞭之士　根據周禮秋官條狼氏，古代天子、諸侯出入的時候，有下士二至八人，在車駕前拿着皮鞭，使行路的人讓道；又據地官司市，在市場上的守門人，也手執皮鞭維持秩序；兩者都是卑賤的差使。

㈣從吾所好　意思是：做我所喜歡做的事。從、依從的意思；好、讀去聲（ㄏㄠˋ），愛好的意思，孔子所愛好的，不外詩書禮樂、仁義道德之類。

【譯義】孔子說：「財富如果容許苟且求取的話，雖然是手執皮鞭做卑賤差使的人，我也去做；如果不容許苟且求取，我只依從自己的愛好，做自己喜歡做的事情。」

【析徵】本章第一句，史記伯夷列傳引作：「富貴如可求」，鄭玄註論語也說：「富貴不可求而得之」，可見古論語「富貴」二字連文，如今魯論語只作：「富而可求」，所以只解作財富。鄭註又繼續說：「當修德以得之，若於道可求者，雖執鞭之賤職，我亦爲之。」所謂「修德以得之」、「於道可求者」，就是說須用正當的方法，合理的手段。所以皇侃疏說：「夫富貴……不可苟且求。」朱註卻說：「然有命焉，非求之可得也。」似乎把求字解作違逆天命、勉強求取的意思。但從孔子平常的言論和態度看來，鄭註、皇疏的說法比較可取，里仁篇孔子曾說：「富與貴，是人之所欲也，不以其道得之，不處也。」本篇第十六章又說：「不義而富且貴，於我如浮雲。」可見孔子對求取富貴的態度，主張要用正當的方法，合理的手段。所謂「不以其道得之」、「不義而富且貴」，就是用不正當的方法、不合理的手段取得富貴，這是孔子所不願意享受、也是孔子所漠視而無動於衷的。泰伯篇孔子曾說：「邦無道，富且貴焉，恥也。」因爲國家政治不安，社會黑暗，一般人容易苟且求取富貴，所以孔子認爲可恥。由以上各章的參證，足見本章的主旨，也在不願苟且求取財富。

第十三章

子之所慎㈠：齊㈡、戰㈢、疾㈣。

【提旨】記孔子所慎重的事。

【釋詞】

㈠慎　小心、謹慎的意思。

㈡齊　同齋，古人在祭祀之前，先要使身心整潔寧靜，如遠離邪惡、飲食潔淨、思慮澄明、意念誠正、動作莊謹等，以表示對神明的虔敬，這一番工夫叫做齋，或稱齋戒。

㊂戰　指戰爭。
㊃疾　指疾病。

【譯義】孔子所小心謹慎的事有三件：就是齋戒、戰爭、疾病。

【析微】孔子一向注重祭祀，祭祀時要竭盡誠敬之心，八佾篇曾說：「祭如在，祭神如神在。」因爲祭祀是與神明相接的事，所以古人在祭祀之前，要齋戒沐浴，潔淨身心。孔子對齋戒的事特別謹愼，並非僥倖求福，而是不敢褻慢神靈，鄉黨篇記孔子：「齋必變食，居必變坐。」就是說孔子在齋戒的時候，一定改變平常的飲食，不飲酒，不吃葷，居住也一定搬移地方，到「外寢」居住，不和妻室同房。至於戰爭和疾病，關係到死生存亡，一般好勇的人往往輕易忽略，而膽怯的人卻不免恐懼害怕，孔子既不輕忽，也不懼怕，而抱着謹愼的態度。這並非孔子怯敵，而是不輕敵；也並非孔子貪生，而是不輕生。前一章說到孔子作戰必求：「臨事而懼，好謀而成」的人，因爲它關係到國家的存亡、人民的安危，所以不能不謹愼；鄉黨篇又描述孔子生病的時候，不敢隨便吃藥，因爲它關係到個人的生死，也不能不謹愼。孔子對任何事都謹愼，這三件事是他所最謹愼的。

第十四章

子在齊聞韶㈠，三月㈡不知肉味㈢。曰：「不圖㈣爲樂㈤之至於斯㈥也。」

【提旨】孔子歎美齊國樂工演習的韶樂，感人至深。

【釋詞】

㈠韶　虞舜所制作的樂曲名稱。

㈡三月　「三」是虛數，三月是好幾個月，形容很長久的時間。史記孔子世家說：「與齊太師語樂，聞韶音，學之三月，不知肉味。」因此竹添光鴻的論語會箋對本章的斷句是：「子在齊，聞韶三月，不知肉味。」但史記的「三月」二字仍可連下讀，何況孔子下文有歎美的話，說「三月不知肉味」，更能描繪孔子的專一及韶樂的感人，所以仍從朱註斷句。

㈢不知肉味　極度專心、沉迷其中，以致暫時失去一部份知覺，不知道肉的滋味。

㈣不圖　不料、想不到的意思。

㈤爲樂　奏樂的意思，這裏指齊國樂工所演習的韶樂。

㈥至於斯　到了這種境界、達到這樣感人的程度。斯、指稱詞，指稱上文的：「三月不知肉味。」

【譯義】孔子在齊國聽到韶的樂章，很長久的時間竟嘗不出肉的滋味，於是說：「想不到齊國樂工們所演奏的韶樂，居然到了這麼感人的程度。」

【析微】據史記孔子世家的記載，孔子三十五歲的時候，魯昭公出奔到齊國，這時魯國發生了內亂，孔子也到了齊國，在齊國聽到他們樂工演奏的韶樂，使孔子異常感動，因而說出這樣深深歎美的話。韶是虞舜時的樂曲，從齊桓公消滅了舜的後代遂國之後，於是得以傳習舜樂的音節，孔子曾經稱讚過韶樂：「盡美矣！又盡善也」（見八佾篇）！但齊國樂工所演奏的，也許比在魯國聽韶樂，更來得眞切感人！所以孔子感動之餘，還大加讚賞！孔子平常無論是鑽研學問，或潛修德行，或欣賞音樂，都能由「好之」而進入「樂之」的程度，一樂在其中，就完全忘我了，他曾自稱：「發憤忘食，樂以忘憂，不知老之將至」（見本篇第十九章）。正與本章的：「三月不知肉味」有相同的境界、相同的樂趣。可見孔子情性的深摯，也可見孔子對音樂感染力的深厚。

第十五章

冉有曰：「夫子爲㈠衞君㈡乎？」子貢曰：「諾㈢，吾將問之。」

曰：「伯夷、叔齊㈣何人也？」曰：「古之賢人也。」

曰：「怨㈤乎？」曰：「求仁而得仁㈥，又何怨？」

出，曰：「夫子不爲也。」

【提旨】記孔子崇尚仁讓。

【釋詞】

㈠爲　讀去聲（ㄨㄟˋ），作動詞用，幫助或贊成的意思。

㈡衞君　指當時的衞國國君出公輒。輒是衞靈公的孫子，世子蒯聵的兒子。蒯聵得罪了衞靈公的夫人南子，被靈公驅逐出境，逃往晉國。後來靈公死了，國人立蒯聵的兒子輒爲君。晉國的大夫趙鞅率軍送回蒯聵，並藉此侵略衞國。衞國抵禦晉兵，自然也拒絕了蒯聵的回國，這事發生在魯哀公二年。哀公六年，孔子從楚國返回衞國，很受出公輒的禮遇，而且當時衞國人認爲蒯聵得罪了君父，而輒是衞公的嫡孫，應當立爲國君，所以冉有懷疑孔子會贊助出公輒，以此詢問同學子貢。

㊂諾　表示答應之辭，相當於白話的「好吧」！

㊃伯夷、叔齊　古代孤竹君的兩個兒子，相互遜讓君位，很受孔子推崇，餘見公冶長篇註。這時孔子師弟正寓居衞國，不便指斥他們的國君，所以子貢藉古代伯夷、叔齊的事蹟發問；又因蒯聵和輒是父子關係，蒯聵的回國和輒的抵拒，似乎有父子爭奪君位的嫌疑，與伯夷、叔齊兄弟互相推讓，最後都拋棄了君位相比，恰好形成對照；所以子貢藉此發問，以試探孔子對出公輒的態度。

㊄怨　心中有所抱怨或後悔的意思。

㊅求仁而得仁　孔子認爲：伯夷、叔夷互相遜讓君位，完全出於自己的意志，這種事情，只有仁人肯做。他們做這件事情，就是「求仁」，最後都如願以償，正是「得仁」。

【譯義】冉有說：「夫子贊助衞國國君嗎？」子貢說：「好吧，我就去問問他。」

子貢進入孔子屋裏，問孔子說：「伯夷、叔齊是怎麼樣的人？」孔子說：「是古代的賢人。」子貢說：「他們互相推讓，都不肯做國君，結果都逃到國外隱居，忍受窮困飢餓的痛苦，是不是心裏會抱怨、後悔呢？」孔子說：「他們遜讓君位是求取仁道，最後終於心安理得地獲得了仁道，又有什麼抱怨、後悔的呢？」

於是子貢走了出來，答覆冉有說：「夫子不會贊助衞國國君的。」

【析微】當孔子和弟子們周遊列國，由楚國回到衞國，這時已是衞出公輒立爲國君的第四年，當時衞國國內、國外的人們，對出公輒抵拒父親蒯聵回國的事，有各種不同的看法，有的認爲出公輒拒父回國、不顧人倫的行爲是不對的；有的認爲蒯聵有罪，而輒是嫡孫，應當立爲國君，以國家爲重，拒父回國的作法是無可厚非的。當時孔子正受出公輒的禮敬，所以冉有心中才有這樣的懷疑，懷疑孔子會贊助出公輒。但他自己不敢問孔子，因子貢善於言辭，所以與子貢商談。子貢在孔子面前不便直說，只用旁敲側擊的方式，提出古人伯夷、叔齊來發問，孔子對他們互讓君位的高風亮節非常讚賞，認爲他們後來忍受窮困飢餓的痛苦，也毫不怨悔。孔子既稱讚讓位的伯夷、叔齊，當然不會贊助與父親爭位的出公輒了，所以子貢才敢肯定地答覆冉有：「夫子不爲也。」不過輒的拒父，看來似乎不孝，但在情勢上實非得已，因爲蒯聵已被靈公棄絕，而輒已承受當國的重任，爲國家着想，不得不拒。

而且，晉、衞二國先有宿怨，這時靈公剛死，趙鞅就藉送回蒯聵爲名，率軍侵略衞國，以報宿怨，居心叵測，當然應該抵拒晉兵，於是自然也拒絕了父親蒯聵的回國。況且靈公在世的時候，蒯聵要殺他的母親南子；靈公死了，蒯聵又不奔喪；又偕同仇國的軍隊，侵略自己的國家；這些都是蒯聵不孝的地方，也是出公輒應當拒絕的理由。但輒並非存心拒父，只是爲了國家的生存不得不拒。因此，有人認爲冉有、子貢的疑惑，在於人倫、社稷的輕重，而不在讓位、拒父的是非。伯夷、叔齊重人倫而輕社稷，出公輒重社稷而輕人倫，而儒家一向認爲天下莫重於人倫，所謂：「仁者人也」、「親親爲大」，治國不過是仁的推廣，如今孔子既稱伯夷、叔齊是「古人賢人」，又以「求仁而得仁」歸美伯夷、叔齊，可見仍以人倫爲重，也可見不會贊助出公輒。

第十六章

子曰：「飯㈠疏食㈡，飲水，曲肱㈢而枕之㈣，樂亦在其中矣。不義而富且貴，於我如浮雲㈤。」

【提旨】孔子自述他安貧樂道的志趣。

【釋詞】

㈠飯　舊讀上聲（ㄈㄢˇ），作動詞用，吃的意思。

㈡疏食　粗疏的糧食。古代北方以稻、粱、黍、稷等爲主食，其中稻、粱、黍屬細糧，稷屬粗糧，稷就是現在的高粱。疏食的食音俟（ㄙˋ），名詞。

㈢肱　音工（ㄍㄨㄥ），手臂，就是從肘到腕的部份。

㈣枕之　枕、舊讀去聲（ㄓㄣˋ），名詞作動詞用，在文法上稱意謂動詞；之、指稱詞，指肱而言；枕之、就是以之爲枕，也就是把手臂當枕頭的意思。

㈤浮雲　天空飄浮的雲，聚散不定，比喻不合義理的富貴。

【譯義】孔子說：「吃的是粗疏的糧食，喝的是清水，彎着手臂當枕頭，雖然生活這樣窮困，其中也有自得的樂趣。由於不正當的方法、不合理的手段，因而得來財富，而且有顯貴的祿位，這在我看來，就像天空的浮雲一般。」

【析微】人生的處境，不外順境與逆境，富貴與貧賤，這兩種處境，最能考驗一個人的心性，尤其是貧賤的逆境，更能鍛鍊一個人的意志，因爲在貧賤的逆境中，飲食的粗惡，居住的簡陋，一切生活物資的匱乏，是一般人不堪忍受的痛苦，只有像孔子這樣的聖人，顏回這樣的賢人，才能在：「飯疏食，飲水，曲肱而枕之」的貧困境遇裏，仍舊「樂在其中」，才能在：「一簞食，一瓢飲，在陋巷」的窮乏境遇裏，依然「不改其樂」。常人的快樂，是由境遇而生，隨境遇而變的；只有聖賢的快樂，是由內心而生，不隨境遇變遷的。宋代的理學家們修養心性，喜歡：「尋孔、顏樂處」，教人：「須知所樂者何事」？我們可以知道的是：貧困窮乏的本身，並沒有任何可樂的事，眞正可樂的，是學習古聖先王的人生哲理，蓄積自己高尚的德性，仰不愧於天，俯不怍於人，做一個孟子所說的：「富貴不能淫，貧賤不能移，威武不能屈」的大丈夫。

其次，本章孔子所漠然而無動於中的、看得像天空的浮雲一般輕的，不是富貴，而是「不義的富貴」，也就是「不以其道得之」的富貴，可見合乎道義的富貴，不在孔子擯斥之列。孔子所重視的，是正道與義理。孔子這樣崇尚道義，是在提高人格的價值，看重人性的尊嚴。

第十七章

子曰：「加㊀我數年，五十㊁以學易㊂，可以無大過㊃矣。」

【提旨】孔子預期五十歲的時候研求易經的道理所可獲得的功效。

【釋詞】

㊀加　增加的意思，凡是累積而成數稱加；史記孔子世家作假，假有假借或給與的意思，古人認爲人的年歲是上天所假借或給與的，加與假聲相同，所以有人認爲二字可以相通；現在仍依本字解釋。

㊁五十　指五十歲的時候，孔子說這話時，大概是四十多歲，上句說：「加我數年」，三、四歲稱數年，所以邢昺疏以爲這時孔子四十七歲。朱註引劉聘君說，認爲五十是「卒」字的誤分，因證據不夠充分，所以我不採取。

㊂易　指易經，又稱周易，相傳是由上古帝王伏羲氏畫成八卦，後來周文王作卦辭、爻辭，孔子又作十翼，以解釋經義。

㊃可以無大過　易經在孔子以前本來是一部用來占卜的書，到了孔子，卻由其中所講的趨吉避凶的道理，而引出一些做人、處世的道理來，所以朱註說：「學易則明乎吉凶消長之理、進退存亡之道，故可以無大過。」

【譯義】孔子說：「如果上天讓我多活幾年，到五十歲的時候研習易經，以參透宇宙人生的哲理，這樣，就可以沒有多大的過失了。」

【析微】本章與爲政篇「吾十有五而志於學」章體例相同，只是「吾十有五章」所述各節都在追溯以前進德修業進步的過程，說到七十歲止，可見是七十以後所說的；本章則是預期以後研習易經可能獲得的功效，預期五十歲，由「加我數年」的話，可見是四十六、七歲時說的。孔子爲什麼預期五十歲時研習易經，才可以「無大過」呢？因爲五十歲是智慧成熟以後，足以參透宇宙人生哲理的年歲，在爲政篇中，他曾說過「五十而知天命」的話，所謂「知天命」，就是了解宇宙間一切事物自然演變、自然進行的原理，這樣，自然能把握中道的原則，明白變通的道理，對於吉凶禍福，能夠洞燭機先，所以在思想、行爲、做人、處事各方面，就不會犯什麼大的過失了。不說「無過」，而說「無大過」，可見「小過」還不敢保證沒有，這是孔子謙虛的地方，也是說話眞實的地方。孔子畢生「祖述堯、舜，憲章文、武」，崇尚仁義道德，所以平常教育弟子，和門人談話，無非詩書仁義之類，談到易經的只有這一章，因爲易經的道理深微，不是日常人倫所需的，所以孔子直到五十歲的時候，才能對其中的道理參得透澈，史記孔子世家有：「孔子晚而喜易……讀易韋編三絕」的話，可見孔子到了晚年，更喜歡、也更勤於硏究易經。

第十八章

子所雅言㈠，詩㈡、書㈢、執禮㈣，皆雅言也。

【提旨】記孔子重視先王典籍及執守禮儀的事，平常都用雅正的言語誦讀或傳達。

【釋詞】

㈠雅言　有兩種解釋：一種是指雅正的語言，如集解引孔安國說：「雅言、正言也。」又引鄭玄說：「讀先王典法，必正言其音，然後義全……禮不誦，故言執。」劉寶楠論語正義引劉台拱論語駢枝說，以爲「雅」就是「夏」，「雅言」就是周室西都的正音。另一種解釋以爲雅言就是常言，如朱註說：「雅、常也……詩以理情性，書以道政事，禮以謹節文，皆切於日用之實，故常言之。」那麼「雅言」就是常常說的。但「雅」字古代經典如爾雅、大雅、小雅的「雅」，都作「正」字解，所以前說比較可取。

㈡詩　指詩經，孔子時只稱詩。春秋時代，周朝列國士大夫所作及民間流傳的詩歌，相傳經過孔子的刪正或整理，作爲教授弟子的教材。

㈢書　指書經，孔子時只稱書。書經是記載古代帝王如堯、舜、禹、湯、文王、武王等的典謨訓誥，都是有關先王治理政事的文獻。

㈣執禮　執行禮儀的意思。

【譯義】孔子平常用雅正的語音所傳達的，是誦讀或教授詩經、書經，及執行禮儀的時候，都是採用雅正的語音。

【析微】孔子是魯國人，魯國相當於現在的山東，平常談話或教授弟子，大約是用山東話，但在誦讀詩書，或教授弟子詩書的時候，就用雅正的語音，所謂雅正的語音，就是當時周室西都的正音，周朝舊都，在現在的陝西長安一帶，周朝以陝西語爲正音，正如民國以來以北平語爲國音。孔子對詩、書用雅言，可見他特別重視這兩部先王的典籍，詩經大雅和頌有記帝王的詩篇，書經更是古代帝王政事的紀錄，孔子都用它們作教育弟子的教材，使弟子們藉詩篇涵養性情，達到興、觀、群、怨的作用，藉書中先王的典謨訓誥，以通達政事，所以孔子在誦讀詩、書，或以詩、書教授弟子時，不用方言俗語，而用雅正的官話莊重地說出來，一方面可以使多數人容易聽懂，一方面可以把它們的原意完整地傳達出來，後世的人作詩用官韻，居官臨民說官話，就是所謂「雅言」。至於禮，也是孔子所重視的先王遺制，禮不能誦讀，所以說：「執禮」，就是贊禮、行禮的時候，也爲了上述兩個原因，而用雅正的語音，也就是當時所通行的普通話，正如後世主持典禮儀式的人必用官話一樣。

第十九章

葉公㊀問孔子於子路，子路不對㊁。子曰：「女㊂奚㊃不曰：『其爲人也㊄，發憤忘食㊅，樂以忘憂㊆，不知老之將至云爾㊇。』」

【提旨】葉公向子路問孔子的爲人，子路不願輕易作答，而孔子自述他的治學精神和道德修養，以勉人好學。

【釋詞】

㊀葉公　葉，音攝（ㄕㄜˋ），地名，當時屬楚國，現在河南葉縣以南三十里有古葉城。葉公是楚國葉縣的縣尹，當時楚國國君自稱王，所以這縣尹也自稱公。這人姓沈，名諸梁，字子高，左傳定公、哀公二年有關於他的記載。

㊁不對　不肯輕易回答的意思。

㊂女　同汝，指子路。

㊃奚　當「何」字講，奚不就是何不。

㊄其爲人的「其」　孔子自指。

㊅發憤忘食　憤，與本篇第八章：「不憤不啓」的「憤」相同，是心求通而未得的意思，所以發憤就是因急於求知而自我奮發的意思，而且好學不倦，到了廢寢忘食的地步，所以說發憤忘食。

㊆樂以忘憂　研求學問有所得的時候，快樂得一切憂愁的事都忘記了。

㊇云爾　有不過如此的意思，與「而已」相似，用於句末，與上文的「曰」字連用，正如穀梁傳隱公元年：「猶曰取之其母之懷中而殺之云爾。」孔子說話的語氣，是大略承當，而不是公然自認。

【譯義】楚國的葉公向子路問孔子爲人怎麼樣，子路不回答。這事被孔子知道以後，就對子路說：「你怎麼不這樣說：『他的爲人啊！在發憤研求學問的時候，連飲食也會忘記；等到研究明白而有所得的時候，快樂起來，把一切憂愁的事都忘記了。他這樣不斷的努力，雖然衰老的年歲將要來臨，自己都不知道，如此而已。』」

【析微】這段話大約是孔子率領弟子周遊列國，到達楚國以後，停留楚國期間說的。葉公是楚國的賢者，據儀禮鄉飲酒禮註：「有國有孤，四命謂之公。」可見諸侯的臣子可以稱公，葉公可能是楚國四命的孤，所以稱公，並非如朱註所說是僭稱公。這人素以賢智著稱，必然敬重孔子，但孔子的德性中庸而平凡無奇，沒有長久親自接觸過的人，很難了解和說出他的優點或特性來，子罕篇記顏淵讚歎孔子之道的偉大說：「仰之彌高，鑽之彌堅。」可見孔子的學問道德，是寓於平凡的偉大，所以子路不回答葉公所問，是不敢輕易議論老師。孔子認爲：他人對自己的認識，不如自己了解得更眞實，所以教子路應該對答的話，這些話只是孔子大致承當的意思。孔子對一般人稱他爲聖人或仁者，從來不敢承當，只有好學不厭、誨人不倦的精神，是他願意承當而在所不辭的，本篇第三十四章記載他的話說：「若聖與仁，則吾豈敢？抑爲之不厭，誨人不倦，則可謂云爾已矣。」本章又以：「發憤忘食，樂以忘憂，不知老之將至」的好學精神自我承當，他的用意是在勉勵人們好學。

第二十章

子曰：「我非生而知之者，好古㊀，敏以求之㊁者也。」

【提旨】孔子否認自己是生而知之的聖人，而以學而知之自居，以勉人用心求學。

【釋詞】

㊀好古　就是愛好古道、喜歡研讀古人典籍的意思。

㊁敏以求之　就是努力探求的意思。敏、與陽貨篇：「敏則有功」的「敏」相同，有黽勉、勤勉的意義；求、探索、求得的意思；之、指「好古」的「古」，就是古人典籍中所含的義理。

【譯義】孔子說：「我並不是天資特別聰穎，生下來就知道許多道理的人，只不過是平常喜歡研讀古人的典籍，又肯勤勉努力探求得來的啊！」

【析微】當時的人，以爲孔子學問這樣高，一定是生而知之的聖人，而孔子卻不敢以「生而知之」自居，事實上孔子的學問都是由「學而知之」得來的，他一生好學，如八佾篇記：「子入太廟，每事問。」足見他好學的精神。由於他學問淵博，所以堯曰篇記衞國大夫公孫朝問子貢：「夫子從那裏學來這樣淵博的學問？」子貢告訴他：「夫子什麼都學，沒有一定的老師。」左傳昭公十七年記郯子來朝，孔子向他請問官制；史記孔子世家記孔子向師襄學琴，向萇弘習樂，又曾問禮於老聃，可見孔子的博學多能，是由於學無常師，發憤用功，好古敏求得來的。因爲一切知識和古人的嘉言懿行，都備載於往古的典籍，不學不足以知曉。季氏篇孔子曾說：「生而知之者上也，學而知之者次也。」這只是就智慧程度來區分，比較起來，「生而知之」的人天資特別聰穎，「學而知之」的人要費工夫去努力學習，只有勞逸方面的差別，並非有什麼高下。中庸說：「或生而知之，或學而知之，或困而知之，及其知之一也。」所以「生而知之」與「學而知之」的結果是一樣的，都是通曉了天下的學問事理。譬如古代的帝王，有生而爲帝王的，由世襲得來；有由布衣（就是平民）、大夫、諸侯而爲天子的，是由於學問、事功的成就得來的，如舜、禹、湯、武王等就是，不能說前者的地位尊於後者。可知孔子雖然是「學而知之」，對他至聖的學問、道德無損，卽使是由「生而知之」的，對他至聖的地位也無所加。孔子唯恐有人自以爲天資聰穎，而懈怠努力，所以自己說明他是「學而知之」的，以勉勵人們虛心向學。

第二十一章

子不語㈠：怪㈡、力㈢、亂㈣、神㈤。

【提旨】記孔子施教完全依循正道，從不談論不合常理的事情。

【釋詞】

㈠不語　不談論、不稱述的意思。

㈡怪　指怪異的事物，與尋常的事物相反，如古書所謂木石之怪、山精水妖之類。

㈢力　指身體膂力過人，與專講心德修養的人相反，如古書所記有大力士能陸地行舟，或力能拔山之類。

㈣亂　指悖亂敗德的事，如子弒父、臣弒君，或至親相淫、破壞倫常之類。

㈤神　指鬼神迷信的事，如鬼神降災、憑人託夢之類。

【譯義】孔子從來不談論怪異荒誕的事、好勇鬥力的事、悖亂反常的事、鬼神迷信的事。

【析微】孔子平常的言論教化，多半偏重於實際生活、倫理道德方面，都是些做人的規矩，處世的道理，至於一般人喜歡談的怪異而荒誕不經的事，孔子不願談論，因爲那會使人產生疑惑；一般人所欣羨的憑膂力以驚世駭俗的事，孔子也不願談論，因爲那會使人產生無謂的爭鬥或盲目的崇拜；還有社會上悖亂敗德的事，更不願談論，因爲那會使人產生違道逆倫的行爲；又如一般群衆迷信鬼神的事，也不願談論，因爲那會使人諂媚鬼神，忽略誠敬之心。這四件事，都無益於人生教化，無益於民生日用，或有害於世道人心，所以孔子都置而不談，都顯示孔子重實際、重民生的思想和態度。先進篇記子路問事鬼神的事，孔子說：「未能事人，焉能事鬼？」又問死的問題，孔子說：「未知生，焉知死？」因爲鬼神和死的問題，在孔子看來，都是渺茫難知、不是日常生活需要迫切解決的事，足見孔子人本主義的思想極濃厚，整部論語所講的，都不外乎人生當下要解決的問題。

第二十二章

子曰：「三人行㈠，必有我師焉㈡，擇其善者㈢而從之㈣，其不善者㈤

而改之㈥。」

【提旨】孔子教人隨處以他人爲榜樣或借鏡，作取法的對象，或改過的依據，以求上進。

【釋詞】

㈠三人行　三個人同在路上行走的意思，形容與朋友同處的時候。不過也有人認爲這「三」是虛數，不一定剛好三個人。

㈡必有我師焉　其中必定有值得我取法的人。師、指自己所尊崇、師法的人；焉、相當「於是」，其中「是」字指稱上句的「三人」，所以「焉」字可譯作：「在這三人當中」，或逕自譯作「其中」。朱註說：「三人同行，其一我也。彼二人者，一善一惡，則我從其善，而改其惡焉。是二人者，皆我師也。」

㈢擇其善者　擇取那言行善良的人作取法的榜樣。

㈣從之　意思是學習他的優點，效法他的長處。之、指稱詞，指「善者」的善處而言。

㈤其不善者　承接上文而省略了「擇」字，意思是擇取那言行不善的人作改過的借鏡。

㈥改之　意思是依據他的缺點，以改正自己類似的過失。之、也是指稱詞，指「不善者」的不善之處。

【譯義】孔子說：「如果有三個人一同在路上行走，其中一定有值得我取法的人，我擇取那言行善良的作取法的榜樣，以學習他的優點；擇取那言行不善的人作改過的借鏡，針對他的缺點，以改正自己的過失。」

【析微】孔子一生，學無常師，因此，才造就了豐富、淵博的學問，崇高、偉大的道德。他平生教人，也常勉勵人自我尋求可資效法或借鏡的老師，里仁篇說：「見賢思齊焉，見不賢而內自省也。」與本章的「擇善而從、不善而改」意旨正同。能夠這樣做，那麼無論賢與不賢、善與不善，凡人都可以爲師。因爲老師是引導人向善、告誡人不要偏向邪惡的，所以言行善良的人，我們以他爲師，可以增長自己的善良，他就是古人所謂「長善之師」；至於言行不善的人，我們也以他爲師，足以改正自己的過失，他就是古人所謂「救失之師」。禮記學記篇說：「教也者，長善而救其失者也。」就是這個意思。老子也說：「善人，不善人之師；不善人，善人之資。」道理正相同。當然，本章所謂「三人行」，只是概舉日常生活中與朋友交接的際會，不一定恰好三人，有時是多數人，重點在「擇」字上面，要我們善自選擇，愼重選擇。

第二十三章

子曰：「天生德於予㈠，桓魋㈡其如予何㈢？」

【提旨】記孔子處困阨危險的境況，能夠不憂不懼。

【釋詞】

㈠天生德於予　意思是：上天降生救人、救世的德性給我。古人認爲人的聰明才智或德性，都是上天所賦與的，孔子五十而知天命，他知道自己具備的德性，是上天所命的，所以這樣說。予、孔子自稱。

㈡桓魋　魋、音頹（ㄊㄨㄟˊ）。桓魋就是宋國的司馬向魋，因爲是宋桓公的後代，所以又稱桓魋。

㈢其如予何　意思是：將把我怎麼樣？其、句中語助詞，有「將」的意思；如予何、相當於奈我何。予、孔子自稱。

【譯義】孔子說：「上天降生了救人、救世的德性給我，那桓魋將對我怎麼樣？」

【析微】孔子爲什麼說這樣的話呢？史記孔子世家有一段記載：「孔子去曹，適宋，與弟子習禮大樹下。宋司馬桓魋欲殺孔子，拔其樹。孔子去，弟子曰：『可以速矣！』孔子曰：『天生德於予，桓魋其如予何？』」可知本章是孔子回答弟子的話。當孔子周遊列國期間，沿途曾遭遇好幾次困阨，也可以說是幾場風險。有一次，孔子離開衞國，準備到陳國去，經過一個地名叫匡的地方，匡人從前曾遭受魯國季氏家臣陽虎的掠奪和殘殺，而孔子的相貌很像陽虎，所以他們誤認孔子就是陽虎，於是把孔子和他的弟子團團圍住，圍了五天，當時孔子向弟子們說了一番寬解的話，他說：「文王旣沒，文不在茲乎？天之將喪斯文也，後死者不得與於斯文也；天之未喪斯文也，匡人其如予何？」這段話與本章的大旨正同。由此可見孔子處身於變故，有不憂慮的仁心、不疑惑的智慧、不畏懼的勇氣。他有信心，諒必桓魋不會違背天意，傷害自己，所以心情自然鎭定。這是由於孔子有深沈的智慧和德性，才有這樣泰然的態度來應付事變。

第二十四章

子曰：「二三子㈠以我爲隱㈡乎？吾無隱乎爾㈢。吾無行㈣而不與㈤二三子者，是丘也㈥。」

【提旨】孔子昭告弟子：他教人完全以所知相告，無所隱藏。

【釋詞】

㈠二三子　稱諸弟子。

㈡以我爲隱　以爲我有所隱藏，而不肯完全相告。

㈢乎爾　二字都是句末語助詞，語意相當於「而已」，與孟子盡心篇：「然而無有乎爾，則亦無有乎爾。」句法相同。

㈣無行　沒有一件行爲的意思。行、指所行的事。

㈤與　連接詞，與人相共的意思。與二三子、就是與諸弟子共見共聞。

㈥是丘也　這就是我孔丘的爲人。丘、孔子自稱其名。

【譯義】孔子對弟子們說：「你們以爲我有什麼隱藏的學問不肯教誨你們嗎？我並沒有什麼隱藏的啊！我所做的事，沒有一件不與你們共見共聞的，這就是我孔丘的爲人了。」

【析微】孔子的學問道德，高深廣大，而平常的言論教化，却中庸平易，且常以身教代言教，所以，弟子們一時不能完全見到孔子眞實的學問，以爲孔子一定隱藏、保留了一些更高深的學理，不肯用來教誨他們，所以孔子對弟子們這樣說明。孔子平常對弟子們所施的教育，包括言、行兩方面，弟子只向孔子的言論方面求學問，却不向孔子的行爲方面探消息，因此，才懷疑老師有什麼隱秘不宣的大學問。那裡曉得：天下只有言語可以隱藏，行爲怎能隱藏？所以孔子拈出一個「行」字，和盤托出，說：「吾無行而不與二三子」，以顯示他沒有私心，沒有隱秘。他的兒子伯魚也在門下求學，弟子陳亢曾懷疑孔子對兒子有什麼特別的傳授，伯魚告訴陳亢，孔子只私下要他學詩、學禮，而詩、禮也是孔子平日教授弟子的，可見孔子對兒子和學生都一視同仁的教育（這段記載見於季氏篇）。

第二十五章

子以四教㈠：文㈡、行㈢、忠㈣、信㈤。

【提旨】門人記孔子施教的綱要。

【釋詞】

㈠以四教　用四種內容教育弟子的意思。

㈡文　指詩、書、禮、樂等先王遺留的歷代文獻。

㈢行　讀去聲（ㄒㄧㄥˋ），作名詞用，指人本身行爲的實踐。

㈣忠　就是存心忠厚，指對人、對事盡到自己的心意。

㈤信　就是言語信實，指與人交接、說話誠信不欺。

【譯義】孔子平常用四種教學內容來教育學生：就是多讀詩書典籍，重視行爲實踐，務求存心忠厚，做到言語信實。

【析微】本章是門人熟習孔子的教學內容以後，舉出這孔門教育的四大綱領，與本篇第二十一章：「子不語：怪、力、亂、神」相爲表裏，文、行、忠、信足以增進學問、道德，所以，孔子常常談論；而怪、力、亂、神無益於學問、道德，不是民生日用所需要的，所以，孔子不去談論它們。這文、行、忠、信四教的作用，學「文」足以增廣見識，它是學問的基礎，致知的工夫；「行」在使人謹守禮義，循規蹈矩，是行爲的履踐，力行的工夫；「忠」與「信」則是心性的修養，言語的訓練，都有關於個人的品性。孔子所施行的教育，知識、行爲、品性三方面並重。從施教的程序說，自然以知識的吸收在先，行爲的實踐、品性的培養，在知識擴充之後，更容易獲致功效，所以本章孔子以屬於知識的「文」列在前面，屬於行爲、品性的「行」與「忠」、「信」列在後面。但從教學的重點說，行爲的實踐、品性的修養，都是做人的根本，是孔子最重視的，所以學而篇說：「弟子入則孝，出則弟，謹而信，汎愛衆，而親仁，行有餘力，則以學文。」其中入孝、出弟、謹信、愛衆、親仁都是行爲、品性方面的事，把「文」列在最後，而且要在行爲的實踐、品性的修養方面有了多餘的心力之後，才致力於文學的研究，從事於知識的探求。又先進篇以所謂「四科」區分十位弟子的時候，先說德行，次說言語，次說政事，最後才敍述文學。宋儒王應麟說：「四教以文爲先，自博而約；四科以文爲後，自本而末。」由於用意不同，所以次序不同，這是我們讀論語所應當了解和辨明的。

第二十六章

子曰：「聖人㈠，吾不得而見之矣；得見君子㈡者，斯㈢可矣！」子曰㈣：「善人㈤，吾不得而見之矣；得見有恆者㈥，斯可矣！亡而爲有㈦，虛而爲盈㈧，約而爲泰㈨，難乎有恆㈩矣！」

【提旨】孔子感慨當時道德日益衰微。

【釋詞】

㈠聖人　指天生睿智的人。

㈡君子　指才德出衆的人。

㈢斯　在文法上屬於指稱詞，指上句：「得見君子」，這裏兼連接上、下的關係詞用，有「這就」如何如何的意思。

㈣子曰　朱註懷疑是衍文，而竹添光鴻論語會箋却以爲兩段話說的時間不同，當前一個「子曰」時，世道還不十分衰微，還有希望見到君子；到後一個「子曰」時，已經非常衰微，善人尚且不可得見，何況君子？這時只希望見到有恒的人，然而也不容易。記錄的人把這兩節話併在一起，以使人想見時世的日益衰微，這意見很有道理。

㈤善人　指心性、行爲善良的人。

㈥有恆者　指用心不二、言行有常的人。

㈦亡而爲有　亡、同無。明明沒有學問、道德而自以爲有，形容當時世俗的虛僞。

㈧虛而爲盈　明明學問、道德空虛不實，却自以爲充盈有餘。虛、在程度上不至於「無」，少許有些的意思；盈、在程度上比「有」要多，充足有餘的意思。

㈨約而爲泰　明明學問、道德簡約寡少，却自以爲盛多而誇張。約、在程度上略勝於「虛」，只是簡約而不夠完備，正如荀子不苟篇的：「故操彌約而事彌大」的「約」，楊倞註說：「約、少也。」泰、在程度上更超過「盈」，有盛多而誇張的意思。

㈩難乎有恆　就是難於有恆，「乎」、古音與「於」相近。意思是以上三種虛僞矯飾的人，難以有恆心。

【譯義】孔子說：「天生睿智的聖人，我是不能見到了！只要能見到才德出衆的君子，這樣也就可以了！」

又說：「心性、行爲善良的人，我是不能見到了；只要能見到言行守常不變的人，這樣也就可以了！可是如今世上的人，都愛虛浮矯飾，本來一無所有，却偏要裝做有；本來空虛不實，却偏要裝做充足有餘；本來欠缺不備，却偏要裝做盛多，這種人是很難有恒心的。」

【析微】本章孔子傷時感世，像堯、舜、禹、湯那樣的聖人，已經不再出現，只好退而求其次，寄望於能見到才學、道德次於聖人的君子，可見當時學問、道德深具修養的聖人、君子是如何的缺乏！所謂聖人，據大戴禮五義篇所說：「聖人者，知通乎大道，應變而不窮，能測萬物之情性者也。」可見聖人是絕頂聰明、無所不通，而能成己成物的人。所謂君子，據禮記曲禮篇說：「博聞強識而讓，敦善行而不怠，謂之君子。」可見君子是才學、品行都出衆的人。但世變日益衰頹，這種有道的君子和睿智的聖人，都渺不可得，甚至連性行善良的人也見不到，只好又退而求其次，盼望能見到誠實無僞，能秉持常道而不懷二心的人。所謂善人，只是存心仁愛，能行善而不爲惡的人，子路篇說：「善人爲邦百年，亦可以勝殘去殺矣！」可見善人對國家、社會的風氣，能發生轉移的效果。至於有恒者，正如孟子梁惠王篇所謂：「無恆產而有恆心者，惟士爲能。」就是能固守恒常的原則而用心不變的人。但聖人、君子與善人、有恆者各爲一類，前者是學問、道德上有造就、有修養的人，而後者則不能入於學問、道德的堂奧，但却是篤實有爲的人。孔子最厭惡虛浮誇張的人，這種人不可能有恆心與恆行，孔子的話，實在含有警世的用意。

第二十七章

子釣㈠而不綱㈡，弋㈢不射宿㈣。

【提旨】門人記孔子處處存仁愛之心。

【釋詞】

㈠釣　用釣鈎釣魚。

㈡綱　魚網上端的大繩叫綱，這裏借代魚網，在修辭學上稱爲借代格，以物的主要部分代替全體，作動詞用，意思是用網撈魚。

㈢弋　音亦（ㄧˋ），用生絲繫在箭上以射擊飛鳥，這樣可以使飛鳥中箭以後，翅膀被絲繩纏繞，迅速墜落。

㈣宿　指棲息在巢中的鳥。

【譯義】孔子只用釣鉤釣魚，而不用魚網撈魚；只用帶生絲的箭射擊空中的飛鳥，而不射擊樹林裏棲息在巢中的鳥。

【析微】釣魚和射鳥，是古代男子的娛樂，孔子也偶然從事這種娛樂，但孔子取物能有所節制，完全基於一片仁愛之心。因爲用釣竿垂釣，一次只能釣上一尾魚，而且是魚兒貪吃魚餌，自己上鈎的；如果用魚網沈入水中，撒下魚餌，等成群的魚兒集中，再提起魚網，一次可以獲得數十尾魚，很可能一網打盡，這是孔子所不忍心做的。魚雖然可以養人，但也該讓他們生生不已，所以後來的孟子站在王道政治的立場，也主張：「數罟不入洿池」，政府應禁止人民用細密的魚網在池塘中捕魚，這樣才能達到：「魚鼈不可勝食」。當然，孟子與孔子的用心有所不同，孟子是基於人民生活的需要，而孔子則完全是出於一片仁心、一片天機。至於射鳥，當鳥在空中飛行的時候，射的人全憑技巧，而鳥有躲避的機會；如果當鳥棲息在巢中的時候，射的人出其不意，可以很容易射中，而鳥在毫無預防、毫無躲避的機會下喪生，這也是孔子所不忍心做的。當然，孔子的仁心與佛家的慈悲心稍有不同，孔子的仁心是以人爲本、推人以及物的愛心；而佛家的慈悲則是因悲憫衆生的苦難，而發爲慈愛衆生之心，魚、鳥也是衆生，所以也在慈愛、悲憫之列。本章所記的雖然只是兩件小事，但由小可以見大，由此可見仁者的存心與對待萬物的態度。

第二十八章

子曰：「蓋㈠有不知而作之者㈡，我無是㈢也。多聞，擇其善者而從之，多見而識㈣之，知之次㈤也。」

【提旨】孔子教人不要無知而妄作，要在多聞、多見上求知。

【釋詞】

㈠蓋　有「大概」的意思。

㈡不知而作之者　指對事理並無所知而妄自創作的人。

㈢是　指稱詞，指上句：「不知而作之」的事。

㈣識　音志（ㄓˋ），記憶的意思，當然也要擇善而識，因承接上文而省略了。

㈤知之次　孔安國註：「如此者，次於天生知之。」季氏篇孔子曾說：「生而知之者上也，學而知之者次也。」這裏主張多聞多見，擇善而從，擇善而識，正是「學而知之」。孔子認為：這種藉學習以求得知識的方法，是僅次於「生而知之」的。

【譯義】孔子說：「世上大概有一種對事理並無所知、而憑空妄自創作的人，我沒有這種毛病。應該多多聽聞，擇取其中好的部份予以接受；還要多多觀察，記在心裏，以供參證。這樣藉學習以求得知識的方法，是僅次於生而知之的。」

【析微】本篇第一章，孔子曾自以為「述而不作」，本章正可與「述而不作」的意思相發明。凡是創作的事，都是憑藉自己的心意，創出人所不知的事物或道理來，這必須具備相當的智慧；如果對事理並無所知，只是憑空妄自創作，非但無益，而且可能有害，所以孔子從來不這樣做。所謂擇善而從，多見而識，就是對古今人所已知的事物或道理，有所傳述或記存，這就是「述而不作」的「述」。孔子認為：古代聖明的帝王，已經創下了很完善的制度，很精深的學理，後人只需遵循古人的典章制度，就可以達到齊家、治國、平天下。不過，孔子這種思想，有它的時代背景和文化背景，自然不適用於當今的科學發展，科學所講求的就是創新，故步自封是科學的大敵。但孔子的大前提仍是十分正確的，他只是不肯「不知而作」，並沒有反對「知而作」的「作」，譬如我們如果沒有充分的太空科學知識，而妄自從事登陸月球的試驗，豈不是白費心機，毫無效果嗎？至於「述而不作」的

「作」，只是對當時某些政治、社會的制度而言的，不可與今日科學上的「創造」相提並論。

孔子認爲：人類對知識的獲得，有「生而知之」、「學而知之」、「困而知之」三等，只有絕頂聰明的天才屬於「生而知之」，這種人在人類中佔極少數；天資魯鈍的「困而知之」者也不多，大多數是中人以上的「學而知之」者，孔子自己就不願以「生而知之者」自居，本篇第二十章不是說：「我非生而知之者，好古，敏以求之者也？」所謂好古敏求，就是學而知之，本章的多聞多見，也是學而知之。孔子一生的學問，就是由好古敏求、多聞多見得來的，所以他常常鼓勵人們好學，憑藉自己的努力學習，以獲取無窮的知識，這雖然比不上「生而知之」的天才那麼容易知道事理，但却僅次於天賦的知，而且可以避免任憑幻想、妄自摸索的過失。

第二十九章

互鄉㊀難與言㊁，童子見㊂，門人惑㊃。子曰：「與其進㊄也，不與其退㊅也，唯何甚㊆！人潔己以進㊇，與其潔㊈也，不保其往㊉也。」

【提旨】孔子顯示教誨人應抱着與人爲善的態度。

【釋詞】

㈠互鄉　地名，當現在何地，已不可考。

㈡難與言　據鄭玄註，互鄉的人「言語自專」，就是大多自以爲是，不講理，所以很難和他們談話。

㈢童子見　指互鄉的童子來求見孔子，見、音現（ㄒㄧㄢˋ）。

㈣門人惑　孔子接見了互鄉童子，門人以爲互鄉人既不講道理，難以交談，孔子爲什麼要接見他？所以發生疑惑。

㈤與其進　獎許他上進的意思。與、作「許」字解，有讚許、獎掖的意思。其、指互鄉童子；進來求見孔子，以問道向學，去惡就善，這就是在德行上求上進。

㈥退　後退的意思，指在德行上不求上進。

㈦唯何甚　唯、歎辭。唯何甚、猶如說：唉！何必絕人太甚！

㈧潔己以進　修潔己身，以求上進的意思。

㈨與其潔　獎許他修潔己身、力求上進的態度。

㈩不保其往　意思是：不必追究他以往的行爲。保，可作「保持」講，所以「不保」有不必管他、不必計較的意思。

【譯義】互鄉這地方的人往往自以爲是，不講道理，很難與他們交談，有一次，這地方有個童子來求見孔子，孔子居然接見了他，這使弟子們感到很疑惑。孔子解釋說：「他來求見我，就是要求上進的，我應當獎許他上進，而不應當獎許他後退，唉！何必絕人太甚！人家若修潔己身，以求上進，我們應該獎許他這種修己求進的精神，而不必管他過去行爲的好壞。」

【析微】互鄉這地方，在當時可能風俗人情不太好，所以人們很難與當地的人言談，連童子也不免沾染了地方習氣。他來求見孔子，自然有所請益，弟子們却以爲不應當接見，所以滋生疑惑。孔子爲了解除他們的疑惑，說了一段話，教他們不要念舊惡。公冶長篇孔子曾稱讚過伯夷、叔齊不念舊惡的德性。只要他目前向善，就應該施以教誨，不必追究他過去的不善，否則絕人太甚，不免堵塞了自新求進的門路。衞靈公篇孔子曾說：「過而不改，是謂過矣！」正足以發揮這一精神。由此可見孔子「與人爲善」的態度，以及成就後進、有教無類的教育精神。孟子說：「君子莫大乎與人爲善。」（見公孫丑篇）孔子是完全做到了。

第三十章

子曰：「仁遠乎哉㈠？我欲仁，斯㈡仁至矣！」

【提旨】孔子說明仁道不遠，以勉人求取仁道。

【釋詞】

㈠仁遠乎哉　孔子認爲「仁」在自己心中，所以說：「仁」難道在遠地方嗎？意思是仁道不遠。

㈡斯　指稱詞兼關係詞用，有「這樣」的意思。

【譯義】孔子說：「仁道就在自己心中，難道在遠地方嗎？我要仁道，這樣仁道就來了。」

【析微】孔子、孟子都認爲人類天生具有仁德，仁德就在我們自己的心性之中，心性之外，別無仁德，所以孔子曾說：「爲仁由己，而由人乎哉？」（見顏淵篇）仁德完全由自己主宰，行仁、求仁的事，不可能由別人代勞。孟子認爲：惻隱之心，人皆有之，他說：「惻隱之心，仁之端也。」這是孔、孟思想一貫的地方。仁德既是人的本心所固有，不必向外去求取，好比「心」是我們精神上的「家」，而仁的本性就是家藏的至寶，從自己家中取得寶物，豈不是輕而易舉的事嗎？所以，當我們想要克制自己的私慾，使自己的行爲復歸於禮的時候，這時就顯現了「仁」。由於平時孔子不輕易以仁德的美名讚許任何人，所以弟子們都覺得仁道是這樣難以獲得，以爲它是遙遠而不可遽然獲致的，因此孔子才以「仁遠乎哉」的話來指點他們。「欲仁」只是一種心願，一種肯求取仁道的努力，有了這種心願，有了這種努力，仁道自然接踵而來，所以是容易的。難的只是保全仁道，那還需要許多工夫，許多鍛鍊，那是終生修養得來的，與一念之仁自然難易有所不同。

第三十一章

陳司敗㊀問：「昭公㊁知禮乎？」孔子曰：「知禮。」

孔子退，揖巫馬期㊂而進之㊃，曰：「吾聞君子不黨㊄，君子亦黨乎？

君取於吳㈥，爲同姓㈦，謂之吳孟子㈧。君而知禮，孰不知禮？」巫馬期以告㈨。子曰：「丘也幸，苟有過，人必知之。」

【提旨】記孔子諱言國君的過失，並坦然承認自己的過失。

【釋詞】

㈠陳司敗　陳、國名；司敗、官名，就是司寇，主管刑法。據文公十一年左傳杜注，陳、楚二國稱司寇爲司敗。

㈡昭公　魯國國君，名稠，襄公的兒子，周景王四年卽位，繼襄公而爲國君，「昭」是諡號。

㈢巫馬期　孔子弟子，姓巫馬，名施，字子期，（期、或作旗）魯國人，比孔子小三十歲。

㈣揖……而進之　雙手抱拳，置於胸前的動作稱揖，古人要相見前進時，先行這樣的禮節。進、致使動詞；進之、就是使之進；揖……而進之、就是司敗向巫馬期作了個揖，請他進身向前。

㈤黨　孔安國註：「相助匿非曰黨。」就是幫助人家隱藏過失的意思。

㈥君取於吳　君、指魯君昭公；取、同娶；吳、國名，擁有現在的淮河、泗水以南及江蘇嘉興、湖州等地。魯哀公時，被越王勾踐所滅。昭公曾娶吳國女子爲妻，所以說：「君取於吳。」

㈦爲同姓　爲了魯國和吳國是同姓的關係。爲、讀去聲（ㄨㄟˋ）。魯國是周公的後裔，姓姬；吳國是周大王的長子泰伯的後裔，也姓姬；所以是同姓。古代禮制，同姓不能結婚，如禮記曲禮和坊記篇都說：「取妻不取同姓。」

㈧吳孟子　春秋時代，國君夫人的稱號，一般是以她所生長的國名加上她的本姓。魯昭公娶了吳國女子，這位夫人就應該稱爲「吳姬」。但「同姓不婚」是周朝的禮法，如果稱魯君夫人爲「吳姬」，標明「姬」字，等於顯示出魯君違背了「同姓不婚」的禮制，所以改稱「吳孟子」，意思是吳國的長女。大約昭公只稱孟子，魯國一般臣民則稱「吳孟子」。

㈨以告　以司敗的話告訴孔子。

【譯義】陳國的司寇問孔子：「魯昭公懂得禮節嗎？」孔子說：「他懂得禮節。」

孔子退身出來，這位司寇向巫馬期作了個揖，請他進身向前，然後說：「我聽說君子不會助人隱藏過失，難道孔子也助人隱藏過失嗎？魯君從吳國娶了位夫人，因爲吳國和魯國是同姓國家，不便稱她爲吳姬，於是稱她爲吳孟子。魯君如果懂得禮節，那誰不懂禮節呢？」巫馬期將司寇的話告知孔子，孔子說：「我孔丘眞幸運，如果有什麼過失，人家一定知道。」

【析微】本章所記的，是孔子在陳國時的一段對話。據左傳昭公五年的記載，魯昭公在晉國處處表現得有禮，所以當時的人都認爲昭公知禮。但娶吳女的事顯然違背了禮法，而孔子却諱而不說，所以陳國的司寇懷疑孔子有「相助匿非」的嫌疑，也懷疑昭公並非眞正的知禮。可是，這事在孔子來說，却是合理的，因爲古代臣子有爲國君諱惡的禮，僖公元年左傳說：「諱國惡，禮也。」禮記坊記篇說：「善則稱君，過則稱己，則民作忠；善則稱親，過則稱己，則民作孝；是君親之惡，務於欲掩之，是故聖賢作法，通有諱例。」孔子旣爲魯君諱惡，在聽到巫馬期轉述陳司敗的話以後，又引以爲自己的過失。他這樣以知禮歸君，以有過歸己，實在完全做到了：「善則稱君，過則稱己」的「忠」。

第三十二章

子與人歌㈠而善㈡，必使反之㈢，而後和之㈣。

【提旨】藉歌唱的事，以見孔子樂善無窮的心懷。

【釋詞】

㈠與人歌　同別人一道唱歌的意思。

㈡善　指歌的音節唱得好。

㈢反之　重新再唱一遍的意思。反、當「復」字講。

㈣和之　自己又應和一遍的意思。和、音賀（ㄏㄜˋ），應和。

【譯義】孔子和別人一起唱歌，如果歌的音節唱得很好，一定請同歌的人重新再唱一遍，然後自己又和一遍。

【析微】在論語的記載中，我們知道：孔子對音樂有相當的愛好和修養，他不但能欣賞音樂，而且能批評音樂，如本篇第十四章記孔子在齊國聽到韶樂的樂章，完全陶醉在那優美的音律中，以致「三月不知肉味」，還讚歎着說：「不圖爲樂之至於斯也。」可見孔子對音樂欣賞的興趣何等濃厚！可說到了入迷的地步。又如八佾篇記孔子批評韶樂的音節盡美盡善，而武樂却盡美而不盡善，儼然是音樂評論家的姿態。本章所記，更可見孔子喜歡唱歌；由本篇第十章的記載：「子於是日哭，則不歌。」可知孔子是常常唱歌的。他不但愛好聲樂，也愛好器樂，憲問篇記載：「子擊磬於衞。」陽貨篇記他：「取瑟而歌。」可見他對磬與瑟這兩種樂器很擅長。他的音樂修養，是得自他自己的虛心學習，史記曾記載他向當時的名音樂家師襄學過琴，又和萇弘硏討過音樂，難怪他和魯國太師談論音樂，說得頭頭是道（見八佾篇），而且他對當時的音樂，還作過一番整理工夫，他自己曾說：「吾自衞反魯，然後樂正，雅頌各得其所。」（見子罕篇）可見孔子提倡雅正的音樂，平常用它陶冶性情、教育弟子和轉移社會風氣，他曾說：「移風易俗，莫善於樂。」（見孝經）孔子眞是一位最懂得音樂功能的人。

第三十三章

子曰：「文㈠，莫㈡吾猶人㈢也；躬行君子㈣，則吾未之有得㈤。」

【提旨】孔子以爲求學問知識不難，而道德實踐却不容易，以自謙的話勉人實踐道德。

【釋詞】

㈠文　泛指詩、書、禮、樂等學問、知識而言。

㈡莫　朱註說：「莫、疑辭。」有約莫、或許的意思。

㊂吾猶人　朱註：「言不過人，而尚可及人。」就是我還趕得上別人的意思。

㊃躬行君子　親身實踐君子之道的意思。

㊄未之有得　「未有得之」的倒裝語，就是沒有做到的意思，這是孔子自謙的話。

【譯義】孔子說：「學問知識方面，大約我還趕得上別人；至於親身實踐君子爲人處世的道理，那我還沒有做到。」

【析微】本章開頭的文、莫二字，歷來解釋相當紛歧，有把「文莫」二字連讀、看成一個雙音詞，從文字假借的道理解作黽勉，又引申爲勉強的；又有以「莫」爲「其」字之誤的；大多不十分恰當。從孔子的思想看來，他所從事的教育，雖然一方面要使弟子「博學於文」，一方面還要「約之以禮」，前者屬於學問的培養，而後者屬於道德的實踐，這兩大方針雖然是兼施並育的，但仍以道德實踐爲本，而學問培養爲末，所謂「行有餘力，則以學文」，正是這個意思。比較起來，求得學問、知識並不難，眞能實踐做人的道理，很不容易，尤其是實踐君子之道。在憲問篇中，孔子曾說：「君子道者三，我無能焉。」與本章的自謙語氣正相同。但孔子的自謙，正顯示道德實踐的可貴，用意無非在勉人努力去實踐道德，做一個可貴的君子。

第三十四章

子曰：「若聖與仁㈠，則吾豈敢㈡？抑㈢爲之㈣不厭，誨人不倦，則可謂云爾㈤已矣！」公西華曰：「正唯㈥弟子不能學也。」

【提旨】孔子自謙不敢承當聖人與仁者的美名，只承當爲學誨人、不厭不倦的精神，以勉人好學。

【釋詞】

㈠聖與仁　指聖人與仁者的美名。
㈡豈敢　那裏敢承當的意思。
㈢抑　表示轉折語氣的連接詞，與「但」字相近，有「只不過」的意思。
㈣爲之　指爲學而言。朱註說：「爲之、謂爲仁、聖之道。」
㈤云爾　不過如此的意思。

㈥唯　語助詞。

【譯義】孔子說：「若說我是聖人與仁者，那我怎麼敢當呢？我只不過平日仰慕聖人和仁者，努力去學習，從不感到厭煩；同時也拿這個道理教誨人，從不感到倦怠；可以說不過如此而已！」公西華說：「這正是弟子們所學不到的。」

【析微】與孔子同時的人們，看到孔子學問、道德淵博而崇高，總以孔子爲聖人，如子罕篇記載有位太宰問子貢說：「夫子聖者與？何其多能也？」弟子們不但以孔子爲聖人，也以智者、仁者歸美於夫子，如孟子公孫丑篇有一段記載：「子貢問於孔子曰：『夫子聖矣乎？』孔子曰：『聖，則吾不能；我學不厭，而教不倦也。』子貢曰：『學不厭，智也；教不倦，仁也。仁且智，夫子既聖矣！』」與本章意義正相類似。又本篇第二章孔子曾說：「默而識之，學而不厭，誨人不倦，何有於我哉？」由孔子不敢自居聖人與仁者，可見他常懷謙虛的美德；由他屢次以勤於學習、樂於教誨爲己任，可見他好學的精神和敎育的熱忱。對未知的學問、道德學之不厭，對已知的學問、道德能誨人不倦，在孔子來說，都容易做到，所以竊自承當；但公西華卻以爲正是弟子們最難仿效學習的，與子貢所謂「仁且智，夫子既聖矣！」語句不同，而含義相同。

第三十五章

子疾病㈠，子路請禱㈡。子曰：「有諸㈢？」子路曰：「有之；誄㈣曰：『禱爾㈤於上下神祇㈥。』」子曰：「丘之禱久矣㈦！」

【提旨】記孔子因平時行爲合乎道義、神明，所以病中不向鬼神祈求福祐。

【釋詞】

㈠疾病　疾重稱病，所以「疾病」二字連用，表示重病。不過古代定本論語作「子疾」，沒有「病」字。

㈡請禱　包咸註：「禱、禱請於鬼神。」所以「請禱」就是「禱請」的顚倒用法，祈禱鬼神，以求病癒的意思。

㈢有諸　等於「有之乎」？意思是：有祈禱鬼神這回事嗎？因孔子不願向鬼神祈禱，所以這樣問子路。

㈣誄　音耒（ㄌㄟˇ），本作讄，說文：「讄、禱也，累功德以求福。」這裏是指前人向鬼神祈禱的文辭，和哀悼死者而爲他作諡的「誄」不同，本章用「誄」爲「讄」，是同音文字的假借。

㈤禱爾　替你祈禱的意思。爾、當汝講。

㈥上下神祇　指天神地祇。天神稱神，地神稱祇；祇、音祈（ㄑㄧˊ）。上下、指天地。

㈦丘之禱久矣　意思是：我早已祈禱過了，不必再祈禱了，這是孔子委婉拒絕的話。

【譯義】孔子患了重病，子路祈禱鬼神。孔子說：「有這樣的事嗎？」子路說：「有的；曾有祈禱的文辭說過：『爲你向天地神靈祈禱。』」孔子說：「我早已祈禱過了，用不着再爲我祈禱了。」

【析微】孔子對於鬼神，一向抱着「敬而遠之」的態度，不主張向鬼神諂媚求福。如今孔子既然患了重病，弟子子路好心爲他祈禱鬼神，以求疾病早日痊癒，並且引經據典地證明自古就有這樣的事。孔子自然不便輕易否定祈禱的功效，只是婉言拒絕，說「丘之禱久矣！」意思是：我平常就已恭肅鬼神，而且行爲自然中規中矩，問心無愧，祈禱無益，所以不必祈禱；而且，平時行爲既然已合乎道義、合乎神明，作用就等於長久的祈禱，不必等到疾病的時候才求神佑助。詩經大雅文王篇說：「永言配命，自求多福。」意思是：人應當永遠懷着上天所賦予的德命以行善，自己去求取更多的福祉。這正是孔子所謂的禱，可見孔子注重平時行爲的善良，盡己盡心，危急時自然平安無事，不必向身心以外、渺不可知的神靈祈求佑助。

第三十六章

子曰：「奢㈠則不孫㈡，儉㈢則固㈣。與其不孫也，寧㈤固。」

【提旨】孔子談論過份奢侈和節儉都不適中，而奢侈的害處尤其大。

【釋詞】

㈠奢　奢侈、豪華的意思。

㈡不孫　孫，今作遜，本字作愻，說文：「愻、順也。」不孫就顯得驕慢而過禮。

㈢儉　節約、儉省的意思。

㈣固　固陋、鄙吝的意思，也就是因陋就簡而不及禮。

㊄與其……寧 如果……寧可的意思。

【譯義】孔子說：「禮以文質適中爲貴，過與不及，都不合宜。太奢侈了，就顯得不恭順，將過分越禮；太儉省了，就顯得因陋就簡，將不合禮的分際。但與其不恭順，而破壞了禮俗，寧可因陋就簡，也不過質樸少文而已。」

【析微】本章顯然是就社會禮俗而言，因爲孔子曾說過這樣的話：「禮，與其奢也，寧儉。」（見八佾篇）與本章的含義正前後相應。孔子又曾說過：「以約失之者，鮮矣！」（見里仁篇）原則正相同。由於當時魯國的卿大夫們，往往不守禮法，奢侈豪華，僭越失度，像季氏以八佾舞於庭，僭禮越份，孔子曾憤慨地說：「是可忍也，孰不可忍？」（見八佾篇）所以他對輔佐齊桓公成就霸業的管仲，雖然卓著事功，却奢華過度的作風，很不以爲然，他指斥管仲說：「邦君樹塞門，管氏亦樹塞門；邦君爲兩君之好，有反坫，管氏亦有反坫。管氏而知禮，孰不知禮？」（也見八佾篇）季氏和管仲的僭禮行爲，就是奢侈所造成的流弊，這樣，將使君臣上下失去了應有的禮法，尊卑不分，不合名份，不成體統；而且，足以危害先王的禮制，破壞禮的精神；所以，孔子極力主張正名定分，以匡救時弊。當然，過份節儉，質而無文，也將產生固陋、鄙吝的流弊，但比較起來，不如奢侈所造成的流弊那麼大，因而孔子兩害相權取其輕，定出「與其奢也，寧儉」、「與其不孫也，寧固」的原則來。

第三十七章

子曰：「君子坦蕩蕩㊀，小人長戚戚㊁。」

【提旨】孔子辨析君子、小人心境的不同。

【釋詞】

㊀坦蕩蕩　心胸平坦寬濶的意思。坦、平坦；蕩蕩、寬廣的樣子。

㊁長戚戚　心懷常憂戚不安的意思。長、長久；戚戚、憂慮的樣子。

【譯義】孔子說：「君子為人處世，全憑天理，符合道義，心胸總是平坦寬濶；小人滿懷私欲，患得患失，心境常常憂戚不安。」

【析微】本章孔子完全描摹出君子、小人兩種截然不同的心境，造成這種差別心境的原因，是由於他們的行爲完全不同，他們做人處世的基本態度顯然有異。朱註引程子說：「君子循理，故常舒泰；小人役於物，故多憂戚。」這是就他們做人處世的態度而言，君子總是依循天理，所謂「居易以俟命」，因而「無入而不自得」，雖然處身窮困，也能不改其樂，所以，才有坦蕩蕩的胸襟；小人則往往心不由主，被物欲所役使，陽貨篇形容鄙夫：「其未得之也，患得之；既得之，患失之。」正是小人的寫照，雖然處身富貴也不能免於憂慮，所以，才有長戚戚的心情。邢昺論語疏說：「君子內省不疚，故心貌坦蕩，蕩然寬廣也；小人好爲咎過，故多憂懼。」這是就他們的行爲而言。君子行爲正大，心安理得，自問無愧，所以心胸平曠安然；小人行爲不正，常患過失，心有內疚，所以心胸憂戚不安。

又本章上文用「坦」，下文用「長」，兩字相對。正如竹添光鴻所說：「坦以地言，長以時言。坦字橫說，言無一處而不蕩蕩也；長字竪說，言無一時而不戚戚也。」分析得很精要。

第三十八章

子溫㊀而厲㊁，威㊂而不猛㊃，恭㊄而安㊅。

【提旨】記孔子平日的儀容態度。

【釋詞】

㊀溫　溫和的意思。

㊁厲　嚴肅的意思。

㊂威　容貌具有尊嚴或威儀的意思。

㊃不猛　不顯得兇猛的樣子。

㊄恭　態度謙恭或恭恭敬敬的樣子。

㊅安　安詳、舒泰的樣子。

【譯義】夫子的容貌，總是溫和中帶着嚴肅；雖然具有尊嚴，却毫不兇猛；態度總是顯得恭恭敬敬的樣子，而且又安詳自然。

【析微】本章是弟子形容他們老師的儀容態度，剛柔適中而沒有偏蔽。溫、威、恭是孔子平常的三種主要德容，厲、不猛和安是用來說明適中而無所偏蔽的。因爲溫和的人往往流於柔和、平易，而孔子却溫和中帶着嚴肅，柔中有剛；具有威儀的人往往過於剛猛，而孔子却雖威嚴而不兇猛，剛中有柔；恭敬的人往往失於矜持，而孔子却恭敬出於自然，安詳舒泰，中和適度。這是弟子們與孔子長久相處之後，經過細密的觀察而體認出來的，大約是曾子、子貢等「智足以知聖人」而「善言德行」的弟子所記。本篇第四章：「子之燕居，申申如也，夭夭如也。」也是類似的記載，這都是孔子盛德的表露。

第八篇 泰伯

前言

本篇內容，大致是談論禮讓、仁孝等德行，賢人、君子的風格，共計二十一章。

第一章

子曰：「泰伯㊀，其可謂至德㊁也已矣！三以天下讓㊂，民無得而稱㊃焉。」

【提旨】孔子推崇泰伯讓位的崇高德行。

【釋詞】

㊀泰伯　也作太伯，周朝祖先太王古公亶父的長子。古公有三個兒子，即太伯、仲雍、季歷。季歷的兒子姬昌，就是後來的周文王。相傳太王預見到昌的聖德，因而想打破傳統的慣例，不把君位傳給長子太伯，而傳給幼子季歷，以便傳位給昌。太伯爲了實現父親的意願，就偕同次弟仲雍出走，到南方荊蠻地區，斷髮文身，自號勾吳，成爲吳國的始祖。於是太王終於把君位傳給季歷以及昌，昌後來擴張國勢，擁有商朝末年三分之二的天下，到他的兒子姬發（就是周武王），就消滅了商朝，統一了天下。

㈡至德　就是至高的道德。

㈢三以天下讓　邢昺疏引鄭玄註解釋三讓說：「太王疾，太伯因適吳越採藥。太王歿而不返，季歷爲喪主，一讓也；季歷赴（同訃）之，不來奔喪，二讓也；免喪之後，遂斷髮文身，三讓也。」那麼「三讓」是三度讓國的意思。當時周室只是一個小部落，還沒有立爲國家，更談不上「天下」，本句說：「以天下讓」，是指周部落以後統一了中原的天下而言，孔子是周朝人，追論歷史上的事，所以這樣說。

㈣無得而稱　形容泰伯「三以天下讓」的「至德」，人民簡直找不到恰當的詞語來稱揚他。

【譯義】孔子說：「泰伯，他可以說具有最崇高的道德了。他三度以天下讓給季歷，人民簡直找不出適當的話來稱讚他。」

【析微】孔子對個人行爲方面的德行，最重視、最講求的莫過於「孝弟」「禮讓」，泰伯使他父親的意圖得以實現，又兄弟讓國，完全做到了「孝弟」和「禮讓」，所以，孔子這樣極力推崇他。而且，用「至德」二字，可以說是推崇備至的詞語，因爲當時太公深愛少子季歷，想傳位給他，而泰伯能探知父親的意願，預先離去，以成全父親的心志，使太王不得已而傳位給季歷，季歷也不得已而做了國君，始終沒有顯露他讓國的痕跡，以彰顯他父親的過失，又能保全父子兄弟的感情，而且形迹隱晦，不使人們知道他是孝子仁兄，當時人們也沒覺察出泰伯的離去是讓國的行爲，所以，孔子才用「至德」二字來歎美泰伯，還說：「民無得而稱焉」，正如篇末讚揚堯的話：「民無能名焉」，是同樣極端稱道的話。孔子對兄弟讓國的高風亮節，如此稱揚備至，很有一番用心，因爲當時兄弟爭國、臣子篡位的攘奪風氣很盛，爲了轉移這種風氣，使他們嚮慕讓國的仁風義擧，以消弭天下爭篡的禍亂，豈不正是孔子救治人心、世道的一番苦心孤詣嗎？

第二章

子曰：「恭而無禮則勞㊀，愼而無禮則葸㊁，勇而無禮則亂㊂，直而無禮則絞㊃。君子㊄篤於親㊅，則民興於仁㊆；故舊不遺㊇，則民不偸㊈。」

【提旨】前四句是孔子教人行爲需以禮爲節制，才能適中而無弊。君子以下當爲另一章，是孔子說明在位的君子應以厚德待人，以身作則，使民風歸於仁厚。

【釋詞】

㈠勞　徒然勞苦的意思。

㈡葸　音喜（ㄒㄧˇ），畏懼、害怕的意思。

㈢亂　指行為的悖亂。

㈣絞　兩繩相交而緊叫做絞，所以有急切的意思。

㈤君子　指在上位領導群衆的人。

㈥篤於親　厚待親屬的意思。篤、當「厚」講。

㈦興於仁　聞風興起、趨於仁厚的意思。興、當「起」講。

㈧故舊不遺　「不遺故舊」的倒裝句，不遺棄故交舊友的意思。故舊、指以往有老交情的朋友，或其他相關的人；遺、遺忘、遺棄的意思。

㈨偷　當「薄」字講，指人與人之間感情的淡薄，或民間風俗的偷薄而言。

【譯義】孔子說：「人應該守禮，用禮節制一切行為，才能適中而沒有弊端。如果一味恭敬，而不知用禮節制，就會流於卑躬屈節，徒然勞苦；如果一味謹慎，而不知用禮節制，就會流於瞻前顧後，反成畏怯；如果一味勇敢，而不知用禮節制，就會流於盲動闖禍，行爲悖亂；如果一味正直，而不知用禮節制，就會流於偏頗激憤，性情急切。在上位領導群衆的人，如果能用深厚的感情對待親屬，那麼，老百姓就會聞風興起，趨向仁愛、厚道的德行了；如果能不遺棄故交舊友，那麼，老百姓受到感化，待人不致淡薄，風俗自然敦厚了。」

【析微】本章從「君子篤於親」以下，文勢、事理都與上段不相同，應當自成一章，可能是孔子說的，而抄錄的人遺漏了「子曰」二字。但歷來註解論語的人都合爲一章，所以現在不必割裂，暫且合起來講。孔子認爲：禮是個人行爲的準繩，社會生活的規範。人儘管有種種美德，如果不用禮去加以裁度、節制，很可能產生種種流弊。恭敬、謹愼、勇敢、正直，都是很好的德行，但如果過度恭敬；過份謹愼；或好勇逞能，不當做而做；心直口快，不當說而說；都將使美德變成弊端。所以，禮有規範作用，也有制衡作用，是人人所應當遵循的。

其次，凡在位的君子，一言一行，一舉一動，都足以影響民衆，所以，應當作民衆的表率。能夠厚待親屬，就是盡到了孝弟之道，上所行，下所效，人民自然受到影響，而趨向於性情、風俗的仁厚。孔子曾說：「孝弟也者，其爲仁之本與？」（見學而篇）可見孝弟的德行，在個人來說，是仁德的根本；在國家來說，更足以影響一國。大學說：「一家仁，一國興仁」。中庸說：「仁者人也，親親爲大。」孟子告子及盡心篇都說：「親親，仁也。」都足以說明這個關係。「篤於親」和「故舊不遺」都是表現了親厚的感情，影響所及，人民將各自親愛他們的親屬，各自友愛他們的鄉鄰朋友，而風俗將歸於淳厚。

第三章

曾子有疾，召門弟子㈠曰：「啓㈡予足！啓予手！詩㈢云：『戰戰兢兢㈣，如臨深淵㈤，如履薄冰㈥。』而今而後㈦，吾知免夫㈧！小子㈨！」

【提旨】曾子臨終以保全身體、克盡孝道來訓勉門人。

【釋詞】

㈠召門弟子　召、召集、召見的意思；門弟子、指曾子門下的學生。

㈡啓　集解引鄭玄註：「啓、開也；曾子以為：受身體於父母，不敢毀傷，故使弟子開衾而視之也。」就是揭開被子看看的意思。

㈢詩　所引詩三句，見詩經小雅小旻篇。

㈣戰戰兢兢　戰戰、恐懼戰慄的樣子；兢、音京（ㄐㄧㄥ），兢兢、戒愼小心的樣子。

㈤如臨深淵　像站在深水的邊緣，生怕墜落，形容恐懼、小心的心情。臨、面臨、居上臨下的意思。

㈥如履薄冰　像踏在微薄的冰層上面，生怕沉陷，也是形容恐懼、小心的心情。履、踐踏的意思。

㈦而今而後　從今以後的意思。

㈧免夫　免於身體毀傷的罪過。夫、音扶（ㄈㄨˊ），句末語氣詞。

㈨小子　老師對學生的稱呼。這是曾子說完話以後，再叫一聲學生，要他們注意聽取這番話。

【譯義】曾子有了病，快到危險的時候，召集他門下的弟子到床前來吩咐說：「你們揭開被來看看我的腳！再揭開被來看看我的手！可有毀傷麼？詩經小旻篇裏說：『顯得恐懼戰慄的樣子、戒愼小心的樣子；像站在深水的邊緣，惟恐墜落下去；像踏在微薄的冰層上，生怕沉陷下去。』我就是這樣提心吊膽、不敢一刻疏忽地保全自己。從今以後，我才知道可以免於身體毀傷的罪過了！學生們聽着。」

【析微】孝經說：「身體髮膚，受之父母，不敢毀傷。」因爲古人認爲：父母生我、育我，給了我完整的身體，我應該體念父母愛子女的心情，不敢毀壞、損傷得自父母的身體。因此，在古人的觀念裏，保全了身體的完整，就是盡到了孝道，曾子是孔門弟子中最重孝道的人，所以能一生謹愼，保持了形體的完整，臨終時，還藉此來訓勉門人，要他們注意盡到這項孝道。禮記祭義篇記載曾子的弟子樂正子春的話：「吾聞諸曾子、曾子聞諸夫子曰：天之所生，地之所養，人爲大矣！父母全而生之，子全而歸之，可謂孝矣！不虧其體，不辱其親，可謂全矣！故君子跬步而弗敢忘孝也。」從這段話看來，所謂全孝，是旣不虧體，又不辱親，而不辱的含義極廣，凡天性、行爲、節操等，都不能有所虧損，使父母受辱。本章曾子以虧傷身體諄諄警戒弟子，自然也兼有警戒行爲虧損的用意在內。

第四章

曾子有疾，孟敬子㈠問之㈡。曾子言曰㈢：「鳥之將死，其鳴也哀；人之將死，其言也善㈣。君子㈤所貴乎道者三㈥：動容貌㈦，斯遠暴慢㈧矣；正顏色，斯近信矣；出辭氣㈨，斯遠鄙倍㈩矣；籩豆之事⑪，則有司存⑫。」

【提旨】曾子告孟敬子：修己是爲政的根本。

【釋詞】

㈠孟敬子　就是魯國大夫仲孫捷。仲孫氏，後改爲孟孫氏，也稱孟子，「敬」是謚號，「子」是尊稱，所以稱孟敬子。他是孟武伯的兒子。

㈡問之　探問他。之、指稱曾子。

㈢言曰　凡對方不問而我自言用「言曰」。

㈣鳥之將死四句　大約是當時的諺語。臨死哀鳴，是鳥的常情；臨死出善言，則是人的常情。曾子相信這話，所以用來自喻，臨終以「善言」警醒孟敬子。

㈤君子　指在位的君子，與下文「有司」相對照。

㈥所貴乎道者三　意思是：在待人接物方面，有三件事情應該注意。貴、作「重」字講；道、指待人接物之道。

㈦動容貌　動、變動；容貌，就是容止體貌，指身體動作；變容貌、就是當容止體貌有所變動時。

㈧斯遠暴慢　意思是：就要注意遠離粗暴和怠慢。遠、讀去聲（ㄩㄢˋ），遠離、避免的意思；暴、粗暴無禮；慢、怠慢不敬。

㈨出辭氣　當吐露言辭、表露聲氣時，出、說出、表出；辭、指言辭；氣、指說話的聲調、語氣。

㈩斯遠鄙倍　意思是：就要注意避免鄙陋粗野和違背情理。鄙、鄙陋粗野；倍、通背，朱註：「謂背理也。」

㈡籩豆之事　籩、音邊（ㄅㄧㄢ），古代用竹子編成的一種器皿，下端有圓底，中央有高腳，上端有碗狀的圓口，祭祀時用來盛果實等乾燥的祭品。豆、古代用木料製成、類似籩的一種器皿，上端有蓋，祭祀時用來盛有汁的食物。這裏所謂「籩豆之事」指禮儀中一切瑣碎的細微末節而言。

㈢有司存　自有主管禮儀事務的小官在、不必自己多操心的意思。有司、指職有所司的官吏。

【譯義】曾子有了疾病，孟敬子去探問他。曾子對孟敬子說：「鳥將要死的時候，牠的鳴聲是悲哀的；人將要死的時候，他所說出的話是善良的。現在，就讓我向你進幾句善言吧！在上位的人在待人接物方面，應該注重三件事；當變動容止體貌的時候，就要注意遠離粗暴無禮和怠慢不敬的態度；當表現端正的容顏氣色時，就要注意合於信實，內外如一，不要裝模作樣；表達言辭或聲調、語氣時，就要注意避免鄙陋粗野和違背情理。至於禮儀方面細微末節的事，自有那些主管事務的官吏在，您不必多去操心。」

【析微】孟敬子是魯國當政的大夫之一，當曾子病危的時候，來到曾子的病榻前，探問曾子的疾病，曾子雖然在病重之中，仍然把握這進善言的機會，針對敬子平常的缺點，告戒、勉勵他一些待人接物的道理，但不便直說，所以把告戒他的話說成：「君子所貴乎道者」，事實上正是孟敬子所沒有做到的。從曾子的話，可以看出曾子以修身爲政治的根本，因爲動容貌、正顏色、出辭氣，都是言行舉止方面的事，大學所謂：「身修而后家齊，家齊而后國治，國治而後天下平」，又所謂：「自天子以至於庶人，壹是皆以修身爲本」，正是這個道理，這是儒家一貫的政治哲學，曾子在孔門是深得一貫之道的弟子，當然承受了這一思想系統，相傳大學一書就是曾子記述孔子的話及曾子門人記述曾子的意思而成（見朱子大學章句），可見曾子的話是有脈絡可尋的。

第五章

曾子曰：「以能問於不能㈠，以多問於寡㈡；有若無㈢，實若虛㈣；犯而不校㈤。昔者吾友㈥嘗從事於斯㈦矣。」

【提旨】曾子追念顏回修己的工夫，以教人為學要謙虛，為人要寬容。

【釋詞】

㈠能、不能　指某方面的才能而言。

㈡多、寡　指見聞、學問的多少。

㈢有若無　自己有才能而不自誇，就像沒有才能一樣。

㈣實若虛　自己學問充實而不自滿，就像學問空虛的人一樣。

㈤犯而不校　有人觸犯自己，卻不與他計較。犯、冒犯、觸犯的意思；校、通較，計較的意思。

㈥昔者吾友　吾友、馬融以爲指顏淵；曾子說話時，顏淵已死，所以說「昔者」，從前的意思。

㈦嘗從事於斯　曾經在這方面努力過。斯、指以上幾項修己的工夫。

【譯義】曾子說：「自己在某方面有才能，却不自以爲能，有時還要去問這方面並無才能的人；自己見聞多，却不自以爲多，有時還要去問見聞少的人；自己有才能，却不自誇，就像沒有才能的人一樣；自己學問充實，却不自滿，就像學問空虛的人一樣；如果別人觸犯自己，却不與他計較。從前我的一位朋友曾經在這方面努力過。」

【析微】大戴禮曾子疾病篇說：「曾子謂曾元、曾華曰：『吾無夫顏氏之言，吾何以語女哉？』」意思是：曾子對兒子曾元、曾華說：「我沒有顏淵那樣造詣深微的言辭，我拿什麼話來告訴你們呢？可見曾子平常對顏淵的爲人異常欽慕。本章一方面顯示曾子對顏淵虛心、寬大的德行一片欽慕的心情，一方面顯示曾子想向顏淵這些克己修身的工夫身體力行的意思。中庸上有一段話說：「夫婦之愚，可以與知焉，及其至也，雖聖人亦有所不知焉；夫婦之不肖，可以能行焉，及其至也，雖聖人亦有所不能焉；天地之大也，人猶有所憾。」意思是：宇宙廣大，知識無窮，人的見聞、學識、才能，不免有所缺憾，即使愚夫愚婦所知、所行的，聖人未必能知、能行。孔子就曾自己承認耕田的知識不如老農，種菜的知識不如老圃（見論語子路篇），所以曾子首先說出爲學要謙虛多問，而且要像孔子那樣「不恥下問」（見公冶長篇），譬如舜那樣大智的人，孔子曾稱他：「好問而好察邇言」（見中庸）。如果擁有卓越的才能或充實的學問，不要自誇自滿，顏淵在自述志趣的時候曾說：「願無伐善，無施勞」（見公冶長篇），正是本章：「有若無，實若虛」的意思。至於「犯而不校」，更是寬容的修養，不過，要做到孟子所謂「自反」的工夫，然後才能進於顏淵「不校」的修養。

第六章

曾子曰：「可以託六尺之孤㈠，可以寄百里之命㈡，臨大節㈢而不可奪㈣也。君子人與㈤？君子人也！」

【提旨】曾子期望做臣子的人須有受託重命的才德與應付事變的節操。

【釋詞】

㊀託六尺之孤　託、付託；孤、沒有父親的人，六尺之孤，指父王已死的年幼國君，鄭玄以爲年十五以下。古代尺短，身高六尺，還是孩童。

㊁寄百里之命　寄、也可作付託講，從受命的臣子來說，是總攝的意思。百里、古代諸侯國土方百里，孟子說：「公侯皆方百里。」命、政令。

㊂大節　指國家的大變故，關係到國家的安危存亡、利害生死的時際。

㊃奪　奪取、動搖的意思。

㊄君子人與　意思是：這是君子一流的人物嗎？與、同歟。

【譯義】曾子說：「可以將輔佐幼君的重任付託給他，可以將國家的政事讓他總攝，一旦面臨國家安危存亡的關頭，任何利害威勢也不能動搖他堅定的志節。這樣的人可算是君子一流的人嗎？的確可算是君子一流的人了！」

【析微】本章曾子所說的話，刻劃出一個忠心耿耿、老成謀國、志節堅定的人物典型。前兩句是就平時說的，後一句是就處身於變故時說的。一個身負國家重任的大臣，對他的人格、志節最嚴重的考驗，莫過於面臨個人生死、國家存亡的危險關頭，能經得起這一考驗，將個人生死置之度外，矢志與國家共存亡而堅定不移的人，當然是最難能可貴的！因為他能做到禮記曲禮所謂：「臨難毋苟免」，更能做到孟子所謂：「威武不能屈」，所以曾子讚許這樣的人是君子一流的人。孔子也曾勉人說：「三軍可奪帥也，匹夫不可奪志也」（見子罕篇），可見堅守志節是古來聖賢們所諄諄教誨的德操。六尺之孤，年幼無知，如果不是忠心耿耿的大臣，很可能謀篡君位，這在歷史上是數見不鮮的；至於百里之命，諸侯國家的政事，除了忠誠的德行之外，還需要治國的才智。像三國時蜀漢的諸葛亮，就是這樣一位典型，他受先主劉備的付託，輔佐年幼無知的後主，忠誠謀國，鞠躬盡瘁，死而後已。可惜天不假年，北伐沒有成功，却死在五丈原軍中，眞使後人長嘆不已！正如杜甫詩句：「出師未捷身先死，長使英雄淚滿襟。」

第七章

曾子曰：「士㈠不可以不弘毅㈡，任重而道遠㈢。仁以為己任㈣，不亦重乎？死而後已㈤，不亦遠乎？」

【提旨】曾子期勉士人立定遠大的志向，養成剛強的毅力，擔當行仁的重任，終身努力以赴。

【釋詞】

㈠士　指讀書人、知識份子。

㈡弘毅　弘、大的意思，指寬大的心胸、遠大的志向；毅、指堅忍不拔的意志、剛強果敢的精神。

㈢任重而道遠　責任重大而且道路遙遠。道遠、因一生都須擔負這項責任，時間長久，好像所行的路途遙遠一樣。

㈣仁以爲己任　「以仁爲己任」的倒裝語，就是以弘揚仁道當作自己應盡的責任。

㈤死而後已　到死以後，這責任才停止。已、停止、罷休的意思。

【譯義】曾子說：「讀書人不可不立定遠大的志向，養成剛強的毅力，因爲他所擔當的責任重大，而且他將行走的路程遙遠。以弘揚仁道當作自己的責任，這責任不是很重大嗎？到死以後，責任才停止，這路程不是很遙遠嗎？」

【析微】古代聖賢教人做人的道德名稱，諸如仁、義、禮、智之類，其中以仁最重要，所以孔子的學說以仁爲中心。「仁」是基於人類天賦的愛心，擴充這種愛心，去愛同胞、愛天下人，拯救他們的苦難，增進他們的幸福，這是仁者的胸懷。一個受過教育薰陶的讀書人，應當爲國家民族、歷史文化擔負這弘揚仁道的責任，而且終身堅持不渝。古人最看重「士」，所謂「士農工商」以「士」爲四民之首，因爲士有才智，足以擔當治國治民、濟世濟人的責任。而「士」本身應該以這項行仁弘道的責任自任，如孟子稱述商湯的賢宰相伊尹說：「思天下之民、匹夫匹婦有不被堯、舜之澤者，若己推而內（同納）之溝中，其自任以天下之重也」（見孟子萬章下）。伊尹能以天下爲己任，所以孟子讚揚他是「聖之任者」。後世如宋仁宗的賢相范仲淹，少時孤弱貧苦，但勤奮努力，常以天下爲己任，後來果然事功顯著，成爲有名的賢相和良將，他的名作「岳陽樓記」，曾有兩句名言：「先天下之憂而憂，後天下之樂而樂。」可見他具有仁者的胸懷；他一生樂善好施，曾創置義田贍養族人；他的精神、事業，正合乎曾子的期許：「仁以爲己任」、「死而後已」。希望我們今日的青年，能效法古代的聖賢，繼承他們的遺志，弘揚仁道，開創救世濟人的事業。學習駱駝的精神，雖然任重而道遠，却能毅然決然的擔當起來，而且剛強果斷、堅定不移地持續到底。

第八章

子曰：「興㈠於詩，立㈡於禮，成㈢於樂。」

【提旨】孔子教人以詩、禮、樂培養自己完善的德性。

【釋詞】

㈠興　興起、有所感發的意思。

㈡立　卓然有所自立的意思。

㈢成　完成、有所成就的意思。

【譯義】孔子說：「詩感人最深，可以鼓舞人的意志，使人興起向善的心；禮可以端正人的行爲，使人視聽言動都能適度，而卓然有所自立；樂可以涵養人的性情，使人達到至善的境地，而成爲高尚完美的人。」

【析微】詩、書、禮、樂都是孔子教育弟子的項目，其中書經是有關政治的書，對情性的培養、道德的陶冶、人格的完成，關係比較疏遠；其餘詩、禮、樂的影響，都比較直接而深切。陽貨篇孔子談到學詩的效用，首先就說：「詩可以興」，因爲詩篇的創作，都是本於詩人純正的性情，所謂：「詩三百，一言以蔽之，曰『思無邪』」（見爲政篇）；而且，詩中的語句平淺，雖然是兒童也易於琅琅成誦，吟詠之間，且有抑揚反覆的節奏，所以讀詩最容易感發性情，而詩也最容易深入人心，使人興起向善的意志。季氏篇記孔子對他的兒子伯魚說：「不學禮，無以立。」堯曰篇孔子也說：「不知禮，無以立也。」因爲禮儀的制定，是古代聖人依據人自然的情性所作的行爲規範，目的在使人言行舉止合乎節度，所以學禮以後，在家中日常起居方面，諸如灑掃、進退、應對等細節，都能有所持守；而在社會待人接物方面，諸如尊卑、親疏、遠近等相待的禮儀，也都能有所依循；處處表現得恭敬遜讓、彬彬有禮，然後一言一行，必能卓然自立。禮記樂記篇說：「樂者，通倫理者也。」又說：「樂者，德之華也。」因爲音樂對人的德性，最能產生潛移默化的功能，而雅正的音樂，是本於人中正和平的心性，所以音樂的力量，最能變化人的氣質，化戾氣爲祥和，甚至化腐朽爲神奇；在音樂的薰陶下，足以保持和諧的心境，養成善良的德性，建立完美的人格。孔子深知音樂功能的深鉅，所以一向用音樂作爲教育弟子、敎化人群的主要項目之一，使個人的德性、社會的風俗，都能止於至善。

第九章

子曰：「民㈠可使由之㈡，不可㈢使知之㈣。」

【提旨】孔子說明施政使民的原則，在於適應人民的知識程度。

【釋詞】

㈠民　指一般人民、知識程度不高的老百姓。

㈡可使由之　意思是：只能使他們照樣去做。由、遵行的意思。

㈢可……不可　猶如能……不能，與公冶長篇：「其知可及也，其愚不可及也」的可、不可相同。

㈣使知之　意思是：使老百姓知道爲什麼這樣做的道理。

【譯義】孔子說：「一般老百姓知識程度不高，只能告訴他們怎樣去做，使他們照着實行，不可能使他們了解爲什麼這樣做的道理。」

【析微】本章歷來註家的註釋不一致，很容易使人滋生誤解，如後漢書方術列傳引鄭玄的註解說：「由，從也；言王者設教，務使人從之，若皆知其本末，則惡者或輕而不行。」這只是後世霸主所行的霸術，與孔子原意不合。依鄭註「不可使知之」似乎有「不應當使人民知道」的意思，因而有人說孔子這話是壟斷知識，說孔子主張愚民政策，對孔子的思想肆意詆毀，橫加誣衊，尤其共匪的宣傳刊物，最喜歡利用這一點來攻擊孔子，事實上與孔子的意思完全相違背，這是不能不加以駁斥和辨正的。

首先，我們要加以辨正的，是孔子並沒有壟斷知識，相反的，孔子是把知識從士大夫階級手中推廣、普及到平民身上的第一人，孔子以前，教育是貴族的特權，平民沒有受教育的機會，到孔子才正式開私人講學的風氣。他終身是一位「學而不厭、誨人不倦」、「循循善誘」的大教育家。他傳授知識，以全民爲對象，不分貧富、貴賤、智愚、賢不肖，這就是衞靈公篇所說的：「有教無類」。由此可知：說孔子壟斷知識，那眞是無端的誣衊！

其次，孔子是不是主張愚民政策呢？我們翻遍四書，絕對找不出愚民的思想和言論。孔子講大學之道，說：「在親（新）民」，又說：「民之所好，好之；民之所惡，惡之。」中庸記魯哀公問政，孔子告訴他要：「子庶民」，又說：「君子之道，本諸身，徵諸庶民。」至於論語當中，孔子更一貫地教導門人，遊說國君，要他們對「民」行仁政。後來，他的第三代弟子孟軻，更具體地提出了：「民爲貴，社稷次之，君爲輕」（見孟子盡心篇下）

的主張。由此可知：孔子不但不主張「愚民」，而且一向重視人民，他的政治思想是以「民」爲主的，那些說孔子鼓吹「愚民政策」的謬論，只是野心家們蓄意的曲解和利用而已。

最後，我們要說明的，是本章的正確意義。一切誤會或附會，大多發生在「可」與「不可」上，前面已經說過，這「可」字是「能」的意思，　國父在孫文學說第四章最後一段引述孔子這兩句話，也說：「此可字當作能解。」而且，用「可、不可」爲「能、不能」的意思，論語中屢見不鮮，像公冶長篇的：「夫子之文章，可得而聞也；夫子之言性與天道，不可得而聞也。」至於「使由之」，就是指點人民怎樣照著實行，也就是授予實行上不可缺少的知識，譬如教農民如何使用耕耘機或滅蟲農藥，這都是普通人民可能照著做的，但却不可能使他們都知道耕耘機的構造原理、農藥的化學成份或爲什麼這樣使用的道理。因爲「知」有最淺近的知，是人人所能的；也有最高深的知，只有少數人才能，一般民衆只需淺近的知，知而能行就夠了，甚至不知也能行，孔子的意思與　國父「知難行易」的學說不謀而合，只是　國父「知難行易」的學說是理論的闡發，而孔子的話是依知行難易的不同，就教化人民問題，作適切的指示，理論與應用，互相輝映，眞所謂：「先聖後聖，其揆一也。」古今聖哲，都是心同理同的。又雍也篇載孔子說：「中人以上，可以語上也；中人以下，不可以語上也。」主張施教要適應對方的智慧程度，與本章主張施政化民要適應人民的知識程度，同樣出於因材施教的原則。

第十章

子曰：「好勇㈠疾貧㈡，亂㈢也；人而不仁，疾之已甚㈣，亂也。」

【提旨】孔子探討禍亂的根源，顯示消除這一根源的方法，在於和平、安份和寬容。

【釋詞】

㈠好勇　喜歡逞露勇氣。勇、指血氣之勇、匹夫之勇。

㈡疾貧　厭惡貧窮。疾、有憎惡、嫌棄的意思。

㈢亂　將造成禍亂的意思。

㈣疾之已甚　意思是：痛恨不仁的人太過份了。之、指上文「人而不仁」的人；已甚、太甚、過甚。

【譯義】孔子說：「喜好逞露血氣之勇，且厭惡貧窮，足以造成禍亂；對不仁的人，痛恨得太過份，也足以造成禍亂。」

【析微】好勇在氣質上不能安於義理，只顧一味逞強，顯露血氣方剛的匹夫之勇，正如「暴虎馮河，死而無悔」的人，當然會造成禍亂；如果這樣的人還要厭惡貧賤，就是在境遇上不能安於本份，爲了驅除貧賤，不惜苟取富貴，所謂「不以其道得之」，這樣，當然不免鋌而走險，肆無忌憚，投機取巧，無所不爲了，這種行爲的悖亂，不但個人以身試法，也許身繫囹圄，而且可能招致身敗名裂，傾家蕩產，這豈不是自作自受的禍亂嗎？就社會來說：這也是風氣敗壞、秩序紊亂的根源。在上位的人，對於這種不仁德的人，當然十分痛恨，但除非罪大惡極，劣性不改，否則，做父母的、做教師的、做法官的、以及社會輿論，總該留給他一個回頭自新的機會，如果厭恨過甚，他不免產生不平的情緒、不好的念頭，做出不軌的行爲，這也足以形成禍亂，因爲他被逼得毫無容身之地，走投無路，只好走上極端了。所以，在上位的人，應該審辨輕重緩急，以寬容的度量，接納不仁的人，逐漸開導他們，轉移他們的惡性，這樣才能避免個人的悖亂行爲，消弭社會的悖亂事件。如果人人都調養自己的性情，養成中正和平的氣質，雖處貧困的境遇，而能安貧樂道，天下豈非太平無事，沒有暴亂發生嗎？

第十一章

子曰：「如有周公之才㈠之美，使驕且吝㈡，其餘㈢不足觀㈣也已！」

【提旨】孔子告戒人不可恃才驕傲而鄙吝。

【釋詞】

㈠周公之才　周公，就是輔佐周成王的周公旦，見述而篇註。相傳周朝的禮樂政教，大多是周公所創制的，所以周公自古被譽爲多才多藝的人物。

㈡使驕且吝　假使驕傲而且鄙吝。驕、自矜其才，傲視天下的意思；吝、獨專其美，心胸狹窄的意思。

㈢其餘　指其餘的善行、其他的長處。

㈣不足觀　猶如不足道，不值得觀賞、稱道的意思。

【譯義】孔子說：「如果一個人有周公那麼美好的才華，但是，假使他恃才驕傲，而且鄙吝自私，卽使還有其他長處，也就不值得一看了！」

【析微】在古代聖人中，才藝之美，莫過於周公。孔子時的一般公卿，也許並無周公那樣的才藝美質，但却驕而且吝，常以周公自比，所以孔子說出這樣戒人的話。周公不但才高，而且德也高，不說周公之德，而舉周公之才，因爲如有周公之德，自然就不會驕傲而且鄙吝了。自古才高的人，多半有恃才傲物、目空一切的毛病，有了這毛病，才高的優點也就被掩蓋了；如果再鄙吝不堪，己立而不立人，己達而不達人，不肯與人爲善，心胸狹隘，不能容人，獨占自己所有，不願明白告人，那就缺陷太深，卽使再有天大的好處，也都完全失去價值。可見孔子是多麼輕視驕傲和鄙吝，所以他常常敎誨弟子要謙遜爲懷，曾說：「君子泰而不驕，小人驕而不泰」（見子路篇）。驕傲的人，孔子歸入小人一類，可見的確是一種很壞的習氣了。樊遲問仁，孔子告訴他要「居處恭」，「恭」字有謙恭的意思在內。有才德的君子，不但要消極的沒有驕傲之心，而且還要積極的兼善他人，孔子曾說：「夫仁者，己欲立而立人，己欲達而達人」（見雍也篇）；更要兼善天下，孟子曾說：「窮則獨善其身，達則兼善天下」（見孟子盡心篇下）。又孟子稱述大舜能「善與人同，舍己從人，樂取於人以爲善」（見公孫丑篇上）。所謂：「君子莫大乎與人爲善」，正是孔、孟同有的人生旨趣。

第十二章

子曰：「三年學㈠，不至於穀㈡，不易得㈢也。」

【提旨】孔子感嘆：久學有成而不念念於仕進的人難得。

【釋詞】

㈠三年學　經過多年求學而有了一些成就的意思。三是虛數，三年、就是多年。

㈡不至於穀　就是心意不至於仕進、俸祿，也就是不存做官的念頭。至、指意念所至，與雍也篇：「其餘則日月至焉而已矣」的「至」用法相同；穀、古代官吏的俸祿，就是穀米，作用相當於現在的薪資，所以「穀」有俸祿、官祿的意思，與憲問篇：「邦有道，穀；邦無道，穀」的「穀」正相同。

㈢不易得　意思是：不容易得到這樣的人。

【譯義】孔子說：「經過多年求學而有了一些成就，却並不存着急於做官的念頭，這種人眞是難得啊！」

【析微】在古代，人們求學與做官、求俸祿之間，有很大的關聯，因爲孔子所教、弟子所學的，不外乎：「修己以安人」、「修己以安百姓」（見憲問篇）的道理，要想安人，尤其要想安百姓，必須由從政入手，所以孔子常常與弟子談論從政的問題。學問有了成就，雖然不一定在仕途上求發展，但唯有從政才能實現「安百姓」的仁政理想，只是不宜急於求進，汲汲於富貴是孔子最不贊成的，他認爲最好的態度是：「用之則行，舍之則藏」（見述而篇），但能有這種修養的人畢竟太少，在孔門師生中只有孔子和顏回能做到。像子張那樣有賢德，尚且要學習求取官祿，何況其他弟子？但漆雕開、閔子騫那樣不躁進、不苟取的態度，想必是孔子所謂「不易得」的。公冶長篇記孔子要漆雕開出仕，漆雕開表示還沒有信心，孔子聽了很高興；雍也篇記季氏召閔子騫爲邑宰，閔子騫婉言辭謝了；這樣淡於祿位，的確是難得的。又陽貨篇記孔子的話說：「鄙夫可與事君也與哉！其未得之也，患得之；既得之，患失之。苟患失之，無所不至矣！」熱中於求得官祿而患得患失的人，孔子斥爲鄙夫，可見本章所謂：「三年學，不至於穀」，的確是值得稱道的事了。

第十三章

子曰：「篤信㈠好學；守死㈡善道㈢。危邦不入㈣，亂邦不居㈤。天下有道則見㈥，無道則隱。邦有道，貧且賤焉，恥也；邦無道，富且貴焉，恥也。」

【提旨】孔子勉勵人在學問、操守、處世方面要堅守正道。

【釋詞】

㈠篤信　就是深信古人的正道。篤、有深厚、堅定的意思，與子張篇：「信道不篤」的「篤」相同。

㈡守死　堅守宜死與不宜死的分際。

㈢善道　猶如「善其所守之道」，就是好好地處置自己所堅守的生死之道。善、與衞靈公篇：

「工欲善其事」的「善」相同。

㊃危邦不入　意思是：不進入情勢危急、無可挽救的國家。

㊄亂邦不居　意思是：不居留綱紀廢弛、政治混亂的國家。

㊅見　音（ㄒㄧㄢˋ），出仕的意思。

【譯義】孔子說：「深信古人的正道，而且愛好學習這些正道；堅守生死的分際，而且善自處理這一分際。凡情勢危急、無可挽救的國家不進入；綱紀廢弛、政治紊亂的國家不居留。天下太平的時候，就出來做官行政；天下禍亂的時候，就隱居起來不做官。國家政治清明，不能奉行大道，依舊貧而且賤，這是可恥的；國家政治黑暗，不能保全節操，反倒富而且貴，這也是可恥的。」

【析微】本章前兩句中，「篤信好學」是一件事，所篤信的、所好學的，都是古代聖人相傳的正道，這是就「知」一方說的；「守死善道」是一件事，所堅守的、所善處的，都是生死的分際，這是就「行」一方面說的。從下文：「危邦不入，亂邦不居。天下有道則見，無道則隱」的話，可以看出孔子有點敎人明哲保身的意思。述而篇說：「暴虎馮河，死而無悔者，吾不與也，」可見莽撞逞強，不珍惜生命，是孔子所不贊成的。但孔子並非專主保全生命，衞靈公篇說：「志士仁人，無求生以害人，有殺身以成仁。」可見爲了成全仁道，是應當犧牲生命的，所謂「守死」，就是教人分辨當死、不當死的分際而堅守不渝，「善道」就是善盡這一生死之道。

其次，「危邦」與「亂邦」的區別，在於程度輕重不同，「危」是「亂」的初始，「危邦」是將亂的國家，「亂邦」則是已亂的國家。「危」是傾危、杌隉不安的意思，危到極點就會亂，所以「亂」重於「危」。「不入」是由在外而言，「不居」是就在內而言。因爲要愛惜自己的生命，所以「危邦不入」；因爲要修潔自己的生命，所以「亂邦不居」。「邦」是指一國而言，「天下」是指一世而言；上文由「邦」推到「天下」，下文又從「天下」再說到「邦」，參互交錯，很耐人尋味。在太平盛世，國家政治上軌道，爲官行政容易施展抱負，所以應該現身於世；亂世則政治不上軌道，難以施展抱負，甚至生命都朝夕不保，所以應該隱居起來。能實踐這一處世哲學的便是君子，所以孔子曾稱讚衞國大夫蘧伯玉說：「君子哉蘧伯玉！邦有道則仕，邦無道則可卷而懷之」（見衞靈公篇）。因爲一邦的治亂，影響一世的治亂，所以用「邦」，而本章用「天下」。孔子認爲「有道」以貧賤爲恥，「無道」以富貴爲恥，兩個「恥」都是指有爲有守的君子說的，因爲小人並不以爲恥。

第十四章

子曰：「不在其位㈠，不謀㈡其政㈢。」

【提旨】孔子教人居官行政的態度，應守份盡責，不侵越職權。

【釋詞】

㈠位　指官位、職位而言。

㈡謀　參與計謀、籌劃的意思。

㈢政　指政治上的事務而言。

【譯義】孔子說：「如果不在這個職位上，就不參與計劃這職位上的政事。」

【析微】莊子逍遙遊說：「庖人雖不治庖，尸祝不越樽俎而代之矣！」後來形成「越俎代庖」的成語，就是本章所說的意思。因爲國家設官分職，各不相兼，用意在分明職守，各盡其責，而且，要能對他的職責保持專一，這樣才能收到行政的效率。如果越官侵職，自己職份以內的事還沒有處理好，倒去管別人權責內的事務，不但自己的事務曠廢了，而且妨礙了他人的職權，破壞了政治的體制，更可能弊患叢生。試想：一個農夫，如果捨棄自己的田不耕耘，任它荒蕪，反倒去耕耘別人的田，結果不但擾亂了別人的工作，而且，對別人田地的土質、施肥的情形，都一概生疏，工作自然做不好，效果自然達不到，雙方都受損失，相對的減少了更多的收成。政治的原理也是如此，所以，國父的民權主義，主張權能區分，人民有政權，政府有治權，換句話說：民主國家的人民有權利行使政權，如公民投票、選舉、罷免官吏等等；政府則有能力為全民服務，以行使治權；所以人民不當參與政府的治權。「不在其位」，固然「不謀其政」，但如果反過來說：則在其位，一定要謀其政，因為這是責無旁貸的。

第十五章

子曰：「師摯㈠之始㈡，關雎㈢之亂㈣，洋洋乎㈤盈耳哉！」

【提旨】孔子讚嘆太師摯往日在魯國時音樂之美盛，以感慨當時音樂的衰微。

【釋詞】

㈠師摯　魯國的名樂師，也稱太師，名摯，就是微子篇：「太師摯適齊」的摯。

㈡始　當初的意思。從師摯離開齊國以後，回顧他以前在魯國時的音樂盛況，所以說「始」。

㈢關雎　詩經的首篇，當時的詩，都可以入樂演奏。

㈣亂　爾雅釋詁、說文都訓爲治，這在訓詁學上稱之爲「反訓」，事實上「亂」字的構造，本義是「治理亂絲」的意思，所以訓爲「治」。古代樂曲，開始叫做「升歌」，結束叫做「合樂」，從「升歌」到「合樂」叫做「一成」。樂曲演奏到合樂時，條理井然，音律有序，以逐漸完成整個樂章，所以結束時的「合樂」叫做「亂」。

㈤洋洋乎　聲情洋溢、美盛的樣子。乎、副詞詞尾，相當於「然」字。

【譯義】孔子說：「當年太師摯還留在魯國的時候，音樂異常美盛！當演奏樂曲結尾的合樂時，樂工演奏到關雎一曲，聽起來滿耳朵都洋溢着優美的聲音。」

【析微】子罕篇孔子曾說：「吾自衞反魯，然後樂正，雅頌各得其所。」因爲定公末年到哀公初年期間，魯國的一批優秀的樂師，都紛紛離開魯國，流亡到國外（見微子篇所記），所以孔子在哀公十一年，最後一次從衞國回到魯國以後，曾經對衞國衰頹已久的音樂，作了一番整頓的工夫，本章大約是這個時候所發出的讚嘆，讚嘆中含有感慨。太師摯是魯國一位有職守的賢樂師，定公十四年，季桓子接受齊國所奉獻的女樂，倡優相雜，居然打進了宮廷，樂官們羞與爲伍，所以紛紛離去，星散四方。到哀公十一年孔子回國時，已經相隔十三年，魯國樂壇一片荒蕪，所以，孔子的話，實在是寓感慨於讚嘆，足見他關心樂教的熱忱，和想要振興樂教的願望，後來果然「樂正」而「雅頌各得其所，」孔子眞替當時的魯國樂壇立了不小的功勞。

第十六章

子曰：「狂㈠而不直㈡，侗㈢而不愿㈣，悾悾㈤而不信，吾不知之㈥矣。」

【提旨】孔子不滿小人的性行與常度相反，教人應守忠直、誠謹、信實的正道。

【釋詞】

㈠狂 生性進取、而往往大言不慚，成爲狂妄。
㈡直 指正直而言。
㈢侗 音通（ㄊㄨㄥ）；幼稚、愚昧無知的意思。
㈣愿 謹愼、誠懇的意思。
㈤悾悾 悾、音空（ㄎㄨㄥ）；悾悾、胸中空無所有，無識、無能的意思。
㈥吾不知之 猶如「吾不與知」，表示不相關、疏外這樣的人而不屑敎誨的意思。

【譯義】孔子說：「狂妄而不正直，幼稚而不誠謹，無能而不信實，這樣的人我是不知道其所以然的。」

【析微】子路篇孔子曾說：「狂者進取」，狂者的優點，就是志向高大，進取心強烈，但往往不知道裁度事理，有所節制，這樣的人如果還言行不正直，則弊害更大；所謂「直」，諸如說話表裏如一，行爲有過而不掩都是。「侗」字孔安國解爲：「未成器之人」，朱熹解爲：「無知貌」，是指幼稚、愚昧無知，未能成爲器用，未能成材，這樣的人如果做人還不誠懇，做事還不謹愼，則弊害更大；所謂「愿」，就是能謹守常道，凡事不輕忽。「悾悾」二字，皇侃解爲：「野慤也」，朱熹解爲：「無能貌」，正如子罕篇形容鄙夫的：

「空空如也」，是指鄙野而胸無識見，這樣的人如果還言行不信實，則弊害更大；所謂「信」，指爲人樸實，行事不詭譎詐僞。以上三種人，言行不守常道，所以孔子深爲歎惋，「吾不知之」四字，顯示孔子不了解他們這種行爲的道理何在？孔子當然不至於擯棄他們，只是引起他們自戒，使他們能依循正道。

第十七章

子曰：「學如不及㊀，猶恐㊁失之㊂。」

【提旨】孔子教人求學應自強不息，常存着戒懼的心情。

【釋詞】

㊀如不及　好像追趕什麼，深怕趕不上的意思。

㊁猶恐　還恐怕的意思。

㊂失之　指失去既得的學問。

【譯義】孔子說：「求學須常常存着戒懼的心情，就好像追逐什麼，唯恐趕不上；趕上以後，還唯恐失去它。」

【析微】孔子這兩句話，完全描繪出一個兢兢業業、孜孜不息地追求學問的人，那種汲汲求進、奮勉努力的心理狀態。兩句都是以追人爲比喻，正如皇侃義疏所說：「恒如追前人」。「如不及」就是好像趕不上，有了這種心情、這種覺悟，一定會下決心努力追趕，一直到趕上爲止。等到一旦趕上了，獲得了某些知識、學問，又產生「猶恐失之」的心情，唯恐有所喪失，不屬於自己所有，因而更加倍努力，奮鬥不懈，精進不已。孔子這兩句話，一層逼進一層，正顯示虛心向學的人總是懷着戒愼恐懼、不敢鬆懈、不敢輕忽的心情。因爲學問無窮，沒有止境，正如逆水行舟，不進則退，所以，應抱有「學如不及」的心情，而兢兢努力於子夏所謂：「日知其所亡」，這是在追求新知；還要抱着「猶恐失之」的心情，而孜孜致力於子夏所謂：「月無忘其所能」，這是在鞏固舊學；兩者都需要戒懼勤奮、全力以赴，以做到易經乾卦所謂：「自強不息」。

第十八章

子曰：「巍巍乎㈠，舜、禹㈡之有天下也㈢，而不與焉㈣。」

【提旨】孔子稱揚舜和禹不以天下爲私有的崇高德性。

【釋詞】

㈠巍巍乎　高大的樣子，讚歎舜、禹德性的崇高。

㈡舜、禹　上古虞、夏二代的帝王。舜本姓姚，名重華，初居畎畝之中，從事農耕，事奉父母，能曲盡孝道，堯擧用他攝政，不久天下大治，於是將帝位禪讓給舜，舜因而擁有天下，建都蒲阪（故城在山西永濟縣東南），號有虞氏，史稱虞舜。後因南巡而死在蒼梧之野，在位四十八年，因兒子商均不肖，傳位給治水有功的禹。禹本姓姒，名文命，初封於夏（今河南禹縣），堯的時候，他父親鯀治水無功，後來舜命禹繼承父業，平定水患，大有功於天下，所以舜禪讓帝位給他，因而擁有天下，建都於安邑（故城在今山西夏縣以北），史稱夏禹。後因南巡而死在會稽，在位八年。

㊂有天下也　指舜、禹受禪讓而貴爲天子、富有四海；也、表示停頓的語氣詞。

㊃不與焉　朱註：「不與、猶言不相關，言其不以位爲樂也。」與、音預（ㄩˋ），動詞，參與的意思，因此，不與有不以爲私有的意思。焉，等於「於是」，其中「是」字指上文的「天下」而言。

【譯義】孔子說：「舜和禹的德性眞是崇高啊！雖然貴爲天子，擁有天下，却並不以爲私有。」

【析微】孟子滕文公上篇引本文作：「孔子曰：『……君哉舜也！巍巍乎！有天下而不與焉。』」與本章稍有不同，只說到舜，而沒有說到禹。舜和禹都是古代聖明的天子，都因爲本身的賢德和功業，而接受禪讓，成爲天子。據史記五帝本紀的記載，舜善於舉用人才，當時有所謂八愷、八元，就是性行和善的人，舜舉用他們主司九土之宜，敷布五教於四方，從事農桑耕植及道德教化，結果很有成效。當時又有所謂四凶，性行凶惡，專門爲非作歹，舜把他們流放到四方邊遠的地區，爲人民除害。又據史記夏本紀的記載，堯的時候，洪水滔天，堯用鯀治水，九年洪水不息，這時由舜攝政，一面嚴懲鯀的失職，將他處死，一面重用鯀的兒子禹繼續治水。於是禹到處去考察山川形勢，改變他父親治水時所用的圍堵法，而用疏導的方式，使洪水順着地勢流向江海，結果果然平治了洪水，建立了大功。他治水在外十三年，三過家門而不入，生活非常勞苦。可見舜和禹都是爲百姓勤勞而不貪圖個人享受的天子，所以孔子竭力讚美他們，與當時一般諸侯的所作所爲，恰好形成一個對照。

第十九章

子曰：「大哉㈠！堯之爲君也。巍巍乎！唯㈡天爲大，唯堯則之㈢；蕩蕩乎㈣，民無能名㈤焉；巍巍乎！其有成功㈥也；煥乎㈦！其有文章㈧。」

【提旨】孔子極力推崇堯在政治上的成就、文化上的貢獻，崇高而偉大。

【釋詞】

㈠大哉　表示讚歎之辭，相當於白話的：「眞偉大啊！」

㈡唯　同惟，惟獨、只有的意思。

㊂則之　則有準則的意思，之、指上文的「天」；則之、就是功德與天相準。
㊃蕩蕩乎　廣大的樣子，形容功德的廣大。乎、副詞詞尾，相當於「然」字。
㊄民無能名　人民無法用言語形容的意思。名、作動詞用，稱述、形容的意思。
㊅成功　成就功業的意思。
㊆煥乎　光明的樣子，形容文采的燦爛。
㊇文章　指禮樂制度的文采。

【譯義】孔子說：「眞是偉大啊！當堯做君主的時候。多麼崇高啊！唯獨天的功德是最偉大的，只有堯的豐功偉績能和天相比；多麼廣大啊！他的德量，人民竟找不出適當的言語來形容他；多麼崇高啊！他所成就的功業；多麼燦爛啊！他所創的禮樂制度的文采。」

【析微】堯是孔子心目中德性最崇高、功業最偉大的古代帝王，所以，孔子對他深致推崇。上天生長萬物，覆育人民，功德最盛，天下沒有能和天相比的；而堯却能取法天道，創下豐功偉業，足可與天比德，所以說：「唯天爲大，唯堯則之。」這眞可以說是推崇備至了。又說：「民無能名焉」，簡直把他浩大的功德，說成不可名狀，正如天之不可名狀一樣。以下說到他的「成功」和「文章」，是以具體事蹟來申明堯的崇高偉大。相傳堯所統治之下的人民，欣然悅樂，有一首擊壤歌，歌辭說：「日出而作，日入而息，鑿井而飲，耕田而食，帝力于我何有哉？」尙書堯典稱堯：「克明峻德，以親九族；九族既睦，平章百姓；百姓昭明，協和萬邦；黎民於變時雍。」當時天下老百姓風俗大變，變得親愛和諧，這就是堯所成就的大功業。至於制作端冕旌旗，以象日月星辰，制定尊卑威儀，取象山川，有色彩聲容，禮樂文物，燦然明備，這就是堯所創的「文章」，也就是燦爛光輝的文化，成爲三代禮樂文物的基礎。

第二十章

舜有臣五人㊀，而天下治。武王㊁曰：「予有亂臣十人㊂。」孔子曰：「才難㊃，不其然乎㊄？唐、虞之際，於斯爲盛㊅。有婦人焉㊆，九人而已。三分天下有其二㊇，以服事殷㊈。周之德㊉，其可謂至德也已矣！」

【提旨】孔子談論政治人才的難得，並稱道周文王及武王的崇高德行。

【釋詞】

㈠有臣五人　有五位賢臣的意思；孔安國以爲五人指禹、稷、契、皐陶、伯益。

㈡武王　指周武王，文王的兒子，姓姬，名發。殷末紂王荒淫無度，武王率諸侯東征，在牧野（今河南淇縣以南）打敗了紂，紂自焚而死，武王因而擁有天下，建都於鎬（今陝西長安縣以西），在位十九年。

㈢予有亂臣十人　這話見於尚書泰誓篇，是武王伐殷誓衆之辭。予、武王代表周室自稱之辭。亂臣、就是治亂之臣，爾雅、說文都訓亂爲治，凡訓爲雜亂、變亂的意義，本字作𤔔，說文：「𤔔，煩也。」後來經典假借，都作從乙的亂字；亂臣、指能爲周室建立功業、撥亂返治的臣子。十人、馬融以爲指周公旦、召公奭、太公望、畢公、榮公、大顚、閎夭、散宜生、南宮适及文母；文母就是下文所說的唯一婦人，她是文王的妃大姒。

㈣才難　人才難得的意思，指政治人才；這是古語。

㈤不其然乎　猶如「其不然乎」？其、通豈；然、如此；所以「不其然乎」就是難道不是如此嗎？

⑥唐、虞之際，於斯爲盛　意思是：唐堯、虞舜之間人才多，而在周武王時人才最爲盛多。斯、指武王說：「予有亂臣十人」的時期。

⑦有婦人焉　其中有一位婦人的意思；焉、猶如「於是」，其中「是」字指武王所說的「亂臣十人」。這婦人馬融以爲指文王妃大姒，後人以爲應該是武王邑姜，也有認爲另有其人的，說法不一。

⑧三分天下有其二　包咸註說：「殷紂淫亂，文王爲西伯，而有聖德，天下歸周者三分有二。」朱熹集註因而推公：「蓋天下歸文王者六州：荆、梁、雍、豫、徐、揚也；惟靑、兗、冀尙屬紂耳。」這樣說法，未免太拘泥了，所謂三分有二，只不過說：當時天下人心，大半歸向文王而已。

⑨以服事殷　襄公四年左傳說：「文王帥商之畔國以事紂。」服是貼服的意思。

⑩周之德　合文、武二王而言，因武王沒有征伐殷紂以前，服事殷商的誠意與文王相同，所以說周之德。

【譯義】舜有五位賢臣，而天下就太平了。武王也說過：「我有十位能治理天下的臣子。」孔子因此說道：「常言說：人才不容易求得，豈不眞是如此嗎？唐堯、虞舜之間人才多，到周武王說這話時，人才最爲興盛。可是武王的十位人才中却有一位婦人，實際上只有九位而已。周文王當年曾贏得天下三分之二民心的擁戴，却仍然向商紂稱臣。周朝的道德，眞可以說是至高的道德了。」

【析微】本章是孔子平日讀書，讀到武王所說：「予有亂臣十人」一句，因而慨歎周室人才雖然興盛，但究竟人才難得，「才難」二字是全章的主腦，由此推論，以見天下的治亂，決定於政治人才，而政治人才的盛與不盛，由於道德，文王、武王有至高的道德，所以孔子特別讚揚。前兩節是門人因孔子的話而記的，因有「唐、虞之際」的話而記舜有五臣，又記武王的話，是爲後文「九人而已」張本。孔子的話當中，「才難」以下論才，「三分天下」以下論德，層次分明。論德兼文、武而言，所以最後的讚辭說：「周之德」。當時天下形勢，商紂是一統的局面，而文王只是愼守他的封地而已；但由人心向背來說，則紂只是獨夫，所謂「離心離德，親戚畔之」，而文王則爲天下之所順，四方都歸向他的仁德，所謂「三分天下有其二」，實指民心的歸向而言。雖然條件這樣有利，文王大有得天下之勢，而仍然衷心服事，毫無勉強之意，毫無覬覦之心，正如禮記表記引孔子所說：「下之事上也，雖有庇民之大德，不敢有君民之心，仁之厚也。」所以孔子極力讚美文王的至德，與泰伯以天下讓的「至德」無異。但「至德」二字合文武而言，文王服事殷紂，是冀望紂悔悟；到武王時，紂殺比干，囚禁箕子，微子出奔，殷室的「三仁」全遭殘虐，而紂荒淫更甚，武王不得已而舉兵滅紂，這是紂自取滅亡，無損於武王的至德。

第二十一章

子曰：「禹，吾無閒然㈠矣！菲㈡飲食，而致孝乎鬼神㈢；惡衣服㈣，而致美乎黻冕㈤；卑宮室㈥，而盡力乎溝洫㈦。禹，吾無閒然矣！」

【提旨】孔子讚美大禹的聖德，自奉儉約，而崇尚制度，愛護人民，眞是無可非議。

【釋詞】

㈠閒然　閒、同間，讀去聲（ㄐㄧㄢˋ）。間、指間隙、漏洞；然、猶「焉」；間然、引申有非議、指摘的意思。

㈡非　音斐（ㄈㄟˇ），薄的意思。

㈢致孝乎鬼神　致、盡的意思；孝、孝敬之心；乎、猶「於」，介詞。全句是指祭祀鬼神時，則祭品豐盛，以盡孝敬之心。

㈣惡衣服　指平常所穿的衣服極惡劣。惡、粗惡的意思。

㈤黻冕　黻、音服（ㄈㄨˊ），祭祀時所穿的禮服；冕、音免（ㄇㄧㄢˇ），在朝廷或祭祀時所戴的禮帽。

㈥卑宮室　指自己住的房屋極卑陋。卑、矮小簡陋；宮室、爾雅宮、室互訓，就是居室。

㈦溝洫　田間灌溉用的水道，指水利工程方面。

【譯義】孔子說：「禹的爲人，我沒有什麼可非議的了！他自己飲食非常菲薄，而祭祀鬼神的時候，却祭品豐盛；自己平時穿的衣服極爲粗劣，但臨到朝饗儀典的時候禮服、禮帽却相當華美；自己住的房屋十分卑陋，然對農田水利的開發，却異常盡力。像禹這樣的人，我實在沒有可批評的了。」

【析微】前一章孔子曾讚美禹「有天下而不與」的美德，本章更就他生平克勤克儉的實蹟，來補充說明他的聖德。從他個人生活上自奉如此儉約，而生平所勤勞的，都是人民的事；所致力修飾的，都是宗廟朝廷之禮；可見他念念在於民衆與國家，而完全不圖私人的享受。雖然堯、舜以來，開帝位不傳於子而傳於賢的禪讓之風，所謂「公天下」的制度，而禹却又不傳於賢而傳於子，恢復「私天下」的傳統，所以當世有人懷疑是帝王德衰，企圖以天下為一己之利。這在常人當然不免，但以禹這樣勤苦，治水十三年，面目黧黑，胼手胝足，三過家門而不入的人；飲食、衣服、宮室如此淡薄，而能孝敬神明、盡力民事的人；那裏是私愛自己的兒子、以天下為己利的人所能為？所以孔子讚美禹的話，足以表白禹不以天下為利的聖心聖德。

第九篇　子　罕

前　言

本篇大體是記述孔子的德行，共三十一章，朱熹集註把第六、七兩章合併爲一章，所以作三十章。

第一章

子罕言㈠利㈡，與命㈢，與仁㈣。

【提旨】門人記孔子平日對利、命、仁三者非常謹慎，以勉人不可有輕忽之心。

【釋詞】

㈠罕言　罕、少的意思；言、自言；所以「罕言」是很少主動談起的意思。

㈡利　指利益，這是人情所欲、人所共趨的。

㈢命　指性命、天命之類。

㈣仁　指高深的仁德。

【譯義】孔子很少自動說到利益、天命和仁德的道理。

【析微】論語一書所記載的孔子言論，如果統計一下，談到「利」的只有六次，說到「命」的也只有八、九次，如果與孔子全部的言論比較起來，可以說是「罕言」的，但仁德在論語中是講得最多的，爲什麼還說孔子「罕言」呢？於是後人對本章就生出一些不同的解釋：如金人王若虛的誤謬雜辨、清人史繩祖的學齋佔畢都以爲「與」字作「許」字講，意思是：「孔子很少談到利，却讚許命、讚許仁。」又如黃式三的論語後案則認爲「罕」讀爲「軒」，作「顯」字講，意思是：「孔子很明顯地談到利、命和仁。」這些說法都很牽強，不合孔子的本意。事實上，兩個「與」字都當「及」字講，都是連接詞，換句話說：三者都是孔子所「罕言」的。爲什麼罕言「利」呢？這「利」並非單指私欲方面的財利而言，正如易經乾卦文言所說：「利者，義之和也。」又說：「利物足以和義。」意思是：天能利益萬物，使物各得其宜，因而和諧。這裏所說的「利」，指君子利益萬物，使物各得其宜，足以和於義。論語中孔子所談的「利」，如里仁篇的：「放於利而行，多怨。」及「君子喻於義，小人喻於利。」其中「利」字都指私利；而本章的「利」，小則包括日用財貨所須，大則兼及易經元亨利貞的「利」。易經彖傳、象傳中，孔子常常談論「利」，但其中道理精微，很少人能做得恰到好處，所以孔子很少自動與弟子談論，以免引起計功謀利之心，反而造成偏差。至於性命、天命的「命」，是指上天所命生於人的一切。天雖然不具體，也沒有言語，但人秉於自然而生，有賢愚、吉凶、窮通、夭壽等，好像是天所付命的，其中道理，更是微妙，所以孔子也很少主動與弟子談論。公冶長篇記子貢的話說：「夫子之言性與天道，不可得而聞也。」正是這個意思。至於仁德，是孔子學說的中心，孔門最高的道德標準，論語中談「仁」的言論相當多，而本章却說罕言仁，這是因爲門人經過長久的觀察，發現孔子在這三方面很少自動談到，論語中記孔子論仁各章，大多是弟子問仁，而後孔子才答覆他們。弟子們一聽到孔子指示求仁德的方法，莫不欣然奉持，詳細記載，以示服膺之誠，所以看起來好像很多，實際上比起孔子生平所有的言論來，仍然是很少的，何況大多不是孔子所「自言」的，而且仁德的全體大用，還有很精深的境界，它是宇宙生生不息的至理，它是人類推己及人、愛人及物的至善之心，所以，孔子平生從不敢以聖與仁自居（見述而篇），在評論仲弓、子路、冉有、公西華、令尹子文及陳文子的爲人時，都說：「不知其仁」（見公冶長篇），可見孔子從不輕易以「仁」許人，因爲「仁」是至高無上的德性，常人是難以達到的。

第二章

達巷黨人㈠曰：「大哉孔子！博學而無所成名㈡。」子聞之，謂門弟子曰：「吾何執㊂？執御㊃乎？執射㊄乎？吾執御㊅矣。」

【提旨】記當時人稱譽孔子博學，而孔子以專精御事自謙，以示弟子爲學應施博而守約。

【釋詞】

㊀達巷黨人　古代五百家爲黨，達巷是一個黨的名稱，這人姓名不傳，所以只稱「達巷黨人」。史記作「達巷黨人童子」，漢書董仲舒傳對策注引孟康及皇甫謐高士傳都以爲這人姓項，名橐。

㊁無所成名　沒有成名的專業，就是沒有一技一藝的專長可稱。

㊂吾何執　當面與弟子商量的話，「吾執何」的倒裝句，意思是：我專執什麼技藝呢？執、專精於某事。

㊃御　六藝之一，就是駕車。

㊄射　也是六藝之一，就是射箭。

㊅吾執御矣　這是孔子自謙，說自己只能專執御車，以爲人僕。

【譯義】達巷黨人說：「眞偉大啊孔子！他學問淵博，無所不通，以致不能以一技一藝的專長成名。」孔子聽了這話，就對弟子們說：「我專習那一種技藝呢？專習御車呢？還是專習射箭呢？我想還是專習御車吧！」

【析微】達巷黨人見孔子無所不通，無所不能，不以一善而成名，不以一技而見長，所以讚譽孔子說：「大哉孔子」！正如上篇孔子讚譽堯的話：「大哉堯之爲君也」語氣相同；他認爲孔子的偉大，在於「博學而無所成名」，正如孔子稱道堯的偉大：「蕩蕩乎！民無能名焉」，「無所成名」四字也是讚譽孔子偉大的話，因爲是上承「大哉」二字而來，以說明孔子偉大的事實，並非如朱註所說：「蓋美其學之博，而惜其不成一藝之名也。」換句話說：是讚譽備至的話，並無婉惜的意思。所以，孔子聽了以後，才表示自謙的意思。孔子在六藝中只取射、御二者，以供自己選擇，是因爲禮、樂是君子所爲的大道，所以謙不敢當；書、數是府吏的責任，君子不以爲己任；因而取射、御二者。其中射是古代燕賓、舉賢、校武的大事，而御只是大夫之事，所以孔子選取其中卑者，以示自謙。事實上，孔子是主張「君子不器」的（語見爲政篇），達巷黨人所稱譽的：「博學而無所成名」，正是「君子不器」的意思。不過，從孔子「吾執御矣」的話來看，自謙之外，實兼有啓示門弟子爲學之道，應當「施博而守約」的意思。孟子曾說：「守約而施博者，善道也」（見孟子盡心篇下），主張「博而能約」的見解，正與孔子相同。

第三章

子曰：「麻冕㈠，禮也；今也純㈡，儉㈢，吾從眾㈣。拜下㈤，禮也；今拜乎上㈥，泰㈦也，雖違眾，吾從下㈧。」

【提旨】記孔子對於社會的禮俗，主張權宜輕重，以定取捨，凡無害於義的可以從俗，否則不可從。

【釋詞】

㈠麻冕　古代禮帽的一種，就是卿大夫所戴的玄冕，用麻織成；也就是孔安國、朱熹所說的緇布冠。

㈡今也純　今、指孔子當時；純、指絲；也、表示停頓的語氣詞。今也純、意思是：現在一般卿大夫的玄冕却用絲織成。

㈢儉　朱註說：「緇布冠以三十升布爲之，升八十縷，則其經二千四百縷矣！細密難成，不如用絲之省約。」意思是：績麻而成麻冕，依照規定，要用二千四百縷經線。麻質粗，必須織得非常細密，很費工夫；如果用絲，絲質細，容易織成，因而省儉些。

㈣吾從衆　孔子因爲麻冕改用絲，容易織成，而且對禮的本意沒有妨害，所以同意衆人的做法。

㈤拜下　指臣子拜見君主，先在堂下行拜禮，君主辭拜以後，再登堂行拜禮。所以「拜下」就是行拜禮於堂下的意思。

㈥今拜乎上　如今却直接在堂上行拜禮的意思。乎、介詞，與「於」相同。

㈦泰　驕慢的意思。

㈧吾從下　我還是主張在堂下行拜禮。

【譯義】孔子說：「卿大夫的玄冕用麻織成，這是古代的禮制；如今一般卿大夫却用絲織成，因爲這樣工夫省儉些，所以我同意衆人的做法。至於臣子拜見君主，先在堂下行拜禮，然後再登堂拜見，這也是古代的禮制；如今一般臣子却免除了堂下的拜禮，直接在堂上行拜禮，這是倨傲的表現，雖然違反衆人，我還是主張要先在堂下行拜禮。」

【析微】本章是孔子針對當時魯國一般臣子違禮的行爲而發，他們覺得先在堂下行拜禮，經過辭讓一番，再登堂行拜禮，這樣雖是古禮，但升降堂階，顯得禮節很煩瑣，所以直接登堂拜見。孔子認爲：這是臣子傲慢無禮的表現，這樣演變下去，君臣之間應守的禮節，勢將逐漸潰決藩籬，以致不成體統。孔子之所以主張做臣子的人應該不憚其煩地盡到臣子之禮，用意在於維護君臣之間的正常關係，不讓少數人破壞這一倫常的精神和禮制的尊嚴。可是當初魯國的臣子們却以蔑視君主的眼光，來看孔子的這一主張，以爲是對君主的諂媚，八佾篇孔子曾說：「事君盡禮，人以爲諂也。」就是當時的實錄。本章孔子「雖違衆」而「從下」的主張，想使魯國的臣子盡到爲臣之禮，卽使冒着「人以爲諂」的誤會，也在所不避，可見孔子維護正禮、道義的精神。但孔子並不是一個固守舊禮、故步自封的人，他對古代的禮制，主張要權衡輕重，以採取適宜的措施，關鍵在是否破壞了禮的精神。麻冕改用絲，對禮的精神並沒有損害，而且工夫比較儉省，孔子當然沒有主張一定要用麻的理由，所以很開明地順從衆人的禮俗；至於拜下改爲拜上，足以助長臣子的驕泰之心，後果可能演變到嚴重的地步，所以「雖違衆」而不顧，還是要堅持「吾從下」，這是孔子「擇善固執」的表現。

第四章

子絕四㊀：毋意㊁，毋必㊂，毋固㊃，毋我㊄。

【提旨】記孔子爲學、處事、守道及待人，都能適中合度，沒有弊端。

【釋詞】

㊀絕四　絕、杜絕、斷絕、根絕的意思；四、指以下意、必、固、我四種弊端。

㊁毋意　毋、與「無」相通，可作「不」字解；意、與憲問篇：「不億不信」、先進篇：「億則屢中」的「億」相同，意思是：單憑自己的心意去揣度、猜測。

㊂必　就是必然、一定的意思，形容沒有把握的肯定，沒有理由的武斷。

㊃固　固執成見、拘泥不通的意思。

㊄我　就是一切以自我爲中心，不肯捨己從人的意思。

【譯義】夫子所戒絕的有四件事：不憑空揣測、臆度未然；不絕對肯定、妄自武斷；不固執成見、拘泥不通；不強人從己、自以爲是。

【析微】本章是門人對孔子經過仔細觀察之後，記述他爲學守道、爲人處事不偏於極端的中庸德性。孔子曾說：「中庸之爲德也，其至矣乎！」所以，平常他能朝向這至高的德性去實踐，而杜絕種種不良的弊端。所謂「毋意」，就是禮記少儀篇的：「毋測未至」的意思。爲學最容易犯的毛病，莫過於懸空揣測，任意論定。孔子一向主張言行謹愼，常教誡人們：不可妄自猜度，憲問篇所謂：「不億不信」，就是闡發這層意思的。他曾教子張：「多聞闕疑」（見爲政篇），又曾教子路：「君子於其所不知，蓋闕如也」（見子路篇），都在教訓弟子對所懷疑的知識，或不知的事情，要姑且存疑，不要妄作臆斷。所謂：「知之爲知之，不知爲不知，是知也。」（見爲政篇）才是正確的態度。孔子不但常以「毋意」教人，而且自己能躬行實踐，他曾表示：「蓋有不知而作之者，我無是也」（見述而篇），足以作本章「毋意」二字的註腳。至於「毋必」，就是里仁篇所謂：「君子之於天下也，無適也，無莫也，義之與比」的意思，也正如孟子離婁篇所謂：「大人者，言不必信，行不必果，惟義所在。」就是一切言行，要以「義」爲依歸，所謂「義」，是合理、適宜，沒有把握的肯定，是不合理的；沒有理由的武斷，是不適宜的；孔子絕沒有這樣的毛病。至於「毋固」，是指所守不要一味固執、滯泥不通，學而篇說：「學則不固」，有了學識，自然能通權達變，不至於固執成見，不知變通，中庸所謂：「君子而時中」，就是教人時時保持中道不偏的態度；但中庸又說：「擇善而固執之」，可見固執本身並無是非，要看運用的人能不能擇善？孔子所棄絕的是未經擇善的固執，像上章那樣：「雖違衆，吾從下」的固執是應該的。憲問篇孔子曾說：「非敢爲佞也，疾固也。」可知孔子對執一不通、頑固不化的人十分厭惡。最後所謂「毋我」，正如佛家勘察一般人不免有「我執」，因而主張破除這「我執」。人與人相交接，不免處處以自我爲中心，於是凡有利於我的爭先恐後；有害於我的惟恐沾身；或處處表露自己，忽略他人的存在，這都是一般人的通病，孔子沒有這個毛病，他與人相處，正如孟子所說：「善與人同，舍己從人，樂取於人以爲善」（見公孫丑篇）。

第五章

子畏於匡㈠，曰：「文王既沒㈡，文不在茲㈢乎？天之將喪斯文也㈣，後死者㈤不得與㈥於斯文也；天之未喪斯文也，匡人其如予何㈦？」

【提旨】記孔子以文化傳統爲己任，外患不足以動搖他堅定的信心。

【釋詞】

㊀畏於匡　匡、地名，本屬衞國，曾一度屬鄭國，在現在的河北長垣縣西南十五里。畏、有畏懼的意思，指孔子在匡邑所受的一場虛驚。事情的經過是這樣的；魯定公六年，魯國的軍隊去侵伐鄭國，季氏的家臣陽虎爲政，攻取匡邑，當時陽虎與顏尅由匡城的缺口入城，曾對匡人施以暴虐。到定公十三年，孔子離開衞國，準備到陳國去，經過匡邑，由弟子顏尅御車。因孔子的相貌很像陽虎，加以駕車的正好就是顏尅，所以匡人誤以爲孔子就是當年曾經掠奪、殘害匡地的陽虎，於是包圍了孔子，並囚禁了五天。

㊁文王既沒　文王、指周文王，因爲是周朝的開國帝王，所以孔子以他爲古代文化的保存和繼承人，也是將這文化傳統發揚光大的人；沒、通歿、歿世、逝去的意思；既沒就是已經逝世。

㊂文不在茲　文、指古代聖人所遺留的文化傳統；茲、作「此」字解，指孔子自身。

㊃天之將喪斯文也　假設語氣，意思是：上天假如要滅絕這文化傳統的話；喪、喪亡、滅絕的意思。

㊄後死者　孔子自稱，對文王而言。

㈥與　音預(ㄩˋ)，與聞、與知的意思。

㈦其如予何　就是將奈我何、又能把我怎麼樣的意思。

【譯義】孔子周遊列國，經過匡邑的時候，被匡人誤認爲陽虎而受圍困，使孔子受了一場虛驚，因而向隨行的弟子們說：「文王已經逝去，但他所遺留的文化傳統，不是在我身上承擔着嗎？上天如果將滅亡這文化傳統，那我這後死的人，就不會參與承擔這一文化傳統的責任了；如今上天既然不想消滅這文化傳統，匡人又能把我怎麼樣呢？」

【析微】孔子在匡邑的意外遭遇，使他受到一場虛驚，正如孟子所謂「有戒心」，弟子們不免躭憂心懼，但孔子却心胸坦然地說出這番話，以寬慰弟子們，充分表現了臨危不懼的精神。孔子的話，完全以道統自任，以承當及發揚文化的責任自許，與述而篇所謂：「天生德於予，桓魋其如予何」的旨意相同，猶如孟子說的：「當今之世，舍我其誰」(見公孫丑篇下)？可見聖人之所以爲聖人，是他們具有「當仁不讓」的道義之勇，勇於擔當上配天命、下繼前聖的世道；他們具有「爲往聖繼絕學，爲萬世開太平」的胸襟和抱負；所以環境的險惡，外來的憂患，都不足以動搖他們堅強的信心。本章所謂「文不在茲」的「文」，「斯文」的「文」，並非文章、文藝的「文」，而是經天緯地的「文」，指歷史文化的道統而言。因爲文化道統的延續，正如薪火相傳，不可熄滅淪喪，陷後世人文於晦暗的境地，所以「後死者」的責任重大。至於孔子所表現的臨危不懼的精神，正是與道義之勇相伴而生的必然結果，這就是「仁者不憂」、「勇者不懼」的具體事實。

第六章

大宰㊀問於子貢曰：「夫子聖者與？何其㊁多能也？」子貢曰：「固㊂天縱之㊃將聖㊄，又多能也。」子聞之，曰：「大宰知我乎㊅！吾少也賤㊆，故多能鄙事㊇。君子多㊈乎哉？不多也。」

【提旨】記孔子不敢當聖，而自居多能，可見他謙虛的德性。

【釋詞】

㈠大宰　官名，鄭玄以爲就是吳國太宰嚭。大、音太（ㄊㄞˋ）；嚭、音痞（ㄆㄧˇ）。

㈡何其　何、爲何、爲什麼；其、如此、這樣。

㈢固　本來如此爲固，這裏有「的確」的意思。

㈣天縱之　意思是：上天放縱他。縱、朱註說：「猶肆也，言不爲限量也。」之、指夫子。

㈤將聖　意思是：將成爲聖人，或者使他的才德將達到聖人的境域。朱註說：「將、殆也，謙若不敢知之辭。」而錢大昕潛研堂文集引詩經商頌長發篇的：「有娀（音松）方將」、烈祖篇的：「我受命溥將」，劉寶楠論語正義又引荀子堯問篇的：「然則孫卿懷將聖之心」，都訓「將」爲大，以「將聖」爲大聖。但論語用「將」字大多作副詞用，從沒有作「大」的意思用；而且，子貢在吳國太宰面前直稱自己老師爲大聖，似乎有些不近情理；所以朱子說比較可取。

㈥大宰知我乎　這句不是疑問語氣，而是肯定語氣，應該解作：「太宰能知我。」

㈦少也賤　少、指少年時；賤、貧賤、微賤的意思。其中「也」字是表示停頓的語氣詞。

㈧鄙事　指鄙賤、粗鄙的事。

㈨多　與下句「不多也」的「多」都作動詞用，意思是：「以爲太多」或「嫌其多」。

【譯義】有一個做太宰的官吏問子貢說：「夫子是個聖人嗎？不然爲什麼這樣多能呢？」子貢說：「的確是上天使他將成爲聖人，而且又多才能。」

孔子聽了以後，就說：「太宰眞能了解我啊！我少年時一向貧賤，由於勤奮學習，所以多能做些粗鄙的事。君子會嫌多能爲多嗎？不會嫌多的。」

【析微】這位太宰因見孔子多能，以爲這樣就足以成爲聖人，這顯然是一種淺見，所以子貢回答他的話分開說，「又多能也」的「又」字顯示「多能」與「聖」並無直接的關聯，換句話說：「多能」不足以成爲聖人。孔子所說的話，撇開太宰讚揚他是「聖者」的話不談，只就下句「何其多能也」以解釋多能的緣故，正是不自以爲聖而以「多能」自居的意思，所以肯定太宰認爲他多能的看法是對的，所謂「太宰知我乎」！語意正如憲問篇的：「知我者其天乎」！是引爲知己的話。孔子少年時因家境貧窮，爲了維持生活，曾經做過替人管理倉庫、豢養牛羊的事，這些都是所謂「鄙事」，可知他的多能是因環境因素和自己勤於學習造成的。不過「聖」不在於多能，而多能也不一定由於貧賤，古代聖人中，像舜固然因貧賤而多能，相傳他曾做過農耕、製陶器及打魚的工作；但周公却出身富貴而多才多藝。儘管「多能」不一定成爲聖人，但仍是君子所看重的，所謂「君子多乎哉？不多也」，並非如一般解釋，以爲多能不足爲貴，而是「多能」君子不嫌其多，因爲孔子一向重視多能，如衞靈篇說：「君子病無能焉」，君子既然以「無能」爲病，自然應當崇尙「有能」，更應當崇尙多能。又爲政篇說：「君子不器」，器皿的用途往往局限在某種狹隘的範圍內，不能適應多方面的功用，而君子必須擔負多方面的任務，所以需要多能。

第七章

牢㈠曰：「子云：『吾不試㈡，故藝㈢。』」

【提旨】記孔子曾自述他多技藝的緣由。

【釋詞】

㈠牢　孔子弟子，姓琴，名牢，字子開，一字子張，衞國人。

㈡不試　不被當世所用的意思。凡用人在於試他的才德，所以「試」可以作「用」講。

㈢藝　才藝、技藝；這裏是指多才藝，與上章的「多能」相近。

【譯義】琴牢說：「夫子以前曾經說過：『我不曾被當世所用，所以學會了這許多技藝。』」

【析微】本章大約就是琴牢所記的，所以自稱名，與憲問篇原憲所記的：「憲問恥」自稱名相同。何晏集解及皇侃義疏本都獨成一章，朱熹集註本與上章相合，並引吳氏的話說：「弟子記夫子此言之時，子牢因言昔之所聞有如此者，其意相近，故幷記之。」雖然有點道理，但仍以另成一章比較適宜，大約是編輯論語的人認爲這兩件事相類似，所以排列在一起。本章的「吾不試」，相當於上章的「吾少也賤」；本章的「故藝」，相當於上章的「故多能鄙事」。由於不曾被當世所用，才有閒暇去兼習技藝，與上章比較起來，顯然是在說明多能、多藝的另外一個緣故。

第八章

子曰：「吾有知乎哉？無知也。有鄙夫㈠問於我，空空如㈡也，我叩㈢其兩端㈣而竭㈤焉。」

【提旨】孔子自謙沒有什麼知識，但能竭盡誠意，誨人不倦。

【釋詞】

㈠鄙夫　鄙陋無知的人。

㈡空空如　顯得內心空空洞洞，一無所知的樣子。如、與申申如、夭夭如的「如」字相同，副詞詞尾，相當於「然」字。

㈢叩　朱註說：「叩、發動也。」有反問的意思。

㈣其兩端　其、指鄙夫所問的事理；兩端、朱註說：「猶言兩頭，言終始、本末、上下、精粗。」凡事情的起始與終結、物件的本體與效用、道理的正面與反面，都可以算是「兩端」。

㈤竭　窮盡所能、毫無保留的意思。

【譯義】孔子說：「我眞的有什麼知識嗎？其實我並沒有什麼了不起的知識。我只是對人誠懇、能誨人不倦而已！如果有一個鄙陋無知的人來向我詢問問題，雖然他心裏空空洞洞，看來顯得一無所知的樣子，但我却要反問他那問題的正反面，或事理的本末終始，以了解他問題的重點，然後盡我所能、毫無保留地告訴他。」

【析微】在孔子當時，他門下的衆多弟子，朝廷的士大夫和國君，以及國內外遠近聞名而仰慕孔子學問道德的人，凡心中有所疑問，莫不向孔子請教，而孔子總能就他所知的爲他們作適當的解答，所以當時的人多認爲孔子學問淵博、知識無窮。事實上一個人的見識有限，天下的學問、知識，不可能樣樣都通，所以孔子才自謙地說：「吾有知乎哉？無知也。」有人尊他爲聖人，稱他爲仁者，他更自謙地說：「若聖與仁，則吾豈敢？抑爲之不厭，誨人不倦，則可謂云爾已矣」（見述而篇）！正與本章的旨意相同。本章孔子假設有鄙夫來問，一定竭盡所能的解答他的問題，這就是誨人不倦的精神。尤其一個「空空如也」的鄙夫，知識淺陋，不懂得掌握問題的重心發問，而孔子却能不厭其煩，使用反詰法，以發動他的心意，發掘他疑問的焦點，然後就問題的正反兩面，孰是孰非？何去何從？盡可能使他獲得心滿意足的答案。這完全是一位偉大的教育家所實施的深刻的教育方法，可以說是「叩端式」的教學法，不但孔子常用這種教學法，弟子們也懂得應用，譬如子張篇的一段記載：「子夏之門人，問交於子張。」相當於「有鄙夫問於我」；子張曰：「子夏云何？」這就是反詰法，也就是本章所謂「叩」；對曰：「子夏曰：『可者與之（叩其一端），其不可者拒之（又叩一端）！子張曰：異乎吾所聞。君子尊賢而容衆，嘉善而矜不能（相當於中庸：『執其兩端，用其中於民』的道理）。我之大賢與，於人何所不容（竭其一端）？我之不賢與，人將拒我，如之何其拒人也（又竭一端）？」這一段對話，把「叩端式」的教育方法完全應用無遺，也許當初子張並沒有覺察到，却自然而然與孔子的教育方法相印合。

第九章

子曰：「鳳鳥不至㈠，河不出圖㈡，吾已矣夫㈢！」

【提旨】孔子感傷當世沒有聖明的君王，自己用世行道的心願已沒有希望實現。

【釋詞】

㈠鳳鳥不至　鳳鳥，指鳳凰，雄的稱鳳，雌的稱凰，古代相傳是一種靈異的神鳥。鳳凰的出現，是一種祥瑞的象徵，表示聖王在位，天下太平。據尚書益稷篇的記載，舜的時候，曾經有「鳳凰來儀」；左傳昭公十七年又說少皞氏的時候有「鳳鳥適至」；國語周語記文王時鳴於歧山的也是鳳凰；可見古代鳳鳥常至。孔子時沒有飛來，顯示沒有明君在位，因而引起他的慨嘆！

㈡河不出圖　易經繫辭傳說：「河出圖，洛出書，聖人則之。」相傳上古帝王伏羲看見龍馬負圖而出現於黃河，於是就根據圖上的文理畫成八卦。古人認爲：黃河出現圖畫，是聖人承受天命以王天下的象徵。孔子時沒有這樣的祥瑞，所以藉此感慨天下沒有清平的希望。

㊂已矣夫　表示絕望之辭；夫、音扶（ㄈㄨˊ），句末語助詞。

【譯義】孔子說：「鳳凰這種神鳥不再飛來了，黃河也不再出現靈異的圖畫了，今世不會再有聖明的君王，我一生的理想恐怕不會有實現的希望了吧！」

【析微】鳳鳥至，河出圖，只是古代相傳聖王在位、天下太平的祥瑞，是否眞有其事，我們不必深考，孔子只是藉此發端，以引出明王不興、吾道不行的感慨。孔子生當東周時代，周室的盛德已經衰微，天下諸侯，擾攘紛爭，仁義不彰，所以孔子才滿懷救世的熱忱，周遊列國，遊說諸侯，希望採行他所主張的禮治與仁政，更希望有機會受到重用，親自實現改造政治社會的理想。但是，孔子很不得志，晚年倦遊歸來，看到天下紛亂如故，深知自己言不用而道不行，所以，才發出這樣深沈的慨嘆和感傷。論語中常有類似語氣的話，如憲問篇說：「莫我知也夫！」公冶長篇說：「道不行，乘桴浮於海。」本篇第十四章記他有「欲居九夷」的願望，這些都寄託了他無限感慨的心情。但壯年時的孔子，是無時不抱着用世行道的熱望的，子路篇他曾說：「苟有用我者，期月而已可也，三年有成。」本篇第十三章，他曾以待價而沽的美玉自比。可惜當時的時勢不允許他實現理想，但也正因爲如此，才使他教育了三千弟子，成爲偉大的教育家；並從事古代文化的整理，造成對中國文化繼往開來的偉大成就。

第十章

子見齊衰者㈠，冕衣裳者㈡，與瞽者㈢，見之，雖少㈣，必作㈤；過之，必趨㈥。

【提旨】記孔子對服喪的人、在位的人和殘廢的人，都表現充分的同情和尊敬之心。

【釋詞】

㈠齊衰者　齊、音資（ㄗ）；衰、音催（ㄘㄨㄟ）。齊衰、古代喪服，用粗麻布做成，左右及下端縫邊的稱齊衰，不縫邊的稱斬衰。斬衰是喪服中最重的，如兒子為父母服斬衰三年。這裏舉齊衰，自然包括斬衰在內。齊衰者、指穿喪服的人。

㈡冕衣裳者　冕、禮冠；衣裳、禮服上身為衣，下身為裳。冕衣裳、指大夫以上、有官位的人所穿戴的禮服、禮冠。所以冕衣裳者指在位的人。

㈢瞽者　就是盲目的人；瞽、音古（ㄍㄨˇ）。

㈣少　讀去聲（ㄕㄠˋ），年少、年輕的意思。

㈤作　起立的意思，以表示敬意。

㈥趨　疾步向前的意思，也是敬意的表示。

【譯義】孔子看見穿孝服的人，穿戴禮服禮帽的人，以及瞎了眼睛的人，相見的時候，雖然他們年輕，一定站起來；如果從他們面前經過，一定快走幾步，以示尊敬。

【析微】本章所記，充分顯示孔子的惻隱之心與恭敬之心。朱註引范氏說：「聖人之心，哀有喪，尊有爵，矜不成人，其作與趨，蓋有不期然而然者。」又引尹氏說：「此聖人之誠心，內外一者也。」因爲家有喪事、身穿孝服的人，心中一定十分哀戚，孔子見到這種情形，自然也引起哀戚之情，述而篇說：「子食於有喪者之側，未嘗飽也。」正是這種同情心的發揮。而且，有喪服在身的人，既能遵禮成服，一定是一個守禮盡孝的人。雖然長幼有序，年長的人不必向年少的人表示敬意，但孔子覺得：一個守禮盡孝的人，是值得致敬的，所以自然而然的「必作」、「必趨」，表現了他內外如一的誠敬之心，所謂「誠於中，形於外」，孔子正是這樣一位淳厚的長者。「冕衣裳」是大夫以上的貴人之服，大夫以上的官員，爲國家辦理政事，職位尊貴，値得禮敬。至於瞽者，因爲眼睛看不見，相見時常人不免忽略禮貌，雖然不一定存心欺他，却等於欺了他；孔子却與一般人相反，足見他眞誠不欺的德性。殘廢的人如耳聾的人、喑啞的人、脚跛的人、以及四肢不全的人，都値得同情，但比較起來，盲人什麼都看不見，更令人憐憫，所以孔子特別寄予同情。

第十一章

顏淵喟然㊀歎曰：「仰之彌高㊁，鑽之彌堅㊂；瞻㊃之在前，忽焉在後。夫子循循然㊄善誘㊅人：博我以文㊆，約我以禮㊇，欲罷㊈不能；既竭吾才，如有所立，卓爾㊉。雖欲從之，末由㊁也已。」

【提旨】顏淵讚歎孔子學問道德的博大精深、奧妙無窮，教育方法的秩然有序，並自敍鑽研的進程和艱難。

【釋詞】

㈠喟然　喟、音愧（ㄎㄨㄟˋ）感歎聲；然、副詞詞尾。

㈡仰之彌高　仰、仰望；之、指孔子的學問道德；彌、愈益、更加的意思；高、崇高。

㈢鑽之彌堅　鑽、讀陰平聲（ㄗㄨㄢ），鑽研、深入的意思；彌堅、愈覺得堅實的意思。

㈣瞻　向前看的意思。

㈤循循然　循循是一步一步、按着次序的意思；然、副詞詞尾。

㈥善誘　善於引導；誘、引進、誘導的意思。

㈦博我以文　「以文博我」的倒裝語，就是用詩書禮樂等典籍來擴充我的知識，敎我博學的意思。

㈧約我以禮　「以禮約我」的倒裝語，就是敎我用禮節約束自己的行爲。

㈨罷　停止、罷休的意思。

㈩卓爾　卓然獨立的樣子。卓有高的意思，爾、副詞詞尾，與「然」相同。

⑪末由　無從的意思。末、無二字古代雙聲；由、與從同意。

【譯義】顏淵發出感喟的聲音讚歎着說：「夫子的學問之道，實在高深！當我仰望它的時候，就覺得愈仰望愈崇高；當我鑽研它的時候，就覺得愈鑽研愈堅實。看來好像就在眼前出現，忽然又到了後面，看不見了。雖然這樣奧妙無窮，不容易捉摸，可是，夫子善於由淺入深，很有步驟地引導我們上進；先教我博覽典籍，以增加我多方面的知識；又教我學習禮節，以約束我的行爲；使我感到親切有味，想停止學習都不可能。已經用盡了我的心思才力，才似乎見到了夫子之道卓然直立在我的面前。我雖然想跟上夫子，可是却無從跟得上啊！」

【析微】本章是顏淵發表他對孔子之道鑽研的經驗和感想，完全是深契於心的一番話。全章可分三節，第一節從「仰之彌高」到「忽焉在後」，是讚歎孔子之道的高妙；第二節從「夫子循循然」到「約我以禮」，是說明孔子教學方法的層次；第三節從「欲罷不能」到「末由也已」，是敍述自己鑽研的艱難過程。弟子們對孔子博大精深的學問道德，完全是心悅誠服的，顏淵懷着無限崇仰之心，覺得好像仰望高山一樣，越望越高；好像鑽研金石一樣，越鑽越堅。但高山、金石都是有形之物，而夫子之道却是無形的，崇高無上，精密無內，往高明處攀登，則升一級又有一級，向博厚處深入，則透一層又有一層。子張篇子貢曾說：「夫子之不可及也，猶天之不可階而升也。」又說：「他人之賢者，丘陵也，猶可踰也；仲尼，日月也，無得而踰焉。」把孔子比作上天和日月，都在極度形容孔子學問、道德的不可企及，與顏淵的用意正同。又稱述孔子循循善誘的教學程度，在於博文約禮，這是孔門重要的教育方針之一，也是主要的治學方法之一。雍也篇孔子曾說：「君子博學於文，約之以禮。」博文是學問的基礎，約禮是道德的旨歸，所以博文是「知」的範圍，而約禮是「行」的範圍。誦讀詩書，窮究義理，會於心而體於事，得於知而現於行，這就是顏淵所實踐的博文、約禮，這樣才有進益、有心得，因此顏淵才有「欲罷不能」的濃厚興趣。進而竭力鑽研，似乎有所領會，可是終究無從追及。莊子田子方篇記顏淵的話說：「夫子步亦步，夫子趨亦趨，夫子馳亦馳，夫子既奔逸絕塵，而回瞠若乎後矣！」所謂「奔逸絕塵」，就是本章的「所立卓爾」；所謂「回瞠若後」，就是本章的「欲從末由」；二者可以相互參證。

第十二章

子疾病，子路使門人為臣㈠。病間㈡，曰：「久矣哉！由之行詐㈢也。無臣而為㈣有臣，吾誰欺㈤？欺天乎？且予與其死於臣之手也，無寧㈥死於二三子之手乎！且予縱不得大葬㈦，予死於道路㈧乎？」

【提旨】記孔子雖然病危，也不願行詐欺天，違反禮制，以及孔子對師生之情的珍重。

【釋詞】

㈠使門人爲臣　門人、指孔子其餘的門人；爲臣、爲治喪的家臣。古時大夫有家臣，死時由家臣治喪，孔子曾作魯國司寇，但這時已去位而沒有家臣，子路想讓其他門人權充家臣，以大夫之禮爲孔子治喪，以尊榮孔子。

㈡病間　孔安國註：「少差曰間。」皇侃疏：「少差則病勢斷絕、有間隙也。」所以病間就是病有起色、病情好轉的意思。間、音建（ㄐㄧㄢˋ）。

㈢行詐　做出詐僞的事。

㈣爲　與述而篇：「亡而爲有」的「爲」相同，僞裝的意思。

㈤吾誰欺　「吾欺誰」的倒裝句，「誰」指人，因爲人家都知道孔子沒有家臣。

㈥無寧　與單用「寧」字相同，寧可、寧願的意思。

㈦大葬　指用大夫禮葬、葬禮盛備的意思。

㈧死於道路　死在道路上，沒有人埋葬的意思。

【譯義】孔子病得厲害，子路使其他弟子權充家臣，準備替孔子辦理喪前喪後的事宜。後來，孔子的病逐漸好了，就說：「仲由做這種詐僞的事情，已經很久了吧！明明我沒有家臣，却僞裝有家臣。我欺騙誰呢？難道我欺騙天嗎？而且我如果死在家臣的手裏，寧可死在你們這些學生的手裏還好些。況且我縱然不能備禮盛葬，我難道會死在路途中嗎？」

【析微】鄭玄論語註說：「大夫退，死葬以士禮，致仕以大夫禮葬。」所謂致仕，就是大夫因年老而向國君告老還鄉、歸還政事的意思；但爵祿沒有失去，所以用大夫禮葬。所謂退，是被國君疏斥，或自己辭退，既然脫離了大夫的職位，自然不宜用大夫禮葬，而該用士禮葬了。所以禮記王制篇說：「大夫廢其事，終身不仕，死以士禮葬之。」孔子爲魯國司寇是自己告退的，死時應當以士禮葬，而子路準備用大夫禮，所以孔子責備他。因爲既已失去大夫的身份，別人都知道沒有家臣，而子路使門人僞充家臣，這就是欺人、欺天之舉；孔子一向主張要誠實不欺，何況還是違反禮制的行爲。所謂「死於臣之手」，是假設的話，因爲師生之情，比大夫與家臣之情，要深厚而親切得多，卽使有家臣而死於其手，還不如死於門人之手心安，何況如今能夠死於門人之手，又何必改門人爲家臣呢？淸人宋翔鳳、劉寶楠都以爲孔子這段是周遊列國、將返回魯國之前，途中生病而說的，孔子自知一定會回到魯國，不致死於道路，因爲「天未喪斯文」，孔子還有未了的心願，想有所制作，以垂敎後世，後來果然病癒返魯，筆削春秋，完成了他的心願。

第十三章

子貢曰：「有美玉於斯㈠，韞㈡匵㈢而藏諸㈣？求善賈㈤而沽㈥諸？」

子曰：「沽之哉！沽之哉！我待賈者也。」

【提旨】記孔子出處行藏的態度，雖然生平不忘用世，但只願待時而行道，不肯枉道以求用。

【釋詞】

㈠於斯　猶如「於此」、在這裏的意思。

㈡韞　音運（ㄩㄣˋ），藏的意思。

㈢匵　音讀（ㄉㄨˊ），同櫝，藏物的器具，如櫃子。

㈣諸　作「之乎」解，下句「諸」字同。

㈤善賈　賈、音古（ㄍㄨˇ），指買人，就是買主；善賈，就是能識好貨的買主。

㈥沽　音姑（ㄍㄨ），同酤，出賣的意思。

【譯義】子貢說：「假如這裏有一塊美好的玉石，把它放在櫃子裏藏起來呢？還是擇求識貨的買主賣掉呢？」孔子說：「賣掉它吧！賣掉它吧！我就是在等待識貨的買主哩。」

【析微】本章全用比喻爲問答。子貢把人的才德比作美玉，所謂「君子比德於玉」。因爲他覺得孔子才德這樣高，却不出任官職；而且，君子處世，不是隱居以獨善其身，就是出仕以兼善天下，但孔子的行迹，既不像隱居，又不像出仕；所以，假設這兩個比喻來問孔子，以探詢孔子出處行藏的態度。所謂「韞匵而藏」，就是比喻避世退隱；所謂「求善賈而沽」，就是比喻入世行道。「求善賈」以及下文「我待賈者」的「賈」，一般註解大多讀成價，解作價錢、價格的「價」，「善賈」就是好價錢、適當的價格；「待賈」就是等待好價錢、等待適當的價格；因而有「待價而沽」的成語。但與其說孔子是等價錢的人，不如說他是等識貨的人來得合理些。因爲「賈」如果讀成價，則「善賈」不外比喻高貴的官爵、厚重的俸祿；如果讀成古，則「善賈」是比喻有聖德的明君賢主，「待賈」是等待能賞識人才的明君賢主出現，才入世行道。比較起來，自然後者適當些，所以劉寶楠的論語正義說：「善賈、喻賢君也，雖有賢君，亦待聘乃仕，不能枉道以事人也。」這樣解釋，才合乎孔子的本意。孔子生平以救世爲職志，自然想獲得行政的機會，以便實現理想的政治主張，不過，要等有相當的國君來聘請，然後才出任官職。漢末的諸葛亮高臥隆中，就是「韞匵而藏」；後來劉備三顧茅廬，請他出山，共圖天下大計，因劉備的賢德和至誠所感動，諸葛亮爲這位漢皇後裔的英主鞠躬盡瘁，死而後已，就是得「善賈而沽」。

第十四章

子欲居九夷㈠。或曰：「陋㈡如之何？」子曰：「君子居之，何陋之有㈢？」

【提旨】記孔子因見道不行於中原，想隱居東方九夷，有憂時憫世的意思。

【釋詞】

㈠九夷　東方夷人有九種，所以稱「九夷」。皇侃論語疏以爲指東方玄菟、樂浪、高麗、滿飾、鳧更、索家、東屠、倭人、夭鄙等九夷，都是海中的夷族。後漢書東夷傳所稱的九夷則指畎夷、干夷、方夷、黃夷、白夷、赤夷、玄夷、風夷、陽夷九種，與皇疏不同。

㈡陋　鄙陋，是說文化低落的意思。

㊂君子居之二句　是說九夷雖然文化低落，但君子居住九夷，用道德去感化夷人，自然能使那裏變成一個有禮義的社會，有什麼鄙陋的呢？

【譯義】孔子因感傷王道不行，想到九夷地方去隱居。有人說：「那些地方偏僻鄙陋，怎麼能居住呢？」孔子說：「君子住在那裏，普及教育文化，自然能成爲有禮義的社會，有什麼鄙陋呢？」

【析微】本章正與公冶長篇所謂：「道不行，乘桴浮於海」意旨相同。「九夷」也是在海上，皇侃所說的玄菟、樂浪、高麗都在現在的韓國，其餘大約在日本一帶，這些地方，當時都是文化極低落的地區。孔子因感傷天下沒有明君賢主出現，以致自己平生的政治理想無法實現，救世的抱負無法施展，所以有「欲居九夷」的感嘆，這只是孔子偶然的願望，正如「乘桴浮於海」也是一時有感而發一樣，但卻充分顯露孔子憂時憫世的心情。而且，卽使到那樣知識不開化、文化程度低落的地方，孔子也願以他的學問、道德去教育當地的人民，感化他們，以提高他們的教育水準，加強他們的文化程度，化落後爲進步，化鄙陋爲文明。由此可見：孔子是一位處處想奉獻自己的智慧、才德，以造福人群的救世主義者，他的言論，處處充滿了誠摯的淑世思想。

第十五章

子曰：「吾自衞反魯㈠，然後樂正㈡，雅頌各得其所㈢。」

【提旨】孔子自述晚年整理魯國的音樂，使樂章雅、頌各有適當的歸趨。

【釋詞】

㈠自衞反魯　反、同返；據左傳的記載，這事在魯哀公十一年冬。

㈡樂正　是說魯國的音樂，經過整理之後，都有所釐正，而各還定分。

㈢雅頌各得其所　「雅」與「頌」一方面是詩經內容分類的名稱，一方面也是樂曲分類的名稱。詩經的雅、頌以內容、體製分；樂曲的雅、頌則音律不同。孔子的正雅頌，究竟是正詩經的篇章呢？還是正音樂的樂章呢？或者兩者都正呢？雖然詩篇的分類，可由今日的詩經考見；樂曲的分類，因古樂早已失傳，無從考證；但從孔子所說：「然後樂正」的話來看，應該是指樂曲而言。

【譯義】孔子說：「我從衞國回到魯國，然後才把所有的音樂加以整理，使雅的音律歸於雅，頌的音節歸於頌，各有適當的歸趨。」

【析微】孔子一向注重音樂教育，音樂不但是孔門弟子重要的必修科目之一，而且，孔子認爲：它足以陶冶個人的心性，養成完善的品格，泰伯篇他曾說：「興於詩，立於禮，成於樂。」音樂更足以轉移社會風俗，禮記樂記篇和孝經廣要道章都曾引孔子的話說：「移風易俗，莫善於樂。」正因爲孔子深切了解音樂對個人身心和社會風氣的莫大功能，所以他念念不忘於音樂的教化。可是，當孔子晚年周遊列國的十多年中，魯國的樂壇呈現一片荒蕪的現象，雅、頌的音節大多淩亂失次，所以孔子回國之後，這時已六十九歲，便急急於音樂的整理工作。當時的詩經，都可以入樂，史記儒林傳說：「詩三百五篇，孔子皆弦歌之，以求合乎韶、武、雅、頌之音。」可見三百篇詩，當時不一定都合雅頌之音，而是孔子分別賦以雅頌之音的。漢書禮樂志說：「周衰，王官失業，雅頌相錯，孔子論而定之。」所謂「雅頌相錯」，是指聲律相錯亂；所謂「論而定之」，是指論定聲律；使它們雅歸於雅，頌歸於頌。當孔子從國外回來時，看到魯國的樂曲，雅不成雅，頌不成頌，曾懷念當年音樂的美盛說：「師摯之始，關雎之亂，洋洋乎盈耳哉」（見泰伯篇），他平生最痛恨的，就是那些流行的靡靡之音，足以擾亂雅正的音樂，更足以擾亂人心，他曾說：「惡鄭聲之亂雅樂也」（見陽貨篇）。爲了排斥那些鄭、衞淫靡的桑間、濮上之音，所以孔子才毅然做了音樂上的撥亂返治的工作，使魯國的雅樂得以復興，這是孔子對當年魯國樂壇很大的貢獻。

第十六章

子曰：「出㈠則事公卿㈡，入㈢則事父兄，喪事不敢不勉㈣，不爲酒困㈤，何有於我哉？」

【提旨】孔子以忠誠、孝悌、盡禮和愼於飲酒自勉，並藉此勉人。

【釋詞】

㈠出　出外做官的意思。

㈡公卿　古代朝廷有三公、九卿，這裏是通稱地位尊貴的長官。

㈢入　入門在家的意思。

㈣勉　勉盡心力，以遵從喪葬的禮制。

㈤困　困擾、擾亂的意思。

【譯義】孔子說：「出外在朝廷做官，就要盡到忠誠之心，以事奉公卿；入門在家裏安居，就要盡到孝悌之心，以孝順父母，敬愛兄長；遇着宗族親戚的喪事，不敢不勉盡心力，以遵從喪葬的禮制；碰到歡會宴飲的場合，飲酒不要過量，以免被酒所困擾；這幾件事，在我有什麼做不到呢？」

【析微】本章所講的幾件事，都是日常生活中極尋常的待人處事之道，正因爲尋常，一般人容易忽略，所以孔子特別謹愼，正如中庸所說：「庸德之行，庸言之謹，有所不足，不敢不勉。」事公卿只是出外與在上位的人相交接的道理，與事君不同，但也不外乎忠勤、誠敬，只是如何做到應對得體，做到以卑承尊應有的儀節，却並不容易。在家裏最要緊的莫過於父母、兄弟之間的相處，由於是家庭常事，容易被忽略，但這是人生行爲的基始，孔子一向最爲注重，只是如何眞正盡到孝順雙親與敬愛兄長之道，更不容易。至於親戚、宗族之間有死喪的事，應該勉盡心力，遵守禮制，這也是通常容易忽略的，因爲三年之喪，是人子自然應盡的禮，不僅勉盡心力而已。飲酒是社會生活所不免的，但要知道節制，因爲酒最能亂性，否則不但損害身體，廢棄正事，而且心神徒然受到困擾，鄉黨篇記敍孔子：「惟酒無量，不及亂」，可以證明孔子確能做到：「不爲酒困」。

第十七章

子在川上㈠曰：「逝㈡者如斯夫㈢，不舍晝夜㈣。」

【提旨】孔子因川流的啓示，勉弟子及時努力，自強不息。

【釋詞】

㈠川上　指河川的岸邊。

㈡逝　作「往」字講，與雍也篇：「君子可逝也」的「逝」相同，向前進的意思；與陽貨篇：「日月逝矣」的「逝」不同，不是消逝的意思，因爲下句有「不舍晝夜」的話。

㈢如斯夫　意思是：就像這向前奔流的水吧！斯、指川流中的水而言；夫、音扶（ㄈㄨˊ），表示感歎的語氣詞。

㈣不舍晝夜　「晝夜不舍」的倒裝句，就是日夜不停的意思。舍、上聲（ㄕㄜˇ）、去聲

（ㄕㄜˋ）都可以讀，停留、止息的意思。

【譯義】孔子站在河邊，看見河水不停地流着，感歎地說：「天地間一切往前進的事理，就像這河水一樣吧！日夜不停地向前奔流。」

【析微】本章「逝者如斯」的「逝」字，一般都解作消逝，一去不返的意思。爾雅、說文都解作「往也」，包咸註也作「往也」，「往」字可作前往講，也可作過往講，論語所用的「逝」字，不外這兩個意義。如果解作消逝、過往的意思，當然也可以講得通，但下文緊接着說：「不舍晝夜」，這四個字是具體說明「如斯」二字的，這樣一來，上下就顯得迂迴而不直接了。因爲本章的旨意，在說明君子進德修業，應當孜孜不息，就像水日夜不停地向前奔流一樣。正如易經乾卦所謂：「天行健，君子以自強不息。」是勉君子效法天體運行的剛健不已，本章也在勉人效法河水流行的不舍晝夜。揚雄法言學行篇說：「或問進，曰水，或曰：『爲其不舍晝夜與？』」揚雄所謂進，與孔子所謂逝，意義正同。可是，由於「逝」字現在只用作消逝的意思，很少再用作前往的意思，像一般人所說的：「光陰如逝水」就是，所以，把「逝」字解作往前進，反而不容易接受。劉寶楠的論語正義、竹添光鴻的論語會箋都是這樣解釋的，我覺得很有道理。至於孟子離婁篇下、荀子宥坐篇、春秋繁露山川頌篇對孔子的話都有所闡發，但很難說是孔子的本意。

第十八章

子曰：「吾未見好德㈠如好色㈡者也。」

【提旨】孔子感歎世人誠心愛好道德的人少，大多只愛好美色，以勉人移好色之心以好德。

【釋詞】

㈠好德　好、讀去聲（ㄏㄠˋ），愛好的意思，下文「好色」的「好」相同；德、指做人的道德。

㈡好色　愛好美色的意思；色、指女子美好的姿色。

【譯義】孔子說：「我還沒有看見過愛好道德，就像愛好美色一樣的人。」

【析微】據史記孔子世家，孔子說這話是在定公十四年，並且是爲衞靈公而說的，當時孔子居留衞國，靈公與夫人南子同車，招搖過市，孔子在後車，因而說出這樣的話，並以爲這是靈公的醜行，於是離開了衞國。但衞靈公篇也有同樣的話，而且多了一個「已矣乎」的歎詞，可見是當時一般諸侯及卿大夫只知好色，不知好德，所以發出這樣的感歎，不一定是爲衞靈公一個人而說的。言外之意，有令人自省的意思，主要在勸勉人們以好色之心好德。詩經大雅烝民篇說：「民之秉彝，好是懿德。」是說好德是人所秉持的常道。孟子告子篇告子所說：「食色，性也。」是說好色是人的本能之一，也是人之常情。孔子教人，總在遠離女色，誠心好德，以理念滅除情慾，並轉移歆羨女色、貪慕女色的心念以好德。

第十九章

子曰：「譬如爲山㈠，未成一簣㈡，止，吾止也；譬如平地㈢，雖覆一簣㈣，進，吾往也。」

【提旨】孔子藉積土成山、塡平窪地的比喻，以見爲學的成敗在於自己，貴在持之有恒。

【釋詞】

㈠爲山　積土成山的意思，「爲」字作動詞用。

㈡未成一簣　山沒有築成，只差一筐土而已；簣，音愧（ㄎㄨㄟˋ），盛土的竹器，相當於竹筐、竹籠之類。

㈢平地　填平窪地的意思，與前文「爲山」相對，「平」字作動詞用。

㈣雖覆一簣　雖然只傾覆一筐土，但還可以繼續增加；覆，傾覆的意思。

【譯義】孔子說：「爲學的道理，好比堆積泥土，以造成一座山一樣，山沒有堆積成功，只差一竹筐泥土而已，如果從此就停止，這是自己停止下來的啊！又好比填平一塊窪地，雖然只傾覆一筐泥土，但如果繼續進行，也是我自己往前努力的啊！」

【析微】本章孔子所說的兩個比喻，主要的旨意在勉人求學要以恒心去努力完成，不可半途而廢。尙書旅獒篇說：「爲山九仞，功虧一簣。」孔子的第一個比喻，就是本於這兩句話。朱子集註闡述本章的精義說：「蓋學者自強不息，則積少成多；中道而止，則前功盡棄；其止其往，皆在我而不在人也。」可以說完全掌握了本章的主旨。孟子盡心篇說：「有爲者譬若掘井，掘井九仞，而不及泉，猶爲棄井也。」意思是：凡有所作爲的人，好比挖掘一口深井，雖然掘了九仞之深，却還沒有掘到泉水，如果就此停止，所挖掘的等於是一口沒有用的廢井。荀子勸學篇說：「積土成山，風雨興焉；積水成淵，蛟龍生焉；積善成德，而神明自得，聖心備焉。故不積蹞步，無以致千里；不積小流，無以成江海。騏驥一躍，不能十步；駑馬十駕，功在不舍。鍥而舍之，朽木不折；鍥而不舍，金石可鏤。」意思是：堆積小土而成高山，風雨就會興起；聚積小水而成深淵，蛟龍就會產生；累積小善，可成大德，而後能自通於神明，聖人之心也就具備了。所以，如果不累積半步，就無法到達千里之外；不聚積小水流，就無法形成江海。像騏、驥之類的千里馬，雖然一日能行千里，却不能一跳就十步之遠；駑劣的馬，雖然是足力不健，行動緩慢，但駕車行走十天總可以到達，其效果就是在努力不懈。譬如雕刻一樣東西，如果中途停止，雖然是一塊腐朽的木頭，也不會有所損傷；如果不斷地雕刻，即使是金屬、玉石之類堅固的材料，也可以雕刻成功。以上所引孟子和荀子的話，與本章孔子的話可以互相發明，他們都是用比喻來說明同一個道理。事實上，不但爲學如此，就是進德、做事，都需要日積月累，持續不懈，才會有所成就。

第二十章

子曰：「語之㊀而不惰㊁者，其㊂回也與㊃？」

【提旨】孔子稱讚顏回有學而不厭的精神。

【釋詞】

㊀語之　語、音預（ㄩˋ），告訴的意思；之、指稱詞，指所告訴的人。

㊁不惰　不厭倦、不懈怠的意思。

㊂其　表示有所揣測的語氣詞，有「恐怕」的意思。

㊃與　讀陽平聲（ㄩˊ），同歟，疑問語氣詞。

【譯義】孔子說：「把道理告訴他以後，能夠立卽努力去實踐，而沒有一些懈怠的，恐怕只有顏回了吧！」

【析微】本章是就行爲的實踐說，只有顏回能夠做到卽知卽行，身體力行。子路的「聞斯行之」，不免魯莽衝動，常被孔子訓誡；公冶長篇記：「子路有聞，未之能行，唯恐有聞。」適足以顯露他躁急的個性。公冶長篇記冉求自覺心力不足，孔子說他是中道而廢，畫地自限。他們都缺乏顏回這樣精進不懈的精神，中庸裏孔子稱讚他：「得一善，則拳拳服膺，而弗失之矣！」本篇第十一章，他自己敘述他用功的心情是：「欲罷不能」。爲政篇孔子說：「吾與回言終日，不違如愚。退而省其私，亦足以發。」可見他平日力行的工夫，的確不是其他弟子所趕得上的，孔子之所以一再稱讚顏回，正由於他的優點是極爲難能可貴的！

第二十一章

子謂顏淵㊀，曰：「惜乎㊁！吾見其進㊂也，未見其止也！」

【提旨】孔子追惜顏淵生前進德修業，能精進不已。

【釋詞】

㊀子謂顏淵　與公冶長篇的「子謂公冶長」、「子謂南容」語氣相同，其中「謂」字是對他

人說起，談到的意思，是有所評論之詞。

㈡惜乎　哀歎顏淵早死，而深覺可惜的意思。

㈢進　向前精進不懈的意思。

【譯義】孔子談到顏淵，評論他說：「眞是可惜啊！他在世的時候，我只看見他向前精進，從來沒有看見他中途停止過。」

【析微】本章和上一章，都是顏淵死後，孔子深深追惜、稱讚他的話。所追惜、所稱讚的，是他敦品勵學、不懈不倦、精進不已的精神，所以記錄和編輯論語的人，把這兩段話排列在一起，而且，前後各章，都是在說明這個道理，像前面逝者如斯章、譬如爲山章，後面苗而不秀章都是，這種以類相從的現象，可見是有心的安排。在雍也篇和先進篇中，孔子先後回答魯哀公和季康子問：「弟子孰爲好學？」孔子都擧出顏回，並表示深切的痛惜之情，說：「不幸短命死矣！今也則亡。」而他「好學」的事實是「不遷怒、不貳過」，這完全是行爲方面的事，所以，本章所追惜的，上章所稱讚的，也應該是行爲實踐方面的精進不懈。孔子平日最注重的是行爲實踐，甚至他生平教育的宗旨也在培養行爲實踐的君子和聖賢，因此，他對顏淵的不幸早死，才有這樣深切痛惜的心情。

第二十二章

子曰：「苗㊀而不秀㊁者，有矣夫㊂！秀而不實㊃者，有矣夫！」

【提旨】孔子藉秧苗的成長爲比喻，教人爲學以精勤不懈自勉，以半途而廢自戒。

【釋詞】

㊀苗　指稻穀開始生長時的秧苗，或稱禾苗。

㊁秀　禾苗吐穗開花稱爲秀，所以秀字從禾。

㊂有矣夫　意思是：有這樣的事實吧！有這樣的情形吧！夫、音扶（ㄈㄨˊ），句末語氣詞。

㊃實　指禾苗結成穀實。

【譯義】孔子說：「禾苗只生出莖葉，然而却不吐穗開花，有這樣的事實吧！或者只吐穗開花，却不結成穀實，也有這樣的情形吧！」

【析微】本章所比喻的，是說爲學而不能精勤不懈，有所成就，正如禾苗的不開花、不結實一樣，所以學者應當自勉自戒。古人解釋本章，如何晏集解引孔安國說：「言萬物有生而不育成者，喻人亦然。」只解作一般性的比喻，可是皇侃的疏却說：「又以歎顏淵爲譬也。」邢昺的疏也說：「此章亦以顏回早卒，孔子痛惜之，爲之作譬也。」他們也許看到本章與上兩章相連，而且所謂「苗而不秀」、「秀而不實」都是沒有成長，與顏淵的短命而死相似，所以，也解作痛惜顏淵的話。漢人、六朝人以迄唐人，大多如此解釋，像漢沛相范君墓碣說：「茂而不實，顏氏暴顛。」茂與秀同義。牟融理惑論說：「顏淵有不幸短命之記，苗而不秀之喻。」禰衡顏子碑說：「亞聖德蹈高蹤，秀不實振芳風。」李軌法言注說：「仲尼悼顏淵苗而不秀，子雲傷童烏育而不苗。」文心雕龍說：「苗而不秀，千古斯慟！」唐玄宗顏子贊說：「秀而不實，得無慟焉？」所以，劉寶楠論語正義以爲本章爲顏子而發，一定是古論語家相傳的舊義。朱熹的論語集註則說：「蓋學而不至於成，有如此者，是以君子貴自勉也。」解作泛指求學半途而廢的話。宋人張栻也說：「養苗者，有始有卒，然後可以成。或舍而弗耘，或揠而助長，則不秀不實矣。人有質而不學，苗而不秀者也；學而不能有諸己，秀而不實者也。」也解作泛指的意思，比朱子說得更清晰而詳細。以上兩派說法不同，固然可以互相參照，但顏淵只是「秀而不實」，不算「苗而不秀」，那麼「苗而不秀」又指誰呢？而且，孔子的話裏並沒有指明顏淵，所以比較起來，解作一般性的比喻要適當些。

第二十三章

子曰：「後生㈠可畏㈡，焉㈢知來者㈣之不如今㈤也？四十、五十而無聞㈥焉，斯㈦亦不足畏也已！」

【提旨】孔子激勵青年後進及時努力，以進修學問道德。

【釋詞】

㈠後生　指年輕後進的子弟，猶如現在人所說的「青年」。

㈡可畏　是說青年人年富力強，前途不可限量，有令人欽敬、畏服之處。

㈢焉　當安字、何字講，作副詞用，相當於白話的如何、怎麼。

㈣來者　猶如「來日」，指後生的將來；一般解作後來的人，不妥。

㈤今　猶如「如今」，也是就後生身上說。一般解作「我之今日」，以爲孔子自指；或解作

「今日之成人」，以爲是孔子當時的成年人；都不十分妥當，因爲孔子認爲年輕人前程遠大，未來的發展無從預料，並非以後來的人與當今的人相比。

㊅無聞　意思是：還沒有學問、德業的聲名著稱於世；聞、就是聞名於世的意思。

㊆斯　指稱詞兼關係詞，指上文的「四十、五十而無聞」，可以譯作這就、那就。

【譯義】孔子說：「青年後生是值得敬畏的，因爲他們年富力強，前程無限，我們怎麼知道他們將來的成就不如現在呢？但如果不能及時努力，自勉奮進，到四十、五十歲的時候，還沒有學問、德業的聲名著稱於世的話，那就沒有什麼值得敬畏的了。」

【析微】孔子說的：「後生可畏」的話，已經成爲人們稱讚青年人前途無限所常用的話。青年後生之所以值得敬畏，是因爲他們年紀輕，身體健壯，精神充沛，來日方長，而且學習能力強，有突飛猛進的潛力，如果能趁這人生的黃金時代，把握時機，努力奮進，則將來的成就，自然不可限量。但人是有惰性的，如果不知道鞭策自己，奮勉求進，浪擲光陰，虛耗生命，則因循苟且，到四、五十歲的時候，依然一無所成，也就悔之晚矣！禮記學記篇說：「時過然後學，則勤苦而難成。」因爲四、五十歲，精神、意志已開始衰竭，卽使拚命用功，成就也有限。大戴禮曾子立事篇說：「三十、四十之間而無藝，卽無藝矣！五十而不以善聞，則無聞矣！」正足以闡發孔子的意思。因此，青年人讀本章，尤其應該猛省，應該珍惜自己寶貴的時光，努力進修，以免造成俗話所謂：「少小不努力，老大徒傷悲」的遺憾。晉詩人陶淵明有四句詩說：「盛年不重來，一日難再晨，及時當勉勵，歲月不待人。」正可以作青年朋友們的座右銘。

第二十四章

子曰：「法語之言㈠，能無從㈡乎？改之㈢為貴；巽與之言㈣，能無說㈤乎？繹之㈥為貴。說而不繹，從而不改，吾末如之何㈦也已矣！」

【提旨】孔子勉人虛心接受他人的告誡或勸導，以改過向善。

【釋詞】

㈠法語之言　嚴正告誡的話。古人動輒稱述先王，引用古訓，都有法度，所以稱法語。

㈡從　順服、聽從的意思。

㊂改之　改掉自己的過失、錯誤。之、指行爲上的過失。

㊃巽與之言　委婉勸導的話。巽、音訓（ㄒㄩㄣˋ），遜順、委婉的意思；與、如先進篇「吾與點也」的「與」，有贊許的意思。

㊄說　同悅，心中喜悅的意思，下文「說而不繹」的「說」同。

㊅繹之　尋究話中的微意。繹、音亦（ㄧˋ），尋究的意思；之、指對方所說的「巽與之言」。

㊆末如之何　無可奈何的意思。末、猶無。

【譯義】孔子說：「當別人用嚴正的話告誡你，能夠不聽從嗎？但眞正能改過，才算可貴；當別人用委婉的話勸導你，能夠不喜悅嗎？但須探尋那話中的含義，才算可貴。如果只是心中喜悅，而不去細心尋思；只是當面聽從，而不實際改過；這種人，我對他也沒有辦法了。」

【析微】凡有法度的言語，辭嚴義正，是非明白，教人不能不接受，不能不順服，但光是當面接受，表面順服，而不實際痛改前非，則行爲的過失、錯誤，病根依舊不曾拔去，聽了一番告誡的話，又有什麼益處？所以孔子說：「改之爲貴」，必須眞正改過，才有價值。可見孔子對接受忠告的人，特別注重他所得的效果，而效果的產生，在於行爲的徹底悔改，以就於正道，趨向善行。易經有巽卦，象徵風，當微風吹拂的時候，萬物不知不覺受到它的惠賜，人家委婉諷喻的話，正如惠風和暢，令人衷心悅樂，但只是心裏高興，而不去尋求言外之意，體會弦外之音，則人家規勸的深意，仍然不曾懂得，聽了一番勸導的話，又有什麼益處？所以孔子說：「繹之爲貴」，必須細心尋繹，才有價值。尋繹的結果，知道了微意所在，自然更要改過向善。可見徒然順從、喜悅，而行爲却依然故我的人，勸誡他的話，不能發生實際的效益，連孔子都要說無計可施了，這是孔子激發人改之、繹之的微意。

第二十五章

子曰：「主忠信㈠；毋友㈡不如己者㈢；過，則勿憚㈣改。」

【提旨】孔子勉人盡忠守信，愼於交友，務於改過。

【釋詞】

㈠主忠信　做人、做事以盡忠、守信爲主。心中所宗奉的稱爲主。

㈡毋友　毋、表示有所禁止之辭，學而篇作「無」；友、這裏作動詞用，與人結爲朋友的意思。

㊂不如己者　仁德不如自己的人。學而篇註說：「友所以輔仁，不如己，則無益而有損。」

㊃憚　音但（ㄉㄢˋ），畏難的意思。

【譯義】孔子說：「做人、做事要以盡忠、守信爲主要原則；不要與仁德不如自己的人爲朋友，以免得不到什麼益處，反而有所損害；有了過錯，不要畏難，因而不肯改過。」

【析微】本章已見於學而篇第八章，不過學而篇所說的，比本章多了三句，全文是：「子曰：『君子不重，則不威；學，則不固；主忠信；無友不如己者；過，則勿憚改。』」所以，皇侃疏說：「此事再出也。」朱子集註說：「重出而逸其半。」由於當初弟子們紀錄孔子的話，各不相謀，而後來編輯論語的人，只是略加整理，對於重複的記載，當然會注意删去，但有時也不免忽略，所以論語中偶然有重複的章節。不過，本章只重複了一半，前人對此有所解釋，如邢昺說：「學而篇已有此文，記者異人，故重出之。」就是說明重複的原因，是由於當初記的人不同所致。而劉寶楠論語正義引范甯說：「聖人應於物，作教一事，時或再言，弟子重師之訓，故又書而存焉。」則認爲是有意的安排，而所以再度記存的原因，是重視師長的訓誨。日人竹添光鴻的論語會箋却說：「忠信者，四教之二，孔子固當屢言之。在學而篇，以在上君子言之；此章蓋語學者之用心也。」這一說法，很有可取。述而篇說：「子以四教：文、行、忠、信。」孔子既以忠、信爲教學的項目，可見日常談論得很多；何況學而篇章首有「君子」二字，而本章沒有，可見雖然文字相同，而孔子說話的對象容或不同。也就是說，前章是談論君子的，而本章是勗勉一般學者的，所以，編者也就不避重複了。

第二十六章

子曰：「三軍㊀可奪帥㊁也，匹夫㊂不可奪志㊃也。」

【提旨】孔子勉人堅守志節，不爲外力所奪。

【釋詞】

㊀三軍　泛指軍隊，形容兵衆之多。古時一萬二千五百人爲一軍，周朝的制度：諸侯中的大國可以擁有三軍，次國二軍，小國一軍，天子則有六軍。春秋時，又以「三軍」爲軍隊的通稱。

㈡奪帥　奪、奪取的意思；帥、指軍隊的統帥、主帥。

㈢匹夫　指平民、一個普通老百姓。古代士大夫以上除妻室以外，還有妾媵，庶人則只有夫婦相匹配，所以稱匹夫。

㈣志　指意志、志向、志節。

【譯義】孔子說：「一個國家的軍隊，雖然兵員衆多，但一旦士氣瓦解，軍心渙散，卽使那威風凜凜的統帥，也可以一舉而奪取過來；一個普通的老百姓，雖然勢孤力單，但只要他的志向堅定不移，任憑別人有多大的權勢，也是不能奪取的。」

【析微】本章旨在說明志不可奪，上句只是用來比喻的話。何晏集解引孔安國說：「三軍雖衆，人心不一，則其將帥可奪而取之；匹夫雖微，苟守其志，不可得而奪也。」「三軍」與「匹夫」相對，衆寡懸殊，儘管三軍兵多勢強，看來難以克服，但却可能克服，甚至主帥都能擒奪；匹夫只一人而已，看來容易對付，但却能夠守志不渝，抵得住任何力量，抗得住任何誘惑。朱子集註引侯氏說：「三軍之勇在人，匹夫之志在己，故帥可奪，而志不可奪。如可奪，則亦不足謂之志矣！」正說明了三軍統帥的英勇，全靠部下支撐；而一介匹夫的志節，完全由自己持守；所以一可奪，而一不可奪。可見孔子認為：一個人的意志應該堅定不移，然後他的志向、志節才會永恒不渝。眞正能做到「志不可奪」的人，必定是孔子所說的「志士仁人」，孟子所說的「大丈夫」。衞靈公篇孔子曾說：「志士仁人，無求生以害人，有殺身以成仁。」爲了成全仁道，赴湯蹈火，在所不辭，這是何等堅定的志節！孟子滕文公篇孟子曾說：「富貴不能淫，貧賤不能移，威武不能屈，此之謂大丈夫！」這又是何等氣魄！泰伯篇說：「臨大節而不可奪也。」本章說：「匹夫不可奪志也。」所謂「志」，小則代表個人的意志，進而可指所抱定的志向，更進而可指所持守的志節。所以，我不單就志向說，而兼攝志節說。禮記緇衣篇引孔子說：「言有物而行有格也，是以生則不可奪志，死則不可奪名。」又儒行篇說：「身可危也，而志不可奪也。」以爲志向之不可攘奪，志節之不可動搖，甚至比生命還重要，都可以發明本章的旨意。

第二十七章

子曰：「衣㊀敝㊁縕袍㊂，與衣狐貉㊃者立，而不恥者，其由也與㊄？『不忮㊅不求㊆，何用不臧㊇？』」子路終身誦之㊈。子曰：「是道㊉

也，何足以臧㈡？」

【提旨】孔子讚美子路爲人豪爽，有「不忮不求」的精神，並乘機告誡他不可以此自滿。

【釋詞】

㈠衣　讀去聲（ㄧˋ），作動詞用，當「穿」字講，下句「衣」字同。

㈡敝　破舊、破爛的意思。

㈢縕袍　縕、音運（ㄩㄣˋ），舊棉絮；袍、衣裳相連爲袍；縕袍、古代貧賤的人冬天禦寒所穿的長袍，有表裏兩層，中間夾以舊棉絮。

㈣狐貉　兩種獸名，貉、音核（ㄏㄜˊ），這裏是指用狐皮、貉皮製成的裘，富貴的人所穿的。

㈤其由也與　其、表示推測的語氣詞，有恐怕的意思；由、仲由，指子路；也、表示停頓的語氣詞；與、同歟。

㈥忮　音志（ㄓˋ），或音技（ㄐㄧˋ），忌害或嫉妬的意思。

㈦求　有所歆羨、貪慕的意思。

㈧何用不臧　何用、猶如「何以」、「如何」；臧、善的意思。整句的意義是：怎麼會不好呢？以上二句見詩經邶風雄雉篇，孔子引詩以讚美子路。

㈨終身誦之　經常在嘴邊吟誦的意思，形容子路聽到孔子的讚美而得意的情形。終身、經年、經常的意思，與孟子梁惠王篇：「樂歲終身飽」的「終身」相同，並非一生的意思；誦、吟詠、念誦的意思；之、指「不忮不求，何用不臧」這兩句孔子用來讚美他的詩。

㈩是道　也是指「不忮不求，何用不臧」而言，意思是：這只是做人應盡的道理。

㈡何足以臧　怎麼能稱得上盡善、怎麼算得上十分好的意思。

【譯義】孔子說：「穿着破舊的棉袍，和穿着狐皮、貉皮衣服的人站在一起，而不覺得可恥的，恐怕只有仲由能夠做到吧？詩經上說：『不嫉妒他人的美好，不貪求份外的富裕，怎麼會不好呢？』子路聽了孔子的讚美，很得意地經常在嘴邊吟誦着這兩句詩，孔子趁機教誡他說：「這只不過是做人應盡的道理，怎麼算得上十分好呢？」

【析微】孔子認為：一個讀書人，要「志於道，據於德」（見述而篇），對於衣、食等物質享受，應該看得很淡，因為那不是人生的目的，他自己就能充分做到：不在乎物質生活的惡劣，而力求精神生命充實，述而篇說：「飯疏食，飲水，曲肱而枕之，樂亦在其中矣！」就是他的自白，因此，他對顏回：「一簞食，一瓢飲，在陋巷，人不堪其憂」，而仍能「不改其樂」的精神，認為極難能可貴，而讚譽備至！子路雖然不如顏回那樣賢，却秉性豪爽，衣着不如人而不以爲恥，足見他不嫉妬他人華美的衣飾，也沒有貪慕富貴之心，所以孔子特地引詩句讚美子路。里仁篇說：「士志於道，而恥惡衣惡食者，未足與議也」。子路既不恥惡衣，可見必有向道之心，孔子讚美他的原因在此。但子路是一個情緒容易外露而沉不住氣的人，所以一聽到孔子讚美他，就得意地常把那兩句詞掛在口頭。孔子生怕他因而自滿，所以又實施機會教育，告訴他善道不止於此，用意是希望子路不要只守住這兩句話，而希望他更進一步。這情形正如公冶長篇孔子偶然感慨說：「道不行，乘桴浮於海，從我者，其由與！」子路聞之喜。然後孔子告誡他說：「由也，好勇過我，無所取材。」所不同的是：本章的「何足以臧」是顯示還有更深的工夫，而道不行章的「無所取材」是告誡他作更深的修養。清人孔廣森以爲「不忮不求」以下應另爲一章，但我認爲仍依朱子集註，合爲一章，還是能作圓滿的解釋。

第二十八章

子曰：「歲寒㊀，然後知松、柏之後彫㊁也。」

【提旨】孔子以松、柏比喻君子的節操，勉人應有堅貞的氣節。

【釋詞】

㈠歲寒　指歲暮天寒的時候。

㈡松柏之後彫　彫、通凋，凋謝、零落的意思。松樹、柏樹性耐寒冷，雖逢冬日，天氣嚴寒，衆木零落，而松、柏則不凋傷，到春天才換生新葉，所以「後彫」是說後於衆木、經冬不凋的意思。

【譯義】孔子說：「在歲月將暮，天氣嚴寒的時候，其他草木，都已枯萎凋謝，獨有松樹、柏樹，仍然青翠如常，這時，人們才曉得它們是最後凋落的。」

【析微】尋常的草木，在春、夏兩季，天氣和暖的時候，大都開花結果，枝葉繁茂，一到冬天，因經不住寒霜、冰雪的侵襲，枝葉就會枯萎凋謝，只有松樹、柏樹，最能持久耐寒，雖然天氣酷寒，仍舊不會凋枯。所以孔子以松、柏比喻堅貞不屈的君子，以歲寒後凋比喻君子處身亂世，而不改變平常的操守；面臨患難，而不改變堅貞的志節。莊子讓王篇說：「天寒既至，霜雪既降，吾是以知松、柏之茂也。陳、蔡之隘，於丘其幸乎！」根據這段文字，可知本章是孔子在陳、蔡二國受困時對子路說的話。後世許多賢哲，也有類似的話勉人，如荀子大略篇說：「君子隘窮而不失，勞倦而不苟，臨患難而不忘細席之言。歲不寒，無以知松柏；事不難，無以知君子。」史記伯夷列傳說：「歲寒，然後知松、柏之後凋；舉世汚濁，清士乃見。」淮南子俶眞訓說：「夫大寒至，霜雪降，然後知松、柏之茂也；據難履危，利害陳於前，然後知聖人之不失道也。」潘岳西征賦說：「勁松彰於歲寒，貞臣見於國危。」鮑照詩說：「時危見臣節，世亂識忠良。」唐太宗詩也說：「疾風知勁草，板蕩識忠臣。」板、蕩是詩經大雅兩篇詩的篇名，這兩篇詩都是寫的周厲王無道的事，所以後人以「板蕩」代表亂世。又如韓琦詩：「莫嫌老圃秋容淡，且看黃花晚節香。」讚賞菊花的耐寒傲霜，與松、柏同樣可貴。此外，古人對自然界的草木，還特別欣賞竹子的堅貞有節，梅花的不畏霜雪，所以，松、竹、梅三者被譽爲「歲寒三友」。又蘭花生於幽谷，也品節高超，所以，梅、蘭、竹、菊又被稱爲「四君子」。從孔子以後，歷代賢哲，都不忘以自然草木爲比喻，以勉人做忠貞不移、堅毅不拔的君子；人們也常以此陶鑄自己的品格和節操。數千年來，古聖先賢們這些教化和德澤，已逐漸形成我們民族特有的精神，我國以梅花爲國花，就是象徵着這種堅貞卓絕的民族精神。歷史上許多偉大的民族英雄，像文天祥正氣歌裏所擧出的十二位典型，莫不充分發揮了他們的浩然正氣，眞所謂「時窮節乃見，一一垂丹青。」又如宋、明兩代的末世遺民、忠貞烈士，包括文天祥本人在內，以及陸秀夫、謝枋得、鄭思肖、左光斗、史可法、熊廷弼、袁崇煥等，他們的忠肝義膽，眞是可歌可泣；他們臨危不懼、臨難不苟的氣節，正如孔子所說的松柏一般，堅貞不屈，獨立不撓。

第二十九章

子曰：「知者不惑㈠，仁者不憂㈡，勇者不懼㈢。」

【提旨】孔子說明具備智、仁、勇三達德的人，各有不疑惑、不憂患、不畏懼的修養，以勉人仿行。

【釋詞】

㈠知者不惑　知、同智；知者、指有智慧、明智的人。因爲明智足以洞察事理，所以無所疑惑。

㈡仁者不憂　仁者、指有仁德的人；因爲仁德足以安然處世，所以無所憂患。

㈢勇者不懼　勇者、指有勇氣的人；因爲勇氣足以配合道義，所以無所畏懼。

【譯義】孔子說：「有智慧的人不致疑惑，有仁德的人不生憂患，有勇氣的人無所畏懼。」

【析微】本章是平列的三句話，孔子舉出三種人物，並說明他們所具備的三種德行的功效，不必因孔子所說的次序而定它們的優劣，也不必說成三者必須兼備，因爲德行因各人的性分而有所不同，有人偏具一德，有人三德兼優，當然三者兼備是理想的完人，但本章孔子卻並沒有這個意思。至於知者何以不惑？仁者何以不憂？勇者何以不懼？漢人荀悅的申鑒雜言篇下說：「君子樂天知命，故不憂；審物明辨，故不惑；定心致公，故不懼。」宋人邢昺的論語疏說：「知者明於事，故不惑亂；仁者知命，故無憂患；勇者果敢，故不恐懼。」朱子的論語集註則說：「明足以燭理，故不惑；理足以勝私，故不憂；氣足以配道義，故不懼。」這些解釋，彼此有類似的地方，可以互相補充。總而言之，明智的人，由於擁有豐富的智慧，對事物的各種現象，有比較深切的理解，所以能夠「不惑」；仁愛的人，由於具有安於行仁的懷抱，對人生的各種境遇，有樂天知命的認識，所以能夠「不憂」；勇敢的人，由於具有配義與道的勇氣，對人世的各種行爲，有當仁不讓的態度，所以能夠「不懼」。中庸哀公問政章說：「知、仁、勇三者，天下之達德也。」所謂「達德」，是說古今天下人通行的道德。民國十二年，新會梁任公（啓超）先生曾對蘇州學界發表演講，題爲「爲學與做人」，他在講詞中說：「人類心理，有知、情、意三部分；這三部分圓滿達成的狀態，我們先哲名之爲『三達德』——智、仁、勇。」因此，他在引述本章——孔子所說的這三句話之後，主張教育應分成知育、情育、意育三方面，以培養學生相當的常識、專門的學識和總體的智慧，教人做到「智者不惑」；以陶冶學生具有孔子那樣「知其不可而爲之」、老子所謂：「生而不有，爲而不恃」、莊子所說：「天地與我並生，而萬物與我爲一」的情懷，教人做到「仁者不憂」；以鍛鍊學生具有孟子所謂：「至大至剛」的「浩然之氣」、「雖千萬人，吾往矣」的道義之勇，教人做到「勇者不懼」。梁先生這篇講詞，對孔子的意思發揮得很精博，梁先生的飲冰室全集載有這篇講詞，大家可以參看。

第三十章

子曰：「可與㈠共學㈡，未可與適道㈢；可與適道，未可與立㈣；可與立，未可與權㈤。」

【提旨】孔子闡述爲學的階程，自淺而深，由易而難，以遇事能權衡輕重而合於道義最爲難能可貴。

【釋詞】

㈠可與 猶如「可以」，淮南子氾論訓引本章說：「孔子曰：『可以共學矣，而未可以適道也；可與適道，未可以立也；可以立，未可與權。』」有時用「以」，有時用「與」，可見「與」、「以」相通。正如陽貨篇「鄙夫可與事君」的「與」，也與「以」通。

㈡共學 共同研求學問的意思。

㈢適道 趨向正道的意思；道、指仁義的大道。

㈣立 與泰伯篇：「立於禮」的「立」意義相同，就是立身於正道、或守道以自立的意思；用現代語說，就是堅守做人的崗位。

㈤權 正如孟子梁惠王上篇：「權，然後知輕重」的「權」，就是遇事權衡輕重，詳察利害，審愼比較，以定取捨的意思。本來稱錘叫權，稱物的時候，稱錘隨物的輕重而移動，使稱桿保持平衡；所以稱的作用，可以知輕重，可以得平衡。引申爲知事理的輕重，得事理的平衡。

【譯義】孔子說：「可以共同研求學問的人，未必可以趨向仁義的正道；可以趨向正道的人，未必可以堅守做人的崗位；可以堅守崗位的人，未必可以權衡事理的輕重，以合於道義。」

【析微】「學」是「適道」必須經過的門徑，學業的講習切磋，互相觀摩，可以與人共，但有人志在追逐利祿，有人志在博取聲聞，有人只求記誦詞章，這些人都無志於探求人生的眞理，趨向於居仁由義的大道，所以說：「未可與適道」。即使志在「適道」的人，或許守道不堅，半途而廢，不能嚴守做人的崗位，所以說：「未可與立」。能堅守正道而卓然自立的人，又或許知常而不知變，失之固執，而不曉得權衡事理的輕重得失，所以說：「未可與權」。比較起來，「權」是學問的最高修養，所以最爲難得。爲學的最高目的是「道」，這「道」是宇宙人生的眞理，所以孔子曾說：「志於道」（見述而篇），可見爲學的正途在於心志能趨向這大道，以孔子的思想來說，這大道就是仁道；合孔、孟的思想來說，就是仁義之道。所謂「立」，正如雍也篇：「己欲立而立人」的「立」；也就是孟子離婁上篇：「守孰爲大？守身爲大」的「守身」二字的意思。那麼所用以「立」的是什麼呢？根據孔子的言論來考察：泰伯篇說：「立於禮」；季氏篇說：「不學禮，無以立」。堯曰篇也說：「不知禮，無以立也。」可見所用以「立」的就是「禮」，就是做人的規範。至於所用以「權」的標準是什麼？孔子雖然沒有明白的表示過，但里仁篇中他曾說過：「義之與比」的話，意思是一切是非可否，都應該取決於「義」，由此可以間接的推測出：權衡事理的最高標準就是「義」。所以朱註引程子說：「可與權，謂能權輕重，使合義也。」又引楊氏說：「知時措之宜，然後可與權。」竹添光鴻論語會箋說：「權只是時中，然非精義者，不能權之而得中。」孔子、孟子都特別看重「權」，孟子盡心上篇曾說：「執中無權，猶執一也。」可見爲學不可以無「權」。孔、孟所謂「權」，雖然是一個人學問、道德修養臻於化境以後，憑着一個「義」字的準繩，在胸中權衡一切，莫不得其中平的一種極高的修養；但有時卽使平凡人也應該做得到，不可固執不通而有害於事，譬如孟子離婁篇有一段對話：「淳于髡曰：『男女授受不親，禮與？』孟子曰：『禮也。』曰：『嫂溺，則援之以手乎？』曰：『嫂溺不援，是豺狼也。男女授受不親，禮也；嫂溺援之以手者，權也。』」古代有男女授受不親之禮，如果嫂嫂不愼掉進水中，不能爲了死守禮而眼睜睜地看着嫂嫂被淹死。因爲權且用手拉嫂嫂一把而救了她一命，與爲了固守禮節而白白犧牲一條人命，兩相權衡，孰輕孰重？見識明通的人，當然有所取捨了。可見這種通權達變的態度，是爲學、做人最重要的事，只是要以「義」爲準，否則就不免流於權術、權詐了。

第三十一章

唐棣㈠之華㈡，偏其反而㈢，豈不爾思㈣？室是遠而㈤。」子曰：「未之思也夫㈥！何遠之有？」

【提旨】孔子藉詩句以闡明仁道不遠，勉人深思力求。

【釋詞】

㈠唐棣　植物名，陸璣毛詩草木鳥獸蟲魚疏以爲就是郁李，屬薔薇科，落葉灌木；李時珍本草綱目却以爲是扶栘，也屬薔薇科，但是是落葉喬木。

㈡華　音花（ㄏㄨㄚ），花的古字。

㈢偏其反而　偏、通翩；偏其、猶如「翩然。」反、康棣花初開時，花瓣兩相反背，以比喻人的遠離；而、句末語助詞，下文「而」字同。

㈣豈不爾思　「豈不思爾」的倒裝句，爾、當「你」講。

㈤室是遠而　意思是：無奈家是相隔得這麼遠啊！以上四句是逸詩，可能是男女相悅而有所思念之辭。

㈥未之思也夫　意思是：大概是沒有去思慮吧！夫、音扶（ㄈㄨˊ），古人解釋詩意之詞，多以「夫」字屬於句末，如左傳僖公二十四年；「詩曰：『彼己之子，不稱其服。』子臧之服，不稱也夫！」

【譯義】古代有幾句詩說：「唐棣樹的花，花瓣左右相反；難道我不想念你？只因爲家住得太遙遠。」孔子說：「他大概沒有眞正去思念吧！要是眞的思念了，還有什麼遙遠的呢？」

【析微】孔子所解說的詩，大約是古代男女相悅、有所思念之辭。詩人的意思，並非不思念，而是由於室遠的緣故；而孔子却借題發揮，從反面說，認爲並非室遠，是因爲思念不夠。言外之意，指仁道並非如一般人以爲那麼遠離我們，而是人們不去深思熟慮，如果能夠思慮一番，一定會發現它近在眼前，可見求取仁道是不難的。孔子曾說：「仁遠乎哉？我欲仁，斯仁至矣」（見述而篇）！又說：「人之爲道而遠仁，不可以爲道」（見中庸）。意思都是說仁道不遠。孟子也說：「求則得之，舍則失之」（見孟子盡心上篇）。仁義之道，求之在我，正如孔子對顏淵所說：「爲仁由己，而由人乎哉」（見顏淵篇）？只要「一日克己復禮」，就能使「天下歸仁」。弟子們都以爲仁道高遠，怕自己力量不夠，冉求曾說過：「非不說子之道也，力不足也」（見雍也篇）。因此，他們不敢求至。孔子以此爲憂，所以，常把仁道說得容易，只怕求之不眞，來激勵弟子，鞭策弟子。

第十篇 鄉黨

前言

本篇是弟子記錄孔子在魯國鄉黨中、日常生活之間、起居、言語、容貌、擧止及交接人物、周旋禮儀的情形。全篇共爲一章，朱子分爲十七節，事實上還可以細分成二十七節，各節大致以類相從。

第一節

孔子於鄉黨㈠，恂恂如㈡也，似不能言者；其在宗廟、朝廷，便便㈢言，唯謹㈣爾。

【提旨】記孔子在鄉黨、宗廟、朝廷中，言語、容貌不同的地方。

【釋詞】

㈠鄉黨　古代以一萬二千五百家爲鄉，五百家爲黨，這裏以「鄉黨」代表本鄉本土，猶如「鄉里」。

㈡恂恂如　容貌溫和、恭敬的樣子。恂、與遜音義相近，所以也有謙遜的意思；如、副詞詞尾。

㈢便便　便、讀如便宜的便（ㄆㄧㄢˊ）；便便、言語明辨的樣子，也就是說話明白而流暢。

㈣謹　敬謹而愼重的意思。

【譯義】孔子在家鄉的時候，容貌總是顯得溫和、恭遜的樣子，好像不能說話的人；當他在宗廟裏、朝廷上，卻說話明白而流暢，只是保持敬謹而愼重的態度。

【析微】本節是記敍孔子在不同的場所，容貌、言語方面表現不同。「孔子」二字冠於全章，也就是全篇，以下每節都是寫孔子的生活言行，所以「孔子」二字全篇只出現這一次。鄉黨與宗廟、朝廷相對，由於鄉黨是父兄、宗族所在的地方，所以，孔子平日生活在鄉黨鄰里、宗族父老之間，總是表現得溫和、謙遜的樣子。鄉黨中有尊長之輩，也有卑幼的人，所謂「恂恂如、似不能言」，只是對宗族中的尊長、鄰里間的父老輩而言。至於宗廟，是民族禮法所在的地方；而朝廷，是國家政事所出的地方；在這些地方，不能不言辭明辨，但卻有所節制，總是表現得態度敬謹，而出言愼重。本節分成兩小節，前一小節先說到容貌，然後再說到言語；後一小節則先說言語，然後才說容貌。事實上，容貌和言語是相互關聯的，因爲說到容貌，就包括言語在內，而言語時自然有容貌表現。只是上半節以「恂恂」爲主，「似不能言」是形容「恂恂」之狀的；而下半節是以「便便言」爲主，「唯謹爾」在形容「便便」的實情。由本節的記敍，可見孔子平常雖然比較木訥寡言，但遇到必要的場合，卻能言辭明辨而謹愼，完全實踐了他謹言的主張，學而篇說：「謹而言」，又說：「敏於事而愼於言」，爲政篇說：「多聞闕疑，愼言其餘。」都足以說明他謹愼而言的一貫主張，而本節卻足以證明他言而能行、貫徹主張的精神。

第二節

朝㈠，與下大夫㈡言，侃侃如㈢也；與上大夫㈣言，誾誾如㈤也。君在㈥，踧踖如㈦也，與與如㈧也。

【提旨】記孔子在朝廷事奉君上及接遇同僚時，言語、禮容的不同。

【釋詞】

㈠朝　指上朝的時候，這時君主還沒有到來。

㈡下大夫　據禮記王制，諸侯大國、次國都有三卿，就是司徒、司馬、司空；三卿之下又各設大夫，又稱小卿，共計五人，司徒、司空之下各二人，司馬之下一人，五大夫之下，還有分職治事的大夫。春秋時，卿與大夫都總稱大夫，分別來說，三卿是上大夫，三卿屬下的小卿，小卿以下的大夫都稱下大夫。魯定公時，孔子做過司寇，司寇是司空屬下的官，所以，當時孔子是下大夫。這裏的下大夫，是指與孔子同列及屬下的下大夫而言。

㊂侃侃如　侃、音坎（ㄎㄢˇ）；集解引孔安國註：「侃侃、和樂之貌。」朱子集註則以爲：「侃侃、剛直也。」與說文的訓釋相合；而且孔子以君命爲司寇，比屬下的下大夫地位尊貴，說話以剛直爲宜，所以朱註比較可取，侃侃如應該是剛直的樣子。

㊃上大夫　指三卿，孔子在朝廷做司寇時，三卿是季桓子、叔孫武叔、孟懿子。

㊄誾誾如　誾、音銀（ㄧㄣˊ）；集註引孔安國註：「誾誾、中正之貌。」朱子集註則以爲：「誾誾、和悅而諍也。」與說文的訓釋相合；所謂諍，是指辯論其是非，中正的意思包括在內，所以也是朱註比較可取，誾誾如是以和悅的語氣和容貌辯論是非的樣子。

㊅君在　是指君主視朝聽政的時候。

㊆踧踖如　踧、音促（ㄘㄨˋ）；踖、音及（ㄐㄧˊ）；踧踖如、恭敬、謹慎而顯得有所不安的樣子。

㊇與與如　與、音于（ㄩˊ），或音雨（ㄩˇ）；與與如、從容舒緩、儀容適度的樣子。

【譯義】孔子上朝的時候，當君主還沒有來到，和下大夫說話，言辭、容貌總是顯得剛直的樣子；和上大夫說話，語氣、儀容總是顯得和悅的樣子，以與他們辯論是非。當君主臨朝聽政的時候，總是顯得恭敬、謹慎而有所不安的樣子；從容舒緩而儀容適度的樣子。

【析微】古代做臣子的人，天一亮就要上朝，比君主先到朝廷，君主要日出的時候才臨朝聽政，所以，在君主還沒有到達的時候，大夫們有互相交談的機會。本節上半節就是描述這時孔子與同僚、下屬談話、與上級辯論的態度。孔子做魯國司寇的時候，朝廷政事，定公已不能作主，幾乎全操縱在三卿的手裏，所以孔子在三卿面前，總要做到「和悅而諍」，這是一種剛柔適中的態度。先進篇記弟子侍奉孔子的態度說：「閔子侍側，誾誾如也。」又說：「冉有、子貢，侃侃如也。」用語正與本節相同。先進篇記閔子爲魯國的執政大夫想要改作府庫，而向孔子進言說：「仍舊貫，如之何？何必改作？」又公冶長篇記季孫氏要使閔子爲費縣的邑宰，閔子對使者說：「善爲我辭焉。」可見閔子是善於「和悅而諍」的人，也可證明本節的「誾誾如」正是這個意思。至於侍奉君主，與常人不同，常人對君主的威嚴，或許會過分敬畏，因而顯得侷促倉皇，不免失禮，孔子則不然，他能做到舉止敬愼，而儀容適中，自然合禮，正如述而篇所謂：「恭而安」。

第二節

君召使擯㈠，色勃如㈡也；足躩如㈢也。揖所與立，左右手，衣前後㈣，襜如㈤也。趨進㈥，翼如㈦也。賓退，必復命曰：「賓不顧㈧矣！」

【提旨】雜記孔子爲國君作擯相時的禮容。

【釋詞】

㈠使擯　使孔子爲擯的意思；擯、音鬢（ㄅㄧˋㄣ），與儐同，爲地主國國君所派遣，以迎接外國來聘的貴賓。

㈡色勃如　色、指臉色；勃如、勃然變色，異於尋常，顯得矜持、莊重而肅敬的樣子。

㈢足躩如　足、指脚步；躩、音決（ㄐㄩˊㄝ），躩如、盤旋、逡巡如有所退避的樣子，表示敬受君命。

㈣衣前後　形容孔子向兩旁的人拱手作揖時，或向左邊拱手，或向右邊拱手，衣裳也隨着向前一俯，向後一仰。

㈤襜如　襜、音攙（ㄔㄢ），襜如、動作整齊而有容儀的樣子。

㈥趨進　快步行進，一種表示敬意的行動。

㈦翼如　朱註說：「張拱端好，如鳥舒翼。」意思是：快步行進時，張足拱手，顯得端正而美好，像鳥舒展翅膀一樣。

㈧顧　回頭的意思。

【譯義】魯國國君召孔子去接待外國來聘的貴賓，他的臉色總是顯得矜持、莊重而肅敬的樣子，脚步則盤旋、逡巡如有所退避的樣子。與兩旁立着的人拱手行禮時，有時向左邊拱手，有時向右邊拱手，衣裳也隨着向前一俯，向後一仰，顯得動作整齊而有容儀的樣子。快步向前行進的時候，舉步斂手，顯得端正而美好的樣子。貴賓辭退以後，一定向君主回報說：「客人已經離去，不再回頭了！」

【析微】古代諸侯之間，互相朝聘，是講求國際禮儀。本節是雜記孔子受命迎送及接待國賓時的禮儀、容度，不一定是一時的事，也不一定是記的一件事。所謂君召，是君主臨事召命，使孔子出任接待外賓的工作。擔任這項工作的人稱爲擯，依當時禮制，擯有三種，由三種地位不同的官員出任，就是以卿爲上擯，大夫爲承擯，士爲紹擯。入宗廟贊禮的人稱爲相，本節所記「趨進」，就是入廟相禮的事。竹添光鴻論語會箋以爲唯有上相能入廟贊禮，承擯不能偕同入內，而本節書「趨進，翼如也。」又君命上擯送賓，並非由承擯送賓，而本節書「賓退、復命」。所以，斷定孔子這時是做上擯。清人江永據儀禮聘禮疏，以爲當時孔子以承擯兼攝上擯的事，所以能趨進、送賓；至於「揖所與立，左右手」的時候，仍然是以大夫爲承擯。但孔子在魯國做司寇時，他自己所修的春秋，並沒有記載有諸侯來朝、卿大夫來聘的事，因此，江永又以爲這是他國大夫來行小聘之禮。不過，小聘禮輕，與本節所記重大的禮節不符。據周禮司儀：「君朝用交擯」，本節所記：「揖所與立，左右手」，就是交擯，可見是兩君相見之禮；但賓退、復命，只有禮聘才有，所以劉台拱說：「此必他國卿大夫來聘，若諸侯來朝，主君親送，無復命事。」可見本節是通論朝聘之禮。金鶚以爲：並非記孔子實際的行事，可能是孔子說過：朝聘之禮應當如此的話，而弟子們便如此記錄了。

第四節

入公門㈠，鞠躬如㈡也，如不容㈢。立不中門㈣，行不履閾㈤。過位㈥，色勃如也，足躩如也，其言似不足者。攝齊㈦升堂，鞠躬如也，屏氣㈧似不息者。出，降一等㈨，逞顏色㈩，怡怡如(十一)也。沒階(十二)，趨進，翼如也。復其位，踧踖如也。

【提旨】詳記孔子在朝廷時的禮容。

【釋詞】

㈠公門　就是君門，也就是朝廷的宮門。

㈡鞠躬如　形容非常恭敬、謹愼的樣子。

㈢如不容　形容極度恭敬，好像處身在狹小的地方，不能容身的樣子。

㈣立不中門　不站立在門的中央，因爲那是君主出入的地方。古時門中豎有兩塊短木，稱爲闑，兩闑之間稱中門，尊者由中門出入，卑者則由兩闑的旁邊出入。

㈤行不履閾　走路不踏在門限上。履、踐踏的意思；閾、音玉（ㄩˋ），門限，俗稱門檻（音坎ㄎㄢˇ），就是門下端高起的木頭。

㈥過位　經過君主的虛位。位、指門與屏風之間，君主佇立的地方，雖然君主不在，經過時也要表示恭敬，不敢輕慢。

㈦攝齊　攝、提起的意思；齊、音資（ㄗ），衣下的裳所縫的邊。古人將登堂時，兩手提起裳的下端，因爲怕脚踩到跌倒，有失禮容。

㈧屏氣　摒住氣息、抑制呼吸的意思，形容將接近君主時肅敬的樣子。屏、音丙（ㄅㄧㄥˇ），今作摒。

㈨降一等　降下石階一級。等、石階的等級。

㈩逞顏色　逞、有舒放的意思；逐漸遠離尊者，所以心情放鬆，面色舒展，不再嚴肅了。

㈡怡怡如　面色和悅的樣子。

㈢沒階　走完石階的意思。

【譯義】孔子走進朝廷的門，總是顯出非常恭敬、謹慎的樣子，彷彿沒有容身的地方一般。站立的時候，不站在門的中央；行走的時候，不踐踏門檻。經過君主立的位置，雖然君主不在，也不敢有輕慢之心，臉色顯得莊重、肅敬的樣子；脚步顯得盤旋、逡巡像有所退避的樣子；他說話像說不出來一般。當他提起衣裳的下端、走上堂去的時候，顯得非常恭敬、謹慎的樣子，摒住氣息，好像不呼吸一般。走出來的時候，降下石階一級，臉色就舒展起來，顯得和顏悅色的樣子。走完了石階，快步向前行進，一舉一動，都顯得端莊、美好的樣子。再回到自己的位置，又顯得恭敬、謹慎而有所不安的樣子。

【析微】本節描述孔子在進入朝廷以後，於各處所表現的禮容，由入門、過位、升堂到出而降階、沒階和復位，由遠而近，又由近而遠，層次井然，記敍詳細。由本節及前兩節的屢用「鞠躬如也」、「色勃如也」、「足躩如也」、「翼如也」、「踧踖如也」，可見孔子處處都顯得恭敬、謹愼、莊重和有禮。孔子自己最重視禮，最提倡禮，所以處處都遵守禮，表現禮。試看本節用「如不容」的字樣，形容他：「入公門，鞠躬如也」的狀貌，那是極爲恭敬、謹愼的禮容。又如「其言似不足者」的話，非常眞切地描繪出他出言謹愼的樣子；而「屛氣似不息者」的話，更相當細膩地寫出他肅靜而恭敬的樣子。所以，讀了本節，除了知道孔子彬彬有禮的儀容之外，還可以知道弟子們描寫的技巧相當高明。

第五節

執圭㈠，鞠躬如也，如不勝㈡。上如揖㈢，下如授㈣。勃如戰色㈤，足蹜蹜如有循㈥。享禮㈦，有容色㈧。私覿㈨，愉愉如㈩也。

【提旨】記孔子爲國君所使、聘問於鄰國的禮容。

【釋詞】

㈠執圭　圭是一種瑞玉，上端呈圓形，或呈尖銳形，下端方形；古代臣子奉使聘問鄰國，手執國君所授的瑞玉，以取信於鄰國。

㈡如不勝　好像擧不起一般；圭雖然很輕，形容非常恭敬、謹慎的樣子。勝、音生（ㄕㄥ），作堪字講。

㈢上如揖　執圭有時手向上擧，像拱手作揖時的禮容。

㈣下如授　有時手微向下，像授物予人時的禮容。

㈤戰色　因恭敬、謹慎而臉上顯出戰慄的表情。

㈥足蹜蹜如有循　蹜、音縮（ㄙㄨㄛ），禮記玉藻作縮；蹜蹜、擧脚密而狹的樣子，也就是脚步縮小、不敢肆意的意思。如有循、好像有一條狹長的道路順着行走，形容執圭行步時愼重而徐緩的樣子，脚步不離開地面，而脚後跟在地面拖曳着前進。

㈦享禮　就是享獻之禮，由使臣把所帶來的禮物羅列滿庭。

㈧有容色　就是稍有舒展的容色，由於心情放鬆，臉上不再有戰慄的表情。

㈨私覿　以私禮相見的意思；覿、音狄（ㄉㄧˊ），就是相見。

㈩愉愉如　和顏悅色、輕鬆愉快的樣子。

【譯義】孔子出使到外國，當舉行聘問典禮的時候，手執瑞玉，顯得恭敬、謹愼的樣子，好像不堪負荷一般。有時手向上舉，就像拱手作揖時的禮容；有時手微向下，就像授物予人時的禮容。因恭敬、謹愼而臉上勃然變色，顯出戰慄的表情；脚步顯得緊密而徐緩，好像遵行一條狹長的路徑一般。當舉行享獻典禮的時候，才稍有舒展的容色。如果以私人身份與外國君臣會見，就顯出和悅的容色。

【析微】本節記敍孔子奉命出使到外國聘問的時候，所表現的種種禮節容貌。古代凡臣子出使外國，初到所聘問的國家，就舉行聘問典禮，從「執圭」以下到「有循」這一段，所描述的正是舉行聘禮的時候孔子所表現的情貌。聘問典禮之後，就舉行享獻典禮，使臣把主君的禮物，諸如璧玉、束帛之類，陳列庭中，準備奉獻給所聘問的國君和夫人。本節分別描寫孔子在參與聘問典禮時的禮容，恭敬、謹愼得「鞠躬如也」，而「如不勝」三字更進而刻劃出極爲恭愼的樣子；又形容他「勃如戰色」，而「足蹜蹜如有循」幾個字，更充分寫出戰戰兢兢、規行矩步的樣子。可是一到參與享獻典禮時，却容色開展，不再「勃如戰色」了，正如儀禮聘禮所說：「及享，發氣焉盈容。」至於私下相見，不再代表國君行邦交之事，雖然仍有應守的禮儀，但却顏色愉悅，「愉愉如也」幾個字，正寫出這時的孔子心情放鬆、而神色悅樂的樣子。

第六節

君子不以紺緅飾㈠，紅紫不以爲褻服㈡。當暑，袗絺綌㈢，必表而出之㈣。緇衣羔裘，素衣麑裘，黃衣狐裘㈤。褻裘長㈥，短右袂㈦。必有寢衣㈧，長一身有半。狐貉之厚以居㈨。去喪，無所不佩㈩。非帷裳⑪，必殺之⑫。羔裘玄冠，不以弔⑬。吉月⑭，必朝服而朝⑮。

【提旨】記孔子衣服方面的禮容。

【釋詞】

㈠紺緅飾　紺、音幹（ㄍㄢˋ），帛深青而帶赤色，就是青赤色；緅、音鄒（ㄗㄡ），帛赤而微黑色，就是赤黑色。飾、爲衣裳領口、袖口鑲邊的意思。不用這兩種顏色爲衣服鑲邊的原因，孔安國以爲古時齋戒時所穿的衣服原用「紺」色爲飾，三年練祭時所穿的衣服原用「緅」色爲飾，所以平常衣裳不用這兩種顏色鑲邊，以免和齋服、練服相混。

㊂紅紫不以爲褻服　褻、音屑（ㄒㄧㄝˋ），貼身的衣服稱爲褻，褻服就是家居所穿的便服。不以紅、紫二色爲家用便服的原因，朱子以爲紅、紫都不是正色，而是朱的間色，而且近於婦人的服色。

㊂袗絺綌　袗、音枕（ㄓㄣˇ），單衣爲袗，這裏作「單」字講，用爲動詞；絺、音吃（ㄔ），細的葛布；綌、音係（ㄒㄧˋ），粗的葛布。「袗絺綌」的意思是：穿着細的或粗的葛布單衣。

㊃必表而出之　朱註說：「謂先著裏衣，表絺綌而出之於外，欲其不見體也。」意思是：先穿一層內衣，把細的或粗的葛布單衣穿在外面。

㊄緇衣羔裘三句　表示衣服裏外的顏色應該相稱。古人冬天穿裘，就是皮衣，通常毛向外，因而皮衣外面還要穿一層罩衣，這罩衣稱爲裼（音錫ㄒㄧˊ）衣。這裏「緇衣」、「素衣」、「黃衣」的「衣」，就是指的裼衣。緇、黑色；羔、小羊，古代羔裘用黑羊皮。素、白色；麑、音倪，小鹿，毛白色。狐毛色黃。

㊅褻裘長　居家穿的皮衣做得比較長，可以保暖。

㊆短右袂　袂、音妹（ㄇㄟˋ），衣袖；右邊的袖子比較短，以便做事。

㈧寢衣　就是小臥被，也就是睡眠時所穿的衣服。

㈨狐貉之厚以居　貉、音何（ㄏㄜˊ）；狐皮、貉皮的毛深厚溫暖，用來作坐褥。居、就是陽貨篇：「居、吾語女」的「居」，相當於現在的坐。

（一〇）去喪，無所不佩　去、音取（ㄑㄩˇ），除的意思；去喪是服喪期滿，脫去喪服。古人身上佩玉以爲裝飾，服喪時不佩，除喪以後，平日所佩的都可以佩帶。

（一一）帷裳　古人上朝和祭祀時穿的禮服，上衣短，下身的裳用整幅布做成，不加剪裁，多餘的布用作褶疊，類似現在的百褶裙。

（一二）必殺之　殺、音曬（ㄕㄞˋ），減少、裁去的意思；殺之、就是縫製帷裳之前，裁去多餘的布，不用褶疊，可以省工省料。

（一三）羔裘玄冠，不以弔　玄冠、黑色的禮帽，羔裘也是黑色的，古代都用作吉服，喪事是凶事，所以不能穿着羔裘、戴着玄冠去弔喪。

（一四）吉月　孔安國註：「吉月、月朔也。」就是每月初一。竹添光鴻論語會箋解釋說：「古者舉事尚早，以朔旦爲月之吉，取令善之義；月吉倒文稱吉月，猶詩言朔月辛卯爲月朔也。」

（一五）朝服而朝　穿着上朝的服裝朝見君主；朝服、指玄冠、玄端之服。

【譯義】君子不用深靑而帶赤色或赤而微黑色爲衣服鑲邊，不用紅色和紫色作平常家居所穿的便服。當夏天暑熱的時候，穿着細的或者粗的葛布製成的單衣，但一定先穿一層內衣，把細的或粗的葛布衣穿在外面。黑色的裼衣，配黑毛的羔羊皮製成的皮衣；白色的裼衣，配白色的小鹿皮製成的皮衣；黃色的裼衣，配黃色的狐狸皮製成的皮衣。居家穿的皮衣做得比較長，可以保暖；右邊的袖子比較短，以便做事。睡眠時一定有睡衣，有一個半人的軀體那麼長。狐皮、貉皮的毛深厚溫暖，用來作坐墊。服喪期滿以後，平時所佩帶的玉都可以佩帶起來。如果不是上朝或祭祀時所穿、用整幅布做的帷裳，一定裁去一些布。不穿黑色的羊毛皮衣、不戴黑色的禮帽去弔喪。每逢月初的吉辰，一定穿着上朝時的禮服去朝見君主。

【析徵】衣飾是文明的象徵，與社會禮俗有很大的關係，我國自古以來，注重衣冠文物、禮儀制度，從黃帝開始，這方面就已有了相當的成就。孔子是承繼古代文物制度而發揚光大的人，所以非常重視衣冠，本節記錄他日常生活中衣飾方面的講求，足見他不苟的態度。有幾個地方需要補充說明，首先是開頭的「君子」二字，就是指孔子，如禮記禮運篇：「昔者仲尼與於蜡賓，事畢，出遊於觀之上，喟然而嘆。言偃在側，曰：『君子何嘆？』」又孟子盡心篇說：「君子之厄於陳、蔡之間，無上下之交也。」其中「君子」都是指的孔子。爲什麼要改稱「君子」呢？劉寶楠論語正義說：「見凡君子宜然也。」就是表示凡是君子都應該如此。其次是「君子不以紺緅飾」的原因，朱子與孔安國的意見相同。淸人江永則以爲紺、緅都是赤、黑的間色，因爲不是正色，所以君子不以爲飾。周柄中則以爲紺、緅並非不正之色，據禮記深衣篇，尊者俱存，則衣裳多飾，以畫文爲飾；尊者不俱存，則衣裳少飾，以青色爲飾；尊者俱沒，則衣裳無飾，以素色爲飾。孔子自幼而孤，母存時應以青色爲飾，母沒時應以素色爲飾，青赤色和赤黑色既非多飾，又非無飾，兩無可取。周氏這一說法很値得參考，因爲據禮記玉藻，齋時服玄色；據儀禮喪服記，練祭服淺絳色，孔注還有考證的必要。至於「紅紫不以爲褻服」，古代以朱爲正色，紅、紫只是兩種間色，但却是非常豔麗的顏色，當時一般人或許有愛好紅色、崇尚紫色的習性，孔子主張一切都要依循正道，對於顏色的取捨也是如此，他曾說：「惡紫之奪朱也」（見陽貨篇），正如「惡鄭聲之亂雅樂」一般，因爲它們足以炫奪正色，擾亂正樂。又寢衣的長度，以王引之的解釋最爲合理，他認爲「身」是指頸以下、股以上的軀幹部份，中等身材的人，軀幹約有一尺八寸長，再加九寸就是「一身之半」，長度可以遮蔽膝部。

第七節

齊㊀，必有明衣㊁，布㊂。齊必變食㊃，居必遷坐㊄。

【提旨】記孔子齋戒時衣、食、居住方面特別謹愼的情形。

【釋詞】

㊀齊　音義同齋（ㄓㄞ）。古人祭祀之前，先行齋戒，就是飲食、居住及身體思慮方面保持莊謹潔淨。

㊁明衣　齋戒時必須沐浴，浴後所穿、潔淨的內衣。邢昺疏、朱熹集註都說：「所以明潔其體也。」所以稱爲明衣。

㊂布　明衣用布做成。不過當時布的質料不是棉，趙翼陔餘叢考說：「古時未有棉布，凡布皆痲爲之。記曰：『治其絲痲，以爲布帛』是也。」

㊃變食　朱註說：「變食、謂不飮酒、不茹葷。」茹、吃的意思；葷、音昏（ㄏㄨㄣ），指帶有濃烈辛臭氣味的菜，如葱、薑、大蒜、韮菜之類。

㈤遷坐　朱註說：「遷坐、易常處也。」就是改變平常居處的地方。古時士大夫平常與妻子居處「燕寢」，齋戒時則居處「外寢」（也稱「正寢」），與妻室不同一房。

【譯義】孔子齋戒沐浴的時候，浴後一定有明潔的衣服，用布做的。齋戒的時候，一定改變平常的飲食，不飲酒，不吃辛臭的菜食；一定改變平常居處的地方，由燕寢遷居外寢，不與妻室同房。

【析微】古人在祭祀神靈之前，必定要齋戒一番，因爲將與神明相接，身體、心思都要潔淨、莊謹，所以要沐浴身體，洗除汚垢；改變平常的飲食習慣；改變平常的居住場所；這些做法，都是表示對神明的尊敬。齋戒是祭祀前的準備工作，必須身心和生活習慣都能齋潔，然後祭祀神靈，以奉獻內心的誠敬之意，才不致褻瀆神靈。可見古人是多麼注重人、神之際的交往，而孔子的表現，足以看出他一片誠敬的心意。本節所謂「變食」，孔安國註只說：「改常饌」，就是改變平常的飲食習慣，並沒有明說「不飲酒，不茹葷」，而莊子人間世篇記載：「顏回曰：『回之家貧，唯不飲酒、不茹葷者數月矣。若此，則可以爲齋乎？』曰：『是祭祀之齋，非心齋也。』」朱註可能就是本於莊子的。古人所謂葷，是專指辛臭的菜，齋戒時所忌食，後世才指魚、肉之類的腥味。「變食」還有另一種說法，周禮天官膳夫說：「王日一舉……王齊，日三舉。」鄭司農引本節「齊必變食」的話作註。周禮的意思是：天子每天進餐三次，只在第一次進餐時殺牲，其餘兩次，只把第一次剩餘的菜餚回鍋而已。如果齋戒的時候，三次都要殺牲，吃新鮮的菜餚，取其潔淨，這就是「變食」。

第八節

食不厭精㈠，膾不厭細㈡。食饐而餲㈢，魚餒而肉敗㈣，不食；色惡㈤，不食；臭惡，不食；失飪㈥，不食；不時㈦，不食；割不正㈧，不食；不得其醬㈨，不食。肉雖多，不使勝食氣㈩。唯酒無量，不及亂⑪。沽酒市脯⑫，不食。不撤薑食⑬，不多食⑭。

【提旨】記孔子對飲食衞生的講究和飯食的節制。

【釋詞】

㈠食不厭精　朱註：「食、音嗣；食、飯也。」事實上應該指米，或泛指糧食；不厭精，就是舂得越精越好。

㈡膾不厭細　膾、音快（ㄎㄨㄞˋ），說文：「膾、細切肉也。」就是牛、羊、豬肉或魚類，先薄切成片，再橫切成絲；不厭細，就是切得越細越好。

㈢食饐而餲　食、音嗣（ㄙˋ），指飯；饐、音益（ㄧˋ），說文：「饐、飯傷濕也。」就是飯擱久了，顯得濕濕的，已經不新鮮；餲、音遏（ㄜˋ），皇疏：「經久而味惡也。」就是飯的味道變了，俗稱餿了。

㈣魚餒而肉敗　餒、音內上聲（ㄋㄟˇ），爾雅說：「肉謂之敗，魚謂之餒。」魚腐爛稱爲餒。

㈤色惡、臭惡　凡食物雖沒有腐爛，而顏色很難看，氣味很難聞。惡、音餓（ㄜˋ），惡劣的意思；臭、音秀（ㄒㄧㄡˋ），氣味的意思。

㈥失飪　飪、音任（ㄖㄣˋ），朱註說：「飪、烹調生熟之節也。」失飪、就是煮得半生不熟，或者過於爛熟。

㈦不時　鄭玄註：「不時、非朝、夕、日中時。」古人飲食有定時，一日三餐，早、晚、中午各一餐，所以「不時」就是不到該吃的時候。

㈧割不正二句　朱註說：「割肉不方正者不食，造次不離於正也。」又舉例說：「漢陸績之母，切肉未嘗不方，斷葱以寸爲度，蓋其質美，與此暗合也。」

⑨不得其醬二句　朱註說：「食肉用醬，各有所宜，不得則不食。」醬，指醯、醢之類，就是醋、肉醬之類，古人用來配食、調味。竹添光鴻論語會箋說：「不得其醬，非無醬也，不得所宜用之醬耳。如當用醯而設醢，當用醢而設醯，或醯、醢皆不設是也。」

⑩肉雖多二句　朱註說：「食，音嗣；食以穀爲主，故不使肉勝食氣。」食對肉而言，訓爲飯；氣，今作餼，說文引作旣，三字同音假借，猶性的意思。人如果肉吃多了，食性爲肉所勝，就會損傷身體。食性猶如飯量，飯是主食，以肉爲輔，所以吃肉的量，不能超過飯量。

⑪唯酒無量二句　是說飲酒多少，有時沒有一定的限量，但雖多而不至於神志昏亂，威儀失度。亂字兼心志與舉止而言。

⑫沽酒市脯二句　沽、市，都是買的意思；脯，音甫（ㄈㄨˇ），乾肉。皇疏引江熙說：「酒不自作，未必清淨；脯不自作，不知何物之肉；故沽、市所得並不食。」意思是：買來的酒與乾肉，惟恐材料不精，處理不清潔，所以不敢食用，以免傷害身體。

⑬不撤薑食　薑氣味辛辣，足以消散穢氣，滌盪心胸，所以孔子餐後不撤去，常設左右，以備取用。

⑭不多食　孔安國註：「不過飽。」朱子集註：「適可而止，無貪心也。」意思是：飲食有節制，不過份多吃。

【譯義】孔子對食物講究精細，糧食舂得越精越好，肉類切得越細越好。飯擱久了，顯得濕濕的，而且味道變餿了，魚和肉腐爛了，一概不吃；凡食物雖然沒有腐爛，而顏色很難看，不吃；氣味很難聞，也不吃；烹飪得半生不熟，或者過於爛熟，不吃；不到該進食的時候，不吃；肉割得不方正，不吃；沒有適宜的調味的醬醋，不吃。席上的肉雖然多，吃的時候，不使超過所吃的飯量。只有飲酒沒有一定的限量，或多或少，但最多也不至於神志昏亂、舉止失措。從市場上買來的酒和乾肉，恐怕不清潔，所以不吃。進餐完畢，薑不撤除；飲食總是適可而止，不多吃。

【析微】本節記述孔子飲食方面的生活習慣，非常詳盡。由這一段詳盡的記敍，可見孔子對飲食有多方面的講求，他注重糧食的加工處理，以及刀法的精細，眞是一位精食主義者。他又特別注重食物的新鮮，顏色、氣味不對，不敢取食，可見孔子很講究飲食衞生；兩千多年以前，人們還沒有充分的衞生常識，更沒有完備的衞生設備，而孔子却已懂得了衞生之道，無形中達到了防止疾病和身體保健的功能。並且，食物的烹飪，還講究火候的恰到好處，可見他注意到烹調的技術問題。所謂「割不正，不食」，朱子解「正」爲方正，粗看似乎覺得孔子講究得太過分，不免有點迂闊，要知道：孔子當時一般士大夫甚至君主，無論思想、言行、生活都不上正軌，所以孔子在各方面大力倡導正道，除了「正名」之外，還要「正身」，如回答季康子問政說：「政者，正也；子率以正，孰敢不正？」(見顏淵篇)又說：「其身正，不令而行；其身不正，雖令不從。」又說：「苟正其身矣，於從政乎何有？不能正其身，如正人何」(並見子路篇)？都是以「正」治天下的思想；大學更主張要「誠意」、「正心」，所以，在日常生活中，孔子處處以正道示範，本篇之內所記，如「席不正，不坐。」「君賜食，必正席先嘗之。」「升車，必正立執綏。」可見孔子的確有一番率先示正的微意。此外，孔子對飲食又特別注重定時、定量，尤其是肉食和酒，多吃對身體有害，而酒更足以亂性、廢事、失禮，所以子罕篇孔子曾說：「不為酒困。」正與本節的「唯酒無量，不及亂」是同樣的出於節制。至於市場上買回來的酒和乾肉，因為不知道人家用的材料是不是夠精純？處理的經過是不是夠清潔？所以不放心食用，可以想見孔子一定是自己家裏釀酒、醃肉的。正如季康子送來的藥，孔子只是「拜而受之」，並說：「丘未達，不敢嘗。」因為不明白藥性如何，所以不敢嘗試，可見孔子對外來的食物、藥物都非常謹慎。孔子又注重食物的調味，「不得其醬，不食」，「不撤薑食」，都是講究藉作料以增加美味的吃法。最後一句：「不多食」，尤其是養生的要道。孔子這樣精於飲食之道，眞是一位飲食方家了。

第九節

祭於公㈠，不宿肉㈡。祭肉㈢不出三日㈣；出三日，不食之矣！」

【提旨】記孔子參與國家祭典或家祭以後，對祭肉的處理情形。

【釋詞】

㈠祭於公　就是參與公家的祭祀典禮，禮記雜記篇說：「大夫冕而祭於公，士弁而祭於公。」鄭玄註：「助君祭也。」可見古代大夫、士都有助君祭祀之禮。

㈡不宿肉　宿，久留的意思。天子、諸侯的祭禮，當天清早宰殺牲畜，如牛、羊、豕等，然後才舉行祭典。第二天又舉行祭祀，稱爲「繹祭」。繹祭之後，天子、諸侯依參與助祭的士大夫貴賤的等級，把國家的祭肉分別頒賜給他們，或者讓助祭的士大夫把他們帶來參與助祭的肉各自帶回去。因此，「祭於公」的肉，在未頒賜以前，至少已放了一、兩天了，所以不能再留。

㈢祭肉　指自己家中家祭時所用的祭肉，或者鄰里親友所致送的祭肉。

㈣不出三日　就是留存不超出三天。

【譯義】孔子如果參與國家的祭祀典禮，所得的祭肉不留存到第二天。別的祭肉留存不超出三天；如果存放超出了三天，就不吃它了。

【析微】古代大夫、士都有爲君助祭之禮，八佾篇說：「子入大廟，每事問。」孟子告子篇說：「孔子爲魯司寇，不用，從而祭，燔肉不至。」禮記禮運篇說：「仲尼與於蜡賓。」都可以證明孔子曾參與助祭。「祭於公」所獲頒的祭肉，固然由於已經存了一、兩天，因而不能再予久留，迅卽吃完，或者分送鄰里親友；至於家祭時自己家中所備的祭肉，或者鄰里親友饋贈的祭肉，因卿大夫的祭禮，也須祭後而又祭，當天無暇致送祭肉給人，而且當時的禮制規定，賜給朝廷的君子和一般平民不在一天，由伯叔、兄弟以至鄰里、鄉黨，都各有先後，至少要兩天時間，才能把所有的祭肉分別致送完畢，連祭祀那一天，已經有了三天，三天之後，肉當然已經不新鮮，所以孔子不吃。

第十節

食不語㈠，寢不言㈡。

【提旨】記孔子飲食、睡眠時言語有所節制。

【釋詞】

㈠語　詩經大雅公劉篇毛傳說：「論難曰語。」周禮春官大司樂鄭註說：「答述曰語。」可見古人認爲：與人辯論是非，或與人相答而有所論述稱爲語。所以「語」就是與人交談。

㈡言　詩經大雅公劉篇毛傳說：「直言曰言。」周禮春官大司樂鄭註說：「發端曰言。」可見古人認爲：一個人直接說話，或開頭說話都稱言，所以「言」就是自言，也就是自己說話的意思。

【譯義】孔子在吃飯的時候，不與人交談；睡覺的時候，不自動說話。

【析微】言、語二字，分別用的時候，意義稍有區別，通用的時候，則言就是語，語就是言，意義沒有什麼區別。本節既然上句用「語」字，下句用「言」字，當然是有所區別的。吃飯的時候，口裏含有食物，說話既不方便，而且有失禮容，更容易使喉管哽咽，所以孔子平常吃飯時不與人談話。朱註引范甯說：「聖人存心不他，當食而食，當寢而寢，言語非其時也。」孔子一向能做到言語適時，正如憲問篇公明賈所說：「時然後言，人不厭其言。」吃飯時應當專心吃飯，不容分心，所以不是說話的時候。至於睡眠的時候，也不適於說話，否則就有失休息的本意，所以「寢不言」也是養生的方法之一。

第十一節

雖疏食㈠、菜羹㈡、瓜㈢，祭㈣，必齊如㈤也。

【提旨】記孔子飲食而不忘本、不敢以非薄而廢禮的誠心。

【釋詞】

㈠疏食　疏、當作蔬；食、音飼（ㄙˋ）。疏食、述而篇朱註：「粗飯也。」就是糙米飯，或其他粗疏的糧食。

㈡菜羹　蔬菜如藜、藿之類做成的羹湯。

㈢瓜　鄭玄註：「魯讀瓜爲必，今從古。」意思是：魯論語把「瓜」字讀成「必」字的音，現在仍從古論語，讀「瓜」字的本音。有人據魯論語改「瓜」字爲「必」字，與下文「祭」字連成一句，但下句已有「必」字，而且襄公二十九年公羊注、論衡祭意篇引本文都作「瓜」，所以應當作「瓜」，指瓜果之類。

㈣祭　一字成一句，但這「祭」字並非祭祖先，而是祭上古首先發明飲食的人，表示不忘本。

㈤齊如　「齊」有整肅的意思；如，相當於「然」。齊如、嚴肅、敬愼的樣子。

【譯義】孔子的日常飲食，雖然吃的是粗疏的糧食，蔬菜作的羹湯，或普通瓜果之類，在飲食以前祭祀的時候，一定顯得嚴肅而敬愼的樣子。

【析微】古人在飲食之前，將席上各種食物取出少許，放置在食器之間，以祭祀上古最初發明飲食的人，表示報功、不忘本的意思。但古人的禮制，盛美的食物才需祭祀，否則可以不必祭，孔子却雖然吃的是疏食、菜羹、瓜果之類，也要祭祀一番，以表達他嚴肅、敬愼的心情，所謂不敢以菲薄廢禮。禮記禮運篇說：「昔者先王未有火化，食草木之實，鳥獸之肉，飲其血，茹其毛；後聖有作，然後修火之利，范金合土，以炮以燔，以亨以炙，以爲醴酪，以養生送死，以事鬼神上帝，皆從其朔。」大意是：在上古原始時代，人們沒有發明用火煮食物之前，都是吃生的食物，後來才有聰明的人發明熟食，逐漸有了飲食的文明。據歷史的記載，上古帝王神農氏嘗百草，分辨各種菜蔬、瓜果、藥物的滋味；又有燧人氏鑽木取火，從此人們懂得利用火而進入熟食時代，爲人類飲食文明的一大進步；所以後世的人爲了追念他們的功績，而有祭食之禮。

第十二節

席㊀不正㊁，不坐。

【提旨】記孔子對坐席講求端正不倚，以見他處處心安於正。

【釋詞】

㊀席　指坐席。當時沒有椅子、凳子之類坐的用具，都是在地面或地板上鋪席子，坐在席子上。

㈡不正　指席子鋪設得不端正。

【譯義】孔子坐的時候，如果席位鋪設得不端正就不坐。

【析微】先秦時代，人們都是席地而坐的，先鋪設、靠近地面的一層稱為藉，然後加鋪一層稱為席。每當賓主宴會的時候，各人都有專用的坐席，食物都設在坐席的前面，不設在坐席之上。直到現在，我們還稱宴會為「筵席」，可見來源很古。本篇第十八節說：「君賜食，必正席先嘗之。」禮記曲禮篇說：「主人跪正席，客跪撫席而辭。」可見凡坐的時候有正席的禮容，因為坐席有時會移動而有所偏斜，這就是所謂「席不正」，這時孔子是不願就坐的，正如「割不正不食」一樣。由此可知：孔子處處心安於正，處處不苟且，所謂「子率以正，孰敢不正。」他真是處處能做弟子們和士大夫們的表率。

第十三節

鄉人飲酒㈠，杖者㈡出，斯出矣！

【提旨】記孔子與鄉人中長老同飲酒時的禮容，以見他尊重長老及周旋中禮的表現。

【釋詞】

㈠鄉人飲酒　同居一鄉的人稱爲鄉人。古代禮制，鄉大夫每隔三年向國君進獻賢能的人才，將獻於國君的時候，以賓禮款待他們飲酒，稱爲鄉飲酒，儀禮有鄉飲酒禮一篇。本章所記的「鄉人飲酒」，大約是同鄉的人平常偶然的飲酒，如逢年過節、冠婚喜慶時，以酒食款待鄉黨朋友之類。

㈡杖者　指六十左右的老年人，老人依手杖行路，所以稱杖者。

【譯義】孔子在家鄉與同鄉的人一起飲酒時，非常尊重年老的長者，等老年人都出去了，自己這才跟着出去。

【析微】鄉飲酒禮，古代稱爲「饗」，許愼說文：「饗，鄉人飲酒也。」除了儀禮有鄉飲酒禮一篇外，禮記也有鄉飲酒義一篇，兩篇記鄉飲酒的禮節與意義，都很詳明。它的意義，不外尊賢、養老，周禮酒正稱爲「公酒」。據禮記鄉飲酒義疏說，有四種飲酒都可以稱爲鄉飲酒，一種是每三年以賓禮款待鄉中賢能的人，一種是鄉大夫宴飲國中的賢者，一種是州長春秋習射而飲酒，一種是黨正於十月農事收成完畢、舉行蜡祭而飲酒。本章所記的雖然不一定指鄉飲酒禮，但自然包括在內。所謂「杖者」，指尋常老者，禮記王制篇說：「五十杖於家，六十杖於鄉，七十杖於國，八十杖於朝。」可見五十歲以上，在家裏就可以扶着拐杖走路了，但在一鄉之內，要到六十歲，孔子對一鄉之中六十以上的長老，在行動上表現的尊敬，正是他禮教的實踐，這是王道政治的始基。

第十四節

鄉人儺㈠，朝服而立於阼階㈡。

【提旨】記孔子居鄉無禮不誠敬的態度。

【釋詞】

㈠儺　音挪（ㄋㄨㄛˊ），古代的一種風俗，就是迎神以驅逐疫鬼。

㈡阼階　就是東階，主人所立的位置，所以又稱主階。阼、音作（ㄗㄨㄛˋ）。

【譯義】孔子居住家鄉的時候，如果同鄉的人爲他迎神驅鬼，他就穿着朝服站在東邊的石階上答謝。

【析微】迎神驅鬼，據說湖南也有這種風俗，就是家中如果有人生病，就僱請巫師以驅逐疫鬼，稱爲「冲儺」，可能就是古代風俗的遺留。據說周禮有方相氏，專掌管這種事。周禮說：「儺，大夫朝服祭。」所以孔子也穿朝服，以表示恭敬之意。但「儺」並非什麼大的祭典，常人容易忽略，而孔子却以爲：鄉人爲我迎神驅鬼，我是主人，主人不可有輕慢的禮容，於是穿着朝服，立在主人的位置——阼階之上，以答謝鄉人，盡賓主之禮。朱子集註說：「儺雖古禮，而近於戲，亦必朝服而臨之者，無所不用其誠敬也。」可見孔子對於可行的古禮，總是抱着不苟的態度，表現誠敬的心意。

第十五節

問㈠人於他邦，再拜㈡而送之㈢。

【提旨】記孔子向國外友人有所問遺的禮容。

【釋詞】

㈠問　問訊、問好的意思，通常也致送禮物，以表示情意。

㈡再拜　俯首行兩次拜禮。

㈢送之　之、指使者。送之、向使者送行。

【譯義】孔子託人向國外的友好有所問訊，就俯首行兩次拜禮，以向受託的使者送行。

【析微】古代人們相互存問，必致送禮物以表示情意，如詩經鄭風女曰雞鳴：「雜佩以問之。」左傳成公十六年：「楚子使工尹襄問之以弓。」哀公十一年：「使問弦多以琴。」凡同居一國的友好，如果事件重大，必定親自相見，雖然常有問遺，一定事情輕微，這時不會拜使者。如果朋友遠居異邦，不能相見，所以當使者啓行的時候，要拜送使者，除了送行是爲使者外，拜的禮節並非拜使者，而是遙拜所問的人，好像親自見到一般。清儒江永說：「其時使者不答拜。」正因爲所拜的是將往存問的友好，所以使者不必行答拜之禮。這使者並非尋常僕隸之類，而是弟子或友朋之類，如雍也篇的「子華使於齊」，就是以弟子爲使者。至於拜送的地點，據禮記曲禮篇說：「君使反，則拜送於門外；己使歸，則下堂而受命。」受命既在堂下，則拜送也一定在堂下。又禮記少儀篇說：「凡膳告于君子，主人展之，以授使者於阼階之南，南面再拜稽首送。」可見拜送不出門，只在堂階之下。

第十六節

康子㈠饋藥㈡，拜㈢而受之㈣。曰：「丘㈤未達㈥，不敢嘗㈦。」

【提旨】記孔子接受藥物的謹慎態度及與人交接的誠意。

【釋詞】

㈠康子　指魯卿季康子。

㈡饋藥　贈送醫藥。饋、音愧（ㄎㄨㄟˋ），贈送的意思。

㈢拜　俯首行一次拜禮，表示謝意。

㈣受之　接受了康子所贈送的醫藥。

㈤丘　孔子自稱己名。

㈥未達　不知道藥的性質如何。達、知曉的意思。

㈦嘗　嘗試的意思。相傳古人習俗，凡尊輩贈送食物、藥品之類，拜謝之外，必須嘗用，表示禮貌。

【譯義】季康子贈送藥品給孔子，孔子拜謝而後接受。然後對使者說：「我不知道這藥的性質如何，所以不敢嘗試。」

【析微】當季康子在魯國當權的時候，孔子已經以大夫而告老了，這時，也許季康子聽說孔子患了某種疾病，因而贈送孔子某種藥品，孔子在拜謝、接受之後，本來應該嘗試一下，表示禮貌的，孔子覺得這是外來的藥物，性質如何，還不明白，所以不敢嘗試，就坦誠地對送藥的使者表明：不敢嘗藥的實際原因，這顯示孔子與人交接時正直而誠意的態度，毫無虛飾，這是孔子待人的本色。並且，由孔子的不識藥性而不敢嘗藥，可以看出他對疾病、醫藥的謹慎態度。藥物對身體健康的情況影響極大，如果不明藥性而亂服成藥，不但足以破壞身體健康，甚至可能危害生命，所以，孔子這方面特別慎重，但仍不忘禮貌，「拜而受之」。禮記玉藻篇說：「酒、肉之賜弗再拜。」弗再拜只是一拜，「饋藥」與賜酒、肉類似，所以也只用一拜，就是行一次拜禮，與前節的「再拜」不同。凡經典單用「拜」字，都是一拜；用「再拜」二字，則是兩拜。

第十七節

廄焚㈠。子退朝㈡，曰：「傷㈢人乎？」不問馬㈣。

【提旨】藉馬房失火的事，記孔子特別關心人員的傷亡，而不暇顧及馬匹的損失，以顯示他重視人命的態度。

【釋詞】

㈠廄焚　廄，音究（ㄐㄧㄡˋ），說文：「廄，馬舍也。」就是養馬的地方，俗稱馬房或馬棚。焚，失火，燃燒的意思。

㈡退朝　鄭玄註：「退朝，自君之朝來歸。」就是從朝廷回家的意思。

㈢傷　焚傷，傷害的意思。

㈣不問馬　這一句是記錄論語的人所記的話，說明孔子在剛聽到馬房失火的消息時，只問到人員的傷亡情形，却沒有問到馬匹的損失如何，以顯示孔子的仁心是有緩急之分的。

【譯義】孔子家的馬房失了火。孔子從朝廷回到家裏，聽到失火的消息以後，就這樣關心地問道：「傷害到人嗎？」却沒有問起馬的損失情形。

【析微】孔子官邸失火，馬廐被焚的事，禮記少儀篇也有記載說：「廐焚，孔子拜鄉人爲火來者，拜之士壹，大夫再，亦相弔之道也。」鄭註說：「拜謝之。」是記敍這一場火災之後，鄉人們紛紛來探詢慰問，孔子在家接待、拜謝時的禮節。可以想見當初家人及鄰里救火的人，可能有被火燒傷的人，所以孔子首先關心的是人，根本沒有提到馬。由本節這一段記載，很自然的流露出孔子的仁心是以「人」爲中心的，孔子所倡導的仁愛學說，是以「人」爲主要對象的。孔子這種重視「人」的人本主義思想，正是中國文化思想的基本出發點，也是中國文化的特色，與西方的文化思想迥然不同。在西方人的觀念裏，往往把「物」看得比「人」更重要，例如去年（公元一九七〇年）冬季，美國奧克拉荷馬州東部薩利索市附近，發生了一場火災，延燒到一座馬房，結果至少有二十五匹過去曾得過獎的名馬被燒死，據馬場主人的估計，這些名馬的價值在美金二十萬元以上，實在可惜！當時美聯社記者拍發的新聞報導，並沒有提到這次大火居民傷亡、損失的情形，只報導了名馬葬身火窟的事。由這一則新聞報導的重點來看，充分顯示西方人對一件事情的看法，與中國人大不相同，那就是西方重物，而中國重人。同樣是馬房失火，只是一件發生在兩千年前的孔子時代，一件發生在兩千多年後的二十世紀，由中國的孔子和美國的新聞記者所表現的態度，完全反映出中西的差異。中國人一切以人爲本，以人爲主，人以外的「物」列爲次要，孟子所謂：「親親而仁民，仁民而愛物。」可見中國人並非不愛物，而是在愛物之前，必須先「親親」，然後「仁民」，然後才「愛物」，所以，中國儒家的仁愛是有本末等差、先後緩急的，這種由近而遠，由親及疏，推己及人，推人及物的仁愛，就是中國文化的精神，由此才可以達到宇宙萬物並行而不悖、並育而不相害的境界。

第十八節

君賜食㊀，必正席㊁先嘗之㊂。君賜腥㊃，必熟而薦㊄之。君賜生㊅，必畜㊆之。侍食於君，君祭㊇，先飯㊈。

【提旨】記孔子接受國君賞賜食物及侍奉國君進食的禮節。

【釋詞】

㈠食　指熟食，就是已經烹調熟了的食物。

㈡正席　擺正坐席，就是把坐席安放端正的意思。

㈢先嘗之　先在使者面前品嘗國君所賜的食物，表示敬愛國君的惠賜，這是古代臣子接受國君賜食的常禮。

㈣腥　凡新宰殺的牛、羊、豕之類，未經烹調熟的食物稱爲腥。

㈤薦　凡祭祀的時候，向祖先進奉烹調熟了的食物稱爲薦。

㈥生　指未經宰殺的牛、羊、豕之類活的牲口。

㈦畜　音序（ㄒㄩˋ），畜養的意思。國君所賜的活口，一定畜養起來，無故不敢輕易宰殺，用爲食物，表示尊重國君的惠賜。

㈧祭　指進食前的祭食之禮。

㈨先飯　飯、音反（ㄈㄢˇ），嘗食的意思。侍奉國君進食的臣子，當國君行祭食禮，自己不參與祭祀，而先嘗食，這是侍食的常禮，表示不敢當客禮。

【譯義】如果國君賞賜烹調熟了的食物，孔子一定把坐席安放端正，端坐恭敬地先品嘗一下。如果國君賞賜未經烹調的食物，孔子一定把它煮熟以後，再進獻祖先。如果國君賞賜活的牲口，孔子一定畜養起來，無故不敢輕易動用。如果侍奉國君進食，當國君舉行食前祭禮的時候，孔子不參與祭祀，而先嘗食。

【析微】古代國君對臣子有賜食之禮，所賞賜的食物，不外熟食、生食和牲口，孔子在接受這些賞賜的時候，都表示了應有的禮節。如果所賜的是熟食，孔子拜而受之之餘，對使者先嘗少許，這是當時受賜熟食的常禮。使者退去之後，孔子才正式食用，或與家人共享，或與賓客、友朋共享，不留國君的惠賜而分享他人。如果所賜的是生食，孔子在自己食用之前，先烹調熟，然後供奉祖先，表示接受國君惠賜的榮寵。如果所賜的是牲口，爲了尊重國君的賞賜，而不敢輕易宰殺爲食物，禮記玉藻篇所謂「無故不殺」，就是說沒有祭祀祖考或款待尊客親朋的重大緣故，不敢殺牲。至於侍奉國君進食之禮，如儀禮士相見禮說：「君賜之食，則君祭先飯。徧嘗膳，飲而俟，君命之食，然後食；若有將食者，則俟君之食，然後食。」這是侍食的常禮，與論語本節所記的正同。又如禮記玉藻篇說：「若賜之食而君客之，則命之祭，然後祭。先飯，辯嘗羞，飲而俟；若有嘗羞者，則俟君之食，然後食。」這是國君待臣子以客禮，與本節所記的不同。

第十九節

疾，君視之㊀，東首㊁，加朝服㊂，拖紳㊃。

【提旨】記國君探視孔子疾病時，孔子所表現的禮節。

【釋詞】

㊀視之　探視病中的孔子。

㊁東首　邢昺疏說：「病者常居北牖下，爲君來視，則暫時遷向南牖下。東首，令君得南面而視之。」意思是：古代凡生病的人臥床平常設在寢室的北窗之下，因爲國君要來探視，臨時遷移到南窗之下，頭向東邊，使國君能面朝南邊探視病人，表示對國君的尊敬。

㊂加朝服　將上朝穿的禮服加在被子上，也在表示對國君的尊敬。

㊃拖紳　紳是朝服腰間所繫的大帶；拖，加於其上而曳引下垂的意思。

【譯義】當孔子生病，國君來探視的時候，孔子臥在病榻上，頭朝向東方，好讓國君能面朝南方探病。又把上朝的禮服加在被子上，再把大帶加在朝服上，大帶的一端垂下來。

【析微】古代臣子有了疾病，國君有探問之禮，如禮記喪服大記說：「君於大夫疾，三問之。」荀子大略篇也說：「君於大夫，三問其疾。」所謂「東首」，並非面向東方，是說首在病床的東方。禮記玉藻篇說：「君子之居恒當戶，寢恒東首。」可見平時寢臥，都是頭在東方，因爲東方是光明的方向，取向明的意思。又古人以北方爲君位，南方爲臣位，室內以西方爲尊，臣子臥病於南窗之下，國君進入室內探病，必然面朝南方的病榻，或東方的病人，國君居尊位，臣子居卑位，這是古代君臣之間一定的禮節，雖然病中也不容改變，孔子是一個尊君、守禮的人，當然一定會完全遵奉的。平常臣子朝見國君，總是穿着上朝的禮服，如今國君親臨探病，由於臥病在床，不能穿朝服、束大帶，以大禮參見國君，但又不能以貼身的褻服與尊貴的國君相見，所以權且用朝服加身，只是加蓋在被子上，大帶既不能束身，也加在朝服上，都是表示尊敬國君的意思。

第二十節

君命召㊀，不俟駕㊁行㊂矣。

【提旨】記孔子事君，不敢怠忽君命，一旦國君召見，便急於應命趨行。

【釋詞】

㊀君命召　國君命令召見孔子。

㊁不俟駕　不等待車輛駕好馬。俟、音四（ㄙˋ），等待的意思；駕，加馬於車的意思，就是把馬加在車前，用軛套在馬的頸子上，以便牽引。

㊂行　動身出發的意思。

【譯義】國君有命令召見的時候，孔子不等到僕役駕好馬車，就立刻動身前往。

【析微】記錄本節的人，不說：「不乘車而行」，而說：「不俟駕而行」，可見並非徒步前往朝廷。劉寶楠論語正義說：「大夫不可徒行，而此承君命召，急迫先行，其家人必亦速駕隨出及之。」竹添光鴻論語會箋說：「大夫趨行在塗，僕夫駕車馬追行于後，則升車，馳驅以至于公門之外也。」意思是：孔子一聽到君命召見，就迫不及待，急於奔赴朝廷，走到中途，家人或僕役就會駕着馬車隨後追來，這時再登車馳向朝廷。因爲當時以君命爲急，沒有閒暇的心情等待駕好馬車。禮記玉藻篇說：「凡君召……在官不俟屨，在外不俟車。」連鞋子都來不及穿，就奔向戶外，同樣是急於應命的心情。荀子大略篇說：「諸侯召其臣，臣不俟駕，顚倒衣裳而走，禮也。」臣子爲了急趨君命，不必等待車輛駕好就先步行出門，慌忙中甚至衣裳穿顚倒了也不爲過，也算合理，因爲這正顯示臣子以君命爲急的忠誠之心，可見禮節是隨情形爲轉移，因心境而有所改變，並非一成不易的。

第二十一節

入大廟㈠，每事問㈡。

【提旨】記孔子進入太廟助祭時，好禮、好問的謹愼態度。

【釋詞】

㈠大廟　大、同太；太廟、周公廟。

㈡每事問　指宗廟中的禮儀、禮器等等，事事都要詳細問明白。

【譯義】當孔子進入祭祀周公的宗廟，所看到的每件事，都要詳細問清楚。

【析微】本章又見於八佾篇，因此，朱子集註以爲重出，但八佾篇多一「子」字，「子入大廟，每事問。」是因有人譏笑孔子知禮而起的；本章沒有「子」字，正是孔子在太廟中的實際行事。換句話說：本節才是事實的記錄，並非重出。皇侃本有鄭玄註說：「爲君助祭也。」是說孔子進入周公廟，爲魯君助祭。魯國的始祖是周公的兒子伯禽，所以，魯國是周公的後裔，世世祭祀周公，有特立的宗廟，稱爲太廟。孔子在太廟所見所聞，必定詳加詢問，如禮儀的制度、禮文的記載、禮器的演變等等，都要知道得清清楚楚，由此可見孔子好學、好問、好禮而謹愼的態度。

第二十二節

朋友死，無所歸㈠，曰：「於我殯㈡。」

【提旨】記孔子爲沒有親人主喪的朋友主持喪事，可見他重視朋友之間的道義。

【釋詞】

㈠無所歸　就是屍魂無所歸趨，沒有親人主持喪事的意思；或者雖有親人，而道途遙遠，一時缺乏主持喪事的人。

㈡殯　停喪的意思；就是人死以後，屍體放在靈柩中，下土安葬以前，靈柩停放在堂上。

【譯義】朋友死了，沒有親人主持喪事，孔子就說：「由我替他料理停喪的事吧！」

【析微】本節所謂朋友，兼指門弟子而言。無論是普通朋友，或門下弟子，一旦亡故，如果隻身在異鄉遊歷或求學，距離家鄉路途遙遠，一時沒有親人主持喪事，依古代禮制，庶人死後三天要舉行殯禮，三個月以後安葬，所以本章不說「於我葬」，而說「於我殯」，是因爲初死的時候，死者親人還在遠方，一時不能趕到，所以，孔子念在朋友、師生的情義，代爲辦理停喪的事。如果死者毫無親人，孔子甚至會代爲選擇墓地安葬，這是情理中事。禮記檀弓篇說：「賓客至，無所館，夫子曰：『生於我乎館，死於我乎殯。』」是指從外國來到魯國的朋友、賓客，與本節所記的正相同。

第二十三節

朋友之饋㈠，雖車馬，非祭肉㈡，不拜㈢。

【提旨】記孔子與朋友相交，輕財重祭的態度。

【釋詞】

㈠饋　本是贈送的意思，這裏指所贈送的禮物。

㈡祭肉　指祭祀時所用的俎肉。

㈢不拜　不行拜禮的意思。

【譯義】朋友所贈送的禮物，雖然是車、馬之類貴重的東西，只要不是祭祀用的肉，孔子在接受的時候，不行拜禮。

【析微】本節的意思，等於說朋友的餽贈，雖然是車、馬這樣貴重的禮物，不必行拜禮接受，只有祭肉才需要拜而後受，可以說成：「雖車馬，不拜；祭肉則拜。」而記錄本節的人，却用了一種特殊的文法，「雖車馬」與「非祭肉」兩句，前句從正面說，後句却從反面說，又前句下面省略了「不拜」二字，由此可見古文的妙處。禮記坊記篇說：「父母在，饋獻不及車馬。」可知朋友有相互餽贈車馬之禮。車馬是貴重的禮物，車馬不拜，則其他禮物除祭肉之外自然不用拜了。朱註說：「朋友有通財之義，故雖車馬之重不拜，祭肉則拜者，敬其祖考，同於己親也。」這是朱子解釋何以車馬不拜而祭肉則拜的道理。本章的重點在車馬不拜，以說明朋友所看重的，在義而不在利；祭肉是用來襯托的，從經濟的價値看，車馬重而祭肉不重，重的不拜而不重的拜，可見從內涵的意義看，祭肉比車馬重要，因爲祭肉可以說是神的惠賜，自然應當尊重；至於尊敬他人的祖考，如同自己的祖考，當然也是重視祭肉、拜謝朋友惠賜祭肉的意義。

第二十四節

寢不尸㈠，居不客㈡。

【提旨】記孔子寢息、居家的禮容。

【釋詞】

㈠寢不尸　寢、寢息、寢臥，就是睡眠的意思；尸、通屍，指死人的屍體。寢不尸、就是睡眠的時候，不仰臥身體，伸展四肢，像死屍一般僵臥。

㈡居不客　居、在家閒居的意思，與述而篇：「子之燕居」的「居」相同；客、本作容，今從經典釋文和唐石經校訂作客，賓客的意思。居不客、就是閒居在家的時候，動靜舉止，不像賓客一樣處處拘守禮節。

【譯義】孔子在睡眠的時候，不仰臥身體，伸展四肢，像死屍一般僵臥；在家閒居的時候，與家人相處，動靜舉止，不像作客一樣處處拘守禮節。

【析微】所謂「寢不尸」，是描述孔子臥的姿勢，絕不四體橫陳，像屍體一般僵直。可見孔子對修身之道，雖然是日常寢臥的小事也不忽略，不致顯得放浪；又可見孔子對養生之道，雖然是休息靜處的時候也不忽略，而有所調攝。皇侃談到臥的姿勢說：「眠當欹而小屈，不得直脚申布。」是說睡眠的正確姿勢，是身體斜倚，兩腿微屈，孔子曾說：「曲肱而枕之。」就是這樣側臥的姿勢。古人講究：「立如松，坐如鐘，睡如弓。」像弓一般彎曲，是最適當的睡姿，也是最衞生的睡姿，因爲仰臥、俯臥都不容易使體內的食物消化，何況還不雅觀，禮記曲禮篇所謂：「寢勿伏」，就是這個意思。

至於「居不客」的「客」字原作「容」，陸德明經典釋文以「客」字爲正，唐開成石經也作「客」。淸人臧琳的經義雜記說：「居不客、言居家不以客禮自處。集解載孔註云：『爲室家之敬難久。』謂因一家之人難久以客禮敬己也。」邢昺疏據「容」字解釋說：「不爲容儀」，臧琳辨正說：「夫君子物各有儀，豈因私居廢乎？是當從陸氏作『客』。」容、客二字，形體相近，容易譌誤；而且「寢不尸」就是「寢不如尸」，「居不客」就應該是「居不如客」，「尸」和「客」都是具體名詞，意思是；寢臥不像屍體那樣僵直，居家不像賓客那樣多禮，所以，從文句的排比看，也以作「客」字爲宜。

第二十五節

見齊衰者㊀，雖狎㊁，必變㊂。見冕者與瞽者㊃，雖褻㊄，必以貌㊅。凶服者式㊆之，式負版者㊇。有盛饌㊈，必變色而作。迅雷風烈㊉，必變。

【提旨】記孔子見到值得憐恤、敬重的人，或遇到應該慎重的事，容貌必有變易。

【釋詞】

㊀齊衰者　指穿喪服的人，詳見子罕篇「子見齊衰者」章註。

㊁狎　音俠（ㄒㄧㄚˊ）狎習、親近的意思。

㊂變　改變容貌，表示同情。

㊃冕者與瞽者　指戴禮冠的卿大夫及盲目的人，詳見子罕篇註。

㊄褻　與「狎」字意義相近，集解引周生烈說：「褻、謂數相見。」就是屢次見面的意思。

㊅以貌　就是各以適當的容貌對待他們，或者恭敬，或者同情。

㊆式　同軾，古代車輛上、車廂前的橫木稱爲「軾」，這裏用作動詞，就是身體微俯，用手伏在軾上，表示敬意的意思。

㊇負版者　指背負國家圖籍的人。古時凡國家典章文獻，如土地、人民、戶口、車服、禮器等，都有圖籍。圖籍兼方策而言，剖竹稱爲簡策，析木稱爲方版，簡稱版，所以「版」指用木片所記載的圖籍。

㊈盛饌　豐盛的菜餚。

㊉迅雷風烈　「迅雷、烈風」的倒裝語，就是迅疾的雷，狂烈的風。

【譯義】孔子看見身穿齊衰孝服的人，卽使是平常往來極親近的朋友，也一定改變容貌，表示同情。看見戴着禮帽的卿大夫和瞎了眼睛的人，卽使一天相見幾次，也一定每次都用恭敬或同情的容貌對待他們。如果乘車，遇見穿凶服的人，就身體微向前俯，手伏在車前的橫木上，以表示同情；如果遇見背負國家圖籍的人，也手伏車前橫木，以表示尊敬。如果接受款宴，主人設有豐盛的菜餚，一定神色變動，站立起來，表示謝意。遇到迅疾的雷鳴，猛烈的暴風，一定改變常態，表示有所戒愼。

【析微】身穿齊、衰服的人，或三年，或一年，喪服不離身，孔子見到這樣守孝、守禮的人，便自然改變容貌相待，表示哀敬、同情之心，與平常不同。至於服玄冕的大夫與盲目的人，一則是國家的官吏，值得崇敬；一則是身體殘廢的人，值得憐恤；所以要分別以禮貌相待。正如子罕篇所記：「子見齊衰者、冕衣裳者與瞽者，見之，雖少，必作；過之，必趨。」見齊衰者用「必變」，見冕者與瞽者卻用「必以貌」，因爲「見齊衰者」是一件事，所以用一「變」字統攝，讀者不難知道；所改變的容貌，不外乎是同情、哀敬的容貌；而「見冕者與瞽者」，所見的是兩種不同的人，所改變的容貌有所不同，如果只用一個「變」字來統攝，恐怕意義不明白，所以用「以貌」二字，表示各有適當的容貌。冕者是有爵位的人，應當待以尊敬的容貌；瞽者是殘廢的人，應當待以同情的容貌。「見齊衰者」以下四句，是平常的禮節、容貌；「凶服者式之」以下兩句，是在車中的禮節、容貌。「凶服者」與「負版者」既然都憑軾敬禮，何以分成兩句敘述？正如「見齊衰者」與「見冕者與瞽者」分開敘述一樣，因爲二者吉凶不同，前者是凶事，後者是吉事。背負國家圖籍的人，通常是一些身份卑賤的僕役，孔子也對他們憑軾敬禮，並非敬重他們本身，而是敬重他們所背負的圖籍，這情形正如今日敬重國旗一樣。主人設豐盛的餚饌以款待賓客，是對賓客敬重的表示，所以孔子要「變色而作」，以表達敬謝的心意。至於遇到疾雷、怒風必然變容，是表示謹愼的意思。

第二十六節

升車㊀，必正立，執綏㊁。車中不內顧㊂，不疾言㊃，不親指㊄。

【提旨】記孔子乘車時的禮節、容貌。

【釋詞】

㊀升車　就是登車、上車。

㊁綏　用來援引以上車的繩索。

㊂內顧　向車內回頭看的意思。

㊃疾言　疾速地說話。

㊄親指　用手親自有所指點的意思。

【譯義】孔子上車的時候，一定先端正地站好，然後用手拉住上車的繩索跨登上去。在車中的時候，不向車廂內回頭看，不疾速地講話，不用手親自有所指點。

【析微】古代用來載人的車稱爲「乘車」（乘，音勝，ㄕㄥ），車廂的前方與左、右兩方都有木板，後方缺口，以便上、下車。上下車的地方有一根類似扶手的繩索，以供攀援登車之用，也可牽引以下車，這繩索就是所謂「綏」，通常由駕御車輛的僕人遞給上、下車的人。孔子升車時一定「正立執綏」的用意，一來是爲了防備馬的突然奔逸，以致車廂顛動；一來是爲了保持端肅、謹愼的禮儀。升車只有短暫的時刻，常人容易忽略，而孔子卻雖是倉猝之間也不苟且，可見他隨時隨地都能做到從容中禮的態度。至於「車中不內顧，不疾言，不親指」，是因爲三者都有失禮容，而且足以驚擾他人，「不親指」的「親」字不好解釋，禮記曲禮篇說：「車上不妄指。」因此，劉寶楠論語正義懷疑「親」字就是「妄」字的錯誤。鄭玄註曲禮說：「爲惑衆。蓋人在車上，若無事虛以手指麾於四方，是惑衆也。」所謂「惑衆」就是我所說的「驚擾他人。」

第二十七節

色斯舉㊀矣，翔而後集㊁。曰㊂：「山梁㊃雌雉㊄，時哉時哉㊅！」子路共之㈦，三嗅而作㈧。

【提旨】記孔子因雉鳥而有所感嘆，藉鳥的飛舉翔集，比喻人的出處去就，以適時爲可貴。

【釋詞】

㈠色斯舉　朱註說：「言鳥見人之顏色不善，則飛去。」劉寶楠論語正義說：「色、謂人色。色有不善，則鳥見之而飛去也，人去危就安亦如此。」舉、飛舉起來的意思。

㈡翔而後集　說文：「翔、回飛也。」又：「集、群鳥在木上也。」引申爲止息的意思。集解引周生烈說：「迴翔審觀，而後下止。」意思是：鳥在空中迴翔，舒飛不下，以便審愼觀察，選擇適當的地方，在適當的時機飛下來止息。以比喻人審愼選擇所處的環境，也應當如此。以上兩句，可能是古詩逸句。

㈢曰　以下是孔子有所感嘆而說的話，所以「曰」相當於「子曰」。

㈣山梁　說文：「梁、水橋也。」今作樑。山梁、就是山間溪流上所造的橋樑，以通行人。

㈤雌雉　雌性的野鳥。雉、音志（ㄓˋ），一種山鳥，俗稱野雞。

㈥時哉時哉　孔子讚嘆雉鳥當飛則飛，當下則下，都能適當其時。

㈦共　音拱（ㄍㄨㄥˇ），與爲政篇：「衆星共之」的「共」相同，作「向」字講。之、指雌雉。

㊂三嗅而作　嗅、可能是狊的誤字，狊、音局（ㄐㄩˊ），爾雅釋獸：「鳥曰狊。」郭璞注：「狊、張兩翅。」就是鳥振動翅膀，試圖起飛的意思。狊字從目從犬，說文訓爲犬視，也有驚顧的意思，爾雅郭注的解釋，可能是由此引申的意義。因「狊」字與從自從犬的「臭」相似，所以相沿誤爲「臭」；唐石經臭字左旁加口作「嗅」，或爲後人所改。

【譯義】鳥看到人的容色不友善，就會立刻飛擧而去；當牠選擇止息的地方，總是在空中迴旋翱翔一陣，然後才小心翼翼地飛下來停留。孔子說：「這山間橋樑上的雌鳥，當飛翔的時候飛翔，當止息的時候止息，眞是適得其時啊！」子路拱向那野鳥，牠竟振動了幾下翅膀而飛起來了。

【析微】本節前兩句，是記錄的人懸空揭擧的兩句逸詩，就是後世研究經典的人所謂先經起義法。宋儒眞德秀說：「色斯擧矣，去之速也；翔而後集，就之遲也。」近人徐英論語會箋說：「色斯擧矣，言雉見顏色而知去，以喻士之相時而退也；翔而後集，言雉擇地而下，以喻士之審處而進也。」不過這兩句是泛指群鳥說的，不專指下文的「雌雉」；以鳥的飛擧翔集，比喻人的出處、去就、進退。孔子對於出處之道，一向主張適時、適中，所以當他偶然看到「山梁雌雉」的時候，由於雌雉的飛舉翔集，能得時中之道，不覺有所感而發出讚嘆說：「時哉時哉！」孟子公孫丑篇說孔子的出處態度是：可以仕則仕，可以止則止，可以久則久，可以速則速。」就是可以出仕就出仕，可以休止就休止，可以久留就久留，可以速去就速去，因而孟子稱道孔子是「聖之時者。」清人劉逢祿論語述何說：「鄉黨篇孔子言行，皆準乎禮而歸之時中，禮以『時』爲大也。」日人竹添光鴻論語會箋引金松說：「以此章終鄉黨之義最妙……聖人一生，動靜語嘿，仕止久速，總是妙於一『時』，而『時』之一字，在夫子口中，從未說出，記者特借觀雉一嘆，逗出『時哉』二字，見得鄉黨所記，千頭萬緒，泛應曲當，皆是因時制宜，一以貫之，不思不勉，從容中道云爾。」

本節安置在鄉黨篇篇末的用意，這段話說得很精當。

王熙元編著

論語通釋（下）

臺灣學生書局印行

論語通釋

目錄（下）

第十一篇 先進

前言

本篇內容，大多評論弟子、賢人的言行，共分二十六章，皇侃、邢昺義疏本依何晏集解，將第十八、十九章和第二十、二十一章各併爲一章，所以都分作二十四章。朱子集註則將第二、三章併爲一章，所以分成二十五章。現行論語二十篇，相傳分上下，猶如後世所謂正、續集。可能是編論語的人先錄前十篇，自相傳習，後來又編次十篇，以爲補遺，所以現行本合爲二十篇。鄉黨篇記的是孔子的日常生活，依編書的體例，應當在第二十篇，如今嵌在中間，可見前十篇曾經自成一書。而且後十篇中，如曾點言志、子路問正名、季氏伐顓臾各章，篇幅都很長；又如六言六蔽、君子有九思六戒、益者三友、損者三友等語，文字排比，與前十篇中各章體製不同。清人崔述曾作論語餘說，討論論語前後十篇文體的差異，可以參看。

第一章

子曰：「先進㈠於禮樂，野人㈡也；後進㈠於禮樂，君子㈢也。如用之㈣，則吾從㈤先進。」

【提旨】孔子藉禮樂的演進，以說明自己對禮樂的主張，與其多文虛飾，不如歸本於質樸，更能移風易俗。

【釋詞】

㈠先進、後進　朱註：「先進、後進，猶如前輩、後輩。」竹添光鴻論語會箋說：「先進、後進者，謂周初與周末也，惟其皆在一代之中，故同謂之進，但先後爾。」所以先進、後進有隱指周初的先王、先賢及當世的君卿大夫的意思。

㈡野人　田野間的人民，比喻質樸的人。

㈢君子　指禮樂漸趨於多文的人。

㈣用之　朱註：「用之、謂用禮樂。」

㈤從　依從的意思。

【譯義】孔子說：「前輩們在禮樂方面的講求，還保持質樸的本色，像田野間質樸的農人一樣；當今這些後輩們，在禮樂方面的講求，已逐漸趨於虛飾，像朝廷上多文的卿大夫一般。如果要運用禮樂以治理天下國家，我主張依從前輩們那種質樸的古風。」

【析微】本章的意義，歷來解釋，異說紛紛；以上講解，大致依據朱子集註。朱註引程子說，以爲先進、後進這四句是「時人之言」，不很妥當，也不足採取，因爲分明是孔子的話。竹添光鴻論語會箋有一段話，可能接近孔子的本意，他說：「凡先者始之，後者終之，始常任質，終乃多文，天道、人事，大抵皆然也。聖人爲當世君相回護，故稱後進爲君子，稱先進爲野人，有思周公反本、崇儉之志，故曰吾從先進，而語意緼藉。」何晏集解解釋「吾從先進」的理由說：「將移風易俗，歸之淳素，先進猶近古風，故從之。」孔子對禮樂的主張，雖然以「文質彬彬」爲最相宜，但當時一般君卿大夫往往文過於質，甚至徒具虛文，孔子曾在八佾篇中感慨地說：「人而不仁，如禮何！人而不仁，如樂何！」又在陽貨篇裏說：「禮云禮云，玉帛云乎哉？樂云樂云，鐘鼓云乎哉？」如果禮樂遺棄內在的高潔情緒——仁心仁德，只注重玉帛的互贈與鐘鼓的齊鳴，徒然具備外在的文彩而已，卻喪失了禮樂的精神，還不如歸眞返樸，像古人那樣保持質樸的本色，以收到移風易俗的效果。

第二章

子曰：「從㈠我於陳、蔡㈡者，皆不及門㈢也。」

【提旨】孔子慨嘆當年共患難的弟子們，已奔散於四方。

【釋詞】

㈠從　音縱（ㄗㄨㄥˋ），跟從、隨行的意思。

㈡陳、蔡　二國名，在今河南、安徽一帶。

㈢不及門　意思是：不在我的門下。

【譯義】孔子說：「從前跟從我在陳國、蔡國之間，共過患難的弟子們，現在都不在我的門下了。」

【析微】據史記孔子世家的記載，當孔子率領諸弟子周遊列國，正在陳國、蔡國之間的時候，楚國派人來聘孔子，孔子將前往楚國，陳、蔡二國的大夫，深恐楚國一旦重用孔子，將對陳、蔡不利，於是發動兵衆，圍困孔子，以致糧食斷絕，師生們挨了幾天餓。論語衞靈公篇曾記載「在陳絕糧」的事，當時跟從孔子在陳國的弟子，一個個餓得病倒在床，爬不起來。這是他們旅行途中一次不小的困厄，師生共度患難。後來孔子派子貢前往楚國，楚昭王興師迎接孔子，才爲他們解圍。孔子對這一次旅途困厄，自然印象深刻，晚年回憶往事，追念當初共過患難的弟子，死的死，離散的離散，都不在門下受敎了，孔子撫今追昔，自然不勝感慨！

第二章

德行㈠：顏淵、閔子騫、冉伯牛、仲弓。言語㈡：宰我、子貢。政事㈢：冉有、季路。文學㈣：子游、子夏。

【提旨】門人因孔子思念弟子的話，記述才德優秀的十位弟子，並以他們的長處區分。

【釋詞】

㈠德行　指品德優秀、行爲良好；行，讀去聲。

㈡言語　指善於口才、長於辭令的特長。

㈢政事　指從事政治事務的特長。

㈣文學　指擅長詩書六藝、熟悉古代文獻的特長。

【譯義】夫子的弟子各有所長，以品德優秀而著稱的，有顏淵、閔子騫、冉伯牛、仲弓。以善於辭令而著稱的，有宰我、子貢。以長於政事而著稱的，有冉有、子路。以擅長文學而著稱的，有子游、子夏。

【析微】朱子集註以本章與上章合爲一章，認爲顏淵等十人就是跟隨孔子在陳、蔡受困的弟子。朱註本於程子，引程子說：「四科乃從夫子於陳、蔡者爾。」程、朱以前，據經典釋文說，鄭玄也以本章與上章相合。此外，何晏集解、皇侃、邢昺義疏、劉寶楠正義及竹添光鴻的論語會箋等，都分爲兩章。因爲根據左傳的記載，當時冉有在魯國作季氏家臣，未必隨行。又據史記仲尼弟子列傳，當時隨行的還有子張，而本章卻沒有提到他。根據各種史料，孔子在陳絕糧是在魯哀公四年（見江永鄉黨圖考），這時孔子六十一歲，而史記仲尼弟子列傳說子游比孔子小四十五歲，子夏比孔子小四十四歲，那麼，孔子在陳、蔡受困時，子游、子夏不過十六、七歲，都沒有成年，即使已經在孔子門下受業，也未必都跟隨孔子去了，更未必以文學見稱。史記仲尼弟子列傳：「孔子曰：『受業身通者七十有七人，皆異能之士也。德行：顏淵、閔子騫、冉伯牛、仲弓；政事：冉有、季路；言語：宰我、子貢；文學：子游、子夏。』」由此可見，以四科分述弟子，只是孔子平時的論列，一時的敘述；這些弟子，未必是跟隨在陳、蔡的弟子。

本章先說言語，後說政事，而史記先說政事，後說言語，是由於史記所根據的是古論語，所以略有不同。德行列在第一，文學放在最後，這是含有微意的，因爲孔子的教育宗旨，一向以德行爲本，文學爲末，正如學而篇孔子所說：「弟子入則孝，出則弟，謹而信，汎愛衆，而親仁，行有餘力，則以學文。」其中入孝、出弟就是本章的「德行」，謹信就是本章的「言語」，愛衆、親仁就是本章的「政事」，而「行有餘力，則以學文」就是本章的「文學」，前後兩章，密切扣合，最足以顯示孔門的教育精神。

第四章

子曰：「回也，非助我㊀者也，於吾言，無所不說㊁。」

【提旨】孔子嘉許顏回悟力的敏銳。

【釋詞】

㊀助我　指質疑問難，對孔子的施教有所啓發或增益的意思。助，當助益講。

㊁說　同悅，心中有所喜悅，而完全理解，渙然氷釋的意思。

【譯義】孔子說：「顏回天資穎悟，不是對我有所啓發或助益的弟子，因爲他對於我所施的教言，從不質疑問難，總是一聽就能衷心喜悅，完全理解。」

【析微】顏回對孔子平日的教學，無論思想方面，言論方面，總是默默接受，全盤接受，從來不提出疑問。孔子這幾句話，從表面看來，似乎對顏回有所不滿，其實是出於衷心的讚美。

所以朱子集註說：「顏子於聖人之言，默識心通，無所疑問，故夫子云然，其辭若有憾焉，其實乃深喜之。」但弟子對老師所施的教言，如果能有所質疑問難，對老師必然有所啓發，或有所增益，如八佾篇記子夏問「巧笑倩兮」幾句詩的意義，孔子只說了「繪事後素」四個字，子夏因而領悟到禮的產生，在仁德之後的道理，所以孔子讚許他說：「起予者商也。」這就是禮記學記篇所謂「教學相長」。徐英論語會箋引王守仁說：「道本無窮，問愈多則微旨愈顯，聖人每因門人問難，始發揮詳盡，故曰助我。若顏子聞一知十，胸中了然，如何有問難？」子貢曾稱顏回「聞一以知十」（見公冶長篇），可見顏回是由於悟力敏銳，聰明過人，必無所疑，才對孔子的話「無所不說」，正如禮記學記篇所謂「相說以解」。

第五章

子曰：「孝哉閔子騫！人不間㊀於其父母昆弟之言㊁。」

【提旨】孔子讚美閔子騫的孝行。

【釋詞】

㈠不閒　閒、同間，音建（ㄐㄧㄢˋ），指間隙；不閒、猶如沒有異議，少有批評的言辭。

㈡父母、昆弟之言　指閔子騫的父母、兄弟稱讚他孝順、友愛的話。昆弟、就是兄弟。

【譯義】孔子說：「眞是孝順啊！閔子騫這個學生，人們對他父母、兄弟稱讚他孝順、友愛的話，都沒有異議。」

【析微】閔子名損，字子騫，有人認爲孔子不應該稱弟子的字，因而以爲「孝哉閔子騫」一句，是孔子引述當時人稱讚閔子騫的話，但與下句語氣不順，何況孔子對弟子有所讚美時，總是先歎美一句，然後再申明，如雍也篇讚美顏回說：「賢哉回也！一簞食，一瓢飲」云云，與本章語氣正相同。閔子騫可能是以字行世，或者古代記錄論語的人有偶然疏忽而不經意之處，不必深究，如史記就常有稱生人謚號的疏忽。

本章「人不閒於其父母、昆弟之言」的「閒」字，據朱註引胡氏說：「父母、兄弟稱其孝友，人皆信之，無異詞者，蓋其孝友之實，有以積於中而著於外，故夫子歎而美之。」似乎解「閒」爲「異」，是說父母、兄弟稱讚閔子騫孝友，別人也稱讚閔子騫孝友，而沒有異辭；劉寶楠論語正義則說：「『不』字作『無』字解，人無非閒之言，不是無非閒閔子之言，乃無非閒其父母、昆弟之言。」解「閒」爲「禹吾無閒然矣」的「閒」，是說人們對他父母、昆弟讚美閔子騫的話，沒有任何非議；二說以劉說比較妥當，後漢書范升傳說：「升聞子以人不閒於其父母爲孝，臣以下不非於其君上爲忠。」就是用的後一義。

一般說來，父母兄弟對自己的子弟，在家中可能有所責罵，但在他人面前，總會稱揚他的好處，甚至會有不實在的誇獎，這是人情之常，所以人們不免持有異議。但當時人們對閔子騫的父母昆弟稱讚他的話，卻深信不疑，因閔子騫是眞正的孝子。藝文類聚孝部引劉向說苑，記閔子騫的孝行說：「閔子騫兄弟二人，母死，其父更娶，復有二子。子騫爲其父御車，失轡，父持其手，衣甚單；父歸，呼其後母兒，持其手，衣甚厚溫。卽謂其婦曰：『吾所以娶汝，乃爲吾子，今汝欺我，去無留！』子騫前曰：『母在，一子單；母去，四子寒。』其父默然。」韓詩外傳也記了這件事，並說他母親悔改，因而成爲慈母。又太平御覽四百一十三引師覺授孝子傳說：「閔損，字子騫，以德行稱。早失母，後母遇之甚酷，損事之彌謹。損衣皆槁枲爲絮，其子則綿纊重厚。父使損御，冬寒失轡，後母子御則不然，父怒詰之，損默然而已。後視二子衣，乃知其故，將欲遣妻，損諫曰：『大人有一寒子，猶上垂心；若遣母，有二寒子也。』父感其言，乃止不遣。」根據這兩段記載，閔子騫對他異母兄弟穿得溫暖，毫無怨意，惟恐後母被遣，而兄弟受寒，所以向父親力諫，父親受到感動，不遣他的後母；後母也受到感動，成爲慈母；兄弟也必然受到感動，對他的孝友之行有所稱讚，所以本章讚美他孝，兼舉昆弟說。

第六章

南容㈠三復白圭㈡，孔子以其兄之子妻之㈢。

【提旨】弟子記南容言語謹愼的優點，所以深得孔子器重。

【釋詞】

㈠南容　孔子弟子南宮适，字子容，也稱南容，餘見公冶長篇註。

㈡三復白圭　「白圭」二字指白圭之詩，就是詩經大雅抑篇的幾句詩：「白圭之玷，尚可磨也；斯言之玷，不可爲也。」玷、音店（ㄉㄧㄢˋ），玉上的斑點或缺失，比喻言語要謹愼，不能留下汚點。復、同覆；三復、就是屢次反覆讀誦。

㈢妻之　妻、讀去聲（ㄑㄧˋ）；之、指南容；妻之、就是嫁給他做妻室。

【譯義】南容深深致意於言語謹愼，把「白圭之玷，尚可磨也；斯言之玷，不可磨也」幾句詩，常常反覆誦讀，孔子就把他哥哥的女兒許配給他做妻室。

【析微】朱子集註說：「南容一日三復此言，事見家語，蓋深有意於謹言也。此邦有道所以不廢，邦無道所以免禍，故孔子以兄子妻之。」南容三復白圭的事，孔子家語也有記載。他是一位言行十分謹愼的人，本章記他言語謹愼，一塊雪白的圭璧，即使有斑點、缺失，尙且可以磨去，而言語不愼，一有汚點，就永遠無法磨滅了，所以南容對這幾句詩特別深記在心，念念不忘，可見他平日是如何致意於言語的謹愼。公冶長篇說：「子謂南容：『邦有道，不廢；邦無道，免於刑戮。』以其兄之子妻之。」是記他行爲謹愼。弟子各有所聞，所以所記不盡相同，但孔子之所以「以其兄之子妻之」的原因，不外乎南容的言行十分謹愼，因而邀得孔子的垂靑。一個人如果行爲能謹愼，而言語不能謹愼，也足以取禍，南容卻能做到言行都謹愼，當然非常難得。

第七章

季康子問：「弟子孰㈠爲好學？」孔子對曰：「有顏回者好學，不幸短命㈡死矣，今也則亡㈢。」

【提旨】孔子回答季康子的詢問，稱讚顏回的好學。

【釋詞】

㈠孰　作「誰」字講。

㈡短命　據公羊傳及史記仲尼弟子列傳推測，顏回死時大約四十一歲，仁者應該長壽，所以孔子以爲「短命」。

㈢亡　同無，是說沒有這樣好學的弟子了。

【譯義】季康子問孔子：「你門下的弟子，誰最爲好學？」孔子回答說：「曾經有個弟子叫做顏回的最好學，可惜不幸短命而死了，如今再也沒有這樣好學的弟子了。」

【析微】魯哀公也曾經以同樣的問題問孔子，孔子的回答比較詳細，除了擧出顏回好學之外，還說明他好學的具體事實是：「不遷怒，不貳過」（見雍也篇）。梁人皇侃爲論語集解作義疏，對孔子回答魯哀公與季康子所問同樣的問題，而詳略有所不同，探討它的原因有二：一是因爲哀公有遷怒、貳過的缺點，所以孔子藉顏回「不遷怒，不貳過」的優點來規箴他的過失；一是因爲哀公身爲國君之尊，所以必須詳細回答，而季康子是臣子身份，沒有國君那麼尊貴，所以酬答比較簡略。朱子集註引范氏說：「哀公、康子問同而對有詳略者，臣之告君，不可不盡；若康子者，必待其能問乃告之，此教誨之道也。」就是皇侃所舉的後一說。但比較起來，前一說較爲接近事理，因爲孔子與人對答，無論國君、卿大夫或弟子們，如果對方有某種過失，總不忘藉機會規諫一番，這在論語中是屢見不鮮的。如爲政篇記魯國大夫孟懿子、孟武伯及弟子子游、子夏各自問孝，而孔子的回答內容各不相同，很可能是針對他們各人的缺失所作的權宜答辭，其中就含有規諫的微意。

第八章

顏淵死，顏路㈠請子之車㈡以爲之㈢椁㈣。子曰：「才不才㈤，亦各言其子也。鯉㈥也死，有棺而無椁。吾不徒行㈦以爲之椁，以吾從大夫之後㈧，不可徒行也。」

【提旨】記孔子因顏淵的死，對料理喪事、備辦棺槨所持的態度。

【釋詞】

㈠顏路　顏淵的父親，據史記仲尼弟子列傳，名無繇，字路，比孔子小六歲，也是孔子的弟子；據朱子集註，他在孔子開始設教時就受學於孔子。

㈡子之車　指孔子所乘坐的馬車。

㈢之　指稱詞，用法與「其」字相同，指顏淵而言。

㈣椁　音果（ㄍㄨㄛˇ），或作槨。古代棺木有時候用內外兩層，裏面的一層稱爲棺，外面的一層稱爲槨。「槨」字上面省略一個動詞「備」字，「爲之槨」就是「爲之備槨」，意思是替他備置外槨。正如戰國策齊策「爲之駕」的句法一樣，就是替他（指馮諼）備置車駕的意思。

㈤才不才　就是不管有才德，或者沒有才德的意思。

㈥鯉　孔子的兒子，名鯉，字伯魚。比孔子先死，死時五十歲，這時孔子七十歲。

㈦徒行　賣掉馬車、徒步行走的意思。

㈧從大夫之後　隨行在大夫行列之後的意思，這是一種謙遜的口吻。因爲孔子曾經在魯國做過司寇的官，是大夫的身份；不過這時已經退位多年。

【譯義】顏淵死了，他父親顏路請求孔子賣掉他所乘用的馬車，來替顏淵備置外槨。孔子說：

「不管有才德或者沒有才德，各人所說的也總是自己的兒子。我的兒子鯉死了以後，只有內棺而沒有外槨。我不能賣掉自己所乘坐的馬車，徒步行路，來替他備置外槨，因爲我也曾做過大夫，是不可以徒步行路的。」

【析微】顏淵死的時候，孔子已七十一歲。這時，孔子周遊列國之後，已回到魯國。顏淵的父親之所以爲他兒子向孔子「請車」的原因，是因爲顏氏素來家境貧窮；而古代禮制，喪事有贈禮，凡以車馬贈送死者家屬稱爲賵；又因孔子從此家居，不再周遊；所以顏路在哀痛迫切之餘，無暇顧及是否完全合禮，就向孔子請求以車爲贈弟子之禮，以便變賣而作備置外槨之用。因顏路知道孔子對顏淵情誼深厚，所以不妨以眞情相告。但古人講求的禮，要看家境如何，換句話說；禮的豐厚、儉薄，要和家境配合，不必勉強。孔子認爲：顏淵固然是一個才德優秀的弟子，以他父親的心情來說，爲了哀痛兒子的早年逝世，自然不免想要厚葬一番；孔子自己的兒子孔鯉，雖然才德不如顏淵，死時並無外槨。由此可知：孔子的意思，顏淵也不必備置外槨。

第九章

顏淵死。子曰：「噫㈠！天喪予㈡！天喪予！」

【提旨】孔子因顏淵的死，歎息失去傳道的人。

【釋詞】

㈠噫　音衣（ㄧ），因有所傷痛而悲歎之聲。

㈡天喪予　上天要喪亡我、毀滅我的意思。喪，讀去聲（ㄙㄤˋ），喪亡的意思。

【譯義】顏淵死了，孔子很傷痛地悲歎着說：「唉！這等於上天要喪亡我一樣！這等於上天要毀滅我一樣！」

【析微】在孔子七十一歲的晚年，突然喪失了顏淵這樣一位賢弟子，內心的傷痛是可想而知的。孔子暮年時的心境，尤其是周遊列國、返回魯國之後，深深覺得自己已經衰老，體力、意志都逐漸趨於衰竭，有感於自己在有生之年，恐怕無法實現自己所懷抱的以仁道救世的理想，唯一的希望是寄託在一個能繼承道統、薪火相傳的弟子身上，在門下諸弟子中，只有顏淵的賢德，最受孔子所倚重，換句話說：顏淵在孔子心目中，是唯一能傳述道統的人。如今顏淵一旦死亡，對孔子是一次很深的打擊，所以孔子悼惜失去一位傳道的弟子，心情是十分悲切、相當沉痛的！在孔子的感覺上，深深覺得自己既不能用於世，而最得力的輔佐、最賢良的後繼竟短命而死，豈不就是上天要喪亡自己的徵兆嗎？豈不等於是上天要毀滅自己一樣令人絕望嗎？所以孔子極端痛惜地一連說了：「天喪予！天喪予！」兩句悲歎的話，由此可見：孔子對顏淵的遽然謝世和道統的即將失傳，感到如何深切的痛惜和多麼深切的憂慮！

第十章

顏淵死，子哭之慟㈠。從者㈡曰：「子慟乎？」曰：「有慟乎？非夫人之爲慟而誰爲㈢？」

【提旨】孔子因顏淵的死，表示深切哀痛的心情。

【釋詞】

㈠慟　音痛（ㄊㄨㄥˋ），因哀傷過度，以致容貌有所變動的意思。

㈡從者　指跟隨在孔子身邊的諸弟子。從，依朱註讀去聲，音縱（ㄗㄨㄥˋ）。

㈢非夫人之爲慟而誰爲　「非夫人之爲慟」是「非爲夫人慟」的倒裝形式。其中「夫人」的「夫」字讀陽平聲，音扶（ㄈㄨˊ），用作指示形容詞，當「此」字、「這」字講，「夫人」就是此人、這樣的人，指顏淵而言。「之爲」的「之」字是用作幫助倒裝語句的虛字，沒有實際的意義；「爲」字讀去聲（ㄨㄟˋ）。下文的「誰爲」也是倒裝形式，下面承上省略了「慟」字，就是「爲誰慟」的意思。

【譯義】顏淵死了，孔子去顏家弔喪，哭得非常悲傷。跟隨在孔子身邊、一同去弔喪的弟子們說：「夫子過於哀痛了！」孔子說：「眞的哀痛過甚嗎？我不爲這樣的人哀痛，我還爲誰這樣哀痛呢？」

【析微】本章可與上章參看，對孔子的一番心意，當更能了解。古代人死後靈柩暫厝於堂上稱爲殯，親友有前往弔唁之禮，弔是安慰死者的亡靈，唁是安慰死者的家屬，勸他們節哀順變。顏淵死後，孔子鑒於師生間深厚的情誼，親自去弔喪，當時不覺悲從中來，哭得很傷心，這是孔子至情至性的表現。所謂「慟」，是哀傷過度而容貌有所變動的意思。「慟」字從心從動，「動」字不但表示讀音，也表示意義，就是心有所激動，而容貌也有所變動的意思。所以漢馬融註說：「慟，哀過也。」而鄭玄註則說：「慟，變動容貌。」因爲極度哀痛而哭泣時，不免容貌悲戚，身體聳動。隨孔子一起去弔喪的弟子，因見孔子悲傷到如此地步，所以說：「夫子哀痛過甚了！」孔子不知不覺竟至如此哀痛，聽到弟子說他哀痛過甚的話，就以反問的語氣說：「我眞的有哀痛過甚的事嗎？」可見孔子連自己都沒覺察出哀傷過度，這是多麼自然的感情流露！由「非夫人之爲慟而誰爲」的話，更可見孔子痛失英才的惋惜之情，難怪哭得那麼哀傷，因爲顏淵的死，對孔子來說，的確是一項無可彌補的損失啊！

第十一章

顏淵死，門人欲厚葬之㈠。子曰：「不可。」

門人厚葬之㊀。子曰：「回也視予猶父㊁也，予不得視猶子㊂也。非我㊃也，夫二三子㊄也。」

【提旨】孔子因顏淵家境貧窮，不主張厚禮而葬。

【釋詞】

㊀厚葬之　凡葬事力求豐備，稱爲厚葬，如棺槨的講究、祭品的豐富、儀式的隆重、場面的舖張等等。之、指顏淵。

㊁回也視予猶父　是說顏回以師禮事奉我，就像看待自己的父親一般。

㊂予不得視猶子　是說顏回有自己的父親存在，他父親的意思，想聽由門人厚葬，而我卻不能制止，等於不能把他看作自己的兒子一樣，因爲孔子自己的兒子孔鯉並沒有厚葬。

㊃非我　是說厚葬的事，並非我的主意。

㊄夫二三子　是那些同學們的主意。夫、與上章「夫人」的「夫」字相同，音扶（ㄈㄨˊ），那些的意思；二三子、孔子就自己稱弟子，就是上文的「門人」。

【譯義】顏淵死了，孔子的弟子們想要很豐厚地埋葬他。孔子說：「不能這樣做。」弟子們仍然很豐厚地埋葬了他。孔子說：「顏回在世的時候，看待我像看待自己的父親一般尊敬，如今他死了，而我卻不能看待他像看待自己的兒子一般，依自己的主意替他辦理喪葬事宜。他家境貧窮，卻葬禮豐厚，這並非我的主意，而是那些弟子們這樣做的。」

【析微】本章兩稱「門人」，及孔子語言中的「二三子」，都是指孔子的門人而言，也就是顏淵的同學。邢昺以爲這門人是指顏淵的弟子，不可信從。因爲論語中凡稱孔門諸弟子，常單獨稱「門人」，如里仁篇的：「門人問曰：何謂也？」述而篇的：「門人惑。」本篇第十五章的：「門人不敬子路。」其中「門人」都是指孔子的門人而言，門人也就是弟子。如果是諸弟子的門人，一定冠以弟子的名字，如子張篇的：「子夏之門人問交於子張」就是，與單獨稱門人不同。而且孔子稱弟子一向愛稱「二三子」，下文既說「二三子」，可見上文的「門人」不是顏回的門人，這是異常明顯的事。顏淵死後，同門諸子爲他辦理喪葬的事，是很合乎情理的。他們覺得顏淵這樣有賢德，這樣受老師的讚賞和同學的尊敬，所以相與議論，合力厚葬顏淵，以盡平生的情誼。沒想到孔子卻不贊同，因爲孔子對喪葬的厚薄，主張應該「稱家之有無，毋過禮」（見禮記檀弓篇）。就是要與家境的貧富相稱，不要過分飾禮。顏淵既然家貧，如果葬禮豐厚，就是不合禮的做法，所以孔子不主張厚葬顏淵。但同學們卻覺得：如果依禮葬顏淵，以他的家境之貧窮來說，恐怕只能草草掩埋了事，以他的德行之高超來說，竟不能「愼終」，豈是朋友通財之義呢？卽使老師不贊同，厚葬了也沒有什麼罪過，所以他們仍舊維持原議，實行厚葬，顏淵的父親自然願意接受。事後孔子說的這幾句話，歎息顏淵的葬事不能遵禮而行，也歎息不能像處理自己兒子的葬事一般，依自己的主意去處理顏淵的葬事。前文第八章說：「鯉也死，有棺而無槨。」就不是厚葬。孔子言下之意，實在於責備那些主持厚葬的弟子。

第十一章

季路問事鬼神㊀。子曰：「未能事人，焉㊁能事鬼？」曰：「敢問㊂死。」曰：「未知生，焉知死？」

【提旨】記孔子注重實際，不談迷信、虛玄的事。

【釋詞】

㈠事鬼神　事奉鬼神、祭祀鬼神的意思。
㈡焉　作「何」、「怎麼」講。
㈢敢問　敢於冒昧請問的意思。敢、表示敬意的副詞。儀禮士虞禮鄭玄註說：「敢、冒昧之詞。」賈公彥疏說：「凡言敢者，皆是以卑觸尊、不自明之意。」

【譯義】子路向孔子請問事奉鬼神的道理。孔子說：「還不能誠敬地事奉人，怎麼談得上事奉鬼神呢？」子路又問：「那麼我膽敢冒昧地請問：人死究竟是怎麼回事？」孔子說：「還不能完全知道人之所以生的道理，怎麼能知道人死後的情形呢？」

【析微】孔子的思想，一向注重實際，所以「鬼神」和「死」的問題，在孔子看來，都是渺茫難知、並非日常生活所迫切需要解決的問題。當子路問孔子如何事奉鬼神，孔子表示事人比事鬼神重要，事人的道理還沒有徹底了解、徹底實踐以前，怎麼能談得上事鬼神？所謂「事人」，如子事父、臣事君之類，都是人倫日用之間最基本的道理；所謂事「鬼」，「神」自然也包括在內，分別來說：人死為鬼，在天為神，「事鬼」就是祭祀鬼神之道。雍也篇孔子曾說：「務民之義，敬鬼神而遠之。」所謂「務民之義」，就是「事人」；所謂「敬鬼神而遠之」，就是「事鬼神」的態度。本來孔子對「事人」與「事鬼神」主張都要盡孝，中庸說：「夫孝者，善繼人之志，善述人之事者也。」這就是「事人」的道理；中庸又說：「事死如事生，事亡如事存，孝之至也。」這就是「事鬼」的道理。但比較起來，「事人」的問題切近民生，易於知曉；「事鬼神」的問題並非當務之急，難於知曉；所以孔子重視前者，他一生所提倡的，不外人倫道德等「事人」方面的事。子路又由鬼而聯想到死，再問死的問題。孔子對死、生的事，正如對人、鬼所持的態度一樣，因為「死」既渺茫難知、不可預測，也不是急待解決的事務，所以孔子覺得：在沒有完全了解人生的問題以前，怎麼談得上了解死的問題？劉向說苑辨物篇有一段話：「子貢問孔子：『死人有知、無知也？』孔子曰：『吾欲言死者有知也，恐孝子、順孫妨生以送死也；欲言無知，恐不孝子孫棄不葬也。賜欲知死人有知將無知也，死徐自知之，猶未晚也。』」意思是：死的問題，慢慢就自然會知道的，以後知道，並不算晚。這段問答的話，雖然不一定十分可靠，姑且錄下來，作讀本章的參考。

第十二章

閔子侍側㈠，誾誾如㈡也；子路，行行如㈢也；冉有、子貢，侃侃如也；子樂。曰：「若由也，不得其死然㈣。」

【提旨】記孔子深喜四位弟子能各盡其性，並對子路剛強的性格予以告誡。

【釋詞】

㈠侍側　陪侍在孔子身旁的意思。

㈡誾誾如　和悅而有所諫諍的樣子；誾、音銀（一ㄣˊ），餘見鄉黨篇註。

㈢行行如　剛強的樣子；行、音杭的去聲（ㄏㄤˋ）。

㈣不得其死然　孔安國註：「不得其壽終。」然、句末語氣詞，用法同「焉」。

【譯義】閔子騫陪侍在孔子身旁的時候，總是顯得和悅而有所諫諍的樣子；子路呢，總是顯得剛強的樣子；冉有、子貢呢，總是顯得正直的樣子；孔子總是樂於和他們相處，顯得心情愉悅。不過，對於子路平日過分好勇的脾氣，孔子告誡地說：「像仲由這樣過分好勇，將來只怕會遭遇災禍，不得善終。」

【析微】這四位弟子，平日陪侍孔子，由於性格不同，顯露的氣象也不同，由他們的容貌、辭令足以表現出來。「誾誾如」是和悅中有諍言，「侃侃如」是剛直中有和順，只有子路的「行行如」是純任剛強，沒有和悅、和順的氣象。因爲子路平常好勇，公冶長篇孔子曾直接指斥他說：「由也好勇過我，無所取材。」孔子時常擔憂他會因此取禍，後來果然死於衞國的孔悝之難，完全被孔子料中。朱子集註引尹氏說：「子路剛強，不得其死之理，故因以戒之，其後子路卒死於衞孔悝之難。」不過孔子的預料，並非完全針對上文的「行行如也」說的，因爲那只是記錄論語的人所記的話，由於子路平日過分好勇，所以孔子才這樣擔心。至於文中「子樂」的「樂」字，正如孟子所謂「得天下英才而教育之」的快樂，是發自內心的喜悅，與平日的「溫而厲，威而不猛」氣象有所不同。

第十四章

魯人㈠爲㈡長府㈢。閔子騫曰：「仍舊貫㈣，如之何㈤？何必改作？」

子曰：「夫人㈥不言，言必有中㈦。」

【提旨】記孔子讚揚閔子騫不欲勞民傷財的主張，是基於德行而發的合理的言論。

【釋詞】

㊀魯人　指魯國的執政大臣而言。

㊁爲　由下文「何必改作」的話，可知這「爲」字就是改作、擴建、翻修的意思。

㊂長府　古代藏貨財的倉庫稱爲府，因舊的府庫已年久失修，所以魯國的執政大臣予以擴建，比舊有的規模增長擴大，所以稱爲長府。

㊃仍舊貫　仍、因仍、依循的意思；舊貫、猶如舊式、舊規的意思。

㊄如之何　如之何不可、有何不可的意思，與通常用作商量未定的話略有不同。

㊅夫人　與前文第十章的「夫人」相同，此人、這個人的意思，指閔子騫而言；夫、音扶（ㄈㄨˊ）。

㊆言必有中　發言必有合理之處；中、讀去聲（ㄓㄨㄥˋ）。

【譯義】魯國的執政大夫擴建一座叫長府的府庫。閔子騫說：「就依循舊有的規模略加修理，有什麼不可以呢？何必一定要勞民傷財的大肆整建呢？」孔子說：「這個人平常不說則已，一說話必然有合理的地方。」

【析微】閔子騫在孔門弟子中，是一位以德行著稱的弟子，本篇第三章卽以他與顏淵等列於德行之科。凡是德行修養高超的人，多半沈默寡言，但誠如孔子所說：不言則已，「言必有中」，因爲德行高的人，言論發自深心，發自修養，往往見識閎通，與常人不同。閔子騫就是這樣的人，所以很受孔子讚揚，憲問篇所謂：「有德者必有言。」就是這個道理。孔子對閔子騫的讚揚，雖然是因「魯人爲長府」，閔子騫說了「仍舊貫」的話而起，但所謂「言必有中」，還多半是就他平日言語的修養說的。閔子騫所發表的言論，孔子可能是得之於傳聞，所以稱「夫人」。「夫人不言」是反逗語氣的話，正如孟子公孫丑下篇：「故君子有不戰」、禮記檀弓篇：「伯氏不出而圖吾君」，意思是：不如此則已，其作用不過藉此引起下句，孔子所讚揚的話，重在「言必有中」一句。

第十五章

子曰：「由之瑟㈠，奚爲於丘之門㈡？」門人不敬子路。子曰：「由也升堂㈢矣！未入於室㈣也。」

【提旨】孔子責備子路彈瑟缺乏中和之聲，門人因此不尊敬子路，孔子又開示子路的長處，以勉勵後學。

【釋詞】

㈠瑟　古代樂器的一種，與琴類似，這裏指彈瑟的聲音。

㈡奚爲於丘之門　意思是：爲什麼在我的門下彈奏？奚、猶如「何」字，作「爲什麼」講；爲、讀陽平聲（ㄨㄟˊ），有彈奏的意思。

㈢升堂　「堂」是古代住屋的正廳，通常比地面略高，有石階上登。由外入內，必然先入門，再登上廳堂，稱爲「升堂」，這裏比喻學問的造就已到了相當高明正大的階段。

㈣入室　廳堂後面就是內室，必須先登上廳堂，才能進入內室，這裏比喻學問的造就已到了精微深奧的地步。

【譯義】孔子說：「仲由彈瑟的聲音，那樣剛峻粗厲，缺乏中和之音，爲什麼在我的門下彈奏？」門人聽了這話以後，就不再敬重子路。孔子因而又說：「仲由的學問，已經造就到高明正大的階段，只是沒有到達精微深奧的境界；好比已經登上了廳堂，只是還沒有深入內室而已。」

【析微】人的個性、氣質，當他彈奏某種樂器的時候，就會從所彈出的聲調表露無遺，一個個性中正、氣質和平的人，彈奏琴、瑟之類的樂器，一定流露出寧靜、和諧的聲調；子路生來是一個個性好勇、氣質剛強的人，所以他所彈奏出來的瑟音，一定是粗厲、剛猛的聲調。孔子家語說：「子路鼓瑟，有北鄙殺伐之聲。蓋其氣質剛勇，而不足於中和，故發於聲音如此也。」孔子平常教育弟子，總希望培養他們的身心，以收到潛移默化的效果。孔子聽了子路彈瑟的聲音，完全缺乏孔門特有的中正和平的氣象，所以，帶着責備、規戒的口吻說：「仲由彈奏出這樣不和平的瑟音，怎麼會彈到我的門下來了？」意思是子路雖在孔門接受教育，卻沒有承襲孔門的教育精神，沒有受到孔門中和教育的影響，而使性情、氣質都趨向中正和平的氣象。門人因聽到孔子有責備子路的意思，一時對子路有些不尊敬的樣子表現出來，其實，孔子的用意，只是警醒子路，希望他有所矯正，更求精進。但孔子唯恐門人因此誤會子路，所以又說了兩句解釋性的話以爲補救。所謂「升堂」、「入室」，只是比喻得道深淺的程度，意思是：子路的學問，雖然還沒修養到精微的地步，卻已相當可觀，使門人不致因而輕鄙子路。

第十六章

子貢問：「師與商㈠也孰賢？」子曰：「師也過㈡，商也不及㈢。」曰：「然則師愈㈣與？」子曰：「過猶不及㈤。」

【提旨】孔子因子貢的詢問，評述子張與子夏才性的差異。

【釋詞】

㈠師與商　師、孔子弟子顓孫師，字子張，餘見爲政篇子張學干祿章註；商、孔子弟子卜商，字子夏，餘見學而篇賢賢易色章註。

㈡過　指由才性而表現於行爲的過當，朱註說：「子張才高意廣，而好爲苟難，故常過中。」

㈢不及　也是指由才性而表現於行爲的有所不及，朱註說：「子夏篤信謹守，而規模狹隘，故常不及。」

㈣愈　略勝、略強的意思。

㈤過猶不及　因為都不合乎中庸之道，所以過當猶如不及一樣，都是弊端。

【譯義】子貢問孔子：「顓孫師（子張）和卜商（子夏）兩個人，誰比較有賢才？」孔子說：「師的才性高邁，往往有些過當；商的才性謹守，往往有些不及。」子貢又說：「那麼，是不是顓孫師比較強一點呢？」孔子說：「過當猶如不及，都是毛病。」

【析微】由本章孔子所說的過與不及的話，可見子張和子夏兩人的才德、氣象完全不同。子張的氣象比較開濶，但往往有失中正，正如狂者一般，不合中庸之道；狂者志向遠大，能進取不已。子夏的氣象卻比較拘謹，也有失中正，正如狷者一般，不合中庸之道；狷者性行謹愼，能有所不為。子路篇說：「不得中行而與之，必也狂狷乎？」可見狂者、狷者都不如「中行」的人，所謂「中行」，就是「中道」，也就是「中庸」，雍也篇說：「中庸之為德也，其至矣乎！」可見「中庸」是至高、至當的德性修養，子張、子夏的德性修養都沒有達到這個標準，都各有所偏，所以孔子說明過與不及都不適當，都是弊端。孔子的用意，一方面在造就子張、子夏二人，使子張能稍稍抑退，子夏能稍稍奮進，正如抑退子路的過人之勇，鼓舞冉求的奮進精神一樣，是針對弟子的弊病而進一步教育的方法；一方面也在教育子貢，子貢一向喜歡批評人物，憲問篇所謂「子貢方人」，就是他的弊病，本章子貢因孔子過與不及的話，立刻評斷過勝於不及，孔子「過猶不及」的話，正是針對子貢的弊端而發。

據論語的記載，子張和子夏兩人才性的差異，確如孔子的評論。如顏淵篇記子張問「達」，他以爲：「在邦必聞，在家必聞」就是「達」，孔子糾正他說：「是聞也，非達也。」並告訴他「聞」與「達」的具體區別。又如爲政篇記「子張學干祿」，孔子要他「多聞闕疑，愼言其餘，則寡尤；多見闕殆，愼行其餘，則寡悔。」可見他的才性確有所「過」。至於子夏，如子張篇記子游說：「子夏之門人、小子，當洒掃、應對、進退則可矣！」雍也篇孔子告子夏說：「女爲君子儒，無爲小人儒！」可見他的才性確有所「不及」。

第十七章

季氏㈠富於周公㈡，而求㈢也爲之聚斂㈣，而附益之㈤。子曰：「非吾徒㈥也，小子鳴鼓而攻之㈦可也。」

【提旨】記孔子因反對魯國權臣的苛政，深責弟子冉求不能匡時救弊的過失。

【釋詞】

㈠季氏　指季康子，魯國三大權臣的首貴。

㈡富於周公　比周公更有財富的意思。周公、指周武王的弟弟、成王的叔叔周公旦。

㈢求　指弟子冉求，曾爲季氏家臣。

㈣爲之聚斂　替他搜刮財富的意思。爲、讀去聲（ㄨㄟ），作「替」講；之、指季氏；聚斂、聚集、斂藏，有搜刮人民財富的意思。

㈤附益之　附益、增多的意思；之、指季氏的財富。

㈥非吾徒　孔子責備冉求：不像是我的門徒。

㈦鳴鼓而攻之　對冉求聲罪致討的意思，就是聲張他的罪惡，以申斥、討伐他。之、指冉求。

【譯義】季氏的家財竟超過周公，而冉求卻又幫助他苛徵賦稅，搜刮民財，去增加他的財富。孔子深惡痛絕，因而向弟子們說：「這不像是我的門徒啊！你們大家可以擊起鼓來，去聲討他的罪惡好了。」

【析微】朱子集註說：「周公以王室至親，有大功，位冢宰，其富宜矣！季氏以諸侯之卿，而富過之，非攘奪其君，刻剝其民，何以得此？」他揣測孔子的意思，以爲周公旦是周朝王室的嫡親，對周室建有大功，而且位居周天子的冢宰，他富裕是應該的，季氏只不過是諸侯的大夫，他的家財竟然超過周公，如果不是由國君那裏攫取巧奪而來，刻苦人民、剝削人民，怎麼會有這樣多財富？冉求在孔門本來是以政事著稱的弟子，孔子曾以為冉求：「千室之邑，百乘之家，可使為之宰」（見公冶長篇）。而冉求自己也說過：「方六七十，如五六十，求也為之，比及三年，可使足民」（見本篇第二十六章）。後來他做了季氏的家臣，而季氏專政聚歛，國家財賦都歸私有，當然「富於周公」，冉求既被季氏所信任，應該誘導他忠君奉公，以土地、人民、財賦還給國家，不然也應當設法轉移、變化季氏貪財的私心，使國家富強起來，否則權臣愈富，魯國愈貧弱，冉求不能盡匡時救弊之道，完全失卻孔子平日屬望的心意，所以孔子非常氣憤，對季氏的苛政當然更深惡痛絕！孟子離婁篇也記載這件事，說「求也為季氏宰，無能改於其德，而賦粟倍他日。」正可以作本章的註脚。

第十八章

柴㈠也愚，參㈡也魯㈢，師也辟㈣，由也喭㈤。

【提旨】記四位弟子才性的偏失。

【釋詞】

㈠柴　孔子弟子，姓高，名柴，字子羔，衞國人，一說鄭國人，一說齊國人，比孔子小三十歲。

㈡參　指孔子弟子曾參，餘見學而篇吾日三省章註。

㈢魯　資質魯鈍的意思。

㈣辟　通僻，指才性有所偏僻，與大學：「其所親愛而辟焉」的「辟」相同。

㈤喭　音彥（ㄧㄢˋ），粗率、剛猛而有失禮容的意思。

【譯義】高柴的資質愚昧，曾參的資質魯鈍，顓孫師（子張）的才性偏僻，仲由（子路）的才性粗率。

【析微】本章四句，是評論弟子的話，應該出於孔子，所以朱子集註引吳氏說：「此章之首，脫『子曰』二字。」認爲章首原有「子曰」字樣，後世脫誤。也有人懷疑下章的「子曰」二字，應當在本章章首，而合爲一章。也有人認爲：本章與下章只是一章，「子曰」二字不必更動，而上四句還是孔子的話。以上三種分合的方法，固然各有它們的理由，現在，我們仍依朱子集註，將本章與下章分開，但仍當作孔子的言論。孔子對高柴等四位弟子，各用一個字評論他們的缺點，評論高柴的「愚」字，是指他智慧不足，如遇事不知道通變之類。至於評論曾參的「魯」字，與「愚」稍有差別，「魯」是魯鈍，敏捷的反面，曾子是一個篤志好學的人，雖然資質遲鈍，卻並不因此自棄，能努力深造，終於成就他的善德，不過「魯」字仍是他的短處。「師也辟」的「辟」，朱註說：「辟、便辟也，謂習於容止，少誠實也。」意思是子張只修飾外在的容貌舉止，很少具有內在的誠意實質，但本章所用的四個字都是就弟子天生的資質、才德而言，所以應該用黃式三論語後案所說：「辟、讀若左傳『闕西辟』之『辟』，偏也，以其志過高而流於一偏也。」這一說法與前章「師也過」的評論正相吻合。「由也喭」的「喭」，朱註解爲「粗俗」，但子路只能說「粗」，不能說他「俗」，他見義必爲，衣敝縕袍而不以爲恥，車馬、輕裘能與朋友共享，這樣的人不能說「俗」；至於「粗」，大致是粗率、粗略的意思，如衛靈公篇孔子責備他的：「野哉由也！」「野」就是粗野。孔子指出四位弟子的偏失，用意在使他們自己知道，或經朋友轉告，不難轉移變化，矯正缺失，成爲賢才。

第十九章

子曰：「回也其庶㈠乎？屢空㈡。賜不受命㈢而貨殖㈣焉，億則屢中㈤。」

【提旨】孔子評論顏淵與子貢的德行。

【釋詞】

㈠庶　庶幾、差不多的意思。朱註說：「庶、近也，言近道也。」是稱讚顏回的學問、道德，已接近精深的造就了。幾、音機（ㄐㄧ）。

㈡屢空　經常窮困、匱乏的意思，朱註說：「屢空、數至空匱也。」

㈢賜不受命　指子貢不接受教育，也就是不聽從孔子平日的教訓。

㈣貨殖　朱註：「貨財生殖也。」就是經商、從事營利事業的意思。

㈤億則屢中　朱註：「億、意度也。」就是猜測的意思。子貢善於猜測商業行情，而且常常猜中。中、讀去聲（ㄓㄨㄥˋ）。

【譯義】孔子說「顏回的學問、道德差不多已接近精深的造就了，可是常常貧窮匱乏。端木賜不聽受我平日的教命，而從事貨財生殖的營利事業，猜測商業行情，竟常常會猜對。」

【析微】易經繫辭篇說：「顏氏之子，其殆庶幾乎？」與本章開頭一句句法相同，也是說他已經「近道」。「屢空」二字與評論子貢的「貨殖」相對，二人處境不同，貧富懸殊。史記伯夷列傳也說：「回也屢空，糟糠不厭。」所謂「簞瓢屢空，晏如也。」正是顏回安貧樂道的精神，雍也篇孔子說他：「一簞食，一瓢飲，在陋巷，人不堪其憂，回也不改其樂。」像顏回這樣賢德出衆的弟子，卻簞瓢屢空，雖然是讚許他安貧樂道，也含有憐憫的意思。至於子貢，所謂「不受命」，古來有許多不同的解釋，關鍵在於「命」字的涵義，何晏集解解爲「教命」，比較可取。其他有解爲「天命」的，有解爲「君命」的，也有解爲「爵命」「祿命」、「官命」的，都不免各有瑕疵。子路篇記樊遲請學稼、學圃，孔子斥責他是「小人」，由此推論，「貨殖」應當也不是孔子所讚許的。里仁篇孔子曾說：「士志於道，而恥惡衣惡食者，未足與議也。」子貢從事貨殖，正違背了孔子的教訓，所以「不受命」解爲「不受教命」，最爲適切。但子貢的善於貨殖，也有他的貢獻，史記貨殖列傳說：「子貢結駟連騎，束帛之幣，以聘享諸侯，所至國君，無不分庭抗禮，夫使孔子名布揚於天下者，子貢先後之也，此所謂得勢而益彰者乎？」司馬遷的議論是很有道理的。至於「億則屢中」，正是子貢致富的原因。

第二十章

子張問善人㈠之道。子曰：「不踐迹㈡，亦不入於室㈢。」

【提旨】孔子因子張的詢問，談論善人的行爲。

【釋詞】

㈠善人　指能行善的人。

㈡踐迹　朱註引程子說：「踐迹、如言循途守轍。」就是循守舊軌的意思。

㈢室　如「升堂」、「入室」的「室」，指學問、道德精微深奧的地方。

【譯義】子張問善人所循行的途徑。孔子說：「善人不遵循人家的舊迹，但學問、道德也還不能進入精深的境界。」

【析微】朱子集註引程子說：「善人雖不必踐舊迹，而自不爲惡，然亦不能入聖人之室也。」大致就是本章的意思。「不踐迹」是善人的得力之處，「不入於室」則是善人的不足之處，所以，前句有所褒揚，而後句有所貶抑，都是形容、假設之辭。孔子回答子張的話，等於描繪出一幅善人的畫像。他有所不爲，不與人同流合污，卽使是大家都走的路，如果他認爲不對，絕不跟着別人的脚印走，這就是所謂「不踐迹」；但是，他本身還是缺乏修養，還不能進入理想的最高境界，也就是學問、道德的堂奧，所謂「不入於室」，猶如「不達於道」，也正如評子路的：「未入於室。」

孔子在論語中，曾三度提到「善人」，除本章外，一見於述而篇：「子曰：『善人，吾不得而見之矣；得見有恒者，斯可矣。』」一見於子路篇：「子曰：『善人爲邦百年，亦可以勝殘去殺矣！』」可見「善人」的可貴，以及「善人」也自有力量。左傳以「善人」稱子產，孟子則以樂正子春爲善人，又稱他「學古之道」，可見「善人」未必不學，朱註以爲本章的「善人」是「質美而未學者」，不如述而篇註：「志於仁而無惡。」所以，「善人」實際上就是善行、善德的人。

第二十一章

子曰：「論篤是與㊀，君子者乎？色莊者㊁乎？」

【提旨】孔子說明不可單憑言論及外貌取人。

【釋詞】

㊀論篤是與　這是「與論篤」的倒裝形式，其中「是」字是幫助倒裝用的虛字，沒有意義，正與國歌「主義是從」的「是」字用法相同。與、推許、稱許的意思；論篤、就是『論篤者』的省略，指言論篤實的人。

㊁色莊者　指神色故意裝得莊重的人。

【譯義】孔子說：「總是推許言論篤實的人，但是也得考察一下，這種篤實的人是眞正的君子呢？還是神色裝得莊重的人呢？」

【析微】何晏集解以本章與上章合爲一章，皇侃疏解釋說：「『子曰』云云者，此亦答善人之道也，當是異時之問，故更稱『子曰』；俱是答善人，故共在一章也。」但本章顯然以「子曰」二字另起，而且語氣不像回答問題，所以朱子集註劃分爲兩章是對的。朱註解釋本章的涵義說：「言但以其言論篤實而與之，則未知其爲君子者乎？爲色莊者乎？言不可以言、貌取人也。」孔子對人的辨識，一向注重他實際的行爲，而不單憑他的言論和外貌，因爲言論可以僞裝，外貌可以虛飾。公冶長篇記「宰予晝寢」，孔子除了深責他的志氣昏惰、精神渙散之外，並因此改變了他觀察人的態度，他說：「始吾於人也，聽其言而信其行；今吾於人也，聽其言而觀其行。」可能宰予並不用功，但在孔子面前卻說過他如何用功的話，最初孔子還信以爲眞，等到親眼看到他白天打瞌睡，精神不振作，可見他並非眞的勤奮，只是在老師面前的虛飾。衞靈公篇孔子曾說：「吾之於人也，誰毀誰譽？如有所譽者，其有所試矣。」由此可知：孔子對人如果有所稱許，一定經過觀察、考驗，證實他的行爲眞象以後，才肯作肯定的判斷，難怪他要懷疑「論篤是與」的正確性了。因爲只憑言論和外貌，是不足以區別一個眞君子或僞君子的。

第二十二章

子路問：「聞斯行諸㈠？」子曰：「有父兄在，如之何其聞斯行之？」冉有問：「聞斯行諸？」子曰：「聞斯行之。」公西華曰：「由也問聞斯行諸，子曰：『有父兄在』；求也問聞斯行諸，子曰：『聞斯行之』。赤也惑㈡，敢問㈢。」子曰：「求也退㈣，故進之㈤；由也兼人㈥，故退之㈦。」

【提旨】闡述孔子對弟子問學，常用不同的方式答覆，藉此收到因材施教的效果。

【釋詞】

㈠聞斯行諸　聽到一件合於義理的事，就立卽去做的意思。聞、就是聽聞；斯、等於「則」字、「卽」字，「就」的意思；諸、「之乎」二字的合音，其中「之」字指所聽到的事。

㈡惑　感到疑惑的意思。

㈢敢問　膽敢請問原因何在？因爲子路、冉有所問的問題相同，而孔子回答他們的答案不同。

㈣退　怯弱、退縮的意思。

㈤進之　使他前進、鼓勵他向前邁進的意思。之、指冉求。

㈥兼人　勇氣加倍於常人，往往因此想一個人做兩個人的事。

㈦退之　抑制他、使他後退的意思。之、指仲由。

【譯義】子路問孔子：「聽到一件合於義理的事，就應該立刻去做嗎？」孔子說：「家裏有父親、兄長在，應該先請示他們，然後去做，怎麼可以一聽到了就去做呢？」冉有也問孔子：「聽到一件合於義理的事，就應該立刻去做嗎？」孔子說：「聽到一件合於義理的事，就應該立刻去做。」公西華在旁邊聽了，因而問孔子說：「先前仲由問夫子說：『聽到一件合於義理的事，就應該立刻去做嗎？』夫子告訴他說：『家裏有父親、兄長在，怎麼可以一聽到了就立刻去做呢？』後來冉有也問夫子說：『聽到一件合於義理的事，就應該立刻去做嗎？』夫子卻對他說：『一聽到就應該立刻去做。』我心裏感到疑惑，膽敢請問夫子，這是什麼緣故呢？」孔子說：「冉求的天性遲緩，遇事常退縮不前，所以我要鼓勵他向前進；仲由的天性好勇，常想一個人擔當兩個人的事，所以我有意抑制他，使他後退一步。」

【析微】本章是孔子實施「因材施教」最顯著的具體實例。孔子回答子路和冉有同樣的問題，而答案的內容卻不相同，這是因爲孔子要針對弟子的個性，以實施個別教學，糾正他們各自的缺點。這是孔子常用的教育方法，也是孔子教學法的一大特色，目的在適應學生的個性差異，使他們不同的個性，得到正常的輔導與發展。冉有、子路二人的個性恰好相反，雍也篇記冉有所說：「非不說子之道也，力不足也。」可見他的確是一個遇事退縮的人，所以孔子要給他適當的鼓舞，以彌補他的缺陷；公冶長篇說：「子路有聞，未之能行，唯恐有聞。」只要聽到一件事，他會迫不及待的去做，甚至這一件還沒做好，又害怕另外一件事來臨；而且他又勇於濟助人家的急用，他自己曾坦率地表示：「願車馬，衣輕裘，與朋友共，敝之而無憾。」（見公冶長篇）可見他天生是一個勇往邁進的人，但有時不免輕率、莽撞，欠缺冷靜思考，可能有害於事，所以孔子特別壓抑他的剛勇之氣，希望他有所節制，先禀告父兄，然後施行，則不致犯過。此外，論語中孔子實施「因材施教」的例子很多，如孟懿子、孟武伯、子游、子夏同是問孝，而孔子所答不同；又樊遲、子張、顏淵、司馬牛都曾問仁，而孔子答辭各異；再如子貢、子路、子張、仲由都曾問政，而孔子也作不同的答案；這些都是孔子個性教學、因人而異的方法隨時運用的具體實證。

第二十三章

子畏於匡㈠，顏淵後㈡。子曰：「吾以女為死矣。」曰：「子在，回何敢死？」

【提旨】記顏淵「仁者必有勇」的精神。

【釋詞】

㈠畏於匡　匡、地名，本屬衞國，這時屬鄭國；畏、有所畏懼、受到虛驚的意思。經過情形見子罕篇註。

㈡後　朱註：「後、謂相失在後。」就是與孔子同行，中途失散，最後才出現的意思。

【譯義】孔子在匡地被圍困，因而受了一場虛驚，當時顏淵與孔子失散，最後才出現。孔子說：「我以爲你與匡人相鬥而死了。」顏淵說：「您還活在人間，我怎麼敢死呢？」

【析微】「子畏於匡」的事，前文子罕篇已有記載，由於匡人的誤會，使孔子和他的弟子受到圍困，孔子因而懷有戒懼的心情。當時因人數衆多，目標顯著，恐怕容易被匡人發覺，所以師生分散而行。當解圍之後，師生相聚，發現少了顏淵，因而孔子躭心他與匡人遭遇，爲了抵禦匡人的殘害，將不免生命危險，所以當顏淵最後出現的時候，孔子帶着驚喜的口吻說：「吾以女爲死矣」，言外的意思是：如今平安歸來，令人欣喜。所以孔子的話，是在情勢危迫之後，唯恐顏淵誤死，而終見他能脫險歸來，脫口說出的驚喜話。顏淵所謂「回何敢死」，是不輕易死的意思。他與孔子失散，彼此都應該不知生死，而顏淵卻說「子在」，這是因爲孔子一向自信：上天不會使他度不過災難，子罕篇說：「天之未喪斯文也，匡人其如予何？」所以顏淵也深信孔子會安全度過危難。由顏淵的話，可見他爲了孔子在世而不敢輕易死，絕不爲了逃避患難而苟且求生，他是能死而不苟死，全生而非偷生，既有從容的修養，又富勇決的精神，憲問篇說：「仁者必有勇」，顏淵是仁者，所以，對生死問題，能有這樣勇決的精神。

第二十四章

季子然㈠問：「仲由、冉求可謂大臣矣？」子曰：「吾以子爲異之問㈡，曾㈢由與求之問。所謂大臣者，以道事君㈣，不可則止㈤。今由與求也，可謂具臣㈥矣。」

曰：「然則從之者㈦與？」子曰：「弑父與君，亦不從也。」

【提旨】孔子說明臣子事奉國君的道理。

【釋詞】

㈠季子然　孔安國註以爲「季氏之子弟」，大約是季氏同族的人，史記仲尼弟子列傳作「季孫問曰：子路可謂大臣與？」與論語本章稍有不同。

㈡異之問　就是「問異」的倒裝句，下句「由與求之問」，就是「問由與求」，句法相同，其中「之」字只是虛字；「異」字與季氏篇：「子亦有異聞乎」的「異」相同，「問異」意思就是「問別的人」。

㈢曾　音增（ㄗㄥ），猶如「乃」字，有竟然的意思。

㈣以道事君　就是以正道事奉國君，朱註說：「不從君之欲。」意思是：不盲從國君的私欲。

㈤不可則止　如果不能以正道事奉國君，就寧可辭職不做，朱註說：「必行己之志。」意思是：一定奉行自己的心志。

㈥具臣　孔安國註：「言備臣數而已。」就是稱職的臣子，「具」有備具、完具的意思。

㈦從之者　就是順從上官的人，指仲由、冉求二人。

【譯義】季子然問孔子：「仲由和冉求可以說是大臣嗎？」孔子說：「我以爲你問別的人，竟然只是問仲由和冉求啊。我們所稱的大臣，他能用正道去事奉國君，如果辦不到，他寧可辭職不做。如今仲由和冉求這兩個人，可以說是稱職的臣子了。」

季子然又問：「既然他們兩人都不是大臣，那麼，他們一切都順從上官的作爲嗎？」孔子說：「殺父親與殺國君的事情，他們都不會順從的。」

【析微】仲由、冉求二人，都曾做過季氏的家臣，所以，季子然詢問孔子，他們是不是大臣？孔子回答他：「吾以子爲異之問，曾由與求之問。」似乎有輕視仲由、冉求的意思，朱子說：「輕二子以抑季然也。」孔子又進而解釋所謂「大臣」的條件是能「以道事君，不可則止。」這固然是稱述卿佐的責任，也含有二人不能以正道匡正季氏的意思。孔子只許他們是「具臣」，正如公治長篇所說：「由也，千乘之國，可使治其賦也，不知其仁也。」又說：「求也，千室之邑，百乘之家，可使爲之宰也，不知其仁也。」不以「仁」許二人。「具臣」只是具數之臣、稱職之臣，但與空食俸祿、尸位素餐的臣子不同，因爲他無愧於臣子的職務。「大臣」則能堅守正道，足以「格君心之非」。孔子的意思，仲由、冉求不能匡正季氏行爲的過失，或不合理的行政措施，所以不足以稱「大臣」，只稱他們爲「具臣」。「具臣」也是人臣的一等，孟子滕文公篇所謂：「以順爲正者，妾婦之道也。」一般臣子，大多唯君命是從，正如妾婦唯夫命是從一般，所以，季子然接着又問仲由、冉求是不是這樣順從君命的臣子，孔子告訴他：他們二人對君臣之道定能堅守，如弑父弑君，逆倫篡位的事情，不致盲從參與，這一點是孔子深具信心的。季氏專權僭越，大有謀篡弑逆的可能，所以，孔子的話是含有深意的。至於仲由、冉求不能匡正季氏的過失，在論語中還可以找到證明，如季氏篇記季氏將伐顓臾，他們二人不但不匡正，反而替季氏迴護；又如八佾篇記季氏僭禮旅祭於泰山，而冉求不能救正他的過失；都是顯著的例子。

第二十五章

子路使子羔㈠爲費宰㈡。子曰：「賊㈢夫人之子㈣。」子路曰：「有民人㈤焉，有社稷㈥焉，何必讀書，然後爲學？」子曰：「是故惡夫佞者㈦。」

【提旨】孔子矯正子路不以讀書爲學問的錯誤，並勉人進求學問。

【釋詞】

㈠子羔　孔子弟子高柴，字子羔，餘見本篇第十八章註。

㈡爲費宰　做費邑的邑宰。爲、做的意思；費、音壁（ㄅㄧˋ），魯國邑名，這時屬季氏所有，故城在今山東費縣西南。

㈢賊　傷害的意思。

四夫人之子　指子羔。因子羔年輕，所以稱「人之子」，夫、音扶（ㄈㄨˊ），可作「彼」字講。

五民人　就是人民，不過民指庶民，人指人臣。

六社稷　指祭祀土地之神、五穀之神的宗廟。

七惡夫佞者　惡、音務（ㄨˋ），厭惡的意思；夫、音扶（ㄈㄨˊ），可作「此」字講；佞者、逞露口辯的人，指子路而言。

【譯義】子路說子羔做費邑的邑宰。孔子說：「這樣會害了別人的子弟。」子路說：「費邑有可供統治、管理的人民、官吏，還有祭祀土地之神、五穀之神的神廟，何必一定要讀了書才算是學問呢？」孔子說：「你說這樣的話爲自己辯說，所以我厭惡像你這樣逞露口辯的人。」

【析微】魯定公十二年，子路做季氏的家臣，想用子羔去鎭撫季氏所屬的費邑，「子路使子羔爲費宰」，正如雍也篇：「季氏使閔子騫爲費宰」，只是打算這樣做，還沒有正式遣用。孔子知道了以後，表示不贊同，因爲子羔這時年紀很輕，而且學問修養還沒有成熟，這時去做一個地方官，恐怕還不能完全勝任愉快。史記仲尼弟子列傳說：「子羔長不盈五尺，受業孔子。」又說他比孔子小三十歲，孔子家語更改爲四十歲，可見高柴來孔子門下受業時年紀很小。孔子一向主張先從學問、品德上充實自己，然後才能從政，所謂「學而優則仕」。左傳襄公三十一年記鄭國大夫子產的話說：「僑（子產名公孫僑）聞學而後入政，未聞以政學者也。若果行此，必有所害。」正與孔子的話意思相同。公冶長篇記孔子有意讓漆雕開出任官職，漆雕開表示對自己的學識修養還沒有充分的自信，因而婉言相拒，孔子對他的態度感到很欣慰，與本章可以互相參看。漢人王充論衡正說篇說：「子路之意，蓋謂子羔之學亦進矣，不若仕焉。有見在之民人，學治民，學使能；有見在之社稷，學守土，學養人。仁愛加于百姓，誠敬通于鬼神，卽學之實地，何必閉戶讀書，乃謂爲學乎？」子路的意思，學問的途徑，不止讀書，人情、事變的經驗都是實學，所以，子路並非廢棄學問的功效。但是進修有一定的次第，不可以躐等而求，學問修養還沒有到達優裕的造就，怎能勝任治人、安民的工作呢？這道理是很顯然的。子路一時偏執，主張從經驗中求實學，沒有詳察進修有次第的道理。但是，這樣的言論，容易聳動人心，並爲不樂於讀書的人引爲藉口，所以，孔子斥責子路，徒然善逞口辯，對事情的道理，不加深思，藉此使子路能自己反省。子路雖然一向說話、做事都不免粗率，但他能勇於改過，孟子公孫丑篇說：「子路，人告之以有過，則喜。」所以，論語中孔子對子路常當面指責，如子路篇說：「野哉由也！」本篇第十五章：「由之瑟，奚爲於丘之門？」公冶長篇說：「由也，好勇過我，無所取材。」只是孔子一向不喜歡愛逞口辯的人，如公冶長篇說這種人：「禦人以口給，屢憎於人。」不過孔子是寓教訓於斥責，對子路來說，正是給他一個反省的機會。

第二十六章

子路、曾晳㈠、冉有、公西華侍坐㈡。

子曰：「以㈢吾一日長乎爾㈣，毋吾以㈤也。居㈥則曰：『不吾知㈦也。』如或知爾，則何以㈧哉？」

子路率爾㈨而對曰：「千乘之國，攝㈩乎大國之間，加之以師旅⑪，因之以饑饉⑫；由也爲之⑬，比及⑭三年，可使有勇，且知方⑮也。」

夫子哂之㉖。

「求！爾何如？」

對曰：「方六七十㉗，如㉘五六十，求也爲之，比及三年，可使足民㉙，如其㉚禮樂，以俟君子㉛。」

「赤！爾何如？」

對曰：「非曰能之，願學焉。宗廟之事㉜，如會同㉝，端章甫㉞，願爲小相㉟焉。」

「點！爾何如？」

鼓瑟希[二六]，鏗爾[二七]，舍瑟而作[二八]，對曰：「異乎三子者之撰[二九]。」

子曰：「何傷[三十]乎？亦各言其志也。」

曰：「莫春者[三一]，春服既成，冠者[三二]五六人，童子[三三]六七人，浴乎沂[三四]，風乎舞雩[三五]，詠[三六]而歸。」

夫子喟然嘆曰：「吾與[三七]點也！」

三子者出，曾皙後。曾皙曰：「夫三子者之言何如？」

子曰：「亦各言其志也已矣。」

曰：「夫子何哂由也？」

曰：「爲國以禮，其言不讓㊳，是故哂之。」

「唯㊴求則非邦㊵也與？」

「安見㊶方六七十、如五六十而非邦也者？」

「惟赤則非邦也與？」

「宗廟會同，非諸侯而何？赤也爲之小㊷，孰能爲之大㊸？」

【提旨】孔子與子路等四位弟子談論各人的志向，諸弟子分別說明志向之後，孔子對發言輕率的子路，加以糾正，對說話謙遜的公西華，予以勉勵；對志趣高超的曾皙，則表示讚許。

【釋詞】

㈠曾皙　孔子弟子，名點，字子皙，曾參的父親。皙、音西（ㄒㄧ），本從白，經典相承從日。

㊁侍坐　陪侍在孔子坐位旁邊。

㊂以　以爲、因爲的意思。

㊃一日長乎爾　「長乎爾一日」的倒裝句，意思是：比你們年長一點。長、音掌（ㄓㄤˇ），年長的意思；乎、同「於」，可作「比」字講；爾、猶如爾輩、你們，指子路等四人；一日、猶如一點、一些，形容年長不了幾歲；這是孔子在弟子面前的自謙之辭。

㊄毋吾以　「毋以吾」的倒裝形式，事實上是「毋以吾一日長乎爾」的省略，意思是：你們不要以爲我比你們年長幾歲，就不敢把心裏的話爽爽快快地說出來。

㊅居　平居，也就是平常的時候。

㊆不吾知　「不知吾」的倒裝語，意思是：別人不知道我。

㊇何以　朱註連上句解釋說：「如或有人知女，則女將何以爲用也？」所以「何以」就是「何以爲用」，也就是：有何才能以爲應用。

㊈率爾　猶如「率然」，莽撞輕率、不加思索的樣子。

㊉攝　夾處的意思。

⑪加之以師旅　「以師旅加之」的倒裝句，意思是：相鄰的大國以軍隊來侵犯他。師旅、泛指軍隊、戰事；加之、猶如施之，之、指千乘之國。

⑫因之以饑饉　接連着又鬧饑荒的意思。因、因仍、接連的意思；之、指師旅；饑饉二字，

據爾雅釋天的解釋，穀類不成熟稱爲饑，蔬菜不成熟稱爲饉，這裏泛指饑荒。

⑬由也爲之　意思是：如果我仲由去治理這樣的國家。爲、動詞，作治理講；之、指以上處境的千乘之國。

⑭比及　等到的意思。比、讀去聲，音敝（ㄅㄧˋ），作「近」字講。

⑮知方　知道大義的所在。方、義方的意思，就是大義的趨向，如孟子所謂：「親其上，死其長」之類。

⑯哂之　哂、音審（ㄕㄣˇ），朱註：「微笑也」；之、隱指子路所說輕率而不謙遜的話。

⑰方六七十　指面積六七十方里的地方。

⑱如　朱註：「如、猶或也。」王引之經傳釋詞則以爲：「如、猶與也、及也。下『如會同』之『如』字，並與『與』同義。」

⑲足民　人民衣食、財用豐足的意思。

⑳如其禮樂　至於那些禮樂教化的事情。如、至如、至於的意思。

㉑以俟君子　意思是：只好等待有才德的君子去實施，這是冉有自謙的話。俟、音似（ㄙˋ），等待的意思。

㉒宗廟之事　鄭玄、朱熹都以爲指祭祀，竹添光鴻論語會箋則以爲指朝聘的事。

㉓如會同　如、與「如五六十」的「如」相同，或者的意思。古代諸侯朝見天子稱會，諸侯

約同相見稱同。或以爲「會同」是許多諸侯相會聚，而會聚在壇坫，不在宗廟；「壇坫」是諸侯相見時周旋、行禮的地方。

㉔端章甫　端、指玄端，古代祭祀或朝會時所穿的禮服。玄是一種黑而有赤的顏色；用正幅布製成，前後端正而沒有縫，所以稱端。章甫、指玄冠，古代祭祀或朝會時所戴的禮冠，用黑色的繒製成，繒是一種絲織品。劉熙釋名釋首飾解釋「章甫」的名義說：「甫、丈夫也，服之，所以表章丈夫也。」

㉕小相　古代諸侯相見時，贊禮的人稱爲相。「小相」的「小」字是公西華自謙的話。

㉖鼓瑟希　彈奏瑟的聲音漸漸稀疏的意思。鼓、作動詞用，當彈奏講；希、通稀，稀疏的意思。

㉗鏗爾　猶如「鏗然」，形容停止彈瑟時收尾的音響。鏗、音坑（ㄎㄥ）。

㉘舍瑟而作　放下正在彈奏的瑟，然後站起身來。舍、讀上聲（ㄕㄜˇ），與捨同，擱置、放下的意思；作、起身站立，表示敬意。

㉙撰　音篆（ㄓㄨㄢˋ），撰述的意思。孔安國、朱熹都解作「具」，具陳的意思，與「撰述」相同。皇侃疏說：「撰、志所具也。」則是指所具備的志趣。

㉚何傷　有何妨害的意思。

㉛莫春者　暮春三月的時候，約指三月下旬。莫、同暮。

㉒冠者　指成年人。古人二十歲以上爲成年，開始戴帽子。冠、讀去聲，音貫（ㄍㄨㄢˋ）。

㉓童子　指沒有成年的人。

㉔浴乎沂　浴、沐浴的意思。朱註則說：「浴、盥濯也。」盥是洗手，濯是濯足，如所謂：「掬水月在手，濯足萬里流。」乎、用法同「於」；沂、音宜（ㄧˊ），水名，出魯城東南尼丘山。

㉕風乎舞雩　風、乘涼的意思；雩、音于（ㄩˊ），天旱時求雨的祭名，因而祭天祈雨的祭壇也稱雩；壇上多種樹木，有樹蔭可以納涼；祭天祈雨時有歌舞娛神，所以稱「舞雩」，在魯國曲阜城南。

㉖詠　歌詠、歌唱的意思。

㉗與　讚許或贊同的意思。

㉘讓　謙讓的意思。

㉙唯　唯獨的意思。

㊵邦　古代稱國家爲邦，這裏指治理國家。

㊶安見　怎麼見得的意思。

㊷爲之小　「爲之小相」的省略，之、用法同「其」，指宗廟、會同的事。

㊸孰能爲之大　孰、誰的意思；之、仍指諸侯宗廟、會同的事；大、「大相」的省略。朱註

說：「言無能出其右者，亦許之之詞。」

【譯義】子路、曾皙、冉有、公西華四人陪侍孔子閒坐。

孔子說：「因爲我的年歲比你們大一點，你們就不敢把心裏的話爽爽快快的說出來，不要這樣拘束吧！你們平時常說：『別人不知道我。』如果有人知道你們，你們準備怎樣施展你們的才學呢？」

子路顯得輕率、莽撞而不加思索地回答說：「假如一個擁有一千輛兵車的國家，夾處在幾個大國的中間，經常受到大國軍隊的侵犯，接連着國內又鬧饑荒，讓我仲由去治理這樣的國家，只要到了三年的工夫，就可以使這一國的人民都有戰鬥的勇氣，而且知道大義的趨向。」

孔子聽了這話，微微地笑了一笑。

又問冉有說：「冉求！你怎麼樣？」

冉有回答說：「假如有個面積六七十方里，或者再小一點：五六十方里的地方，讓我冉求去治理的話，只要到了三年的工夫，就可以使人民生活富足；至於禮樂教化方面的事，我沒有這樣的本領，只有等待有才德的君子去從事了。」

孔子又問公西華說：「公西赤！你怎麼樣？」

公西華回答說：「不敢說我一定能夠做到，只是願意學習學習，就像宗廟祭祀的典禮，或者列國諸侯會盟的時候，如果用我時，我穿着禮服，戴着禮冠，願意做個襄贊禮儀的小相。」

孔子又問曾皙說：「曾點！你怎麼樣？」

曾皙正在彈瑟，聽到孔子問他，便停止彈瑟，讓尾音逐漸稀疏，最後鏗然一聲結束，放下了瑟，然後站起身來，回答說：「我的志趣和他們三位所陳述的不同。」

孔子說：「那有什麼妨礙呢？也不過各人說說自己的志向罷了。」

曾皙就說：「當暮春三月，天氣和暖的時節，春天穿的服裝都已做好了，邀約五六位成年的朋友，携帶六七個未成年的童子，到沂水去沐浴，再到求雨的祭壇上，在樹蔭下乘乘風涼，然後大家唱着歌回家。」

孔子聽了，不覺長歎一聲說：「我倒贊同曾點的這種志趣。」

子路、冉有、公西華三人都出去了，曾皙獨自留在後面。曾皙因而問孔子說：「他們三位同學所說的話，究竟怎麼樣呢？」

孔子說：「也不過各人說說自己的志向罷了。」

曾皙說：「夫子爲什麼要笑仲由呢？」

孔子說：「治理國家應該講求禮讓，可是他說話的語氣一點也不謙讓，所以笑他。」

曾晳又問：「難道冉求所說的，不是治理邦國嗎？」

孔子說：「冉求不過是自己謙虛，怎麼見得面積六七十方里，或者五六十方里的地方，就不能算是邦國呢？」

曾晳又問：「那麼公西赤所說的，難道不是治理邦國嗎？」

孔子說：「公西赤說話更謙虛了，宗廟祭祀和列國會盟，不是諸侯的事是什麼？公西赤如果只能做一個小相，那麼誰又能做大相呢？」

【析微】本章是論語中最長的一章，記敍孔子與弟子間的對話，眞切生動，最能傳神。孔子以師長之尊首先發言，並帶着和藹、謙虛而親切的口吻，誘導弟子們儘量說出內心的意思，以觀察他們的志趣所在。弟子們在孔子門下受業，學問有了相當的成就，德行有了相當的修養之後，就想出去用世，但當時的環境，使他們缺乏這種機遇，所以弟子們常抱怨沒有人了解他們。孔子常告誡他們，不怕沒有人知道自己，只怕沒有眞實的才學，如里仁篇說：「不患莫己知，求爲可知也。」又憲問篇說：「不患人之不己知，患其不能也。」如今孔子針對他們急於求人知道的心情，問他們一旦被人識拔，打算如何發展自己的抱負。子路首先主動發表意見，充分顯露他急切的個性。從四位弟子的答話，可以看出子路的輕率，冉有的坦誠，公西華的謙虛，曾晳的從容；同時，也可以看出他們是四個不同類型的人，子路長於軍事，冉有善於政治，公西華樂於外交，都是經國濟世的人才。其實，孔子對這三位弟子的秉賦，平日就已知道得很清楚，如公冶長篇回答孟武伯問仁說：「由也，千乘之國，可使治其賦也。」又說：「求也，千室之邑，百乘之家，可使爲之宰也。」又說：「赤也，束帶立於朝，可使與賓客言也。」與本章他們自己所說的志趣正相合。至於曾皙的志趣，可說與衆不同，他所嚮往的是適情悅性的生活，悠然自在的意趣，瀟灑淡泊的風懷。孔子一生以從政救民爲念，然而「時不我與」，所以常有歸隱的感懷，如今聽到曾皙這番曠達的話，因而引起他深深的慨歎，並特別贊許他的志趣。最後，由公西華與孔子的對話，可見孔子笑子路的原因，由於子路不懂「以禮讓爲國」的道理，從他說話的口氣可以看出來。對於冉有的坦誠和公西華的謙虛，語意之間，有勉勵他們的意思。

第十二篇　顏淵

前言

本篇內容，大體如邢昺疏所說：「論仁政明達君臣父子，辨惑折獄，皆聖賢之格言，仕進之階路」。共計二十四章。

第一章

顏淵問仁。子曰：「克己復禮㈠為仁。一日㈡克己復禮，天下歸仁㈢焉。為仁由己㈣，而由人㈤乎哉？」

顏淵曰：「請問其目㈥。」子曰：「非禮勿視，非禮勿聽，非禮勿言，非禮勿動。」

顏淵曰：「回雖不敏㈦，請事斯語㈧矣！」

【提旨】孔子教顏淵行仁的重要綱目，以克己復禮、自我行仁為總綱；並以視、聽、言、動四者合禮為細目。

【釋詞】

㈠克己復禮　克制自己的私慾，使言行合乎禮節。克有克服、抑制的意思，揚雄法言問神篇說：「勝己之私之謂克。」與本章正相合，所以「克己」是克勝自己的私心慾望。復、反歸的意思；禮、指禮節，是行爲的準則。

㈡一日　一旦有一天能做到的意思。

㈢天下歸仁　天下人都將以仁者的美名歸屬他。歸、如「百川歸海」的「歸」，歸與、歸宗的意思。

㈣爲仁由己　實行仁道的工夫，完全由自己作主。爲仁、就是行仁。

㈤由人　由他人的意思。

㈥目　指實行仁道的條目、細目。

㈦不敏　不夠聰敏，這是自謙的話。

㈧請事斯語　照這幾句話去實行。事、有從事、奉行的意思。

【譯義】顏淵問孔子關於實踐仁道的問題。孔子說：「克制自己的私慾，使一言一行都復歸於禮，這就是實踐仁道。果眞有一天能夠切實做到克制自己的私慾，使言行都合於禮，那天下人都將以仁者的美名歸屬於他。實踐仁道完全在於自己下工夫，難道還在於別人嗎？」

顏淵又問：「請問實踐仁道的細目有那些？」孔子說：「凡是不合禮的事不要看，不合禮的話不要聽，不合禮的話不要說，不合禮的事不要做。」

顏淵說：「我顏回雖然不聰明，但今後一定盡力奉行夫子這一番教訓。」

【析微】本章孔子垂示顏淵的是實踐仁道的綱目，「克己復禮」和「為仁由己」可以說是行仁的兩大綱領。所謂「克己」，馬融註解為「約身」，意思是約束己身的言行，當然是很好的解釋；但朱熹集註解作：「克、勝也；己、謂身之私欲也。」也很有道理。因為仁德是天理，足以蒙蔽天理、湮沒天理的是人的私欲，如果能克制私欲，則言行自然能回復於禮。至於「為仁由己」的話，是強調行仁全靠自己努力下工夫，別人是幫不了忙的。孔子又告訴顏淵行仁的細目，所謂「非禮勿視」云云，猶如易經壯卦象辭所說：「君子以非禮不履。」也正如中庸所說：「齊明盛服，非禮不動。」孝經說：「非先王之法服不敢服，非先王之法言不敢道，非先王之德行不敢行；是故非法不言，非道不行。」這些話都可以與本章所列舉的細目意義相通。

第二章

仲弓問仁。子曰：「出門㈠如見大賓㈡，使民如承大祭㈢；己所不欲，勿施㈣於人；在邦㈤無怨，在家㈥無怨。」

仲弓曰：「雍雖不敏，請事斯語矣！」

【提旨】孔子教仲弓行仁之道，在於保持敬愼之心，以恕道待人，並說明如此行仁的功效。

【釋詞】

㈠出門　指走出家門，將與人相交接、會晤的時候。

㈡大賓　指身份高貴的賓客。

㈢承大祭　承、承奉、承當的意思；大祭、指重大的祭典。

㈣施　猶如「加」字，與公冶長篇：「我不欲人之加諸我也」的「加」字同義。

㈤在邦　劉寶楠論語正義說：「謂仕於諸侯之邦。」

㈥在家　劉氏正義說：「謂仕於卿大夫家也。」朱註則以「內外」釋家、邦，那麼「在邦」就是在國內，「在家」就是在自己家裏。劉氏的說法稍嫌拘泥，朱子的意思比較可取。

【譯義】仲弓問關於實踐仁道的問題。孔子說：「走出家門，將與人相交接的時候，就好像去謁見高貴的賓客一樣恭敬；如果自己在位，使用人民的時候，就好像去承當重大的祭典一般謹慎。凡是自己心裏不願接受的，不要加在別人身上。像這樣以敬心、恕道待人，別人也自然敬愛他，在國內既沒有人怨恨他，在家裏也沒有人怨恨他。」仲弓說：「我冉雍雖然不聰敏，但今後一定奉行夫子這一番教訓。」

【析微】本章孔子垂示仲弓的行仁之道，不外「敬」、「恕」二字。所謂「出門如見大賓，使民如承大祭。」是用兩個比喻來說明處處保持恭敬、謹慎的心情，不敢苟且，不敢怠慢。古代主人迎見賓客之禮，凡與自己身份相等或尊貴的賓客，都須在門外迎接相見，這時最需注意禮節儀態，稍不注意，可能失禮失態。因此，孔子用來比喻實踐仁道的心情，體會這種敬慎之心，凡「出門」時就彷彿去迎見「大賓」。又古代國君或地方首長，經常要主持重大的祭典，祭祀是與神相交接的事，最需鄭重，左傳成公十三年說：「國之大事，在祀與戎。」可見祭祀是古代國家兩大重要事務之一。因此，孔子也用來比喻實踐仁道的心情，體會這種鄭重之心，凡「使民」時就彷彿去接受「大祭」。所謂「出門」和「使民」，只是舉出隨時可與人交接的時候和隨時都需鄭重的事情，以顯示處處都需存心敬愼。左傳僖公三十三年說：「出門如賓，承事如祭，仁之則也。」與本文取義正相合。

至於「己所不欲，勿施於人」，是孔子最講求的待人之道。衞靈公篇子貢問孔子：「有一言而可以終身行之者乎？」孔子告訴他：「其恕乎！己所不欲，勿施於人。」所以這兩句話就是視人如己、推己及人的恕道。公冶長篇子貢所說：「我不欲人之加諸我也，吾亦欲無加諸人。」正體會了孔子所提出的恕道精神。大學所謂「絜矩之道」，也就是恕道，它是仁德的基本，所以孔子特別舉以爲言。管子小問篇引古語說：「非其所欲，勿施於人，仁也。」與本章取義正同。

最後「在邦無怨，在家無怨」二句，歷代註疏家大多解爲能實踐上述三事的效果，陳大齊先生論語臆解則釋作行仁的一個因素，與前文並列。他所持的理由，如上章「天下歸仁」是說效果，但上面有「一日克己復禮」的話表示得很明白；而本章「在邦無怨，在家無怨」上面並沒有一字、一句明示或暗示它是前三事的效果。陳先生又把「無怨」解作自己不抱怨，而不解作不取怨於人。他的剖析和解釋不無道理，可以參考。

第三章

司馬牛㊀問仁。子曰：「仁者，其言也訒㊁。」

曰：「其言也訒，斯謂之仁矣乎？」

子曰：「爲之難㊂，言之得無訒乎？」

【提旨】孔子因司馬牛浮躁多言，所以教他出言謹慎，加強自制的工夫。

【釋詞】

㊀司馬牛　孔子弟子，宋國人，就是桓魋的弟弟。史記仲尼弟子列傳說他名耕，字子牛；而論語集解引孔安國註則以爲名犂。

㊁訒　音刃（ㄖㄣˋ），朱註：「刃、忍也，難也。」就是忍制言語，不輕易發出的意思。

㊂爲之難　行仁很難的意思。爲、動詞，作「行」講；之、指仁德而言。

【譯義】司馬牛問關於實踐仁道的問題。孔子說：「有仁德的人很謹愼，說話特別忍制，不輕易出口。」

司馬牛又問：「說話忍制，這就叫做仁了嗎？」孔子說：「實行仁道不容易，在說話的時候怎能不謹愼呢？」

【析微】說文解字解釋「訒」字說：「訒，頓也。从言，刃聲。論語曰：『其言也訒』。」許氏說解的「頓」字，應當讀爲利鈍的鈍。所以，其言也訒，就是說話遲頓，訥訥難於出口的意思。學而篇說：「巧言令色，鮮矣仁。」子路篇說：「剛毅木訥，近仁。」可見孔子認爲：一個仁厚的人，往往不善於賣弄口舌，而木訥寡言，所以孔子特別提示他說話要謹愼。史記仲尼弟子列傳說：「牛多言而躁，問仁於孔子。孔子曰：『仁者其言也訒。』」根據司馬遷的這一說法，孔子回答司馬牛的話是針對他「多言而躁」的缺點而說的。朱子也有這樣的說法，集註說：「夫子以牛多言而躁，故告之以此，使其於此而謹之，則所以爲仁之方，不外是矣！」朱註可能就是本自史記，這是可信的，因爲孔子回答弟子問題，一向喜歡用「對症下藥」式的方法，以收到「因材施敎」的效果。試看以上三章，顏淵、仲弓、司馬牛所問的問題都是「仁」，而孔子所答的內容各不相同，顯然是由於各人的才性有所不同，需要孔子開釋、指點的地方，自然也各不相同。對顏淵純就「克己復禮」說，教他從約束言行着手，並以「禮」爲言行的準則，這正如子罕篇顏淵自述的「約我以禮」。對仲弓則就政治生活立說，如「見大賓」、「承大祭」、「在邦」、「在家」之類，因仲弓具有政治方面的才具。對司馬牛則又從發言謹愼的角度說，藉此以矯正他「多言而躁」的過失。然而三者又都是達到仁德的途徑，非但適用於他們個別的才性，而且也適用於一般人，這是孔子設教、立言的高妙之處。

第四章

司馬牛問君子。子曰：「君子不憂不懼。」曰：「不憂不懼，斯謂之君子矣乎？」子曰：「內省㈠不疚㈡，夫㈢何憂何懼？」

【提旨】孔子因司馬牛常懷憂懼，所以啓導他保持心安理得的君子心懷。

【釋詞】

㈠內省　內心反省、檢討的意思。省、音醒（ㄒㄧㄥˇ）。

㈡疚　音舊（ㄐㄧㄡˋ），包咸、朱熹註都說：「病也。」指行爲方面的疵病，有慚愧、悔恨的意思在內。

㈢夫　音扶（ㄈㄨˊ），發語詞。

【譯義】司馬牛問孔子怎樣才算是君子。孔子說：「君子不憂愁，也不恐懼。」司馬牛又問：「不憂愁，不恐懼，這樣就叫做君子了嗎？」孔子說：「自己從內心反省，毫無愧疚，還憂愁什麼？恐懼什麼呢？」

【析微】司馬牛所問的是「君子」，而孔子回答的話是「不憂不懼」，可見孔子的用意是在糾正他的缺失，而並非釋明所問的意義。朱子集註說：「向魋作亂，牛常憂懼，故夫子告之以此。」向魋就是宋國的司馬桓魋，司馬牛的哥哥。史記孔子世家記孔子離開曹國，前往宋國，與弟子習禮於大樹下，桓魋想殺害孔子，拔掉大樹，弟子催孔子趕快離去，孔子卻說：「天生德於予，桓魋其如予何？」孔子的話，也見於論語述而篇。蔣伯潛廣解四書說：「司馬牛自宋來學，知其兄桓魋有寵於宋景公而爲害於公，將有身敗名裂、覆宗絕世之禍，故憂懼特甚。」因此，孔子乘機針對他憂懼的心情，爲他開示一番。但司馬牛最初還沒有悟解孔子的意思，所以再度發問，正與上章的再度發問相似。孔子的用意，在告誡司馬牛於言行上自修，做到「內省不疚」、「不憂不懼」，就是君子的心懷。「內省不疚」是「不憂不懼」的根源，所謂「內省不疚」，就是沒有做對不起人的事，對得起天地良心，這樣自然心安理得，至於意外的禍患，可以置之度外。

第五章

司馬牛憂曰：「人皆有兄弟，我獨亡㈠。」子夏曰：「商聞之㈡矣：『死生有命㈢，富貴在天㈣。』君子敬而無失㈤，與人恭而有禮；四海之內㈥，皆兄弟也。君子何患乎無兄弟也？」

【提旨】司馬牛因兄長爲亂作惡，憂患自己沒有賢兄弟，子夏寬慰司馬牛：聽任天命，並以恭敬修己待人，則四海之內，皆如兄弟。

【釋詞】

㈠我獨亡　我單單沒有兄弟的意思，與隱公元年左傳：「汝有母遺，繄我獨無」的語意相同。集解引鄭玄註：「牛兄桓魋行惡，死亡無日，我獨爲無兄弟。」朱註說：「牛有兄弟而云然者，憂其爲亂而將死也。」所以本句是司馬牛憂慮自己雖有兄弟，等於沒有兄弟一樣。又昭公三年左傳：「肸又無子。」杜注：「無賢子。」本句也猶如：「我獨無賢兄弟」。亡、音義同無（ㄨˊ）。

㈡商聞之　商、子夏自稱己名；聞之、朱註以爲：「蓋聞之夫子。」但這只是聽別人說，或者得自古書，不一定是聽孔子說的。

㈢死生有命　朱註說：「命稟於有生之初，非今所能移。」意思是：人的死和生是有命運註定的。

㈣富貴在天　意思是：人的富與貴，在於天意的安排。

㈤敬而無失　以敬愼之心修持自己而沒有過失的意思。朱註釋「無失」爲「不間斷」，與「敬」爲一事，也說得通。

㈥四海之內　猶如天下，指天下的人。

【譯義】司馬牛憂愁着對子夏說：「人家都有好兄弟，我單單就沒有。」子夏安慰他說：「商曾經聽人說過：『一個人的死和生是有命運註定的，富與貴在於天意的安排。』君子只要自己敬愼而沒有過失，與人往來，又能謙恭有禮；那麼四海之內的人，都像是自己的兄弟一樣。君子何必憂患自己沒有好兄弟呢？」

【析微】司馬牛的兄弟，不只桓魋一人，據左傳的記載，還有向巢、子頎（音祈）、子車。桓魋本來在宋景公面前很得寵，但他卻想造反，謀害景公，景公派兵討伐他，結果他失敗而出奔衞國，又逃亡到齊國；其他幾個兄弟與他同黨，也跟着失敗了。其中只有司馬牛不贊同這些兄弟的行爲，但結果也逃亡在外，死於道路（事見左傳哀公十四年）。本章所記司馬牛與子夏的對話，可能就在事情發生時說的。子夏所聽聞的話，應該只有「死生有命，富貴在天」兩句，清儒錢大昕潛研堂文集卻說：「自『死生有命』至『四海之內，皆兄弟也』，皆子夏述所聞之言。」這是不可採信的，因爲「君子敬而無失」以下，從語氣上看來，是子夏期勉、安慰的話。子夏所引「死生有命」二句，所謂「死生」，是指司馬牛兄弟的死生，而不是指他本人的死生，因爲桓魋爲亂作惡，隨時有死於非命的危險，司馬牛儘管竭立匡救，也不能挽囘。至於「富貴在天」一句，只是附帶說的。然後又勸他以敬愼修身，而不犯過失；待人謙恭，而有禮節。這樣自然能獲得人們的敬愛，甚至四海之內的人，都會與你相敬相愛如兄弟一般，豈不是天下雖大，到處都有好兄弟子嗎？這話完全在寬慰司馬牛的心，解除他的憂患，彌補他天倫的缺陷。孟子認爲「父母俱在，兄弟無故」是人生一樂，如今司馬牛「兄弟有故」，自然不免憂慮；而子夏爲他解憂的話，很能盡到朋友所謂「忠告而善道之」的責任。

第六章

子張問明㈠。子曰：「浸潤之譖㈡，膚受之愬㈢，不行㈣焉，可謂明也已矣。浸潤之譖，膚受之愬，不行焉，可謂遠㈤也已矣。」

【提旨】子張問孔子如何明察事理，孔子告訴他識別奸詐，防範險惡，就是明智，而且所見深遠。

【釋詞】

㈠明　明察事理而不受蒙蔽的意思。

㈡浸潤之譖　譖、音怎去聲（ㄗㄣˋ），以讒言毀謗人的意思；浸潤之譖、是說像水浸濕物體一般，漸漸滲透的讒毀。

㈢膚受之愬：愬、同訴，訴說自己的寃屈、痛苦的意思；膚受之愬、是說像肌膚受傷、忍不住痛那樣迫切的訴寃。

㈣不行：能夠識破他的奸計，使他達不到目的的意思。

㈤遠：見識深遠的意思。

【譯義】子張問怎樣才能明察事理而不受蒙蔽。孔子說：「像水浸濕物體一般，漸漸滲透的讒言；像肌膚受傷、忍不住痛那麼迫切的訴寃；都能識破他的奸計，使他達不到目的，這樣就可算明察事理了。滲透式的毀謗，傷痛式的誣告，都能識得破，讓它行不通，不但是明智，也可算是見識深遠了。」

【析微】孔子告訴子張所謂「浸潤之譖」，各家註釋大致相近，如鄭玄註說：「譖人之言，如水之浸潤，漸以成之。」朱子集註說：「浸潤、如水之浸灌滋潤，漸漬而不驟也；譖、毀人之行也。」至於「膚受之愬」一句，則有不同的解釋，如馬融註說：「膚受之愬，皮膚外語，非其內實。」意思是：訴說的人並非有實際的內情，而說些表面虛飾的話。而朱子集註卻說：「膚受、謂肌膚所受，利害切身。」又說：「愬、愬己之寃也。」朱註似乎解釋得更深刻，意思是：訴說寃屈的言辭，好像有切身的痛苦，這樣，聽話的人才容易相信他是眞的。事實上朱註已包含了馬註的意思，只是解釋「膚受」二字有所不同而已。訴說自己的寃屈，相對的就有誣告他人的情事。這兩者都是一般人容易忽略、難以覺察的，如果能明察深微，使他們的奸謀無法得逞，孔子認爲這不僅是用心明智，而且看得深遠。尙書太甲篇說：「視遠惟明。」子張所問的就是這句話的意思。視遠就是能看見別人所看不見的。又周書謚法解說：「譖訴不行曰明」，與本章所說正同。

第七章

子貢問政。子曰：「足食，足兵㈠，民信之㈡矣。」

子貢曰：「必不得已而去㈢，於斯三者何先？」曰：「去兵。」子貢曰：「必不得已而去，於斯二者何先？」曰：「去食。自古皆有死，民

無信不立㊃。」

【提旨】孔子對子貢闡明爲政之道，以民生、國防、民心三者爲治國要素，並以建立信心爲主。

【釋詞】

㊀足兵　兵備充足的意思；兵、指軍備，也就是國防力量。

㊁民信之　使人民信任政府的意思。

㊂去　音取（ㄑㄩˇ），省去、取消或減少的意思。

㊃民無信不立　意思是：如果人民不信任政府，那麼國家就無從站立得住，也就是國家無法存在。

【譯義】子貢問行政治國的道理。孔子說：「糧食要充足，軍備要充實，人民要信仰政府。」

子貢說：「如果在不得已的時候，必須減去一項，在這三項裏面，那一項可以暫時先減去呢？」孔子說：「可以先減去軍備。」

子貢又說：「如果在不得已的時候，必須再減除一項，在這兩項裏面，那一項可以暫時先減除呢？」孔子說：「可以減除食物。因爲自古以來，人都有死的一天，可是，如果人民不信仰政府，那麼國家就無從立得住了。」

【析微】孔子告訴子貢：充足的糧食、充實的軍備，和人民對政府的充分信任，是行政治國三大主要項目。子貢想了解：在這三項要素中，那一項最爲重要？孔子首先告訴他：兵備可以暫緩。因爲兵備是用來抵禦外侮的，而外來的侵犯不是經常有的，卽使國防力量削減，一旦遭遇外患，有充足的糧食，人民對政府又有充分的信仰，那麼政府與人民必然可以固守國土，共同抵禦外侮，所以國家足以自立了。如果在糧食與信心之間再加選擇，孔子甚至認爲食物可以暫緩，而信心不可抹煞。人沒有食物，將會餓死，所以接着說：「自古皆有死，民無信不立。」因爲「死」是自古以來人所不能免的。人民如果能信仰政府，雖然糧食不充足，軍備不充實，也能効忠政府，與國家共存亡。如果當政的人失信於人民，卽使糧食、軍備都很充足，人民也將背叛政府。尙書五子之歌說：「民惟邦本，本固邦寧。」人民都不支持政府，國家還能自立嗎？所以「信」顯然是立國最重要的條件。孔子所謂「信」，是指當政的人能堅守言行的一致，簡單說就是守信，引申爲政府取信於人民，人民信任政府。能守信，才能取信於人；能取信於人，自然被人所信任。所以孔子在陽貨篇中說：「信則人任焉。」取信與信任是兩相對待的，政府能取信於人民，人民自然信任政府；而最基本的在於執政的人能堅守信用，才能獲致人民的信任。如果一旦失却人民的信任，等於大廈失去了支柱，一個失去人民向心力的國家，當然無法立足了。

第八章

棘子成㊀曰：「君子質㊁而已矣，何以文爲㊂？」子貢曰：「惜乎，夫子之說君子㊃也！駟不及舌㊄。文猶質也，質猶文也㊅。虎豹之鞟，猶犬羊之鞟㊆。」

【提旨】子貢矯正衞國大夫棘子成以爲君子只需質實、不需文彩的偏見，並說明兩者是同等重要的。

【釋詞】

㊀棘子成　衞國大夫。

㊁質　指質實、淳樸。

㊂何以文爲　意思是：那裏用得着文彩才算是君子呢？以、作「用」字解；文、指文彩。

㊃夫子之說君子　夫子、指棘子成，古代大夫都可以被尊稱爲夫子，所以子貢這樣稱呼他。說君子、就是談論君子，指上文：「君子質而已矣，何以文爲」的談論。

㊄駟不及舌　朱註說：「言出於舌，則駟馬不能追之。」就是俗語所謂：「一言既出，駟馬難追」的意思。駟、古代用四匹馬牽引的車，速度很快；舌、指口舌、言語；不及、如果說錯了，將追趕不上，追悔莫及。這是惋惜棘子成失言的話。

㊅文猶質也二句　朱註說：「言文質等耳，不可相無。」意思是：文與質同等重要：文之不可無，猶質之不可無；質之不可無，猶文之不可無。

㊆虎豹之鞟猶犬羊之鞟　鞟、音廓（ㄎㄨㄛˋ），鞹字的省文。集解引孔安國註：「皮去毛曰鞟。虎豹與犬羊別者，正以毛文異耳；今使文質同者，何以別虎豹與犬羊邪？」意思是：虎豹的毛有文彩，犬羊沒有，如果除去毛，則虎豹的革與犬羊的革就沒有區別了。

【譯義】棘子成說：「君子只要保持質樸就夠了，那裏用得着文彩呢？」子貢說：「可惜啊！先生竟這樣地談論君子。可是一言既出，駟馬難追。其實質樸和文彩是彼此相關、同等重要的。譬如虎豹的皮和犬羊的皮，如果拔除皮上的毛，那虎豹的革與犬羊的革都失去文彩，沒有區別了。」

【析微】棘子成重視「質」而認爲「文」沒有用，是有所爲而發的。朱註說：「疾時人文勝，故爲此言。」大有憤世嫉俗的意思。但他忽略了文彩的作用，事實上，文、質是相需相成的。所謂「質」，並非本質，而是質木無文、質樸無事的質；所謂「文」，如禮的儀節、形式，指外在的文彩而言。子貢爲棘子成的失言表示惋惜，因爲君子不能徒具質樸而缺乏文彩，質與文是相互關連、相互倚賴，同樣重要的。君子說話，應爲世人楷模，不可不謹愼，舌頭一動，話一出口，一旦說錯了，即使四馬引車那麼快速，也追趕不及。棘子成的話，雖然立意很好，但顯然有語病，所以子貢爲這話表示惋惜。孔子說：「文質彬彬，然後君子。」可見文、質是相得益彰，不可偏廢的。

第九章

哀公問於有若曰：「年饑，用㈠不足，如之何？」有若對曰：「盍㈡徹㈢乎？」

曰：「二㈣，吾猶不足，如之何其徹也？」對曰：「百姓足㈤，君孰與㈥不足？百姓不足，君孰與足？」

【提旨】有若答覆魯哀公爲國理財之道，在於人民富足，則國家富足，以戒除國君的奢侈浪費。

【釋詞】

㈠用　指國家的費用、政府的開支。

㈡盍　音合（ㄏㄜˊ），何不的意思。

㈢徹　周代十分取一的稅法。鄭玄註：「徹、通也，爲天下之通法。」

㈣二　十分取二的意思。

㈤足　富足的意思。

㈥孰與　孰、誰、何的意思；與、給的意思；這裏「孰與」二字有那裏會、怎麼能夠的意思。

【譯義】魯哀公問有若說：「年歲饑荒，國家費用不夠，如何設法補救呢？」有若回答說：「爲什麼不實行十分取一的稅法呢？」

哀公說：「現在徵收十分之二的稅，我還感到不夠用，怎麼能實行十分取一的稅法呢？」有若又回答說：「如果百姓富足了，國君還有什麼不足呢？如果百姓不富足，沒有力量供應國君的費用，那麼國君那裏會富足呢？」

【析微】魯哀公因年歲饑荒，國家用度不夠，向有若詢問補救的對策。據春秋的記載，魯國從宣公開始，實行「稅畝」制度，就是公田之外，再抽取私田的稅，又逐畝十分取一，成爲十分取二的稅率了。有若答覆哀公的辦法是：恢復古代通行天下、十分取一的稅法，以減輕人民賦稅的負擔，使人民有足夠的經濟力量來供應國家的費用。但是，當時已十分取二，哀公還感到不夠，自然不贊成恢復十分取一的舊制。可是哀公不了解君民是一體的，人民是國家的根本，有若勸他恢復舊制，足以收繫人心，固定國本。所以有若告訴哀公一個道理：多向人民徵取賦稅，則人民將日益貧窮；少向人民徵取賦稅，則人民自然日益富足；人民富足，則國家自然富足。哀公是站在國家經濟的立場，謀求補救、改善的對策；有若是站在國民經濟的立場，說明國民經濟的發展，是國家經濟的基礎；換句話說：國民經濟力量的充實，就是國家經濟力量雄厚的資本。有若的經濟思想是確切不移的。

第十章

子張問崇德㈠、辨惑㈡。子曰：「主忠信㈢，徙義㈣，崇德也。愛之欲其生，惡㈤之欲其死；既欲其生，又欲其死，是惑也。『誠不以富，亦祇以異㈥。』」

【提旨】孔子教子張崇積德行在於存心以忠信爲主，行爲趨向正義；辨別迷惑在於情意穩定，不可喜怒無常，爲私心所蔽。

【釋詞】

㈠崇德　崇、崇積、增長的意思；崇德、就是提高品德。

㈡辨惑　辨別迷惑心理，使自己不至於迷惑的意思。

㈢主忠信　存心以忠信爲主，以忠信爲中心思想的意思。

㈣徙義　行爲趨向正義的意思。

㈤惡　音務（ㄨˋ），討厭、憎惡的意思。

㈥誠不以富二句　詩經小雅我行其野篇詩句，孔子引這兩句詩的用意，據朱子集註說：「舊說夫子引之，以明欲其生死者，不能使之生死，如此詩所言，不足以致富，而適足以取異也。」程子則以爲是「錯簡」（別章的文句，因竹簡次序錯亂，誤排在這裏），應當在季氏篇「齊景公有馬千駟」之上，因下章有「齊景公」字樣而誤。但證據還嫌不夠，這裏姑且依朱註解釋。

【譯義】子張問怎樣才能增長德行、辨明疑惑。孔子說：「言行以忠誠、信實爲主，並趨向正義，這樣就可以增長德行了。假如喜歡這個人的時候，希望他活着，後來討厭他的時候，又恨不得他馬上死去；既然願意他活，又希望他死，這就是令人迷惑的心理。這種喜怒無常的態度，正如詩經上說的：『實在對自己毫無好處，只是使他人感覺奇異罷了。』」

【析微】子張所問，「崇德」是「行」的問題，「辨惑」是「知」的問題。孔子所回答的「忠」、「信」與「義」，都是德行，而「主」與「徙」都是工夫，也就是所謂「崇」。「崇德」正如築臺、築墻，基礎厚實，而又不間斷、不中止，這樣才足以累積成崇高的道德。孔子回答「辨惑」的問題，以「惑」字爲主，能知道什麼是迷惑，就能辨明迷惑心理，使自己不至於迷惑了。「愛之」、「惡之」的「之」字指同一人。迷惑的事很多，愛、惡只是其中一例；愛、惡的極端莫過於生、死，這是偏激的性情，令人眩惑的心理。朱子集註說：「愛惡，人之常情也，然人之生死有命，非可得而欲也，以愛惡而欲其生死，則惑矣；既欲其生，又欲其死，則惑之甚也。」至於章末所引「誠不以富」兩句詩，與「辨惑」的意思只能勉強牽合，程子以爲「錯簡」的看法可能是對的，但不該在季氏篇「齊景公有馬千駟」之上，而應當在同章末句：「其斯之謂與」之上，把這兩句移過去，兩章都相宜。

第十一章

齊景公㊀問政於孔子。孔子對曰：「君君、臣臣、父父、子子㊁。」

公曰：「善哉！信㊂如君不君，臣不臣，父不父，子不子㊃；雖有粟㊄，吾得而食諸㊅？」

【提旨】孔子回答齊景公問政，因景公政績敗壞，君臣父子之間失道，所以告誡他：應以修明人倫爲政治的根本。

【釋詞】

㊀齊景公　齊國國君，名杵臼，景是謚號，在位五十八年。

㊁君君四句　上一字是名，下一字是實；上一字指爲君、爲臣、爲父、爲子的人，下一字指君道、臣道、父道、子道。四句的意思是：君臣父子各盡其道。

㊂信　誠然、果眞的意思。

㊃君不君四句　君臣父子不盡其道的意思。

㊄粟　音素（ㄙㄨˋ），本指小米，這裏泛指糧食、俸祿的意思。

㊅諸　在疑問句句末，爲「之乎」二字的合音。

【譯義】齊景公向孔子詢問治國的道理。孔子回答說：「治國的根本道理，在於修明人倫。做國君的，要盡到做國君的責任；做臣子的，要盡到做臣子的本份；做父親的，要盡到做父親的責任；做兒子的，要盡到做兒子的本份。」

景公說：「這話好極了！假如果眞做國君的不像國君，做臣子的不像臣子，做父親的不像父親，做兒子的不像兒子，那時候，國家必然大亂，雖然有糧食俸祿，我還能安安穩穩的吃得着嗎？」

【析微】齊景公三十一年，當魯昭公二十五年，孔子前往齊國，景公問政，大約就在這個時候。孔子認爲政治的根本，在於修明人倫，君臣、父子之間各盡其道，所謂「君君，臣臣，父父，子子。」正如易經的「君君，臣臣，父父，子子，兄兄，弟弟，夫夫，婦婦。」這些人倫大端，誠如朱子集註所說：「此人道之大經，政事之根本也。」朱註又說：「是時景公失政……其君臣父子之間，皆失其道，故夫子告之以此。」又說：「景公善孔子之言，而不能用，其後果以繼嗣不定，啓陳氏弑君篡國之禍。」就事實觀察，足見孔子的確富於先見之明。竹添光鴻論語會箋說：「春秋於臣子弑逆者，必重其責於君父，君唯不君，臣所以不臣；父唯不父，子所以不子；端本澄源之道也。詩書於君父頑悖者，必重其責於臣子，君雖不君，臣不可以不臣；父雖不父，子不可以不子；負罪引慝之道也。」這段話在說明君臣、父子之間完全是相互對待的，也是相互影響的。孔子的話，多少有些循名核實的意思，在孟子所謂：「上無道揆，下無法守」（見孟子離婁篇上），「臣弑其君者有之，子弑其父者有之」（見滕文公篇下）的春秋時代，孔子的話是含有深意的。不但在警惕齊景公，也在垂示當時及後世的君主。可惜景公雖以孔子的話爲善，卻不能「反求諸己」，正是孔子所謂「說而不懌」的人。

第十二章

子曰：「片言㊀可以折獄㊁者，其由也與？」

子路無宿諾㊂。

【提旨】記子路有明斷、篤信的德性。

【釋詞】

㊀片言　用簡單明瞭的幾句判辭的意思。

㊁折獄　判決獄訟案件；折、決斷的意思。

㊂無宿諾　何晏集解：「宿、猶豫也；子路篤信，恐臨時多故，故不豫諾。」朱子集註：「宿、留也，猶宿怨之宿，急於踐言，不留其諾也。」兩種解釋可以互通，「宿諾」就是豫留諾言；「無宿諾」就是從不豫留諾言，也就是對允諾別人的話，一定如時履行，從不拖

延的意思。

【譯義】孔子說：「能用很少幾句判辭，把一樁訴訟案件判決得公允的人，恐怕只有仲由才能做到吧？」

子路對他人所許的諾言，一定如時履踐，從不拖延。

【析微】本章所記孔子的話，只是假藉判決獄訟案件的例子，以說明子路明決果斷的能力。所謂「片言」，孔安國解爲片面之言，他說：「片、猶偏也，聽訟必須兩辭以定是非，偏信一言，以折獄者，唯子路可。」朱熹則解爲「半言」，他說：「片言、半言。折、斷也。子路忠信明決，故言出而人信服之，不待其辭之畢也。」這兩種解釋，都不十分妥當，試想：子路只憑單方面的供辭，不待聽取對方的答辯，而判決一件訟案，怎能作成眞正公允的判決？更不足以折服對方。朱註解「片言」爲「半言」，又說：「不待其辭之畢也。」好像「片言」只是判辭的一半，而不是判辭的全文。試想：只說出一半，殘缺不全的判辭，怎能讓人了解判辭的完整意義？又怎能據此以斷案？所謂「片言」，應該是「片言隻語」、幾句簡短的判辭，要言不繁，就能把訟案判得公允，判得乾淨俐落，不像一般人往往冗辭贅語而所判還未必完全得當。

至於「子路無宿諾」一句，與上文的關係，如朱子集註所說：「記者因夫子之言而記此，以見子路之所以取信於人者，由其養之有素也。」所以，是弟子記平日所見，以印證子路的忠信明決，等於爲「片言」二字下註脚。可見子路素著忠信，不輕爲諾言，而有諾必能踐行，平素既沒有「片言」欺人，臨時自然能以「片言」服人。所以，「無宿諾」正是他「片言可以折獄」的緣故。

第十三章

子曰：「聽訟㈠，吾猶人㈡也；必也使無訟㈢乎！」

【提旨】孔子闡明爲政不在能聽斷訟案，而在培養人民的道德心，使他們沒有爭訟。

【釋詞】

㈠聽訟　訟、訴訟、爭訟的意思；聽訟、就是聽取雙方訴訟之辭，然後加以公平處斷。

㈡吾猶人　是說我也和別人一樣；猶、如的意思。

㈢使無訟　使人民沒有爭訟的事發生。

【譯義】孔子說：「聽取雙方的訟辭，公平判決他們的是非曲直，我也和別人一樣做得到；但我以爲最重要的，還是用禮義去教化人民，一定要使他們沒有爭訟的事情發生，這才是根本的辦法。」

【析微】本章也見於大學。孔子的意思，聽斷訟案，判明曲直，我與常人沒有差異，也就是說並非難事。最難能可貴的，是使人民根本沒有訴訟事件發生。朱註引范氏說：「聽訟者，治其末、塞其流也；正其本、清其源，則無訟矣！」孔子的思想，一向主張知本、務本，大學引本章說：「此謂知本」，論語學而篇說：「君子務本，本立而道生。」這本末的「本」，是指明德，是指修身，是指孝弟。孔子主張，爲政之道，在於正本清源，從教化着手，正如爲政篇所說：「道之以德，齊之以禮，有恥且格。」用道德力量感化人民，使人民有敦厚的德行；用禮樂薰陶人民，使人民有善良的品性；這樣，人民有了羞恥心，自然就不會爲非作惡，不會彼此傷害，也就不會有爭端，不會有訴訟事件發生了。這是德治、禮治的功效，能使人民在行爲發生之前，因受到感化而有所轉移；不像法治，只能在行爲發生之後，產生制裁、禁止作用，所謂：「道之以政，齊之以刑，民免而無恥。」所以「聽訟」只是「法治」的事，而「無訟」才是「德治」、「禮治」的極致；「聽訟」只是「末」，而「無訟」才是政治的根本要圖。

第十四章

子張問政。子曰：「居之㈠無倦㈡，行之㈢以忠㈣。」

【提旨】孔子指示子張，從事政治，以勤奮、忠誠爲本。

【釋詞】

㈠居之　居、如「居仁」的「居」，朱註說：「居、謂存諸心。」就是存心的意思。之、指政事而言。

㈡無倦　就是沒有懈怠的心情，始終如一，精進不已。

㈢行之　行、施行、辦理的意思；之、也指政事而言。

㈣忠　忠誠無私、表裏如一的意思。

【譯義】子張向孔子請問從事政治的道理。孔子說：「從事政治工作，要存心勤奮不懈，始終如一；辦理政治事務，要以忠誠無私之心，做到表裏如一。」

【析微】孔子告訴子張：從事政治的道理，不外乎忠誠無倦。所謂「居之」，也有人解作「居官」，就是在職位上的意思，當然也通，但與下文的「行之」似乎略有重複，所以還是採用朱註爲宜。前句指居心，後句指行事，意義分明。「倦」是從事政治工作者的病根，能夠沒有倦怠的心情，對政事自然能精進不懈；如果行事再忠誠不苟，公正無私，自然是最好的行政人員，最能達成政治的效果了。朱註引程子說：「子張少仁，無誠心愛民，則必倦而不盡心，故告之以此。」竹添光鴻論語會箋說：「倦與不忠，皆堂堂者之病。矜奮于意氣，故有時倦；鋪張于文爲，故行不忠。無倦以忠，二者皆子張藥石也。」他們都認爲孔子是針對子張的弊病而發，這種對症下藥、因材施教的方法是孔子常用的，所以很可取信。

第十五章

子曰：「博學於文，約之於禮，亦可以弗畔矣夫！」

【提旨】孔子教人品學兼修，才不至於背離做人的道理。

【案　】本章又見於雍也篇第二十五章，雍也篇多「君子」二字。邢昺論語疏說：「當是弟子各記所聞，故重載之。」朱子集註也說：「重出」。註釋、語譯及講疏請參看雍也篇。

第十六章

子曰：「君子成㈠人之美㈡，不成人之惡㈢，小人反是㈣。」

【提旨】孔子闡述君子、小人用心不同。君子成全人的好事，不助成人的壞事，小人則相反。

【釋詞】

㈠成　助成、成全的意思；朱註說：「成者，誘掖獎勸，以成其事也。」

㈡人之美　指他人美好的事。美、善事、好事的意思。

㈢惡　與「美」相反，指為非作惡的事。

㈣反是　與此相反、背道而馳的意思。是、指上文：「君子成人之美，不成人之惡」二句。

【譯義】孔子說：「君子總是成全人家的好事，不助成人家的壞事；小人卻與此相反。」

【析微】人家做好的事情，我讚揚他，幫助他成功，這是「成人之美」，是君子的用心；人家做不好的事情，我勸導他，不助長他爲非作惡，這是「不成人之惡」，這也是君子的用心。至於小人，與君子的用心完全相反，就是專喜歡「成人之惡」，而不樂意「成人之美」。邢昺疏說得好：「君子之於人，嘉善而矜不能，又復仁恕，故成人之美，不成人之惡也；小人則嫉賢樂禍，而成人之惡，不成人之美，故曰反是。」大致君子居心，仁慈寬厚，樂於助人，只要是一件好事，總願意促使別人成功；如果是一件壞事，就會盡到他勸誡的責任，誘導他避免邪惡，歸於善良。小人則往往嫉妒賢能，幸災樂禍，甚至破壞人家的好事，阻礙人家的成功。換句話說：君子總是對人有利，小人總是敗壞人家。我們與人交往，或進而交友，不能不審愼明察，以免受害。

第十七章

季康子問政於孔子。孔子對曰：「政者，正㊀也；子帥以正㊁，孰敢不正？」

【提旨】孔子告季康子，爲政須自己先行正道，作人民的表率，才能使人遵循正道。

【釋詞】

㈠正　中正、方正、端正的意思。

㈡子帥以正　意思是：你如果以正道爲人民的表率。子、指季康子；帥、統率、領導，引申有表率的意思。

【譯義】季康子向孔子問爲政治國的道理。孔子囘答說：「政字的意義，就是中正；如果你能首先奉行正道，做臣民的表率，那麼在下的人，還有誰敢不正呢？」

【析微】魯國的上卿季康子詢問政治的道理，孔子就「政」字的意義囘答他。許愼說文解字、劉熙釋名釋言語、張揖廣雅釋詁都說：「政、正也。」段玉裁註說文，更以論語本章的「正也」政者，爲註；而釋名又補充一句說：「下所取正也。」可見政治的「政」字，造字的原意就是取中正的「正」的意思。從文字學上字形的構造說，「政」字从攴（音樸），从正；攴、說文訓「小擊也」，从攴从正的含義，在說明從政的人以正道修身，使臣民也歸於正道的意思。左旁的「正」字是意符，也是聲符，所以「政」字屬於會意兼形聲的字。

直接以「正」訓「政」，在訓詁學上屬於聲訓，因爲正、政二字聲相同。古來文字、訓詁之類的書籍，以及論語本章孔子的話，都把政治的「政」解釋作中正的「正」，因爲政治的精神，政治的作用，無非在求上下都歸於中正之道。但要在下的臣民歸於中正，必須在上的執政者先做到中正才行。所以孔子又說：「子帥以正，孰敢不正？」孔子的政治主張，認爲統治階層應該以自己的行動做人民的楷模，使人民受到感化，而自己的行動，要完全以道德爲依歸，這是孔子全部政治學說的中心思想。爲政篇所說的「爲政以德」，正是這種德化政治的基本主張。「爲政以德」章的朱註說：「政之爲言正也，所以正人之不正也。」用孔子的話解釋孔子的話，正符合所謂「以經解經」的適當方法。論語其他各章，也有與本章相互發明的地方，如子路篇說：「苟正其身矣，於從政乎何有？不能正其身，如正人何？」又憲問篇所謂：「修己以敬」、「修己以安人」、「修己以安百姓」，也正是這種「正己」而後「正人」的政治主張。

第十八章

季康子患盜㊀，問於孔子。孔子對曰：「苟㊁子之不欲㊂，雖賞之㊃不竊㈤。」

【提旨】孔子告季康子消弭盜竊的方法，在自身清廉而不貪欲，使人民知恥而不爲盜竊。

【釋詞】

㈠患盜　憂患國內盜賊太多的意思。

㈡苟　假如的意思。

㈢不欲　不貪圖財貨的意思；欲、貪欲。

㈣賞之　獎勵人民的意思。賞、獎賞；之、指人民。

㈤不竊　因知恥而不肯去盜竊財貨的意思。

【譯義】季康子憂患着魯國的盜賊很多，問孔子怎樣才可以遏止盜竊的風氣。孔子回答說：「假如你們在上位的人本身清廉而不貪欲，雖然獎賞人民去做盜賊，人民也不肯去做的。」

【析微】本章記孔子回答季康子以多盜爲患的問題，與上章旨意略同。大學說：「堯、舜率天下以仁，而民從之；桀、紂率天下以暴，而民從之。」因爲身居上位的政治領袖，對人民的行爲有很大的影響力，所以孔子的政治思想，一向主張政治領袖要以身作則，用道德力量去感化人民。「欲」是盜竊的根源，居上位的人如果私欲多，必然貪求多，貪求一多，必至橫征暴斂，弄得民窮財盡，淪爲盜竊，這是必然的因果，正如俗語所說：「飢寒起盜心。」因爲人民都有欲望，欲望不能達到，只好盜竊。孔子認爲：轉移的樞機在於居上位的政治領袖，做領袖的人如果不貪欲，自然不會橫征厚斂，因而人民衣食豐足，知道廉恥，當然不肯做盜竊了。這也是政治上正本清源的主張，所謂「先自治而後治人」。孟子所謂：「民無恒產，斯無恒心。」管子所謂：「倉廩實而知禮節，衣食足而知榮辱。」從反面、正面說明了這個道理。本章的根本意義，就在勸季康子不要貪欲，不要厚斂財貨，以身作則，盜竊的風氣自然消弭於無形。

第十九章

季康子問政於孔子曰：「如殺無道㊀，以就有道㊁，何如？」孔子對曰：「子爲政，焉用殺㊂？子欲善，而民善矣！君子之德風㊃，小人之德草㊄，草上之風㊅，必偃㊆。」

【提旨】記孔子修正季康子用嚴刑治國的觀點，並勸他實行善政，以仁德感化人民。

【釋詞】

㈠無道　指沒有道德修養的壞人。

㈡以就有道　以警誡人民，使歸向於有道德修養的好人。就、有就正的意思；以就有道、與學而篇「就有道而正焉」語勢相同。

㈢焉用殺　意思是：何必採用殺人的辦法？焉、相當於「安」、「何」的意思。

㈣君子之德風　在上位的官吏，德行可以感化人民，好比風一般，可以使草木隨風傾倒。君子、指在上位的人。

㈤小人之德草　在下的人民，德行好比草一般，隨風而倒。小人、指人民、老百姓。

㈥草上之風　朱註：「上、一作尙，加也。」草上之風、就是草加之以風。

㈦偃　音眼（ㄧㄢˇ），披靡、傾倒的意思。

【譯義】季康子向孔子問爲政治國的方法說：「如果殺掉一些無道的壞人，以警誡人民，使人民歸向有道，這辦法怎麼樣？」孔子回答說：「你執掌國家政事，何必用殺人的辦法？只要你自己想向善，人民自然也隨着向善了！在上位的人，他的德行能感化人，好像風一樣；在下的人民，他的德行能受到感化，好像草一樣；草上面要是有了風，草一定會隨着風的方向傾倒的。」

【析微】魯哀公時，季康子曾一度執魯國政治的權柄，這時孔子周遊列國之後，已回到魯國，雖然沒有被重用，但孔子究竟是年高德劭的老成人，很受季康子的尊重，因而他常向孔子諮詢國家大事，孔子總是以正直的言辭陳述他一貫的意見，引導他行善政，做人民的表率，使人民都趨向於善。季康子以爲：採用嚴刑峻法，凡作奸犯科的壞人，一律格殺勿論，就可以收到殺一儆百的效果，使人民不敢爲非作惡，而成爲安份守己的良民。孔子認爲：人民的善惡，在於居上位的君子能不能以道德作他們的表率，使他們受到道德的感化；政治的手段，不在於殘民，而在於愛民，殺人的辦法，並不能維持社會的治安，更不是根本的計謀。只要執掌國家政事的人眞心好善，躬自實踐，作人民的楷模，人民將自然被感化而趨向於善，這是不必用殺就能達到的效果。

論語中的「君子」與「小人」，有純依道德修養而說的，有只依地位而稱在上位的國君、卿相或地方官吏爲「君子」、在下的人民爲「小人」的，本章的「君子」與「小人」，顯然屬於後者。孔子用「風」與「草」借喻官吏對人民的感化作用，以及人民接受感化的能力。所謂「草上之風，必偃」，是說明草木是隨風披靡的，正如劉向說苑君道篇所說：「夫上之化下，猶風靡草，東風則草靡而西，西風則草靡而東。」在上位的人以善德統率人民，人民固然會趨向於善良；如果在上位的人以惡行統率人民，人民可能也隨着趨向於邪惡。但本文是承接「子欲善，而民善矣」句而來，當然是指善德的感化。韓詩外傳記載魯國有父子爭訟的事，季康子想殺掉他們，孔子說：「未可殺也。夫民爲不善，則是上失其道。上陳之教而先服之，則百姓從風矣！」與本章的事義正相同。

第二十章

子張問：「士何如斯可謂之達㈠矣？」子曰：「何哉，爾所謂達者㈡？」子張對曰：「在邦㈢必聞㈣，在家㈤必聞。」子曰：「是聞也，非達也。夫㈥達也者，質直而好義㈦，察言而觀色㈧，慮以下人㈨；在邦必達，在家必達。夫聞也者，色取仁而行違⑽，居之不疑⑾；在邦必聞，在家必聞。」

【提旨】子張以聞為達，孔子分辨聞與達相似而不相同，並教誨子張為人應當力求實際，不可徒務虛名。

【釋詞】

㈠達　通達的意思。

㈡何哉爾所謂達者　就是「爾所謂達者何哉」的倒裝句，意思是：你所說的達的意義是什麼？

㈢在邦　在諸侯之國做官的意思。

㈣聞　朱註：「言名譽著聞也。」就是聞名的意思。

㈤在家　在卿大夫之家做官的意思。

㈥夫　音扶（ㄈㄨˊ），發語詞，下文「夫聞也者」的「夫」相同。

㈦質直而好義　質、質樸而不虛偽的意思；直、正直而無私心的意思；好義、行事喜歡講求道義的意思。好、讀去聲（ㄏㄠˋ），愛好的意思。

㈧察言而觀色　審察他人的言語，善觀他人的顏色。

㈨慮以下人　慮、思慮、志慮的意思；下人、謙讓恭順，願居人下的意思。

㈩色取仁而行違　色取仁、就是臉色上、表面上裝得像仁人一般；行違、就是做起事情來，卻都與仁德相違背。行、朱註讀去聲（ㄒㄧㄥˋ）。

㈡居之不疑　朱註說：「自以爲是，而無所忌憚。」就是像煞有介事地自以爲是一個仁人，一點也不疑惑的意思。居之、自居於仁者；之、稱代上句「色取仁」的「仁」，指仁者的美名。

【譯義】子張問孔子說：「一個讀書人，要怎麼樣才叫做通達呢？」孔子反問他說：「你所說的達的意義是什麼呢？」

子張回答說：「在諸侯之國做官，一定要名聞全國；在卿大夫之家做官，一定要名聞全家。」孔子說：「這只是名譽著聞，而不是德行通達。所謂通達，必須質樸而不虛僞，正直而無私心，做事愛好講求道義；與他人相處，能審察他的言語，善觀他的顏色，總是處處留心；自己又常思慮着謙遜地身居他人的下位；這樣德行切實的人，自然人人信服他，在諸侯之國，必然通達無礙；在卿大夫之家，也必然通達無礙。至於聞名，那只是表面上裝得像一個仁人，而做出來的事，卻都與仁德相違背；自己竟敢以仁人自居，絲毫也不疑惑；這種專求外表、專務虛名的人，在諸侯之國，能使人人曉得他；在卿大夫之家，也能使人人曉得他。雖然博得了一些虛浮的名聲，但完全不切實際，與德行通達的道理，相距太遠了。」

【析微】子張所問的「達」，正如朱註所說：「達者，德孚於人，而行無不得之謂。」就是德行修養能取信於人，因而行爲通達無礙，處處受人歡迎、受人尊重的意思。也正是衛靈公篇孔子自己說的：「言忠信，行篤敬，雖蠻貊之邦行矣」的意思。但子張並沒有眞正了解「達」字的含義，朱註說：「子張務外，夫子蓋已知其發問之意，故反詰之，將以發其病而藥之也。」孔子利用反詰法，引出子張的病象，然後對症下藥地施以教誨。果然不出孔子所料，子張替「達」字所下的界說：「在邦必聞，在家必聞。」只是名譽著聞而已，與「達」相似而實不相同，「達」是基於眞誠，而「聞」是基於虛僞，兩者必須分辨。所以，孔子直捷告訴子張：那只是虛浮的聲聞，並非由於切實的德行，而行爲通達無礙的「達」。又進而把「達」與「聞」兩種名義的區別分析一番，好讓子張能知道分辨，而有所遵循。孔子所解釋的「達」與「聞」的含義，從他所列舉的條件看來，眞正通達的人，具備切實的德行，質樸、正直、好義而謙遜；至於徒然聞名的人，往往是假仁假義、言行不一的僞君子。子張篇曾子批評子張說：「堂堂乎張也，難與並爲仁矣！」大約子張爲人喜歡鋪張，崇尚表面，所以孔子這樣勉勵他。正如爲政篇「子張學干祿」章勉勵他：「言寡尤，行寡悔，祿在其中矣」一樣，希望他謹言篤行，崇誠務實。

第二十一章

樊遲從遊於舞雩㈠之下。曰：「敢問崇德、修慝㈡、辨惑。」子曰：「善哉問！先事後得㈢，非崇德與？攻其惡㈣，無攻人之惡，非修慝與？一朝㈤之忿㈥，忘其身，以及其親，非惑與？」

【提旨】孔子回答樊遲問崇德、修慝、辨惑的問題，告訴他從修養身心入手。

【釋詞】

㈠舞雩　求雨的祭壇，詳見先進篇末章「風乎舞雩」句註。

㈡修慝　慝，音特（ㄊㄜˋ），朱註引胡氏說：「慝之字，從心從匿，蓋惡之匿於心者。」就是隱藏在心中的惡念；修、治去、芟除的意思。修慝、就是消除心中的惡念。

㊂先事後得　先盡力從事工作，然後再求有所獲得的意思。也就是先義後利，先耕耘而後求收穫的意思。

㊃攻其惡　攻擊自己的壞處。其、指自己。

㊄一朝　猶如一旦，是一時發生的。

㊅忿　音憤（ㄈㄣˋ），氣憤、忿怒的意思。

【譯義】樊遲跟從孔子在求雨的祭壇下面閒遊，問孔子說：「敢問夫子要怎麼樣才能提高本身的德行，消除心中的惡念，辨明行爲的疑惑呢？」孔子說：「很好啊！你這一問；先去做應當做的事，把獲得功利的念頭放在後面，不去斤斤計較，不就是提高德行了嗎？只攻擊自己的壞處，不攻擊別人的壞處，不就是消除惡念了嗎？因爲一時的氣憤，就和別人爭鬥，不顧自己的生命，也忘了會連累父母，這不就是迷惑糊塗的行爲嗎？」

【析微】本篇第十章，子張問崇德、辨惑，本章樊遲也問崇德、辨惑，而孔子回答他們的內容各不相同，是因爲兩人的個性不同的緣故。雍也篇樊遲問仁，孔子告訴他：「仁者先難而後獲」，本章樊遲問崇德，孔子告訴他：「先事後得」，用意是一貫的，都在敎誨他先求耕耘，後求收穫。一般急於求事功的人，往往事情還沒有做，就期望報酬，期望功效，樊遲可能也有這種毛病，所以孔子一再針對這一點，以圖挽救他的偏失。朱註解釋孔子的話說：「爲所當爲，而不計其功，則德日積而不自知矣；專於治己，而不責人，則己之惡無所匿矣；知一朝之忿爲甚微，而禍及其親爲甚大，則有以辨惑而懲其忿矣。樊遲麤鄙近利，故告之以此，三者皆所以救其失也。」所謂「攻其惡，無攻人之惡」，猶如「躬自厚而薄責於人」，對自己的壞處、缺點，總是攻擊得不遺餘力；對他人的壞處、缺點，則只是「薄責」，甚至「無攻」，「無攻」就是「不攻」。憲問篇記子貢經常說人家的過惡，孔子說：「賜也賢乎哉？夫我則不暇。」因爲自己的德行還不夠完美，怎有工夫去指責別人呢？至於一時的忿怒，更應該抑制，要珍視自己的生命，不要招惹後患禍難，連累父母，所以，季氏篇孔子說到「君子有三戒」時，認爲壯年人「血氣方剛」，容易動怒，要「戒之在鬥」；又說「君子有九思」，其中有「忿思難」，都在教人以冷靜的理智，抑制一時的忿怒，戒除爭鬥，考慮後果，不要盲目衝動。

第二十二章

樊遲問仁。子曰：「愛人。」問知㊀，子曰：「知人。」

樊遲未達㊁。子曰：「舉直錯諸枉，能使枉者直。」樊遲退，見子夏曰：「鄉㊂也吾見於夫子而問知，子曰：『舉直錯諸枉，能使枉者直。』何謂也？」

子夏曰：「富㊃哉言乎！舜有天下，選於衆，舉皋陶㊄，不仁者遠矣；湯㊅有天下，選於衆，舉伊尹㊆，不仁者遠矣。」

【提旨】孔子對樊遲講述仁與知的道理，並闡明仁、知相互爲用，子夏更進而舉例說明。

【釋詞】

㈠知　讀去聲（ㄓˋ），同智。

㈡達　通達、明白的意思。

㈢鄉　讀去聲（ㄒㄧㄤˋ），同嚮、向，從前的意思。

㈣富　含義豐富的意思。

㈤臯陶　臯、音高（ㄍㄠ）；陶、音遙（ㄧㄠˊ）。臯陶、舜的賢臣。

㈥湯　商朝的開國君主，名履，伐夏桀而有天下。

㈦伊尹　湯的相，名摯。

【譯義】樊遲問怎樣才算是仁，孔子說：「能愛人就是仁。」又問怎樣才算是明智，孔子說：「能知人就是明智。」

樊遲還是不明白。孔子又說：「舉用正直的人，安置在不正直的人之上，就能使不正直的人，也變做正直的人。」

樊遲退身下來，見到子夏，問他說：「前些時候，我見到夫子，向他請問知的道理，夫子說：『舉用正直的人，安置在不正直的人之上，就能使不正直的人，也變做正直的人。』這是什麼意思呢？」

子夏說：「豐富得很啊！夫子這兩句話所包含的道理。從前虞舜有了天下，在衆人當中選擇人才，結果舉用了臯陶，不久，那些不仁的人，都變做仁人，好像不仁的人都遠遠的離去了；商湯有了天下，也在衆人當中選擇人才，結果舉用了伊尹，不久，那些不仁的人，都變爲仁人，好像不仁的人都遠遠的離去了。」

【析微】樊遲向孔子請問仁道，孔子從最淺近的地方告訴他，能夠廣泛地愛人，就是仁德的施予，樊遲領略了孔子的意思之後，再繼續問智，孔子仍舊從極淺近的地方告訴他，能夠辨識人才，就是具有知人之明。樊遲不明白孔子的意思，只是不明白「知人」何以爲「知」（智）？對「愛人」之所以爲「仁」的道理已經懂得，朱註引曾氏說，以爲樊遲是懷疑仁、智二者相悖，但下文樊遲退，問子夏，不說問仁知，只說問知，可見樊遲的疑問不在仁知相悖，而在「知人」不足以爲知。孔子又進而解釋的話，正與爲政篇回答哀公的話相同。「舉直錯諸枉」是「智」的運用，「能使枉者直」是「智」的效果。所謂「直」，是指正直的人，有仁德、有賢德的人；所謂「枉」，是指邪曲不正的人，也就是不仁、不賢的人。「能使枉者直」這一句，正說明了正直的人對不正直的人仁德感化的作用。可是樊遲仍然不了解，但又不敢再質問，只好退而請教同學子夏。子夏首先讚美孔子這兩句話含義豐富，然後引述兩件歷史上的事實來證明。一件是舜舉用臯陶爲士，執法不阿，由於臯陶的正直與仁德，使不正直、不仁的人都受到感化，變化氣質，而成爲正直的仁人；一件是湯擧用伊尹爲相，輔佐商湯伐桀，由於伊尹的正直與仁德，結果也使不正直、不仁德的人都受到感化，而成爲正直的仁人。舜與湯擧用臯陶與伊尹是「擧直」，這是舜與湯有知人的明智；「不仁者遠矣」只是形容臯陶、伊尹仁德感化的效果，不仁者彷彿都已遠離，這就是「能使枉者直」，正如朱註的解釋：「不仁者遠，言人皆化而爲仁，不見有不仁者，若其遠去爾，所謂使枉者直也。」子夏所擧的兩個實例，完全是針對孔子的兩句話加以說明的，所以意思扣合得很恰當。不過，舜與湯「選於衆」，擧用臯陶和伊尹，都是智德的表現，並非仁德的事，朱子以爲子夏知道夫子兼仁、知而言，是不妥當的。「擧直錯諸枉」是舜與湯的智德，「能使枉者直」只是「擧直錯諸枉」的效用，如果說他是仁德的作用，也只是臯陶和伊尹的仁德感化，並非舜與湯的仁德表現。舜與湯能識拔人才，擧用賢者，因而達到「不仁者遠矣」，也就是「能使枉者直」的效果，正顯示舜與湯的明智。

第二十三章

子貢問友。子曰：「忠告㊀而善道之㊁，不可㊂則止，毋自辱㊃焉。」

【提旨】孔子教子貢與朋友相處之道。

【釋詞】

㈠忠告　告、舊讀音梏（ㄍㄨˋ），勸告的意思；忠告、就是忠實勸告。

㈡善道之　好好的勸導他的意思。道，讀去聲（ㄉㄠˋ），同導，開導的意思；之、指朋友。

㈢不可　就是對方不肯聽從、不肯接受「忠告」和「善道」的意思。

㈣自辱　自取侮辱的意思。

【譯義】子貢向孔子問交朋友的道理。孔子說：「如果朋友有了過錯，要盡自己的忠誠之心去勸告他，並且要好好的用各種方法去開導他。如果他不肯聽從，只好暫時終止，不要過份勉強，以免自取侮辱。」

【析微】眞正的朋友，應該以道義相期許，彼此肝膽相照，榮辱相關，有了過失，要相互規勸。如果對朋友已經做到忠誠的告誡、善意的開導，而且想盡了一切好方法去開導，譬如委婉的言辭、輕柔的態度、理智的指引、感情的感動，那麼，已經竭盡了自己的心力和法術，如果朋友仍然執迷不悟，甚至冥頑不靈，始終無法使他領悟自己的過失，而虛心悔改、誠心向善，根本就不聽從「忠告」，不接受「善道」，那就不得不終止了，終止一切「忠告」、「善道」，因爲「忠告」對他不發生效果，「善道」對他毫無用處，何必多費唇舌呢？何況朋友純粹以道義相結合，既然已經盡到了朋友的道義、朋友的責任，「不可則止」正是合乎道義的。否則，在對方不聽規勸，不受開導，不求悔改，無心向善的情形下，如果還不知趣地再三勸告，不斷的開導，很可能引起對方的反感，甚至觸怒對方的情緒，因而引致對方的嘲笑，或者招來對方的詬罵，不只是自討沒趣，簡直是自取侮辱了。朋友是相對待的，我對朋友如此，朋友對我也是如此，如果自己一旦有了過失，朋友對我施以忠告、善導的話，應當虛心聽受，這一層意思，孔子雖然沒有明白說出來，但自然包含在裏面，舉出我待朋友之道，也就相對的了解朋友待我之道。眞正的朋友，在於以道義相交，以道義相規，孔子的用意，是讓我們體會到這一點，並且，盡心盡力去盡到朋友的責任，道義的責任，這才是可貴的友情。

第二十四章

曾子曰：「君子以文㊀會友㊁，以友輔仁㊂。」

【提旨】曾子闡述君子交友，以學問、道德相勉勵，以促進彼此的修養。

【釋詞】

㈠文　指詩、書、禮、樂而言，就是學問、文藝之類。

㈡會友　會合朋友、結交朋友的意思。

㈢以友輔仁　因朋友學問、道德的輔助，以增進自己的仁德。

【譯義】曾子說：「君子憑學問、文藝結交朋友，並藉朋友學問、道德的輔助，以增進自己的仁德。」

【析微】本章是曾子談論交友之道，最足以顯露古人交朋友的眞精神。所謂「君子以文會友」，猶如易經兌卦的「君子以朋友講習」，所「講習」的就是「文」，這個「文」字，在古人的概念裏，含義很廣泛，包括一切以文字記載，以書籍流傳的學問、文藝而言。學問訴諸理智，而文藝本於情感。凡人生的哲理、知識的奧秘，都是學問的範圍；抒情的詩歌、記事的文章，都是文藝的範疇。因對方學問豐富，詩文優秀，我願意與他結交朋友；同樣的，別人也將因我的學問有修養，詩文有造詣，而希望與我訂交。這是最純潔高尚的友情，這樣結交的朋友，彼此常在學問上講習、研討，在詩文的寫作技巧上切磋琢磨，以求進步。學問中自然含有道德，因爲講學與修德是不可分的，講明學問就足以修明道德，貫徹學問的道理，就是實踐了道德的精神。文藝中自然也含有道德，孔子曾說：「修辭立其誠」（見易經乾卦文言）。又主張：「行有餘力，則以學文」（見學而篇）。可見德行是文藝的根本，這樣的文藝，自然含有道德的鼓舞作用，能使人向上、向善。因此，藉着朋友學問的修養、文藝的造詣，以及學問的研討、文藝的切磋，還有相互間的勸善規過，足以輔助我們，使我們的仁德日益增進。所以，曾子對於交友的主張，是以學問、文藝爲交友的憑藉，而交友的終極目標是增進品格。竹添光鴻的論語會箋說：「爲仁由己，而觀摩薰陶，常賴良友。天機以有所鼓舞而後暢，義理有所商量而日新，故殘刻之行，藉賢友以箴止之；惻隱之端，藉賢友以感激之。擴欲無害人之心，使之充滿洋溢，賴賢友以獎勸于不倦也；遭顛沛造次之候，使之堅忍操守，賴賢友以扶掖於易衰也。」這段話，足以發揮曾子交友主張的旨趣。

第十三篇 子路

前言

本篇共計三十章，內容則大致如邢昺疏所說：「此篇論善人、君子爲邦、教民、仁政、孝弟、中行、常德，皆治國修身之要，大意與前篇相類。」

第一章

子路問政。子曰：「先之㈠，勞之㈡。」請益㈢，曰：「無倦㈣。」

【提旨】孔子教子路爲政須以身作則，作人民的先導，使人民勤勉工作，並力行不懈。

【釋詞】

㈠先之　就是以身作則，爲人民的先導。先、作動詞用；之、指人民；所以，先之就是一切行動都在人民之先的意思。

㈡勞之　與子張篇子夏說的：「君子信而後勞其民」的「勞其民」同義，就是勞動人民的意思。勞、動詞；之、也指人民。

㈢請益　請求有所增加、補充的意思。

㈣無倦　持久力行而不懈怠的意思，指力行「先之」、「勞之」兩件事。

【譯義】子路向孔子問爲政治國的道理。孔子說：「凡是推行政事，必須當政的人以身作則，以行動為人民的先導，這樣，人民才能信從。人民既能信從，然後勞動他們，使他們勤勉工作，這樣，政令的推行，自然沒有阻礙。」子路還嫌不夠，請夫子再補充一點，孔子說：「只要對我說的話盡力去做，持久不懈就夠了。」

【析微】政治的事務，可以說千頭萬緒，而孔子告訴子路的，卻是如此簡明扼要，因為經過孔子的衡量，並針對子路從政的環境，而選擇了「當務之急」的事作答覆。所謂「先之」，正如朱註引蘇氏說：「凡民之行，以身先之，則不令而行。」禮記月令篇說：「以道教民，必躬親之。」大戴禮子張問入官篇：「故躬行者，政之始也。」又說：「君子欲政之速行也，莫若以身先之也。」這些話，都在說明為政以親自作人民的表率最可貴。本篇第六章說：「其身正，不令而行。」就是說明當政的人在行為上作人民的表率，人民有了良好的楷模，自然受到感化，自動遵行政令，即使沒有那一紙具文，人民也會自發自動的達成當政者的要求。由此可見以身作則的感召力如此之大，在政治上具有充分的效用，所以，孔子以「先之」二字作為政治的首要原則。

至於「勞之」二字，朱註引蘇氏說：「凡民之事，以身勞之，則雖勤不怨。」但人民的事務繁雜，當政的人親自為他們勞動，恐怕不可能。所以，「勞之」應該是勞動人民，也就是使人民勞動的意思。使人民勞動，不但可以養成人民吃苦耐勞的習慣，而且可以養成善心。國語魯語記載敬姜的話說：「昔聖王之處其民也，擇瘠土而處之，勞其民而用之，故長王天下。夫民勞則思，思則善心生。……瘠土之民向義，勞也。」這一段話，正闡發了「勞之」二字的意義。「先之」與「勞之」，在字面上雖然沒有互相影響的痕跡，但事實上「先之」足以影響「勞之」的效果。能夠率先示範的政治領袖，使用人民、勞動人民的時候，自然順利，因爲他能得到人民的信從。

子路聽完孔子的話以後，以爲爲政治國之道，應當不僅「先之，勞之」兩件事，所以請孔子再作補充，孔子所補充的是「無倦」兩個字，這兩個字只是要他持續不懈地力行「先之，勞之」就行了，不必再有所增加。所以，事實上孔子並沒有補充，所補充的只是鼓勵他力行不懈的精神。朱註引吳氏說：「勇者喜於有爲，而不能持久，故以此告之。」

第二章

仲弓爲季氏宰㊀，問政。子曰：「先有司㊁，赦小過㊂，舉賢才㊃。」曰：「焉知賢才而舉之？」曰：「舉爾所知，爾所不知，人其舍諸㊄？」

【提旨】孔子告訴仲弓爲政的三項原則：一是作屬吏的表率，一是寬恕他們的小過，一是擧用賢能的人才。

【釋詞】

㊀宰　大夫家臣及大夫邑長的通稱。

㊁先有司　有司、指宰臣屬下的官吏，因職有所司，所以稱「有司」；先有司、就是在屬吏面前率先示範的意思。

㊂赦小過　赦免有司所犯的小過失。

㊃擧賢才　擧用有賢德、有才能的人。

㊄人其舍諸　意思是：他人難道會捨棄他、不推薦他嗎？其、通豈，難道的意思；舍、讀上聲（ㄕㄜˇ），同捨，捨棄、不推薦的意思；諸、「之乎」二字的合音。

【譯義】仲弓做了季氏的家臣，向孔子問爲政的道理。孔子說：「凡是辦理政事，先要自己領導各部門主管官員去做，以率先示範；如果屬下的官員犯了一點小過失，應該寬容他；遇到有賢德的人、有才能的人，必須擧用他。」

仲弓又問：「怎樣才能知道誰有賢德、有才能，而後擧用他呢？」孔子說：「只要擧用你所知道的人，你所不知道的，人家知道了，自然會向你推薦，難道會捨棄他們嗎？」

【析微】據皇侃論語疏說：「仲弓將往費，爲季氏采邑之宰，故先問孔子，求爲政之法也。」所以本章是仲弓就任季氏家臣之前，向孔子請問行政的要領，孔子告訴他三件重要事項。首先是「先有司」，正如上章的「先之」一樣，上章是做人民的先導，本章是做有司的表率，譬如處理行政事務，要求正確無誤，要達到工作效率，必須領導的人率先示範，使屬下的辦事人員有所取法，而且獲得激勵。朱註說：「有司，衆職也。宰兼衆職，然事必先之於彼，而後考其成功，則己不勞而事畢擧矣。」照朱子的解釋，似乎「先有司」是先讓有司去做。這樣解釋，自然也通，但本章與上章相連，當時編輯的人可能因爲它們宗旨有相同之處，所以排列在一起，爲了使這兩章的精神一貫，所以我採用了論語稽的說法：「先者，以身率之也。」把兩章的「先」字都解作率先，這樣比較妥當些。

其次是「赦小過」，朱註說：「過，失誤也。大者於事或有所害，不得不懲，小者赦之，則刑不濫而人心悅矣！」「赦小過」一句，上承有司而說，所以是指有司的小過。既然說「赦小過」，可見大過不可赦免，否則必然對政事有妨害。至於小過失，所犯的罪過輕微，對政事沒有重大的阻礙，應該寬恕，這樣，可以勸勉屬下的人員繼續立功，在爲政用人方面能發揮鼓勵作用；不至於因一點小過而抹煞他過去的貢獻，使他的才能無法繼續施展。

再其次是「舉賢才」，這是三項要務的中心。朱註說：「賢、有德者；才、有能者。舉而用之，則有司皆得其人而政益脩矣。」朱子把「賢才」二字分成兩種人，恐怕是指賢德、才能過人的人才，指一種人。孔子的政治思想，一向主張德治、人治。中庸囘答哀公問政說：「爲政在人，取人以身，修身以道，修道以仁。」所以「舉賢才」是政治領袖的中心任務，在孔子時代，政府選取人才、舉用人才的健全制度，還沒有建立起來，只有地方人士的貢舉，沒有後世的考試，所以孔子又囘答仲弓：「舉爾所知」，主動的發掘人才，使賢才不致遺漏；別人因見你有求賢才的誠心，自然會自動向你推薦，不怕搜羅不盡了。

第三章

子路曰：「衞君㈠待子而爲政，子將奚先㈡？」子曰：「必也正名㈢乎！」

子路曰：「有是哉！子之迂㈣也。奚其正㈤？」子曰：「野㈥哉！由也。君子於其所不知，蓋㈦闕如㈧也。名不正，則言不順；言不順，則事不成；事不成，則禮樂不興；禮樂不興；則刑罰不中㈨；刑罰不中，則民無所措手足㈩。故君子名之必可言也，言之必可行也。君子於其言，無所苟㈡而已矣！」

【提旨】孔子敎子路以正名爲政治的先務，名義能正，一切事都可堂堂正正去做，而且各得其當。

【釋詞】

㈠衞君　指出公輒，衞靈公世子蒯聵的兒子。

㈡奚先　以何事爲先的意思。奚、作「何」字講，指何事。

㈢正名　名、指名義上所應有的，就是名份；正名、就是端正名份。

㈣迂　就是迂濶的意思，朱註說：「迂、謂遠於事情，言非今日之急務也。」

㊄奚其正　何必正什麼名份的意思。奚、仍作「何」字講，但應解作何必；其、句中語氣詞，沒有意義；正、正名的省略。

㊅野　粗野、粗率的意思。朱註說：「責其不能闕疑，而率爾妄對也。」

㊆蓋　語氣詞，這裏有應該的意思。

㊇闕如　空缺、擱置一邊而不說的意思。

㊈中　音仲（ㄓㄨㄥˋ），適當、合理的意思。

㊉無所措手足　比喻刑罰濫施，人民生活不能自安，好像手足沒地方安置一樣。措、安置、安放的意思。

㈡苟　苟且、輕率的意思。

【譯義】子路問孔子說：「衞國國君正等待夫子去輔助他治理國政，不知道夫子準備先從那一方面着手？」孔子說：「那一定先要端正名份。」

子路說：「有這樣的事嗎？夫子未免太迂濶了！何必正什麼名份呢？」孔子說：「怎麼說話這樣粗率呢？仲由！君子對於自己所不懂得的事，應該暫時擱置不談。要知道：如果名份不正，說起話來就不能順理；說話不能順理，做事就不能成功；做事不能成功，禮樂教化就不能興起；禮樂教化不能興起，刑罰就不能用得適當；刑罰不能用得適當，人民就處處不能自安，好像手脚都沒有地方安置一樣。所以君子爲政，最重要的是正名份，名份正了，必定可以說得出道理來；說得出道理來的，必定可以行得通。君子對於自己所說的話，從不苟且隨便的啊！」

【析微】魯哀公七年，當衞出公輒六年，孔子由楚國返回衞國，曾居留衞國六、七年，子路所問，大約就在這時。輒是衞靈公世子蒯聵的兒子，蒯聵因厭惡靈公夫人南子淫亂，想殺害她，結果被靈公驅逐。後來輒立爲國君，蒯聵入戚，衞人圍戚，但並非輒的本意，是出於南子和臣子石曼姑的意思。當孔子前往衞國時，輒年約十六七歲，想用孔子，所以子路說：「衞君待子而爲政」。孔子因見衞國父居於外，子居於內，名份不正，因而有正名的話。所謂「正名」，正如上章回答齊景公的「君君，臣臣，父父，子子。」蒯聵想藉他國的力量，與兒子爭奪君位，就是父不父；輒藉口祖父的遺命，拒絕父親回國，就是子不子。子路不了解孔子的深意，所以以正名爲迂濶；孔子立刻申斥他一番，以爲他說話粗鄙，強不知而妄說。於是孔子再詳細說明正名的重要。左傳成公二年記載孔子的話說：「唯器與名，不可以假人。」論語正名的「名」與左傳的這一「名」字意義相同。雍也篇記孔子有「觚不觚」的感歎，「觚」而不像「觚」，有其名而無其實，就是名不正。韓詩外傳卷五有一段故事：「孔子侍坐於季孫，季孫之宰通曰：『君使人假馬，其與之乎？』孔子曰：『吾聞：君取於臣曰取，不曰假。』季孫悟，告宰通曰：『今以往，君有取謂之取，無曰假。』孔子曰：『正假馬之言而君臣之義定矣。』」由這一段話，更可以證明孔子正名的實際意義。孔子所要糾正的，是有關禮制、名份上用詞不當的現象，也就是有關倫理、政治的問題。

第四章

樊遲請學稼㊀。子曰：「吾不如老農。」請學爲圃㊁。子曰：「吾不如老圃。」

樊遲出。子曰：「小人㊂哉！樊須㊃也。上好禮，則民莫敢不敬；上好義，則民莫敢不服；上好信，則民莫敢不用情㊄。夫如是，則四方之民，襁負㈥其子而至矣，焉用稼？」

【提旨】孔子因樊遲請學稼、學圃而訓勉他從事經世之學，以行道濟世。

【釋詞】

㈠稼　音駕（ㄐㄧㄚˋ），播種五穀，指農藝方面的事。

㈡圃　音浦（ㄆㄨˇ），種植蔬菜，指園藝方面的事。

㈢小人　猶如小民，指不識經世大體、志氣平凡庸碌的小民。

㈣樊須　樊遲名須。

㈤情　情實、誠實的意思。

㈥襁負　襁、音搶（ㄑㄧㄤˇ），背上綁小孩所用的包袱，稱爲襁褓；負、背負。襁負、就是用包袱背負的意思。

【譯義】樊遲請求學習種五穀的事。孔子說：「我比不上一個種田的老農夫。」又請求學習種蔬菜的事。孔子說：「我比不上一個種菜的老園丁。」

樊遲退出之後，孔子對其餘的弟子們說：「樊須眞是一個不識大體、志氣平庸的小人啊！

在上位的人如果愛好禮儀，人民就不敢不恭敬；在上位的人如果愛好道義，人民就不敢不服從；在上位的人如果愛好信用，人民就不敢不誠實。能夠這樣去做，那麼四方的人民，都會用包袱背着他們的小孩來歸服你了，那裏用得着自己去種五穀呢？」

【析微】孟子曾說：「有大人之事，有小人之事。」（見滕文公篇上）本章孔子以稼、圃爲小人之事，以禮、義、信爲大人之事。因爲古代士、農、工、商四民，各有他們所從事的事業，在孔門求學的弟子們，都可以說是士的階級，凡是士人，都應當致力大人之事，以治理天下的小民。因爲士人是知識份子，可以利用他的聰明才智，爲缺乏知識的勞苦大衆去計謀國家政治、經濟、國防、教育等等設施，安排合理的生活。孔子的中心思想，在「修己以安人」、「修己以安百姓」，換句話說，他希望自己和弟子們都能行道濟世，由修身、齊家，以至治國、平天下，是儒家一貫的政治哲學。身爲知識份子的人，應該有這樣的抱負和理想，至於稼、圃之類的事，自然有小民去做，用不着知識份子去從事，因爲知識是可貴的，可以解決更重大的問題。所以，孔子批評樊遲是「小人」，這一「小人」與道德修養無關，只是批評他志氣太小，種田、種菜只是小民的事務，那裏是知識份子所應當從事的？知識份子對國家社會、甚至天下後世，還有更重要的工作、更偉大的貢獻。孔子的意思，並非蔑視農耕、園藝的事，只是與經國濟世比起來，不應該是有學問的人學習或從事的專務。現代知識擴展，社會分工越來越細，需要也越來越多，農耕、園藝都成了專門的知識，在大專院校都有專門的科系去從事研究，知識份子當然可以去學習農業、研究園藝，所以我們要注意時代的因素，不要誤解了孔子。孔子說：「吾不如老農」、「吾不如老圃」，顯示孔子的謙虛，表示他在農耕、園藝方面的知識、經驗，還不如他們懂得多，由此可見孔子絕沒有輕視農耕、園藝的意思。

至於禮、義、信是政治領袖感化人民最好的道德修養，如果愛好這些道德，所謂：「君子之德風，小人之德草，草上之風必偃。」人民一定會深受感化，不但會尊敬長官、服從領袖、以誠實對待上級，而且，正如孔子所謂：「近者悅，遠者來。」（見本篇第十六章）也正如孟子所謂：「王無罪歲，斯天下之民至矣！」（見梁惠王篇上）

第五章

子曰：「誦詩三百㊀，授之以政，不達㊁；使於四方㊂，不能專對㊃；雖多，亦奚以爲㊄？」

【提旨】孔子說明讀詩在求有用於政事，以見一切才學都以適用爲貴，如果多學而不能運用，等於不學。

【釋詞】

㈠誦詩三百　誦讀詩經三百篇。史記孔子世家說：「古詩三千篇，孔子去其重，取其可施禮義者三百五篇。」但據後人考證，孔子刪詩之說不可信。從孔子傳到現在，仍舊是三百零五篇詩，取其整數，所以稱「詩三百」。

㈡不達　不能有所通達的意思。竹添光鴻論語會箋說：「不是全不通曉，只有所拘滯，不能隨方措置，便是不達。」

㈢使於四方　出使到四方之國的意思。使、讀去聲（ㄕˋ）。

㈣不能專對　意思是：不能獨立地去應對外交上的談判或酬酢。專、有專擅、獨立的意思；對、應對的意思。竹添光鴻論語會箋說：「不是一詞莫措，只是對得不善，不能不亢不卑，或損國威，或挑鄰禍，便是不能專對。」

㈤亦奚以爲　以、作動詞用，用的意思；爲、表疑問的語氣詞，但只和「奚」、「何」等字連用，如「何以文爲」、「何以伐爲」。

【譯義】孔子說：「誦讀了詩經三百篇，如果把政治事務交付給他，卻不能完全通曉；如果派他出使到外國，又不能獨立地應對外交上的事務；雖然讀了很多的詩篇，有什麼用處呢？」

【析微】詩經一書，孔子不但把它當作一部倫理教科書，所謂「邇之事父，遠之事君。」（見陽貨篇）就是說其中含有事父、事君的道理。而且，也把它作爲一部政治、外交上的寶典。孔子一向主張學以致用，既然學了詩經，應該能在政治、外交上發揮它的作用。朱子解釋詩經與政治的關係說：「詩本人情、該物理，可以驗風俗之盛衰，見政治之得失，其言溫厚和平，長於風諭，故誦之者，必達於政而能言也。」墨子公孟篇說：「誦詩三百，弦詩三百，歌詩三百，舞詩三百。」可見古人學詩，有誦、弦、歌、舞各種方法，可以朗誦，可以配樂，可以清唱，可以舞蹈。本章只舉出誦詩，因爲用口誦讀，才足以尋繹、領略詩中的義旨。孔子曾說：「不學詩，無以言。」（見季氏篇）春秋時代，國際間的外交談判或酬酢，多半由外交人員背誦詩篇來代替語言，左傳裏就充滿了這種記載，所以，詩經在當時是外交人才必讀的書。莊公十九年公羊傳說：「聘禮大夫受命不受辭。出竟有可以安社稷、利國家者，則專之可也。」因爲古代的外交使節，只接受朝廷交待的使命，至於如何去交涉應對，只能隨機應變，獨立行事，不可能事事請示朝廷，或者事前就在國內安排妥當，這就叫做「專對」，也就是所謂「受命不受辭。」讀了詩而不能應用，等於有了學問而不能經世致用一樣，可見孔子很重視學問的實用價值。

第六章

子曰：「其㈠身正，不令㈡而行；其身不正，雖令不從㈢。」

【提旨】孔子着重政治領導人物本身的行為，從正、反兩面說明它的效果和後果。

【釋詞】

㈠其　指稱詞，指在上位的人。

㈡不令　不必下命令、不必頒布法令的意思。

㈢不從　不聽從、不服從的意思。

【譯義】孔子說：「在上位的人，如果本身行為正當，用不着下命令，人民自然會照他的意旨去做；如果本身的行為不正當，雖然是三令五申，人民也不會服從的。」

【析微】本章也在說明爲政的最大效用，在於執政者能以身作則，與顏淵篇的：「政者，正也。子帥以正，孰敢不正？」意旨相同。也可以說，本章正是闡明「政者，正也」的道理。又本篇第十三章孔子說：「苟正其身矣，於從政乎何有？不能正其身，如正人何？」也在表明這個主張，就是政治領袖以本身的行爲去影響老百姓。上以感化下，總不離開一個「正」字，這個「正」字所包含的意義，是指對人、對事的正當而言，也就是行爲與行事的正當。政治上的法令、命令，所發生的力量，不足以威服人心；倒是執政者本身行爲與行事的正當，才能發生一種無形的道德力量，這種力量是出於自然、不必勉強的，往往比命令的力量來得大。淮南子繆稱訓說：「無諸己，求諸人，古今未之聞也。同言而民信，信在言前也；同令而民化，誠在令外也。聖人在上，民遷而化，情以先之也；動於上，不應於下者，情與令殊也。」這段話，足以發明本章的意旨。

第七章

子曰：「魯㊀、衞㊁之政，兄弟㊂也。」

【提旨】孔子評論魯、衞兩國的政治情形相似。

【釋詞】

㈠魯　是武王之弟、周公的封國。

㈡衞　也是武王之弟、康叔的封國。

㈢兄弟　本來魯、衞二國的先祖就是兄弟，這裏是指兩國的政治情形，也像兄弟一樣。

【譯義】孔子說：「魯、衞兩國的政治現狀，大致相同，好像兄弟一般，不相上下。」

【析微】魯國是周公的封國，衞國是康叔的封國，周公與康叔都是武王的兒子，他們是最親睦的兄弟，定公五年左傳載公叔文子說：「大姒之子，惟周公、康叔爲相睦也。」可見孔子的話大有來歷。因此，他們所立的國家，政治情形也多半相同，像兄弟一樣。漢、晉以來學者解釋本章，都這樣說，朱子則就衰世而言，他說：「魯，周公之後；衞，康叔之後；本兄弟之國。而是時衰亂，政亦相似，故孔子嘆之。」但衰世的感嘆，只是其中的一個意思，並非全部的含義。孔子因對衞國有所寄望，所以與魯國並論。竹添光鴻論語會箋引困勉錄說：「夫子本意，正爲魯秉周禮，衞多君子，周公、康叔之遺風猶在，而無人振起之，故發此歎，有惜之意，有望之意，亦有憂之意。」說得比較周到。周公的兒子伯禽封於魯，所行的政治是親親尊尊、講倫理道德的政治；而康叔在衞國所行的政治，是明德愼罰、也是重視道德禮法的政治；所以兩國的政治，一如兄弟。孔子曾說：「魯一變至於道。」（見雍也篇）到衞國曾說過「三年有成」的話（見本篇第十章）。又論子賤而以魯爲多君子，與季札稱衞多君子，語氣如出一轍。從這些地方，我們可以看出：「魯、衞之政，兄弟也」的意義。

第八章

子謂衞公子荆㊀，「善居室㊁。始有，曰：『苟㊂合㊃矣。』少有，曰：『苟完㊄矣。』富有，曰：『苟美㊅矣。』」

【提旨】孔子評論衞國公子荆能循序有節、知足而不奢求的生活習性。

【釋詞】

㊀衞公子荆　衞國的賢公子，吳季札曾把他列爲衞國的君子，見左傳襄公二十九年。春秋末年，魯國也有公子荆，是哀公的庶子，所以這裏特別加一「衞」字，以示區別。

㈡善居室　善於居家過日子的意思。

㈢苟　朱註說：「苟、聊且粗略之意。」猶如今語「差不多」的意思。

㈣合　適合、合用的意思。

㈤完　完備、周全的意思。

㈥美　華美、富麗的意思。

【譯義】孔子談到衞國的公子荆，說：「他善於居家過生活。家中的生活器物，剛有一點的時候，他就說：『差不多夠用了。』稍微增加一些的時候，他就說：『差不多完備了。』再多有一些的時候，他就說：『差不多富麗堂皇了。』」

【析微】公子荆身爲公子，從小生長在宮中，長大以後，接受采邑和大夫的爵位，從此有了自己的家室，須經過他自己一番經營，所謂「始有」、「少有」、「富有」，顯示出三個不同的層次，他在生活上所需要的設備，隨着他日常俸祿、稅收的累積而遞增，並非本份以外的營求，但他不過份奢望，而能知足，當下就覺得滿足。當他「始有」的時候，不羨慕「少有」；當他「少有」的時候，不貪求「富有」；隨時知足，不營求私利，不貪圖財富。這種人當時少有，所以有人認爲本章是取公子荆的善於居家、廉潔儉樸，以諷諫當時在位的卿大夫，他們貪求財物，而且奢侈成風，這當然也可備爲一說。

第九章

子適㈠衛，冉有僕㈡。子曰：「庶㈢矣哉！」

冉有曰：「既庶矣，又何加焉？」曰：「富之㈣。」

曰：「既富矣，又何加焉？」曰：「教之㈤。」

【提旨】孔子闡述施政的步驟，先求人口繁庶，次求生活富足，而後再以禮樂教化人羣，使趨於文明。

【釋詞】

㈠適　動詞，前往的意思。

㈡僕　駕御馬車的意思。

㊂庶　人民衆多、人口繁庶的意思。

㊃富之　使人民生活富足的意思。富、作致使動詞用，就是使……富的意思；之、指人民。

㊄敎之　設立學校，以禮樂敎化人民的意思。之、也是指人民。

【譯義】孔子前往衞國，冉有替孔子駕車。到了衞國，看見人煙稠密，孔子說：「衞國的人口好繁盛啊！」

冉有說：「人口旣然這樣繁盛了，進一步還需要增加些什麼呢？」孔子說：「要使他們生活富足。」

冉有又問：「假如人民生活已經富足了，再進一步還需要增加些什麼呢？」孔子說：「要使他們接受良好的敎育。」

【析微】孔子的政治思想，主張「先富後敎」，先求經濟的富裕，再求敎育的發展，以後孟子也繼續發揮了這一主張。孟子曾對齊宣王說：「樂歲終身苦，凶年不免於死亡。此惟救死而恐不贍，奚暇治禮義哉？」又曾對梁惠王和齊宣王都說過：「五畝之宅，樹之以桑，五十者可以衣帛矣；雞豚狗彘之畜，無失其時，七十者可以食肉矣；百畝之田，勿奪其時，數口之家，可以無飢矣。」這都是王道政治使人民生活富足的方法。又說：「謹庠序之敎，申之以孝弟之義，頒白者不負戴於道路矣。」這又是使人民受教化。孟子不但舉出具體方法，而且也說出它們的效果來。管子治國篇說：「凡治國之道，必先富民。」也與孔子的主張相同。劉向說苑建本篇：「子貢問政。孔子曰：『富之。既富，乃教之也。』」與本章旨意，也大略相同。國父孫中山先生的民族主義，主張增加人口，就是要使人民「庶」；民生主義主張平均地權、節制資本，使人民滿足食、衣、住、行的生活需要，就是要「富之」；民權主義的訓政時期，主張開發民智，訓練人民行使四種政權，就是「教之」。治理國家的方法，不外乎這三項主要步驟。

第十章

子曰：「苟有用我者，朞月㈠而已可㈡也，三年有成㈢。」

【提旨】孔子期望自己能被時君任用，並預期三年就會具有成效。

【釋詞】

㈠朞月　朞、同期，音基（ㄐㄧ）；朞月、朱註：「謂周一歲之月也。」就是一周年。

㈡可　可以行於政教的意思。

㈢有成　政事大有成功的意思。

【譯義】孔子說：「如果有人任用我治理國家政事，一週年的時間，就可以見到很好的績效；有三年的時間，就能有成功的治績。」

【析微】本章並非泛說，而是指衞國的政事而言。史記孔子世家說：「靈公老，怠於政，不用孔子，孔子喟然歎曰：『苟有用我者，期月而已，三年有成。』」可見這話是孔子居留在衞國時說的，所以與「子適衞」一章相次。當春秋時，衞國的政情，與魯國相似，有如兄弟，孔子覺得還大有可爲，所以願意治理，並定出這樣短期見效的期限。說文：「期、會也。」會合的意思。累積十二個月以成一年，所以周年稱爲期年，又稱期月，是說十二個月到此一會合。「期月而已」，是說只需要短暫的一年工夫；「可也」，是說可以立下治國的規模，可以達到相當的成效。「三年有成」則是經過三年的努力經營，治國的政績將大見成效的意思。後世典籍常引用到孔子的話，如史記儒林傳說：「仲尼干七十餘君，無所遇，曰：『苟有用我者，期月而已矣！』」又如馬總意林引風俗通逸文說：「孔子曰：『如有用我者，期月而已，三年有成。』」三年當中，當然兼有富之、敎之等治術，上章記載孔子與冉有的一番對話，已經說得很詳備，本章由「期月」到「三年」，自然不言可喻，也是由「富之」而「教之」的步驟。

第十一章

子曰：「『善人爲邦㊀百年㊁，亦可以勝殘㊂去殺㊃矣。』誠哉是言也！」

【提旨】孔子引前人相傳的話，說善人治國，多用仁政感化，所以功效卓著，孔子對這話深表讚許。

【釋詞】

㊀爲邦　相繼治理國家的意思。爲、動詞，作「治理」講。

㊁百年　是說繼續一百年之久。

㊂勝殘　勝、舊讀陰平聲，讀如生（ㄕㄥ），作勝任講，則勝殘是勝任殘暴，語意不妥；或

解爲盡，盡殘更不成文理；所以不如仍讀去聲，作「克勝」解，比較妥當。朱註說：「勝殘、化殘暴之人，使不爲惡也。」就是使性行殘暴的人都受到仁政的感化，而變成平易善良的人。

㈣去殺　去、舊讀上聲，音取（ㄑㄩˇ），除去的意思；殺、指殺戮的刑罰。朱註說：「去殺、謂民化於善，可以不用刑殺也。」就是人民都化爲性行善良的人，國家可以取消殺人的刑法，因爲沒有人犯法，用不着了。

【譯義】孔子說：「古人曾經說過：『如果由善人相繼治理國家達一百年之久，也就可以把殘暴的人化爲好人，廢除殺人的刑罰不用了。』這話說得實在不錯啊！」

【析微】所謂「善人」，只是心性善良的人，對人民有愷悌慈愛的善心，與殘殺相反。「善人」不是仁人，也不是聖人，只要這樣的人相繼治理一個國家，繼續到一百年那麼長久，就可以達到「勝殘」、「去殺」的效果。春秋時代，當政的人專尙殘酷殺戮，而且以下殺上的事情層出不窮，誠如孟子所說：「臣弒其君者有之，子弒其父者有之。」（見滕文公篇下）又一般好戰的諸侯，往往「爭地以戰，殺人盈野；爭城以戰，殺人盈城。」當時形成一片殘殺的風氣，孔子深爲痛心，所以想起古人傳下來的這兩句老話，眞是一點都不錯，不必聖明的君王在位，即使有善人來治理，也足以造成「勝殘」、「去殺」的功效。這話深獲孔子之心，所以「誠哉」一句，完全是讚歎的語氣。事實上，不必一百年，所謂「爲邦百年」，在古人不過極言殘暴、殺戮風氣的難以化除而已。

第十二章

子曰：「如有王者㈠，必世㈡而後仁㈢。」

【提旨】孔子以爲王者治天下，三十年而後仁道大行。

【釋詞】

㈠王者　朱註：「王者、謂聖人受命而興也。」指聖明的君王，接受天命而治天下。

㈡世　說文：「三十年爲一世。」古人四十歲出仕，七十歲致仕，所以以三十年爲一世。

㈢仁　仁政大行於天下的意思。

【譯義】孔子說：「假如有聖明的君王興起，以治理天下，也一定需要三十年的時間，才能使仁政大行。」

【析微】本章說王者三十年而後仁政大行，上章說善人百年才能勝殘去殺，可見「善人」治理天下的績效，不如「王者」很遠。但即使「王者」當政，要轉移風氣，推行仁政，使仁道大行於天下，也需要相當的時間。因爲即使是一位聖明的君王，奉天命而興起，必然是承受了前代的衰弱和積弊，如商湯、周武王就是，因爲舊的習染、汚敗的政俗，很難在短期內有所改變，所以必須「世而後仁」。這裏所謂「仁」，是指仁澤滿四海，天下沒有一個人民不霑被仁政的恩澤，人心公正無私，天下太平無事，這樣教化大行、仁道大行的政績，自然不是容易的事。所以，「必世而後仁」，是說明仁政的難以普及天下。同樣的，王者初起，也必然先從「富民」着手，然後再以禮義教化人民，使仁政逐漸普及天下。

第十三章

子曰：「苟㈠正其身㈡矣，於從政乎何有㈢？不能正其身，如正人何㈣？」

【提旨】孔子闡明行政治國，應先端正自己的言行，才能使人言行端正。

【釋詞】

㈠苟　假若、如果的意思。

㈡正其身　指執政的人端正自身的言行。

㈢何有　何難之有、有什麼難處的意思。

㈣如正人何　「如何正人」的倒裝句，意思是：怎麼能糾正別人的言行呢？

【譯義】孔子說：「執政的人，如果能端正自己的言行，對於從事政治工作來說，有什麼困難呢？如果不能端正自己的言行，怎麼能使別人的言行端正起來呢？」

【析微】顏淵篇記載季康子向孔子請問政治的道理，孔子告訴他政治的基本原則，就是：「政者，正也。」並說：「子帥以正，孰敢不正？」執政者本身的一言一行，要做人民的表率，這樣才能獲得上行下效的效果，所謂「君子之德風，小人之德草，草上之風，必偃。」就是這個道理。這是孔子一貫的主張，所以，當季康子因國內盜竊盛行，而請教孔子消弭盜竊風氣的對策時，孔子告訴他說：「苟子之不欲，雖賞之不竊。」也是依據「政者，正也」的原則，可見政治領袖對人民的影響力是如何重大？本篇第六章孔子所說：「其身正，不令而行；其身不正，雖令不從。」就是從正、反兩面說明一個政治領袖本身行爲的端正與不端正，在政治上所能發生的極度相反的效果。孔子一再談到政治人物必須先求正己，然後才能正人的問題，可見孔子相當重視這個問題。因孔子眼見當時一般國君、卿大夫由於本身行爲的不正，造成人民不服從政令、因而朝廷政令不能順利推行的阻礙，所以，孔子才提出這一適時的主張，以挽救當時政治上的弊端。但孔子這個主張，不僅爲適應當時的政治情況而發，而且任何時代、任何政治情況，政治領袖都必須做到「正其身」。孔子的言論常常如此：不但能針砭一時，而且具有永恒的價值。

第十四章

冉子㊀退朝㊁。子曰：「何晏㊂也？」對曰：「有政㊃。」子曰：「其事㈤也。如有政，雖不吾以㈥，吾其㈦與聞㈧之。」

【提旨】孔子曉喻冉有，「政」與「事」的區別，並隱誡季氏的專政。

【釋詞】

㈠冉子　指冉有。
㈡朝　音潮（ㄔㄠˊ），朱註：「朝、季氏之私朝也。」
㈢何晏　爲什麼這麼晚的意思。晏、朱註說：「晚也。」
㈣政　指國家的政務。
㈤事　指大夫家的事務。
㈥雖不吾以　「雖不以吾」的倒裝句，以、用的意思，指朝廷雖不用我。
㈦其　表示推測的語氣詞，大概、恐怕的意思。
㈧與聞　參與聽聞、知道的意思。與、讀去聲，音預（ㄩˋ）。

【譯義】冉有從季氏的私朝回來。孔子說：「爲什麼今天回來得這麼晚呢？」他回答說：「有政務。」孔子說：「那只是事務而已。如果有政務，雖然朝廷如今不用我了，我大概還是會知道的。」

【析徵】這時冉有正做季氏的家宰，還居留在孔子門下，與孔子正如父子一般相處。「退朝」只是尋常記事，「何晏」也只是無意間詢問，正如國語晉語「范文子暮退於朝，武子曰：『何暮也？』」與本章語意相同。「政」與「事」的區別，正如昭公二十五年左傳杜預注：「在君為政，在臣為事。」應該由國君處理，屬於國家、朝廷的重大政務稱為「政」；由卿大夫處理，屬於臣子的尋常事務則稱為「事」。冉有與季氏在私朝所議論的，事實上是國家的政務，不是卿大夫家的事務，「有政」二字，是冉有依實際情形對答。但季氏專權，把持魯國的政務，國家有重大的政務，不在公朝與衆大夫議論，卻獨與家臣在私朝商談。如今冉有從季氏私朝回來，應該只是議論家事，而不是議論國政。孔子這一個「事」字，把家事和國政截然劃分，這就是孔子正名份的一貫主張。哀公十一年左傳曾記載：季氏以用田賦的事徵求孔子意見，並且說：「子為國老，待子而行。」意思是說：你老人家是國家的長老，這件事正等待您的高見，然後採行，可見季氏當時是如何尊重孔子。先進篇記「顏路請子之車以為之槨」，憲問篇記「陳成子弒簡公」，孔子都說：「以吾從大夫之後」，可見魯國雖不用孔子，而仍以大夫之禮對待孔子；更可見本章孔子說：「如有政，雖不吾以，吾其與聞之」的話，是有事實根據的。話中的意思，在責備季氏不應當在家中私議，而應當在魯君朝廷上與衆大夫公議；換句話說，孔子有責備季氏專政的意思，只是沒有明白說出來而已。

第十五章

定公問：「一言而可以興邦㊀，有諸？」

孔子對曰：「言不可以若是其幾㊁也。人之言曰：『爲君難，爲臣不易㊂。』如知爲君之難也，不幾乎一言而興邦乎？」

曰：「一言而可以㊃喪邦㊄，有諸？」

孔子對曰：「言不可以若是幾也。人之言曰：『予無樂乎爲君㊅，唯其言㈦而莫予違㈧也。』如眞善而莫之違㈨也，不亦善乎？如不善而莫之違也，不幾乎一言而喪邦乎？」

【提旨】孔子回答魯定公的詢問，說明國君的言論與國家興盛衰亡的關係，並表示國君應求言語的謹愼與良善。

【釋詞】

㈠興邦　振興國家、使國家興盛的意思。

㈡幾　音基（ㄐㄧ），與「期」字音近義通，預期的意思。朱註說：「幾、期也。詩曰：『如幾如式。』言一言之間，未可以如此而必期其效。」

㈢爲君難二句　當時有這樣的話，「爲君難」是模擬君主的語氣，「爲臣不易」在本章是附帶說的，與上文一言興邦沒有關係。

㈣可以　朱註本本句作「一言而喪邦」，沒有「可以」二字，據皇侃疏本補正。

㈤喪邦　喪失國家、使國家衰亡的意思。喪，讀去聲（ㄙㄤˋ）。

㈥予無樂乎爲君　朱註說：「言他無所樂，惟樂此耳。」所以本句的意思是：我做國君，沒有別的快樂。

㈧莫予違　「莫違予」的倒裝語，意思是：沒有人違抗我。予、作「我」講。

㈨莫之違　「莫違之」的倒裝語，意思是：沒有人違抗他。之、指國君。

㈩其言　指國君自己說的話。

【譯義】魯定公問孔子：「一句話就可以使國家興盛，有這樣的事嗎？」

孔子回答說：「說話不可以這樣預期它的效果。不過，有人說過這樣的話：『做君主很難，做臣子也不容易。』假如做君主的人知道做君主的艱難，自然會言語謹愼，不敢稍存疏忽之心，那麼，這話豈不可以預期國家的興盛嗎？」

定公又問：「一句話就可以使國家喪亡，有這樣的事嗎？」

孔子回答說：「說話不可以這樣預期它的效果。不過，有人說過這樣的話：『我做國君沒有別的快樂，只是我說什麼話都沒有人違抗我。』假如說的話良善而沒有人違抗，不也很好嗎？假如說的話不良善而也沒有人違抗，那麼，這話豈不可以預期國家的喪亡嗎？」

【析微】魯定公向孔子請問的兩句話：「一言而可以興邦」、「一言而可以喪邦」，是當時社會流傳的兩句格言，何以一言可以興邦、一言又可以喪邦？正如竹添光鴻論語會箋引中井積德的話說：「一言興喪，謂人君之言有至善者，則邦可以興；有至不善者，則邦可以喪也；一言以卜其興喪云爾。」所以，這兩句話，是說明君主的言論，與國家的興盛或衰亡，有密切的關係。因爲君主領袖羣倫，爲全國人民所仰望，他的言論，不但可以左右國家的政事，而且可以影響全國的民心，甚至對國運的興衰，也會產生影響力。因此，身爲君主的人，必須體驗「爲君難」的話，言論謹愼，不敢輕忽。能夠做到這一點，豈不就接近、或可以預期國運的興隆了嗎？朱註說：「因此言（指「一言而可以興邦」的話）而知爲君之難，則必戰戰兢兢，臨深履薄，而無一事之敢忽，然則此言也，豈不可以必期於興邦乎？」

至於「一言而可以喪邦」的道理，一般做君主的人，認爲自己的言語具有絕對的權威性，沒有任何人敢違背、反抗，因而引以爲榮、引以爲樂。孔子從中分辨：君主的話有善、有不善，「善」的言論，如果人人服從，固然很好；「不善」的言論，如果也要人民盲從，豈不將使國家趨向衰亡嗎？朱註引范氏說：「如不善而莫之違，則忠言不至於耳，君日驕而臣日諂，未有不喪邦者也。」又引謝氏說：「知爲君之難，則必敬謹以持之，惟其言而莫予違，則讒諂面諛之人至矣！邦未必遽興喪也，而興喪之源分於此，然此非識微之君子，何足以知之？」國君一句話的善與不善，雖然未必能使國家立卽興盛起來，或衰微下去，但卻是國家興衰的起源。

第十六章

葉公㊀問政。子曰：「近者說㊁，遠者來㊂。」

【提旨】孔子告訴楚國大夫葉公，爲政當贏取民心的擁戴，使遠近的人民能心悅而誠服。

【釋詞】

㊀葉公　葉、音攝（ㄕㄜˋ）；葉公、楚國大夫沈諸粱，字子高，僭稱公。參見述而篇「葉公問孔子於子路」章註。

㊁近者說　使近處的人民因獲得恩澤而心中喜悅的意思。說、同悅。

㊂遠者來　使遠方的人民因聽到風聲而自願來歸服的意思。

【譯義】葉公向孔子問爲政的道理。孔子說：「爲政在先得民心，使鄰近的人民因獲得恩澤而衷心喜悅，那麼，遠方的百姓聞到風聲，自然會願意來歸服了。」

【析微】當魯哀公二年的時候，楚國奪取了蔡國的地方，由於政治苛刻，蔡地的遺民終日惶惶不安；過了兩年以後，楚國派沈諸梁鎮守那個地方，這時，孔子正由陳國到蔡國去，葉公就近向孔子請問政治的道理。述而篇記「葉公問孔子於子路」時，還沒有見過孔子，這時是親見孔子求教。朱註說：「被其澤則說，聞其風則來，然必近者說，而後遠者來也。」這段話解說了「近者說」的原因，是由於近處的人民身受恩澤；而「遠者來」的原因，是由於遠方的百姓聽聞到善政、仁政的風聲。並且，「近者悅」又是「遠者來」的原因，如果不能做到使近者悅，自然不能達成使遠者來。當時楚國的政策及葉公的政治手法，只求招徠遠方的人民，而不了解須使鄰近的人民身受恩澤，衷心喜悅，所以孔子才用這兩句話回答葉公的問政。這件事也見韓非子難三篇，難三篇記載說：「葉公子高問政於仲尼。仲尼曰：『政在悅近而來遠。』」又記載說：「仲尼曰：『葉都大而國小，民有背心，故曰：政在悅近而來遠。』」古代國家衆多，國土相接，各國人民都會受到鄰近國家國君施政情形的影響。如果本國國君施行暴政，弄得民不聊生，而鄰國國君施行仁政，人民會自動地投奔到仁君的國土，以求解脫暴政的苦難。如果仁政的風聲遠播，連遠方的人民也會聞風而至。本篇第四章孔子所謂「四方之民襁負其子而至」，就是這種政治績效的顯現。孟子也常常勸說當時的國君，要以仁政的聲聞去爭取民心的擁戴與心悅誠服的歸附。梁惠王所謂：「察鄰國之政，無如寡人之用心者。鄰國之民不加少，寡人之民不加多。」就是由於梁惠王只懂得行小惠，不知道推行王道政治、使「近者悅，遠者來」的緣故。

第十七章

子夏爲莒父㈠宰，問政。子曰：「無欲速㈡，無見小利㈢。欲速，則不達，見小利，則大事不成。」

【提旨】孔子教子夏爲政不可急於近功，應從大處着眼。

【釋詞】

㈠莒父　莒、音舉（ㄐㄩˇ）；父、音甫（ㄈㄨˇ）；莒父、魯國西部的小邑，就是現在的山東莒縣，山東通志認爲在今高密縣東南。

㈡無欲速　不要只想求速效的意思。無、同毋，表示有所禁止之詞，「無見小利」的「無」相同。

㈢無見小利　處理政事，不要只貪圖小利，而不顧大義的意思。

【譯義】子夏做莒父的邑宰時，向孔子問爲政的道理。孔子說：「不要只想急求速效，不要只顧貪圖小利。因爲急求速效，必然行事草率，這樣就不能達到預期的目標；貪圖小利，必然忽略遠大的計劃，這樣大事就不能成功。」

【析微】莒父只是魯國的下邑，當時，這地方的政事久已廢弛，子夏被任命爲莒父的邑宰之後，急於求改弦更張，企圖立卽見到功效，有急功近利的趨向，所以孔子用這兩句話告誡子夏。孔子先告訴他兩個要點：「無欲速」、「無見小利」，然後再申述「欲速」和「見小利」的害處。因爲辦理政事，有一定的程序，有必需的時間，不能求速效；如果不依照一定的程序，不遵守必需的時間，反而會使事情辦不成功。所以說：「欲速則不達。」又處理政事，要從大處着眼，不要只貪圖小利，而影響大計劃、大目標，甚至忽略了大義，這樣是不能成就大事的。所以說：「見小利則大事不成。」由孔子這幾句話，可知爲政要循序漸進，要眼光遠大。不但政治上的事務如此，卽使任何事情，也無不如此。朱註引程子說：「子張問政。子曰：『居之無倦，行之以忠。』子夏問政。子曰：『無欲速，無見小利。』子張常過高而未仁，子夏之病，常在近小，故各以切己之事告之。」據程子的說法，孔子是針對子夏的弊病而施以敎誨的。

第十八章

葉公語㈠孔子曰：「吾黨㈡有直躬者㈢，其父攘㈣羊，而子證㈤之。」

孔子曰：「吾黨之直者異於是㈥：父爲㈦子隱㈧，子爲父隱，直在其中矣。」

【提旨】孔子主張：父子之間，要順乎天理人情，才算是正直。

【釋詞】

㈠語　讀去聲，音遇（ㄩˋ），告訴的意思。

㈡黨　鄉黨的黨，猶如現在鄉里的里，指鄉里而言。

㈢直躬者　孔安國註：「直躬、直身而行。」所以，「直躬者」就是本身正直的人。

㈣攘　何晏集解引周生烈說：「有因而盜曰攘。」邢昺疏說：「言因羊來入己家，父卽取之。」

竹添光鴻論語會箋說：「彼自來而我掩取之曰攘，其惡稍輕於盜。」

㈤證　說文：「證、告也。」相當於今日的「檢舉」、「揭發」。韓非子五蠹篇記這事作「謁之吏」，呂氏春秋當務篇記這事作「謁之上」，都可以說明就是兒子去告發他父親。「證明」、「證實」的「證」，古書一般用「徵」字。

㈥異於是　與此不同的意思。是、指「其父攘羊，而子證之」的「直躬者」。

㈦爲　讀去聲，音位（ㄨㄟˋ），替的意思。

㈧隱　隱瞞的意思。

【譯義】葉公告訴孔子說：「我的鄉里有個直身而行的人，他父親攘取了別人的羊，他就親自去告發。」孔子說：「我家鄉的正直的人和你們那裏的有所不同：如果有這一類事，父親一定替兒子隱瞞，兒子一定替父親隱瞞。這裏面就包含着正直的道理。」

【析微】楚國大夫葉公認爲「其父攘羊，而子證之」是一種正直的行爲，他的家鄉有這樣一位直道而行的人，因此向孔子誇說。孔子卻不以爲然，父子之間有天倫關係，本來只有父慈、子孝的相待之道，如果要講正直，必須顧及天理人情。正如朱註所說：「父子相隱，天理人情之至也，故不求爲直，而直在其中。」所謂「直在其中」，是說「父爲子隱，子爲父隱」，雖然並非正直之道，其中卻有正直的道理在。正如「樂在其中」本來不是可樂的事；「餒在其中」本來不是導致飢餓的原因；「祿在其中」本來不是獲得官祿的方法一樣。「直」固然是一種美德，但孔子說過：「直而無禮則絞」（見泰伯篇），「好直不好學，其蔽也絞」（見陽貨篇）。葉公所稱述的好直的人，不知道有父子之親，所以他所表現的直，顯得急切而不近人情，這是孔子所不贊同的。

這件事也見於韓非子、呂氏春秋與淮南子。韓非子五蠹篇說：「楚之有直躬，其父竊羊，而謁之吏。」呂氏春秋當務篇說：「楚有直躬者，其父竊羊，而謁之上。」淮南子氾論訓說：「直躬其父攘羊，而子證之。」高誘註說：「直躬、楚葉縣人也。」因此，有人以為「躬」是名，這人素來以「直」著稱，所以稱為「直躬」；也有人引廣韻入聲職韻：「直、正也。又姓，楚人直弓之後。」（弓、與躬同）而以為姓直名躬。但這與孔子所說：「吾黨之直者」、「直在其中矣」不相侔，所以我仍依孔安國、朱熹的註解，解作「直身而行」的人。

第十九章

樊遲問仁。子曰：「居處恭㈠，執事敬㈡，與人忠㈢，雖之夷狄㈣，不可棄㈤也。」

【提旨】孔子答覆樊遲問仁，以恭、敬、忠三者爲行仁之本。

【釋詞】

㈠居處恭　處、讀上聲，音楚（ㄔㄨˇ）。居處、指平居燕處、日常起居。居處恭、是說日常起居要保持恭謹的態度，不可放肆。

㈡執事敬　是說執行事務不可懈怠輕忽。執事、猶如行事、作事。

㈢與人忠　與人相交要忠誠的意思。與人、指待人接物。

㈣雖之夷狄　之、作「往」字講；是說雖然到夷狄不講禮義、文化低落的地方。

㈤棄　拋棄、廢棄的意思，指以上三項行仁的原則。

【譯義】樊遲問孔子怎樣才是仁。孔子說：「日常起居要恭謹，作事要敬慎，待人要忠誠；這三項原則，雖然是到野蠻地方，也是不可拋棄的。」

【析微】論語中記樊遲問仁有三次，除本章之外，還有雍也篇和顏淵篇。三次問仁，而孔子回答他的內容各不相同，雍也篇孔子回答樊遲說：「仁者先難而後獲。」顏淵篇卻只以「愛人」二字作答。三次答案不同的原因，大約是針對樊遲發問時的情形而說的。至於問的先後，朱註採胡氏說，以爲本章最先，「先難而後獲」其次，「愛人」最後。

「居處恭」的「恭」，是指不倨傲；「執事敬」的「敬」，是指不怠慢。「恭」主容貌而言；「敬」主行事而言。恭謹的容貌，在靜止無事的時候可見；而敬慎的態度，在動作有事的時候可見。至於「忠」，是指待人接物盡心盡力。所謂「不可棄」，猶如中庸所說：「道不可須臾離」的意思。朱註說：「之夷狄，不可棄。勉其固守而勿失也。」

第二十章

子貢問曰：「何如斯可謂之士㈠矣？子曰：「行己有恥㈡，使於四方㈢，不辱君命㊃，可謂士矣。」曰：「敢問其次。」曰：「宗族稱孝焉，鄉黨稱弟㊄焉。」曰：「敢問其次。」曰：「言必信，行必果㊅，硜硜然㊆小人㊇哉！抑㊈亦可以爲次矣。」曰：「今之從政者何如？」子曰：「噫㊉！斗筲之人㊁，何足算㊂也？」

【提旨】孔子對子貢談論士人必須具備的條件，以行己爲本，才能爲末，本末兼備，方可爲士；並評論當時的從政者不足爲士。

【釋詞】

㈠士　指讀書明理、有德行、有學識的人；也就是今人所謂知識份子。

㈡行己有恥　己身行爲有廉恥心，因而有所不爲的意思。

㈢使於四方　使、讀去聲（ㄕˋ）；使於四方、士大夫身爲使者，奉命出使到四方各國的意思。
㈣不辱君命　能夠守禮達辭，事事得體，不使君主所託付的使命受到玷辱的意思。
㈤弟　同悌，敬重兄長的意思。
㈥行必果　行、讀去聲（ㄒㄧㄥˋ），指行爲；果、果決、堅定的意思。
㈦硜硜然　硜、音鏗（ㄎㄥ），朱註：「硜、小石之堅確者。」硜硜、皇侃疏：「堅正難移之貌。」按硜硜本爲小石的聲音，借以形容小石堅確，這裏是比喻小人必信必果的樣子。
㈧小人　指識量淺狹而固執的人。
㈨抑　但是的意思。
㈩噫　音伊（ㄧ），歎息聲。
㈡斗筲之人　比喻識量鄙陋狹小的人。斗、筲都是容量小的容器，斗容受十升；筲、音梢（ㄕㄠ），竹器，容受一斗二升。
㈢算　數、論的意思。

【譯義】子貢問孔子說：「怎麼樣才可以稱爲士呢？」孔子說：「一個士人，必須己身行爲端正，有廉恥心，因而凡是非禮、無道的事都不肯去做；如果奉派到四方國家，擔任外交工作，能夠遵守禮儀，通達言辭，事事得體，不致辱沒了國君所付與的任命；這樣就可以稱爲士了。」

子貢又問：「請問那次一等的呢？」孔子說：「宗族中的人都稱讚他能孝順父母，鄉里中的人都稱讚他能敬愛兄長。」

子貢又問：「請問那再次一等的呢？」孔子說：「說話必定信實，做事必定果決，能堅確地自守，這雖然是個氣量狹小的人，但也可以算是再次一等的了。」

子貢說：「現在一般從事政治工作的人怎麼樣呢？」孔子說：「唉！他們就像只能容受一斗、一筲那麼器量淺狹的人，那裏數得上他們呢？」

【析微】古人所謂「士」，如國語齊語注說：「士、講學道藝者。」是說「士」是講求學問、才藝的人；又如白虎通爵篇說：「通古今、辨然否謂之士。」「通古今」就是學問豐富，「辨然否」就是才藝卓絕。但孔子所謂「士」，卻特別注重德行。由論語中孔子的言論來看，可知孔子心目中的「士」，是立志於仁道，對個人的物質生活卻看得很輕的人，如里仁篇說：「士志於道，而恥惡衣惡食者，未足與議也。」又如憲問篇說：「士而懷居，不足以爲士矣！」至於泰伯篇所說：「士不可以不弘毅，任重而道遠。仁以爲己任，不亦重乎？死而後已，不亦遠乎？」這段話，更說明了一個士人終身最大的懷抱，在於弘揚仁道。本章孔子答覆子貢所問，以爲「士」必須具備的條件，首先應當有節操，所謂「行己有恥」；

其次要有才幹，所謂「使於四方，不辱君命」。朱子集註說：「此其志有所不爲，而其材足以有爲者也。子貢能言，故以使事告之，蓋爲使之難，不獨貴於能言而已。」「行己有恥」，就是下章的「狷者有所不爲」，一個人必須有所不爲，然後才能有所爲，所以孔子又針對子貢擅長言語的特長，告訴他還要「使於四方，不辱君命」，就是有足夠的才幹，以圓滿達成任務。人往往具有才幹卻德行有虧，或具有德行而缺乏才幹，孔子認爲：能夠才德兼備，兩全其美的人，可以算是標準的「士」了。春秋時代，國際事務頻繁，奉使出國，是士人的重大任務，所以，孔子談到誦讀詩的益處，說「使於四方，不能專對。」本章子貢問士，又以「使於四方，不辱君命」相告。

至於「宗族稱孝」、「鄉黨稱弟」，雖然是美好的德行，但孝、弟是人應盡的本份，不必學習，只要質性善良的人，就可以做到，而並非「士」的職分，所以是次一等的士。朱子說：「此本立而材不足者，故爲其次。」荀子子道篇以「入孝出弟」爲人的小行，「志以禮安，言以類從」爲儒道的極致，與本章意旨可以互相發明。能「志以禮安」就能「行己有恥」，能「言以類從」就能出使而「不辱君命」。至於「言必信，行必果」的人，朱子集註說：「此其本末皆無足觀，然亦不害其爲自守也，故聖人猶有取焉。」劉寶楠論語正義引孟子離婁篇的話說：「『大人者，言不必信，行不必果，唯義所在。』明大人言行皆視乎義；義所在，則言必信，行必果；義所不在，則言不必信，行不必果。反是者爲小人。」因爲「言必信，行必果」是不問是非黑白而只管貫徹自己言行的人，這種人失之固陋，所以孔子說是「硜硜然小人」；但仍不失爲有所固守的人，所以列爲再其次的士人。子貢因見當時一般從政的人，節操、才幹都不足稱道，卻往往以「士」自命，心中有些鄙視他們，所以問到「今之從政者」，這一問含有許多感慨，自然意在言外。

第二十一章

子曰：「不得中行㊀而與之㊁，必也狂狷㊂乎？狂者進取，狷者有所不爲也。」

【提旨】孔子因得不到中道的人才傳道，因而想到次一等的狂者、狷者。

【釋詞】

㊀中行　朱註：「行、道也。」中行、就是能依循中庸之道而行事、無過與不及的人。

㊁與之　以道傳授給他的意思。與、同予。

㈢狂狷　朱註：「狂者志極高而行不掩，狷者知未及而守有餘。」狂者就是志向高大而行爲往往狂放不拘的人；狷者就是節操耿介而行爲比較拘謹保守的人。

【譯義】孔子說：「既然得不到合乎中庸之道的人才傳道給他，不得已而求其次，也必然取那狂放或狷介的人；因爲狂放的人雖然好高騖遠，而不及中庸之道的人，但他有進取心，是能有所作爲的；狷介的人雖然拘謹保守，也不及中庸之道的人，但他能潔身自愛，凡不合義理的事是不肯去做的。」

【析微】孔子所說的「中行」，集註引包咸註：「中行、行能得其中者。」把「行」字解爲行爲的「行」，雖與朱子集註不同，但意義還是相通。因爲孟子作「中道」，所以朱註解「行」爲「道」。無論中行、中道，無非指中庸的道行，這是孔子一向最爲看重的，雍也篇說：「中庸之爲德也，其至矣乎！」禮記中庸篇也說：「中庸其至矣乎！」又說：「君子而時中。」這種人才，心性言行，都能做到不偏不倚、無過與不及，是孔子心目中最理想的傳道人。孔子想把自己由古代聖王相承而來的道統，傳授給一位適當的弟子，以便將來能繼續傳於後世，並發揚光大，覺得只有「中行」的人才能完全接受，才足以擔當這項重大的任務。但這種人才非常難得，所以說：「不得中行而與之」，而雍也篇和禮記中庸篇都說：「民鮮久矣！」在孔門弟子中，只有顏回才能算得上是「中行」的人，閔子騫、冉伯牛、仲弓的德行只能說接近「中行」，其餘都是狂者或狷者，曾點固然以狂者著稱，而子貢、子路、子張等人的性行，都偏屬狂者這一類型；原憲固然以狷者著稱，而閔子騫、曾子、子夏等人的性行，則偏屬狷者這一類型。狂者的優點，就是滿懷抱負，進取心強，但往往過於中庸；而狷者的好處，在於操守耿介，廉潔自愛，但往往不及中庸。前者有爲，而後者有守，雖然各有所偏，但總不失爲有用的人才，所以仍爲孔子所取。孟子盡心篇下有一段話，可以與本章相參照，就是：「孟子曰：『孔子不得中道而與之，必也狂獧（同「狷」）乎！狂者進取，狷者有所不爲也。孔子豈不欲中道哉？不可必得，故思其次也。』『敢問何如斯可謂狂矣？』（萬章所問，下同）曰：『如琴張、曾皙、牧皮者，孔子之所謂狂矣。』『何以謂之狂也？』曰：『其志嘐嘐然，曰：古之人！古之人！夷考其行而不掩焉者也。狂者又不可得，欲得不屑不潔之士而與之，是獧也，是又其次也。』」孟子曾稱伊尹是「聖之任者」，他的性行接近進取的狂者；又稱伯夷是「聖之淸者」，他的性行接近有所不爲的狷者；只有孔子才是「聖之時者」，正是中庸所謂「時中」的君子，也就是孔子自己所說：合乎「中行」的人。

第二十二章

子曰：「南人㊀有言曰：『人而無恆，不可以作巫醫㊁。』善夫！」「不恆其德，或承之羞㊂。」子曰：「不占㊃而已矣。」

【提旨】孔子贊成沒有恆心恆德的人，將一無所成，並可能招致羞辱。

【釋詞】

㊀南人　孔安國、朱熹註都說：「南人、南國之人。」就是南方人。

㊁巫醫　朱註：「巫所以交鬼神，醫所以寄死生。」邢疏：「巫主接神除邪，醫主療病。」都把「巫醫」二字解作兩種人，巫是專憑巫術使鬼神降臨、替人消除妖邪凶災的人，醫自然是治病的醫師。但古代醫師多以巫術治病，所以「醫」的古字下端從「巫」，廣雅釋詁說：「醫、巫也。」可見巫醫是指一種人，就是醫師。

㊂不恆其德二句　爲易經恆卦九三爻辭。「不恆其德」是「其德不恆」的倒裝語，就是德行

不常的意思。或承之羞、就是可能繼之以羞辱的意思。承、繼之、接着的意思。

㊃不占　不必占卜的意思，因爲不吉而必凶。

【譯義】孔子說：「南方人有句話說：『人如果沒有恆心，不可以做巫醫。』這話說得很對啊！」易經恆卦的爻辭說：「一個人的德行沒有常度，很可能招致羞辱。」孔子又說：「這話的意思，是要無恆的人不必去占卜了。（因爲他只能有凶，不可能有吉。）」

【析微】本章上下兩節意思一貫，孔子只是借南方人的這句俗語，以引起下文「不占」的意思，等於在說明沒有恆心的人有凶無吉，所以不必占卜。所引易經的兩句爻辭，全在提醒人們，沒有恆心恆德，後果將足以引致羞辱。「不恆其德」本身就是一件可羞辱的事，不必從身外而來的羞辱才是羞辱，但如果不知道「不恆其德」是可羞辱的事，就很可能引致外來的羞辱了。所謂「不恆其德」，就是德行不能維持常度，譬如做事三心二意，不能專一；或者爲人翻雲覆雨，沒有一定的操守；都可以說是「不恆其德」。至於「人而無恆，不可以作巫醫」的話，集解引鄭玄註：「言巫醫不能治無恆之人」，竹添光鴻論語會箋贊成鄭氏的說法，但從文句的語氣上看，下句「不可以作巫醫」的主詞仍以上句的「人」字爲妥，所以我沒有採用鄭註的解釋。

第二十三章

子曰：「君子和㊀而不同㊁，小人同而不和。」

【提旨】孔子談論君子、小人與人相處，聽取或提供意見的態度，有顯著的不同。

【釋詞】

㊀和　朱註說：「和者，無乖戾之心。」就是性行中正和平，能與人意見融和的意思。

㊁同　朱註說：「同者，有阿比之意。」就是性行偏私好利，往往曲從人意的意思。

【譯義】孔子說：「君子與人意見調和，而不願苟同；小人則往往曲從人意，而不能做到和平中正。」

【析微】本章與爲政篇的「君子周而不比，小人比而不周。」及本篇第二十六章的「君子泰而不驕，小人驕而不泰。」語勢相同。「和」與「同」意思相似而實不相同，以顯示君子與小人的懸殊。凡君臣之間、父子之間、師生之間、朋友之間相處，聽取或提供意見的態度，不外乎「和」與「同」兩種。竹添光鴻論語會箋說：「凡君父之側，師友之間，將順其美，匡救其惡；可者獻之，否者替之；結者解之，離者合之；此君子之和也。而或巧媚陰柔，隨時俯仰；人曰可，己亦曰可；人曰否，己亦曰否；惟言莫違，無唱不和；此小人之同也。」又說：「君子和於君子，亦且和於小人；不獨不同於小人，亦且不同於君子。小人不獨同於小人，亦且能同於君子；不獨不和於君子，亦且不自和於小人。」因爲君子無論在任何人面前聽取意見，或向任何人提供意見，他的態度總是公正的、合理的；小人則總是偏私的、盲從的。里仁篇孔子曾說：「君子喻於義，小人喻於利。」可知君子的「和」是基於「義」，而小人的「同」是由於「利」。所以朱註引尹氏說：「君子尙義，故有不同；小人尙利，安得而和？」劉寶楠論語正義也說：「和義因起，同由利生。」在春秋時代，「和」與「同」是兩個常用的術語，左傳昭公二十年記載晏子對齊景公批評梁丘據的話，正說明了「和」與「同」的區別。晏子說：「君所謂可，而有否焉，臣獻其否，以成其可；君所謂否，而有可焉，臣獻其可，以去其否。」這是他所謂的「和」；至於「同」，就是「君所謂可曰可，君所謂否曰否。」辨別得很明白，可以與本章互相參證。

第二十四章

子貢問曰：「鄉人㊀皆好之㊁，何如？」子曰：「未可也。」「鄉人皆惡之㊂，何如？」子曰：「未可也；不如鄉人之善者好之，其不善者惡之。」

【提旨】孔子對子貢談論：取人應以眞實的善惡爲準，不可人云亦云，隨聲附和。

【釋詞】

㊀鄉人　指一鄉的人、全地方上的人。

㊁好之　以爲某人好而喜歡他的意思；好、讀去聲（ㄏㄠˋ），喜好的意思。

㊂惡之　以爲某人壞而厭惡他的意思；惡、音務（ㄨˋ），厭惡的意思。

【譯義】子貢問孔子說：「假如一鄉的人大都喜歡他，這個人怎麼樣？」孔子說：「這還不可以相信他是好人。」

子貢又問：「假如一鄉的人大都厭惡他，這個人怎麼樣？」孔子說：「也不可以就相信他是壞人；不如一鄉的好人都喜歡他，而那些壞人都厭惡他，這才能確信他是好人。」

【析微】本章孔子所談論的，只是觀察人而有所取的方法，但並非一定的方法。子貢所問，以一鄉的人所好、所惡，是否能確認他的善惡，他認爲同居一鄉的人比較接近，見聞比較眞實。但如果一鄉的人都「好之」，這種人便近乎所謂好好先生，孔子、孟子稱之爲「鄉愿」，所以，孔子說：「未可。」因而衞靈公篇又說：「衆好之，必察焉；衆惡之，必察焉。」一定要經過自己仔細的考察，才能完全確定一個人的好壞，不能單憑衆人的好惡爲準，否則很可能誤認善人爲惡人，或錯把惡人當善人。里仁篇孔子曾說：「唯仁者能好人，能惡人。」「衆人」或「鄉人」不全是仁者，所以他們的好惡，不一定能辨明眞正的善惡。所以，孔子認爲：「鄉人皆好之」，「鄉人皆惡之」，都不是認定善惡的可靠依據。所謂「不如鄉人之善者好之，其不善者惡之」，意思是：這樣來判別一個人的善惡，比「鄉人皆好之」、「鄉人皆惡之」要好些，要準確些。因爲一鄉的好人喜歡他，這人也必然是好人；一鄉的壞人厭惡他，這人也可能不是壞人。比較起來，了解一個人的善惡、賢愚、忠奸、正邪，從己身以外的客觀依據來說，這是大致妥當的方法；如果要作完全的確定、最後的肯定，自然還需經過自己一番詳密的考察。

第二十五章

子曰：「君子易事㊀而難說㊁也；說之不以道㊂，不說也；及其使人㊃也，器之㊄。小人難事而易說也；說之雖不以道，說也；及其使人也，求備㊅焉。」

【提旨】孔子闡述君子與小人待人、取人的態度不同，君子以道義爲本，小人相反。

【釋詞】

㊀事　事奉、對待的意思。

㊁說　同悅，取悅、博得他的喜悅、討得他的喜歡的意思。

㈢道　指正當的方式。

㈣使人　使用人、任用人才的意思。

㈤器之　衡量人的才器予以任用，也就是按照各人的才能分配任務。好像使用器皿一樣，大小各得其所。

㈥求備　求全責備、苛求於人的意思。

【譯義】孔子說：「君子如果在上位，容易事奉，但卻難以博得他的喜歡；如果用不正當的方式去討好他，他是不喜歡的；等到他用人的時候，卻是按照各人的才能去任用，好像使用器皿一般，無論大小都能各得其所，非常適當。小人如果在上位就不然了，他很難事奉，卻容易博得他的喜歡；即使用不正當的方式去討好他，他也會喜歡的；等到他用人的時候，卻處處求全責備，一點也不寬容。」

【析微】本章的「君子」與「小人」，固然就道德修養而言，也就他們居身上位的時候而言。至於居身在他們下位的人，由於職務上必須受他們的指揮和任用，所以，在下位的人事奉在上位的人，如果遇到的長官是一位君子，就比較容易事奉，因爲君子居心公正，而且能寬恕人的小過失，朱子集註說：「君子之心，公而恕。」但是，卻難以討他歡喜，因爲他平日不喜歡人家逢迎他、諂媚他；因此，諸如巧言令色等任何不正當的方式，都不足以取悅他。禮記曲禮篇說：「禮不妄說（同悅）人。」鄭玄的注解說：「爲近佞媚也；君子說之不以其道，則不說也。」所謂「不以其道」，無非巧言令色、逢迎諂媚之類，也就是曲禮所謂「妄說」。如果所遇到的上級是一個小人，情形恰好相反，難以事奉，卻容易討他歡喜，因爲小人存心偏私，而且待人苛刻，朱子集註說：「小人之心，私而刻。」所以難以事奉；至於容易討他歡喜的原因，是因爲他平日最愛人家逢迎他、諂媚他，卽使用巧言令色等種種不正當的方式，都可以獲取他的歡悅。本章前節「說之不以道」以下四句，就是申述「君子易事而難說」的原因；同樣的，後節「說之雖不以道」以下四句，也是在申述上文，解釋「小人難事而易說」的緣故。其中「說之不以道，不說也」，是申述君子難說的原因；而「及其使人也，器之」，則是解釋君子易事的原因。劉向說苑雜言篇記曾子的話說：「夫子見人之一善而忘其百非，是夫子之易事也。」這話可以作爲「君子易事」的一個說明。所謂「器之」，是說君子用人如用器皿，大者大用，小者小用，完全依各人的才器，絕沒有私心；如果是眞正的人才，不必去奉承、巴結他，自然會受到重用，所以容易事奉。小人則完全相反，下節「說之雖不以道，說也」，是申述小人易說的緣故，而「及其使人也，求備焉」，是解釋小人難事的緣故。所謂「求備」，是說小人用人也如用器皿，有些器皿只能有某一種用途，而他卻要求能適應各種用途；有些人才只是某項專才，他卻想作通才用，這就是「求全責備」，甚至可能還處處刁難人家，挑人家的錯，找人家的岔，一些也不寬假，這豈不是難以事奉嗎？

第二十六章

子曰：「君子泰㈠而不驕㈡；小人驕而不泰。」

【提旨】孔子分辨君子與小人的氣度不同。

【釋詞】

㈠泰　態度安舒，也就是泰然自若的意思。

㈡驕　態度恣肆，也就是驕矜傲慢的意思。

【譯義】孔子說：「君子的氣象，顯得泰然自若，沒有放肆驕慢的樣子；小人的態度，則放肆驕慢，絲毫沒有泰然自若的樣子。」

【析微】堯曰篇孔子回答子張的詢問，曾以「泰而不驕」爲君子「五美」之一；本章不但可以見出「泰」與「驕」的不同，而且也足以顯現君子與小人的氣象完全不同。朱子集註說：「君子循理，故安舒而不矜肆；小人逞欲，故反是。」因爲君子待人處世，一切依循天理，安守本份，所以心地中正和平，總是顯出從容安舒的氣象，而絲毫沒有盛氣凌人、驕傲放肆的態度。述而篇說：「君子坦蕩蕩」，就是描寫君子的心境。至於小人，因爲私欲存心，志盈氣滿，而心中卻患得患失，所以往往肆無忌憚，驕矜傲慢，而絲毫沒有安然舒泰的氣象。述而篇說：「小人長戚戚」，就是描寫小人的心境。竹添光鴻論語會箋說：「蓋君子功蓋天下，亦以爲分內之事，故不驕；小人稍如意則驕，誇勝於人，實則患得患失，何由而泰？」又引困勉錄說：「驕泰皆有充然自足之意，然君子循理，理得則慊，故心廣體胖；小人徇欲，欲滿則溢，故志盈而氣盛。雖在氣象上見，本原却在心上。」又說：「泰從道德生，驕從勢利出。」這些話都說得很精微。

第二十七章

子曰：「剛㈠、毅㈡、木㈢、訥㈣，近仁。」

【提旨】孔子闡述四種接近仁道的性行，以勉人做剛毅篤實的人。

【釋詞】

㈠剛　意志剛強而不屈撓的意思。

㈡毅　行爲果斷而不游移的意思。

㈢木　性情質樸而敦厚的意思。

㈣訥　言語遲純而信實的意思。

【譯義】孔子說：「意志剛強而不屈撓，行爲果斷而不游移，性情質樸而敦厚，言語遲鈍而信實，這四種性行，都接近仁道。」

【析微】孔子提出「剛、毅、木、訥」四種資質，四種性行，以爲距仁道不遠，皆在勉勵人們依循這幾種質性去求取仁道。所謂「剛」，何晏論語集解引王肅註說：「剛、無欲。」王氏以沒有私欲爲剛，大約是根據公冶長篇孔子所說：「棖也欲，焉得剛」的話推定的，但「剛」的正確解釋，應如鄭玄公冶長篇注所說：「剛、謂強志不屈撓。」所以，清儒黃式三批評王氏的註解說：「多慾非剛，無慾亦未必剛也。」至於「毅」，左傳宣公二年說：「殺敵爲果，致果爲毅。」國語楚語下說：「毅而不勇。」韋昭註說：「毅、果也。」所以，「毅」的正確解釋，應如包咸泰伯篇註所說：「毅、強而能決斷也，」中庸說：「力行近乎仁。」剛強、果斷的人必能力行，所以近仁。又憲問篇說：「仁者必有勇。」果敢而有決斷的人，必然有勇氣，所以「毅」近乎仁。仁者不崇尚華麗的文彩，所謂「木」，就是質樸而無文，所以近仁。顏淵篇孔子曾說：「仁者其言也訒。」所謂「訥」，就是「訒」，所以「訥」近仁。里仁篇又載孔子的話說：「君子欲訥於言。」因爲質木樸實、說話訥訥不出於口的人，正與「巧言令色」相反，學而篇說：「巧言令色，鮮矣仁。」所以「木」、「訥」接近仁道。

第二十八章

子路問曰：「何如斯可謂之士矣？」子曰：「切切偲偲㈠，怡怡如㈡也，可謂士矣。朋友切切偲偲，兄弟怡怡。」

【提旨】孔子答覆子路的詢問，說明士人的素行。

【釋詞】

㈠切切偲偲　何晏集解引馬融註：「切切偲偲，相切責之貌。」朱子集註引胡氏則分別解釋說：「切切，懇到也；偲偲，詳勉也。」就是朋友之間相互切磋勉勵的意思。偲，音思（ㄙ）。

㈡怡怡然　和悅的樣子。

【譯義】子路問孔子說：「要怎麼樣才可以稱爲士呢？」孔子說：「與人相交，能互相切磋勉勵，態度總是顯得和悅的樣子，這樣就可以稱爲士了。朋友之間相處，最需切磋勉勵；兄弟之間相處，則最需態度和悅。」

【析微】孔子回答子路問士，以「切切偲偲，怡怡如也」說明士人的素行，形容士人的氣象，這是總述。下文分述朋友最宜「切切偲偲」，兄弟則最宜「怡怡」。上文是綱，下文是目。下文雖然以朋友、兄弟分析來說，但並非朋友之間相處，不必態度和悅，只是朋友以切磋勉勵爲主；也並非兄弟之間相處，不必切磋勉勵，而是兄弟應以態度和悅爲主。何以朋友之間宜於「切切偲偲」呢？邢昺的論語義疏解釋說：「朋友以道義切磋琢磨，故施於朋友也。」那麼，何以兄弟之間宜於「怡怡」呢？邢昺又解釋說：「兄弟天倫，當相友恭，故怡怡施於兄弟也。」因爲朋友是以道義相結合的，而兄弟是以恩情相結合的，所以，相處各有所宜，而「切切偲偲」和「怡怡如也」都是善盡人倫的事，能夠善盡人倫，就足以稱爲「士」了，本來所謂「士」只是知識份子，而古代的知識份子，必然涵泳於詩書禮義，必然有溫厚和平的氣象。由詩書禮義的涵泳，溫厚和平的氣象，發而爲行爲，自然能善盡人倫之道，與朋友相處，自然能彼此切磋琢磨，勸勉責善，這是與朋友相交應盡之道；至於與兄弟相處，自然能態度和悅。詩經常棣篇的毛傳說：「兄弟尚恩，熙熙然；朋友以義，切切節節然。」孔穎達疏說：「兄弟之多則尚恩，其聚集則熙熙然；朋友之交則以義，其聚集切切節節然。切切節節者，皆切磋勉勵之貌。論語云：『朋友切切偲偲，兄弟怡怡。』此『熙熙』當彼『怡怡』，『節節』當彼『偲偲』也。」孔疏說得很對，因爲「熙」、「怡」二字意義相同，都有和悅的意思；而「節」有限制的意思，朋友之間，相互勸勉，不使對方爲非作惡，相勸勉的話語，必定節然而有所限制，所以，毛傳的「節節」二字，與論語的「偲偲」二字意義相同。前數章子貢也問：「何如斯可謂之士」？孔子告訴他：「行己有恥，使於四方，不辱君命，可謂士矣。」是針對子貢善於言語的特長而說的；如今告訴子路，同答子路同樣問題的答案卻不相同，純就朋友、兄弟之間盡人倫的事而言，不就「士」所應具備的才幹而言，據朱子集註引胡氏說解釋這原因是：「皆子路所不足，故告之。」竹添光鴻論語會箋說得很妥當，他說：「夫子路有士之行，特涵養未至，夫子擬中和氣象以勗之。」孔子只是以溫厚和平的士人氣象來勉勵子路，使他加深這方面的涵養。

第二十九章

子曰：「善人教民㊀七年，亦可以即戎㊁矣。」

【提旨】孔子稱述善人執行政事、教化人民的功效。

【釋詞】

㈠敎民　敎化人民的意思。

㈡卽戎　卽、就的意思；戎、指兵戎；卽戎、就是從軍作戰的意思。

【譯義】孔子說：「善良的人執掌國政，敎化人民七年工夫，就可以使人民了解爲國効命的大義，一旦國家有事的時候，也就可以使他們從事衞國的戰爭了。」

【析微】本章與本篇第十一章所說：「善人爲邦百年，亦可以勝殘去殺矣！」語意相同，本章是在說明善人執行政事，敎化人民，經過七年之久，在人民對國家責任的體認上所能達到的功效。前章是在估計由善人連續執政一百年，感化人民，在政治上所能達到的功效。因爲善人富有豐厚的同情心，有愛民如子的懷抱，對人民生活問題，謀慮周密，關切備至，所以，在他們「善政」的領導下，「善敎」的化育下，到達七年之久，人民自然會被感化，而懂得爲長官効力的責任、爲國家効命的大義了。「七年」只是孔子揣想可以見效的一段相當長久的時間。至於「善人敎民」所敎的是些什麼？由下句「可以卽戎」看來，必然有戰術在內，朱子集註所說內容更廣，他說：「敎民者，敎之以孝弟忠信之行，務農講武之法。」孝弟忠信足以使人民懂得做人的道理，做人的責任。古代寓兵於農，國家無事的時候，人民從事農田生產工作，所以必須教以務農的方法；當國家有事的時候，人民可以從軍作戰，執干戈以衞社稷，所以必須教以講武的方法。國家的軍事設施、軍事力量，本來是用以防禦外患、保衞國土、禁止暴亂、安定人民的；可是，春秋時代，一般國君卻往往窮兵黷武，殘民以逞，就完全失去用武的正確意義了。所以，孔子特別說到「善人」來提醒當時的國君，使他們以仁愛化導人民，恤養人民。孟子盡心篇說：「善政，不如善教之得民也。」良好的政治設施，不如良好的教化更能獲得人民的信從。孟子又解釋說：「善政，民畏之；善教，民愛之。善政，得民財；善教，得民心。」因爲善良的教化，才能深得人民的愛戴，博取民心的擁護。如果能得到民心的愛戴和擁護，人民自然能奮勇殺敵，保衞疆土，這是「善教」的功效。

第三十章

子曰：「以㈠不教民㈡戰，是謂棄之㈢。」

【提旨】孔子警戒執政者，不可輕易用兵，必須經過教育、訓練。

【釋詞】

㈠以　用的意思。

㈡不敎民　指沒有經過教育、訓練的人民。「不敎民」三字構成一個名詞詞語，在文法上屬於詞組（詞與詞的組合關係），意思就是「不敎之民」，正如詩經邶風柏舟篇詩句：「心之憂矣，如匪澣（同浣）衣」的「匪澣衣」一樣，意思就是「匪澣之衣」，也就是不曾洗滌過的衣服。

㈢棄之　不愛護人民、不憐恤人民、棄絕人民的意思。

【譯義】孔子說：「如果用沒有經過敎化、訓練的人民去作戰，一定會敗亡，這就叫做棄絕人民。」

【析微】本章與上章正好相反。上章專從敎化立說，說明善人敎化人民，經過適當的時期，所能達成的功效，是可以參與戰爭，因爲他們經過敎化與訓練，知道爲何而戰？爲誰而戰？也學會了戰鬥技能；所以，對戰爭可以應付裕如，不致盲目參戰，或白白地犧牲了寶貴的生命。本章開頭就說：「以不敎民戰。」是從作戰立說，朱子集註說：「言用不敎之民以戰，必有敗亡之禍，是棄其民也。」用沒有經過敎化、訓練的人民作戰，由於他們不了解作戰的意義，也不懂得作戰的技能，盲目參與戰爭，且免不了白白犧牲生命，這就是所謂「棄民」。因此，國家一旦有戰事發生，需要徵用人民從事保衞國土的戰爭時，必須先對人民施以教化和訓練，所敎化和訓練的內容，不外如上章朱註所說：「教之以孝弟忠信之行，務農講武之法。」然後人民在平時和戰時，才能完全適應，並能勇於保衞國家。孟子告子篇記載：「魯欲使愼子爲將軍。孟子曰：『不敎民而用之，謂之殃民。』」與本章的意思正相同，可見孔子與孟子對這問題的意見是一致的。我們由本章和上章合起來看，可見孔子敎民作戰的主張，不僅在於戰爭技術的訓練，也在於政治訓練、思想訓練，使人民深切認識作戰的意義和目的，這才是本末兼施的辦法。

第十四篇　憲　問

前　言

本篇共計四十五章，內容大致如邢昺論語疏所說：「此篇論三王二霸之迹，諸侯大夫之行，爲仁、知恥、修己、安民，皆政之大節也。」由於首章記：「憲問恥。」「憲」是孔子弟子原憲，字子思，因爲稱名而不稱字，所以，朱子集註引胡氏說，懷疑本篇全是原憲記載的，這只是一種揣測而已，並無其他可靠的證據。因爲全篇由一個人記錄，事實上似乎不可能，或許首章是由原憲所記，正如子罕篇：「牢曰」一章可能是琴張所自記一樣，後來弟子編纂論語時，可能做過一項統一的工作，把用「名」的地方改用「字」，但有少數幾章忽略、遺漏了，以致還保存原來用名的情形。當然，這也只是比較合理的一種揣測而已。

第一章

憲㈠問恥。子曰：「邦有道，穀㈡；邦無道，穀；恥也。」

【提旨】孔子答覆原憲的詢問，認爲必須有爲有守，才算明白恥辱。

【釋詞】

㈠憲　孔子弟子原憲，字子思，雍也篇稱原思，其餘參見雍也篇註。

㈡穀　指俸祿。古代做官的俸祿都是給穀米的，所以「穀」就是官吏的俸給。

【譯義】原憲問孔子說：「什麼是可恥的事？」孔子說：「一個做官的人，如果在國家太平、政治上軌道的時候，只知道享受俸祿，而不能有所作爲；或者在國家紛亂、政治不上軌道的時候，也只知道貪戀俸祿，而不能隱身獨善；這都是可恥的事。」

【析微】本章有兩種不同的解釋：一是孔安國的說法，何晏集解引孔註說：「穀、祿也。邦有道，當食其祿也。君無道，而在其朝、食其祿，是恥辱也。」他把原文讀成兩句：一爲「邦有道，穀」，一爲「邦無道，穀，恥也」，也就是把「恥也」解作只是「邦無道」的謂語，與「邦有道」不相干。一是朱熹的說法，他的論語集註說：「邦有道，不能有爲；邦無道，不能獨善，而但知食祿；皆可恥也。」他把「恥也」這個謂語兼貫「邦有道，穀」與「邦無道，穀」，也把原文讀成兩句：一爲「邦有道，穀，恥也」，一爲「邦無道，穀，恥也」，認爲上句的「恥也」二字省略了。這兩種說法都可以通，但也各有所失（陳大齊先生的論語臆解有詳細的分析，請參看）。泰伯篇孔子曾說：「邦有道，貧且賤焉，恥也；邦無道，富且貴焉，恥也。」與本章可以互相發明。當「邦有道」的時候，以貧賤爲恥，可見食祿並非可恥，所以孔安國註說：「邦有道，當食其祿也。」朱子集註則把上一「穀」字補充解釋爲「不能有爲」，這樣一來，也就不與「邦有道，貧且賤也，恥也」的話相牴觸了。

第二章

「克㈠、伐㈡、怨㈢、欲㈣不行㈤焉，可以爲仁矣。」子曰：「可以爲難

㈥矣，仁則吾不知也。」

【提旨】孔子評論能克制情感和欲望，只是難能可貴，不能說就是仁德。

【釋詞】

㈠克　朱註說：「克、好勝。」就是好強的意思。

㈡伐　朱註說：「伐、自矜。」就是自誇的意思。

㈢怨　朱註說：「怨、忿恨。」就是怨恨的意思。

㈣欲　朱註說：「欲、貪欲。」就是貪心的意思。

㈤不行　能制止而不致發生的意思。

㈥難　難能可貴的意思。

【譯義】有人說：「好勝、自誇、怨恨和貪心四種毛病，都能制止而不發生，這就可以算是仁德了。」孔子說：「這只可以說是難能可貴，至於算不算是仁德，那我就不知道了。」

【析微】本章何晏集解本與上章合爲一章，以爲「克伐怨欲」兩句也是原憲所問。朱子集註則分爲兩章，但仍認爲這兩句是原憲所問，他說：「此亦原憲以其所能而問也。」竹添光鴻論語會箋引中井積德的意見說：「克伐怨欲二句，當時有斯言，而夫子評之，故記者先擧是二句也；看『矣』字可知，決非憲之問辭。」這說法很有道理，因爲如果合成一章，所問的兩個問題並不相干；如果分成兩章，則「克伐怨欲」二句不見得仍是原憲所問。「可以爲仁矣」與「可以爲難矣」一樣，明明是肯定語氣，而不是疑問語氣；而且，先擧當時人的話，然後再記述孔子評論的話，論語中有這樣的例。朱子解釋本章說：「有是四者，而能制之，使不得行，可謂難矣；仁則天理渾然，自無四者之累，不行不足以言之也。」孔子只許爲難能，而不輕許爲仁，這是他一貫的作風。好勝與自誇是因自己所有而發生的；怨恨與貪心則是因自己所無而發生的；好勝與自誇的心理是由他人與自己相形之下產生的，怨恨與貪欲的心理則是由得與失相形之下產生的。能夠制止而不發生，孔子之所以許爲難能，是因爲這種私情、私欲深藏內心，往往發生在猝然之間，是最難克制的，旣能克制，自然是難能可貴的了。

第三章

子曰：「士而懷居㈠，不足㈡以爲士矣！」

【提旨】孔子闡述士人應有高遠的志向，不要只圖居處的安樂，否則只是平庸之徒。

【釋詞】

㈠懷居　懷、懷念、留戀的意思；居、安居的意思，指居室、口體等安樂的享受。懷居、就是貪圖生活享受，沒有遠大抱負、不求進取的意思。

㈡不足　就是不配、不夠資格的意思。

【譯義】孔子說：「一個讀書人，如果只知道貪戀安逸的生活享受，而沒有遠大的志向與抱負，就不配稱爲讀書人了。」

【析微】本章所說的「士」，與前面子貢、子路所問的「士」相同，就是指有學識、有德行、有理想、有抱負的讀書人。里仁篇孔子曾說：「士志於道，而恥惡衣惡食者，未足與議也。」與本章的意旨相同，可以互相發明。孔子認爲：一個「士」，應該立志向道，這個「道」字，不外泛指聖人之道、人生之道，自古聖人相傳的道統，士人應當立志去承繼、去弘揚。本章所謂「懷居」，「懷」是念念不忘、戀戀不捨的意思；「居」是居家的安樂，諸如宮室的豪華、衣食的美盛。與里仁篇的「惡衣惡食」相反的，不外錦衣玉食。古人往往解釋說：「士、事也。」顧名思義，一個被稱爲「士」的人，他將有無窮的責任、無窮的事業，怎麼能苟且偷安、毫無濟世救人的心志呢？一個貪圖物質享受、只知道謀求個人榮華富貴的人，當然不夠資格被稱爲「士」了。左傳僖公二十三年記載晉文公流亡的故事，說他在齊國安居下來，有妻妾，有家財，就不肯再移動了，他妻子姜氏對他說：「行也！懷與安，實敗名。」與本章的意思相近。因爲這位流亡在外的公子重耳，回到晉國，還有帝王事業等待他去建立、發展，國家也等待他去整頓與建設，所以，姜氏勸他迅速回國，不要因貪戀安逸而葬送了一世的英名，後來，他果然成就了偉大的霸業，成爲春秋五霸之一。

第四章

子曰：「邦有道，危言㈠危行㈡；邦無道，危行言孫㈢。」

【提旨】孔子教人處世之道，要因時制宜，有道則言行正直，無道則明哲保身。

【釋詞】

㈠危言　說文：「危、在高而懼也。」禮記緇衣篇注則說：「危、高峻也。」爲朱子集註所採用，意思就是言論高於流俗稱危言。而廣雅則說：「危、正也。」直接解作正直的意思，王念孫疏證就是引論語本文作證的，所以「危言」就是言論正直，也就是據理直言而無諱。

㈡危行　行、讀去聲（ㄒㄧㄥˋ），指行爲、行動；危行、就是行爲正直，也就是依道直行而不屈。

㈢孫　同遜，朱註說：「孫、卑順也。」有謙遜、謹愼的意思。

【譯義】孔子說：「在國家政治清明的時候，說話可以依據正道，直言無諱，行爲也可以依據正道，直行不屈；當國家政治黑暗的時候，行爲仍須依據正道，不可卑屈，但說話則應當婉順謙遜，小心謹慎。」

【析微】一個人立身處世，言行最需注意：在太平盛世的時候，一言一行，都可以直道而行，因爲這時國家政治上軌道，法律有常，不至於因言行的不慎而遭遇不幸；但如果碰到亂世，行爲仍當保持剛正不阿，有所不爲，而言語則需特別謹愼，因爲時代混亂，國家法律無常，個人生命得不到國家的保障，往往因言語文字而觸犯當道的忌諱，結果招致殺身之禍。所以，孔子認爲：雖然生逢亂世，行爲仍該堅守原則，崇尚氣節，言語則可遜避退讓，以明哲保身。朱子集註引尹氏說：「君子之持身，不可變也；至於言，則有時而不敢盡，以避禍也。」陽貨篇記陽貨勸孔子出來做官，孔子只是漫應着說：「諾，吾將仕矣！」這就是以謙遜的言辭，遠避禍害；如果言辭鋒利，對當政者的政治措施大肆批評，就不免招忌遭禍了。歷史上因言論不愼而遭遇不幸的先例很多，如漢朝的黨錮之禍、清代的文字獄都是。

第五章

子曰：「有德者必有言㈠，有言者不必有德；有仁者必有勇㈡，有勇者不必有仁。」

【提旨】孔子闡述仁德是人的根本，而言語、勇氣只是由根本生出的末端。有本的人必有末，有末的人卻未必有本。

【釋詞】

㈠言　指善言，就是有價值的言論、正直的言論。

㈡勇　指義勇，就是基於道義的勇敢。

【譯義】孔子說：「有道德的人一定有正直的言論，但是，能說話的人卻未必有道德；有仁心的人一定有基於道義的勇敢，但是，有勇氣的人卻未必有仁心。」

【析微】朱子集註說：「有德者和順積中，英華發外；能言者或便佞口給而已。」意思是說：有道德的人內心充滿了和善謙遜，因此，就有英明、光燦的言論發出。中庸說：「誠則形」所謂「誠於中，必形於外。」就是這個道理。但是，一般善於言語的人，卻不一定具有道德修養，因爲他可能擅長揣度人情事理，憑着他的口才，說些動聽的言語。朱註又說：「仁者心無私累，見義必爲；勇者或血氣之強而已。」意思是說：有仁心的人能以他廣博的愛心去愛人愛物，不會爲私欲所牽累，見到合於道義的事情，一定勇於去做；但是，一般徒有勇氣的人，可能爲了一時逞強，而表現出勇敢的行爲，但那只是血氣之勇而已。所謂「不必」，是不一定的意思，並非完全否定，譬如孔門弟子中，子貢有言，卻不能說他沒有德；子路有勇，也不能說他沒有仁。孔子只是就一般情況而言，因爲春秋時代，大家都崇尚言語，崇尚勇氣，逐漸造成戰國時游談俠客的風氣，所以，孔子特別劃清界限，使人向仁德方面修身，這是根本，不必偏重言語、勇氣，而捨本逐末。最後，所謂「仁者必有勇」，論語、孟子中都可以找到證明，衞靈公篇孔子曾說：「志士仁人，無求生以害人，有殺身以成仁。」仁人連死都不害怕，當然會見義勇爲。又孟子在公孫丑篇上曾說：「行一不義，殺一不辜，而得天下，皆不爲也。」這就是仁者的大勇，不合道義的事不爲，合道義的事自然勇於作爲。

第六章

南宮适㊀問於孔子曰：「羿㊁善射，奡㊂盪舟㊃，俱不得其死然。禹、稷㊄躬稼㊅而有天下。」夫子不答。

南宮适出。子曰：「君子哉若人！尚德哉若人！」

【提旨】孔子稱許南宮适輕視勇力而尊尚道德的言論。

【釋詞】

㊀南宮适　就是孔子弟子南容，餘見公冶長篇註。

㊁羿　音易（ㄧˋ）。夏代有窮國的君主，孔安國、朱熹註都說他曾滅夏后相而篡位，後來被他的臣子寒浞所殺；但據左傳哀公元年，滅夏后相的是澆（就是寒浞的兒子奡），而不是羿；又據孟子離婁篇下，殺羿的是逄蒙，而不是寒浞。

㊂奡　音傲（ㄠˋ），左傳作澆，寒浞的兒子，後來被夏后少康所殺。

㊃盪舟　孔安國註：「奡多力，能陸地行舟。」邢昺疏說：「盪、推也；能陸地推舟而行。」這可能是因尚書益稷篇所說「罔水行舟」的話而附會的，不知尚書形容堯子丹朱罔水行舟，只是悖理妄行的比喻而已，並非眞有其事。顧炎武日知錄說：「古人以左右衝殺爲盪陣，其鋭卒謂之跳盪，別帥謂之盪主。……盪舟蓋兼此義。」譯成現代語，就是用舟師衝鋒陷陣。

㊄稷　就是周朝的始祖棄，也稱后稷。

㊅躬稼　親歷畎畝、生長田間的意思；並非親自耕稼，而是身居田畝。

【譯義】南宮适問孔子說：「羿擅長射箭，奡擅長水戰，最後都沒有得到好死。禹和稷親歷畎畝，生長田間，卻擁有天下。（這些歷史事實，怎麼樣去理解呢？）」孔子沒有答覆。

南宮适退身出來。孔子就說：「這個人眞是個君子啊！這個人多麼尊尚道德啊！」

【析微】南宮适託古代人物的歷史事蹟來問孔子，中心思想是他因見當時人心，只崇尚勇力，而不尊崇道德，但依歷史事實來看，崇尚勇力的羿與奡都不得善終，禹和稷雖然身居田間，但能以道德自我奮勉，終於擁有天下。因此，孔子稱讚他是崇尚道德的君子。當南宮适把他問題的重心表明之後，孔子卻並沒有作答。馬融註解釋說：「适意欲以禹、稷比孔子，孔子謙，故不答也。」朱子集註說得更詳細一點，他說：「适之意，蓋以羿、奡比當世之有權力者，而以禹、稷比孔子也，故孔子不答。」又申述說：「然适之言如此，可謂君子之人，而有尚德之心矣，不可以不與，故俟其出而讚美之。」

至於說「禹、稷躬稼」，馬融解釋說：「禹盡力於溝洫，稷播百穀，故曰躬稼。」朱子集註也說：「禹平水土，暨稷播種，身親稼穡之事。」但禹並沒有「身親稼穡」，還是竹添光鴻論語會箋解釋得比較妥當，他說：「禹、稷躬稼者，禹、稷一體人物，而『躬稼』切於稷身上，『有天下』切於禹身上。然稷之天下，不於其身，而於其子孫，故互帶說。」又引崔述的話說：「南宮适之意，以為羿、奡才力絕人，若可以無患，而反不得其死；禹、稷身居甽畝，若不能自奮，而反受天明命，以見天之所眷者在德耳，故孔子曰：『尚德哉若人！』」說得很有道理。

第七章

子曰：「君子而不仁㈠者有矣夫㈡，未有小人而仁者也。」

【提旨】孔子闡述仁德難以全備，君子雖然偶有不仁，但小人卻絕無仁德。

【釋詞】

㈠不仁　猶如「未仁」，就是行爲未必合乎仁道的意思。

㈡夫　音扶（ㄈㄨˊ），句末語氣詞。

【譯義】孔子說：「一個君子，而行爲未必合乎仁道的，大概有這樣的情形吧！但絕沒有小人而行爲合乎仁道的。」

【析微】本章的旨意，正如孔安國註所說：「雖曰君子，猶未能備。」小人就更不用說了。邢昺疏申述說：「雖曰君子，猶未能備，而有時不仁也，若管仲九合諸侯，不以兵車，可謂仁矣！而鏤簋朱紘，山節藻梲，是不仁也。小人性不及仁道，故未有仁者。」邢氏以論語解論語，可以說深得孔子的本意。本篇第十七章，孔子曾稱許管仲說：「桓公九合諸侯，不以兵車，管仲之力也。如其仁，如其仁。」因爲他的功業足以澤惠萬民，所以稱許他是仁者。但他私人生活奢侈，八佾篇孔子曾批評他不夠節儉，又不知禮，禮記禮器篇和雜記下都說他的生活設施有「鏤簋朱紘，山節藻梲」，過的是豪華的生活，所以子貢才懷疑他恐怕不算仁者。由管仲的例子，可見仁道的確難以全備。至於小人何以「未有仁者」，因爲小人總是被私欲所蔽，卽使偶然有仁的念頭，也會隨見隨滅。竹添光鴻論語會箋藉孟子的比喻說：「假令小人乍見孺子入井，亦必有怵惕之心，然善念乍動，而納交、要譽之私，已紛然而起，故雖行好事，而盡是私心，眞未有一息之仁也。」又引朱子語類說：「君子譬如純白底物事，雖有一點黑，是照管不到處；小人譬如純黑底物事，雖有一點白，卻當不得白也。」這比喻頗堪玩味，也足以幫助我們更了解本章的大旨。

第八章

子曰：「愛之㈠，能勿勞㈡乎？忠焉㈢，能勿誨㈣乎？」

【提旨】孔子談論盡愛、盡忠之道。愛護子弟，應使他們勞動身心；忠於君主，應規諫他的過失。

【釋詞】

㈠愛之　愛、愛護、寵愛的意思；之、指所愛的人，如子弟之類。

㈡勞　勞動的意思，指勞心、勞力的事情。
㈢忠焉　忠、盡忠、盡心的意思；焉、用法同「之」，指所忠的人，如君主之類。
㈣誨　規誨，就是規諫教誨的意思。

【譯義】孔子說：「愛護子弟，能夠一味姑息，讓他嬌生慣養，不從事勞動嗎？忠於君主，能夠一味順從，讓他胡爲亂作，不去規正勸諫他的過失嗎？」

【析微】本章所謂「愛」與「忠」，主要的對象固然指父母對子弟的愛護，臣子對君主的盡忠，但君主對人民自然也用得上「愛」與「勞」，師弟、朋友之間也未嘗不用得上「忠」與「誨」。所謂「勞」，是勞逸的勞，用作勞心勞力的意思。孔子一向提倡勤勞，鄙視閒逸而不做事。陽貨篇記孔子說：「飽食終日，無所用心，難矣哉！不有博弈者乎！爲之猶賢乎已。」孔子這話的用意，當然不是鼓勵人們去博弈，只是說明「飽食終日，無所用心」的不好，所謂「爲之猶賢乎已」，意是就是：與其飽食而無所用心，還不如從事博弈而有所用心來得有益些。孔子本身就是愛勤勞的，述而篇孔子曾自述說：「發憤忘食，樂以忘憂，不知老之將至云爾。」又如在衞靈公篇所自述的：「吾嘗終日不食，終夜不寢，以思。」可見他平常勤勞，以致廢寢忘食，而且至老不衰。好逸惡勞，本來是人之常情，在青年子弟本身來說，固然如此；在父兄長輩來說，由於對子弟愛護備至，很容易陷於溺愛，只顧所愛的人過着閒逸舒適的生活，而不忍讓他們勞動。這樣姑息、溺愛的結果，愛之適足以害之，很可能毀滅所愛的人的大好前途。所以，「愛之，能勿勞乎？」是針對天下父母對子女的溺愛而發，告訴人們：使所愛的人養成勤勞的生活習慣，不要讓他們造成閒散懶惰的壞習氣，才是愛的正道。至於臣子對君主的盡忠，或朋友之間的盡心相待，臣子往往一味順從君主的旨意，而不去規正勸諫他言行的過失，這是愚忠而已，不是盡忠之道；忠於朋友之道也是如此。八佾篇說：「臣事君以忠」。顏淵篇又說對朋友要「忠告而善道之」，所謂「善道之」，就是本章「忠焉，能勿誨乎」的「誨」，這才是忠君、忠友的正道。

第九章

子曰：「為命㈠，裨諶㈡草創㈢之，世叔㈣討論㈤之，行人子羽㈥修飾㈦之，東里子產㈧潤色㈨之。」

【提旨】孔子稱善鄭國四位賢大夫對外交辭令的制作，各盡所長。

【釋詞】

㈠為命　為、有制作的意思；命、辭命，也就是辭令，指使者出國聘問之前，預先準備的外交辭令。

㈡裨諶　裨、音卑（ㄅㄟ），姓；諶、音忱（ㄔㄣˊ），名；鄭國大夫。

㈢草創　朱註：「草、略也；創、造也；謂造為草藁也。」就是擬稿、起草的意思。

㈣世叔　就是左傳的「太叔」，古代「太」、「世」二字可以通用，所以太子可稱世子，太室也稱世室。世叔也是鄭國大夫，名游吉。

㈤討論　朱註：「討、尋究也；論、講議也。」意義與現在由多數人商討議論的「討論」不同，這是由一個人去探討、研究而後提出意見的意思。

㈥行人子羽　馬融註：「行人、掌使之官。」就是古代的外交官。子羽、鄭國大夫，姓公孫，名揮，字子羽。

㈦修飾　朱註：「修飾、謂增損之。」就是對字句有所修正或增減的意思。

㈧東里子產　東里、地名，子產所居住的地方；子產、鄭國大夫公孫僑，字子產。

㈨潤色　朱註：「潤色、謂加以文采也。」就是對辭藻的潤飾，如施以色彩。

【譯義】孔子說：「鄭國外交辭令的制作，由裨諶擬定草稿，世叔探討研究後提出意見，外交官子羽修正字句，最後由子產潤飾辭藻。」

【析微】左傳襄公三十一年有一段記載說：「子產之從政也，擇能而使之；馮簡子能斷大事；子大叔美秀而文；公孫揮能知四國之爲，而辨於其大夫之族姓、班位、貴賤、能否，而又善爲辭令；裨諶能謀，謀於野則獲，謀於邑則否。鄭國將有諸侯之事，子產乃問四國之爲於子羽，且使多爲辭令，與裨諶乘以適野，使謀可否，而告馮簡子使斷之，事成，乃授子大叔使行之，以應對賓客，是以鮮有敗事。」這段話可與論語本章相互參證。左傳所記的過程，與論語雖然有些出入，而且人物也多了一個馮簡子，但它們的主旨是相同的。朱註解釋說：「鄭國之爲辭命，必更此四賢之手而成，詳審精密，各盡所長，是以應對諸侯，鮮有敗事，孔子言此，蓋善之也。」這是很對的。他在「四書或問」一書中，又主張本章的主旨是：「任賢使能，歸美執政。」這見解也相當正確。竹添光鴻論語會箋引呂用晦說：「當時如齊之晏子，魯之臧孫，衞之文子，晉之士匄、呂相等，以詞令聞，然皆一時一事之得失，鄭則惟賴此以立國，存亡係之，與他國之命異，故夫子特表之。」這可以說明當時在鄭國執政的子產，任賢使能，主持鄭國的外交，對鄭國確有鉅大的貢獻。

第十章

或問子產。子曰：「惠人㊀也。」

問子西㊁。曰：「彼哉！彼哉㊂！」

問管仲。曰：「人也㊃。奪伯氏㊄駢邑㊅三百，飯疏食，沒齒㊆無怨言。」

【提旨】孔子評論春秋時的三位政治人物：子產、子西與管仲的爲人。

【釋詞】

㊀惠人　就是寬厚慈惠的人。邢昺疏說：「言子產仁恩被物，愛人之人也。」

㊁子西　就是鄭國大夫公孫夏，生當魯襄公時，爲子產的同宗兄弟，子產就是繼他而主持鄭

國國政的。

㊂彼哉彼哉　邢昺疏說：「彼哉彼哉者，彼、指子西也，言如彼人哉！如彼人哉！無足可稱也。」朱子集註說：「彼哉，外之之辭。」大致是表示輕視的習慣語。意思是：你問的那個人啊，他不足稱道，沒什麼可取。

㊃人也　何晏集解說：「猶詩言『所謂伊人。』」朱子集註說：「人也，猶言此人也。」這樣註釋，把「人也」二字解作虛起下文的話，但自古以來的文字，似乎沒有這樣的句法，以上文稱許子產爲「惠人也」推論，「人也」二字之上，可能有闕文，如果依管仲的功業及論語中孔子對管仲的論定來補充，可以說他是「仁人也」。但這裏暫且還是依先儒的註釋作翻譯。

㊄伯氏　齊國大夫，因爲是齊國的世族，所以稱伯氏，猶如魯國的三家稱季氏、孟氏之類。皇侃義疏說：「伯氏名偃。」

㊅駢邑　地名，在今山東臨朐縣東南。清阮元曾獲得一具銅器：「伯爵彝」，據說是乾隆五十六年出土於山東臨朐縣柳山寨。他在「積古齋鐘鼎彝器款識」裏說：柳山寨有古城的城基，就是春秋時的駢邑。水經巨洋水注說：「臨朐縣故城，古伯氏駢邑是也。」可見阮氏的話很可信。

㊆沒齒　邢昺疏說：「沒齒、謂終沒齒年也。」就是終身的意思。

【譯義】有人向孔子問子產是怎樣的人物。孔子說：「他是位慈惠愛衆的人。」又問到子西。孔子說：「那個人啊！那個人沒什麼可取。」又問到管仲。孔子說：「他這個人啊！他曾剝奪了伯氏駢邑三百戶的采地，使伯氏只能吃粗糧，可是伯氏至死沒有怨恨的話。」

【析微】孔子評論子產是「惠人」，是因爲他的施政能寬厚愛民，人民普遍受到他的恩澤。朱子集註說：「子產之政，不專於寬，然其心則一以愛人爲主，故孔子以爲惠人，蓋舉其重而言也。」公冶長篇孔子曾評論子產，說他「有君子之道四焉」，其中有「其養民也惠」的話，說他教養人民有恩惠，與本章所稱許的「惠人」前後一貫。又昭公二十年左傳記載：「子產卒，仲尼聞之，出涕曰：『古之遺愛也。』」杜預註說：「子產見愛，有古人之遺風。」也可以證明與本章的論斷相吻合。

又本章所問的「子西」，馬融註以爲是鄭國大夫，就是前面註解所說的公孫夏。何晏集解說：「或曰楚令尹子西。」朱子集註捨棄了馬融的說法，而採取何晏所引的或說，以爲子西就是楚公子申（也就是令尹子西）。但楚國的公子申與孔子同時，而且死在孔子之後，孔子不可能作蓋棺論定性的評語，也不可與管仲、子產相提並論。又因鄭國大夫公孫夏與子產是同宗兄弟，而且相繼聽政，他們兩人的行事，齊、魯間人都很熟悉，所以，因問子產，而連帶問到這位「子西」，又上溯管仲。由此可見，這裏的子西是鄭國大夫無疑。

至於評論管仲的話，首先說的「人也」三字，我在前面的註解曾提出懷疑有闕文的說法，而且指出所闕的可能是「仁」字，孔子評論管仲是「仁人」是有根據的，如本篇第十七章記子路詢問孔子，以爲當年齊襄公無道，管仲與召忽同時侍奉公子糾出亡到魯國，後來襄公被殺，桓公先回齊國爲君，並興兵伐魯，逼迫魯國殺了公子糾，召忽因此自殺，管仲不但不肯盡節犧牲，而且竟做了桓公的宰相，所以子路懷疑他不是仁者，但孔子卻盛讚他的功業說：「桓公九合諸侯，不以兵車，管仲之力也。如其仁，如其仁。」十八章子貢又問同樣的問題，孔子也稱揚管仲的功德說：「管仲相桓公，覇諸侯，一匡天下，民到于今受其賜。微管仲，吾其被髮左衽矣！」孔子因管仲對天下後世有莫大的功勳，所以這樣讚譽備至，認爲他的仁恩足以廣被天下，遠及後世，當然是仁人了。本章孔子所擧的事實，所謂「沒齒無怨言」，指管仲執行懲罰的公正，雖然剝奪了伯氏三百戶采邑，使他過窮苦的日子，而伯氏卻衷心悅服，這是由於管仲的仁恩功德最能收服人心的緣故。

第十一章

子曰：「貧而無怨㈠難，富而無驕㈡易。」

【提旨】孔子體認人之常情，教人勉力於難處的貧窮，不可忽略易處的富貴。

【釋詞】

㈠怨　怨尤、怨憤的意思。

㈡驕　驕縱、驕慢的意思。

【譯義】孔子說：「處身在貧窮的境遇裏，卻沒有怨天尤人的心情，是很難做到的；處身在富貴的境遇裏，卻沒有驕縱傲慢的心理，還比較容易做得到。」

【析微】朱子集註解釋本章的大義說：「處貧難，處富易，人之常情；然人當勉其難，而不可忽其易也。」竹添光鴻論語會箋有兩句簡短的話，對本章的宗旨說得很精要，他說：「此聖人體恤人情語，教人勉其難以安貧也。」貧窮是人生的逆境，一個人處身在吃不飽、穿不暖，甚至三餐不繼、衣不蔽體的貧乏、窮困的逆境，如果能做到上不怨天，下不尤人，的確是一件很難的事情。因爲人之常情，貧乏、窮困的時候，往往容易產生怨恨的心情，如怨恨上天不公平，怨恨親友不肯借債，與富貴的朋友相形之下，因自己境況的不如人，而埋怨，而憤憤不平，這都是人情所難免的。能夠沒有這種怨憤的心情，自然是難能可貴的了。孔門弟子中，如顏淵眞能做到「貧而無怨」，這是一般人趕不上的地方。相反的，富貴是人生的順境，一個人處身在飽食暖衣、甚至錦衣玉食的生活環境中，能夠做到不驕縱，不傲慢，雖然也不容易，但比起「貧而無怨」來，就顯得容易些了。因爲人之常情，富裕、貴顯的時候，往往容易產生驕傲的心理，如驕傲自己的處境比人優越，驕傲自己的財富比人豐多，因而瞧不起窮人，甚至窮困的親友，這也是人情所難免的。能夠沒有這種驕傲的心理，可能是比較容易做到的。孔門弟子中，如子貢眞能做到「富而無驕」，比起顏淵的「貧而無怨」來，這是一般人可以趕得上的。

第十二章

子曰：「孟公綽㈠爲趙、魏㈡老㈢則優㈣，不可以爲滕、薛㈤大夫。」

【提旨】孔子評論魯國大夫孟公綽的才性。

【釋詞】

㈠孟公綽　魯國大夫。

㈡趙、魏　晉國六卿之二所食的采邑名，趙在今河北趙縣，魏在今山西芮城縣東南。

㈢老　古代家臣中的尊貴者稱老，也就是左傳所謂室老。

㈣優　優游而有餘裕的意思。

㈤滕、薛　當時的兩個小國，都在魯國附近。滕的故城在今山東滕縣西南十五里，薛的故城在今滕縣西南四十四里。

【譯義】孔子說：「孟公綽這個人，如果讓他去做晉國諸卿如趙氏、魏氏的家臣，那是優游而有餘裕的；可是卻沒有才能去做滕、薛這樣小國的大夫。」

【析微】左傳襄公二十五年記載着孟公綽的一段故事，左傳說：「齊師伐魯，將求救於晉。公綽曰：『崔杼將歸弒君，必不縱暴於我。』齊師果歸。不欲之人，其心淸靜，故所見自明。」下章孔子回答子路問成人，也曾以「公綽之不欲」爲「成人」的條件之一。史記仲尼弟子列傳也說：「孔子之所嚴事於魯孟公綽，蓋重其不欲也。」可見他是孔子所尊敬的人。由於他有淸心寡欲的性格，而趙、魏這樣大國的巨卿，雖然威勢很重，卻沒有諸侯國家那麼繁瑣的政事，所以，由孟公綽這種性格的人去做家臣，自然是綽有餘裕的。但是，像滕、薛這樣的小國，政事必然繁瑣，因介於大國之間，諸如會同朝聘，社稷宗廟的事，以至師旅戰役，一定難於應付，很費斡旋。這些繁雜的政務，自然不是孟公綽這樣的人所能勝任的。當時一般情勢，公家逐漸卑弱，而私家卻日益強大，大國日趨橫行覇道，小國則日感疲憊衰微，像滕、薛這樣的小國，非得管仲、子產那樣擅長治國的人才，不能扶持它的衰弱。孔子大約有感於時勢的變遷，所以，對孟公綽的才性作這樣的評論。

第十三章

子路問成人㈠。子曰：「若臧武仲㈡之知㈢，公綽㈣之不欲㈤，卞莊子㈥之勇，冉求之藝，文㈦之以禮樂，亦㈧可以爲成人矣。」曰㈨：「今之成人者，何必然？見利思義，見危授命㈩，久要(十一)不忘平生(十二)之言，亦可以爲成人矣。」

【提旨】孔子向子路闡述完美的人格，應有智慧、廉潔、勇敢、才藝、禮樂等條件，至少也須顧全義理，實踐諸言。

【釋詞】

㈠成人　指才德兼備、人格完美的人，猶如完人、全人。

㈡臧武仲　就是魯國大夫臧孫紇。
㈢知　音義同智（ㄓˋ），智慧的意思。
㈣公綽　就是上章所評論的魯國大夫孟公綽。
㈤不欲　不貪欲、廉潔而不愛財的意思。
㈥卞莊子　魯國的勇士，曾爲卞邑大夫。
㈦文　音問（ㄨㄣˋ），動詞，修飾或薰陶的意思。
㈧亦　朱註：「亦之爲言，非其至者，蓋就子路之所可及而語之也。」
㈨曰　朱註：「復加『曰』字者，既答而復言也。」
㈩授命　朱註：「授命、言不愛其身，持以與人也。」就是把生命置之度外，勇於付出生命、奉獻生命的意思。
㈡久要　孔安國註及朱註都說：「久要、舊約也。」就是舊時相約、長久以前的邀約。
㈢平生　猶如平日、平時。

【譯義】子路問孔子，怎樣才算是一個完全的人？孔子說：「能像臧武仲那樣的智慧，孟公綽那樣的廉潔，卞莊子那樣的勇敢，冉求那樣的才藝，再加上禮樂的薰陶，也就可以算是一個成人了。」

接着，孔子又說：「至於現在的所謂完人，何必一定要這樣完備呢？只要見到私利的時候，能夠顧到義理；遇到危難的時候，能夠不顧性命；與人相約，不論隔了多久，都能不忘記當時的諾言，這樣也就可以算是一個完全的人了。」

【析微】劉向說苑辨物篇記孔子回答顏淵所問成人之行說：「成人之行，達乎情性之理，通乎物類之辨，知幽明之故，睹遊氣之源，若此而可謂成人。」比本章回答子路的標準更高，可見所謂「成人」，是通達人情物理，而又窮神知化，才德兼備而大成的完人，這是最難能的。本章告訴子路的，只舉出魯國四個人物的長處，孔子的意思是：如果把這四人的長處合爲一人，再加上禮的節制，樂的中和，也可算完人了，我們由「亦」字就可以了解：這是次等的條件。所舉四個人物的長處，如臧武仲的智慧，可由左傳襄公二十三年所記的事看出，他因事逃到齊國，能預見齊莊公的被殺，而設法辭去莊公給他的田。孔子感嘆說：「知之難也！有臧武仲之知，而不容於魯國，抑有故也。」至於孟公綽的廉潔而不貪欲，上章已有詳細的介紹。又如卞莊子的勇敢，荀子大略篇說：「齊人欲伐魯，忌卞莊子，不敢過魯。」史記陳軫傳曾記載他刺虎的故事，韓詩外傳卷十及新序議勇篇都記載他殺敵戰死的故事，可見他確是一位勇士。至於冉求的才藝，雍也篇孔子曾向季康子推薦冉求的長處說：「求也藝」，可知冉求確以多才多藝見稱。有了這四種長處，還需要禮樂的陶養，禮記樂記篇說：「禮樂得於身之謂德。」泰伯篇孔子曾說：「立於禮，成於樂。」所以，禮樂是完成完整人格的最後修養工夫。以禮樂陶冶中和的氣質，這是子路所缺乏的，因此，孔子以此針砭子路的短處，希望他從這方面用工夫。下一節更退一步，說到更次一等的完人。所謂「見利思義，見危授命」，就是禮記曲禮所說的「臨財毋苟得，臨難毋苟免。」所謂「久要不忘平生之言」，譬如兩人誓約富貴不相忘，數年之後，一旦富貴，必須實踐以前的諾言。總結來說：上節所提出來的條件是智、仁、勇、藝、禮、樂全備，而本節則是義、忠、信的具備。

第十四章

子問公叔文子㈠於公明賈㈡曰：「信乎？夫子㈢不言、不笑、不取乎？」公明賈對曰：「以告者過㈣也。夫子時㈤然後言，人不厭其言；樂然後笑，人不厭其笑；義然後取，人不厭其取。」子曰：「其然，豈其然乎

㈥？」

【提旨】孔子查詢衞國大夫公叔文子的爲人，以證明人們相傳關於他的賢德是否眞實。

【釋詞】

㈠公叔文子　衞國大夫，姓公孫，名拔（左傳作發，音近而通；孔安國註、朱子集註作枝，形近而誤），「文」是謚號，禮記檀弓說他的謚號是貞惠文子，鄭玄註解釋說：「不言『貞惠』者，『文』足以兼之。」他是衞獻公的孫子。

㈡公明賈　也是衞國人，姓公明，名賈。

㈢夫子　古代大夫可稱夫子，這裏指公叔文子。

㈣以告者過　「以告者」就是「以此告子者」的省略，意思是：告訴你這番話的人；過、言之過當、言過其實，或過甚其詞的意思。

㈤時　指適當的時機，正如禮記學記所說：「當其可之謂時。」

㈥其然、豈其然乎　意思是：「原來是這樣的，難道他眞是這樣的嗎？」語氣間還保持幾分存疑的態度。

【譯義】孔子向衞國人公明賈詢問他們國家的賢大夫公叔文子的爲人說：「有人說貴國的公孫大夫是個賢人，不愛說話，不輕易發笑，不取非份之財，是眞的嗎？」

公明賈回答說：「這是告訴你這話的人過甚其詞啊！公孫夫子只是該說話的時候才說話，所以人家不討厭他所說的話；內心眞正覺得快樂才會笑，所以人家不討厭他的笑；合乎義理的財利才肯取，所以人家不討厭他的取。」

孔子說：「原來是這樣的，難道他眞是這樣的嗎？」

【析微】衞國大夫公叔文子的爲人究竟如何？由於孔子是魯國人，而公叔文子是衞國人，當然不會知道得很清楚，更不會了解得很眞實，平常聽一般人對公叔文子的評論是：「不言、不笑、不取」，說他不苟言笑，臨財也不苟取，孔子有所懷疑，所以，當他見到衞國人公明賈的時候，就向公明賈探詢公叔文子的爲人，以證明一般人的評論是否屬實？朱子集註說：「文子爲人，其詳不可知，然必廉靜之士，故當時以三者稱之。」而公明賈答覆孔子的話，首先指出一般人評論的過當，然後說明公叔文子說話無不適當其時，發笑無不發自內心的眞情，取財無不合乎義理，這完全修到了聖人「時中」的造詣，所以，朱子集註評論公明賈的話說：「然此言也，非禮義充溢於中、得時措之宜者不能，文子雖賢，疑未及此。」又解釋孔子的話說：「但君子與人爲善，不欲正言其非也，故曰『其然？豈其然乎？』蓋疑之也。」不過，孔子是因爲公明賈以衞國人評論衞國人，應該沒有錯誤，所以說：「其然」，這句並非懷疑之辭，而是針對公明賈的話有所肯定，也並不是「君子與人爲善」的意思；但公明賈的話也說得過當了些，這樣適時適中的最高修養，恐怕不是公叔文子所能完全做到的，所以又說：「豈其然乎？」這句才是有所懷疑的話。

第十五章

子曰：「臧武仲以防求㈠爲後㈡於魯，雖曰不要㈢君，吾不信也。」

【提旨】孔子評論臧武仲要挾國君的事。

【釋詞】

㈠以防求　與陽貨篇的「以費畔」語法相同，以、根據、憑藉的意思；防、臧武仲的封邑，在今山東費縣東北六十里的華城，離齊國邊境很近；求、請求、要求的意思。

㈡爲後　猶如「立後」，就是立後嗣的意思。

㈢要　音腰（ㄧㄠ），要挾、要脅的意思。朱註說：「要、有挾而求也。」

【譯義】孔子說：「臧武仲憑藉着他的封邑防城，請求替他在魯國立後嗣，縱然有人說他不是要挾國君，我是不相信的。」

【析微】臧氏對魯國，由於世代有勳勞，所以享有食邑；後來由於臧武仲得罪了魯國，因而出奔，在出奔之前，想爲自己立下後嗣，因而作這樣的請求，這事發生在襄公二十三年。春秋襄公二十三年曾記載：「臧孫紇出奔邾。」臧孫紇就是臧武仲。左傳記當時的事實說：「臧孫如防，使來告曰：『紇非能害也，知不足也，非敢私請，苟守先祀，無廢二勳，敢不辟邑？』乃立臧爲，臧紇致防而奔齊。」據左傳的記載，臧武仲是被孟氏所譖，所以出奔邾國，後來又出奔齊國。所謂「無廢二勳」的「二勳」是指臧文仲與臧宣叔，都是臧氏的先代，爲魯國立有功勳，後來所立的臧爲就是臧宣叔的兒子。臧武仲所說的話：「苟守先祀，無廢二勳，敢不辟邑？」實含有先祀不守，則將據邑而被叛的意思；語氣似乎卑遜，而「要君」的意思很顯然，由本章的「以防」二字，也足以看出他「要君」的心跡。所謂「要」，是強人從己的意思。范甯評論說：「要君者無上，罪之大者也。武仲之邑，受之於君，得罪出奔，則立後在君，非己所得專也，而據邑以請，由其好智而不好學也。」前章孔子曾稱許臧武仲的智慧，本章又記他慮事過份的地方，孔子特別指出，以警誡其他臣子的效尤。

第十六章

子曰：「晉文公㈠譎㈡而不正㈢，齊桓公㈣正而不譎。」

【提旨】孔子評論春秋時的二位霸主：晉文公與齊桓公建立霸業的心術不同。

【釋詞】

㈠晉文公　名重耳，晉獻公的次子，繼齊桓公爲諸侯盟主。

㈡譎　音決（ㄐㄩㄝˊ），說文：「譎，權詐也。」就是權謀詐術。

㈢正　指正直、正經的手段。

㈣齊桓公　名小白，齊僖公的兒子，襄公的弟弟，任管仲爲相，尊王攘夷，九合諸侯，一匡天下，首先成就霸業。

【譯義】孔子說：「晉文公用權詐建立霸業，不由正道；齊桓公則用正道建立霸業，不行權謀詐術。」

【析微】齊桓、晉文是春秋五覇中覇業最鼎盛的兩位覇主，如果依成就覇業的先後，齊桓公應在晉文公之前，而本章卻先評論晉文公，由他的「譎而不正」說起，然後才歸結到齊桓公的「正而不譎」。從本章以後，一連數章都盛讚齊桓、管仲的功業，而對晉文公的事卻略而不提看來，孔子有貶抑晉文公而稱揚齊桓公的用意。本來五覇都是憑藉武力興起的，以孔子王道政治的思想來論，都不是正道。不過，齊桓公心術豁達，能做到「尊周室，攘夷狄」，並且，有「九合諸侯，一匡天下」的大功勳，所以，他所採取的手段比較接近正道；至於晉文公則純用機智、詭詐的權術，以成就覇道。孔子的意思，晉文不如齊桓，以顯示凡事以「正」爲貴，晉文公的「譎」不足爲法，從春秋以至戰國、秦，歷代、各國君主，莫非由於「譎」而敗亡。孟子論仁義而黜覇功，與本章的意見相同。所謂「以力假仁者覇」、「以德行仁者王」，就是覇道與王道的顯然區分。後世學者大多以晉文、齊桓的事蹟來證實孔子這兩句評論的話，如朱子集註說：「桓公伐楚，仗義執言，不由詭道。」又說：「文公則伐衞以致楚，而陰謀以取勝，其譎甚矣！」蔣伯潛先生的廣解四書也說：「二人都曾爲諸侯盟主，攘夷狄以尊周室。但桓公則下拜受胙，不敢踰越名分；伐楚而責包茅之不貢，問昭王之不返；所以爲正而不譎。文公則踐土之會，實召周王；其於諸侯，則以報恩怨爲快；所以爲譎而不正也。」

第十七章

子路曰：「桓公殺公子糾，召忽死之，管仲不死㈠。曰未仁乎㈡？」子曰：「桓公九合諸侯㈢，不以兵車㈣，管仲之力也。如其仁㈤！如其仁！」

【提旨】子路責備管仲不能爲主盡節，是心術不仁；而孔子則以爲管仲輔相桓公，有功業上的仁德。

【釋詞】

㈠管仲不死以上三句　桓公和公子糾都是齊襄公的弟弟，由於襄公無道，兩人都怕牽累，於是鮑叔牙侍奉公子小白（就是後來的桓公）逃奔莒國；等到公子無知弒襄公而自立，管仲和召忽又侍奉公子糾逃往魯國。後來齊人殺了無知，小白先入齊國，立爲桓公；魯國以軍隊送還公子糾，結果被桓公的軍隊打敗，於是桓公逼迫魯國殺了公子糾，並執管仲、召忽送回齊國。中途召忽自刎，爲公子糾盡節而死，所謂「召忽死之」，就是召忽爲之而死，「之」字指公子糾。管仲卻沒有盡節，囚送到齊國，因鮑叔牙的推薦，桓公竟任用管仲爲相。這段歷史，可看左傳莊公八年和九年的記載。

㈡曰未仁乎　論語、孟子的文例，凡舉事實而有所評論，評論之上必然安置一個「曰」字。這裏的「曰」字以上是子路叙事的話，而以這「曰」字引起子路以下「未仁乎」的問辭。所謂「未仁乎」？就是不得稱仁的意思，朱子集註說：「子路疑管仲忘君事讐，忍心害理，不得爲仁也。」

㈢九合諸侯　九次會合諸侯的意思；但據春秋的記載，由齊桓公主持的會盟，實際上有十一次之多，所以有人主張這「九」是虛數，多次的意思；朱子集註則以爲「九」與「糾」通，作督字講，僖公九年左傳卽作「糾」。三說以第二說較妥，因爲「九」是陽數之極，古人往往用爲多數。

㈣不以兵車　就是不動干戈、不勞兵革的意思。劉寶楠論語正義說：「以者，用也。桓公假仁義以服諸侯，諸侯皆來就桓會盟，不用兵車驅迫之也。」

㈤如其仁　朱子集註說：「如其仁，言誰如其仁者。」王引之經傳釋詞則說：「如、猶乃也。」因而劉寶楠論語正義說：「此訓最當，蓋不直言爲仁，明專指功業言之。」意思是：管仲有這樣大的功業，這就是仁德。

【譯義】子路說：「齊桓公殺了公子糾，召忽爲他而死，管仲卻不肯死，這樣看來，管仲這人該不是有仁德的人吧？」孔子說：「齊桓公多次結合諸侯會盟，全以禮義相交，不用兵車驅迫，而諸侯莫不服從，這都是管仲的力量啊！這就是他的仁德！這就是他的仁德！」

【析微】子路以管仲不爲公子糾盡節而死爲「未仁」，那麼召忽的殉節，子路一定認爲是仁者的行爲了。孔子因承子路的意思作答，以爲召忽固然做到了「殺身以成仁」，但論人不但要論心術，也要論事功。管仲輔佐桓公，成就霸業，多次結合諸侯，尊王攘夷，消弭了兵車爭戰的風氣，他這種功業上的仁德，徧被天下，等於以他一人的不死，而保全了億萬生靈的生命，這是何等偉大的功業！所以孔子一再稱許說：「如其仁！如其仁！」朱子集註說：「蓋管仲雖未得爲仁人，而其利澤及人，則有仁之功矣！」因爲孔子曾經說過：「志士仁人，無求生以害仁，有殺身以成仁。」（見衞靈公篇）又比干因力諫紂王而被處死，孔子以爲是仁者（見微子篇）。管仲的行爲與盡節的召忽、比干相反，所以子路懷疑他不是仁者。分析來說，子路是由心術論仁，而孔子則以功業論仁；子路論的是仁的本體，而孔子論的是仁的大用。

第十八章

子貢曰：「管仲非仁者與？桓公殺公子糾，不能死，又相之㊀。」子曰：「管仲相桓公，霸諸侯，一匡天下㊁，民到于今受其賜。微㊂管仲，吾其㊃被髮左衽㊄矣！豈若匹夫匹婦㊅之爲諒㊆也，自經㊇於溝瀆㊈，而莫之知㊉也。」

【提旨】子貢也懷疑管仲並非仁者，而孔子卻稱讚管仲不拘小節，能建立赫赫的功勳，澤被天下後世。

【釋詞】

㊀相之　相、讀去聲（ㄒㄧㄤˋ），輔相的意思；之、指桓公。

㈡一匡天下　使天下一齊歸正，不再濁亂；也就是天下混亂的局勢，歸於平治。匡、作匡正講。

㈢微　如果沒有的意思，只用於和既成事實相反的假設句之前。

㈣其　表示推測的語氣詞，恐怕的意思。

㈤被髮左衽　被、通披；被髮、披散頭髮而不固結的意思。衽、音任（ㄖㄣˋ），衣襟稱衽，就是衣服前面扣鈕扣的部份；向右扣稱右衽，向左扣稱左衽，中國禮服都是右衽，夷狄沒有禮服，衣服左衽。被髮左衽都是夷狄的習俗，這裏用作被夷狄征服的意思。

㈥匹夫匹婦　一夫一婦相匹配稱匹夫匹婦，猶如愚夫愚婦，指沒有知識的普通民衆。

㈦諒　朱註說：「小信也。」

㈧自經　自縊而死的意思。

㈨溝瀆　田間水道，猶言溝渠或水溝，瀆、音獨（ㄉㄨˊ）。

㈩莫之知　「莫知之」的倒裝語。是說這種人沒有立下功績，爲了小信自殺身死，而人們都不知道他。

【譯義】子貢說：「管仲不是一個仁人吧？桓公殺了公子糾，他不能爲公子糾死節，卻又忍心輔佐桓公。」孔子說：「管仲輔佐桓公，使他做了諸侯的霸主，並使天下安定，完全納入正軌，人民到現在還受着他的恩賜。如果沒有管仲，我們恐怕都要披着頭髮、穿着左襟的衣服，變成野蠻人的模樣了。管仲那裏像一般無知民衆的想法，爲了小信小節，在山野田間的水溝中自殺身死，而人家連他的姓名也不知道呢！」

【析微】本章子貢詢問孔子，以管仲不能爲公子糾死節，因而認定管仲不是仁者，這與上章子路的懷疑正相同，而子貢的意思，認爲管仲不死猶可，卻又輔相桓公，未免過甚。孔子回答子貢，依然是就管仲的功業爲他辯護，並特別提到他救世的功業，對天下後世人民的恩惠，影響深遠，仁澤綿長；又特別強調管仲的不死，是能識大體，不像一般固執小信小節的人，作無謂的犧牲，反而不值得。召忽爲公子糾而死難，可以說死而無愧；當時管仲心裏忖度，子糾並未成爲君主，而桓公也同是僖公的兒子，輔佐桓公的鮑叔牙，又素爲知己，所以忍死以等待桓公的重用，這就是當時管仲的心志。當然，比起召忽來，似乎管仲難辭不能死節的指責，但是，他後來能使桓公有「覇諸侯，一匡天下」的偉大功績，使天下生民免於戰爭流離、飢餓死亡的痛苦，這無異於仁者的功業，所以，孔子就這一點還是特別稱許管仲。孔子家語記載：「子路問於孔子曰：『管仲欲立公子糾而不能，召忽死之，管仲不死，是不忠也。』孔子曰：『不死子糾，量輕重也。夫子糾未成君，管仲未成臣，管仲才度義，束縛而立功名，未可非也。』」孔子這番話，就是本章的意旨。管仲、召忽的事，正所謂「可以死，可以無死」，孔子稱許管仲，是因爲他以前的行爲既不構成罪過，而以後又建立了大功勳，並非以後功贖前罪。君臣的名分，定於有齊國之後，所以，管仲侍奉公子糾而與糾的兄弟爭國，不能說是不義；不爲子糾死難，也不能說是不忠。韓非子曾說：「管仲、鮑叔相謂曰：『君亂甚矣！必失國，齊國之諸公子，其可輔者，非公子糾則小白也，與子人事一人焉，先達者相收。管仲乃從公子糾，鮑叔從小白。國人果弑君，小白先入爲君，魯人拘管仲而效之，鮑叔言而相之。』」這番話似乎很合情理，不然以管仲與鮑叔深厚無比的交情來說，當終身大事而不共事，是無從理解的。

第十九章

公叔文子之臣㈠、大夫僎㈡與文子同升諸公㈢。子聞之，曰：「可以爲『文』矣。」

【提旨】孔子評論衞國大夫公叔文子的行爲，以爲名實相副。

【釋詞】

㈠臣　就是家臣。

㈡大夫僎　大夫、就是家大夫。竹添光鴻論語會箋說：「家臣之中，爵秩不同，尊者爲大夫，次亦爲士，故此別之云：『大夫僎』，明僎爲家臣中之爲大夫者也。」僎、音撰（ㄓㄨㄢˋ），公叔文子的家大夫名僎。

㈢升諸公　進於公朝爲臣的意思。諸、用法同「於」。

㈣可以爲「文」　孔安國註：「言行如是，可謚爲文。」

【譯義】公叔文子的家臣大夫僎，由於文子的推薦，與文子一同做了國家的大臣。孔子知道這件事，就說：「這就可以謚爲『文』了。」

【析微】本來諸侯的臣子才稱大夫，大夫的家臣對諸侯來說，只是陪臣而已，但春秋時也有稱大夫的，譬如孟僖子的家臣就稱大夫，左傳昭公七年稱：「召其大夫」就是。因此，本章的「大夫」實指家大夫，並非如孔安國註所謂：「僎本文子家臣，薦之使與己並爲大夫。」也並非如清人毛奇齡的四書賸言所說：「臣大夫即家大夫也。」將「臣大夫」三字合爲一詞而不分。「臣」字只是泛指家臣，全句的語意猶如：「公叔文子之臣有大夫僎者，文子薦升諸公，而同立於朝」，但原文省去了許多文字，所以顯得簡古而深奧。所謂「與文子同升諸公」，朱註解釋說：「謂薦之與己同進爲公朝之臣也。」又進而說明孔子評論他「可以爲文」的意思說：「文者，順理而成章之謂，謚法亦有所謂『錫民爵位曰文』者。」逸周書有謚法篇，「文」的謚號有六等，如經緯天地、道德博厚、勤學好問、慈惠愛民、愍民惠禮、錫民爵位，而禮記檀弓記載：「公叔文子卒，其子戍請謚於君，君曰：『夫子聽衞國之政，修其班制，以與四鄰交，衞國之社稷不辱，不亦〝文〞乎！』」衞靈公這番議論，並沒有根據謚法，可見「謚法」只是後人妄撰的。公叔文子謚爲「文」，自然是所謂「善謚」，所以孔子舉出他與家臣「同升諸公」的事實來印證，可見名實相副，可以謚爲「文」。朱註引洪氏說：「家臣之賤，而引之使與己並，有三善焉：知人一也，忘己二也，事君三也。」春秋時，諸侯的卿大夫大多是國君的子弟，或世臣的後裔，起於寒微的很少，文子能知人薦賢，忘己事君，當然是很難得的，謚之爲「文」，也是恰當不過的。

第二十章

子言衞靈公㊀之無道也，康子曰：「夫如是，奚而㊁不喪㊂？」孔子曰：「仲叔圉㊃治賓客，祝鮀治宗廟，王孫賈治軍旅。夫如是，奚其喪？」

【提旨】孔子闡述治理國家在於用人能各當其才。

【釋詞】

㊀衞靈公　衞國國君，獻公的孫子，名元，在位四十二年。

㊁奚而　俞樾群經平議說：「奚而、猶奚爲也。」古書而、爲二字常通用。奚爲就是爲何、爲什麼的意思。

㊂喪　讀去聲（ㄙㄤˋ），朱註說：「喪、失位也。」

㊃仲叔圉　就是孔文子，衞國大夫。圉、音雨（ㄩˇ）。

【譯義】孔子談到衞靈公的昏亂，康子說：「既然這樣，爲什麼不會喪失君位、自取敗亡呢？」孔子說：「他有仲叔圉接待賓客，祝鮀管理祭祀，王孫賈統率軍隊，像這樣用人各當其才，怎麼會敗亡呢？」

【析微】本章是在說明得人才的重要，並非說得了人才可以無道。君主雖然昏暗，而用人卻能各當其才，這樣仍能維持社稷，而不至喪位失國。孔子所謂「奚其喪」，就是應該「喪」還不至於「喪」的意思。朱子集註解釋不喪的原因說：「三人皆衞臣，雖未必賢，而其才可用；靈公用之，又各當其才。」又引尹氏說：「衞靈公之無道，宜喪也，而能用此三人，猶足以保其國，而況有道之君，能用天下之賢才者乎？」竹添光鴻論語會箋說得更精微，他說：「靈公治國無法，盜可以殺其兄；治家無檢，妻可以逐其子。但用人各當其才，亦且使之各盡其才，所以不喪。是時魯多賢士，苟能旁求俊乂，何所不濟？夫子語氣，全是警悟康子，不是回護靈公。」說得很有道理。

第二十一章

子曰：「其言之不怍㈠，則爲之也難㈡。」

【提旨】孔子指責說話大言不慚的人，往往難以付諸實行。

【釋詞】

㈠言之不怍　怍、音作（ㄗㄨㄛˋ），慚愧的意思；言之不怍，就是今人所謂「大言不慚」的意思。

㈡為之也難　就是實際做起來，難以做到的意思。

【譯義】孔子說：「凡是那些說大話而不感到慚愧的人，如果要他實際去做的時候，是很難做得到的。」

【析微】本章孔子的這兩句話，是專就說話輕易的人立說。就是凡不考慮自己能不能做到，而輕率出言的人，如果讓他實地做起來，一定難以實現的意思。里仁篇孔子曾說：「古者言之不出，恥躬之不逮也。」古人說話謹愼，做不到的事絕不輕易說出口，如果說出來而做不到，覺得將是一種恥辱。又本篇第二十八章說：「君子恥其言而過其行。」如果說話說得超過了實際的行為能力，言行不能相符，是君子所深以為恥的。朱子集註說：「大言不慚，則無必為之志，而不自度其能否矣！欲踐其言，豈不難哉？」正因為不想想能否做到，所以，說起話來往往輕易出口；如果能衡量一下自己的能力再說，自然就不至於輕易出言了。逸周書官人篇說：「揚言者寡信。」老子說：「輕諾者寡信。」意思雖然與本章略有不同，道理則是一樣的。

第二十二章

陳成子㈠弒簡公㈡。孔子沐浴而朝㈢，告於哀公曰：「陳恒弒其君，請討之。」公曰：「告夫三子㈣！」孔子曰㈤：「以吾從大夫之後，不敢不告也。君曰：『告夫三子』者！」

之三子告㈥，不可㈦。孔子曰：「以吾從大夫之後，不敢不告也。」

【提旨】孔子以致仕大夫的身份，對鄰國弒君的亂賊，主張討伐其罪，但哀公既不能作主，而三家也不肯出兵，孔子對他們都有所警誡。

【釋詞】

㈠陳成子　齊國大夫陳恆。

㈡簡公　齊國國君，名壬，悼公的兒子。

㈢孔子沐浴而朝　朱註說：「是時孔子致仕居魯，沐浴齋戒以告君，重其事而不敢忽也。」沐是洗濯頭髮，浴是洗淨身體，古人凡有重大事務，往往先行沐浴，表示恭敬愼重。朝是上朝的意思。

㈣告夫三子　夫、音扶（ㄈㄨˊ）；三子、朱註說：「三家也。時政在三家，哀公不得自專，故使孔子告之。」故三子猶如八佾篇：「三家者以雍徹」的「三家」，指魯國三大公族：孟孫氏、叔孫氏、季孫氏，當時爲朝廷專權的三卿。

㈤孔子曰　以下是孔子退朝後說的話，朱註說：「孔子出而自言如此。」

㈥之三子告　就是往三子之處而告之的意思，「之」作「往」講。

㈦不可　不肯討齊的意思。

【譯義】齊國大夫陳成子殺了他的君主齊簡公。孔子爲了這件人倫變故的大事，特地齋戒沐浴而後上朝，報告魯哀公說：「陳恆殺了他的君主，請出兵討伐他。」哀公說：「你去報告季孫、叔孫、孟孫那三位大臣吧！」

孔子退朝以後，對他人說：「因爲我曾忝列大夫之位，不敢不來報告。但是君上卻對我說：『報告那三位大臣去吧！』」

孔子只好前往三位大夫的處所，分別報告這件事，他們卻都不肯出兵。孔子說：「因爲我曾忝列大夫之位，不敢不來報告。」

【析微】陳恆弑齊簡公的事，發生在魯哀公十四年。據左傳的記載，哀公十一年，季康子以幣召孔子，孔子回到魯國，此後雖然不再擔任朝廷的職務，但仍在大夫之列，對朝廷政事或重大事故，仍有提供意見的責任。孔子認爲：臣子弑君主，是人倫的大變故，天理所不容；如今齊國竟發生了這種慘變，魯國與齊國相鄰，而且世世通婚姻，在道義上，應該協助他們討伐亂賊。就孔子個人來說，雖然已是致仕大夫的身份，但伸張大義的事，不容許他緘默。所以，孔子勇敢地發言了，他直接請求哀公出兵討伐陳恆。可惜當時魯國的兵權已經落在三大權臣之手，哀公竟軟弱得自己完全不能作主。三大權臣早已目無君上，專擅朝政，孔子之所以請求哀公出兵討伐陳恆，用意在希望哀公趁此事機收回國家大權，由於哀公的巽懦，這事當然不可能成功。因此，孔子修春秋，就在這一年「西狩獲麟」的時候，擱筆不寫了，因爲他深深感覺到：空言於事實毫無補益。史記六國表說：「田常（就是陳恆）弑簡公而相齊國，諸侯晏然弗討，三國（韓、趙、魏）終之卒分晉，田和亦滅齊而有之，六國之盛自此始。」假如當初孔子討伐陳恆的大計能夠實行，足以伸張大義，昭告天下，並可能消弭篡奪的風氣，扶正人倫的綱紀。由於沒有實行，所以形成了後來戰國分裂的局面。

第二十三章

子路問事君。子曰：「勿欺㈠也，而犯之㈡。」

【提旨】孔子指示子路，事奉君主，應以忠誠不欺爲主。

【釋詞】

㈠欺　欺瞞，矇騙的意思。

㈡犯之　朱註：「犯、謂犯顏諫爭。」爭、通諍。之、指君主。

【譯義】子路問事奉君主的道理。孔子說：「事奉君主，要盡忠心，不可欺瞞。君主有過失，要直言諫諍，不怕觸犯他。」

【析微】本章孔子主張臣子事奉君主，應盡到忠誠之心，勿欺而犯，都是盡忠之道。其中以「勿欺」爲主，而語意則與「犯之」一貫，是說應當無欺而犯顏諫諍，不應當以欺瞞的方式去犯顏諫諍。孔子所以用「勿欺而犯」的話指示子路，朱子集註引范氏說：「犯非子路之所難也，而以不欺爲難，故夫子教以先勿欺而後犯也。」劉寶楠論語正義說：「子路仕季氏，夫子恐其爲具臣；又季氏伐顓臾，子路力未能諫止；故以此告子路以勿欺。而又嫌其意不明，故更云：『而犯之』。」可見是針對子路的缺點說的。要做到「不欺」，是子路比較困難的一點，當然，子路絕不至於欺詐他的君主，但因他性好勇敢，往往以不知爲知，因而思慮不夠周密，行事不夠完善，這也可能造成欺君的事實。先進篇孔子曾指責子路說：「是故惡夫佞者。」子罕篇曾指斥他說：「久矣哉！由之行詐也。」可知子路說話有時不免賣弄口舌，做事有時不免欺瞞老師，可見孔子教他「勿欺也」是確有緣由的。禮記檀弓篇說：「事君有犯而無隱。」隱瞞無異於欺騙，與本章意思正相合。

第二十四章

子曰：「君子上達㊀，小人下達㊁。」

【提旨】孔子說明君子、小人志趣不同，君子依循天理，向仁義的途徑力爭上游；小人依循人欲，向財利的途徑自甘墮落。

【釋詞】

㈠上達　日進於高明的意思。

㈡下達　日趨於下流的意思。

【譯義】孔子說：「君子的用心，基於天理，通於仁義，所以他的德業一天天向上進步；小人的用心，本於人欲，達於財利，所以他的品格一天天向下墮落。」

【析微】孔子所謂「上達」，就是力求上進；所謂「下達」，就是日趨下流。正如朱子集註所說：「君子循天理，故日進乎高明；小人徇人欲，故日究乎汙下。」朱子是理學家，常喜歡用天理、人欲來分辨君子、小人。本來任何人絕沒有生而爲君子的，也沒有生而爲小人的，到後來有的能力求上進，有的卻日趨下流，於是，就有君子、小人之分了。孔子這兩句話，正是這個意思。何晏集解解釋本章的「上」、「下」二字說：「本爲上，末爲下。」皇侃疏說：「上達者，達於仁義也；下達、謂達於財利。」大學曾說：「德者，本也；財者，末也。」所以何晏、皇侃的說法是相通的。總而言之，實行仁義，就是務本，就是朱子所謂「循天理」，也就是力爭上游、「日進乎高明」的方法；謀取財利，就是舍本逐末，就是朱子所謂「徇人欲」，也就是日趨下流、「日究乎汙下」的原因。君子、小人的分野，就在義與利一念之間而已。里仁篇說：「君子喻於義，小人喻於利。」立言的方式雖然與本章不同，但語意是相通的。

第二十五章

子曰：「古之學者爲己㊀，今之學者爲人㊁。」

【提旨】孔子論到古、今人求學的觀念不同。

【釋詞】

㊀爲己　朱註引程子說：「爲己、欲得之於己也。」就是爲充實自己的學問、道德而求學。爲、音位。

㊁爲人　朱註引程子說：「爲人、欲見知於人也。」就是爲博取功名富貴、讓人知道自己而

求學。

【譯義】孔子說：「古時候的人求學，是爲了充實自己的學問、道德；現在的人求學，是爲了博取功名富貴，讓人知道自己。」

【析微】漢儒孔安國解釋本章的「爲己」、「爲人」說：「爲己、履而行之；爲人、徒能言之。」孔氏的意思是說：古人對所講習的學問、道德，能身體力行，有益於自己的身心；而今人對所講習的學問、道德，不能躬行實踐，只能空口說說，以求知於人。荀子勸學篇說：「君子之學也，入乎耳，著乎心，布乎四體，形乎動靜，端而言，蝡而動，一可以爲法則。小人之學也，入乎耳，出乎口，口耳之間，則四寸耳，曷足以美七尺之軀哉？」又說：「古之學者爲己，今之學者爲人。君子之學也，以美其身；小人之學也，以爲禽犢。」楊倞注說：「禽犢、饋獻之物也。」就是以學問作爲進身的禮物，而無益於自己的身心。荀子引本章，而上下文又申述本章的意義，與孔安國及程子的解釋雖不盡相同，而意義自能相通。北堂書鈔引新序說：「齊王問墨子曰：『古之學者爲己，今之學者爲人，何如？』對曰：『古之學者，得一善言，以附其身；今之學者，得一善言，務以悅人。』」又後漢書桓榮傳論：「孔子曰：『古之學者爲己，今之學者爲人。』爲人者，憑譽以顯揚；爲己者，因心以會道。」都足以闡發本章的含義。

第二十六章

蘧伯玉㊀使人㊁於孔子。孔子與之坐㊂而問焉。曰：「夫子㊃何為？」對曰：「夫子欲寡其過㊄而未能也。」使者出。子曰：「使乎！使乎㊅！」

【提旨】孔子稱讚蘧伯玉的使者善於辭令，使他主人的賢德益為彰顯。

【釋詞】

㊀蘧伯玉　衞國大夫，姓蘧，名瑗，字伯玉。與孔子有深交，孔子在衞國時，曾住在他家。蘧、音渠（ㄑㄩˊ）；瑗、音院（ㄩㄢˋ）。

㊁使人　派遣使者的意思。使、朱註讀去聲（ㄕˋ），下文同。

㊂與之坐　與之同坐的意思。之、指使者。

㊃夫子　指蘧伯玉。

㊄寡其過　減少自己的過失。

㊅使乎使乎　連聲稱讚使者的話，意思是：好一個使者啊！好一個使者！

【譯義】衞國大夫蘧伯玉派了一個使者到魯國來拜訪孔子。孔子和他一同坐下，而後問他說：「蘧夫子近來做些什麼事情呢？」使者答復說：「我們夫子只想減少自己的過失，卻還沒有做到呢！」

使者告辭出門之後，孔子讚歎着說：「好一個使者啊！好一個使者！」

【析微】淮南子原道訓說：「蘧伯玉年五十而知四十九年之非。」可見這位衞國的賢大夫，的確是一位孜孜求進而善於改過的人。他派遣私人代表來探問孔子，孔子親切接待這位使者，並向他詢問老友蘧大夫的起居。使者不說別的，只說他在家中修養身心，但願減少言行的過錯。不說他「欲無過」，而說「欲寡過」；不說「能寡過」，而說「未能」；這位使者的話，既合乎事實，而且說得不卑不亢，十分得體，所以深為孔子所讚歎。朱子集註說：「言其但欲寡過而猶未能，則其省身克己、常若不及之意可見矣！使者之言，愈自卑約，而其主之賢益彰，亦可謂深知君子之心，而善於辭令者矣！故夫子再言使乎，以重美之也。」季氏篇說：「見善如不及。」蘧伯玉就是這樣的人。清儒俞曲園（樾）說：「魯、衞兄弟之國，孔子不得有爲於魯，猶冀有爲於衞。論語所記，如必也正名乎！富之教之，皆爲衞計也；乃靈公不能用，而孔子行矣！於是因己之不得有爲，而望衞之賢士大夫出而爲之，如蘧伯玉者，固孔子所深望也。然伯玉爲人，有道則仕，無道則卷而懷之，卷而懷之，則不能有爲矣！孔子望其有爲，而又恐其不能有爲，故一見使者，即有『夫子何爲』之問，彼使者乃深知伯玉者也，對曰：『夫子欲寡其過而未能也。』明伯玉但求無過，不求有功，而衞之不足有爲，與伯玉之不能有爲，皆在言外矣！此其相知之深，措辭之善，孔子所以歎美之也。不然問夫子何爲？自宜以所爲者對，何得但言寡過未能乎？」俞氏的這一番推論，自然是很合情理的，故引述於此，以供參考。

第二十七章

子曰：「不在其位㈠，不謀其政㈡。」

曾子曰：「君子思不出其位㊂。」

【提旨】弟子類記孔子與曾子不越職分的言論。

【釋詞】

㊀位　指職位而言。

㊁政　指政事而言。

㊂思不出其位　所思慮的不會越出他所處的地位。

【譯義】孔子說：「如果自己不居身在這個職位上，就不參與謀劃這職位上的政事。」曾子說：「君子所思慮的，不會超越他所處的地位。」

【析微】本章孔子的話已見於泰伯篇，因此朱註以為「重出」；邢昺為何晏集解作疏，則以孔子與曾子的話合為一章。而曾子所說的話，本為易經艮卦的象辭，朱註說：「此艮卦之象辭也，曾子蓋嘗稱之，記者因上章之語，而類記之也。」朱子的意思，孔子、曾子的話應分為兩章，只是記錄論語的人因兩者意思一類，而列在一起。清人毛奇齡論語稽求篇則說：

「夫子既言位分之嚴，故曾子引夫子贊易之詞以為證。」則主張應合為一章。毛氏又說：「思不出位，係艮卦象辭，世疑象傳多『以』字，或古原有此語，而夫子引以作象辭，曾子又引以證『不在其位』之語，故不署『象曰』、『子曰』二字。」這樣推測，也是合理的。中庸說：「君子素其位而行，不願乎其外。」又申述「素其位而行」說：「素富貴，行乎富貴；素貧賤，行乎貧賤；素夷狄，行乎夷狄；素患難，行乎患難；君子無入而不自得焉。」又申述「不願乎其外」說：「在上位，不陵下；在下位，不援上。正己而不求於人，則無怨；上不怨天，下不尤人。」鄭玄註中庸說：「不願乎其外，謂思不出其位也。」所以，中庸的話，可與本章互相發明。

第二十八章

子曰：「君子恥㈠其言而㈡過其行㈢。」

【提旨】孔子勉人說話要與行為相符。

【釋詞】

㈠恥　以爲可恥、覺得恥辱的意思。

㈡而　皇侃義疏本、日本足利本作「之」，楊樹達詞詮認爲「而」與「之」用法相同。

㈢過其行　超越行爲能力的限度。行、朱註讀去聲（ㄒㄧㄥˋ）。

【譯義】孔子說：「君子以爲可恥的，是他所說的話，超過了他行爲能力的限度。」

【析微】朱註說：「恥者，不敢盡之意；過者，欲有餘之辭。」因爲本章當中的「而」字，而把「恥其言」與「過其行」看作平列的兩句話，顯然是一種誤解，而且解釋詞義也不妥當。後代學者大多責難朱註，如毛奇齡論語稽求篇說：「恥其言而過其行，非恥言也，恥言之過乎行也。若恥、過對待，則言何足恥？行何必過？」駁正得相當有力。竹添光鴻論語會箋也評論說：「夫言不過行，有何可恥？行取得中，豈容過餘？過中之行，君子不爲。過猶不及，夫子明已言之矣！」更指出朱註與孔子言論相悖，所以朱註的說法是不可信從的。本章的「而」字，除皇侃本、日本足利本作「之」字之外，還可以找到旁證，如東漢王符潛夫論交際篇說：「孔子疾夫言之過其行者。」也作「之」字。「而」字可作「之」字用，在古書中也不乏其例，如尙書大傳說：「君子恥其言而不見從，恥其行而不見隨。」就是把「而」字作「之」字用的。因爲「而」與「之」在古代屬於同一韻部，聲音相近，所以能通用。從文法觀點來說，孔子的話只是一個句子，主要動詞是「恥」字，「其言之過其行」是它的止詞（或稱受詞）。唯有這樣看、這樣解釋，才解得通順，才沒有毛病。邢昺疏說得很明白，他說：「君子言行相顧，若言過其行，謂有言而行不副，君子所恥也。」里仁篇孔子曾說：「古者言之不出，恥躬之不逮也。」與本章含義正同。陳大齊先生的論語臆解說得好：「孔子此言，旨在垂示立言的標準：立言必須以自己所能實行者為度，不可以不負責任而放言高論。」這正是孔子的話宗旨所在。

第二十九章

子曰：「君子道者三㈠，我無能焉㈡：仁者不憂，知者不惑，勇者不懼。」子貢曰：「夫子自道㈢也！」

【提旨】孔子自謙不能具備君子之道。

【釋詞】

㈠道者三　竹添光鴻論語會箋：「道者，猶曰所行也。」道者三、就是所行的道德有三項。

㈡我無能焉　孔子自謙的話。無能、不能做到的意思。

㈢自道　猶如「自稱」，就是自我稱述的意思。

【譯義】孔子說：「君子所奉行的道德有三項，我都不能做到，那就是：有仁德的人不憂慮，有智慧的人不疑惑，有勇氣的人不畏懼。」子貢說：「這是夫子自我稱述啊！」

【析微】中庸記孔子的話說：「君子之道四，丘未能一焉。」與本章開頭的兩句話，語意如出一轍。不過本章的「道」字，似乎不像是名詞，因為下面有「者」字與它相聯，似乎是個動詞，所以我採取竹添光鴻的解釋。眞正名詞的「道」字，隱含在「者」字裏面，所謂「君子道者三」，就是君子所行之道有三的意思。這樣解釋，比較順適。「仁者不憂」三句，已見於子罕篇。不過子罕篇叙知者在前，而仁者其次；本章則仁者在前，而知者其次；次序不同，並沒有什麼特殊的意義。邢昺疏解釋仁者、知者、勇者之所以不憂、不惑、不懼的原因說：「仁者樂天知命，內省不疚，故不憂也；知者明於事，故不惑；勇者折衝禦侮，故不懼。」知、仁、勇三者，中庸所謂「三達德」，孔子雖然自謙地說：「我無能焉。」但在子貢看來，三者都是孔子所具備的，所以讚一句：「夫子自道也。」語意正如述而篇記公西華的贊詞：「正唯弟子不能學也。」孟子公孫丑篇引子貢說：「學不厭，智也；教不倦，仁也。仁且智，夫子既聖矣！」子貢對孔子有適切的了解，這就是孟子稱讚他所謂「智足以知聖人」的地方。

第三十章

子貢方人㊀。子曰：「賜也賢乎哉？夫㊁我則不暇㊂。」

【提旨】孔子告誡子貢，不可譏評他人的是非。

【釋詞】

㊀方人　鄭玄註：「謂言人之過惡。」就是譏評他人的長短是非。方、通謗。

㊁夫　音扶（ㄈㄨˊ），含有「要是」的意思。

㊂不暇　沒有這些閒工夫的意思。暇、閒暇。

【譯義】子貢譏評別人的長短。孔子說：「賜啊！你自己可以算是有賢德的人了嗎？爲什麼譏評別人的長短呢？要是我啊，才沒有這些閒工夫呢？」

【析微】本章「方人」的「方」字，據陸德明經典釋文說，鄭玄所註的論語作「謗」，又引鄭註說：「謂言人之過惡。」所謂「言人之過惡」，就是「謗」的意思。因「方」與「謗」聲音相近，故可通借。不過古人用「謗」字，多就實際有的過失而加以批評，如左傳襄公十四年有「庶人謗」的話，孔穎達正義說：「謗、謂言其過失，使在上聞之而自改。」又昭公四年傳說：「鄭人謗子產。」國語周語說：「厲王虐，國人謗王。」這些「謗」字都是指實事而言。如果是傳聞的事，有實有虛，有人可能作不實的毀謗，因而後世以「謗」為誣謗。在舊註解中，除鄭玄外，劉寶楠論語正義也主張「方」字作「謗」講；但孔安國註、皇侃疏、邢昺疏及朱子集註都把「方人」解作「比方人」，恐怕不合孔子的原意。公冶長篇孔子曾問子貢：「女與回也孰愈？」又先進篇子貢曾問孔子：子張與子夏孰賢？這些都是比方人，孔子並沒有說他不應當問，而本章卻責備子貢，可見「方人」不是「比方人」。不過，朱註曾申釋說：「比方人物而較其短長，雖亦窮理之事，然事務為此，則心馳於外，而所以自治者疎矣！」在「比方人」之外，加上「較其短長」的意思，與孔子的原意相近了，但仍不如解為「謗人」比較直捷。

第三十一章

子曰：「不患㊀人之不己知㊁，患其不能㊂也。」

【提旨】孔子勉人求學要充實自己眞正的才學與德行。

【釋詞】

㊀患　憂慮、憂愁的意思。

㊁不己知　「不知己」的倒裝語，就是人家不知道自己有學問、道德的意思。

㊂不能　不能有眞實的學問、道德。

【譯義】孔子說：「不要憂慮別人不知道自己，值得憂慮的是自己不能有眞實的學問、才德。」

【析微】一般學者的通病，就是急於讓人知道自己，生怕別人不曉得他。好出名的心理，大約是常人所不免的，只要他有一點才能、學問或道德修養，就想讓人人傳頌，人人誇讚，這無非是虛榮心作祟。孔子認爲：值得憂慮的，不是自己不能名聞四方，而是自己是否有眞正值得別人傳頌、誇讚的才能、學問或道德修養。孔子主張：讀書人不要徒務虛名，要力求實學，才能眞正有益於自己。論語中與本章意義相近的，除本章外，還有三章，可見孔子經常這樣告誡、勸勉他的弟子，也可見孔子特別重視這一點。學而篇說：「不患人之不己知，患不知人也。」下句的意思是：憂患自己不能知道別人的賢否。又里仁篇說：「不患莫己知，求爲可知也。」下句的意思是：所要求得的，是自己值得讓人知道的實際才學。又衞靈公篇說：「君子病無能焉，不病人之不己知也。」與本章意思相同，只是文字不同，敘述的次序剛好相反。以上三章，都與本章的旨意大致相同，而文句稍有不同，所以朱註說：「聖人於此一事，蓋屢言之，其丁寧之意，亦可見矣。」

第三十二章

子曰：「不逆詐㈠，不億不信㈡，抑㈢亦先覺者，是賢乎！」

【提旨】孔子誡人不可逆料他人的欺詐，不可臆度他人的不信。

【釋詞】

㈠不逆詐　逆、朱註：「未至而迎之也。」就是逆料、預料的意思；詐、朱註：「謂人欺己。」就是欺騙、詐僞的意思。不逆詐、不預先料想別人的詐譎。

㈡不億不信　億、朱註：「未見而意之也。」就是臆度、猜測的意思；不信、朱註：「謂人疑己。」就是懷疑、不信任的意思。不億不信、不憑空猜度別人的不信。

㈢抑　朱註：「反語詞。」有「反而」的意思。

【譯義】孔子說：「不預先料想別人的詐譎，也不憑空猜度別人的不信，反而卻能事先及早發覺的人，這樣的人是一位賢者吧！」

【析微】如果不是因爲對某人先有成見，卻能夠事先發覺某人的詭詐，及時發現某人的疑而不信，這的確是一件不容易的事，可能這人平日修養很高，能觀察入微，所謂洞燭機先，所以孔子稱許這樣的人，大約是一位智慧過人的賢者。一個先知先覺者，對於他周圍人物的詐僞或眞誠，不信或信實，必能作明確的判斷、事先的覺察，使他的詭計無從施展，這不但需要敏銳的觀察力，更需要豐富的經驗，才足以從他的言辭、狀貌以及平素的行爲等等，覺察出某種徵兆來，以供作判斷的可靠依據。但卻不能去逆料或臆度某人的詐僞或不信，因爲逆料或臆度是沒有事實根據的，只是憑空揣測而已，當然是絕對不可靠的。大戴禮曾子立事篇說：「君子不先人以惡，不疑人以不信。」與本章的意義正相同。「不先人以惡」，就是「不逆詐」；「不疑人以不信」，就是「不億不信」。

第三十三章

微生畝㊀謂孔子曰：「丘何爲是㊁栖栖㊂者與？無乃㊃爲佞㊄乎？」孔子曰：「非敢爲佞也，疾固㊅也。」

【提旨】孔子解釋他自己爲了疾惡世人的固陋，而棲棲皇皇，奔波勞碌，以求感化世人。

【釋詞】

㊀微生畝　姓微生，名畝，漢書古今人表作尾生晦，微、尾古字相通，晦即畝的古字。大約是一位隱者，也是孔子的鄉先輩。

㊁是　這裏作副詞用，當「如是」、「如此」講。

㊂棲棲　或作悽悽，皇皇不安的樣子。皇，或作遑。

㊃無乃　有「莫非是」、「莫不是」的意思。

㊄爲佞　朱註：「爲佞，言其務爲口給以悅人也。」就是逞露口才以取悅他人的意思。

㊅疾固　朱註：「疾，惡也；固，執一而不通也。」就是厭惡世人的固陋。

【譯義】微生畝對孔子說：「你爲什麼這樣遑遑不安、奔波忙碌呢？莫非是爲了逞露你的口才以取悅世人嗎？」孔子說：「我並非敢於逞露口才以悅人，而是爲了厭惡世人的固陋。」

【析微】孔子爲了實現他的政治主張，以達成他救世的宏願，從五十五歲到六十八歲之間，曾周遊列國，想遊說各國的國君，信從他推行仁政的政治理想，無奈當時的政治環境，已經相當混亂，國君們大多迷信武力，崇尚戰爭，只求領土的擴張，野心的滿足，在這種政治風氣之下，孔子仁民愛物的思想，自然無從打動他們的心。因此，孔子只好一國一國的試圖尋求偶一的機會，可是，孔子不僅沒有遇到任何機會，而且一路還遭受不少的困厄和風險。十四年之間，孔子曾經歷衞國、曹國、宋國、鄭國、陳國、蔡國等國家，在這段漫長的時間和路程中，孔子的確是僕僕風塵，席不暇暖。不了解孔子苦心孤詣的人，有的猜測他的用心，有的奚落甚至譏笑他，尤其是一般隱者，更形容孔子：「皇皇若喪家之犬」，但這正顯示孔子救世的熱誠，和所謂「知其不可而爲之」的一股傻勁，這就是孔子了不起的地方。如今微生畝也猜疑孔子，以爲他是爲了逞露口才，以取悅一般國君，才這樣不辭辛勞，到處奔波。孔子爲自己解釋，主要在「疾固」二字，因爲當時一般國君，見識大多固陋，不明瞭仁義之道，足以救人救世，所以孔子才針對時弊，想破除他們的固陋，他的棲棲遑遑，豈是常人、俗人所能理解的呢？呂氏春秋愛類篇說：「賢人之不遠海內之路，而時往來乎王公之朝，非以要利也，以民爲務者也。」或許可以爲孔子解說。

第三十四章

子曰：「驥㈠不稱其力㈡，稱其德㈢也。」

【提旨】孔子藉良馬爲比喻，以警醒世人重視德行。

【釋詞】

㈠驥　說文：「驥、千里馬也。」就是能日行千里的良馬。

㈡不稱其力　意思是：人們並不是稱讚牠有日行千里的力氣。

㊂稱其德　意思是：人們所稱讚的，是牠任重致遠的德性。

【譯義】孔子說：「驥之所以見稱於世，人們並不是稱讚牠有日行千里的力氣，而是稱讚牠有任重致遠的德性。」

【析微】孔子所生存的那個時代，一般人只講究力氣，崇尚武力，而不重視道德。因此，孔子便針對當時這種捨本逐末而不正確的風氣，藉千里馬爲比喻，說明千里馬被人稱讚的優點，在於牠任重致遠的德性，而不在於一日能行千里的本領。由此可知：人所貴的不在於勇力，而在於道德。朱註引尹氏說：「驥雖有力，其稱在德，人有才而無德，則亦奚足尚哉？」孔子的根本思想，就是在於尊崇道德，因爲人之所以爲人，是由於人有道德的緣故。竹添光鴻論語會箋有段話很值得參考，他說：「驥一日行千里，此其力也，所謂德，亦在力處見之，善用其力便是德，若舍力而言德，此與凡馬之馴良者何異？故德力兼，方謂之驥，然驥之所以見稱於世，却在德不在力，則君子之所重可知。」千里馬的「力」，相當於君子的「才」，才德兼備，方稱君子，但君子之所以見稱於世，却在德而不在才。因爲德行是根本的修養，有了德行，才力方有厚實的基礎；如果沒有德行，才力便足以敗壞天下事。

第三十五章

或曰：「以德報怨㈠，何如？」子曰：「何以報德？以直㈡報怨，以德報德。」

【提旨】孔子闡明報答恩德，或報復仇怨，但求本於公正，順乎情理，過厚與過薄，都不合中庸之道。

【釋詞】

㈠以德報怨　拿恩德去報答仇怨的意思。

㈡直　就是正直之道，也就是本於公正的心意，順應情理的常軌。

【譯義】有人問孔子說：「用恩德去酬報人家對我所施的仇怨，怎麼樣？」孔子說：「那麼拿什麼去報答人家對我們所施的恩德呢？我認爲應當憑正直的道理去對待有仇怨的人，用恩德去報答對我們施以恩德的人。」

【析微】恩德與仇怨，是人與人之間相交往所免不了的，如果我們曾經接受過他人對自己所施予的恩惠，當然不可負恩忘德，要時時記在心中，以尋求感恩圖報的機會。但是，如果人家對我們有仇怨，卻不能以牙還牙，以仇怨報復仇怨，因爲這違反敦厚處世的原則。孔子曾說：「躬自厚而薄責於人」（見衞靈公篇）。但有人卻過份厚待人家，竟以恩德去酬報仇怨，老子道德經恩始章有這樣的話：「大小多少，報怨以德。」可能當日流行「以德報怨」的話，所以有人來請教孔子。孔子覺得：這未免不合人的常情，多少有些矯飾。無論報答恩德也好，報復仇怨也好，總該做到兩相平衡，過薄與過厚，都不適宜，因爲「過猶不及」，弊端是一樣的。因此，孔子主張：「以直報怨，以德報德。」所謂「直」，是順乎天理、當於人心的態度，懷着私心去報復，故意做得很刻薄，固然不是直；有意矯薄以爲厚，也不是直。當然，深仇宿怨，應當報復的自然要報復，禮記曲禮說：「父之讎，弗與共戴天。」至於不應當報復的，譬如毀謗、造謠，卻正足以磨鍊心性，這就需要以直道相報了，孔子又連帶說到：「以德報德」，這自然持平的態度，最合中庸之道了。禮記表記篇說：「子曰：以德報怨，則寬身之仁也；以怨報德，則刑戮之民也。」又說：「以德報德，則民有所勸；以怨報怨，則民有所懲。」與本章意義可以相互發明。劉寶楠論語正義說：「寬身之仁，所謂厚於仁者也。雖是寬仁，而不可爲法，故此告或人以報怨之道，宜以直也。」孔子雖然不十分贊成「以德報怨」，但如果並非出於矯情，而是眞正發自寬厚的仁心，那又另當別論，而且是一種偉大的懷抱。衆所周知的一個例子：第二次世界大戰期間，窮兵黷武的日本軍閥，在中國境內，曾以極殘忍的手段，侵佔領土、殺害人民、擄奪財物，甚至姦淫擄掠，無所不至，造成無可估計的生命財產的損失。可是，當日本戰敗，戰爭結束時，我們仁慈的　總統蔣公——當時的蔣委員長，卻對日本全體軍民採取「以德報怨」的寬大政策，不但反對由戰勝的同盟國家分區佔領日本的決定，而且，還將二、三百萬日本僑民與戰俘無條件遣返日本。當時身受這番厚恩的日本軍民，固然感動萬分，大有「恩同再造」的感激心情，甚至事隔二十六年之後，民國六十年八月二日，日本九州的各界人士，在福岡市的「須崎公園」舉行盛大的謝恩大會，以感謝　蔣總統當年寬待他們的恩德。大會熱烈而感人的場面，在日本是空前的，許多四十五歲以上、曾親受恩德的日本人，都自動踴躍參加了這次盛會。由此可以證明：　蔣總統當年『不念舊惡』及『與人爲善』的作風，已贏得多少日本人民的感戴，還有全世界人士的讚揚，這正是我們民族至高至貴的德性。

第三十六章

子曰：「莫我知也夫㈠！」子貢曰：「何爲其㈡莫知子也？」

子曰：「不怨天㈢，不尤人㈣；下學而上達㈤。知我者，其㈥天乎！」

【提旨】孔子自歎沒有人眞正了解自己，並向子貢敘述他爲學與修養的工夫。

【釋詞】

㈠莫我知也夫　「莫知我也夫」的倒裝語，意思是：沒有人知道我了吧！夫、音扶（ㄈㄨˊ），疑問語氣詞。

㈡其　句中語助詞。

㈢不怨天　不怨恨上天、不埋怨天命的意思。

㈣不尤人　不責怪他人的意思。

㈤下學而上達　孔安國註：「下學人事，上知天命。」就是往淺近的地方以學習人生日常的行事；往高深的地方以通達上天所賦有的理命。所謂上下，是就高低深淺而言。

㈥其　表示有所推測的語氣詞，有恐怕、大概的意思。

【譯義】孔子感歎着說：「沒有人知道我了吧！」子貢說：「爲什麼沒有人知道您呢？」孔子說：「我平生爲人，對於天命的窮通，只聽憑天意，絕不怨恨上天；對於人事的毀譽，只聽憑人意，絕不責怪他人；只是從淺近處學習人事，漸漸向上長進，以至通達高深的天理。像這樣做法，別人怎麼知道？如果有知道我的，恐怕只有上天吧！」

【析微】孔子的感歎，是感歎他的政治理想不能實現，沒有人眞正了解他的心願，司馬遷的史記和劉向的說苑都以爲是在魯哀公西狩獲麟以後，也就是孔子春秋絕筆以後所發出的喟歎。子貢以爲：當時天下人都知道孔子是大聖人，怎麼說沒有人知道呢？然後孔子便以自己爲學與修養的工夫，說明他只是由淺近而日進於高深，一切安於天命和人事，上天不佑助，並不怨恨上天，他人不用自己，也不責怪他人。這樣平凡的行事，與常人沒有多少差異，所以不會被人眞正了解的，因而又感歎說：「知我者，其天乎！」朱註說：「不得於天，而不怨天；不合於人，而不尤人；但知下學，而自然上達。此但自言其反己自修、循序漸進耳，無以甚異後人而致其知也。然深味其語意，則見其中自有人不及知、而天獨知之之妙。」關於「下學而上達」的具體意義，古今頗有不同的解釋，皇侃義疏據孔安國註申釋說：「下學、學人事；上達、達天命。我既學人事，人事有否有泰，故不尤人。上達天命，天命有窮有通，故我不怨天也。」這樣解釋，雖然不一定合於孔子的本意，但全部意思都貫通了，很值得我們引為參考。所謂「下學人事」，是指學的人倫日用、屬於淺近行為方面的事；所謂「上達天命」，是指通達天道天理、屬於高深知識方面的事。由淺近而達高深，由「行」而達「知」，這是孔子畢生為學一貫的途徑。

第三十七章

公伯寮㈠愬㈡子路於季孫。子服景伯㈢以告㈣，曰：「夫子㈤固有惑志㈥於公伯寮，吾力猶能肆諸市朝㈦。」

子曰：「道之將行也與，命㈧也；道之將廢也與，命也。公伯寮其如命何？」

【提旨】孔子因故而闡述他理想的實現與否，都在於天命。

【釋詞】

㈠公伯寮　姓公伯，名寮，史記仲尼弟子列傳作「公伯僚」，字子周，魯國人，與子路同時做季孫氏的家臣，馬融註以爲也是孔子弟子。

㈡愬　同「訴」，以讒言毀謗的意思。

㈢子服景伯　魯國大夫，名何，朱註以爲子服是氏，景是諡號，伯是字。

㈣以告　「以之告孔子」的省略，把這件事告訴孔子的意思。

㈤夫子　指季孫氏，這時是季孫斯當政。

㈥惑志　迷惑的心志。

㈦肆諸市朝　鄭玄註：「有罪既刑，陳其尸曰肆。」肆是誅殺罪犯而陳列他的屍體。諸、猶如「之於」，其中「之」字指稱公伯寮。市、市集、市場；朝、朝廷。「市朝」連成一詞，是當日的成語，只指市集、市場而言。

㈧命　指天命。

【譯義】公伯寮向季孫毀謗子路。子服景伯把這件事告訴孔子，並且說：「季孫夫子竟然相信他的話，他確已被公伯寮的讒言所眩惑了，如今我的勢力還能夠向季孫辯明子路的無罪，讓季孫知道公伯寮的毀謗是沒有根據的，並使季孫以國家刑法誅殺公伯寮，然後在市場上陳列他的屍身。」

孔子說：「我所懷抱的政治理想，如果將要被實行的話嘛，這是天命；這一政治主張，假如將廢棄不行的話嘛，也是天命。公伯寮又怎麼能和天命相爭呢？」

【析微】春秋時代，各國大多由世卿專擅政權，魯國這時已由三家世代執掌政柄，專政的結果，必然對賢能人才大有妨礙，魯定公卽使知道孔子的聖明，也不能自己任用孔子。子路和冉求做季氏的家臣，季孫很看重他們，他們二人常在季孫面前稱道老師的賢德，所以後來由季孫的推薦，而任用孔子做司寇。孔子一任司寇，立刻振飭綱紀，大有作爲，使季孫對孔子暗自懷有幾分畏懼。當時子路曾向季孫獻計，墮毀了三座險固的都城，並令陪臣們繳出家藏的兵甲，以防後患。與子路同時做季氏家臣的公伯寮，因而毀謗子路，以爲這是加強朝廷的力量，削弱私家的力量，勢將不利於季氏，所以季氏很被他的話所迷惑，將相信子路確有這樣的預謀。子服景伯知道了這件事，興起一片公憤，因爲他是孟孫氏的家族，當時還有勢力，能在季孫面前進言，所以他把這事告知孔子之後，還主張誅殺公伯寮。子路所獻的計，被季孫採行以後，孔子也贊同這樣做，可能還出於孔子的指示也說不定。因爲孔子對權臣的專政深惡痛絕，很想恢復國君在朝廷應有的權力。孔子告訴子服景伯的，是曉喻他不必爲子路出力爭辯，因爲無論自己被季氏信任與否，能在魯國推行他的政治主張與否，公伯寮的讒言能被採信，那都由於天命。假使季孫不聽信公伯寮的話，他當然也無可奈何。孔子每當成敗利害之際，往往歸於天命而處之泰然，他曾說：「五十而知天命」（見爲政篇）。又曾說：「不知命，無以爲君子也」（見堯曰篇）。本章孔子所表現的，正是中庸所謂：「居易以俟命。」竹添光鴻論語會箋引伊藤維楨說：「聖人之於事，有言命者，有不言命者。蓋於道之行廢，世之治亂，每必言命，爲其在天而不在人也；至于出處進退、利害取捨之際，則必言義而不言命，爲其由己而不由人也。」這話說得很對。

第三十八章

子曰：「賢者㈠辟世㈡，其次㈢辟地㈣，其次辟色㈤，其次辟言㈥。」

子曰：「作者七人㈦矣！」

【提旨】孔子敘述獨善其身的賢者，在各種情勢下隱避的行事。

【釋詞】

㊀賢者　並非泛指一般的賢者，而是專指志在獨善其身的人而言，不包括有意兼善天下的人。

㊁辟世　避開汚濁的社會而隱居的意思。辟、同避，迴避、避開的意思，以下四「辟」字同。

㊂其次　以所避的遠近或範圍的廣狹爲次第，以下三個「其次」依次遞減。

㊃辟地　馬融註：「去亂國，適治邦。」就是避開濁亂的國土，選擇比較安定的地方前往居住。

㊄辟色　皇侃義疏解釋「色」爲「惡色」，就是人所不應有的各種容色，如輕蔑的容色、諂諛的容色等。辟色、就是避開這些討厭的容色。

㊅辟言　皇侃義疏解釋「言」爲「惡言」，就是人所不應有的各種言語，如輕蔑的言語、諂諛的言語等。辟言、就是避開這些討厭的言語。

㊆作者七人　包咸註：「作、爲也；爲之者凡七人，謂長沮、桀溺、丈人、石門、荷蕢、儀封人、楚狂接輿。」意思是：像這樣避世、避地的賢者，已經有七個人了。包註所舉的七位隱者，都見於論語。

【譯義】孔子說：「凡志在獨善其身的賢者，他會遠遠地避開汚濁的社會而隱居起來，這是逃避的範圍最廣的；其次廣的，是避開濁亂的國土，選擇比較安定的地方居住；又其次的，是避開一些討厭的容色；再其次的，是避開一些討厭的言語。」

孔子又說：「像這樣避世、避地的賢者，已經有七個人了。」

【析微】孔子畢生以天下爲憂，一心一意想要挽救世運，拯濟生靈於泥塗炭火之中，而本章卻對「避世」、「避地」的行爲，稱之爲「賢者」，可以想見：這一定是孔子晚年周遊列國，轍環天下，而始終不遇，將返回魯國時所發表的意見。所謂「辟世」，就是逃避一切世事，而去做個隱者。孔子平常對於隱者相當尊重，季氏篇曾說：「隱居以求其志……吾聞其語矣，未見其人也。」又如微子篇記載楚狂接輿歌而過孔子，孔子「欲與之言」；子路遇到荷蓧丈人，孔子「使子路反見之」。但避世隱居，究竟不是孔子的根本主張，公冶長篇雖記載孔子曾有「乘桴浮於海」的念頭，那只是因理想不能實現以後的一種慨歎而已，並沒有眞正實行。子罕篇又記載：「子欲居九夷。」這可證明孔子曾有「避地」的念頭，但有人問他：「陋，如之何」的時候，孔子的回答是：「君子居之，何陋之有？」要化陋俗爲不俗，這精神依舊是積極的。孔子在子路篇曾說：「苟有用我者，朞月而已可也，三年有成。」又在陽貨篇說：「如有用我者，吾其爲東周乎！」可見孔子的抱負，在於用世而不在於避世。又子路篇記載：「仲弓爲季氏宰，問政。子曰：『……舉賢才。』」衞靈公篇記孔子的話說：「臧文仲其竊位者與！知柳下惠之賢而不與立也。」又可見孔子是主張賢者在位的，不是主張聽任賢者隱遁的。總之，孔子的根本精神，是積極的，不是消極的。

第三十九章

子路宿於石門㈠。晨門㈡曰：「奚自㈢？」子路曰：「自孔氏。」曰：「是知其不可而爲之㈣者與？」

【提旨】記隱者晨門譏諷孔子的傳道救世是「知其不可而爲之」。

【釋詞】

㈠石門　鄭玄論語註：「魯城外門。」太平寰宇記：「古魯城七門，次南第二門曰石門。」

㈡晨門　晨起管開城門的人。朱註說：「晨門、掌晨啓門，蓋賢而隱於抱關者也。」

㈢奚自　從何處來的意思。朱註說：「自、從也；問其何所從來也。」奚、作「何」字講。

㈣知其不可而爲之　意思是：明明知道世局不可挽回，卻偏要勉強從事。

【譯義】子路在石門外住宿了一個晚上，第二天清早進城時，掌管開啓城門的小吏問他：「你是從那裏來的？」子路說：「我從孔家來的。」那小吏說：「就是那個明明知道世局不可挽救、卻偏要勉強去做的那位孔老先生家嗎？」

【析微】子路出行在外，來到石門，天色已晚，城門關閉，只好留宿在石門城外。第二天早起，行到城門邊，管城門的人問子路從何處來？子路只答了一句：「自孔氏」，不說孔丘而說孔氏，是因爲孔子是魯城中有名的人，只需舉出姓氏，就可以識別。這時孔子大約不在城內，而在外國周遊，派遣子路囘魯國探視。當時這位隱居魯國城門的隱者，久已聞知魯國有位栖栖皇皇的孔夫子，所以，當子路一舉出他的姓氏，立刻知道就是那位「知其不可而爲之」的孔老先生。世事不可爲，孔子並非不知道，正如微子篇子路所說：「道之不行，已知之矣！」但微子篇中孔子曾這樣說過：「天下有道，丘不與易也。」意思是：如果天下已經太平的話，我孔丘也就不必來從事改革了。這顯示孔子正是因爲世事不可爲，才想有一番作爲。這是孔子扭轉乾坤、澄清天下的大志願，「知其不可而爲之」這句話，使孔子積極救世的精神昭然若揭。正如八佾篇所記儀封人稱述孔子所說：「天將以夫子爲木鐸」

的話，同樣是深知孔子而千古不爽的話。這樣說來，晨門以孔子爲「知其不可而爲之」，雖然似乎含有譏諷的意味，事實上卻是深知聖人之心的「知己」了。

第四十章

子擊磬㊀於衛，有荷蕢㊁而過孔氏之門者，曰：「有心哉，擊磬乎！」既而㊂曰：「鄙哉，硜硜㊃乎！莫己知也，斯已而已㊄矣！『深則厲，淺則揭㊅。』」

子曰：「果哉㊆！末之難㊇矣！」

【提旨】記背草筐的賢者知道孔子有心於世事，既而諷刺孔子不知時世所宜，孔子因而自表不能忘世之心。

【釋詞】

㈠磬　音慶（ㄑㄧㄥˋ），樂器名，以玉石製成，形狀如矩。

㈡荷蕢　荷、音賀（ㄏㄜˋ），擔負、肩負或背負的意思；蕢、音愧（ㄎㄨㄟˋ），用草編成的筐籠，用來盛土。

㈢既而　過後不久的意思。

㈣硜硜　磬聲堅緻的樣子，以比喻固執而不知時宜。硜、音鏗（ㄎㄥ）。

㈤斯已而已　斯已的「已」，作「止」字講；而已、句末語助詞。

㈥深則厲，淺則揭　兩句見詩經邶風匏有苦葉篇。揭、音器（ㄑㄧˋ），厲是不脫衣服涉水，揭是提起衣服涉水。這裏比喻要適應時宜，以決定行止。

㈦果哉　朱註：「歎其果於忘世也。」果、果然的意思。

㈧末之難　朱註：「末、無也。」末之難、無所難的意思。

【譯義】孔子在衞國時，有一天正敲磬消遣，有一個背着草筐的人從孔子門前經過，聽到磬聲，讚歎着說：「很有憂世之心啊！這敲着磬的人。」過後不久又說：「這人的識見眞是鄙陋而不高明啊！從他硜硜然堅緻的聲音裏聽得出來，是個固執而不自量力的人！既然沒有人了解自己，這就應該停止算了。詩經上說：『水深的地方，根本不必脫衣服過去；水淺的地方，只須提起衣服過去。』人的處世也是一樣，要適應時宜。」

孔子聽了這話，因而歎息着說：「他果眞是個忘卻世事的人，人要是這樣處世的話，也就沒有什麼難的了。」

【析微】孔子畢生以天下爲己任，所以自然有一副憂心世事的心腸，在偶然敲擊石磬以自我消遣的時候，不自覺地從磬聲中流露出來。朱註說：「此荷蕢者亦隱士也。聖人之心，未嘗忘天下，此人聞其磬聲而知之，則亦非常人矣！」這位背草筐的隱士，在驟然聽到磬聲時，還帶着讚歎的語氣，說孔子有憂世之心；可是一轉念間，卻又含有諷刺的口吻，譏笑孔子到這樣紛亂的衞國來，還一心想要匡時濟世，不知道隨時勢而應變制宜，因而流爲鄙陋固執，而不自量力。最後，又吟咏兩句詩經，揚長而去，意思在暗示孔子，連涉水的人都知道隨水的深淺，以爲行動的準則，君子處世，也應該可行則行，不可則止。最後孔子所作的感歎，意思是：我明知世局不可爲而爲，的確是一件困難的事，但果眞照你這樣說法：不可爲，就不爲，也就沒有什麼困難了。

第四十一章

子張曰：「書㈠云：『高宗㈡諒陰㈢，三年不言㈣。』何謂也？」子曰：「何必高宗，古之人皆然。君薨㈤，百官總己㈥，以聽於冢宰㈦三年。」

【提旨】孔子因子張引書經爲問，而談論天子、諸侯居喪之禮。

【釋詞】

㈠書　指尙書。以下二句，邢昺以爲周書無逸篇文，劉寶楠以爲伏生大傳說命篇文。

㈡高宗　殷代中興賢主武丁，盤庚弟小乙之子，在位五十九年。邢昺疏引孔安國說：「德高可尊，故號高宗。」

㈢諒陰　鄭玄註：「諒陰、謂凶廬也。」就是古代天子、諸侯居喪所住的房子。諒、或作亮、涼、粱；陰、或作瘖、闇、庵。本字當作粱庵，其餘都是假借字。

㈣不言　不談論國家政事的意思。

㈤薨　禮記曲禮：「天子死曰崩，諸侯曰薨。」薨、本爲諸侯死的專稱，這裏通指天子、諸侯之死而言。

㈥百官總己　朱註：「總己、謂總攝己職。」百官總己、就是文武百官總攝自己職責內的大小事務。

㈦聽於冢宰　冢宰、又稱太宰，古代天子、諸侯的上卿，輔佐君王治理邦國，相當於後世的宰相。聽於冢宰、就是百官都聽從冢宰的處置。

【譯義】子張說：「書經上說：『殷高宗守孝，住在凶廬，三年不談論國家政事。』這是什麼意思呢？」孔子說：「不僅高宗如此，古代的君王都是如此的。當國君死了以後，繼任的君王三年不問政事，各部門的官員都聽命於太宰。」

【析微】關於「諒陰」二字的解釋，我採用了鄭玄的說法，除鄭說以外，古註還有不同的說法，那就是何晏集解引孔安國註所說：「諒、信也；陰、猶默也。」邢昺疏申釋說：「言武丁居父憂，信任冢宰，默而不言三年矣！」孔氏的說法本於馬融，馬氏的尙書註說：「亮、信也；陰、默也。爲聽於冢宰，信默而不言。」鄭玄曾受經於馬融，是馬融的弟子，卻不採用師說，而另外立說，可見必是別有所本。竹添光鴻論語會箋批評孔註說：「天子諸侯始死，其子居倚廬，既葬，柱所倚之木以起之，翦齊其茅，謂之梁庵，儀禮所云翦屏柱楣是也。若訓信默，則與下文『不言』相複矣！」

至於全章的主要意旨，在於「不言」，而不在於「三年」，所以，孔子以：「百官總己，以聽於冢宰」來說明。子張引用書經的話問孔子，他所懷疑的在那一點呢？朱子集註引胡氏說：「位有貴賤，而生於父母無以異者，故三年之喪，自天子達於庶人。子張非疑此也，殆以爲人君三年不言，則臣下無所禀令，禍亂或由以起也。孔子告以聽於冢宰，則禍亂非所憂矣！」這樣揣測自然很合理。竹添光鴻論語會箋引丘瓊山說：「嗣主委君道以伸子道，百官盡臣職以承相職，此天下忠孝相成之大關也。」說得很精當。不過，這一制度的先決條件，是必須有賢明的太宰。會箋又引陸稼書說：「蓋天子之治國事，如臣庶之治家事，委家事於奴僕，必擇其賢者，而況國事乎？苟無周、召之臣，何取不言之制？」

第四十二章

子曰：「上㈠好㈡禮，則民易使㈢也。」

【提旨】孔子闡明執政者應以身作則，崇尚禮教。

【釋詞】

㈠上　指在上位的人，如君主之類。

㈡好　讀去聲（ㄏㄠˋ），愛好、尊崇的意思。

㈢易使　容易使用的意思。

【譯義】孔子說：「在上位的人，如果能愛好禮教，事事遵照禮制而行，那麼在下的人民，自然敬服而樂於聽命，容易被使用了。」

【析微】孔子的政治思想是「禮治主義」，認爲禮教是政治的根本，主張君主要處處以禮治理國家，教化人民。所謂禮，內容相當廣泛，舉凡誠敬的心意、恭肅的容貌、端正的衣冠視聽，乃至宗廟朝廷之間，無一事不是禮，無一時、一處不是禮。尤其「禮」上加一個「好」字，更足以使精神貫徹。孔子敎人，總以「好」爲上，子路篇曾說：「上好禮，則民莫敢不敬；上好義，則民莫敢不服；上好信，則民莫敢不用情。」又子罕篇曾說：「吾未見好德如好色者也。」因爲「好之」的益處或影響力很大，正如孟子所謂：「上有好者，下必有甚焉者也。」（見滕文公上）至於「上好禮」何以「民易使」呢？何晏集解以論語解論語說：「民莫敢不敬，故易使。」朱註引謝氏說：「禮達而分定，故民易使。」都有他們的道理。可見「禮」的確是治理天下最根本而有效的方法，爲政篇所謂：「道之以德，齊之以禮，有恥且格。」正說明了它深切的感化力。

第四十三章

子路問君子。子曰：「修己以敬㊀。」

曰：「如斯㊁而已乎？」曰：「修己以安人㊂。」

曰：「如斯而已乎？」曰：「修己以安百姓㊃。修己以安百姓，堯、舜其㊄猶病諸㊅！」

【提旨】孔子闡明執政者必須修身不怠，才能以德性安定天下人民。

【釋詞】

㈠修己以敬　猶如「修己而敬」，不解作「以敬修己」。意思是：修養己身，而著重一個「敬」字，諸如敬事、敬業、及孔安國註所說「敬其身」等。

㈡如斯　如此、這樣的意思。

㈢修己以安人　孔安國註：「人、謂朋友九族。」全句的意思是：修養己身，以安定親族朋友。

㈣修己以安百姓　意思是：修養己身，更進而安定天下的百姓。

㈤其　表推測的語氣詞，有「恐怕」、「可能」的意思。

㈥病諸　孔安國註：「病、猶難也。」諸、在非疑問句句末，猶「之」。病諸、難以做到這個地步的意思。

【譯義】子路向孔子問君子的道理。孔子說：「一個身居上位的君子，最重要的是修養己身，以敬重己身的責任事業。」

子路說：「這樣就夠了嗎？」孔子說：「修養己身，進而求安定四周的親族朋友。」

子路說：「這樣就夠了嗎？」孔子說：「修養己身，更進而要求安定天下的百姓。能夠修養己身，而使天下的百姓都能安居樂業，即使是古代唐堯、虞舜那樣的聖君，恐怕還做不到這個地步哩！」

【析微】子路所問的君子，是指在上位的君子。孔子所謂「修己以敬」的「敬」字，本來包括動靜內外的成份，譬如誠敬之心，就是靜態的、內在的「敬」；而端肅的視聽舉止，就是動態的、外在的「敬」。本文的「敬」字，專指發現於外的行事而言，所以「修己」是內在的工夫，而「敬」則是外在的表現。「修己以敬」是由內以達於外，所以下文說「修己以安人」、「修己以安百姓」時，不再說到「以敬」，而「以敬」自在其中。三者範圍逐漸擴大，而功效逐漸普遍，這就是儒家一貫的由內而外、由己及人，由親及疏、由近而遠的政治哲學，也是人生哲學。劉寶楠論語正義說：「修己者，修身也；以敬者，禮無不敬也；安人者，齊家也；安百姓，則治國平天下也。」可見本章正好與大學的修身、齊家、治國、平天下相合，這是孔子理想的人生途徑，也是我國傳統思想中，將人的價值充分發揮的極致。

第四十四章

原壤㊀夷俟㊁。子曰：「幼而不孫弟㊂，長而無述㊃焉，老而不死，是爲賊㊄。」以杖叩㊅其脛㊆。

【提旨】記孔子斥責故友原壤的無禮。

【釋詞】

㊀原壤　魯國人，姓原、名壤，孔子的故友。禮記檀弓篇記載他一段故事，說他母親死了，孔子去幫助他治喪，他卻唱起歌來，孔子只好裝做沒聽見，大概這人是一個另有主張而立意反對孔子的人，頗有道家放誕不拘的性格。

㊁夷俟　夷、通踦、箕踞的意思，就是兩腿伸開作簸箕形而蹲踞；俟、音似（ㄙˋ），等待的意思。

㈢孫弟　孫、同遜，謙遜的意思；弟、同悌，敬重尊長的意思。
㈣無述　無可稱述、沒有什麼行爲值得稱道的意思。
㈤賊　賊害的意思，指斥原壤是害羣的人。
㈥叩　朱註音ㄎㄡˇ，敲擊的意思。
㈦脛　音徑（ㄐㄧㄥˋ），小腿骨，就是從膝蓋以下、足踝以上的部份。

【譯義】有一天，孔子去看老朋友原壤，原壤却兩腿伸開像簸箕形，蹲踞着等待孔子來。孔子見他不講禮貌，因而責備他說：「你年幼時不曉得謙遜待人，敬重尊長；長大以後，又沒有什麼才德、善行值得人家稱許；如今老了，還不知道反省，卻仍舊白白地活在世上，像你這樣敗壞倫常的人，簡直可以說是賊害人羣的人了。」說罷，就拿起拐杖來敲擊他的小腿骨。

【析微】原壤與孔子同鄉，又從小一起長大，是孔子的故交舊友。當時孔子在社會上已有很高的聲望，這樣一位人物去看望他，應該是位尊貴的賓客，依照一般的禮節來說，應該出門相迎，即使是對身份低於自己的客人，也該立着等候，而原壤却「夷俟以待」，當然是極不禮貌的舉動。不過，這並非原壤故意慢待夫子，只因爲他是一個放浪於禮法之外的人，不願被種種禮法所拘束。原壤比孔子年紀小，所以孔子很不客氣地指斥他從小長大，以至年老，一輩子沒有什麼善行可以讓人稱述的，最後孔子更嚴厲地責備他：「老而不死，是爲賊！」朱註解釋這一「賊」字說：「賊者，害人之名。以其自幼至老，無一善狀，而久生於世，徒足以敗常亂俗，則是賊而已矣！」孔子甚至還以手杖輕輕敲擊他的腿骨，這是在教訓他：不要再這麼蹲着了。像原壤這樣狂放不羈的人，是周末衰世自然產生的人物，當時各種禮儀制度，大多繁文縟節，令人不勝厭苦；加以徒有外表的虛文，缺乏內在的眞誠。孔子曾說：「禮云禮云，玉帛云乎哉？樂云樂云，鐘鼓云乎哉？」（見陽貨篇）就是當時情形的寫照。因此，原壤一流的人物，便應時而生，以放曠的行爲，來矯正虛文迂苦的偏失。甚至連禮法森嚴的孔門，也出現像琴張、曾晳、牧皮之類的狂士，習尙如此，時運所趨，一介布衣的孔子，自然無法挽回這種頹敗的風氣。

第四十五章

闕黨㈠童子將命㈡。或問之曰：「益者㈢與？」子曰：「吾見其居於位四也，見其與先生並行㊄也。非求益者也，欲速成者㊅也。」

【提旨】孔子告誡人們：長幼各有應循的禮節，不可躐等速成。

【釋詞】

㊀闕黨　孔子所居的地名，荀子儒效篇：「仲尼居於闕黨。」又名闕里，顧炎武日知錄：「史記魯世家：『楊公築茅闕門。』蓋闕門之下，其里卽名闕里，夫子之宅在焉。亦謂之闕黨。」在洙、泗二水之間，曲阜縣西南，寰宇記曲阜縣：「孔子家在故魯城中歸德門內闕里之中，背洙面泗。」又說：「闕里在縣西南三里魯城東北，出洙水百餘步。」

㊁將命　馬融註：「將命者，傳賓主之語出入。」就是奉主人之命，以傳達消息的意思。

㊂益者　肯自求進益、有志於上進的人。

㊃居於位　坐在成人的座位上。

㊄與先生並行　先生、先己而生的人，指成年人。並行、並肩而行的意思。

㊅欲速成者　想迅速成爲成人的人。因闕黨童子以成人之禮自居，所以孔子這樣評斷。

【譯義】闕黨的一個童子來向孔子傳達消息。有人問孔子說：「這孩子是個肯求上進的人嗎？」

孔子說：「我看他大模大樣地坐在成人的位子上，又見他與長輩並肩而行。可見他不是個肯求上進的人，只是個想趕快做成人，而不遵行童子之禮的人。」

【析微】童子沒有成年，自有童子之禮，不應與成人並坐，只能在坐席的一角獨坐，古人稱爲「隅坐」。禮記檀弓篇說：「童子隅坐而執燭。」或在一旁站立，禮記玉藻篇說：「童子無事，則立主人之北，南面。」如今這位闕黨童子卻自居成人之位，當然是不合當日禮節的。又童子與長輩同行，應當稍後幾步，禮記曲禮說：「五年以長，則肩隨之。」只要對方比我年長五歲以上，就應該與他並行而稍後。又王制篇說：「父之齒隨行，兄之齒雁行。」「肩隨」就是「雁行」。如今這位闕黨童子却與長輩並行，當然也是不合禮節的。孔子根據他所目睹的事實，證明他不是肯自求進益的人，只是不守本身禮分、以成人之禮自居的人。這樣求速成而不循序漸進，是孔子所不贊同的。古代童子有應對、進退之學，在父兄、師長面前，學習尊敬、禮讓的儀容節度，等到種種儀節都熟悉了，一旦成年以後，自然可以出而應對賓客、進退自如了。這位闕黨童子，過於速成，躐等而行，所謂「過猶不及」，所以孔子有所不滿。

第十五篇　衛靈公

前　言

本篇共有四十二章，朱熹集註把第一、第二兩章併爲一章，所以說：「凡四十一章」。篇中內容，大致如邢昺疏所說：「此章記孔子先禮後兵、去亂就治，并明忠信、仁知、勸學、爲邦、無所毀譽，必察好惡，志士君子之道、事君相師之儀，皆有恥且格之事。」

第一章

衞靈公問陳㈠於孔子。孔子對曰：「俎豆之事㈡，則嘗聞之矣；軍旅之事㈢，未之學也。」明日遂行。

【提旨】記衞靈公好戰，以戰事爲問，而孔子不以戰爭相告，因志趣不合，故立即離去。

【釋詞】

㈠陳 同陣，軍隊的行列，或作戰的陣勢，這裏指佈陣作戰的方法。

㈡俎豆之事 俎、豆都是祭祀時所用的禮器。俎、音祖（ㄗㄨˇ），木製的台架，用以載置牲體；豆、木製的器皿，用以盛放流質的食物，如醢（肉醬）之類。俎豆之事、指禮儀的事情。

㈢軍旅之事 軍、旅都是古代軍隊編制的名稱；一萬二千五百人爲軍，五百人爲旅。軍旅之事、指軍隊作戰的事情。

【譯義】衞靈公向孔子問佈陣作戰的方法。孔子答覆說：「宗廟祭祀、陳列俎豆的禮儀，我曾經聽前輩說過；至於用兵作戰的事情，我卻還沒有學習過。」說完這話，第二天就離開了衞國。

【析微】孔子曾經數度前往衞國，並在衞國做過官。他在衞國出任官職，大約是魯哀公元年，衞靈公四十一年。據史記孔子世家的記載，靈公聽說孔子來到衞國，還特地到郊外親自迎接，可見孔子當時很受靈公的禮遇，這事大約在哀公元年的春天。至於靈公問陣的事，可能在這年的秋天。當時衞國正與齊國聯合攻擊晉國，很想講求戰陣的方法，以制勝晉國。所以靈公向孔子問陣，並非泛泛的發問，而是就他當時急切的需要。孔子不以戰陣的事相告，猶如說這方面我是外行，要是禮儀方面的事，我還略知一二。古今學者對孔子何以不與靈公談論軍事的原因，都各有解釋。如鄭玄說：「軍旅末事，本未立，不可教以末事。」所謂本末，猶如先後，以先教化人民爲本，使人民了解尊君、親上的意義，這根本樹立以後，才能教以用兵作戰的事，所以軍旅是末事。子路篇孔子曾說：「以不教民戰，是謂棄之。」孟子告子篇孟子也說：「不教民而用之，謂之殃民。」都可以說明這一點。又如劉向新序五昔篇說：「衞靈公問陳，孔子言俎豆，賤兵而重禮也。故春秋曰：『善爲國者不師。』」劉向以爲孔子的用意是輕視軍事，而看重禮儀。又如竹添光鴻論語會箋說：「孔子不對軍旅之事，伐盟主、助逆臣，不忍助也。不啻此而已，靈公一生錯處，俱在禮教上，是時蒯聵出亡，公年老而無嫡嗣子，欲其修身齊家，夫婦、父子之間，講求禮讓，靖內爲急，蓋逆知其內亂將作，故爲此言導之，正是夫子救時手段，欲使靈公深思而自悟之耳。」這番見解，似乎更爲切實而深入。左傳哀公十一年記載：「孔文子之將攻大叔也，訪於仲尼。仲尼曰：『胡簋之事，則嘗學之矣；軍旅之事，未之聞也。』退命駕而行。」與本章的記事大致相同。章末「明日遂行」四個字，正足以顯示孔子毅然決然辭官而離去的神情，孟子曾稱述孔子對出處進退所抱的態度是：「可以仕則仕，可以止則止，可以久則久，可以速則速。」本章所記的這一行動，適足以充分證明。

第二章

在陳絕糧，從者㊀病㊁，莫能興㊂。子路慍見㊃曰：「君子亦有窮㊄乎？」子曰：「君子固窮㊅，小人窮斯濫㊆矣！」

【提旨】記孔子在陳國遭受困厄，向子路說明君子固然有窮困的時候，但能守正道，與小人的放肆爲非迥然不同。

【釋詞】

㈠從者　從、依朱註音縱（ㄗㄨㄥˋ）；從者、指跟隨孔子的弟子。

㈡病　餓病，因飢餓而病倒。孔子家語困誓篇：「絕糧七日，弟子餒病。」

㈢興　起身、起來的意思。

㈣慍見　慍、心中含有怨意；見、依朱註音現（ㄒㄧㄢˋ），去見孔子的意思。

㈤窮　窮困、困厄的意思。

㈥固窮　固然有窮困的時侯、本來就有遭遇窮困的可能。

㈦濫　行爲放蕩，像水的泛濫一樣，不遵循正道而行。

【譯義】孔子在陳國受到困厄，斷絕了糧食，跟隨他的弟子都因飢餓而病倒，不能起來。子路帶着怨憤的心情去見孔子說：「君子也會有這樣窮困的時候嗎？」孔子說：「君子本來就有遭遇窮困的可能，但絕不如小人一遇到窮困的時候，就像水流決堤泛濫一般，行爲放肆，而不守正道。」

【析微】以上二章，朱註合爲一章，十三經注疏及皇侃義疏本都分爲兩章，而以「明日遂行」句屬後一章。但據史記孔子世家的記載，孔子離開衞國以後，曾經經過曹國、宋國、鄭國，然後才到陳國。在陳國絕糧的事，史記世家記於魯哀公六年，江永鄉黨圖考則以爲當在魯哀公四年。與離開衞國的事相隔數年，自然應當分爲兩章。但「明日遂行」一句，很明顯的是指離開衞國，不應當屬後一章。因古代簡編相連，所以容易誤合。

本章孔子所說：「君子固窮」的話，自來有兩種不同的解釋：一是何晏集解所釋：「君子固亦有窮時。」把「固」字解作固然、本來的意思；一是朱子集註引程子所釋：「固窮者，固守其窮。」把「固」字解作固守的意思。劉寶楠論語正義採用程子的說法，他說：「固窮者，言窮當固守也。」並引尸子：「守道固窮，則輕王公」的話爲證。但事實上何氏的解釋比程子的說法可從，因爲解作「固守其窮」，與下文固然可以呼應，但與上文子路所問：「君子亦有窮乎」的話，則呼應得不夠緊湊。子路既有這樣的牢騷話，孔子理應針對他話中的意思首先答覆，以解除他怨憤的心意，然後才能申論其他。如果解作「固亦有窮時」，方可以與上文子路的問話密切相應。其次，「固守其窮」中「守」字的意義，不是原文「固」字所必然包含的，也不是從「固」字中所可分析出來的。所以，解釋「固」爲「固守」，不免在原文的意義之外有所增添，不合解釋的正軌。竹添光鴻論語會箋分辨說：「以『固』字答上文『有』字，文勢乃相應。程子曰：『固守其窮』，此說非也。……

……答以君子以窮爲平常，不足爲怪，此正與慍見之言相針對也。」因此，我採用了何氏的說法，而捨棄了程子「固守其窮」的說法。那麼君子爲什麼會有窮困呢？因爲君子守道不移，不肯與人同流合污，不肯投合時君所好，所以君子時常會遭遇窮困，這是君子的品德所使然，因而君子本來就具有遭遇窮困的可能。

第二章

子曰：「賜㈠也，女㈡以予爲多學而識㈢之者與？」對曰：「然，非與？」曰：「非也，予一以貫之㈣。」

【提旨】孔子指示子貢，爲學應提綱挈領，以求融會貫通，不當全憑記憶。

【釋詞】

㈠賜　孔子弟子子貢名賜。

㈡女　同汝，指稱詞，指子貢而言。

㊂識　音志（ㄓˋ），同誌，記憶、記住的意思。
㊃一以貫之　用一個基本的原理，以貫通萬事萬物的道理。貫、貫穿、貫通的意思。

【譯義】孔子對子貢說：「賜啊！你以爲我的學問，是由博學多聞，而後記憶起來的嗎？」子貢回答說：「是的，難道不是這樣的嗎？」孔子說：「不是的，我是把握一個基本的原理，以求貫通萬事萬物的道理。」

【析微】里仁篇記孔子曾告訴曾子說：「吾道一以貫之。」隨後曾子解釋這句話，以爲「夫子之道，忠恕而已矣！」他以忠、恕二字，來貫通孔子所主張的一切人生行爲的眞理。古來學者，對本章及里仁篇所說的「一以貫之」，分析它們的異同，主要有三種不同的解說。朱註說：「彼以行言，此以知言。」以爲告曾子的那章，純就行爲方面立論，而本章則純就知識方面立論。清人阮元則以爲「多學而識」是「知」，而「一以貫之」是「行」，將本章上下分爲兩截。焦循的論語補疏則以爲本章的「一以貫之」乃指「忠恕」，忠恕是成己成物的，孟子所稱大舜之「善與人同，舍己從人，樂取於人以爲善」，就是忠恕。以上三種解說，據陳大齊先生論語臆解的分析，認爲朱註的說法是可信從的，他曾舉例證明：孔子的言論有着重知識立論的，如爲政篇的「知之爲知之，不知爲不知，是知也。」就是專就知識而言，未曾涉及行爲。又如述而篇孔子曾說：「多見而識之，知之次也。」所謂「多見而識之」，與本章的「多學而識之」意義相同。將所見、所學的知識一一牢記起來，因這些知識是散亂而沒有條理的，所以孔子認爲只是次一等的知識，不可就此停止，應當更進一步，探求出一個統一的原則來，以貫通散亂的知識，使成爲有條理而高一等的知識。譬如爲政篇孔子曾說：「詩三百，一言以蔽之，曰：思無邪。」「思無邪」就是孔子博學三百篇以後所整理出來的原則，「一言以蔽之」就是用「思無邪」這條原則以貫串三百篇。陳老先生這樣解析，當然很有條理，也很有道理，但孔子生平最重視行爲的實踐，本章的「予一以貫之」，與里仁篇的「吾道一以貫之」，都是孔子所說，理應相同。從這裏可以看出：子貢所重視的，是孔子的博學多才，因而孔子揣測：在子貢的心目中，認爲夫子是「多學而識之」的；而孔子自己所重視的，却是以「忠恕之道」統貫一切「知」與「行」。誠如竹添光鴻論語會箋引日人佐藤坦說：「聖門之教，無行外之知，無知外之行，卽是一貫。」又引吳英說：「爲學工夫有異，而理無異。第四篇以『行』言，『知』在其中矣；此以『知』言，『行』在其中矣；工夫之異也。至于道之一貫，則不分知行，行者卽行此所知之一貫，知者卽知此所行之一貫，豈『予一以貫之』異于『吾道一以貫之』耶？」這樣說來，明儒王陽明「知行合一」的學說，當由孔子的思想獲得啓發。

第四章

子曰：「由㊀！知德者鮮㊁矣！」

【提旨】孔子告知子路，很少人眞正懂得德行。

【釋詞】

㊀由　孔子弟子子路，名仲由。朱註說：「由、呼子路之名而告之也。」

㊁鮮　音顯（ㄒㄧㄢˇ），少的意思。

【譯義】孔子說：「仲由啊！眞正了解德行的人很少了！」

【析微】雍也篇孔子曾說：「中庸之爲德也，其至矣乎！民鮮能久矣！」與本章的感歎正相似。朱子集註說：「德、謂義理之得於己者，非己有之，不能知其意味之實也。」因爲眞正知道德行的人，完全是由於沈潛於德行之中，經過躬行實踐，切實體認，然後才能深入地了解道德的眞實意味，這樣才能眞正爲自己所得。所以，先儒解釋道德的「德」，往往都說：「德者，得也；有得於己之謂德。」如廣雅釋詁、釋名釋言語都說：「德、得也。」禮記樂記也說：「德者，得也。」韓愈的原道更說：「博愛之謂仁，行而宜之之謂義，由是而之焉之謂道，足乎己、無待於外之謂德。」這種由修養而得之於心的道德，是的確難得的。修養成這種德行，固然難得；透過修養、實踐而眞正理解這種德行，更爲難得；所以孔子才發出這樣的感歎：「知德者鮮矣！」

第五章

子曰：「無爲而治㈠者，其㈡舜也與？夫何爲哉㈢？恭己㈣正南面㈤而已矣。」

【提旨】孔子稱讚舜以盛德感化人民，無爲而治天下。

【釋詞】

㈠無爲而治　無所作爲而天下平治的意思。
㈡其　表示推測的語氣詞，恐怕、大概的意思。
㈢夫何爲哉　與上文的「無爲」相應。夫，音扶（ㄈㄨˊ）；何爲哉，意思是：他怎樣做的呢？
㈣恭己　自己居心恭敬，而德容恭肅的意思。
㈤正南面　端正地坐在朝向南方的君位上。

【譯義】孔子說：「不必有什麼作爲，就能平治天下的，恐怕只有舜能做到吧？那麼他是怎麼樣做法的呢？他善於任用人才爲輔佐，又能以身作則，所以自己只須端正地坐在朝向南方的天子之位就行了。」

【析微】本章與爲政篇：「爲政以德，譬如北辰，居其所，而衆星共之」的話，旨意相同。本章固在讚美舜以他的盛德，而達成無爲而治的境界；可知這是孔子所主張的最高政治境界。不舜能夠達到這一境界，主要是由於他盛德的感化，誠如朱註所說：「聖人德盛而民化，不待其有所作爲也。」其次，是由於舜善於任用人才，如何晏集解說：「言任官得其人，故無爲而治。」朱註也說：「獨稱舜者，紹堯之後，而又得人以任衆職，故尤不見其有爲之迹也。」一般儒者都這麼說，如三國志吳志樓玄傳說：「所任得其人，故優游而自逸也。」

大戴禮主言篇說：「昔者舜左禹而右皋陶，不下席而天下治。」又如劉向新序雜事篇說：「故王者勞於求人，佚於得賢。舜舉衆賢在位，垂衣裳、恭己無爲而天下治。」據尚書舜典的記載，當時舜曾命禹總攬百官，命棄爲后稷（掌農耕），契爲司徒（掌教化），皋陶爲士（掌刑法），還有垂、益、伯夷、夔、龍等臣子，都是適當而稱職的人才。可見舜的「無爲而治」與老子的「無爲」是有差別的，老子道德經雖然說：「我無爲而民自化」，但那只是「清虛以自守，卑弱以自持」的政治方術，許多當爲的事，禁而不爲；舜則當爲的事無不爲，善於舉用人才，由「有爲」而進於「無爲」。舜的恭己無爲，正如雍也篇所謂：「居敬而行簡」。中庸說：「詩云：『不顯惟德，百辟刑之。』是故君子篤恭而天下平。」也可與本章互相發明。

第六章

子張問行㈠。子曰：「言忠信㈡，行篤敬㈢，雖蠻貊㈣之邦行矣；言不忠信，行不篤敬，雖州里㈤行乎哉？立，則見其㈥參㈦於前也；在輿㈧，則見其倚於衡㊈也；夫然後行。」子張書諸紳㊉。

【提旨】孔子教誨子張：忠信、篤敬的言行，能通行天下，無所不宜。

【釋詞】

㊀行　通達能行的意思，指行事的原則。

㊁言忠信　言語忠誠而信實的意思。從口中發出的言語，與心中所存的意思一致爲忠，就是言語發自中心，不說違背心意的話。實際的行事，與平常的言語一致爲信，就是言語必能實踐，不說虛飾心意的話。

㊂行篤敬　行事篤厚而謹愼的意思。行、朱註讀去聲（ㄒㄧㄥˋ），下文「行不篤敬」的「行」同，指行爲而言。篤是厚厚實實、誠懇而不刻薄；敬是恭恭敬敬、謹愼而不放肆。

㊃蠻貊　蠻、指南蠻；貊、音莫（ㄇㄛˋ），指北狄。蠻貊、通指未經開化的野蠻民族而言。

㊄州里　猶稱鄉里。古代二千五百家爲州；五家爲鄰，五鄰爲里。

㊅其　指稱詞，指忠信、篤敬而言。

㊆參　音餐（ㄘㄢ），作動詞用，有呈現的意思。王引之經義述聞引王念孫說，以爲「參」字可訓爲直。

㈧在輿　在車中的意思。
㈨衡　車前的橫木。
㈩書諸紳　把它寫在自己的衣帶上，以便隨時省察的意思。書、書寫；諸、猶「之於」；紳、衣帶在身前垂下的部份。

【譯義】子張向孔子問行事通達的原則。孔子說：「說話要忠誠信實，做事要篤厚謹慎，能夠如此，雖然是到野蠻人的國度去，也照樣可以行得通；如果說話不忠誠信實，做事不篤厚謹慎，雖然是在自己的家鄉，能夠行得通嗎？所以一個人對這兩大信條要時刻不忘，當偶然站立的時候，就彷彿看見「忠信篤敬」幾個字呈現在自己眼前一樣；坐在車中的時候，又彷彿看見「忠信篤敬」幾個字倚靠在車前的橫木上一般；能夠這樣，才可以到處行得通。」子張聽完這番教誨，就把「言忠信，行篤敬」這兩大信條，寫在自己的衣帶上，以便隨時省察。

【析微】據史記仲尼弟子列傳的記載，子張問行是跟從夫子在陳、蔡之間的事，正是他們師生斷絕糧食、遭受困厄的時候。可能子張因見旅途多遇阻礙，事情總是不如意，心中有所感慨、憂慮而這樣問孔子。孔子所告訴他的，只是「言忠信」、「行篤敬」這兩個基本原則，因爲人處世最重要的事，莫過於一言一行，言語以發自肺腑、而一諾千金爲貴，行爲則以厚重踏實、而認眞愼重爲宜，所以孔子列舉這兩項原則以教誨子張。並進而教誨他：如果能夠堅守這兩大人生信條，始終不忘，則所得的效驗，將極爲廣大，天下無處不可通達，也就是處處都能與人融洽相處，卽使是到文化低落的野蠻民族所形成的國家，也同樣會受歡迎的。孔子舉「州里」與「蠻貊」相對，因爲「州里」是自己生長的地方，是最熟悉的環境，有親友父老的呵護，但如果言行與忠信、篤敬相反，卽使是在這樣的本鄉本土，也會處處與人發生磨擦、處處遭受阻礙而行不通的。最後「子張書諸紳」幾個字，足以顯示子張對師長的訓誨，能夠拳拳服膺、唯恐忽略遺忘的虛懷。

第七章

子曰：「直哉史魚㊀！邦有道，如矢㊁；邦無道，如矢。君子哉蘧伯玉！邦有道，則仕；邦無道，則可卷而懷之㊂。」

【提旨】孔子稱讚衞國賢大夫史魚的正直不屈，蘧伯玉的君子處世之道。

【釋詞】

㈠史魚　衞國大夫，姓史（朱註以爲「史」是官名），名鰌，字子魚。

㈡如矢　像箭一般的正直。矢、就是箭。

㈢卷而懷之　卷、同捲。朱註：「卷、收也；懷、藏也。」就是將自己的才能斂藏起來，像收捲物件而藏於懷中一樣，比喻隱居不仕。

【譯義】孔子說：「史魚眞是一個正直的人啊！國家政治淸明的時候，他忠心任職，言行就像箭一般的正直；當國家政治黑暗的時候，他以正言進諫，仍然像箭一般的正直。蘧伯玉眞是個君子啊！國家政治淸明的時候，他就出來做官，以貢獻自己的才力；當國家政治黑暗的時候，他就隱身告退，斂藏自己的才能。」

【析微】孔子稱讚史魚的正直，在讚辭之後，繼而舉出他正直的事實，就是無論國家的政治情況如何，始終堅持他剛直不屈的性格。韓詩外傳卷七和孔子家語困誓篇，都曾記載史魚因病臨死前的遺言，深以生平不能使君王進用賢臣、斥退不肖之臣爲憾事，並囑咐他的兒子，不要「治喪正堂」，以此勸告衞靈公進用有賢德的君子蘧伯玉，罷黜沒有賢德的幸臣彌子瑕，這事古人稱爲「屍諫」。韓詩外傳讚許史魚說：「生以身諫，死以尸諫，可謂直矣！」

這段故事，可以引爲史魚言行正直的具體例證。「如矢」二字，是孔子用箭爲比喻，以形容史魚的正直；因爲箭桿是最正直的，所以古人常以「矢」比喻正直，如詩經小雅大東篇：「周道如砥，其直如矢。」史魚的正直，尤爲可貴的，是不管「邦有道」或「邦無道」，甚至生死不渝的堅持正直之道，所以孔子才這樣讚譽他。

至於名賢蘧伯玉，由於他的出處進退，與孔子的主張正相合，他這樣深明處世之道，所以孔子稱讚他是君子。泰伯篇孔子曾說：「天下有道則見，無道則隱。」又說：「邦有道，貧且賤焉，恥也；邦無道，富且貴焉，恥也。」又憲問篇告訴原憲說：「邦有道，穀；邦無道，穀；恥也。」可見孔子主張：在國家政治清明的時候，應該出來做官，奉獻自己的才力，以報効國家，兼善天下；如果不能奉獻才力，只知道享受俸祿，或者不出來做官，以致貧窮而低賤，都是可羞恥的事。如果國家政治黑暗，應該隱身告退，歛藏自己的才能，以修養自我，獨善其身；假如不能歛藏自己的才能，反而出來做官，享受俸祿，因而富有且貴顯起來，也是一件可羞恥的事。因此，公冶長篇孔子稱讚南容說：「邦有道，不廢；邦無道，免於刑戮。」意思也是一貫的。而本章所謂「卷而懷之」，是以布帛之類爲比喻，形容深藏自己的才德、學問，以隱身告退的意思。

第八章

子曰：「可與言，而不與之言，失人㊀；不可與言，而與之言，失言㊁；知者㊂不失人，亦不失言。」

【提旨】孔子垂示世人：應有知人之明，與人交往，不可錯過值得言談的人，也不可錯與不值得言談的人浪費語言。

【釋詞】

㊀失人　失去談話機會，而錯過了值得交往的人。

㊁失言　與不值得交往的人談話，浪費談話時間，等於說錯了話。

㊂知者　有知人之明的聰明人。知、同智。

【譯義】孔子說：「可以和他說話的人，卻不和他說話，這就是錯過了值得交談的人；不可以和他說話的人，卻偏要和他說話，這就是浪費了說話的時間，等於說錯了話。一個明智的人，既不錯過值得交談的人，也不錯說不值得與人說的話。」

【析微】當人與人最初相見，或本來疏遠的人偶然相遇，不免會發生孔子所謂「失人」或「失言」的疏忽。季氏篇說：「言未及之而言，謂之躁。」與本章的「失言」有相通之處；又：「言及之而不言，謂之隱。」則與本章的「失人」相近。因常人不免有「失人」、「失言」的弊病，所以孔子勉人要有知人之明，先求知道某人可與言，或不可與言，然後把握言談的機會，或選擇言談的對象，這樣，方可免於與人失之交臂，或對牛彈琴。否則，誠如四書味根錄所說：「老謀深謹聽者，難可言之人，萬中無一，覿面失之，豈不錯過？」又說：「對不可言之人，諄諄言之，則金玉之言，投於糞壤，豈不可惜？」徐幹中論貴言篇說：「君子必貴其言。貴其言則尊其身，尊其身則重其道，重其道，所以立其教；言費則身賤，身賤則道輕，道輕則教廢；故君子非其人，則弗與之言。」這段話可以申釋本章的意旨。

第九章

子曰：「志士㈠、仁人㈡，無求生以害仁㈢，有殺身以成仁㈣。」

【提旨】孔子闡述有志之士、成德之人，爲維護仁道，生死可以置之度外。

【釋詞】

㈠志士　朱註：「志士，有志之士。」就是有志於仁道之士。

㈡仁人　朱註：「仁人，則成德之人也。」就是能成就仁德的人。

㈢求生以害仁　爲了苟且求生而損害仁道、破壞仁德的意思。

㈣殺身以成仁　寧可犧牲生命以成就仁道、成全仁德的意思。

【譯義】孔子說：「凡是有志於仁道之士，或者能成就仁德的人，絕不會爲了苟且求生而損害仁道，只有犧牲自己的生命以成全仁德。」

【析微】本章所謂「志士」，正如孟子滕文公篇：「志士不忘在溝壑」的「志士」，趙歧注說：「志士、守義者也。」本章所稱的雖然是「仁」，而「義」自然包括在內，凡是行爲合於「義」，而心地透徹、能視死如歸的都是「仁」。如微子篇記載商紂暴虐無道，結果「微子去之，箕子爲之奴，比干諫而死。」孔子因而讚歎說：「殷有三仁焉。」他們三人的行爲都合於「義」，雖然作法不同，而不忍見紂王的暴虐，百姓的痛苦，宗廟社稷的危亡，不惜犧牲個人的地位以至生命的用心，則是一致的，所以孔子以「仁」稱許他們。凡是「仁」，都由不忍之心、惻隱之心出發，孟子說：「惻隱之心，仁之端也。」志士仁人能夠見危授命，爲國殉難，也是由於惻隱之心發揮到極致，不忍偸生怕死，眼見國家的危亡，所以寧可犧牲自己的生命，勇於赴難，這種舍生取義、殺生成仁的殉道精神，是極爲崇高而偉大的精神。孟子告子篇上說：「生，亦我所欲也；義，亦我所欲也；二者不可得兼，舍生而取義者也。生亦我所欲，所欲有甚於生者，故不爲苟得也；死亦我所惡，所惡有甚於死者，故患有所不辟（同避）也。」這段話足以闡發本章的意旨。由於孔子、孟子肯定仁義的價值高於生命，因而形成我國獨特的民族精神，使後世產生不少志士仁人類型的民族英雄。如南宋末年的文天祥，兵敗被俘，誓死不屈的志節，完全實踐了孔子所說的：「無求生以害仁，有殺身以成仁。」及孟子所說的：「舍生而取義」的精神。他在臨刑前，曾在衣帶上遺下一段絕命詞說：「孔曰成仁，孟曰取義；惟其義盡，所以仁至。讀聖賢書，所學何事？而今而後，庶幾無愧！」他終於慷慨成仁，從容赴義，所表現的浩然正氣，眞是「千秋尚凜然！」

本章所顯示的精神，固然足以代表中國的民族精神，如果與西方人相比，則迥然不同。十八世紀法國大革命時期，羅蘭夫人有句響亮的口號：「不自由，毋寧死。」又如匈牙利詩人有一首傳誦很廣的詩說：「生命誠可貴，愛情價更高，若爲自由故，兩者皆可拋！」可見西方人認爲自由比生命可貴。他們誓死爭取的是自由，而我們誓死爭取的是人格的完美，是道德的實踐，是志節的堅守。因爲中西文化背景不同，思想精神不同，所以才有這樣顯著的差異。

第十章

子貢問爲仁㊀。子曰：「工㊁欲善其事㊂，必先利其器㊃。居是邦也，事㊄其大夫之賢者，友㊅其士㊆之仁者。」

【提旨】孔子指示子貢：培養仁德，需親近賢者仁者，以爲良師益友，而相互切磋。

【釋詞】

㈠為仁　培養仁德、造就仁德的意思。為、作動詞用。

㈡工　指工匠而言。

㈢善其身　做好他的工作的意思，譬如所製作的成品，能精巧美觀之類。

㈣利其器　使他的工具銳利的意思。利、銳利；器、工具。如木匠必須先有銳利的斧、鋸之類。

㈤事　師事、尊奉的意思。

㈥友　結交為朋友的意思，作動詞用。

㈦士　指士大夫的士，士的地位低於大夫。

【譯義】子貢問怎樣培養仁德。孔子說：「譬如工匠想要做好他的工作，一定要先使他的工具很銳利。同樣的道理，培養仁德，也需良師益友的切磋。如果居住在某一個國家，必須師事那些大夫中有賢德的，結交那些士人中有仁德的做朋友。」

【析微】孔子在回答子貢的問題之前，先舉「工欲善其事，必先利其器」的譬喻，以說明培養仁德需要先有準備工作，就是多接近良師益友。工匠要使工作做得圓滿成功，作品做得精巧美觀，先決條件就是必須要有銳利的工具；同樣的，學者要培養仁德，也有先決條件，就是師友的切磋琢磨。顏淵篇曾子所說的「以友輔仁」，就是這樣的用意。「居是邦」三個字，是教子貢隨處取益。大夫用「事」、士用「友」字，是因大夫、士地位的尊卑而有所不同。至於大夫特指「賢者」，而士特指「仁者」，「賢」與「仁」並無分別，皇侃義疏說：「大夫言賢，士云仁，互言之也。」邢昺疏也說：「互文也。」賢、仁二字，在論語中也有解作同義的，如述而篇記子貢問伯夷、叔齊的為人，孔子首先稱讚說：「古之賢人也。」最後又說：「求仁而得仁。」既稱伯夷、叔齊為「賢人」，又稱他們「得仁」，可見「賢」字與「仁」字同義。孟子盡心篇下也說：「不信仁賢，則國空虛。」仁、賢二字連用，也作同義詞用。所以，賢指賢德，仁指仁德，都指道德修養而言。

第十一章

顏淵問為邦㈠。子曰：「行夏之時㈡，乘殷之輅㈢，服周之冕㈣，樂則韶舞㈤。放鄭聲㈥，遠佞人㈦。鄭聲淫㈧，佞人殆㈨。」

【提旨】孔子答覆顏淵的詢問，列舉治理邦國的辦法。

【釋詞】

㈠為邦　猶如先進篇：「為國以禮」的「為國」，治理邦國的意思。「為」字作動詞用。

㈡行夏之時　據古史記載，夏朝用的自然曆，以建寅之月（舊曆正月）為每年的第一個月，春、夏、秋、冬四季，都能合乎自然現象。周朝則以建子之月（舊曆十一月）為每年的第一個月，而且以冬至日為元日。這樣雖然在觀測天象方面比以前進步，但實用起來卻不及夏曆方便於農業生產。卽使在周朝時，也有許多國家仍然用夏朝的曆法，孔子也主張採行夏曆。

㈢乘殷之輅　輅、音路（ㄌㄨˋ），商代木製的車輛，比周代以金玉為飾的車輛自然而質樸些。

㈣服周之冕　服、作動詞用，戴的意思。冕、禮帽；周朝的禮帽比以前華美。

㈤樂則韶舞　樂、音樂。韶、舜時的音樂；舞、同武，周武王時的音樂。

㈥放鄭聲　放、朱註：「謂禁絕之。」捨棄、罷廢的意思。鄭聲、指鄭國的樂曲。

㈦遠佞人　遠、讀去聲（ㄩㄢˋ），斥退、使其遠離的意思。佞人、善於口辯、諂媚的小人。

㈧淫　過於常度的意思，並非男女淫欲的淫，指樂音的靡漫無節、缺乏中正和平的韻致。

㈨殆　危險的意思。

【譯義】顏淵問怎樣去治理國家。孔子說：「治理一個國家，時令方面最好採行夏朝的曆法，交通工具乘用殷朝的木車，禮服方面服用周朝的禮帽，音樂方面就用韶樂和武樂。禁絕鄭國那種過度無節的樂聲，排除善於口辯諂媚的小人。因爲鄭國的樂聲靡漫，而善口辯的小人危險。」

【析微】顏淵所問的是治理國家的方法，而孔子答覆他的，不但適用於治理國家，甚至也適用於治理天下，因爲孔子非常器重顏淵的才德，所以應用「中人以上，可以語上」的原則答覆他。孔子舉出治理國家或天下的幾項主要措施，對歷代的良好制度，都有所採擇，他眞是一位最能擇善折衷的政治理論家。古代以農立國，國家採行的曆法，必須與農民的耕作、生產相配合，才能收到治理人民的效果。尙書堯典說：「敬授人時。」論語學而篇說：「使民以時。」孟子梁惠王篇說：「不違農時。」可見執政者的行政措施，與農民耕作的時令密切相關。孔子所以主張採用夏曆，誠如朱註所說：「蓋取其時之正，與其令之善。」因爲由夏曆所配合的時令，最能適應廣大農民的需要，也最能方便政府對人民施行政教，所以孔子的選擇是最恰當不過的。至於車輛採用商朝的輅，是由於商輅質樸而堅實。左傳桓公二年說：「大輅、越席，昭其儉也。」大輅是殷輅的一種，誠如邢昺疏所說：「取其儉素，故使乘之。」朱註也說：「爲質而得其中也。」至於禮冠採用周冕，因爲冕是禮冠中最尊貴的，如國君卽位、納后、祭祀都服用它。周冕雖然華美，但因爲是國家重典所用，所以孔子不但不反對，而且還非常贊同。如泰伯篇曾讚美禹：「致美乎黻冕。」朱註解釋說：「其爲物小，而加於衆體之上，故雖華而不爲靡，雖費而不及奢，夫子取之，蓋亦以爲文而得其中也。」除以上三項之外，孔子還特別提到音樂，禮記樂記篇說：「移風易俗，莫善於樂。」我們由論語的記載，可知孔子相當重視音樂，也深深了解對民間風俗的影響。至於何以取韶樂與武樂？八佾篇記載孔子批評韶樂：「盡美矣！又盡善也。」批評武樂：「盡美矣！未盡善也。」所以何晏集解和朱子集註都以爲「樂則韶舞」是「取其盡善盡美。」關於音樂，孔子還特別主張「放鄭聲」，原因是「鄭聲淫」。可知提倡雅樂，摒絕流行的靡靡之音，是孔子對美化與淨化社會人心所作的努力。另外，又主張「遠佞人」，因爲「佞人殆」。這種人表面甜蜜，心術邪惡，往往顚倒是非，淆亂善惡，最是危險人物。朝廷有了這種人，將使君主受矇蔽，忠良受誣詔，國家受損失，人民受禍害，所以孔子特別深惡痛絕，而主張徹底排除。

第十二章

子曰：「人無遠慮㈠，必有近憂㈡。」

【提旨】孔子告誡人們：凡事應謀慮深遠，否則即將身受憂患。

【釋詞】

㈠遠慮　事先作深遠的謀慮。

㈡近憂　眼前所遭遇的憂患。

【譯義】孔子說：「一個人如果遇事沒有深遠的謀慮，必然會遭受眼前的憂患。」

【析微】本章孔子告訴我們：一個人無論做人做事，一定要眼光放遠，事前要經過一番精思熟慮，以防患於未然。在我國先秦典籍中，也有類似的言論，如易經繫辭篇說：「安不忘危，存不忘亡，是以身安而國家可保也。」又如詩經豳風鴟鴞篇說：「迨天之未陰雨，徹彼桑土，綢繆牖戶。今此下民，或敢侮予？」這幾句詩，是以鳥爲譬喻，意思是說：趁天還沒有陰暗下雨之前，就剝取那桑樹根的皮，以纏結、修補巢中的通口。我這樣及時準備，今後巢下面的人們，誰敢來欺侮我呢？後世有「未雨綢繆」的成語，就是從這裏來的。孟子公孫丑篇曾引這幾句詩，並引述孔子的讚辭說：「爲此詩者，其知道乎！能治其國家，誰敢侮之？」意思是：做這首詩的人，他眞了解有備無患的道理啊！如果君主能以這種態度去治理國家的話，誰敢去侵侮他呢？又如荀子仲尼篇說：「智者之舉事也，滿則慮嗛，平則慮險，安則慮危，曲重其豫，猶恐及其禍，是以百舉而不陷也。」易經、詩經和荀子的話，都在說明要有「遠慮」，而孔子這兩句話，卻從反面立說，然後肯定其後果，不但言簡意賅，而且更富於力量和啓示，眞是發人深省和值得我們持守不渝的行爲眞理。

第十三章

子曰：「已矣乎㈠！吾未見好德㈡如好色㈢者也。」

【提旨】孔子感歎當時人只貪愛美色，而不篤好道德。

【釋詞】

㈠已矣乎　感歎詞，朱註說：「歎其終不得而見之也。」

㈡好德　愛好美德；好、讀去聲（ㄏㄠˋ），愛好的意思。

㈢好色　愛好美色；色、指女子的美貌。

【譯義】孔子說：「今後恐怕見不到了吧！我始終沒見過一個愛好道德，就像愛好美色的人一樣。」

【析微】本章正與公冶長篇所謂：「已矣乎！吾未見能見其過、而內自訟者也。」所感歎的語氣相同。「已矣乎」三字是感歎今後有生之年恐怕見不到了，是一種表示無望、甚至絕望的感歎詞。可見當時絕大多數人只愛戀女子的美色，極少有愛好道德修養的人，像愛好女子美色那樣專一、那樣深切的。子罕篇也有同樣的話說：「吾未見好德如好色者也。」又可見孔子當時曾屢次地這樣感歎過。尤其是一般國君和卿大夫們，大多沉迷於女色，不但個人的道德修養因而荒廢，而且國家的政治事務也必然怠忽。如魯定公十二年，孔子五十五歲時，以司寇攝行相事，三個月的工夫，魯國大治，於是鄰邦齊國以美女、音樂餽贈魯國，當時執政的季桓子樂得三天不上朝，孔子因見他這樣好色，國家前途無望，就憤然辭職，離開祖國，前往衛國。不料衛國的國君靈公也是一個好色之徒，常與他美貌妖豔的夫人南子同車，招搖過市。這種貪愛美色的風氣，直到戰國時還很普遍，如孟子梁惠王篇載齊宣王對孟子坦白地說：「寡人有疾，寡人好色。」本章孔子對當時國君及卿大夫們普遍好色的風氣，固然發出了深沈的感歎；而孔子的用意，是希望他們能移好色之心以好德。

第十四章

子曰：「臧文仲㈠其㈡竊位㈢者與！知柳下惠㈣之賢而不與立㈤也。」

【提旨】評論魯國大夫臧文仲不能舉用賢能，猶如竊居其位。

【釋詞】

㈠臧文仲　魯國大夫臧孫辰，歷任莊公、閔公、僖公、文公四朝的官職，餘見公冶長篇第十八章註。

㈡其　表示推測的語氣詞，大概、恐怕的意思。

㈢竊位　邢昺疏說：「竊，盜也；魯大夫臧文仲知賢不舉，偷安於位，故曰竊位。」劉寶楠正義說：「竊，如竊盜之竊，言竊居其位，不讓進賢能也。」

㈣柳下惠　魯國賢者，姓展名獲，字禽，又字季。柳下是他所食的采邑名，大約在齊國以南、魯國北部，當二國交界的地方。惠是他死後的私諡（不由國家授予的諡號），據劉向列女傳，是由他妻子的倡議、門人的贊同而定的。古人稱人，有時以所食邑名加上諡號，故稱柳下惠。

㈤不與立　朱註：「與立、謂與之並立於朝。」不與立、就是不推舉他擔任官職、與自己同立於朝廷的意思。

【譯義】孔子說：「臧文仲大概是個只會做官而不管事的官吏吧！他明明知道柳下惠是個賢人，卻不舉用他在朝廷擔任官職。」

【析微】臧氏在魯國世爲司寇，臧孫辰還兼任過司空，以他的地位、聲望和力量，足以推薦、任用像柳下惠這樣有賢德的人，但他沒有這樣做，所以，孔子批評他是個「竊位者」，猶如說他是個「尸位素餐」的人。朱註解釋「竊位」說：「言不稱其位」，又說：「如盜得而陰據之也。」孔子下這樣的評論之後，又自己說出原因，是由於他知賢不舉。據左傳、國語的記載，臧孫辰在位時，明知有柳下惠其人；而且微子篇記載柳下惠曾爲「士師」，正是臧孫辰的屬下。臧孫辰不舉用柳下惠的眞正原因不得而知，由孔子的話看來，他知賢而不舉，至少沒有盡到他舉用賢能的責任，這在古代叫做「蔽賢」。臧孫辰在魯國算是一位賢大夫，而孔子以「竊位者」的話來貶責他，這是責備賢者的意思，以此警惕、勉勵在位的人要舉用賢才。

第十五章

子曰：「躬自厚㈠，而薄責於人㈡，則遠怨㈢矣。」

【提旨】孔子勉勵人們：對自己的過失，要嚴格責備，對他人應常存寬恕之心。

【釋詞】

㈠躬自厚　本來應當作「躬自厚責」，因下文「薄責於人」而省略了「責」字。躬、作「己身」講；躬自、猶如自己，與詩經衞風氓篇的：「靜言思之，躬自悼矣」的「躬自」用法相同。厚、作「重」或「嚴厲」講。躬自厚、就是對自己的過失，要嚴加責備的意思。

㈡薄責於人　對別人的錯處，只需輕微的責備；也就是從寬原諒他人的過失。薄、作「輕微」講。

㈢遠怨　遠離怨恨、他人的怨恨不致接近自己的意思。遠、讀去聲（ㄩㄢˋ）。

【譯義】孔子說：「對自己的過失，要能嚴格的責備，然而對他人的錯處，卻只需輕微的責難，從寬原諒，這樣自然不會招致別人的怨恨了。」

【析微】孔子教人厚責自己、薄責他人，不但是自我修身之道，也是與人交接之道，更是遠離怨恨的方法。顏淵篇孔子曾回答樊遲說：「攻其惡，無攻人之惡，非修慝與？」認爲責備自己的缺點，而不攻擊他人的壞處，就足以消除怨恨，與本章的意旨大略相同，都是一方面就自我修身、一方面就與人交接而言。這是一件事的兩方面，唯有這樣修己待人，才不致與人發生磨擦、發生衝突；才能與人平安相處、和諧相處；別人自然樂意與自己交往，那裏會招來怨恨呢？朱子集註解釋說：「責己厚，故身益脩；責人薄，故人易從；所以人不得而怨之。」董仲舒春秋繁露仁義法篇說：「以仁治人，義治我。」就是以仁厚寬大之心對待他人，以嚴厲正直的態度對待自己。又說：「求諸己，謂之厚；求諸人，謂之薄。自責以備，謂之明；責人以備，謂之惑。」無異對本章的發揮。又徐幹中論修本篇以春秋爲例說：「孔子之制春秋也，詳內而略外，急己而寬人。故於魯也，小惡必書；於衆國也，大惡始筆。」更進而申論說：「夫見人而不自見者謂之矇，聞人而不自聞者謂之瞶，慮人而不自慮者謂之瞀（音冒ㄇㄠˋ，無知的意思）。故明莫大乎自見，聰莫大乎自聞，睿莫大乎自慮。」把孔子的意思發揮得更精微。相傳宋代學者呂東萊，少年時性情嚴苛急切，自從讀了本章之後，德性、度量變得寬宏起來，可見善讀本章的人，不但可以遠離怨恨而已，更能懲止內心的憤激，孔子這話的確是修己待人最好的原則。

第十六章

子曰：「不曰『如之何㈠、如之何』者，吾末如之何㈡也已矣！」

【提旨】孔子教人處事要審愼考慮，有步驟、有方法的去做，這樣的人才能教育成材，否則將無法敎誨。

【釋詞】

㈠如之何　猶如「如何」，怎麼辦的意思，其中「之」字指所面臨、所考慮的事情。朱註說：「如之何、如之何者，熟思而審處之辭也。」

㈡末如之何　就是無可奈何、無法施以敎誨的意思。末、作「無」字講。

【譯義】孔子說：「凡是在做事之前，不審愼考慮地說：『這件事該怎麼辦、這件事該怎麼辦』的人，我對他也沒有辦法教誨了。」

【析微】依朱註的解釋，「不曰如之何」的「曰」字，是臨事考慮的人自己所說，是心、口互相商量所說。春秋繁露執贄篇說：「子曰：『人而不曰如之何、如之何者，吾莫如之何也矣！』故匿病者不得良醫，羞問者聖人去之，以爲遠功而近有災。」依董仲舒的說法，「如之何」是問人的話，那麼上面的「曰」字是向別人所說，是自己竭盡思慮而毫無所得、向人懇求指教所說。這樣解釋，自然也通，意思在教人不要諱疾忌醫，害怕發問，能夠切問而近思，才有向學的誠意，才能作進一步的啓發、指點，而教育成材。論語中凡一個詞說兩遍的，如雍也篇的「觚哉、觚哉」！憲問篇的「使乎、使乎」！陽貨篇的「禮云禮云」及「樂云樂云」等，都是爲了加重語氣，使人特別注意，本章重複地說：「如之何、如之何」？用意也相同。至於最後的「吾末如之何也已矣」一句，正如子罕篇的「說而不繹，從而不改，吾末如之何也已矣」的語氣，是說對以上這種人沒有辦法，字面上顯示孔子對這類人的失望，裏面則寓有敎戒人們臨事多加考慮、或多多請教的意思。

第十七章

子曰：「羣居終日㈠，言不及義，好行小慧㈡，難矣哉㈢！」

【提旨】孔子告誡人們：成羣聚居時，要以善道相切磋，不可以非義、小慧相誘引。

【釋詞】

㈠羣居終日　羣居、一羣人相處在一起的意思；終日、整日、一天到晚的意思。

㈡好行小慧　好、讀去聲（ㄏㄠˋ），愛好；行、猶如表現、賣弄；小慧、小聰明的意思。

㈢難矣哉　鄭玄註：「言終無成。」就是難有所成的意思。朱熹註：「言其無以入德，而將有患害也。」與鄭註可以相通。

【譯義】孔子說：「一羣人整天相處在一起，所說的沒有一句正經話，喜歡賣弄一點小聰明，這種人要希望他進德修業，是很難有什麼成就的。」

【析微】有些人相聚在一起，一言一行，都不遵循正道，「終日」而「言不及義」，可見毫無思義之心。所謂「義」，就是義理。不說有道理的話，而瞎扯胡聊，談話的內容，不是荒誕不經，如所謂「怪力亂神」之類；就是穢惡不堪，毫無意義可言；這種人自然難以進入道德的領域，也難以有重大的成就，因爲他們不以學問文章相研討，不以道德品行相勉勵，卻浪費許多寶貴的時間在無聊的閒談中。不但如此，而且還專好表現些小才智，賣弄點小聰明，以投機取巧的方式，獲得個人的名利，而陵駕於人，誇耀於人，這種人自然難以進入道德的領域，也難以有重大的成就，因爲他們不把聰明才智作正當的發揮，不以正當的手段，循正當的途徑，表現基於道德的大聰明、大才智；卻處心積慮於機變巧僞的小聰明、小才智；這種人卽使能僥倖成功於一時，最後終必徹底失敗的。所以，孔子總結地感歎一句：「難矣哉！」這「難矣哉」三個字所含的意義，除了鄭玄、朱熹的解釋之外，如蔣伯潛廣解四書以爲：「難以使改善也。」又如竹添光鴻論語會箋以爲：「謂難以立於世也。」都解說得通。總之，孔子敎人交友要特別審愼，不可與邪曲的人交往，要像曾子說的：「君子以文會友，以友輔仁。」（見顏淵篇末）

第十八章

子曰：「君子義以爲質㈠，禮以行之㈡，孫以出之㈢，信以成之㈣，君子哉！」

【提旨】孔子讚美君子做人處事，本末終始，都非常完備。

【釋詞】

㈠義以爲質 「以義爲質」的倒裝語，義是做人、處事適宜的態度、合理的方法；質是本質、本體或基本的意思。

㈡禮以行之 「以禮行之」的倒裝語，下兩句的結構相同，其中「之」字指上文的「義」。禮以行之、就是依循禮節去實行的意思。

㈢孫以出之 孫、通遜，謙遜；出、出言，鄭玄註：「孫以出之，謂言語。」全句是以謙遜的言語表達出來的意思。

㈣信以成之　信、信實、誠實；成、完成的意思。

【譯義】孔子說：「君子做人處事，以適宜、合理爲基本原則，並依循禮節去實行，以謙遜的言語表現出來，以眞誠信實的態度，去達成做人處事的道理，這才算是一個眞正的君子啊！」

【析微】本章前後兩度用「君子」，前一「君子」是稱君子的名，後一「君子」是歎美、讚許爲眞正的君子，所以並不重複。「義以爲質」一句是全章的主體，以下三句都在完成這一句。換句話說：「義」字是全章的主眼，「禮」、「孫」、「信」三者都是用來維繫「義」的。禮記禮運篇說：「何謂人義？父慈、子孝、兄良、弟弟、夫義、婦聽、長惠、幼順、君仁、臣忠，十者謂之人義。」這些都是做人的義理，本章也兼論處事的義理。左傳襄公十一年說：「夫樂以安德，義以處之，禮以行之，信以守之，仁以厲之。」其中四個「之」字都指上文的「德」字而言，與本章「禮以行之」等三句的「之」字指上文的「義」字，文例完全相同。必須依循禮節以行義，是因爲人與人之間有尊卑的分際，所以禮是義的規矩準繩。左傳僖公二十八年說：「禮以行義，信以守禮。」荀子大略篇說：「行義以禮，然後義也。」都可以與本章「義以爲質，禮以行之」的話相互發明。至於「信以出之」，憲問篇有「危行言孫」的話，本章也是兼及行爲與言語，因爲以「義」爲內在的本質，發而爲外在的表現，不外乎行爲與言語，而行爲所當遵循的最佳準繩，莫過於禮節；言語所當遵循的最佳準繩，莫過於謙遜；而眞誠信實的態度，才足以完成做人、處事的義理。「信以成之」的「信」，固然就是誠實，不過並非「孫以出之」之後，方才「信以成之」，這句雖然最後舉出，卻是貫徹始終的。因爲唯有誠實，則禮不至成爲虛文，而義也不至變爲假義。大學說：「物有本末，事有終始，知所先後，則近道矣！」本章所說的君子，有本有末，愼終善始，當然是值得讚許的眞正君子了。」

第十九章

子曰：「君子病㈠無能㈡焉，不病人之不己知也。」

【提旨】孔子闡明君子爲學，在求充實自己，只怕沒有眞實才能，不必躭心不出名。

【釋詞】

㈠病　憂患、以爲遺憾的意思，作動詞用。

㈡無能　沒有眞實才能的意思。

【譯義】孔子說：「君子只憂愁自己沒有眞實的才能，並不憂愁別人不知道自己。」

【析微】本章與里仁篇孔子所說：「不患莫己知，求爲可知也。」及憲問篇孔子所說：「不患人之不己知，患其不能也。」意旨相同。所謂「能」，是經過學習之後所具備的眞實才能。如雍也篇孔子稱許弟子的：「由也果」、「賜也達」、「求也藝」，都屬於才能，而且是從事政治工作難得的才能。因爲果敢決斷、通達事理和多才多藝，都是由學問培養、鍛鍊出來的才幹和能力，都是任官行政所必須具備的。尚書大禹謨說：「天下莫與汝爭能。」又周官篇說：「推賢讓能。」禮記禮運篇說：「選賢與能。」孟子公孫丑篇也說：「賢者在位，能者在職。」都可以證明自古以來，才能是官吏的重要條件，而才能來自學問，所以本章實際上是教人重視學問。這是根本的要圖，有了學問，自然有才能；有了學問才能，自然就有名譽，這才是實至名歸，不是徒務虛名可比的。

第二十章

子曰：「君子疾㊀沒世㊁而名不稱㊂焉。」

【提旨】孔子勉人及時進德修業，以建立善名，流芳於世。

【釋詞】

㈠疾　與上章的「病」字相似，有憂慮、慚愧、悔恨的意思。

㈡沒世　「沒身於世」的簡略，就是終身以至死的意思。

㈢稱　稱道、稱揚的意思，這裏作被動詞用。

【譯義】孔子說：「君子引以為恨的，是身死以後，他的聲名不被人們所稱道。」

【析微】史記孔子世家說：「子曰：『弗乎！弗乎！君子病沒世而名不稱焉。吾道不行矣！吾何以自見於後世哉？』」以為是孔子作春秋時說的話。孔子以名立敎，後世有所謂名敎，從來沒有厭惡過人的好名，只是必須求得名實相符。徐幹中論考僞篇說：「貴名乃所以貴實也。」張栻論語解說：「有是實則有是名，名者所以命其實也。終其身而無實之可名，君子疾之，非謂求名於人也。」至於孔子以名立敎的言論，除本章外，如易經繫辭傳下說：「善不積，不足以成名。」孝經開宗明義章說：「立身行道，揚名於後世，以顯父母。」論語里仁篇說：「君子去仁，惡乎成名？」後世如孟子也說過：「好名之人，能讓千乘之國。」（見盡心篇下）又說：「令聞廣譽施於身。」（見告子篇上）所謂「令聞廣譽」就是「名」。可見孔子一向贊成人應該由積善、行道、爲仁而立名，以爲人所稱譽，以永垂後世；孟子也不反對好名和博取美名。顧炎武日知錄解釋說：「疾名之不稱，則必求其實，君子豈有務名之心哉？」又分辨說：「古人求沒世之名，今人求當世之名。」都足以闡發孔子的意思。

第二十一章

子曰：「君子求諸己㈠，小人求諸人㈡。」

【提旨】孔子區別君子、小人爲人、處世的基本態度不同。

【釋詞】

㈠求諸己　凡事責求自己的意思，如努力進德修業，以求充實自己。求、責求；諸、「之於」二字的合音。

㈡求諸人　凡事求之於他人的意思，自己沒有眞正的學問道德，只求別人知道自己、稱譽自己。

【譯義】孔子說：「君子進德修業，是爲了充實自己，所以事事都責求自己努力；小人沒有眞才實學，爲了博得虛名，所以處處求取他人的稱譽。」

【析微】本章所謂「求諸己」、「求諸人」，旨在說明君子與小人遇事所抱的基本態度不相同；至於君子那些事求諸己，小人那些事求諸人，可以說一切爲人處世的事都包括在內。由於本章接連上兩章之後，意義上有相互連貫之處，所以我在註釋和譯文中都偏就這一方面解說。前章「君子病無能焉，不病人之不己知也。」就是本章「君子求諸己」的意思。相反的，小人不憂慮自己沒有才能，只愁別人不知道自己。至於上章「君子疾沒世而名不稱焉。」似乎君子也在求名，不過君子所求的，是死後不朽的英名，需在道德、事功或言論文章方面有值得人稱譽的事實，不是小人沽名釣譽、苟求當世的虛名可比的。中庸說：「正己而不求於人。」大學說：「君子有諸己，而後求諸人。」都與本章「君子求諸己」的旨意相同。至於「小人求諸人」，與君子完全相反，只求別人知道自己、稱譽自己，而不問自己有沒有眞實的才能、學問或道德。

第二十二章

子曰：「君子矜㈠而不爭㈡，羣㈢而不黨㈣。」

【提旨】孔子闡述君子持守己身及與人共處的態度。

【釋詞】

㈠矜　音今（ㄐㄧㄣ），朱註說：「莊以持己曰矜。」就是以莊重自持、莊嚴自守的意思。

㈡不爭　不會與人發生爭執的意思。

㈢羣　朱註說：「和以處衆曰羣。」就是合羣、與人和諧相處的意思。

㈣不黨　不會流於朋比阿私的意思。黨、作朋黨、阿比講。

【譯義】孔子說：「君子立身行己，以莊重自持，而不會與人發生爭執；與人和諧相處，而不會流於朋比阿私。」

【析微】本章「君子矜而不爭」的「矜」字，有介然獨立、耿介自持的意思，與下句「羣而不黨」的「羣」字正相反。「莊以持己」與「和以處衆」都有產生流弊的可能，唯有不與人相爭、不與人結黨營私，才夠得上君子的操守。由於君子沒有私心，所以才能做到「不爭」與「不黨」。所謂「矜而不爭」，應當解作矜而不至於爭，是就個人的立身而言；所謂「羣而不黨」，應當解作羣而不流於黨，是就與人相處而言。全章與中庸所說的「君子和而不流」及「中立而不倚」文例相同。八佾篇孔子曾說：「君子無所爭」，本章又說：「君子矜而不爭」，一般人所爭奪的，不外乎個人的權位、名利，君子以謙虛爲懷，以禮讓爲主，除了公理的是非，正義的曲直等該爭的道理之外，是別無所爭的。爲政篇說：「君子周而不比。」子路篇說：「君子和而不同。」這兩個意思都包含在「羣而不黨」中，因爲君子與人相交，正如里仁篇所謂「義之與比」，是唯義是從的。

第二十三章

子曰：「君子不以言舉人㈠，不以人廢言㈡。」

【提旨】孔子闡述君子聽取言語、任用人才，都持心公平，不單憑一言一行的得失而遽下判斷。

【釋詞】

㈠不以言舉人　不單憑言語爲準，而舉用人才的意思。

㈡不以人廢言　不因爲某人的身份不高、或行爲不善，而輕易廢棄、抹煞他言論的價值。

【譯義】孔子說：「君子不因爲某人言語動聽，而冒然舉用他；也不因爲某人身份不高、或行爲不善，而輕易廢棄他言論的價值。」

【析微】平常人對於人的善與不善，往往只憑他的言語考察；對於言語的善與不善，又往往只憑他的身份或行爲決定。君子則不然，因爲人的言語雖然動聽，卻難保他行爲是否善良？才學是否高超？所謂「桀、紂之心，能爲堯、舜之口。」孔子於憲問篇曾經說：「有言者不必有德。」所以，如果單憑言語來舉用人才，是很不審愼的方法，必須如公冶長篇孔子所說：「聽其言而觀其行。」以免一般不肖份子，粉飾空言，以圖進用。同樣的道理，君子對於他人的言語，不會由於他地位不夠，或行爲不正，而把他有道理、有價値的話也一概抹煞，所謂「芻蕘之言，聖人擇焉。」曹子建與楊德祖書說：「夫街談巷說，必有可采；

擊轅之歌，有應風雅；匹夫之思，未易輕棄也。」也是這個意思。因爲言論的價值，純粹在言論的本身，與發言人的其他條件，並沒有直接的關聯。

第二十四章

子貢問曰：「有一言㈠而可以終身行之㈡者乎？」

子曰：「其恕㈢乎！己所不欲，勿施於人。」

【提旨】孔子教誨子貢：終身奉行恕道，做到推己及人。

【釋詞】

㈠一言　劉寶楠論語正義：「一言、謂一字。」所以下文孔子用一個「恕」字答覆子貢。

㈡終身行之　畢生奉行它的意思。終身、就是一生；之、指上文的「一言」。

㈢其恕　其、表示揣測的語氣詞，有大概、恐怕的意思。恕、推己及人的意思。

【譯義】子貢問孔子說：「有一個字可以終身奉行的嗎？」孔子說：「可以終身奉行的，恐怕只有一個『恕』字吧！凡是自己所不願意接受的一切，不要加在別人身上，這就是『恕』。」

【析微】子貢所問的「一言」，與爲政篇孔子所說：「詩三百，一言以蔽之，曰思無邪」的「一言」不同，「一言以蔽之」的「一言」是指一句話，而本章的「一言」，確如劉寶楠的解釋，是指一個字而言。如古人稱著書數萬言、數十萬言及詩體中的四言、五言、七言等，都是以一字爲一言。孔子以一個「恕」字回答子貢，是因爲「恕」的工夫比較淺近而容易做到。里仁篇孔子告訴曾參：「吾道一以貫之」，後來曾子告訴其他同學說：「夫子之道，忠恕而已矣！」「忠」、「恕」二字，既然是孔子的一貫之道，其中「忠」字的含義，除了盡己、盡心之外，還有它積極方面的意義，就是要做到「己欲立而立人，己欲達而達人」，這未必是每個人都有條件去實行的；而實行「恕」的方法，只是「己所不欲，勿施於人」，是行爲上比較基本的作法，所以孔子在這裏只提出「恕」，而沒有談到「忠」。孔子接下來說的「己所不欲，勿施於人」，固然是說明實行「恕」的方法、工夫，也無異於爲「恕」字自己下了一個定義，既說明了「恕」的內容，也劃定了「恕」的界限。公冶長篇子貢曾說：「我不欲人之加諸我也，吾亦欲無加諸人。」正與「己所不欲，勿施於人」的意義相同；而且顏淵篇孔子曾以同樣的話答覆仲弓問仁，可見恕道的確是孔子很注重的、做人的基本道理，它是實行仁道的方法之一。同時，它是基於人我之間的相對關係，而發爲推己及人的一種道德認識與言行表現，譬如自己不願別人在言詞上侮辱我，因而我也不在言詞上侮辱別人；自己不願別人在行動上排擠我，因而我也不在行動上排擠別人。不過孔子的話中，並沒有說明是否「己所欲」的可以「施於人」。因爲人的嗜欲或願望，不一定相同，有自己所欲而爲別人所不欲的，也有自己所不欲而爲別人所欲的，譬如人人愛吃美味，但有人愛吃辣的，以辣爲美味，有人則正好相反，可見人的所欲可能是大不相同的。因此，孔子提出「恕」字，只說到消極的一面，而並不包含積極的一面，是很有分寸的說法。

第二十五章

子曰：「吾之於人也，誰毀誰譽㊀？如有所譽者，其有所試㊁矣。斯民㊂也，三代㊃之所以直道㊄而行也。」

【提旨】孔子自述品評人的善惡，應本於正直之心，作愼重的考察。

【釋詞】

㈠誰毀誰譽　「毀誰譽誰」的倒裝語，朱註說：「毀者，稱人之惡而損其眞；譽者，揚人之善而過其實；夫子無是也。」毀、非議、毀謗；譽、過份稱揚、讚譽的意思。

㈡試　試驗、考察的意思。

㈢斯民　指今世的人民。

㈣三代　夏、商、周三代。

㈤直道　至公無私的治道。

【譯義】孔子說：「我對於衆人，曾經毀謗過那一個？讚譽過那一個？如果有被我讚譽過的人，那一定是經過切實考驗的。因爲現在的這些人民，都是經過夏、商、周三代的聖王用正直之道教化而來的，他們心裏都有是非曲直的觀念，作爲行事判斷的準則，我怎能任由一己的私心而隨便批評呢？」

【析微】對人的批評，不外毀與譽，或者有所非議，或者有所稱揚，論語中如子張篇記叔孫武叔毀仲尼，憲問篇記公明賈讚譽公叔文子，都與事實不相符，這是不當的毀譽。孔子本人從不作這樣不當的非議與稱揚，他進而說明他的方法是：「如有所譽者，必有所試矣。」

這個「試」字，表示在毀、譽之前，必定經過實際考察的階段，證明了對方善、惡的事實眞相以後，再依正直的、也就是至公無私的原則去加以評議。論語中孔子常稱讚他的得意弟子顏回，這是因爲經過考察之後，顏回值得稱讚的緣故。爲政篇孔子說：「吾與回言終日，不違如愚。退而省其私，亦足以發，回也不愚。」其中「退而省其私」的「省」字，就是孔子對顏回私下的學習生活所作的實際考察，結果證明他是聰明的。又如本篇第二十八章說：「衆惡之，必察焉；衆好之，必察焉。」其中的「察」字也是這種考驗求證的工夫，這充分顯示孔子認眞、不苟且的態度。上文說到毀與譽，下文卻只舉出「如有所譽」，而沒有提到「毀」，其實「毀」自然包括在內，當然也需經過「試」的階段，這是古人文章因此見彼的例子。正如易經繫辭傳解釋「幾」字說：「吉之先見者也。」而沒有提到「凶」，其實「凶」自然包括在內。至於下文「斯人」二字，是上承「吾之於人也」的「人」字說的，末句正解說了上文：「吾之於人也，誰毀誰譽」的原因，其中「直道」二字也正顯示了孔子主張對毀譽應持的準則。

第二十六章

子曰：「吾猶及㈠史之闕文㈡也，有馬者借人乘之㈢，今亡㈣矣夫！」

【提旨】孔子感歎時俗多穿鑿，不免自以爲是。

【釋詞】

㈠猶及　還能夠見到的意思。

㈡史之闕文　古代史官在史書中殘缺的文字，不敢附會增補，表示謹愼存疑的態度。包咸註說：「古之良史，於書字有疑則闕之，以待知者。」闕、同缺。

㈢有馬者借人乘之　包咸註：「有馬不能調良，則借人乘習之。」意思是：有馬的人，自己不會訓練馴良，就借給他人乘用練習。

㈣亡　音義同「無」。指沒有「史之闕文」和「有馬者借人乘之」兩種情形。

【譯義】孔子說：「我還能夠見到史官在史書上殘缺的文字，有馬的人，自己不會訓練馴良，就借給別人乘用練習，現在已沒有這樣的情形了。」

【析微】本章孔子所慨歎的，是兩件不相關的事，「史之闕文」和「有馬者借人乘之」，其間並沒有什麼關連。漢書藝文志引本文，沒有「有馬」等七個字，因而宋人葉夢得石林燕語懷疑這七個字是衍文。現在沒有其他更可靠的證據，證明這一句確實是衍文之前，還是把它和第一句看成兩件事比較妥當。孔子對於不了解的知識、事物，一向主張闕疑，爲政篇他曾對子張說：「多聞闕疑。」又說：「多見闕殆。」子路篇又曾對子路說：「君子於其所不知，蓋闕如也。」他認爲：「知之爲知之，不知爲不知，是知也。」所以，他對古代史官能在史書上保留闕文的謹愼態度，表示十分讚賞，也許他在壯年或中年時曾親自見到過當時史官們這種良好的作風，可惜到了春秋末期，史官們都缺乏這種素養，使孔子大爲感歎。漢書藝文志說：「古制書必同文，不知則闕，問諸故老；至於衰世，是非無正，人用其私。故孔子曰：『吾猶及史之闕文也，今亡矣夫！』蓋傷其寖不正。」引本章而略去「有馬」等七字，因爲那與所論的問題無關。許愼說文解字叙說：「書曰：『予欲觀古人之象』，言必遵修舊文，而不穿鑿。孔子曰：『吾猶及史之闕文也，今亡矣夫！』蓋非其不知而不問，人用己私，是非無正，巧說衺辭，使天下學者疑。」也引述孔子的話，以批評穿鑿而不能存疑的末俗。

至於「有馬者借人乘之」一句，因春秋時養馬是重大的事務，國家戰爭需用馬，所謂萬乘之國、千乘之家，或千乘之國、百乘之家，國力的強弱，都是以馬來計算。禮記曲禮說：「問大夫之富，數馬以對。」大夫的財富，也以馬爲計算的標準，可見「馬」已成爲當時社會衡量財物的單位。有馬的人能借人乘用，顯示他慷慨而能濟人，風俗人情的純厚，可想而知，公冶長篇子路所謂：「願車馬、衣輕裘，與朋友共。」正是這種精神。春秋末期，人民疲於兵戰，有馬的人已不可多得，「借人乘之」的事更不容易，所以，引起孔子深深的感歎。

第二十七章

子曰：「巧言亂德㈠；小不忍㈡，則亂大謀㈢。」

【提旨】孔子教人愼聽言語，容忍小憤。

【釋詞】

㈠巧言亂德　搬弄是非的花言巧語，足以惑亂人心常存的德性。

㈡小不忍　小事不能忍耐的意思。
㈢亂大謀　足以敗壞大計謀的意思。

【譯義】孔子說：「撥弄是非的花言巧語，足以惑亂人的德性；小事如果不能容忍，就足以敗壞大的計謀。」

【析微】孔子在憲問篇說：「有言者不必有德。」因爲一個只善於言語的人，往往流於所謂利口辯捷，而不講求道德。所謂「巧言」，猶如今人所說的「花言巧語」，都是些撥弄是非的話，朱註說：「巧言變亂是非，聽之使人喪其所守。」因爲這種「巧言」往往顚倒黑白，混淆耳目，容易擾亂人們心中所常守的德性。孟子盡心篇下引孔子的話說：「惡佞，恐其亂義也。」所謂「佞」，與本章的「巧言」相當；所謂「亂義」，與本章的「亂德」正相同。「巧言亂德」四個字的用意，在告誡人們善自聽取言語，不要爲「巧言」所惑，而變亂了自己平常所堅守的德性。

至於「小不忍，則亂大謀。」主要的用意，當然在告誡人們養成容忍的習性，尤其是在小事情、小憤怒上，如果不能忍受一時情緒的衝動，很可能將破壞所計謀的大局。朱註解釋說：「小不忍，如婦人之仁、匹夫之勇皆是。」因爲一般婦人，往往過份仁慈，因而缺乏堅決的意志，當斷而不斷，所謂姑息養奸，就是由於「小不忍」所造成的。又一般人基於血氣的小勇，因不能忍受一時情緒的憤激，缺乏義理爲勇氣的根本，往往不當斷而斷，所謂輕躁速禍，也是由於「小不忍」所造成的。竹添光鴻論語會箋說得好：「蓋世界上事，無必成之功業，而有必不可易之義理。君子爲其當爲，不牽於所愛，不徇以私情。」而「小不忍」所不忍的事，除了小忿、小仁、小恩之外，也包括吝惜財物而不忍捨棄，以及遇到小利而貪婪不捨，它們的後果，也都會「亂大謀」。

第二十八章

子曰：「衆惡之㈠，必察焉㈡；衆好之㈢，必察焉。」

【提旨】孔子告誡人們：對衆人的好惡，不可全信，必須親自考察，以定取捨。

【釋詞】

㈠衆惡之　大家都厭惡他。衆、指衆人；惡、音務（ㄨˋ），厭惡；之、指稱所厭惡的人。

㈡必察焉　一定經過自己仔細的考察。

㊂衆好之　大家都喜歡他。好、讀去聲（ㄏㄠˋ），愛好；之、指所愛好的人。

【譯義】孔子說：「大家都厭惡這個人，一定要經過自己詳盡地考察之後，證實他果然是個惡人，才可以捨棄；大家都喜愛這個人，也一定要經過自己謹愼地考察之後，證實他果然是個善人，才可以取用。」

【析微】子路篇有這樣一段話：「子貢問曰：『鄉人皆好之，何如？』子曰：『未可也。』『鄉人皆惡之，何如？』子曰：『未可也。不如鄉人之善者好之，其不善者惡之。』」與本章的意義可以互相發明。所謂「鄉人」，是指一鄉的人，就是衆人。衆人的好惡是不足爲憑的，何晏集解引王肅註說：「衆或阿黨比周，或其人特立不羣，故好惡不可不察也。」因爲衆人所好的人，可能由於同流合汚，阿比黨同的行爲，往往容易取悅衆人，所以不可全信，應當作進一步的考察，以求證實；衆人所厭惡的人，也許由於特立獨行，不善於迎合衆人的脾胃，所以也不可全信，也應當作進一步的考察，以求證實。尤其是做政治領袖的人，任用人才，必須如此，才足以眞正了解人的善惡，而決定最後的取捨。里仁篇孔子曾說：「惟仁者能好人，能惡人。」衆人不可能全是仁者，所以，他們的好惡，不可能絕對公正而不偏私，這是必須再作考察的根本原因。

第二十九章

子曰：「人能弘道㈠，非道弘人㈡。」

【提旨】孔子闡明道在人爲，它能否發揚光大，全靠人的努力。

【釋詞】

㈠弘道　弘揚人生眞理的意思。弘，作動詞用，朱註：「廓而大之也。」就是發揚光大的意思。道，指仁道，人生當然之理，就是人生眞理。

㈡非道弘人　人生眞理是由人去發揚，去實踐的，它本身是一個無爲的道體，並不能促使人類達到高明、廣大的境域。弘人，就是弘揚人的價值。

【譯義】孔子說：「人能夠弘揚人生的眞理，而眞理本身卻並不能弘大人的價值。」

【析微】古人所謂「道」，相當於今人所謂「眞理」。宇宙人生最高的眞理雖然只有一個，但可以分爲兩大類：一是關於人的眞理，可以簡稱人道，就是中國儒家所說的「仁道」，它是人之所以爲人的道理，凡是倫理道德等人生哲學，都是它的內涵；一是關於物的眞理，可以簡稱物理，它是物之所以爲物的原理，凡是聲光化電等物質科學，都是它的內涵。中國古人最注重的是人的眞理，換句話說：最注重人生價値的發揚。孔子、孟子所講的「道」，是儒家對人生所認定的最高眞理，每個人都有責任去發揚它、實踐它。發揚這一人生眞理，就是古人所謂的「明道」；而實踐這一人生眞理，就是古人所謂的「行道」。人的力行，足以使「道」發揚光大，充分發揮人生的價値。孔子對「道」的內容，從來沒有作過具體的說明，孟子在告子篇下用比喻說：「夫道若大路然。」把人生的眞理，比作一條寬廣的康莊大道。唐人韓愈作過題爲原道的文章，開宗明義就說：「博愛之謂仁，行而宜之之謂義，由是而之焉之謂道。」把孔、孟所提倡的仁、義兩種最高德目都包括了進去，那麼儒家之道就是仁義之道。不過「仁」是中心，行「仁」而得宜就是義，昌黎先生的話，很能擷取儒家思想的精髓。「道」本身沒有大小，隨人的才能、力量而可大可小，猶如水本身沒有大小，隨器皿的形狀而可大可小。一盆水可以使水大，一杯水又可以使水小，自然界如池塘、沼澤、湖泊、海洋也是如此，可見容器可以使水大，正如人力可以使道體弘大一樣。孔子的用意，主要在勉勵人力行不懈，以弘揚仁道。仁道是無所不在的，人隨時隨地都可以去發揚和實踐仁道，正如朱子所說：「人外無道，道外無人。」道與人是不可須臾離的。至於「非道弘人」一句，集解引王肅註說：「才大者道隨大，才小者道隨小，故不能弘人。」朱註則說：「人心有覺，而道體無為，故人能大其道，道不能大其人也。」因為「道」是一個虛靜的本體，它本身不能產生力量，是人去推動它，才會產生力量，這力量可以無比大。大學說的「誠意、正心、修身、齊家、治國、平天下。」中庸說的「唯天下至誠，為能盡其性；能盡其性，則能盡人之性；能盡人之性，則能盡物之性；能盡物之性，則能贊天地之化育；可以贊天地之化育，則可以與天地參矣！」都足以說明「人能弘道」，而「平天下」、「與天地參」都是「弘道」功效的極致。相反的，如果人不去力行實踐、發揚光大，聽由道體自然存在，則人的價值便無從發揮，人無從「致廣大」、「極高明」，所以「道」是不能「弘人」的。

第三十章

子曰：「過㈠而不改㈡，是謂過矣！」

【提旨】孔子勉勵人們勇於改過。

【釋詞】

㈠過　名詞而兼動詞用，有了過失、犯了過錯的意思。

㈡不改　不肯悔改、不願改正的意思。

【譯義】孔子說：「一個人犯了過失而不肯改正，這才叫做眞正的過失。」

【析微】孔子常勸人改過遷善，述而篇他曾自以爲：「不善不能改，是吾憂也。」凡是人都不免犯過，有了過失，要能改正，才算可貴，子罕篇孔子所謂「改之爲貴」，就是這個道理。俗語說：「人非聖賢，孰能無過？過而能改，善莫大焉！」也是勸人勇於改過的話。學而篇孔子曾說：「過，則勿憚改。」敎人對改過不要害怕、不要畏難。朱註說：「過而能改，則復於無過；惟不改則其過遂成。」因爲有過失而能改正，就不再成爲過失；如果不能改正，則過失終究還是過失。韓詩外傳卷三引孔子說：「過而改之，是不過也。」就是根據本章的話而反過來說的。穀梁傳僖公二十年說：「過而不改，又之，是謂之過。」則是從正面說而完全根據本章的。

第三十一章

子曰：「吾嘗終日不食，終夜不寢，以思㈠；無益㈡，不如學也。」

【提旨】孔子由自身的體驗，深知求學在於實踐，空思不學，將得不到實際益處。

【釋詞】

㈠以思　而去空自思想的意思。以、表示轉折語氣的連接詞；思、指思而不學的空思、幻想之類。

㈡無益　無所獲益、得不到實際益處的意思。

【譯義】孔子說：「我曾經整天不吃飯，整夜不睡覺，而去憑空思索；結果毫無益處，還是不如實際去學習的好。」

【析微】爲政篇孔子曾說：「學而不思則罔，思而不學則殆。」這兩句話，在說明「學」與

「思」不容偏發，否則必然會產生弊端。這只是從道理上說的，而本章卻是由經驗得來。孔子年輕時，可能曾經爲某些問題，而廢寢忘食地勞心苦思過，但是卻得不到一點效益，這才深深體驗到：憑空思慮不如實際學習有益。因此，以他親身的經歷作現身說法，勸勉人們切實下工夫去求學。因爲窮思冥想，心遊神馳，往往茫無頭緒，不着邊際；如果按部就班，以前人的閱歷經驗爲根據，去閱讀他們的書籍，研究他們的學說，這才是有憑有據、有本有原的學習方式，這樣才能獲得實際的效果、眞正的益處。求學問的步驟，中庸說得最詳密，就是「博學之，審問之，愼思之，明辨之，篤行之」五個階段，一步一步的求精求實，最後以篤實的踐行去貫徹它，其中「學」與「思」的工夫，自然不容分割，「學」是基本的工夫，而「思」是深入的工夫，「學」是「思」的基礎，因之徒思而不學，自然要落空了。

第三十二章

子曰：「君子謀道㈠不謀食㈡。耕㈢也，餒在其中㈣矣；學㈤也，祿在其中㈥矣。君子憂道不憂貧。」

【提旨】孔子勉勵士人爲學，志在求道，不以祿食貧賤爲憂慮。

【釋詞】

㈠謀道　只專心致力於謀求人生眞理。謀、謀取、營求的意思。

㈡不謀食　不專心致力於謀求俸祿衣食。食、與本篇三十八章：「事君敬其事而後其食」的「食」相同，指祿食，包括俸祿衣食。

㈢耕　指耕田種植的事，舉此爲「謀食」的一個例子。

㈣餒在其中　餒、音內的上聲（ㄋㄟˇ），飢餓的意思。餒在其中、是說如果遇到水旱凶荒的年歲，飢餓也不免在耕種的時候發生。其、指稱上文的「耕」。

㈤學　指學道致用的事，舉此爲「謀道」的一個例子。

㈥祿在其中　祿、猶如上文的「食」，指俸祿衣食之類。祿在其中、是說如果發奮讀書求道，俸祿衣食自然就在學成致用的時候獲得。其、指稱上文的「學」。

【譯義】孔子說：「君子只專心致力於謀求人生眞理，而不專心致力於謀求衣食俸祿。譬如耕田種植以謀求食物，假如遇上水旱凶荒的年歲，飢餓也不免發生；至於學習道藝以謀求眞理，只要努力奮進，學成以後，俸祿自然就可獲得了。所以君子只憂慮求不到眞理，並不憂慮貧窮的境遇。」

【析微】本章可分三層意思：「君子謀道不謀食」二句，是讀書人應有的基本態度。述而篇說：「志於道。」里仁篇說：「士志於道。」因爲「道」是人生的眞理，是士人所應該追求的崇高目標。諸如謀取學問的增進、營求道德的修養，都是「謀道」。如果放棄追求眞理的責任，而以謀得衣食俸祿爲目的，就是所謂「謀食」。一個有志氣、有抱負的讀書人，應當堅持眞理的追求爲終生的鵠的，而不應當專心一志於衣食的滿足，與俸祿的謀求。下文「耕也，餒在其中」與「學也，祿在其中」，是就「謀食」與「謀道」各舉一例，以比較兩者的後果。耕耘的事就是「謀食」，雖然比寒窗苦讀容易有收穫，但一遇荒年，仍不免有飢餓之苦，可見專志於「謀食」，不一定能得食；相反的，如果專志於「謀道」，只要奮鬥不懈，學問道德有成，可以出仕爲官，享受國家的俸祿，生活自然無虞，「謀食」的問題也自然解決了，豈不一舉兩得嗎？這是第二層意思，用意在說明「謀道」的效果，遠勝於「謀食」。所以最後孔子下結語說：「君子憂道不憂貧。」貧窮不足爲憂，道不成才是値得憂慮的事。全章的主旨，無非在勸人學，學道以致用。

第三十三章

子曰：「知及之㈠，仁不能守之㈡，雖得之，必失之。知及之，仁能守之，不莊以涖之㈢，則民不敬。知及之，仁能守之，莊以涖之，動之不以禮㈣，未善也。」

【提旨】孔子談論在位執政的人，應具備聰明的才智、仁愛的德性、莊重的態度、合理的行動，才算完善。

【釋詞】

㈠知及之　才智足夠知道治理國家的道理。知、同智。

㈡仁不能守之　爲私欲所蔽，仁德不能固守。

㈢不莊以涖之　不以莊重的態度去治理人民。莊、莊嚴的威儀，或莊重的態度；涖、同蒞，面臨的意思，引申可作統馭、治理講。

㈣動之不以禮　動員人民不依合理、合法的原則。

【譯義】孔子說：「一個人的聰明才智，如果足以明白治理國家的道理，而他的仁德卻不能固守，常被私欲所蒙蔽，那麼卽使一時得到了人民的擁戴，終必還會失去人民的。如果才智足以治理國家，仁德也能固守，但卻不能以莊重的態度去臨治人民，那麼人民就不會尊敬。再進一步說：如果才智足以治理國家，仁德也能固守，並能以莊重的態度去臨治人民，但發號施令、動員人民，卻不依禮制，還是不能算完善的。」

【析微】本章專就在位執政的人，說明他們必須具備才智，以了解他們職位以內的政治事務；並須具備仁德，有公正廉明、忠貞信實的操守，才足以固守他的政治地位。此外，還必須具備莊嚴的威儀，以取得人民的敬重；最後，更須依循先王的禮制，以爲一切政治行動的準則；這樣才是最完善的政治條件，假如任缺其一，都不能算是一個完善的政治領袖。上自一國之君，下至一個地方的父母官，莫非如此。本章共有十一個同樣的提指詞「之」字，依包咸註的意思，似乎是指執政者的政治地位而言；但從「不莊以涖之」及「動之不以禮」的「之」字看來，顯然是指人民而言。事實上，執政者的政治地位，必須民心的擁護，才能鞏固，所以，所謂「得之」與「失之」，既可以說成「得位」與「失位」，也可以解爲「得民」與「失民」。邢昺疏說：「得位由知，守位由仁。若人知能及治其官，而仁不能守，雖得祿位，必將失之。」解釋得很順理。但孟子離婁篇說：「桀、紂之失天下也，失其民也。失其民者，失其心也。得天下有道，得其民，斯得天下矣！得其民有道，得其心，斯得其民矣！」由這段話看來，本章的「得之」、「失之」解作「得民」、「失民」，也很自然而合理。所謂「仁不能守之」，就是不能以仁守之，「仁」字放在句首，是爲了與「知及之」一句相對成文。「守之」可以解成「守位」，但大戴禮武王踐阼篇記師尚父的話說：「且臣聞之：以仁得之，以仁守之，其量百世；以不仁得之，以仁守之，其量十世；以不仁得之，以不仁守之，必及其世。」劉寶楠論語正義說：「是言凡得民者，皆當以仁守之也。」可見執政者的政治地位與民心的支持與否是密切相關的。爲政篇孔子對季康子說：「臨之以莊則敬」，正是本章「不莊以涖之，則民不敬」的正面說法。左傳襄公三十一年記北宮文子的話說：「有威而可畏謂之威，有儀而可象謂之儀。君有君之威儀，其臣畏而愛之，則而象之，故能有其國家，令聞長世；臣有臣之威儀，其下畏而愛之，故能守其官職，保族宜家。」這段話足以說明執政者必須有威儀，才能贏得人民的敬畏。最後，還須依禮來貫徹政治行動，因爲「禮」是先王用來治理國家政治事務的工具，爲政篇所謂「齊之以禮」，正是這樣的政治原則。

第三十四章

子曰：「君子不可小知㊀，而可大受㊁也；小人不可大受，而可小知也。」

【提旨】孔子區分君子與小人的才質、德量深淺不同。

【釋詞】

㊀小知　以小事情、小技藝而見知於人的意思。小、指細小的事務、技藝或才能之類；知、作被動詞用，被人了解、賞識的意思。

㊁大受　接受大責重任的意思。大、指重大的任務；受、作主動詞用，接受、擔當的意思。

【譯義】孔子說：「君子志量宏遠，不能在小事情上得知他的長處，但他的器識才德，卻可以擔當大責重任；小人志量淺狹，不能擔當大責重任，但他也有些聰明技巧，可以在小事情上了解他的長處。」

【析微】本章是泛論君子、小人才質、德量的深淺，而寓有任賢、使能的意思在內。這裏的「小人」，是指有小才幹而沒有大德行的人，並非奸邪、卑鄙的那種小人。前後兩節各有一個「知」字與「受」字，朱註說得很清楚，他說：「知、我知之也；受、彼所受也。」所以「知」與「受」兩個動詞，一是被動詞，一是主動詞，性質不同。朱註又進而解釋通章的意義說：「蓋君子於細事未必可觀，而材德足以任重；小人雖器量淺狹，而未必無一長可取。」朱子解說君子的「可大受」，是由於「材德足以任重」，所謂「任重」，就是泰伯篇曾子所說：「仁以爲己任，不亦重乎」的「任重」。同篇曾子又說：「可以託六尺之孤，可以寄百里之命，臨大節而不可奪也。君子人與？君子人也！」託孤寄命，大節不奪，都是君子「可大受」的任務和表現。可見君子平時能肩負起行仁的使命，在緊要關頭，更能臨危受命、守住大節而不可奪。至於「不可小知」，誠如竹添光鴻論語會箋所說：「如書算小能、米鹽細務、及一切纖巧技藝，不必多能，此所謂不可小知也。」小人則完全相反，他往往在小事務、小才能、小技藝上有所表現，容易受人賞識；但才德、器量有限，不足以擔當大任。論語會箋又引申到用人方面說：「此章是示用人者，當隨其器局，勿以小知責君子，勿以不可大受棄小人。一以見君子、小人各適於用，取材貴廣；一以見君子、小人不可乖於用，掄選貴精。」更引淮南子主術訓說：「是故有大略者，不可責以捷巧；有小智者，不可任以大功。人有其才，物有其形。有任一而太重，或任百而尙輕。是故審毫釐之計者，必遺天下之大數；不失小物之選者，惑於大數之舉。譬猶狸之不可使搏虎，虎之不可使搏鼠也。」對本章的含義，發揮得十分精當。

第三十五章

子曰：「民之於仁也，甚於水火㊀。水火，吾見蹈而死者㊁矣，未見蹈仁而死者㊂也。」

【提旨】孔子以譬喻闡明仁道是人生莫大的急務，以勉勵人們勇於實踐仁德。

【釋詞】

㊀甚於水火　鄭玄註：「甚於水火、於仁最急也。」連上文的「民之於仁」解釋，就是人民對於仁道的需要，比水火更爲急切的意思。

㊁水火，吾見蹈而死者　「吾見蹈水火而死者」的倒裝句。蹈、本作踐履講，這裏可解作陷溺的意思。全句是說：我曾見過因溺於深水、或陷於烈火中而致死的人。

㊂蹈仁而死者　因踐履仁道而致死的人。

【譯義】孔子說：「人民對於仁道的需要，比需要水火更爲急切。我曾見過因溺身於水、或陷身於火中而致死的人，卻從來沒見過因踐履仁道而致死的人。」

【析微】本章可分爲兩節，上節是「民之於仁也，甚於水火」，孔子取民生最需要的水火爲例，與仁道比較緩急，而認爲仁道急於水火。邢昺疏說：「言水火飲食所由，仁者善行之長，皆民所仰而生者也，若較其三者所用，則仁最爲甚也。」朱註更進而解釋何以仁道甚於水火說：「民之於水火，所賴以生，不可一日無，其於仁也亦然。但水火外物，而仁在己，無水火不過害人之身，而不仁則失其心，是仁有甚於水火，而尤不可以一日無者也。」由「水火，吾見蹈而死」以下爲下節，孔子又以水火與仁道比較利害，認爲身行仁道，有利而無害；但身歷水火，則有生命之危；總在提醒人們勇於行仁。所以朱註說：「水火或有時而殺人，仁則未嘗殺人，亦何憚而不爲哉？」孟子盡心篇上說：「民非水火不生活。」可見民生日用之間，水火是最切身之物，但孔子認爲仁道更切用於人生，因爲仁者人也，它是人之所以爲人的道理，諸如孝順父母、敬愛兄長，凡厚於人倫的做法，都屬於仁道。實踐仁道的極致，莫過於逑而篇所謂「求仁而得仁」、本篇第九章所謂「殺身以成仁」，都有全而歸之於仁的積極意義，與蹈仁而死大有區別，事實上蹈身於仁是絕不至於白白犧牲生命的，所以孔子說：「未見蹈仁而死者也。」

第三十六章

子曰：「當仁㊀，不讓於師㊁。」

【提旨】孔子勉人勇於行仁，凡仁之所在，雖師長也無所謙讓。

【釋詞】

㊀當仁　正當實行仁德的時候，或面臨合於仁道的事。當、如當時的當，有正値、面對的意思。

㊁不讓於師　行仁的事，如救危解難，應勇往直前，卽使遇到師長，也不須謙遜多讓的意思。

【譯義】孔子說：「弟子侍奉師長，凡事都應謙讓，但面臨實行仁道的事，便應不顧一切，勇往直前的去做，卽使當着師長，也不必謙讓。」

【析微】本章與上章「民之於仁也，甚於水火」的話，都在說明仁道是人生莫大的急務。孔安國註說：「當行仁之事，不復讓於師，言行仁急。」解釋得很簡要而確切。劉寶楠論語正義則說得比較詳密，他說：「此章是夫子示門人語，蓋事師之禮，必請命而後行，獨當仁則宜急行，故告以不讓於師之道，恐以展轉誤人生死也。」對於合乎仁道的事，固然應該勇於擔當自任，但「當仁」的「當」字，不能直接解作擔當，只是正當其時的意思。正如孝經諫諍章所說：「故當不義，子不可以不爭於父」的「當」；也正如禮記學記篇：「當其爲師，則弗臣也」的「當」。普通賓主之間須相讓，長幼、朋友之間也都須相讓，弟子侍奉師長，更須相讓。所謂「不讓」，猶如不後於人，形容勇往直前的心情，正如先進篇孔子告冉求說：「聞斯行之」，只管去做，不必顧慮其他。

第三十七章

子曰：「君子貞㈠而不諒㈡。」

【提旨】孔子說明君子處事的態度，只依循正理，不固執小信。

【釋詞】

㈠貞　孔安國註：「貞、正也。」朱子集註：「貞、正而固也。」就是堅守正道的意思。

㈡諒　孔安國註：「諒、信也。」朱子集註：「諒、則不擇是非而必於信。」就是固執小信的意思。

【譯義】孔子說：「君子堅守正道，而不肯不問是非曲直，固執小信。」

【析微】本章所謂「貞」，就是認明正理，而確守不易的德操。賈誼新書道術篇說：「言行抱一謂之貞。」凡是人的言語、行爲，固守着一個正確的原則，而始終不改變，就是「貞」。

正如易經乾卦的卦辭：「元亨利貞」的「貞」，乾卦文言解釋說：「貞者，事之幹也。」又說：「貞固足以幹事。」說明了「貞」德的效用。師卦的象辭直接解釋「貞」字的意義說：「貞、正也。」文言既與「固」字連用，可見它是一種堅定不移的大信，與下文的「諒」字訓爲小信，恰好相反。「諒」字與憲問篇：「豈若匹夫匹婦之爲諒也」的「諒」字相同，是固執而不知變通的小信，孔子一向不贊成，如子路篇答覆子貢說：「言必信，行必果，硜硜然小人哉！」孟子離婁篇下也說：「大人者，言不必信，行不必果。」孔子說：「言必信」、孟子說：「言不必信」的「信」，都指小信而言。不問是非曲直，說話必求固執小信、行動必求果決的人，孔子曾斥爲小人，所以君子不如此，君子是「貞而不諒」的，是「言不必信，行不必果」的，孟子所謂「大人」，正如孔子所稱的「君子」。陽貨篇孔子曾說：「好信不好學，其蔽也賊。」只是一味好信，而不知憑學識以判斷它的是非，結果將有害於道，也就是有害於事理；正恐有人固執小信而不知變通，犯上「其蔽也賊」的毛病，所以孔子才說出：「君子貞而不諒」的話。

第三十八章

子曰：「事君，敬其事㊀而後其食㊁。」

【提旨】孔子闡述臣子事奉君主，應以盡力職事爲先務，將俸祿的事置之度外。

【釋詞】

㊀敬其事　愼重地盡心力於官守職事。敬、與學而篇「敬事而信」的「敬」相同，有恭敬謹愼、戰戰兢兢、盡心竭力的意思。事、指職位上應盡的事務。

㊁後其食　將祿食的事置之度外。後、與雍也篇「仁者先難而後獲」的「後」相同，有置諸腦後、置之度外、不存於心念之間的意思。食、與三十二章「君子謀道不謀食」的「食」相同，指祿食，就是俸祿的事。

【譯義】孔子說：「臣子事奉君主，應該恭敬謹愼地盡心盡力於職位以內的事務，把個人俸祿的多寡、增減的問題置之度外。」

【析微】邢昺疏解釋本章說：「言當先盡力，敬其職事，必有勳績，而後食祿也。」邢氏的意思：做臣子的人，應當先負責盡職，努力於本份的工作，必然會建立勳勞功績，然後自然能享受到國家優厚的俸祿。可想而知：在工作之前，個人俸祿的多少或增減，不必繫心縈懷，專意計較，而應該以認眞工作爲先務。朱註也解釋得很恰當，他說：「君子之仕也，有官守者修其職，有言責者盡其忠，皆以敬吾之事而已，不可先有求祿之心也。」禮記表記篇引孔子的話說：「事君，軍旅不辟（同避）難，朝廷不辭賤，處其位而不履其事，則亂也。故君使其臣，得志則愼慮而從之，否則孰（同熟）慮而從之，終事而退，臣之厚也。」這段話就是說的：「事君，敬其事。」可以用來闡釋本章。又檀弓篇說：「仕而未有祿，去。」劉寶楠論語正義因而說：「可見當時人臣居位，有不得祿，然祇去位則可，若在位而但計及食祿，不復敬君之事，則大不可。」儒行篇所謂：「先勞而後祿。」就是本章「敬其事而後其食」的意思。

第三十九章

子曰：「有教㈠無類㈡。」

【提旨】孔子談論他的教育主張，是機會均等的教育。

【釋詞】

㈠有教　對於任何人，只有一視同仁的施以教化。

㈡無類　沒有貧富、貴賤、智愚、賢不肖等類別。

【譯義】孔子說：「君子設教興學，對受教的對象，不加選擇，讓他們機會均等。只有一視同仁的給予教育，而不分貧富、貴賤、智愚、賢不肖等任何類別。」

【析微】孔子以前的教育，是官師合一的制度。圖書典冊，都藏在官府，教育大權，操在王官手裏。因此，如果不去做官，就無從接受古代書籍的知識，也無從獲得師長的教誨。到孔子時，才打破這種王官制度，在魯國設教興學，開私人講學的風氣。凡是來向他問學求教的人，不問身世的貴賤，不論家境的貧富，不分天資的智愚，也不管德性的賢與不肖，都一概收列門牆，同樣施以教化。在他的弟子中，如孟懿子是世卿子弟，仲弓是賤人子弟，顏淵的簞食陋巷，子貢的貨殖屢中，家境或貧或富，又如高柴的愚昧，曾參的魯鈍，子羔的身材矮小，澹台滅明的面貌醜陋，莫不在孔門進學受業。甚至如達巷黨人、互鄉童子、空空鄙夫、泛泛或人，以及時君世卿、太師封人，有時請見請問，孔子莫不竭力相告。他完全實現了「有教無類」的教育主張，述而篇說：「自行束修以上，吾未嘗無誨焉。」也就是「有教無類」的意思。同篇互鄉難與言章所謂：「人潔己以進，與其潔也，不保其往也。」充分發揮了這種可貴的教育精神。後世尊稱他是至聖先師，是萬世師表，正由於他具備這種偉大的教育精神。

第四十章

子曰：「道不同㈠，不相爲謀㈡。」

【提旨】孔子說明與人共學共事，必須謹愼，若志趣不合，不可相謀。

【釋詞】

㈠道不同　彼此主張不同、志趣不合的意思。道、指所奉行的道術，或德業的趨向。

㈡不相爲謀　不必相互商議、計謀的意思。爲、朱註讀去聲（ㄨㄟˋ），相爲、猶如相與。

【譯義】孔子說：「如果彼此主張不同，志趣不合，不必相互商議計謀。」

【析微】本章所說的「道」字，包含的意義很廣，大體指各人所宗奉的道術、所進修的德業，由於宗旨各不相同，因而主張不相合，趨向不一致，彼此所抱持的態度也就大有差異。譬如有人看重道義，有人則愛好私利；有人專意自修，有人專求虛名；他們之間，如果共學共事，步調絕不會一致的，要是相與計謀，以求意見相合，無異於南轅北轍，背道而馳，結果愈離愈遠。個人意見如此，一家學說也如此，孔子時，已有老子之道；稍後於孔子，又有墨翟、楊朱之道。凡周秦諸子、盛行於戰國時代的各家道術，大多萌芽於孔子前後。孔子明知各家倡行道術的人，都以自己所倡行的道術爲是，而以他家所倡行的道術爲非，因而認爲只有各行其道，各不相謀，才能維持彼此間的平衡關係。後世學者，往往攻擊他人或他家的學說，而孔子則不然，這是孔子偉大的地方。孟子曾以爲伯夷、伊尹和柳下惠三人不同道，他們同樣都是爲善的人，而處世態度卻各不相同。劉寶楠論語正義說：「案孟子又言：『君子之行不同也，或遠或近，或去或不去，歸潔其身而已矣！』歸潔其身、道也；而遠近、去不去，行各不同，則不能相爲謀也。」又引史記老莊申韓列傳說：「『世之學老子者，則絀儒學，儒學亦絀老子。道不同，不相爲謀，豈謂是耶？』亦以老子之學，與儒不同，未可厚非也。」這些話都可以闡述本章的意思。

第四十一章

子曰：「辭㈠，達㈡而已矣！」

【提旨】孔子闡明修辭的準則，以明白通達爲主。

【釋詞】

㈠辭　指言辭與文辭。

㈡達　意思通達。

【譯義】孔子說：「言語和文章，只要把自己的意思說得明白通暢就夠了。」

【析微】本章是孔子發表他對修辭的意見，正如易經乾卦文言所說的「修辭立其誠。」只要本於內在誠實的心意，明白曉暢、通達無礙地發而爲外在的言辭或文辭，就已足夠完成表達情意的使命了。易經和論語的話，正好一內一外，一本一末。所以孔安國解釋說：「凡事莫過於實，辭達則足矣，不煩文豔之辭。」因爲無論言語或文章，所表達的不外乎事，而事自有實情，這就是所謂事實。如果言辭或文辭虛飾富豔，必然過於實情，所以孔子認爲辭以達爲貴。春秋時代，諸侯以邦交爲重，因而一個臣子出使於四方國家，能夠「不辱君命」，則孔子讚賞之；如果「不能專對」，則孔子有所譏評（並見子路篇）。公羊傳說：「大夫出使，受命不受辭。」所謂辭，就是專對之辭，也就是與人應答的言語。當時的外交辭令，無論出自使臣口中的言辭，或見於簡編的文辭，大多浮誕華麗，虛靡成風，缺乏內在的眞誠，由左傳的記載，可見一斑，這是孔子所不取的，所以才提出：「辭達而已」的主張。儀禮聘禮記說：「辭無常，孫（同遜）而說（同悅）。辭多則史，少則不達，辭苟足以達，義之至也。」臣子出使各國，聘問對答的言辭，過多與過少，都不適宜，唯有達意爲貴。錢大昕潛研堂文集據聘禮記這段文字解說論語，以爲本章的「辭」也是指聘問的言辭而言，但其他的言語文字，道理也不外乎此，所以還是兼舉爲宜，朱子集註解釋說：「辭取達意而止，不以富麗爲工。」就是把「辭」字看作一般的言語文字。

第四十二章

師冕㈠見㈡，及階，子曰：「階也。」及席㈢，子曰：「席也。」皆坐，子告之曰：「某在斯㈣，某在斯。」

師冕出，子張問曰：「與師言之道與？」子曰：「然，固相㈤師之道也。」

【提旨】記述孔子接待盲樂師時，周到、仁慈而尊敬的態度。

【釋詞】

㈠師冕　師、指樂師，周禮樂師都單稱師；冕、這樂師名冕。冕是一位盲目的樂師，古代常用盲人爲樂師，以便殘而不廢。

㈡見　朱註音現（ㄒㄧㄢˋ），來見孔子的意思。

㈢席　坐席、坐位。

㈣某在斯　某人坐在這裏的意思。某、指在座的人。

㈤相　讀去聲，音向（ㄒㄧㄤˋ），作動詞用。馬融註：「相、導也。」鄭玄註：「相、扶也。」朱熹註：「相、助也。」引導、扶助的意思。

【譯義】魯國的盲樂師冕來拜見孔子，當他走到階前的時候，孔子就對他說：「這裏是臺階。」當他走到坐位前的時候，孔子又對他說：「這裏是坐席。」等大家都坐下來之後，孔子又將在座客人的姓名一一告訴他說：「某人坐在這裏，某人坐在那邊。」師冕告辭出去之後，子張問孔子說：「這就是與盲樂師說話應有的道理嗎？」孔子說：「是的，這本來是扶助盲樂師應盡的道理。」

【析微】由本章的記載，可見孔子對一位盲樂師是如何地盡到他誠敬之心，完全是自然的流露，眞誠地關切；也可見弟子們對孔子的一言一動，觀察細微，所以才記敍得這樣眞實而生動。劉寶楠論語正義引趙佑溫故錄說：「禮迎客於門，每門必讓，降等之客，則於門內。此師冕見，當先有坐客，則第俟諸階，故紀從階始。」趙氏的說法很對。但師冕來見孔子，必然有扶持他的助手一同來，從入門以後，應當立在堂下，所以，當師冕走上臺階，走近坐席，都由孔子權充扶持的人，一處一處相告，又將在座的賓客也一一相告，以便師冕知道，而與客人相互爲禮。「皆坐」二字，可見師冕進來時，孔子已起立迎他進入之外，其餘客人也都起立相候，這時，起立的客人、師冕和孔子都一同入坐，所謂賓主坐定。然後孔子再一一介紹，「某」字本來只是指某人的不定詞，當時在座的不止一人，孔子都以他們的姓名和坐的方向如左右、南北等相告，但記錄的人不能一一都記述下來，所以重複用「某在斯」三字來概括。由於孔子家的廳堂，並非師冕常經歷的地方，而所會的客人，又都是新認識的，所以孔子以主人的身份，這樣詳盡地告訴他、輔相他，完全流露出一派仁厚長者的風度。

第十六篇 季氏

前言

本篇內容，大致如邢昺疏所說：「此篇論天下無道，政在大夫，故孔子陳其正道，揚其衰失，稱損益以教人，舉詩禮以訓子，明君子之行，正夫人之名。」但本篇與前十五篇顯然不同，如第一章記敍詳盡，字數繁多，與前十五篇的簡潔作風不同；又全篇都稱「孔子曰」，與前十五篇單稱「子曰」的文例不同。因而朱註引洪興祖說，懷疑本篇是齊論語；而崔述洙泗考信餘錄卷二，更舉出五點可疑的地方，以爲「非孔氏之徒所記。」徐英論語會箋說得比較妥當，他說：「不稱子曰，而稱孔子曰，蓋七十子後人，鄒魯儒生之所記也。」這是很可信的。因此，本篇雖然不是孔子弟子直接的記錄，但仍是孔門後學憑師說以追記的，仍有它的眞實性。全篇共有十四章。

第一章

季氏㊀將伐顓臾㊁。冉有、季路見於孔子曰：「季氏將有事㊂於顓臾。」

孔子曰：「求！無乃爾是過與㊃？夫顓臾，昔者先王以爲東蒙主㊄，且在邦域之中㊅矣，是社稷之臣㊆也，何以伐爲㊇？」

冉有曰：「夫子㊈欲之，吾二臣者，皆不欲也。」

孔子曰：「求！周任㊉有言曰：『陳力就列㊁，不能者止㊂。』危而不持，顚[一三]而不扶，則將焉用彼相[一四]矣？且爾言過矣！虎兕[一五]出於柙[一六]，龜玉[一七]毀於櫝[一八]中，是誰之過與？」

冉有曰：「今夫顓臾，固[一九]而近於費[二〇]，今不取，後世必爲子孫憂。」

孔子曰：「求！君子疾夫[二一]：舍曰欲之[二二]，而必爲之辭[二三]。丘也聞有國有家者[二四]，不患寡而患不均，不患貧而患不安[二五]。蓋均無貧，和無寡，安無傾[二六]。夫如是，故遠人不服，則修文德以來之[二七]。既來之，則安之。今由與求也，相夫子[二八]，遠人不服，而不能來也；邦分崩離析[二九]，而不能守[三〇]也；而謀動干戈[三一]於邦內。吾恐季孫之憂，不在顓臾，而在蕭牆之內㈢也。」

【提旨】記孔子以大義阻止權臣專恣征伐的陰謀，並嚴責弟子冉有、季路有助人爲惡的過失。

【釋詞】

㈠季氏　指魯國權臣季康子。

㈡顓臾　顓、音專（ㄓㄨㄢ），臾、音俞（ㄩˊ）。魯國的附庸國家，風姓，相傳是伏羲的後裔。今山東費縣西北八十里有顓臾村，大約就是古代顓臾國的故地。

㈢有事　有征伐的事，有軍事行動的意思。

㈣無乃爾是過與　「無乃是爾過與」的倒裝句。無乃、未免是、莫非是的意思；爾、第二人稱指稱詞，指冉有；過、過失、過錯；與、同歟。

㈤東蒙主　東蒙山的祭主。東蒙、山名，就是蒙山，在魯國東部，故稱東蒙，當今山東蒙縣西南。主、主持祭祀的國家。

㈥邦域之中　國家境域之內的意思。

㈦社稷之臣　與國家安危與共的重臣。社稷、指國家；社、土神；稷、穀神；爲天子、諸侯所祭，故常爲國家的代稱。

（八）何以伐為　為什麼要去討伐它的意思。何以、猶如為何；為、語末助詞。

（九）夫子　指季康子。

（一〇）周任　任、音仁（ㄖㄣˊ）。馬融註：「周任、古之良史。」左傳杜預註則以為是周朝的太史。

（一一）陳力就列　陳力、施展、貢獻自己的才力，為國家服務；就列、就身於職位，猶如今人所謂站在崗位上。

（一二）不能者止　不能者、指無能為力、不能貢獻自己才力的時候；止、有停止告退、離職去位的意思。

（一三）顛　顛仆的意思。

（一四）焉用彼相　何必用那個相助的人。焉、作「何」字講；相、讀去聲（ㄒㄧㄤˋ），指輔佐國君的人。

（一五）虎兕　虎、指猛虎；兕、音似（ㄙˋ），野牛，形狀與牛相似，重達千斤，頭上只長一隻角，毛呈青色，皮堅厚，可製鎧甲。

（一六）柙　音匣（ㄒㄧㄚˊ），關虎、兕的木柵欄。

（一七）龜玉　龜、神龜，龜中最神明的一種。莊子秋水篇說：「楚有神龜，死已三千歲矣，王巾笥而藏之廟堂之上。」玉、寶玉，如圭璧之類。神龜和寶玉，都是人所樂於珍藏的寶物。

⑱櫝　音獨（ㄉㄨˊ），藏神龜、寶玉的木匣或木櫃。

⑲固　指城郭堅固完善。

⑳費　音閉（ㄅㄧˋ），季氏的私邑，今山東費縣。

㉑疾夫　疾、厭惡、痛恨的意思；夫、音扶（ㄈㄨˊ）。

㉒舍曰欲之　舍、同捨。全句的意思是：捨去心中想貪圖利益的實話而不肯說。朱註：「欲之，謂貪其利。」

㉓必爲之辭　意思是：一定要另外說出一種掩飾的話；也就是另找藉口，以圖掩飾。

㉔有國有家者　有國、指擁有一國的諸侯；有家者、指擁有一家的卿大夫。

㉕不患寡二句　不患、不憂愁、不害怕的意思。朱註：「寡、謂少民；貧、謂財乏；均、謂各得其分；安、謂上下相安。」據俞樾古書疑義舉例及劉寶楠論語正義說，這兩句疑當作「不患貧而患不均，不患寡而患不安。」因爲「貧」與「均」是就財富說的，下文「均無貧」可以爲證；而「寡」與「安」是就人民說的，下文「和無寡」可以爲證。

㉖傾　傾覆的意思。

㉗修文德以來之　修好仁義禮樂等文敎德業，以招徠人民，使他們歸服的意思。之、指遠人。

㉘相夫子　輔佐季氏。相、音向（ㄒㄧㄤˋ），輔助的意思；夫子、指季康子。

㉙邦分崩離析　國家四分五裂，衆叛親離的意思。

⑳不能守　不能自守、不能固守。劉寶楠論語正義：「四分公室，季氏取二，孟孫、叔孫各一。當時賦稅益繁，誅求無藝，上下相猜，將不能守其邦也。」

㉑謀動干戈　想使用兵力，發動戰爭的意思。干、戈都是作戰時所使用的武器，這裏代表戰爭。干、一名盾，俗稱擋箭牌，用以防禦；戈、就是平頭戟，用來攻擊。

㉒蕭牆之內　蕭牆、就是八佾篇的「塞門」，鄭玄註說：「蕭之言肅也；牆、謂屏也。君臣相見之禮，至屏而加肅敬焉，是以謂之蕭牆。」因蕭牆爲國君所有，故蕭牆之內隱指魯君，朱註說：「其後哀公果欲以越伐魯而去季氏。」不出孔子所料。

【譯義】季氏將出兵攻伐魯國的附庸小國顓臾。冉有、子路一同來見孔子，說：「季氏將對顓臾有軍事行動。」

孔子責備冉有說：「求！這豈不是你的過失麼？那顓臾，從前周代先王封它做東蒙山的祭主，並且還在魯國境內，是國家安危與共的重臣，爲什麼要去攻伐它呢？」

冉有說：「這是季氏要這樣做的，我們兩個做家臣的，都不願意。」

孔子說：「求啊！古代史官周任曾說過：『做臣子的人，能夠貢獻自己的才力，爲國家服務，就站在這個崗位上；如果無能爲力，就應該辭職告退。』若任由國勢危險而不去挽救，國運顚仆而不去扶助，那麼何必用那個輔相國君的人呢？而且你說攻伐顓臾是季氏的主張，你們兩人都不願意，這話更錯了！譬如猛虎、野牛闖出了柵欄，神龜、玉器在櫥櫃裏毀壞了，如果不是管理人員失職，那應該是誰的過錯呢？」

冉有說：「如今顓臾城郭堅固，而且又與季氏的費邑相接近，現在如果不趁早攻取，後代必定成爲子孫的禍患。」

孔子說：「求啊！君子最厭恨的人，就是故意捨去心中貪欲的話不談，卻編造些牽强的言辭來掩飾。季氏要伐顓臾，大概是嫌人民寡少，稅收不多，要取它來增益自己的財富罷了！其實不必這樣，我曾聽說過：凡是有國的諸侯，或有家的卿大夫，不怕國家財富貧乏，只怕分配不平均；不怕人民寡少，只怕內部不安定。因爲只要分配平均，當然大家都自足，國家便不至於貧乏了；大家都能自足，彼此就能和諧相處，互相幫助，自然不嫌人民寡少了；財富既能平均，民心又能和諧，社會自然安定，國家便不至於傾覆了。能夠這樣做到，如果遠方的人民仍不能歸服，便修好仁義禮樂的文化德業去感化他們，使他們自動來歸服。既然來歸服了，就要盡力安撫他們，這才是爲政治國的正道。如今仲由與冉求兩人，輔佐季氏，遠方的人民不歸服，卻不能使他們來歸；國家弄得四分五裂，衆叛親離，卻不能固守；還想在自己國內發動戰爭。像這樣倒行逆施，我所引以爲慮的，恐怕季氏的憂患不在顓臾，而在魯君哩！

【析微】季氏將伐顓臾的事，不見於春秋，大約季氏聽了孔子的話而自動休兵了，否則春秋必然大書而特書說：「季孫斯帥師伐顓臾。」宋人洪興祖就是這樣的看法，朱註引洪氏說：「二子仕於季氏，凡季氏所欲爲，必以告於夫子，則因夫子之言而救止者，宜亦多矣！伐顓臾之事，不見於經傳，其以夫子之言而止也與？」

孔子於哀公十一年由衞國返回魯國，當時子路也跟隨孔子返國。他與冉有同任季氏的家臣，大約是哀公十四年以前的事，後來又前往衞國，而死於孔悝之難。子路比冉有年長，而本章先書冉有的緣故，據竹添光鴻論語會箋說：「蓋是時在季氏，冉有職位在子路之上也，其用事亦可知也！故先書冉有，以明夫子首責冉有之意。」至於下文孔子稱呼二位弟子，先仲由而後冉求，則是依年齡爲先後。子路性情一向粗豪不拘，在孔子面前總是首先發言，而本章與冉有同見孔子，卻全由冉有說話，子路反而一言不發，竹添氏會箋引佐藤坦說：「子路平素率爾先人，唯此時無一言，殆以其心有疚者歟？」這當然只是推測的話，但也不無道理。

「危而不持，顚而不扶，則將焉用彼相矣」三句，包咸註說：「言輔相人者，當能持危扶顚，若不能，何用相爲？」邢昺疏申釋說：「言輔相人者，當持其主之傾危，扶其主之顚躓，若其不能，何用彼相爲？」他們把「相」解作人君的輔佐，而朱註卻說：「相、瞽者之相也。」以爲是協助盲人的助手，一般都取朱註，而我卻獨取包註、邢疏的說法，是有原因的。本來解爲瞽者之相，或國君之相，都可以通，但細加品味，上文既說：「陳力就列，不能者止。」接着又說「危而不持」等三句，必須也是陳述臣子輔相國君的事，才能與上文相稱，如今若忽然舉出瞽者之相，則上下語意似乎不類。人君的輔佐，自古稱相，如左傳定公元年說：「仲虺居薛，以爲湯左相。」而本章下文說：「今由與求也，相夫子。」又憲問篇也說：「管仲相桓公。」都足以爲證。或許懷疑「扶持」二字當用於盲人，但孟子有「疾病相扶持」的話，並非指盲人；而中庸則說：「治亂持危」，正是就國家而言。二人的過失，只在不持不扶，使季氏得以縱其所欲，所以孔子也只這樣責備他們。

最後孔子反對季氏伐顓臾的一段話，顯示了他的政治思想，他認爲國家的禍患，在於財富不均，社會不安。這是針對季氏想擴張土地、人民以增加個人財富而攻伐顓臾的打算，破除他患貧、患寡的心理。國父在民生主義中說：中國只有大貧與小貧，所以社會問題不如泰西各國嚴重，主張平均地權、節制資本，就是所謂「不患貧而患不均。」社會財富平均，則人心和諧，國家安定，自然沒有傾覆的禍患了。

又孔子所謂蕭牆之憂，一般註釋往往解作季氏家內的禍患，而以陽虎的事證實孔子的預料，如鄭玄註說：「後季氏家臣陽虎果囚季桓子。」但「蕭牆」既是國君所有，季氏如有「蕭牆」，則是僭越的行爲，孔子當不會引爲品評的話，況且陽虎囚季桓子的事，發生在定公八年，而季氏將伐顓臾的事，約在哀公十一年以後，孔子無從預知。所可預知的，是當時季氏專權，哀公二十七年，魯君果然想藉越國以伐季氏，所以朱註舉此爲證，而以蕭牆隱指魯君，於時於理，都比較適當。

第二章

孔子曰：「天下有道，則禮樂㊀、征伐㊁自天子出㊂；天下無道，則禮樂、征伐自諸侯出。自諸侯出，蓋㊃十世希不失㊄矣；自大夫出，五世希不失矣；陪臣㊅執國命㊆，三世希不失矣。天下有道，則政不在大夫㊇。天下有道，則庶人不議㊈。」

【提旨】孔子泛論時變的趨勢，分別指出天下有道、無道時，禮樂征伐，所出不同，及衰失的世數。

【釋詞】

㈠禮樂　指制禮作樂的事。

㈡征伐　指出兵作戰、出征討伐的事。

㈢自天子出　由天子決定、由天子發出號令的意思。

㈣蓋　大略、大概的意思。

㈤十世希不失　經歷十代，很少不會失政、失位的。希、作少講。失、指喪失諸侯的政權、爵位。

㈥陪臣　馬融註：「陪、重也，謂家臣也。」邢昺疏：「大夫已爲臣，故謂家臣爲陪臣。」大夫是諸侯的臣子，大夫的家臣對諸侯來說，是臣子的臣子，所以稱爲陪臣。

㈦執國命　秉持國家的政權、掌握國家的政令。

㈧政不在大夫　政治權力不會落在大夫手裏。

㈨庶人不議　孔安國註：「無所非議。」朱子集註：「上無失政，則下無私議。」就是百姓對政府的施政沒有什麼非議。

【譯義】孔子說：「天下太平的時候，制禮作樂、出征作戰的事，由天子決定；可是天下昏亂的時候，制禮作樂、出征作戰的事，卻由諸侯決定。如果由諸侯決定的話，大概傳到十代，很少還能繼續而不喪失他的權位的；如果等而下之，竟由大夫決定的話，傳到五代，很少還能繼續而不喪失他的權位的；如果大夫的家臣竟把持國家的政令，傳到三代，也很少還能繼續而不喪失他的權位的。天下太平的時候，國家的最高政治權力不會落在大夫手裏。天下太平的時候，老百姓對政府的措施就不會有什麼非議。」

【析微】孔子這一段話，大約是從考察歷史演變的軌跡、尤其是當日時事變遷的現象所得出的結論。孔子認爲：古代從堯、舜、禹、湯以及西周的文、武、成、康諸王，都是「天下有道」的時世，當時君臣定位，名器得所，天子擁有發號施令的權柄，所以，禮樂征伐都能「自天子出」。到了春秋時代，就是從魯隱公開始，天子的大權已逐漸旁落；尤其是齊桓公稱霸諸侯以後，周天子已失去發號施令的力量。但齊國從桓公稱霸，經歷孝公、昭公、懿公、惠公、頃公、靈公、莊公、景公、悼公、簡公十世，最後簡公終被陳恒所殺，這是孔子親見的史跡，就是所謂「十世希不失」的結論的由來。又如晉國從文公稱霸，經歷襄公、靈公、成公、景公、厲公、平公、昭公、頃公等，由六卿專權，後來更釀成三家分晉的悲劇，這也大部分是孔子所親見的史實。至於魯國，孔安國註舉例說：「諸侯自作禮樂，專行征伐，始於隱公，至昭公，十世失政，死於乾侯矣！」這更是孔子所親見的結果。至於「自大夫出，五世希不失」的例證，孔安國仍以魯國爲例說：「季文子初得政，至桓子五世，爲家臣陽虎所囚。」魯國從季友以後，子孫如季文子、武子、平子、桓子等世世專政，公族失勢，後來桓子的家臣陽虎擅權，季氏才衰微下來，這當然是孔子所熟知的。至於季氏家臣南蒯、公山弗擾、陽虎之流都當身而敗，不到三世。當時各國家臣也有專政的，孔子說：「三世希不失」，只是放寬說說而已。最後孔子又說到天下有道時的氣象，由於君臣定分，各盡其職，所以「政不在大夫」；庶人正盡力於農耕蠶桑的事，能敦行孝弟忠信，至於政治的得失，固然不暇議論，也無心議論，何況在有道之世，政治清平，無可非議呢？

第三章

孔子曰：「祿㊀之去公室㊁五世㊂矣，政逮於大夫㊃四世㊄矣，故夫三桓㊅之子孫微㊆矣！」

【提旨】孔子慨歎魯國公室微弱，政權落於大夫之手。

【釋詞】

㈠祿　爵祿，指官吏爵祿的決定權。

㈡去公室　離開了魯君的意思。去、離去；公室、指魯國朝廷，國君主持朝政，所以也代指魯君。

㈢五世　指宣公、成公、襄公、昭公、定公五世。

㈣政逮於大夫　政權落到大夫手裏的意思。逮、作及字講。

㈤四世　指魯國專政大夫季文子、武子、平子、桓子四世。

㈥三桓　魯國的三卿：仲孫、叔孫、季孫，都出於桓公，所以稱「三桓」。仲孫後改爲孟孫氏。

㈦微　衰微、微弱的意思。

【譯義】孔子說：「國家官吏爵祿的決定權，離開了魯君朝廷，從魯君來說，已經歷五代了；國家政治號令的發施權，落到了大夫手裏，從專政的季氏來說，已經歷四代了；所以桓公的三房子孫如今也衰微了。」

【析微】本章所感歎的一番用意，與上章隱隱相連。上章是考察歷史和時事所得的結論，只是泛論天下大勢的變遷；而本章則是以魯國的政治現狀爲實證，興起一番慨歎。說這番慨歎的話，古人多以爲在定公時，如鄭玄註說：「言此之時，魯定公之初。魯自東門襄仲殺文公之子赤，而立宣公，於是政在大夫，爵祿不從君出，至定公爲五世矣！」朱子集註也說：「此章專論魯事，疑與前章皆定公時語。」但應修正爲哀公時所說比較合適，因末句：「故夫三桓之子孫微矣！」完全是親見事實而發出慨歎的語氣，並非推論未來的演變，而三桓子孫哀公時才眞正衰微，所以這話大約是哀公初年說的。又「政逮於大夫」所經的「四世」，孔安國以爲文子、武子、悼子、平子；朱熹則以爲武子、悼子、平子、桓子。說法不同，也須修正。左傳昭公二十五年記宋人樂祁的話說：「政在季氏三世矣！」杜預注以爲「三世」指文子、武子、平子。孔穎達疏解釋說：「武子生悼子，悼子生平子，政在季氏，唯云三世，不數悼子者，悼子未爲卿而卒，不執魯政，故不數也。」宣公時季文子已開始專政，所以文子不可少；樂祁沒有說到季桓子，是因爲昭公時桓子還沒有執政。從文子到桓子，父子相及有五世，而身執魯政的實爲四世，就是孔子所指的文子、武子、平子、桓子四世。

第四章

孔子曰：「益者三友㈠，損者三友。友直㈡，友諒㈢，友多聞㈣，益矣。友便辟㈤，友善柔㈥，友便佞㈦，損矣。」

【提旨】孔子分別有益和有損的朋友，教人交友須謹慎選擇。

【釋詞】

㈠三友　「三友」的「友」指朋友，名詞；以下「友直」等六個「友」字都作動詞用，交接朋友的意思。

㈡直　指言行正直的朋友。

㈢諒　指言行信實的朋友。

㈣多聞　指富於見聞的朋友。

㈤便辟　便、音駢（ㄆㄧㄢˊ），朱註：「便、習熟也。」辟、音僻（ㄆㄧˋ），邪惡的意思。

朱註：「便辟、謂習於威儀而不直。」就是容儀足恭、慣於逢迎的朋友。

㈥善柔　馬融註：「面柔也。」朱子集註：「謂工於媚說而不諒。」就是善於表面裝得柔順，以諂媚悅人的朋友。

㈦便佞　便、與「便辟」的「便」同。朱註：「便佞、謂習於口語而無聞見之實。」就是善於口辯、游談無根的朋友。

【譯義】孔子說：「使人受益的有三種朋友，使人受損的也有三種朋友。交接言行正直的朋友，交接信實不欺的朋友，交接多見多聞的朋友，都可以使人受益。交接儀容足恭、慣於奉承的朋友，交接表面柔順、善於諂媚的朋友，交接言語巧妙、習於口辯的朋友，都足以使人受損。」

【析微】本章原是孔子分別評論使人受益與令人受損的三種朋友類型，但教人謹慎擇取朋友的用意，自然是言外之意。朱註說：「友直，則聞其過。」因爲正直而不隱瞞的朋友，必能盡到規過勸善的責任，交接這種朋友，必能聽到他規正自己過失的話，有「忠告而善道之」的益處。朱註又說：「友諒，則進於誠。」因爲信實而不欺騙的朋友，必能做到忠誠待人的態度，交接這種朋友，必能共進於誠實的品格修養，有「敦品勵德」的益處。朱註又說：

「友多聞，則進於明。」因爲見多識廣的朋友，必能對自己啓發新知、切磋舊學，交接這種朋友，必能共進於明智的學問領域，有「積學益智」的益處。至於「便辟」等三種損友，正如公治長篇孔子所說的：「巧言、令色、足恭。」所謂「便辟」，就是居恭，也就是古人所謂「體柔」；所謂「善柔」，就是令色，也就是古人所謂「面柔」；所謂「便佞」，就是巧言，也就是古人所謂「口柔」。這三種人都是極力粉飾表面，虛僞而缺乏誠實的人，交接這類朋友，都有損自己做人的修養。孔子的用意，在教人擇取益友，而避免損友。

第五章

孔子曰：「益者三樂㈠，損者三樂。樂節禮樂㈡，樂道人之善㈢，樂多賢友，益矣。樂驕樂㈣，樂佚遊㈤，樂宴樂㈥，損矣。」

【提旨】孔子分別說明人心的愛好，有損有益，應當謹愼，以免受損。

【釋詞】

㈠三樂 「三樂」的「樂」音耀（ㄧㄠˋ），愛好的意思。下文「禮樂」的「樂」音月（ㄩㄝˋ），「驕樂」、「宴樂」的「樂」，古音洛（ㄌㄨㄛˋ），今音勒（ㄌㄜˋ），其餘都音耀（ㄧㄠˋ）。

㈡樂節禮樂 愛好行事以禮儀、音樂爲節度的意思。節、有所節制而合度得中的意思。

㈢樂道人之善 愛好稱道人家的好處。道、稱道、讚揚的意思。

㈣樂驕樂 愛好以意氣驕慢爲樂的意思。

㈤樂佚遊 愛好閒散遊蕩的意思。佚、作放浪、閒散講。

㈥樂宴樂 愛好與人酒食徵逐以爲樂。宴、指酒食宴聚。

【譯義】孔子說：「使人受益的有三種愛好，使人受損的也有三種愛好。愛好一切行事以禮樂爲節度，愛好稱道人家的好處，愛好多交接有賢德的朋友，都可以使人受益。愛好意氣驕慢、自以爲樂，愛好閒散遊蕩、不務正業，愛好沈迷酒食、荒樂無厭，都足以使人受損。」

【析微】人心的愛好，各有不同，但大致區別，不外兩類：一是對人有益的，一是對人有損的。本章孔子列舉有益與有損兩方面的愛好各三項爲例，在有益的愛好方面，因先王制定禮樂，就是予人言行舉止有所節制的，禮樂是古人在日常生活中不可須臾相離的，能愛好以禮樂爲節，則言行舉止受到禮樂的薰陶，自然潛移默化，因而言行有序，舉止和諧，既可以收斂威儀，也可以養成性情，使身心大受裨益。至於「樂道人之善」，正如中庸稱述舜的「隱惡而揚善」，消極方面，自然也做到了孔子所說的「無攻人之惡」，而積極方面，更做到了孟子所說的「與人爲善」，這對個人做人的修養，也是大有裨益的。至於「樂多賢友」，就是上章所說直、諒、多聞的朋友喜歡多交結，對砥礪品學的益處，自然不在話下。但若驕傲凌人，遊蕩無度，流連酒食而自以爲樂，這些愛好，不但有損自己做人的修養，而且妨礙德業的進修，更將傷害身體的健康。

第六章

孔子曰：「侍於君子有三愆㈠：言未及之而言，謂之躁㈡；言及之而不言，謂之隱㈢；未見顏色而言，謂之瞽㈣。」

【提旨】孔子教人說話要審愼，並需把握時機。

【釋詞】

㈠愆　音牽（ㄑㄧㄢ），過失的意思。
㈡躁　音造（ㄗㄠˋ），急躁的意思。
㈢隱　隱匿、隱藏的意思。
㈣瞽　音古（ㄍㄨˇ），盲目的意思。

【譯義】孔子說：「陪侍在君子身旁與他談論時，通常有三種容易犯的過失：不到應該說話的時候，就搶着說話，這叫做急躁；應當說話的時候，卻偏偏不說話，這叫做隱匿；不先察顏觀色，就胡亂地說話，這叫做盲目。」

【析微】本章所說的「君子」，是指道德、地位都在自己之上的長輩，所以朱註說：「君子、有德位之通稱。」如子弟侍奉父兄，弟子侍奉師長，部屬侍奉長官等，都可以說是「侍於君子」，但通常容易犯的過失，正如孔子所列舉的，不是失之急躁而不安靜，就是失之隱匿而不盡情實，不然就像瞎子一樣，不看清君子的表情神態，就不顧一切的亂說。禮記曲禮篇說：「長者不及，毋儳言。」意思是：長輩還沒談到的事情，不要錯雜地插嘴說出來，正是本章「言未及之而言」的反面說法。韓詩外傳說：「未可與言而言，謂之瞽；可與之言而不與之言，謂之隱。」大致與本章相近。總而言之，要能做到「時然後言」，就不會有孔子所說的三種過失了。

第七章

孔子曰：「君子有三戒㈠：少之時，血氣未定㈡，戒之在色㈢；及其壯也，血氣方剛㈣，戒之在鬭㈤；及其老也，血氣既衰㈥，戒之在得㈦。」

【提旨】孔子教人應多下克己工夫，隨時以理智克服情慾。

【釋詞】

㈠三戒　三件應當戒愼的事。戒、指警惕戒備、常存戒心的事。

㈡血氣未定　血氣、猶如元氣。血藏於體內，而氣現於身外，爲人的生理所需要，人的生命藉以延續，就是體質和精神。未定、還沒有固定、穩定的意思。

㊂色　指色慾，如女色之類。
㊃方剛　正當剛強、旺盛的時候。
㊄鬭　指意氣用事的爭鬥。
㊅既衰　已經衰弱、減退的意思。
㊆得　指貪得無厭的意思。

【譯義】孔子說：「君子有三件應當警惕戒備的事：少年時期，體質與精神還沒有固定，應當戒備的事，在於色慾；到了壯年時期，體質與精神正當剛強的時候，往往容易衝動，應當戒備的事，在於意氣用事的爭鬥；到了老年時期，體質與精神已經衰退，往往還貪名好利，應當戒備的事，在於貪得無厭。」

【析微】在人的一生中，由於體質與精神的強弱盛衰，隨時都容易誤導情慾於歧途，所以，孔子將人生分爲三大時期，列舉各時期應當特別戒愼的事，以提醒人們隨時警惕自己。必須特別戒愼這三件事的用意，以及不能戒愼所將遭受的後果，孔子都沒有明說，讀者不難體會出來。年輕人由於身體發育還沒有定型，精力也正是儲備的時候，但卻因爲生理關係，往往貪慕女色，如果一旦放縱情慾，不知節制，結果元氣大傷，將來勢必未老先衰，不但身體精神受損，而且對未來學問事功的創建，也將大受影響，所以必須嚴加戒備，以理智克服情慾，而保持固有的元氣。禮記曲禮篇說：「三十曰壯。」到了三四十歲的壯年人，由於精力旺盛，而好勝心强，又好動肝火，往往與人一言不合，就磨拳擦掌，怒目相向，逞露意氣之勇，與人爭鬥起來，結果不是皮肉受苦，就是精神受辱，不是單方面吃虧，就是兩敗俱傷，所以必須存有戒心，容忍一時的憤怒，切莫與人鬥氣，以免遭受禍患。禮記曲禮篇又說：「七十曰老。」七十歲以上的老年人，由於體質衰弱，精力減退，志氣也日漸消沈，因深感日暮途窮，對於名譽、地位、財貨等私利，往往貪得無厭，結果不是名節兩虧，就是子孫受累，所以必須特別警戒，冲淡患得患失的心理，以保全晚節。少年人能以好德之心勉勵自己，就足以戒色；壯年人能處處崇尚禮儀，就足以戒鬥；而老年人能曉喻大義，就足以戒得。孔子這番話，眞是勘透人情的至理名言，值得世人引爲終身之戒。

第八章

子曰：「君子有三畏㈠：畏天命㈡，畏大人㈢，畏聖人之言㈣。小人不知天命而不畏也，狎㊄大人，侮㊅聖人之言。」

【提旨】孔子分別君子與小人對天命、大人與聖人之言的態度不同。君子力求修己，故能敬愼而有所戒懼；小人則肆無忌憚，故態度輕慢。

【釋詞】

㊀三畏　三件應當敬畏的事。畏、心所畏服的意思。

㊁天命　朱註說：「天命者，天所賦之正理也。」指上天所賦與人類、萬物的正常法則。邢昺疏舉例說：「謂作善降之百祥，作不善降之百殃，順吉逆凶，天之命也。」

㊂大人　何晏集解說：「大人、卽聖人，與天地合其德。」就是道德特別崇高的人。通常稱當世的賢者爲「大人」，而先代的聖者稱「聖人」。

㊃聖人之言　指古代聖人遺留下來的精深的言論著作。

㊄狎　音狹（ㄒㄧㄚˊ），狎褻、怠慢而不尊敬的意思。

㊅侮　音五（ㄨˇ），輕侮、侮慢而不尊重的意思。

【譯義】孔子說：「君子有三件應當敬畏的事：敬畏上天賦予人類萬物的正常法則，敬畏當世道德崇高的賢人，敬畏古代聖人留下的精深言論。小人不了解上天所賦予的正理，因而無所畏懼，狎慢當世的賢者，輕侮古聖人的言論。」

【析微】本章「三畏」的「畏」，指發自內心的敬服，因而有所謹慎、畏懼的意思。中庸開宗明義就說：「天命之謂性。」上天所賦命的自然法則，是不變的常道，譬如左傳隱公元年說：「多行不義必自斃。」就是天命。君子深知天命有常，故多行善事，以趨吉避凶，自求多福，對它始終保持敬畏之心，不敢違逆。古人常以為天所賦予人的有「德命」與「祿命」，既知天命有常，就要勤修德行，安於祿位。對於吉凶順逆，要像孟子盡心篇上所說：「修身以俟之。」既不妄圖非份的希冀，也不委心任由命運的安排，如果得志，要做到如孔子所說的：「行義以達其道」；否則，也要做到：「隱居以求其志。」這是君子「畏天命」的精義所在。至於「畏大人」，古代對於身居高位的人稱「大人」，如易經乾卦的「利見大人」，禮記禮運篇的「大人世及以為禮」，孟子盡心篇下的「說大人，則藐之。」對於道德崇高的人，也稱「大人」，如孟子告子篇上說：「從其大體為大人。」本書的「大人」，應該是指道德崇高的人，以表示君子「崇德」的一番敬畏心情。至於古聖先賢的遺言，不但應口誦心維，更應身體力行，以篤信好古的態度，去深思明辨，繼而實踐聖言，以求貫徹，這才做到了君子「畏聖人之言」的工夫。小人則與君子適相反，他們往往不信天理，又狂妄悖慢，以爲天災不足畏懼，放縱恣肆，以爲天監不足依憑，於是行險徼倖，不肯崇德徙義，甚至背叛聖言，侮慢聖言，完全因爲沒有修身的眞誠，才會如此肆無忌憚。

第九章

孔子曰：「生而知之者，上㈠也；學而知之者，次㈡也；困而學之㈢，又其次也；困而不學，民斯爲下㈣矣！」

【提旨】孔子分析人類先天禀賦有所不同，應以學問來變化氣質。

【釋詞】

㈠上　上等的資質，是一般人所不可及的。

㈡次　資質稍差，須力學而知，在先天秉賦次一等。

㈢困而學之　孔安國註：「困、謂有所不通。」就是因天資魯鈍，而心思、智慧、言語、行動都有所蔽塞、遭遇困難的意思。學之、因而發憤苦學、努力求知的意思。

㈣民斯為下　民、猶如「人」，與陽貨篇「民有三疾」的「民」相同；民斯為下、生民的等第，這是最下等的。

【譯義】孔子說：「人的資質，各不相同，大約可分為四等：首先是天生聰明的人，自然懂得許多道理，這是最上等的資質；其次是賦性穎悟的人，一經學習，就能通曉事理，這是次等的資質；再其次是天資遲鈍的人，雖然根基稍差，常遇困惑，卻肯發憤苦學，長久之後，也會逐漸開通，這是又次一等的資質；假如天資遲鈍的人，又懶惰而不肯學習，這種人，是最下等的了。」

【析微】本章值得探討的一個問題，是孔子將人類天賦的智慧，究竟分為幾等？皇侃疏以「生而知之者」為聖人，以「學而知之者」為上賢，以「困而學之」為中賢，以「困而不學」為下愚，他的意思，認為孔子分人為以上四等，邢昺疏所說，也大致相同，朱子集註則明說：「大約有此四等」。但孔子對人的聰明程度，在其他的言論中，一向只分三等，如在雍也篇中說：「中人以上，可以語上也；中人以下，不可以語上也。」孔子所分的三等，一是中人以上，二是中人，三是中人以下。又如中庸說：「或生而知之，或學而知之，或困而知之，及其知之，一也。」也是將智慧程度分成三等，與本章的前三等正好相同，而本章卻又多分出一等，這是必須辨明的。事實上，就人的天資說，本章也是分爲三等，不過，在分爲三等之後，再就智慧低的人，依他學與不學，又分爲二等。所謂「困而學之」，是指智慧雖低，常遇困惑，但卻肯努力學習，接受教育，經過長久的琢磨，自然也能通達事理；至於「困而不學」，則是智慧既低，又不肯學習，不願受教，這樣自然智慧無法增進，事理無法明曉，只好永遠矇昧無知、自居下流了。所以，「困而學之」與「困而不學」，在智慧上最初是同等的人，由於後天的學與不學，卻又不同等了，「不學」足以使他的智慧程度永久停留在最下等。孔子的用意，是在鼓勵人們學習，因爲學習可以變化氣質，可以增進智慧，中庸所謂：「人一能之，己百之；人十能之，己千之。果能此道矣，雖愚必明，雖柔必强。」就是說明學習的效用，可以使愚昧的人聰明，使柔弱的人堅强。

第十章

孔子曰：「君子有九思㊀：視思明㊁，聽思聰㊂，色思溫㊃，貌思恭㊄，言思忠㊅，事思敬㊆，疑思問㊇，忿思難㊈，見得思義㊉。」

【提旨】孔子舉出九件事情，教人在這些事情上多加思慮。

【釋詞】

㈠九思　九件應當留心思考的事。

㈡視思明　觀察任何事物，要想想看得是否分明。

㈢聽思聰　聽取任何言語，要想想聽得是否清楚。

㈣色思溫　表現顏色的時候，要想想是否顯得溫和。

㈤貌思恭　待人接物的容貌，要想想是否顯得謙恭。

㈥言思忠　與人言語的時候，要想想是否盡到忠誠。

㈦事思敬　處理事情的時候，要想想是否做到認眞。

㈧疑思問　心有疑惑的時候，要想想是否問得明白。

㈨忿思難　胸中氣忿的時候，要想想是否會有後患。忿、同憤，憤怒的意思；難、讀去聲（ㄋㄢˋ），指患難。

㈩見得思義　遇見可得的財利，要想想是否合於義理。思義、就是考慮應不應該得。

【譯義】孔子說：「君子有九件應當留心思考的事：觀察事物的時候，要想想是否看得分明；

聽取言語的時候，要想想是否聽得清晰；表現臉色的時候，要想想是否顯得溫和；表現容貌的時候，要想想是否顯得謙恭；與人言語的時候，要想想是否說得忠誠；處理事情的時候，要想想是否做得認眞；心有疑惑的時候，要想想是否問得明白；胸中氣忿的時候，要想想是會將招來後患；遇見可得的財利，要想想是否合於義理。」

【析微】本章所謂「九思」，是平列的九件事。視、聽、色、貌四者，是人的本體所有；而言語、行事、疑惑、忿怒與見得五者，是與人事相交接所生；這九件重要的事，都必須留心思考，孟子曾說：「心之官則思，思則得之，不思則不得也。」君子之所以爲君子，在於他遇事能愼思，「九思」正說明一個君子處處善於思考，時時自我省察，以求從容中道。尙書洪範篇曾舉出五件事：「貌曰恭，言曰從，視曰明，聽曰聰，思曰睿。」把「思」也列爲「五事」之一，如今孔子卻於洪範視、聽、言、貌之外，更爲擴展，而以「思」字貫串了九件事。子張篇說：「君子有三變」，其中一變是「卽之也溫」，所以增加一項「色思溫」。學而篇說：「敬事而信。」不但政事需敬，一切事都需敬愼從事，所以增加一項「事思敬」。中庸以「審問」繼於「博學」之後，因爲「問」足以破除疑惑，增進學識，所以又加一項「疑思問」。易經損卦象辭說：「君子以懲忿窒慾。」而顏淵篇孔子解釋「辨惑」說：「一朝之忿，忘其身，以及其親。」忿怒足以引致嚴重的後果，所以又加上「

念思難」。禮記曲禮篇上說：「臨財毋苟得。」君子對一切財利，都要取之以道，所以更加上「見得思義。」至於視、聽方面，邢昺疏解說得很好，他說：「目覩爲視，見微爲明，言君子覩視，當思見微若離婁也。」孟子有所謂「離婁之明」，離婁是黃帝時人，相傳他可以在百步之外，明察秋毫之末。邢疏又說：「耳聞爲聽，聽遠爲聰，言君子耳聽，當思聞遠若師曠也。」孟子有所謂「師曠之聰」，師曠是春秋時晉國的樂師，他聽覺特別聰敏。公冶長篇說：「其行己也恭」，衞靈公篇說：「言忠信」，所以又有「貌思恭」、「言思忠」的話。

第十一章

孔子曰：「『見善如不及㊀，見不善如探湯㊁。』吾見其人矣，吾聞其語矣！『隱居以求其志㊂，行義以達其道㊃。』吾聞其語矣，未見其人也！」

【提旨】孔子引用古語，說明「見善卽趨，見惡速避」的人曾見過，而「居亂世能隱居以保全志節，居治世能行善以達成聖賢之道」的人，卻很難得。

【釋詞】

㈠如不及　好像追趕不到，唯恐趕不上別人的好處。

㈡如探湯　好像用手試摸沸水一般，唯恐燙傷了手；比喻對壞人壞事，戒愼恐懼，迅速避開。

㈢求其志　求得成全自己的心志。

㈣達其道　達成自己所抱的人生理想，也就是古聖人之道。

【譯義】孔子說：「古人曾說：『見到好人好事，連忙想去接近，就像追趕什麼似的，努力奮進，生怕趕不上人家；見到壞人壞事，連忙想躲避開，就像試摸沸水一樣，及時縮回，生怕燙傷了自己。』我曾親眼見過這種人，我也曾聽過這種話！古人又曾說：『當天下紛亂的時候，就隱居起來，以求成全自己的志趣；當天下太平的時候，就力行正義，以達成平生所抱的人生理想。』我只聽人說過這樣的話，我卻未曾見過這樣的人！」

【析微】本章「見善」以下二句和「隱居」以下二句，都是當時傳聞的古語。所謂「見善如不及」，正是里仁篇「見賢思齊」的意思。泰伯篇曾形容學習時力求進取的心情說：「學如不及，猶恐失之。」與本章第一句話的比喻相同。本章這句話，在描繪一個樂於遷善的人，急於努力向善，唯恐落後的心情。至於「見不善如探湯」，也是用的比喻。湯是燒熱、燒沸的水，如列子湯問篇說：「日初出則滄滄涼涼，及日中如探湯」，也是以湯比喻熱。湯是摸不得的，手一觸摸，必然燙傷，所以總是心懷恐懼，趕緊迴避，比喻嫉惡的人唯恐沾染惡習的態度。以上這種好善而惡不善的人，世上常有，並不難見。大戴禮曾子立事篇說：「見不善者，恐其及己也。」正與「探湯」的比喻意思相同。倒是像伯夷、叔齊一流人物，能眞正「隱居以求志」的人，就是堅守自己的志節，所謂「求仁而得仁」的人，除了古代有這樣的典型之外，孔子表示當世已難得一見。微子篇子路曾說：「君子之仕也，行其義也。」所謂行義，是行君臣之義；所謂達道，是達聖賢之道。古代聖賢治國、平天下的大道，也就是讀書人所懷抱的終生理想。能如此實踐的人，也是少之又少。所謂「未見其人」，是說極爲難得，有勉人的意思在內，正如公冶長篇：「吾未見剛者」，又：「吾未見能見其過而內自訟者」之類。孟子盡心篇上說：「故士窮不失義，達不離道。」正與本章所引古語的後二句旨意相同。

第十二章

齊景公有馬千駟㊀，死之日，民無德而稱㊁焉；伯夷、叔齊餓于首陽㊂之下，民到于今稱之。其斯之謂與㊃？

【提旨】以齊景公與伯夷、叔齊爲例，說明一個人的財富不足爲貴，而道德方足爲後人所稱道。

【釋詞】

㊀千駟　古代通常用四匹馬駕一輛車，所以一駟就是四匹馬，千駟就是四千匹馬，這是一筆相當豐富的財富。

㊁無德而稱　沒有什麼好德行值得稱道的意思。

㊂首陽　山名。馬融註說：「首陽山在河東蒲坂縣，華山之北，河曲之中。」約在今山西省永濟縣以南，爲雷首山南方的支峯。

㊃其斯之謂與　王肅註說：「此所謂以德爲稱。」以「斯」字指「德」而言，全句是說：他

們所稱述的，就是這個道德吧！

【譯義】齊景公有馬四千匹，死的時候，人民都覺得他沒有什麼良好的德行值得稱述。伯夷、叔齊兩人雖然餓死在首陽山下，而人民到現在還在稱頌他們。人民所稱頌的，就是他們這種讓國的賢德吧！」

【析微】本章有兩點值得討論：一是開頭沒有「孔子曰」三字，朱註引胡氏說，以爲當有而殘闕；又末句「其斯之謂與？」上文似乎無所承受，應當也有闕文，程頤以爲顏淵篇的「誠不以富，亦祇以異」兩句引文，應當在本章末句之上，是說人民所稱述的，實在不在於財富，而在於特異的德行，雖然很有道理，但缺乏實際的根據。竹添光鴻論語會箋引日人佐藤坦說：「章首無『孔子曰』字，蓋語出於記者，記者因前章『未見其人』之語，乃求其人實之，附於後耳。末句以『其斯之謂與』結之，分明與上文相呼應，當通前章爲一章。其引齊景，只是形起夷、齊，蓋見其不易及耳。」他把本章與上章合一，推想得很有道理，但在沒有確證以前，也不便遽然採信。所以前文語譯時，仍據原來文字解釋，而在這裏列舉以上兩種說法，藉供參考。朱熹答江德功書說：「此章文勢，或有斷續，或有闕文，或非一章，皆不可考。」只揣想幾種可能的情形，而不作肯定的斷語，朱子這種闕疑的態度是可取的。暫且撇開闕文、錯簡或前後章的分合問題不談，單就本章現有文句的含義來看：齊景公是富甲一國的諸侯，但死後落得「民無德而稱」的後果，則景公的生命價值，除了他個人得享一世的榮華富貴之外，豈不與草木同腐朽？而伯夷、叔齊生前窮餓於首陽山下，以至於死，與景公的處境判若天壤，卻美名永傳，爲後人稱道不已。孔子曾讚美伯夷、叔齊是「古之賢人」，由於他們有讓國的高風亮節，是眞正做到了上章所謂「隱居以求其志」的人，比起當時一般只知爭國的諸侯來，自然是値得特別推崇的千古典型人物。衞靈公篇孔子曾說：「君子疾沒世而名不稱焉。」可見孔子所看重的是生前的德行，是死後的令名。對於財富、地位，孔子一向看得輕微，述而篇曾說過：「不義而富且貴，於我如浮雲」的話，所以本章的意旨與孔子的思想完全吻合，很可能出自孔子之口，至少也是弟子們的記載。

第十三章

陳亢㈠問於伯魚㈡曰：「子亦有異聞㈢乎？」

對曰：「未也。嘗獨立㈣，鯉趨而過庭㈤。曰：『學詩乎？』對曰：『未也。』『不學詩，無以言㈥。』鯉退而學詩。他日，又獨立，鯉趨而過庭。曰：『學禮乎？』對曰：『未也。』『不學禮，無以立㈦。』鯉退而學禮。聞斯二者。」

陳亢退而喜曰：「問一得三㈧：聞詩，聞禮，又聞君子之遠其子㈨也。」

【提旨】記述孔子大公無私的態度，教育兒子的方法與一般門人無異，並無特別優厚之處。

【釋詞】

㈠陳亢　孔子弟子，字子禽，餘見學而篇第十章註。亢、音剛（ㄍㄤ　）。

㈡伯魚　孔子的兒子，名鯉，字伯魚，也受學於孔子。
㈢異聞　特異的聽聞、或聽到些與衆不同的傳授。馬融註說：「以爲伯魚孔子之子，所聞當有異。」
㈣獨立　指孔子獨自一人站立，左右無人。
㈤鯉趨而過庭　鯉、伯魚自稱，劉寶楠論語正義說：「稱鯉者，將述對父之語，若當父前，子自稱名也。」趨、音區（ㄑㄩ），徐步行進的意思；過庭、經過庭前。劉氏正義又說：「禮臣行過君前，子行過父前，皆當徐趨，所以爲敬也。」
㈥不學詩，無以言　詩、指詩經；無以言、無從與人言語，因詩多比興，故不學則不能酬酢答對。
㈦不學禮，無以立　禮是立身之本，不學則無從自立於世。
㈧問一得三　只問伯魚「有無異聞」一個問題，卻得到三種收穫。
㈨遠其子　不十分親近自己的兒子，皇侃疏說：「謂不私其子也。」遠、讀去聲（ㄩㄢˋ），不私厚、不親狎的意思。

【譯義】陳亢問孔子的兒子伯魚說：「你在你父親面前也聽過特殊的教誨嗎？」伯魚回答說：「沒有啊！記得有一天，父親獨自站立在庭前，我徐步經過庭中。父親說：

『你學過詩嗎？』我回答說：『沒有。』父親說：『不學詩，則事理不通達，心氣不和平，將來就不能從容應對說話。』於是我退下來就去學詩。又有一天，父親又獨自站立在庭前，我徐步經過庭中。父親說：『你學過禮嗎？』我回答說：『沒有。』父親說：『不學禮，則儀節不詳明，德性不堅定，將來就不能獨自立身處世。』於是我退下來就去學禮。我平日所聽到的只是這兩件事罷了。」

陳亢聽了伯魚的話，回去以後，心裏覺得很高興地說：「我只問一件事，卻聽到了三件事：既聽到了學詩和學禮的功用，又聽到了君子對自己的兒子，也和弟子們一樣的施教，並沒有什麼偏私獨厚的地方。」

【析微】由陳亢問伯魚的話：「子亦有異聞」的「亦」字，可見他懷疑的不止伯魚，也許對於像顏回這樣的高足，也曾發生過類似的懷疑。所謂「異聞」，是指與一般弟子不同的聽聞，朱註說：「亢以私意窺聖人，疑必陰厚其子。」因伯魚是孔子的兒子，而懷疑他可能有偏私之心，自然是常人所不免的。伯魚所追敘的學詩、學禮兩件事，在伯魚來說，的確是私下聽受的，也許可算是「異聞」；但在其他弟子來說，卻並非「異聞」，因孔子一向以詩書禮樂教弟子，凡弟子無不有所聽聞。至於何以「不學詩，無以言」？朱子以為學詩則「事理通達，而心氣和平，故能言。」又因為詩有興觀羣怨的旨趣，有溫柔敦厚的教化功用，而且委婉成章，所謂「言之者無罪，聞之者足以戒。」是至善的言語寶典，當時與人交談，尤其是國際間的會盟聘問、酬酢對答，必須引詩、賦詩，藉以表達心意，如果不熟習詩句，豈不無從言語？由左傳的記載，可見一斑。那麼何以「不學禮，無以立」呢？朱註以爲學禮則「品節詳明，德性堅定，故能立。」又因爲禮是依循習俗、根原人情的產物，它的作用，在對個人言行作適當的限制，不但是消極性的約束，更具有積極性的鼓勵作用，並足以調和人的情欲，維繫人與人之間平衡與和諧的關係，建立社會國家安定的秩序，所以，如果不學禮，不但個人無以立足於社會，而且國家也無以屹立於世界。本來詩與禮都是孔子所「雅言」的，但從前習焉不察，如今一經提醒，恍然如有所得，所以陳亢欣然色喜，然主要還是喜在：「聞君子之遠其子」。述而篇記弟子曾懷疑孔子的傳授有所保留，孔子開誠佈公地說：「吾無行而不與二三子」；而本章更證明他對兒子並沒有特別的傳授，可見孔子一視同仁的教育公心，是無所偏私的。

第十四章

邦君㈠之妻，君稱之曰夫人，夫人自稱曰小童㈡；邦人稱之曰君夫人㈢，

稱諸異邦曰寡小君㈣；異邦人稱之亦曰君夫人。

【提旨】記述稱呼國君夫人名稱的正禮。

【釋詞】

㈠邦君　就是國君，指各國諸侯而言。

㈡小童　邢昺疏說：「自稱謙言己小弱之童稚也。」

㈢邦人稱之曰君夫人　邢昺疏說：「謂國中之臣民言，則繫君而稱之，言是君之夫人，故曰君夫人也。」

㈣稱諸異邦曰寡小君　邢昺疏說：「諸、於也。謂己國臣民稱己君之於他國之人，則曰寡小君，對異邦謙也。以對異邦稱君曰寡君，謙言寡德之君，夫人對君爲小，故曰寡小君也。」

【譯義】國君的妻子，國君稱他爲夫人，夫人自稱爲小童；國內的人稱她爲君夫人，但對外國人則稱她爲寡小君；外國人稱她也爲君夫人。

【析微】本章可能是孔子所說，但開頭卻遺落了「孔子曰」三字。如孔安國註說：「當此之時，諸侯嫡妾不正，稱號不審，故孔子正言其禮也。」就直接以爲孔子所說，但究竟不無可疑。竹添光鴻論語會箋引日人佐藤坦說：「此章蓋偶記在於弟子錄中，其爲誰語則未可知也，編者以爲孔子語，載之於此耳。」這樣說就比較合理些。朱註引吳氏說：「凡語中所載如此類者，不知何爲？或古有之，或夫子嘗言之，不可考也。」則抱存疑的態度。從本章的文字看，很像禮記的文字，不像論語的句法，所以康有爲的論語注說：「論語記義，不記曲禮，似記文錯簡在此，而寫者誤附焉。」康氏的推測是相當合理的。也有人懷疑這是後人見竹簡有空白處，而任意附記的，當然也有這個可能。總之，本章是可疑的一章，假定本章眞是孔門的言論，則寓有正名的意義，因當時諸侯有以妾爲夫人的。春秋葵邱之會，齊桓公命諸侯說：「無以妾爲妻。」就是一種正名作用。徐英論語會箋說：「而桓公內嬖如夫人者六，卒以致諸公子爭立之亂，數世而未已，名不正之禍也。刑于寡妻，至于兄弟，以御于家邦！孰非正名之效與？」可見本章還有它的微意所在。

第十七篇　陽　貨

前　言

本篇內容，據邢昺疏說：「此篇論陪臣專恣，因明性習、知愚、禮樂、本末；六蔽之惡，二南之美；君子小人，爲行各異；今之與古，其疾不同。」一共有二十六章，漢石經同。何晏集解將第二、第三兩章與第九、第十兩章各併爲一章，所以只有二十四章。朱註實分二十六章，而誤標爲二十四章。

第一章

陽貨㈠欲見孔子，孔子不見，歸孔子豚㈡。孔子時其亡㈢也，而往拜之㈣，遇諸塗㈤。謂孔子曰：「來！予與爾言。曰㈥：『懷其寶而迷其邦㈦，可謂仁乎？』曰：『不可。』『好從事而亟失時㈧，可謂知㈨乎？』曰：『不可。』日月逝㈩矣！歲不我與(十一)！」孔子曰：「諾(十二)，吾將仕矣！」

【提旨】記述孔子以不卽不離的態度，與季氏家臣陽貨交往的經過。

【釋詞】

㈠陽貨　史記作陽虎，朱註以爲名虎，劉寶楠論語正義則說：「貨、虎一聲之轉，疑貨是名、虎是字也。」爲季氏家臣。這時魯國的政權，全在季氏手裏，陽貨是季氏最信用的家臣，以陪臣而執國命；後來因企圖削除三桓的勢力而沒有成功，逃亡到晉國。

㈡歸孔子豚　歸、同饋，贈送的意思；豚、音屯（ㄊㄨㄣˊ），蒸熟的小豬。孟子滕文公下對這事有所說明，他說當時「大夫有賜於士，不得受於其家，則往拜其門。」陽貨便利用這一禮俗，趁孔子不在家，送一隻蒸熟的小豬作禮物，使孔子不得不登門拜謝。

㈢時其亡　時、作「伺機」的「伺」字講；其、指陽貨；亡、外出的意思。時其亡、就是趁陽貨不在家的時候。

㈣而往拜之　然後前往陽貨家拜謝他的意思。之、指陽貨。

㈤遇諸塗　在途中相遇的意思。諸、「之於」二字的合音，其中「之」字指陽貨；塗、同途，道路。

㈥曰　由此以下的三個「曰」字，據毛奇齡論語稽求篇引明人郝敬之說，都是陽貨自問自答所說。俞樾古書疑義舉例卷二有「一人之辭而加曰字例」，對這種修辭方式，更有詳細的引證。

㈦懷其寶而迷其邦　懷、懷藏、隱藏的意思；寶、比喻道德才學；迷、迷亂的意思。馬融註：

「言孔子不仕，是懷其寶也；知國不治而不爲政，是迷邦也。」

⑧好從事而亟失時　好、讀去聲（ㄏㄠˋ），喜歡的意思；好從事、就是愛好辦理國家的政事。亟、音器（ㄑㄧˋ），屢次的意思；亟失時、就是屢次失去出仕任職的時機。

⑨知　讀去聲（ㄓˋ），同智，明智的意思。

⑩日月逝　日月、指光陰、歲月；逝、像水的流逝，一去不返，也就是消失的意思。

⑪歲不我與　「歲不與我」的倒裝句，歲月不可能等待我們的意思。與、作動詞用，猶如等待。

⑫諾　音懦（ㄋㄨㄛˋ），答應之辭，猶如是的、好吧！

【譯義】陽貨想召見孔子，孔子不肯見他，他就送給孔子一隻蒸熟的小豬，使孔子不得不到他家來道謝。

孔子知道他的用意，便趁他出外的時候，前往拜謝，不料走到半路，偏巧遇到陽貨。陽貨對孔子說：「來！我和你說話。如果說：『懷藏着寶貴的才德，卻坐視自己國家的迷亂而不挽救，可以算得上仁德嗎？』應該說：『不可以。』『如果一個人喜歡從事政治工作，卻屢次錯過任職做官的機會，可以算得上明智嗎？』也該說：『不可以。』光陰像水的流逝一般，一去不返，人的年紀一天天老大，歲月是不可能等待我們的。」

孔子說：「是啊，我將出來做官了！」

【析微】當時陽貨在季氏家專權用事，甚至以陪臣而專執魯國的政事，知道孔子富於才德，且擁有聲望，所以想召見孔子，並希望孔子出任官職，以有助於自己。孔子知道他是專恣覇道的人，自然不肯見他，而陽貨卻黠慧狡詐，竟以禮物相贈，使孔子不得不盡禮而往見。禮記曲禮篇上說：「禮尚往來。往而不來，非禮也；來而不往，亦非禮也。」所以孔子只好前往答禮，但爲了避免誤中這種小人的詭計，所以探聽到他外出的時候去回拜他，這是孔子不得已而運用的一番權略，足見孔子始終不願見他的本意。可是事有湊巧，偏偏寃家路窄，竟在途中不期而遇，這時自然不好迴避。於是陽貨用反詰的語氣，自問自答的說出一番道理來，想打動孔子的心，好出來做官任事。孔子只得隨機應變，口中漫應着，而不加申辯，這是孔子「遜辭遠害」的權宜措施，正做到了他自己主張的：「邦無道，危行言孫」的話。

其次，本章有兩點必須一辨的：

第一、先儒多以陽貨與陽虎爲一人，後世學者卻有異議。因孟子記陽貨饋孔子豚的事，曾說：「大夫有賜於士，不得受於其家」的話，所以崔述的洙泗考信錄說：「夫虎乃季氏家臣，雖專政，未嘗爲大夫；正如季氏雖專魯，亦未嘗僭稱魯侯也；孟子豈得稱虎曰大夫哉？」又說：「縱使虎妄自居於大夫，孔子豈得遂以大夫之禮尊虎也哉？按論語有陽貨而無陽虎，左氏傳有陽虎而無陽貨。傳記陽虎凡數十事，獨無饋豚一事；傳稱陽虎凡百數十見，皆稱爲陽虎，未嘗一稱爲陽貨。則似乎貨自一人、虎自一人也。」日人佐藤坦也據孟子而以爲：「貨似是魯大夫，非季氏家臣，先儒混貨、虎爲一人，恐誤。」但漢儒孔安國，宋儒朱熹、邢昺等，莫不以陽貨就是陽虎，從無異辭，而且史記孔子世家說：「陽虎由此益輕季氏，季氏亦僭於公室，陪臣執國政，是以魯自大夫以下，皆僭離於正道，故孔子不仕，退而脩詩書禮樂。」清儒顧炎武解釋說：「孔子以大夫待貨，而春秋則書盜，蓋是時玉弓之竊未形，故從衆爲斯須之敬，所以爲聖之時也。」因此，仍當以陽貨與陽虎爲一人。

第二、本章兩度說「不可」，上加「曰」字，一般都解作孔子所說，而明人郝敬則說：「兩曰『不可』，皆貨自言，末句加『孔子曰』別之也。加『曰』字皆自斷語，『不可』如響，非聖人應對之辭。豈有漫無可否，直以不仁、不智冒自任乎？」日人竹添光鴻卻持相反的見解說：「兩『曰』不加『孔子』者，語勢方急，而答語只云『不可』，故不加之，以逗文勢；下則虎語既終，而答語又稍長，故特加『孔子』字，以明上兩『曰』皆爲孔子答語也。』但清儒閻若璩在四書釋地中，王引之在經傳釋詞中，俞樾在古書疑義舉例中，都曾列舉古書一人的言詞而自爲問答的例證，證明本章也是如此，舉證明確，應當採信。

第二章

子曰：「性㊀相近也，習㊁相遠也。」

【提旨】孔子說明人性相近，但因後天環境不同，故習染各異，善惡不同。

【釋詞】

㊀性　字從生從心，指生於心中的先天性質，也就是人心所禀受於天的本性，是生而如此的。

㊁習　指後天因環境的善惡而有不同的習染，是學而如此的。

【譯義】孔子說：「人的天性，生來原是相近的；但因後天所處的環境各不相同，習染也就不一致了；環境良好，便能日益向善；環境惡劣，就會日趨墮落；彼此相差就遠了。」

【析微】孔子對人的本性問題，只說相近，而沒有談到善惡。後來孟子才對這問題作詳細的討論，而主張人性是善的；荀子則與孟子相反，主張人性是惡的；周人世碩，以爲人性有善有惡；與孟子同時的學者告子，又以爲人性無善無惡；或以爲人性的本質，可以爲善，可以爲不善；後世如揚雄、王充、韓愈等也紛紛談論人性問題；至宋儒則以論性爲專家學問。其實，都不如孔子，只寥寥八個字，已說得包容無遺。

人的天性，也可以說：就是人類先天的本能。孟子告子篇說：「仁義禮智，非由外鑠我也，我固有之也。」又盡心篇說：「人之所不學而能者，其良能也；所不慮而知者，其良知也。」良知良能，都是發自人的心中，所以孔子以爲孝弟、仁義是反求諸心的，也就是孟子所謂良知良能。反求諸心而無不善，所以孟子的性善論，是有本於孔子的。詩經大雅烝民篇說：「天生烝民，有物有則，民之秉彝，好是懿德。」孔子讀了這幾句詩，曾讚美着說：「爲此詩者，其知道乎？」詩所謂「秉彝」，就是人的天賦，也就是人的本性；孔子所謂「性相近」，就是指人類天賦的本性近於「道」，天性本是善的，本質原是美的，所以近於「道」。至於「習相遠」，由於習俗的薰染，外物的誘惑，使善美的本性有所轉移，於是遠離於「道」。

第三章

子曰：「唯㈠上知㈡與下愚㈢不移㈣。」

【提旨】承接上章而說明人的習性，雖能受環境影響，但上智與下愚的人則不易更改。

【釋詞】

㈠唯　同惟，唯獨、只有的意思。

㈡上知　知、同智；上知、絕頂聰明、資質最高的人。

㈢下愚　賦性魯鈍、資質最低的人。

㈣不移　不改變的意思，指本性、氣質不容易更改。

【譯義】孔子說：「人的本性，雖能因環境不同而轉移，但只限於中材的人。唯獨那絕頂聰明的聖哲，生來通達天理，不受習俗動搖；還有那極端愚昧的小人，往往沉迷私欲，不信師友勸導。這兩種人，他的習性是不會有所改變的。」

【析微】本章與上章，何晏集解合爲一章，而朱子集註則分爲兩章。大約不是孔子一時說的話，但意思卻是相承的，記錄或編輯的人，因兩者性質相近，而編次在一起。上章的主旨在論性，而本章的主旨在論才。上章所論的，是人類先天的本性，可能因後天的習染而有所改易，也就是隨環境而變遷，習於善則善，習於惡則惡；本章所論的，是人類先天才智極高與極低的人，他們的習性往往不變，上智習於善則固執於善而不移於惡，下愚則習於惡乃沉溺於惡而不遷於善。上智的不移，乃是自然不移；下愚的不移，並非不可移，而是不肯自移。所謂「上知」與「下愚」，據漢書古今人表說：「可與爲善，不可與爲惡，是謂上智；可與爲惡，不可與爲善，是謂下愚。」是就人的品質而言。清人孫星衍問字堂集則說：「上知、謂生而知之；下愚、謂困而不學。」則是據孔子的話、就人的智慧而言。孔子在季氏篇曾說：「生而知之者，上也。」又說：「困而不學，民斯爲下矣！」這應當就是本章所謂「上知」與「下愚」，這種人在人羣中爲數極少。雖然智愚並非善惡的標準，智未必善，愚未必惡，但上等資質的智者，能明辨是非，擇善而固執，自然日益聖善，而且不肯爲惡，正如堯、舜不致成爲桀、紂一般；而下等資質的愚人，則不能明辨是非，往往爲惡不悛，自甘墮落，於是日趨下流，正如桀紂之不可使爲堯、舜一般。由此可知：習性可以有所轉移的，只有中等資質的人了，所以，本章與上章實有相輔而成的作用。

第四章

子之㈠武城㈡，聞弦歌㈢之聲。夫子莞爾㈣而笑曰：「割雞焉用牛刀㈤？」

子游對曰：「昔者，偃㈥也聞諸夫子曰：『君子㈦學道㈧則愛人，小人㈨學道則易使(一〇)也。』」

子曰：「二三子(十一)！偃之言是也，前言戲之耳(十二)！」

【提旨】記述孔子喜聞子游能實行孔門禮樂教化之道。

【釋詞】

㈠之　作動詞用，前往的意思。

㈡武城　魯國下邑，在今山東費縣以北，當時子游正爲武城的邑宰，相當於後世的縣令。

㈢弦歌　弦、指琴瑟之類的弦樂器；歌、指唱歌、詠詩。子游教武城百姓都學習禮樂，所以孔子聽到邑人彈奏琴瑟與歌詩的樂聲。

㈣莞爾　微笑的樣子。莞、音苑（ㄨㄢˇ）。

㈤割雞焉用牛刀　比喻之辭。字面的意思是：宰割雞何必用宰牛的刀？比喻治理小邑，何須用禮樂大道？或以爲過甚重視其事，也就是小題大做的意思。

㈥偃　音演（ㄧㄢˇ），子游名偃，故自稱偃。

㈦君子　指在上位執行政事的人。

㈧道　治理政事的道理，指禮樂而言。

㈨小人　指在下的小民，也就是平民。

㈩易使　便於教化、易於服膺政令的意思。

⑪二三子　指同往武城的諸弟子。

⑫前言戲之耳　前言、指前文「割雞焉用牛刀」的話；戲之、戲弄他、同他開玩笑的意思，之、指子游。耳、而已。

【譯義】孔子到了武城地方，聽見到處都有彈琴唱歌的聲音，心裏很愉快，微笑地說：「殺雞何必用宰牛的刀呢？」

子游回答說：「從前我曾聽夫子說過：『在上位的君子，如果學了禮樂，就能涵養仁心，愛恤人民；在下的小民，如果學了禮樂，就能性情和順，容易使喚。』所以我現在正實行這樣的教化。」

孔子向跟隨他的弟子說：「你們大家聽聽：偃的話說得很對啊！我先前所說的那句話，不過是和他開玩笑而已！」

【析微】武城是子游做邑宰的地方，雍也篇曾記：「子游為武城宰」的事，所以本章只簡記：「子之武城」。雍也篇所記，可見子游辦理地方政治，能以人才為重；本章所記，又可見他能以教化為先；足證子游很了解政治的根本要圖。「弦歌」二字，多見古書，如禮記文王世子說：「春誦夏弦。」鄭玄注說：「弦、謂以絲播詩也。」因古代詩歌都可以配樂，所以「弦」就是利用琴瑟的弦絲，以播奏詩歌的意思。周禮小師有「弦歌」二字，鄭玄注說：「弦、謂琴瑟也；歌、依詠詩也。依詠詩者，謂以琴瑟之弦，依詩詠之也。」解說得很明白。禮記學記篇說：「古之教者，家有塾，黨有庠。」春秋時代，庠塾的教育制度，已逐漸廢弛，所以禮樂崩壞，雅頌之音不作，子游任武城邑宰，才恢復庠塾禮樂的教化，孔子聽到當地人們洋洋盈耳的弦歌之聲，自然喜形於色。不過「禮樂」是治國、甚至治天下的大道理，而武城只不過是個小邑，所以孔子含笑說了一句幽默話，一方面欣喜子游能實行禮樂教化，一方面可惜不能實行於全國、大行於天下；也惋惜子游不能「道千乘之國」，如牛刀割雞，而不盡其才；所以欣喜中寓有無限感慨！這些當然都是孔子的言外之意、弦外之音。子游卻引述夫子昔日常說的話，以明君子、小人都應當接受禮樂的薰陶，所以武城地方雖小，也必須施以禮樂教化，使人人習於中正和平的禮樂，以涵養心性。而所歌的詩，又都是「溫柔敦厚」、合于禮義的篇章。君子因而能愛撫下民，小人因而能順從上官，這樣自然能上下和諧，教化普及。因此，孔子又鄭重聲明：所謂「割雞焉用牛刀」，只是一句戲言，一來嘉勉子游能篤信自己的言論，並證實子游所引述的話是正確的；一來可免使其他弟子發生誤會，解除他們可能的疑惑。

第五章

公山弗擾㈠以費畔㈡，召㈢，子欲往。

子路不說㈣，曰：「末之也已㈤，何必公山氏之之㈥也？」

子曰：「夫召我者，而豈徒哉㈦？如有用我者，吾其爲東周乎㈧！」

【提旨】記孔子不避叛人亂地，而欲振興周道的事。

【釋詞】

㈠公山弗擾　邢昺疏說：「弗擾卽左傳公山不狃也，字子洩，爲季氏費邑宰，與陽虎共執季桓子，據邑以畔。」

㈡以費畔　盤踞費邑、或以費邑爲根據地，而叛離季氏的意思。畔、通叛。

㈢召　召見孔子。

㈣說　音義同悅（ㄩㄝˋ），愉悅、高興的意思。

㈤末之也已　孔安國註：「之、適也；無可之則止。」朱子集註：「末、無也；言道既不行，無所往矣！」所以「末」字可作無處、無所講。之、當動詞用，往的意思。也、表示停頓的語氣詞。已、停止的意思。

㈥何必公山氏之之　「何必之公山氏」的倒裝語，「之之」的第一個「之」字，只是幫助倒裝用的語助詞，第二個「之」字作動詞用，往的意思。

㈦豈徒哉　意思是：難道是徒然召見我、而沒有一番用意嗎？徒、徒然、空自的意思。

㈧吾其爲東周乎　朱註說：「爲東周、言興周道於東方。」全句的意思是：我將使用周道（周文王、周武王時的政治規模）在東方復興哩！其、與衞靈公篇：「如有所譽者，其有所試矣」的「其」字相同，表示必然或將然的語氣詞，可解作「必將」的意思。

【譯義】公山弗擾盤踞在費邑起兵，想叛離季氏，要召見孔子，孔子正想前往。子路很不高興地說：「沒有地方去就算了，爲什麼一定要去公山氏那裏呢？」孔子說：「那召我去的人，難道是沒有用意的嗎？假如有人用我，我將使周文王、武王時的政治規模在東方復興呢！」

【析微】據左傳定公十二年的記載，公山不狃反叛魯國的事，不但沒有召孔子去，而且孔子當時正任司寇，派人打敗了他。因此，清儒趙翼的陔餘叢考、崔述的洙泗考信錄，都懷疑這段文字不可信。但後來劉寶楠論語正義又指出趙氏、崔氏不該相信左氏而懷疑論語，所以，我們對本章的眞僞問題，只能存疑。崔述曾引孟子：「孔子成春秋，而亂臣賊子懼」的話，以爲弗擾既以費叛，就是亂臣賊子，孔子豈肯輔助亂臣賊子呢？崔氏又說：「又案左傳：費之叛在定公十二年夏，是時孔子方爲魯司寇，聽國政；弗擾、季氏之家臣耳，何敢來召孔子？孔子方輔定公以行周公之道，乃棄國君而佐叛夫，舍方興之業而圖未成之事，豈近於人情耶？費可以爲東周，魯之大反不可以爲東周乎？」說得振振有辭，似乎很有道理。但宋蘇軾早已說過：「孔子之不助畔人，天下之所知也。畔而召孔子，其心必不在於惡矣，故孔子因其有善心而收之，使不自絕而已。弗擾之不能爲東周亦明矣，然而用孔子，則有可以爲東周之道。故子欲往者，以其有是道也；卒不往者，知其必不能也。」徐英論語會箋所說的一段話，也很有道理，他說：「弗擾以費畔，畔季氏也。季氏不臣，孔子之所深惡而亟欲去之者也。弗擾之畔，安知其志不在除三桓而興公室？其召孔子，正孔子之意。故曰：『如有用我者，吾其爲東周乎！』然而不往者，知其終不可與有爲也。如謂弗擾之不可往，則當時諸侯皆弗擾之倫也，周游天下何義乎？」

第六章

子張問仁於孔子。孔子曰：「能行五者㈠於天下，爲仁矣。」「請問之。」曰：「恭、寬、信、敏、惠。恭則不侮㈡，寬則得衆㈢，信則人任㊃焉，敏則有功㊄，惠則足以使人㊅。」

【提旨】孔子指示子張，以恭、寬、信、敏、惠五種德行，爲行仁之道。

【釋詞】

㊀五者　指下文所答覆的恭、寬、信、敏、惠五種德行。

㊁恭則不侮　對人態度恭敬，就不會受到侮辱怠慢。孔安國註：「不見侮慢。」皇侃疏引江熙說：「自敬者，人亦敬己也。」侮、作被動詞用。

㊂寬則得衆　對人存心寬厚，就能得到衆人的支持愛戴。皇侃疏說：「所行寬弘，則衆附之。」

㊃信則人任焉　對人言語信實，人家就信任你。皇侃疏說：「立言必信，則爲人所委任。」

㊄敏則有功　自己做事勤敏，就容易有功效。孔安國註說：「應事疾，則多成功。」

㊅惠則足以使人　對人博施恩惠，就足以使用人。皇侃疏說：「有恩惠，則人忘勞。」

【譯義】子張向孔子問仁的道理。孔子說：「能夠處處實行五種德行，就算是仁了。」子張問：「請問是那五種德行？」孔子說：「就是恭敬、寬厚、信實、勤敏、恩惠這五種。對人態度恭敬，就不會受到他人的侮慢；待人存心寬厚，就能獲得衆人的愛戴；與人言語信實，就能博取別人的信賴；自己做事勤敏，就能著有成功的績效；對人博施恩惠，就足以使用人家。」

【析微】子張所問的是「仁」，仁德的範圍很廣，所以孔子指示他從五種具體德行入手。「仁」是這五種德行的總名，而恭、寬、信、敏、惠又各爲「仁」的一部分。孔子所謂：「能行五者於天下」，就是將這五種德行普遍實施，也就是無處不可行的意思。朱註說：「行是五者，則心存而理得矣。於天下，言無適而不然，猶所謂雖之夷狄不可棄者。」孔子舉完五種德目以後，又進而分別申述它們的功效，其中「恭則不侮」的「侮」字，孔安國、皇侃、邢昺等都解作被動詞。朱註沒有解釋，只在註末總結說：「又言其效如此。」以「不侮」爲「恭」的效果。清人簡朝亮著論語集註補正述疏，依據孟子所說：「敬人者，人恒敬之」的話，引申朱註說：「蓋恭、不侮人而敬人也，其效、則人恒敬之而不侮矣！」也與先儒的解釋一致。但陳大齊先生的論語臆解，卻表示有兩點可疑：一是「恭」與「敬」不同，故「恭」不能直接解作「敬」，引公冶長篇的「其行己也恭，其事上也敬。」以爲「恭」是律己的道德，「敬」是待人的道德。又如子路篇的「居處恭，執事敬。」與季氏篇的「貌思恭……事思敬。」可見「恭」是就居處與容貌而言，而「敬」是就執事而言，引證非常明確。一是「侮」字應解作能動詞，因「寬則得衆」以下四句「則」字下的動詞，都作能動詞用，所以比例而知，「侮」字以解作能動詞為宜。「不侮」就是不侮慢對方，並引孟子離婁篇上「恭者不侮人」的話為證，也很有理由。因此，我在這裏略加提示，以作本章解釋的參考。

第七章

佛肸㈠召，子欲往。

子路曰：「昔者，由也聞諸夫子曰：『親於其身㈡為不善者，君子不入㈢也。』佛肸以中牟畔㈣，子之往也，如之何？」

子曰：「然，有是言也。不曰堅乎？磨而不磷㈤；不曰白乎？涅而不緇㈥。吾豈匏瓜㈦也哉？焉能繫而不食？」

【提旨】記孔子樂於用世，雖是叛人叛地，也想前往治理一番，希望使他有所改變，而自己不至於受污染。

【釋詞】

㈠佛肸　佛、據朱註音弼（ㄅㄧˋ）；肸、音係（ㄒㄧˋ）。孔安國註以爲是晉國大夫趙簡子的邑宰，但據史記孔子世家，趙簡子攻伐范中行，佛肸是范中行的家臣，爲中牟邑宰，所以據邑而叛。

㈡親於其身　猶如親身、親自。

㈢不入　孔安國註：「不入其國。」朱子集註：「不入其黨也。」

㈣以中牟畔　與第五章的「以費畔」句法相同，就是據中牟邑而反叛的意思。中牟、晉國邑名，在今河南湯陰縣以西。畔、通叛，指反叛晉國，抵拒趙簡子。

㈤磨而不磷　磷、音吝（ㄌㄧㄣˋ），孔安國註釋爲薄。連上句的「堅」字，是說最堅固的東西，是磨也磨不薄的。

㈥涅而不緇　涅、音聶（ㄋㄧㄝˋ），本是一種礦物，據山海經及淮南子注，就是礬石，古人用作黑色染料，這裏作動詞用，染黑的意思。緇、音資（ㄗ），黑色。連上句的「白」字，是說最潔白的東西，是染也染不黑的。

㊆匏瓜　匏、音袍（ㄆㄠˊ）。王夫之說：「瓠之生，嫩者可食；及畜爲笙、瓢、杓、壺之用，皮堅瓤腐，乃謂之匏。」所以匏瓜幼嫩時稱爲瓠瓜，瓠瓜長老時稱爲匏瓜。瓠、音戶（ㄏㄨˋ）。

【譯義】佛肸召請孔子，孔子正想前往。

子路說：「從前我曾聽夫子說過：『親自做壞事的人那裏，君子不去的。』如今佛肸盤踞中牟，起兵反叛，您卻要前往，怎麼說得過去呢？」

孔子說：「是的，我曾說過這樣的話。可是，你卻不知道：不有所謂堅固嗎？最堅固的東西，是磨也磨不薄的；不有所謂潔白嗎？最潔白的東西，是染也染不黑的。我難道是中看不中吃的匏瓜嗎？怎麼能夠只是被懸掛着而不供人食用呢？」

【析微】前第五章「公山弗擾以費畔」，也是召請孔子，而孔子也準備前往。爲什麼像公山弗擾和佛肸這樣的叛臣，來召請孔子，而孔子卻居然願意前往呢？這是當初子路所大惑不解的。所以當佛肸據中牟反叛晉國趙簡子，而孔子竟然意欲應召的時候，子路引述孔子從前說過的話，不與壞人爲伍，而如今卻顯得言行不符，以此向孔子質疑。孔子承認有過這樣的話，繼而用比喻來說明自己的立場，雖身處濁亂，也不會受沾污；更表明自己志在用世，不能像匏瓜一樣，徒然懸繫，不能供人食用。朱註引張敬夫說：「子路昔者之所聞，君子守身之常法；夫子今日之所言，聖人體道之大權也。然夫子於公山、佛肸之召，皆欲往者，以天下無不可變之人，無不可爲之事也。其卒不往者，知其人之終不可變，而事之終不可爲耳。一則生物之仁，一則知人之智也。」這段話對本章的旨意頗能體會。劉寶楠論語正義更有精闢的闡發，他說：「蓋聖人視斯人之徒，莫非吾與，而思有以治之，故於公山、佛肸皆有欲往之意。且其時天下失政久矣！諸侯畔天子，大夫畔諸侯，少加長，下凌上，相沿成習，恬不爲怪，若必欲棄之而不與易，則滔滔皆是，天下安得復治？故曰：『天下有道，丘不與易也。』明以無道之故，而始欲仕也。且以仲弓、子路、冉有皆仕季氏，夫季氏非所謂竊國者乎？而何以異於畔乎？子路身仕季氏，而不欲夫子赴公山、佛肸之召，其謹守師訓，則固以『親於其身爲不善，君子不入』二語而已，而豈知夫子用世之心與行道之義，固均未爲失哉？」這段精到的議論，充分說明了子路只懂謹守師訓，而孔子卻能權衡大體，完全基於救世之心。清人崔述據韓詩外傳，考證佛肸以中牟叛，是趙襄子時候的事，而襄子立於魯哀公二十年，這時孔子已逝世五年，因而以本章爲不可靠，並合公山弗擾章而下結論說：「此蓋戰國橫議之士，欲誣聖人以便其私，但聞不狃嘗畔魯，則附會之，以爲孔子欲往，而不知其年之不符也；但聞佛肸嘗畔晉，則又附會之，以爲孔子欲往，而不知其世之尤不符也。」

第八章

子曰：「由也，女㊀聞六言六蔽㊁矣乎？」對曰：「未也。」「居㊂！吾語㊃女。好仁不好學，其蔽也愚㊄；好知不好學，其蔽也蕩㊅；好信不好學，其蔽也賊㊆；好直不好學，其蔽也絞㊇；好勇不好學，其蔽也亂㊈；好剛不好學，其蔽也狂㊉。」

【提旨】孔子指示子路，以六種善德，六種蔽害；並勉勵他好學明理，以成就一切美德。

【釋詞】

㊀女　同汝，指稱子路而言，下文「吾語女」的「女」相同。

㊁六言六蔽　當是古代成語。六言、指下文所舉出的仁、知、信、直、勇、剛六字，就是六

種美德；六蔽、指下文所舉出的愚、蕩、賊、絞、亂、狂六種蔽障，蔽是有所蔽障而不能通明的意思。

㈢居　憑几而坐的意思。子路起身對答，孔子命他坐下再詳告。

㈣語　讀去聲（ㄩˋ），作動詞用，告訴的意思。

㈤愚　受人欺騙、反成愚昧的意思。朱註：「愚、若可陷可罔之類。」

㈥蕩　好高鶩遠、輕妄放蕩的意思。孔安國註：「蕩、無所適守。」朱註：「蕩、謂窮高極廣而無所止。」

㈦賊　不顧事義、有所傷害的意思。朱註：「賊、謂傷害於物。」賊字作傷害講，指有害於事、有善於義及害人害己。

㈧絞　責人急切、流於偏激的意思。

㈨亂　冒失爭鬥、釀成禍亂的意思。

㈩狂　師心自用、粗率狂妄的意思。

【譯義】孔子說：「仲由啊！你曾聽說過六種美德和六種蔽障嗎？」子路回答說：「沒有。」

孔子說：「坐下來，我告訴你：一個人只是好行仁德，而不好學明理，則有所蔽障，不免容易受欺被騙，反成愚昧；只是好逞才智，而不好學明理，則有所蔽障，不免好高鶩遠，輕妄放蕩；只是好守信用，而不好學明理，則有所蔽障，不免不顧事義，害人害己；只是好行直道，而不好學明理，則有所蔽障，不免責人急切，流於偏激；只是好逞勇氣，而不好學明理，則有所蔽障，不免冒失爭鬥，釀成禍亂；只是好逞剛强，而不好學明理，則有所蔽障，不免師心自用，粗率狂妄。」

【析微】本章是孔子針對子路的偏失，爲他剖示一切美德，如果只是愛好信守，而不愛從學識上去明辨事理，以判斷是非、權衡利害，或較量輕重、考慮得失的話，則反而會受到矇蔽，正如眼前有重重蔽塞、層層障礙一般，因而對客觀的事理情況，既看不分明；對主觀的利害得失，也想不透澈，可能產生種種流弊。所以朱註引范氏說：「子路勇於爲善，其失之者，未能好學以明之也，故告之以此。曰勇、曰剛、曰信、曰直，又皆所以救其偏也。」可見學問的功效，可以導引德行於正途，可以救正一個人性行的偏失。譬如一味以仁愛待人，則將如左傳僖公二十二年所載宋襄公所講求的仁道，所謂「君子不重傷（不嚴重傷害敵人），不禽（同擒）二毛（在戰場上不俘擄頭髮斑白、年歲已老的敵兵）。」又所謂「不鼓不成列」（敵軍還沒有排好陣勢，則不擊鼓進攻）。這種過於寬厚的仁慈，可能受人愚弄而不自知。又如只知一味表現聰明才智的人，而不能憑學問去冷靜思考，則行爲勢必泛濫無歸，可能不顧道義，而放蕩失據。至於「好信不好學」的流弊，正如清人管同的四書紀聞所說：「大人之所以不必信者，惟其爲學而知義之所在也。苟如信不好學，則惟知重然諾，而不明事理之是非，謹厚者則硜硜爲小人；苟又挾以剛勇之氣，必如周、漢刺客游俠，輕身殉人，扞文網而犯公義，自聖賢觀之，非賊而何？」這段話當能與孔子的本意相合。泰伯篇說：「直而無禮則絞。」與本章「好直不好學，其蔽也絞」的意思相同，因爲一味好直，而不以學問去調節，則將流於急切偏激。又本篇第二十三章說：「君子有勇而無義爲亂。」與本章「好勇不好學，其蔽也亂」的意思相同，因爲一味好勇，而不以學問去克制，則將造成魯莽禍亂。至於剛强的人，雖然能夠無欲，不致曲意妄求，但如果沒有學問的調和，也將流於剛愎自用，成爲狂妄的人。總之，學問足以使德行完美，只有眞正好學的人，他的德行才沒有缺憾。

第九章

子曰：「小子㈠！何莫㈡學夫詩㈢？詩可以興㈣，可以觀㈤，可以羣㈥，可以怨㈦；邇之事父，遠之事君㈧；多識於鳥獸草木之名㈨。」

【提旨】孔子指示弟子學詩，因詩對身心、性情、人倫、學問都有助益。

【釋詞】

㈠小子　孔子稱諸弟子。

㈡何莫　猶如何不。

㈢詩　指詩經而言。

㈣可以興　可以感發志氣，使人興起好善、惡惡的良知。朱註解釋「興」字說：「感發志意。」

㈤可以觀　可以觀察政治得失、地方風俗、人情善惡等，以為國家、社會與個人的借鏡。鄭玄解釋「觀」字說：「觀風俗之盛衰。」朱熹則說：「考見得失。」

㈥可以羣　可以溝通感情、和以處衆的意思。孔安國解釋「羣」字說：「羣居相切磋。」朱熹則說：「和而不流。」

㈦可以怨　可以諷刺政治、或抒發哀思，能怨而不怒、哀而不傷的意思。孔安國解釋「怨」字說：「怨刺上政。」朱熹則說：「怨而不怒。」

㈧邇之事父二句　邇、近的意思。事父事君，在盡孝盡忠，本是人的天性，但處之必有道。朱註說：「人倫之道，詩無不備。」

㈨多識於鳥獸草木之名　識、音義同誌（ㄓˋ），記憶的意思。因詩中抒情敘事，往往託物比興，借鳥獸草木而歌詠讚歎，故可增長自然知識。

【譯義】孔子說：「弟子們！你們何不好好學習詩經呢？詩經中的詩篇，可以激發人的志氣，可以觀察時政的得失，可以體會合羣的道理，可以抒發內心的哀怨；就近處說，可以體察親情，奉養父母，以盡孝道，就遠處說，可以體察事理，事奉君主，以盡忠心；並且其中抒情叙事，往往託物比興，還可以多知道些鳥獸、草木的名稱，以增廣自然知識。」

【析微】孔子一向以詩書禮樂教弟子，詩經可以說是孔門教育的必修科目，本章是孔子教弟子善自研讀詩經，並分別指出學詩的益處，說得非常精到。三百篇詩，作者的用意，無非勸善懲惡，而且措詞委婉，聲韻抑揚，使人在吟詠品味之餘，可以感動情意，感發心志。有許多美刺的詩，或讚美治道的興隆，或諷刺政教的衰替，或陳述各國的風俗，或抒寫各地的人情，這些詩都可以考見時政的得失，觀察風俗人情的美惡。還有許多溫柔敦厚的詩，賢主嘉賓，從容談笑，和樂相處，而沒有一毫恣肆放蕩的舉止，這些詩足以使人知道交友樂羣的道理。更有許多愁苦哀怨的詩，或傷時憂國，而抑鬱滿懷，或哀思怨憤，卻並不傷神忿怒，這些詩足以使人知道離怨的道理。其他，小則描寫家庭父子骨肉間的情感，故可以了解爲子盡孝的道理；大則陳述國家君臣之間的道義，故可以了解爲臣盡忠的態度。再如關雎、麟趾、葛覃、棠棣之類的詩篇，大多借鳥獸草木爲比喻，以抒情叙事，故又可以增加博物方面的知識。

第十章

子謂伯魚曰：「女爲㈠周南、召南㈡矣乎？人而不爲周南、召南，其猶正牆面而立㈢也與？」

【提旨】孔子指示兒子伯魚，研讀詩經周南、召南二篇，以通達修身、齊家的道理。

【釋詞】

㈠女爲　女、同汝，指稱伯魚。爲、作動詞用，朱註：「爲、猶學也。」學習、研讀的意思。

㈡周南、召南　詩經十五國風之二。周、召都是地名，周在雍州岐山之陽（今陝西岐山以南），武王有天下，成爲國號名；召地約在周的東南方。南、泛指南方之國，故傅斯年先生著「周頌說」以爲周南就是王朝所直轄的南方之國，而召南則是召穆公虎所統轄的南方之國。

在這兩個地區採得的民間歌謠，分別命名爲周南、召南。周南包括關雎、葛覃等十一首詩；召南包括鵲巢、采蘩等十四首詩。二南的內容，不外夫婦之道，修身、齊家之事，所以孔子特別重視。

㈢正牆面而立　「正面牆而立」的倒裝句，面，作面向、朝向講。朱註：「言卽其至近之地，而一物無所見，一步不可行。」所以這是比喻的話，是說正好面向牆壁站立，既看不見什麼，也往前行不通。

【譯義】孔子對伯魚說：「你學習過周南、召南了嗎？人若不學習周南、召南，那會像面正對着牆壁站立一樣，是行不通的。」

【析微】據季氏篇的記載，孔子曾問過伯魚說：「學詩乎？」並告訴他：「不學詩，無以言。」如今又問他說：「女爲周南、召南矣乎？」不稱「詩」，而特別指出其中的周南、召南，可見別有用意。這用意據朱註說：「周南、召南，詩首篇名，所言皆修身、齊家之事。」劉寶楠論語正義也說：「二南皆言夫婦之道，爲王化之始，故君子反身，必先求諸己，而後可刑于寡妻，至於兄弟，以御于家邦。漢書匡衡傳謂室家之道修，則天下之理得，卽此義也。」大學有所謂「身修而后家齊，家齊而后國治」的話，所以劉氏引詩經大雅思齊篇的「刑于寡妻，至于兄弟，以御于家邦」的詩句，以說明它的效用。因爲己身能修，則必能在自己嫡妻面前做榜樣，並影響到兄弟之間，進而能以此治理一家一國。其中尤以夫婦之道最關緊要，後漢書荀爽傳說：「臣聞有夫婦然後有父子，有父子然後有君臣，有君臣然後有上下，有上下然後有禮義，禮義備，則人知所厝（同措）矣！」正說明了夫婦是人倫的始基。所以中庸說：「君子之道，造端乎夫婦。」因而馬融解釋本章的比喻說：「周南、召南，國風之始，三綱之首，王教之端，故人而不爲，如向牆而立。」可見詩經周南、召南二篇，在孔子人倫教育的思想裏，是如何受到他的重視了。

第十一章

子曰：「禮云禮云㈠，玉帛㈡云乎哉？樂云樂云，鐘鼓㈢云乎哉？」

【提旨】孔子慨歎世人行禮作樂，徒具形式，而不明禮樂的眞正涵義。

【釋詞】

㈠禮云禮云　竹添光鴻論語會箋說：「云字指言如此之詞。」所以「禮云禮云」就是如此也說是禮，如彼也說是禮的意思，下文「樂云樂云」句意相同。

㈡玉帛　古代諸侯會盟、朝聘時所執的禮物。鄭玄註說：「玉、圭璋之屬；帛、束帛之屬。」玉是象徵祥瑞的寶物，其中圭用以聘君，璋用以聘夫人。帛是一種絲織品。

㈢鐘鼓　諸侯朝聘會盟，或民間祭祀典禮中奏樂時所用的樂器。

【譯義】孔子說：「現在社會上一般人，這樣也說是禮，那樣也說是禮，卻沒有一點恭敬的心情，只是在玉帛禮品上鋪張；其實先王所說的禮，何嘗只說玉帛呢？這樣也說是樂，那樣也說是樂，卻沒有一點和平的心境，只是在鐘鼓樂器上敲打；其實先王所說的樂，何嘗只說鐘鼓呢？」

【析微】本來先王制定禮節、禮儀的作用，是使卑幼尊敬長上、上官治理下民，以及供一般人互相交往的憑藉；它可以調和人與人之間的關係，更足以安定社會。至於音樂的演奏，既可以調劑心情，又可以移風易俗。換句話說：禮的根本精神，在於恭敬；樂的根本精神，在於和諧。可是，當時一般人卻完全忽略了這根本精神，而捨本逐末，只在禮的形式上求鋪張，樂的外貌上求敷衍，以爲這就是所謂禮樂，所以孔子深自慨歎這種忘本的末俗。鄭玄註說：「言禮非但崇此玉帛而已，所貴者，乃貴其安上治民。」又馬融註說：「樂之所貴者，移風易俗，非謂鐘鼓而已。」朱子集註則說：「敬而將之以玉帛，則爲禮；和而發之以鐘鼓，則爲樂；遺其本而專事其末，則豈禮樂之謂哉？」朱註又引程子說：「禮只是一箇序，樂只是一箇和。」以上四位學者所解說的，各說明了禮樂所具備的一方面意義。朱註所說的敬與和，是禮樂未發時人心中的情境；而程子所說的序與和，則是禮樂既發之後的事；而鄭玄所謂「安上治民」，馬融所謂「移風易俗」，又都是禮樂既成後的效用。必須合起來看，才能獲知禮樂的統緒。由本章孔子所發的感慨，可知他所注重的，是禮樂內在的根本精神，而不在它們外在的形式。

第十二章

子曰：「色厲㊀而內荏㊁，譬諸小人㊂，其猶穿窬之盜㊃也與？」

【提旨】孔子慨歎當時人專飾外貌，以圖欺世盜名。

【釋詞】

㊀色厲　外貌裝得很威嚴的意思。色、指表情、外貌；厲、威儀嚴厲的意思。

㈡內荏　內心懦弱、畏怯的意思。荏、音忍（ㄖㄣˇ），作柔弱講。

㈢譬諸小人　竹添光鴻論語會箋說：「譬諸小人者，言於衆小人中譬之也。以色厲內荏之人，譬之於諸般小人，惟其爲穿窬之盜者，可以爲比也。」就是在一般小人中作比喻的意思。小人、指心術、行爲邪惡的壞人。

㈣穿窬之盜　穿、穿鑿；窬、音俞（ㄩˊ），洞穴。穿窬之盜、從牆壁穿鑿洞穴的竊盜。

【譯義】孔子說：「如今有一種人，外貌裝得很威嚴，而內心卻是懦弱畏怯的，這種人，如果用壞人作比喻，那就如同穿鑿洞穴的竊盜一般。」

【析微】孔子所慨歎、批評的這種人，是專會虛飾僞裝的人，外表顯得嚴正剛直的樣子，其實，他卻是個滿懷私欲、怯懦無知的人。只因他總想欺世盜名，可是，又怕被人看出破綻來，所以處處裝模做樣，擺出一副僞君子的神氣。孔子極爲厭惡這種人，所以從衆小人中舉了一個譬喻，顯示這種人可恥的心術和行徑。小人有許多種：或善於諂媚，或專進讒言，或朋比爲奸，或羣聚爲盜，或顯然行强暴，或暗中作邪惡，或心狠而外柔，或色厲而內荏。孔子把「色厲而內荏」的人比作「穿窬之盜」，是形容這種人的人格卑鄙，虛僞的心術，邪惡的行徑，正如黑夜穿洞行竊的小偷一般可鄙可恥。徐英論語會箋說：「穿窬之盜，盜賊之僅能穿小竇者，所謂鼠竊狗偷，尚非大盜也。」正說明了這比喻所比的，是極不光明的宵小行爲。

第十三章

子曰：「鄉原㈠，德之賊㈡也。」

【提旨】孔子斥責模稜兩可的僞君子，是損害道德的蟊賊。

【釋詞】

㈠鄉原　原、同愿，音願（ㄩㄢˋ），忠厚、謹愿的意思。鄉愿、是說貌似忠厚，而內心並不誠實，卻往往被鄉人所推崇的僞君子。

㈡德之賊　賊、作損害講；德之賊、指爲損害道德的蟊賊（蟊、音矛ㄇㄠˊ；蟊賊是專偷吃禾苗根節的害蟲）。

【譯義】孔子說：「表面忠厚而內心巧詐的僞君子，眞是戕害道德的蟊賊啊！」

【析微】孔子所謂「鄉原」（愿），就是一鄉的人（地方上的人）所稱道的愿人（愿字可解作善，也就是俗稱忠厚老實的意思），這是出於一般鄉人的評論，並非由於君子的評論，所以是不合實情的。因爲他並不是眞正忠厚老實的人，只是欺騙鄉人而得謹愿之名的，是十足的僞君子。孟子盡心篇下記萬章問孟子，引孔子的話說：「過我門而不入我室，我不憾焉者，其惟鄉原乎！鄉原，德之賊也。」所述比本章詳細。然後萬章又問：「何如斯可謂之鄉原矣？孟子說：「曰：『何以是嘐嘐（嘐、音囂ㄒㄧㄠ；嘐嘐、志向高大、言語高張的樣子）也？言不顧行，行不顧言，則曰：古之人，古之人。』（以上是模擬鄉愿議論狂者的口吻）『行何爲踽踽涼涼（踽、音矩ㄐㄩˇ，踽踽、獨行不進的樣子，也就是顯得孤零零的樣子；涼涼、不被人所親厚，落落寡合的樣子，也就是顯得冷清清的樣子）？生斯世也，爲斯世（之人）也，善，斯可矣。』（以上是模擬鄉愿議論狷者的口吻）閹然媚於世也者，是鄉原也。」萬章又繼續問：「一鄉皆稱原人焉，無所往而不爲原人；孔子以爲德之賊，何也？」孟子解釋說：「非之無舉也，刺之無刺也；同乎流俗，合乎汙世；居之似忠信，行之似廉潔；衆皆悅之，自以爲是；而不可與入堯、舜之道。故曰：『德之賊也』。」孟子這兩段解說，都非常具體而詳盡，可使我們了解：鄉愿就是這麼一副面目。這種人孔子最爲深惡痛絕，孟子最後又引孔子的話說：「惡似而非者：惡莠，恐其亂苗也；惡佞，恐其亂義也；惡利口，恐其亂信也；惡鄭聲，恐其亂樂也；惡紫，恐其亂朱也；惡鄉原，恐其亂德也。」因爲他的忠信廉潔，都是虛僞假託的，所以足以淆亂眞忠信、眞廉潔的道德，這種人正如顏淵篇所謂「色取人而行違，居之不疑。」子路篇子貢曾問：「鄉人皆好之，何如？」孔子說：「未可。」這是因爲恐怕有鄉愿在其中的緣故。

第十四章

子曰：「道聽而塗說㈠，德之棄㈡也。」

【提旨】孔子警誡人們，應辨別善惡，不以道聽途說爲實，而自棄道德。

【釋詞】

㈠道聽而塗說　馬融註：「聞之於道路，則傳而說之。」就是在途中聽來的話，不辨善惡、是非，又照樣傳說出去。塗、同途。

㈡德之棄　朱註：「是自棄其德也。」就是自己拋棄道德。棄、廢置、拋棄的意思。

【譯義】孔子說：「在街頭巷尾聽來的話語，又不辨是非、善惡的，在途中就向他人傳說，這是自己拋棄了應守的道德。」

【析徵】本章的「道」字與「塗」字，都可解作道路，是同樣的意義。所以，依字面解釋，就是在道路上聽來的，又在道路上傳說出去，猶如今人所謂馬路新聞。馬路新聞，通常只是捕風捉影的無稽之談，並沒有確實的根據，正如皇侃與邢昺疏所說：「必多謬妄。」謬妄的主要原因，就是沒有證據，孔子是非常重視證據的。如八佾篇說：「夏禮吾能言之，杞不足徵也；殷禮吾能言之，宋不足徵也。文獻不足故也，足則吾能徵之矣！」正顯示了孔子重視證據的精神。又爲政篇說：「知之爲知之，不知爲不知，是知也。」更闡明正確的知識是必須有依據的。同篇又說：「多聞闕疑，愼言其餘，則寡尤。」則說明沒有證據的話是不可信的，證據不完全確實的也不可隨便傳說。假如聽了道路傳聞，沒有經過證實，就輕易相信，則不合「知之爲知之」與「多聞闕疑」的精神。如果又在道路上隨意談論傳播，則不合「愼言其餘」的精神。這種不辨是非，妄聽妄言的人，是孔子所深惡的。因爲這種輕躁浮淺的行爲，足爲進德的障礙，也足以喪失自己所應持守的道德，所以孔子嚴厲的批評爲「德之棄也。」

第十五章

子曰：「鄙夫㈠可與㈡事君也與㈢哉？其未得之也，患得之㈣；既得之，患失之㈤。苟㈥患失之，無所不至㈦矣！」

【提旨】孔子闡述貪鄙卑劣的小人，因患得患失，無所不爲，故不可與他共事君主。

【釋詞】

㈠鄙夫　指性格貪鄙、行爲卑劣的小人。

㈡可與　與子罕篇「可與適道」的「可與」相同，「與」字下省略了指稱詞「之」，指上文的「鄙夫」而言，而「與」字作連接詞用，偕同的意思。

㈢也與　也、表示停頓的語氣詞；與、同歟、與「哉」字同爲句末疑問語氣詞，猶如「乎哉」二字連用。

㈣患得之　憂患得不到的意思，之、指功名、利祿、富貴、權勢等鄙夫所貪圖的私欲而言。

「不得」而作「得」，這是古人急讀的特殊語法（下文當列舉例證）。

㈤患失之　憂慮已得到的功名、利祿、富貴、權勢等會失去的意思。

㈥苟　假如、果眞的意思。

㈦無所不至　爲了保持私利，邪惡的事，無所不爲；就是不擇手段，什麼事都做得出來的意思。

【譯義】孔子說：「性格貪鄙、行爲卑劣的人，可以同他在朝共事君上嗎？當他沒有得到富貴名利、或祿位權勢之前，就千方百計的去奔走鑽營，生怕得不到手；等到已經得到之後，爲了保持這些私利，又將曲意奉承、勞心焦慮，生怕會一旦失去。如果他眞的害怕失去時，就無論什麼寡廉鮮恥、卑鄙下流的事都做得出來了。」

【析微】本章孔子把一個胸懷鄙陋、性行貪吝、而手段卑劣的小人心術，刻劃得十分成功。因爲這種人只有「利祿」兩個字橫梗在他的心中，除了他個人所急於貪求的富貴名位、利祿權勢等等私慾之外，其他如爲人的道義、事君的忠義、國家民族的利益等等，他都可以棄置於腦後而不顧。在他得到所貪求的慾望前後，必然有患得患失的焦慮心情，爲了求得私利、保全私利，他可以毫無顧忌、無所不用其極。這種人慾壑難塡，而且毫無志節可言，當然是君子所不屑於共立於朝廷的。而且與他共事君上，是極危險、極可怕的事，因爲他爲了圖謀一己的私利，可以讒言誣謗、排擠同僚；也可以不顧道義、出賣朋友。所以，孔子說這段話，在特別提醒君子，不可與鄙夫同朝共事君主。

此外，本章還有兩處應作分辨，一是「可與事君」的「可與」二字，孔安國解釋全句說：「言不可與事君。」邢昺疏申釋說：「言凡鄙之人，不可與之事君也。」很明顯的，他們都把「與」字解作連接詞，而「與」下省略「之」字，指稱「鄙夫」而言。這種省略用法，如子罕篇的：「可與共學，未可與適道；可與適道，未可與立；可與立，未可與權。」就是最明顯的例證。又如衞靈公篇說：「可與言而不與之言，失人；不可與言而與之言，失言。」其中「可與」、「不可與」也是這樣用法。而清儒王引之經傳釋詞則說：「與，猶以也。下文患得患失，皆言鄙夫不可事君之故，非謂不可與鄙夫事君也。」並舉顏師古匡謬正俗、李善注文選東京賦所引本文作「以」爲證，以爲「變與言以，正與經旨相合。」但用「與」爲「以」，論語沒有這樣的文例；何況顏師古、李善都是唐朝人，不可爲據，而漢書朱雲傳、後漢書李法傳所引都作「與」，不作「以」。且李法傳述李法上疏諫諍，因而免爲庶人，還歸鄉里，有人問他何以與君上意見不合？他說：「鄙夫可與事君乎哉？苟患失之，無所不至。」正因他自己沒有患失之心，才敢於上疏諫諍，以致遭受罷免，心術與同朝的一般鄙夫截然不同。因此，我仍採用孔註、邢疏的說法。

其次是「患得之」三字，有兩種不同的說法：第一種說法，以爲「得」上脫一「不」字，當作「患不得之」。如荀子子道篇、王符潛夫論愛日篇、劉向說苑雜言篇、王肅孔子家語在厄篇所引述，都有「不」字，宋人沈作喆（同哲）「寓簡」一書引蘇東坡的話說：「『患得之』，當作『患不得之。』」又據韓退之的王承福傳，以爲古本當有「不」字。但古人引書的習慣，常以訓詁的方式增成其義，並不是爲古本必有「不」字的證據。第二種說法，以爲古人語有緩急，「得」就是「不得」二字的急讀。如清人臧琳的經義雜記說：「古人之言，多氣急而文簡，如論語：『其未得之也，患得之。』以『得』爲『不得』，猶尚書以『可』爲『不可』。」又引焦循補疏說：「古人文法有急緩，不顯、顯也，此緩讀也；公羊傳：『如勿與而已矣！』何休注云：『如、即不如也，齊人語也。』此急讀也。以『得』爲『不得』，猶以『如』爲『不如』也。」這一說法顯然比較合理，因爲舉出了古人用辭因緩急而如此的例證。

第十六章

子曰：「古者民有三疾㈠，今也或是之亡㈡也。古之狂㈢也肆㈣，今之狂也蕩㊄；古之矜㊅也廉㊆；今之矜也忿戾㊇；古之愚㊈也直㊉，今之愚也詐㊁而已矣。」

【提旨】孔子感傷當世的人性行澆薄，不如古人淳樸。

【釋詞】

㊀民有三疾　民、指下文提到的狂、矜、愚三種人民；三疾、指下文所說的肆、廉、直三種偏蔽；疾、指性行上的闕失、毛病或偏蔽。

㊁或是之亡　「或亡是」的倒裝語，意思是：或許還沒有這三種可貴的毛病，因爲今人不如古人淳樸，所以古人那些性行上的偏蔽，反而顯得可貴。亡、通無；是、指稱詞，指「三疾」而言；之、幫助造成倒裝語的虛字，

㊂狂　朱註：「狂者，志願太高。」指狂放不拘的人，就是子路篇所說的狂者。

㊃肆　包咸註：「肆、極意敢言。」朱註：「肆、謂不拘小節。」就是放懷肆意、敢說敢行的意思。

㊄蕩　孔安國註：「蕩、無所據。」朱註：「蕩、則踰大閑矣。」就是罔顧道義、放蕩不羈

的意思。

㈥矜　朱註：「矜者，持守太嚴。」指守正不阿的人，就是子路篇所說的狷者。

㈦廉　馬融註：「有廉隅。」朱註：「廉、謂稜角陗厲。」都解作「廉隅」的「廉」，本義是指器物的稜角，這裏借來形容人的行爲方正而有威嚴。

㈧忿戾　邢昺疏：「謂忿怒而咈戾。」就是容易憤恨激怒，行爲悖理、與人多忤的意思。

㈨愚　朱註：「愚者，暗昧不明。」指秉性愚昧，而不明事理的人。

㈩直　邢昺疏：「謂心直而無邪曲。」就是心性直率、不邪枉偏私的意思。

⑪詐　邢昺疏：「謂多行欺詐自利也。」就是欺騙詐僞、虛飾隱私的意思。

【譯義】孔子說：「古時候的人民，在性行上有三種偏蔽，而現在的人民，連這三種可貴的偏蔽，或許都沒有了。古代狂放的人，放懷肆意，敢說敢行，而現在的狂者，卻不顧道義，放蕩不羈；古代矜持的人，行爲方正，具有威嚴，而現在的狷者，卻行爲悖理，憤激多忤；古代愚昧的人，心性直率，沒有私心，而現在的愚人，卻心性詐僞，滿懷私欲而已。」

【析微】本章孔子因感傷自古至今，民情日益衰敗，舉出狂者、矜者、愚者三種人，作一番古今對照，比較出他們的優劣。所謂「三疾」的「疾」，正如孟子中「寡人有疾」的「疾」，本是指毛病、缺點而言，如齊宣王所舉出的是好勇、好貨、好色的毛病；但凡是性行上有所偏蔽，也可稱爲疾，如朱子集註說：「氣失其平則爲疾，故氣稟之偏者亦謂之疾，昔所謂疾，今亦亡也。」由於古代教化淳厚，所以民情也淳樸敦厚，卽使性行上有所偏疾，也還接近自然的本質；可是後世教化漸衰，風俗也漸趨澆薄，人民喪失了古人所堅守的道義，所以才與古代淳厚的民情相去日遠。「肆」與「蕩」都是狂者狂放不羈的一種偏疾，但比較起來，「肆」是有爲有守，只是不拘小節而已；而「蕩」則無所據守，流於放蕩失檢，連做人的道義原則，也一概不顧。可見當時所謂狂者，只是一種行爲放蕩、而不守禮法的人，不能算是狂者。這樣說來，古代狂者所謂「肆」的偏疾，反倒成爲一種可貴的偏疾了。子路篇孔子曾指出狷者的優點是「有所不爲」，狷字孟子作獧，淸儒陳澧說：「矜、獧雙聲，矜卽狷也。」這話是對的。古代狷介的人，守正不阿，擇善固執，而矜者也正是如此，「廉」字正足以形容他們稜角分明、方正不苟的做人態度；但孔子當時所謂矜者，卻流爲性情憤激、行爲乖戾的人，已不能算是矜者了。至於愚者，本指智力不高、謹愿忠厚的老實人，這種人雖然昧於事理，但在古代還能直道而行，沒有詐僞之心；但在孔子當時所謂愚者，正如鄉愿一般可惡。陳澧說：「愚者，愿也。詐則所謂居似忠信、行似廉潔也。蓋不獨愿者今與古殊，卽狂、狷亦有似是而非者矣！」所以孔子用「而已矣」三字總結，其中寓有今不如古的一番深深的慨嘆。

第十七章

子曰：「巧言令色，鮮矣仁！」

【案】本章與學而篇第三章完全相同，由於弟子們各記所聞，而編者沒有察覺，所以重複出現。至於本章的章旨、註釋等，請參看學而篇。

第十八章

子曰：「惡㊀紫㊁之奪朱㊂也，惡鄭聲㊃之亂雅樂㊄也，惡利口㊅之覆邦家㊆者。」

【提旨】孔子誡人須嚴辨是非，防止以邪害正，以及以利口而傾覆國家。

【釋詞】

㈠惡　音務（ㄨˋ），動詞，厭惡的意思，下文二「惡」字同。

㈡紫　赤而稍帶黑的顏色，是接近赤色的一種豔麗的雜色。

㈢奪朱　朱是赤色，古人以青、赤、黃、白、黑爲五種正色，赤是正色，所以奪朱就是奪佔了赤這種正色的地位。

㈣鄭聲　指鄭國的流行音樂，音調淫靡邪曲，是一種不雅正的音樂。

㈤亂雅樂　亂，擾亂、破壞的意思；雅樂，指先王雅正的音樂，如韶、武等盡善盡美的樂曲。

㈥利口　指口才銳利，足以顚倒是非、以僞亂眞的小人。

㈦覆邦家　覆，顚覆、覆亡的意思；邦家，就是國家。

【譯義】孔子說：「我厭惡那赤中帶黑、豔麗不正的紫色，奪去了赤這種正色的光彩和地位；我厭惡那流行鄭國，淫靡邪曲的音樂，擾亂了先王雅正的樂曲；我厭惡口才銳利、顚倒是非的人，足以傾覆國家。」

【析微】孟子盡心篇下引孔子說：「惡莠，恐其亂苗也；惡佞，恐其亂義也；惡利口，恐其亂信也；惡鄭聲，恐其亂樂也；惡紫，恐其亂朱也；惡鄉愿，恐其亂德也。」比本章詳細，而在首端冠以「惡似而非者」一句，趙歧注說：「似眞而非眞者，孔子之所惡也。」因爲似是而非，最能迷惑人，而使人失去正覺，所以孔子深爲憎惡。本章的重點，卻不在疑似之間，所可惡的，在於奪、亂與覆。禮記玉藻篇說：「玄冠紫緌（音蕤ㄖㄨㄟˇ，帽帶），自魯桓公始。」管子說：「齊桓公好服紫衣，齊人尙之。」又哀公十七年左傳記衞國臣子渾良夫穿「紫衣狐裘」，被太子指爲罪狀而殺了他，杜預註說：「紫衣、君服。」可見春秋時一般諸侯都喜歡穿紫色的衣服。孔子之所以厭惡紫色，是因爲紫色豔麗，眩人眼目，接近赤色，而並非正統的赤色，往往篡奪了赤色的正統地位。衞靈公篇孔子曾告訴顏淵，治理一個國家，要「放鄭聲，遠佞人。」又申述原因說：「鄭聲淫，佞人殆。」所謂鄭、衞之聲，桑間、濮上之音，大致是一些不正派的靡靡之音，淫放邪門的俗樂，但卻容易使人沈迷，往往極爲流行，擾亂了先王傳統、莊嚴而典雅的樂曲，使人不容易體認正樂的意義和價值，所以孔子也深爲厭惡。所謂「利口」，就是「佞人」，孔安國註說：「利口之人，多言少實，苟能悅媚時君，傾覆國家。」朱註引范氏說：「利口之人，以是爲非，以非爲是；以賢爲不肖，以不肖爲賢；人君苟悅而信之，則國家之覆也不難矣！」由於這種善於巧言的人往往顚倒是非，足以危害國家，所以孔子更是深深厭惡。

第十九章

子曰：「予欲無言㈠。」子貢曰：「子如不言，則小子何述㈡焉？」子曰：「天何言哉㈢？四時行焉，百物生焉；天何言哉？」

【提旨】記述孔子注重身教，並勉勵弟子自行領悟，不必全靠師長的言語教誨。

【釋詞】

㈠予欲無言　孔子因弟子只從他的言語方面求了解，而忽略親身實踐的工夫，所以對羣弟子發出這樣的感嘆：我想從此不再說話了。劉寶楠論語正義解釋說：「夫子本以身教，恐弟子徒以言求之，故欲無言，以發弟子之悟也。」

㈡小子何述　小子、弟子自稱；何述、何所遵循的意思。「述」字與詩經邶風日月篇：「報我不述」的「述」相同，毛傳：「述、循也。」

㈢天何言哉　意思是：上天說了什麼話呢？上天雖然不說話，可是四季照常運行，百物照樣生長，可見不必說話，只要去默默地實踐，就能獲得功效，藉此比喻，以啓發弟子自求領悟，重視實踐。

【譯義】孔子說：「我想從此不再說話了。」子貢說：「夫子如果眞的不說話了，那麼我們這些弟子們遵循什麼呢？」孔子說：「上天何曾說過什麼話呢？但卻四季照常運行，百物照樣生長，上天何曾說過什麼話啊？」

【析微】孔子深深覺得：平日以言教教誨弟子，因爲以言語教學，還不如以身教來得切實有效，往往會流於瑣碎，而且容易使弟子只顧了解言論，而忽略了身體力行的工夫，這樣捨本逐末，自然不能達到教育的效果，這與孔子設教的目的，顯然是不相符順的，所以孔子才發生這樣的感慨，而說出「予欲無言」的話。何晏集解說：「言之爲益少，故欲無言。」因爲言語只是傳授知識、接受知識的媒介，只是解釋道德、體認道德的工具，對人的身心修養，並沒有直接的利益，只有以篤行實踐去貫徹所學，才能獲致眞正的裨益。里仁篇說：「君子欲訥於言而敏於行。」寧可言語遲鈍，行爲則不可不勤奮敏捷，力求精進，可見孔子是何等注重行爲的實踐！至於言語則並非重要的關鍵。可是弟子子貢卻不了解孔子的深意，以爲孔子之道，惟有言語是可依據的，於是孔子舉出天的沉默無言作譬喻，以破除子貢的疑惑。上天雖不說話，但春、夏、秋、冬四季，始終循環不已，各種生物也都在繁榮滋長，新陳代謝，這些任務都能圓滿達成，可見「力行」就是宇宙的眞理，也是人生的眞理。詩經大雅文王篇說：「上天之載，無聲無臭。」禮記哀公問篇引孔子說：「無爲而物成，是天道也。」人道必須取法天道，而天道正如老子的「無爲而無不爲」，所以孔子的「無言之教」，多少有點接近老子的思想。

第二十章

孺悲㈠欲見孔子，孔子辭以疾㈡。將命者㈢出戶，取瑟而歌，使之聞之㈣。

【提旨】記魯人孺悲想晉見孔子，孔子不想接見，並彈瑟促他自省，於不屑教誨之中，寓有教誨的微意。

【釋詞】

㈠孺悲　魯國人，後來曾向孔子學習士喪禮。
㈡辭以疾　假託有病，而推辭不見的意思。
㈢將命者　爲主人傳達辭命的人。將，作承奉、執持講；命，辭令、言辭的意思。
㈣使之聞之　使門外的孺悲聽到這彈瑟、唱歌的聲音。上一「之」字指孺悲，下一「之」字指瑟音及歌聲。朱註說：「使知其非疾，以警教之也。」

【譯義】孺悲想晉見孔子，孔子推說有病，不能接見。傳話的人剛走出門，孔子就取了瑟來彈奏，並且唱起歌來，故意使他聽到，知道不是有病，而是不願意見他。

【析微】禮記雜記篇下說：「恤由之喪，哀公使孺悲之孔子學士喪禮，士喪禮於是乎書。」孺悲既然從學於孔子，就可以說是孔子的弟子，而本章說他「欲見孔子」，誠如劉寶楠論語正義所說：「此欲見是始來見，尚未受學時也。」孔子不願見他，而推說有病，爲什麼孔子不願見他呢？朱註揣測說：「當是時，必有以得罪者，故辭以疾。」儀禮士相見禮疏則說：「孺悲不由紹介，故孔子辭以疾。」韓詩外傳引子路說：「聞之於夫子，士不中閒而見，女無媒而嫁者，非君子之行也。」所謂「中閒」，就是介紹人。可能孔子因孺悲初次來見，不經介紹人引介，不懂禮節，所以孔子才故意裝病不見。當傳達言語的人走出戶外，把孔子有病不能相見的話轉告孺悲時，孔子趁他還在門外，沒有遠離，又故意取出瑟來彈奏，還一面唱着歌，使孺悲聽見，知道夫子並沒有生病，好讓他想想有什麼不合禮的地方，以便他知過而改。孟子告子篇下說：「教亦多術矣。予不屑之教誨也者，是亦教誨之而已矣！」孔子故意不見孺悲，就是這種用意。

第二十一章

宰我問：「三年之喪㈠，期㈡已久矣！君子三年不爲禮㈢，禮必壞㈣；三年不爲樂，樂必崩㈤。舊穀既沒㈥，新穀既升㈦；鑽燧改火㈧，期可已㈨矣！」

子曰：「食夫稻，衣夫錦㈠〇，於女安乎㈡？」

曰：「安。」

「女安，則爲之！夫君子之居喪：食旨不甘㈡，聞樂不樂㈢，居處不安㈣，故不爲也。今女安，則爲之！」

宰我出。子曰：「予㈤之不仁也！子生三年，然後免於父母之懷㈥。夫三年之喪，天下之通喪㈦也；予也，有三年之愛於其父母乎？」

【提旨】記弟子宰我想縮短爲父母所服的三年喪期，孔子告誡他這是非禮的，並以不忍之心反復警惕他。

【釋詞】

㈠三年之喪　指父母之喪，服喪三年，鄭玄以爲喪期實際爲二十七個月，王肅則以爲二十五個月。

㈡期　音旗（ㄑㄧˊ），指三年的喪期。

㈢不爲禮　不習禮儀的意思。爲、動詞，可作學習或演習講。下文「不爲樂」的「爲」相同。

㈣壞　敗壞的意思。

㈤崩　荒廢的意思。

㈥舊穀既沒　舊穀、指往年收成的稻穀；既沒、已經吃光的意思。朱註：「沒、盡也。」

㈦新穀既升　新穀、指今年新收成的稻穀；既升、已經登場的意思。朱註：「升、登也。」

㈧鑽燧改火　鑽燧、鑽磨柴木，以取火種的意思；燧、音遂（ㄙㄨㄟˋ），朱註：「燧、取火之木也。」古代用鑽木取火的方法，被鑽的木頭，四季不同，馬融註引周書月令篇說：「春取榆、柳之火，夏取棗、杏之火，季夏取桑、柘之火，秋取柞、楢之火，冬取槐、檀之火。」一年周而復始，所以說「改火」。

㈨期可已　期、音基（ㄐㄧ），周年的意思。朱註：「已、止也。言期年則天運一周，時物皆變，喪至此可止也。」

㈩食夫稻，衣夫錦　夫、音扶（ㄈㄨˊ），可作指稱詞解；衣、讀去聲，音意（ㄧˋ），穿的意思。古代北方以黍、稷（帶黏性的小米爲黍，不帶黏性的爲稷）爲主要糧食，水稻和粱（精細的小米）則是珍品，所以孝子居喪，只吃黍稷，不吃稻粱；又只穿麻衣，不穿錦衣（錦是帶有文彩的絲織品）。劉寶楠論語正義說：「北方以稻爲穀之貴者，故居喪不食之也。

錦是文彩之衣，謂凡朝、祭服以帛爲之者也。」孔子的意思是：稻米與錦衣是居喪的人不甘享受的。

㈡於女安乎　意思是：在你的心裏覺得安適嗎？女、同汝。

㈢食旨不甘　吃美好的食物而不覺得甘美的意思。食、動詞；旨、指甘美的食物。

㈢聞樂不樂　聽美好的音樂而不覺得快樂的意思。「聞樂」的「樂」，音月（ㄩㄝˋ）；「不樂」的「樂」，音勒（ㄌㄜˋ）。

㈣居處不安　住美好的房屋而不覺得安適的意思。古代孝子居喪，要「居倚廬，寢苫枕塊。」就是住臨時用草料、木料搭成的凶廬，睡在用草編成的藁墊上，用土塊做枕頭。這裏的「居處」二字，是指平日的居住生活而言，如劉寶楠論語正義說：「居處、謂居常時之處也也。」

㈤予　宰我名予，下文「予也」的「予」也是指宰我名。

㈥免於父母之懷　離開父母的懷抱。免、脫離的意思。

㈦通喪　從天子到庶人都通行的喪禮。

【譯義】宰我問孔子說：「依禮制來說，爲父母要服喪三年，爲期也太久了。君子在三年的喪期中不去習禮，那儀節必然會遺忘，禮儀一定敗壞；三年不去奏樂，那音律必然會生疏，音樂一定荒廢。一年天運一周，時令和事物都已變更，往年收成的穀子已經吃完，當年新收成的穀子也已經登場；四季鑽取火種的木頭，也依次取徧，重新更換。可見居喪滿了周年，似乎也可以終止了。」

孔子說：「父母去世，還不到三年，你就吃那稻米飯，穿那有文彩的錦衣，你的心裏覺得安不安呢？」

宰我回答說：「安。」

孔子說：「你既然心安，那就這樣去做好了！說到君子在居喪的時候，因爲心裏悲傷，卽使吃美味的食物，也不覺得甘美；聽美好的音樂，也不覺得快樂；住華美的房屋，也不覺得安適；所以不忍心只守一年喪。現在你既然說心安，那就這樣去做好了！」

宰我退身出去，孔子對門人說：「宰予眞是不仁啊！一個嬰兒從出生以後，要有三年的時間，才能離開父母的懷抱。父母的恩情，本是兒女報答不盡的，古人所以制定三年的喪期，不過略報初生三年撫育懷抱之恩而已。爲父母服喪三年，是天下通行的喪禮；宰予難道就沒有從他父母那裏得到三年懷抱的愛護嗎？」（末句或譯作：「宰予這個人，對於父母能夠有三年的愛心嗎？」）

【析微】父母之喪，需服喪三年，這是古人權衡人情所制定的通禮，上自天子，下至庶民，沒有不遵守的。但春秋末年，三年的喪期，已很久不通行了，當時一般諸侯，當他們的父母去世，還停屍在堂上，沒有舉行葬禮時，就急於去參加列國的盟會，甚至親迎他國的女子，其餘卿大夫則可想而知。晏子的父母去世時，睡在草墊上，當時人都以爲奇異，可見當時一般士人早已不知道這項古禮。孔門是以禮教著稱的，孔子是一向提倡孝道的，所以在孔子門下的弟子，都必須遵守古禮，維持三年的喪期。本章是弟子宰我就三年喪期的長短問題，與孔子互相對論。宰我認爲三年太長的理由，是這段漫長的守喪期間，不習禮樂，則禮樂必然生疏荒廢，以至於禮壞樂崩，足以妨礙文化的進展；又主張縮短爲一年的理由，是因爲時令、物象一年一年更新，似乎一年是一個天然的周期，如果喪期能縮短爲一年，不但不會過於躭誤禮樂的研習，而且能與自然的周期相配合。但孔子認爲：人子爲父母居喪盡哀，完全基於人類天賦的不忍之心，如果父母新喪，一年之後，就恢復享樂的生活，實在是不盡人情的。由於宰我當初還沒有親喪的經驗，沒有實際體會過那種「不安」的心情，所以貿然答覆一個「安」字，於是孔子又以不忍之心反覆曉喻他，並說明服喪三年的道理，在於幼時受父母撫養，至少有三年是生活在父母的懷抱中，朝夕不離，爲了報答父母辛勤撫育的深恩，至少也得守上三年的孝，才算略盡了子女的一份孝心。事實上父母恩重如山，正如寸草之報春暉，那裏能報得盡呢？只能終身孺慕而已。孔子這種基於人性所主張的孝道和居喪盡哀之禮，足以弘揚人性，敦厚人倫。

第二十二章

子曰：「飽食終日，無所用心㈠，難矣哉㈡！不有博弈㈢者乎？爲之㈣，猶賢乎已㈤。」

【提旨】孔子勸人在學問事業上用心思，否則也該在遊戲消遣上用心思，免得遊手好閒，容易墮落。

【釋詞】

㈠無所用心　沒有地方用心思的意思。邢昺疏說：「於善道無所用心。」竹添光鴻論語會箋說：「所用心、如學術、事業之類。」

㈡難矣哉　劉寶楠論語正義說：「難者，言難以成德也。」竹添光鴻論語會箋說：「難矣哉者，言難以免禍殃也。」一就積極的意義而言，一就消極的意義而言，都可以通。

㈢博弈　朱子集註說：「博、局戲也；弈、圍棊也。」焦循孟子正義說：「蓋弈但行棊，博以擲采（骰子）而後行棊。」又說：「後人不行棊而專擲采，遂稱擲采爲博（賭博），博與弈益遠矣！」碁、棊、與棋同。大約「博」最初是一種類似棋局的遊戲，純供消遣，也可益智，後來逐漸演變成以財物爲賭注的博戲，故稱賭博；至於「弈」，就是現在的圍棋。

㈣爲之　玩玩局戲、下下圍棋的意思。爲、動詞；之、指稱詞，指「博弈」而言。

㈤猶賢乎已　劉寶楠論語正義說：「賢者、勝也；已者、止也。博弈之人，知用其心，若作他事，當亦用心，故視無所用心者爲勝也。」句法、意義與墨子法儀篇的「猶逾（同愈）已」、孟子盡心篇上的「猶愈於已」全同。「乎」字用法同「於」，可作比較講；「已」字是不爲、不動作的意思；所以整句的意義是：總比閒着不玩局戲、不下圍棋好。

【譯義】孔子說：「一個人如果整天吃飽了飯，沒有什麼事去用用心思，是很難養成良好德行的！不是有局戲和圍棋的消遣嗎？玩玩局戲、下下圍棋，總比閒着什麼也不做好。」

【析微】大學上說：「小人閒居爲不善，無所不至。」等於闡述了本章的意義。因爲一個只在物質生活上求得滿足的人，既不好在學問、事業上用心思，則精神上沒有寄託，很可能胡思亂想，走上邪路，以至無所不爲的地步。孟子滕文公篇上說：「人之有道也，飽食煖衣，逸居而無教，則近於禽獸。」俗語也有所謂「飽暖思淫逸」的話，這種人不但無從在德行上有所修養，而且自甘墮落的結果，將不免於禍害災殃。孟子告子篇上說：「心之官則思，思則得之，不思則不得也。」人生的道理、意義，全靠自己去思想，才能有所獲得。告子篇又說：「今夫弈之爲數，小數也，不專心致志，則不得也。」可見博弈之類也必須用心思，有地方用心思，則不至於做壞事，國語魯語述敬姜的話說：「夫民勞則思，思則善心生；逸則淫，淫則忘善，忘善則惡心生。」

第二十三章

子路曰：「君子尚㊀勇乎？」子曰：「君子義以爲上㊁，君子㊂有勇而無義爲亂，小人有勇而無義爲盜。」

【提旨】孔子教訓子路：應崇尚道義之勇，並告以有勇而無義的弊害。

【釋詞】

㊀尚　崇尚、以爲尊貴而愛好之的意思。

㈡義以爲上　「以義爲上」的倒裝語，以道義爲最尊貴的意思。上、高尙、尊貴的意思。

㈢君子　邢昺疏說：「君子、指在位者。」朱註也說：「君子爲亂，小人爲盜，皆以位而言者也。」

【譯義】子路問孔子說：「君子崇尙勇敢嗎？」孔子說：「在上位的君子認爲道義是最高的，如果君子只有勇氣，而沒有道義，就會悖逆作亂；如果小人只有勇氣，而沒有道義，就會做土匪强盜。」

【析微】爲政篇孔子曾說：「見義不爲，無勇也。」相反的，見義勇爲，才是眞正的勇敢。孔子一向主張道義之勇，而子路生性好勇，大約是初到孔子門下，所以提出君子是否尙勇的問題，孔子惟恐他徒然好勇，而不顧道義，所以首先指示他：君子以道義爲最崇高，勇必須配合道義，才是眞勇，才是大勇，否則將流爲血氣之勇、匹夫之勇，那只是小勇而已。朱註引尹氏說：「義以爲尙，則其爲勇也大矣！子路好勇，故夫子以此救其失也。」尹氏以「上」爲「尙」，邢昺疏也說：「上、卽尙也。」但上下兩字，一作尙，一作上，應有區別。竹添光鴻論語會箋說得很恰當，他說：「夫尙、上古字通用，固也，然一行之中，而一作尙，一作上，則從二字本義爲是。尙、爲崇尙之尙；上、卽上中下之上。義以爲上，猶云德成而上，藝成而下，言其爲上，而崇尚之義自見矣！言君子亦尚勇，然以義爲上，故下歷言有勇而無義之害，蓋欲其以義裁勇，非謂舍勇取義也。」這段話的後半節，更把本章的正確意義闡發得很明白。本篇第八章孔子曾告訴子路說：「好勇不好學，其蔽也亂。」所謂「好學」，就是從學問上了解眞勇、大勇是道義之勇；如果缺乏道義，則君子將憑他的勇氣作亂造反，小人更將殺人越貨，淪爲盜賊之流。

第二十四章

子貢曰：「君子亦有惡㊀乎？」子曰：「有惡：惡稱人之惡㊁者，惡居下流㊂而訕上㊃者，惡勇而無禮者，惡果敢而窒㊄者。」曰：「賜也亦有惡乎？」「惡徼以爲知㊅者，惡不孫㊆以爲勇者，惡訐㊇以爲直者。」

【提旨】孔子與子貢各述所厭惡的人，孔子所惡是顯然違背義理的人，而子貢所惡則是假託義理的人。

【釋詞】

㈠有惡　有所厭棄、憎惡的意思。惡、音務（ㄨˋ），作厭惡講。本章除「稱人之惡」的「惡」爲善惡的惡、音餓（ㄜˋ）之外，其餘都爲好惡的惡、音務（ㄨˋ）。

㈡稱人之惡　背後稱說別人的壞話。稱、有稱揚、傳播的意思；惡、指過惡。

㈢居下流　居身於下位的意思。本句「流」字是衍文，漢石經作「惡居下而訕上者」，惠棟九經古義說：「當因子張篇：『惡居下流』，涉彼而誤。」

㈣訕上　毀謗在上位的人。訕、音扇（ㄕㄢˋ），毀謗的意思。

㈤果敢而窒　果決、勇敢而窒塞不通的意思。窒、音至（ㄓˋ），指妄斷事理、不通事理。

㈥徼以爲知　徼、音交（ㄐㄧㄠ）；知、同智。孔安國註：「徼、抄也；抄人之意，以爲己有。」徼以爲知、就是襲取別人的成績而自以爲聰明。

㈦不孫　不謙遜的意思。孫、同遜。

㈧訐　音潔（ㄐㄧㄝˊ），包咸註：「訐、謂攻發人之陰私。」

【譯義】子貢問孔子說：「君子存心愛人，也有憎惡的人嗎？」孔子說：「有憎惡的人：憎惡背後傳揚別人壞話的人，憎惡身居下位而毀謗上級的人，憎惡專憑勇力而不顧禮法的人，憎惡自誇果敢而不通事理的人。」

孔子又反問子貢說：「賜啊！你也有憎惡的人嗎？」子貢回答說：「我憎惡襲取他人的成績、而自以為聰明的人，憎惡態度毫不謙遜、而自以為勇敢的人，憎惡揭發別人的陰私、而自以為率直的人。」

【析微】子貢以為：君子存心以仁愛待人，似乎不應有所憎惡，所以質問孔子。皇侃疏引江熙說：「此君子卽孔子也。」因子貢心中先有所惡，所以問孔子是否也有所惡。孔子舉出自己所厭惡的四種人，朱註解釋說：「稱人惡，則無仁厚之意；下訕上，則無忠敬之心；勇無禮，則為亂；果而窒，則妄作；故夫子惡之。」因好惡是人的本性，孔子知道子貢也有所惡，因而說罷又轉問子貢，子貢所厭惡的三種人，其所以可惡，在於自以為知、自以為勇、自以為直，以惡行而假託名義，比孔子所厭惡的人，立心更為可惡。孔子所厭惡的，或有害於政事，或足以敗壞風俗；而子貢所厭惡的，是足以亂德的人，正與孔子的惡鄉愿、惡鄭聲、惡利口一樣。朱註引侯氏說：「聖賢之所惡如此，所謂唯仁者能惡人。」以孔子之聖、子貢之賢，所厭惡的都有維繫人心的用意。這些妨害政事、傷風敗俗、虛偽亂德的人，不但是聖賢所厭惡，也是天下人的公惡。

第二十五章

子曰：「唯女子與小人㈠為難養㈡也，近之則不孫㈢，遠之則怨㈣。」

【提旨】孔子警惕有家有國的人，畜養臣妾最難。

【釋詞】

㈠女子與小人　猶如周易遯卦九三爻辭：「畜臣妾吉」的「臣妾」，周禮太宰也有「臣妾」二字，鄭玄註說：「男女貧賤之稱。」因而朱子註本章說：「此小人，亦謂僕隸下人也。」女子、指侍妾之類；小人、指小臣、僕從之類。

㈡養　劉寶楠論語正義：「養、猶待也。」畜養、對待的意思。

㈢近之則不孫　近、親近、寵幸的意思；之、指女子與小人；孫、同遜，順服的意思。

㈣遠之則怨　遠、讀去聲（ㄩㄢˋ），遠離、疏遠的意思；之、所指與上句同；怨、埋怨、怨恨的意思。

【譯義】孔子說：「只有侍妾和臣僕是難以畜養的，親近他們，他們會不順服；疏遠他們，他們又會怨恨。」

【析微】本章所說的「女子與小人」，並非泛指一般的女子、一般的小人而言，由句中的「養」字看來，可見是指家中或朝中所畜養的女子與小人而言。論語中所說的小人，或以位言，指居下的小民；或以德言，指心術不正的人；本章則指家中的僕從、或朝廷的小臣而言，地位既卑賤，而心術也往往不善，所以「難養」。孔子既以「女子」與這種「小人」連類並舉，可見這「女子」絕非一般婦女，而是與「小人」同樣等級、同樣類型的人，如家中的侍妾、或朝廷的姬妾，她們往往心胸狹隘，善於嫉妬，又不明大義，所以也是「難養」的。一般人只見孔子以「女子」與「小人」並舉，並說他們都是「難養」的，而不去考究「養」字的含義，又不去分辨「女子」與「小人」並非泛指，而是專指卑賤的臣妾之類，就貿然指責孔子不重視女權，把「女子」看得與「小人」一般，這是大大的錯誤！完全曲解了孔子的意思。孔子說明這種「女子與小人」所以「難養」的緣故，在於「近之則不孫，遠之則怨。」因而朱子針對這一後患，提出防範的辦法說：「君子之於臣妾，莊以涖之，慈以畜之，則無二者之患矣！」竹添光鴻論語會箋更引易經爲證，申明朱註說：「君子知其難養，斯有善養之道。易遯之九三曰：『畜臣妾吉』，以九居三，剛而正，有莊以涖之之道焉！旅之六二曰：『得童僕貞』，以六居二，柔而中，有慈以畜之之道焉！」徐英論語會箋有案語評論朱註說：「凡此輩人皆難養，讀史於歷朝宦寺、女寵之禍，及士大夫悍僕、豪奴之害，而後知朱氏所釋之精。」

第二十六章

子曰：「年四十而見惡㈠焉，其終也已㈡。」

【提旨】孔子指出人到四十歲還在作惡，因而被人憎惡，將終無善行，以勉人及時遷善改過。

【釋詞】

㈠見惡　被人厭惡的意思，是「見惡於人」的省略，惡、音務（ㄨˋ），作動詞用，憎惡的意思；見、在文法上稱爲詞頭，用在動詞之上，表示被動語氣，可作被字、受字講。

㈡其終也已　其、第三人身指稱詞，指「見惡於人」的人；終、終生、畢生的意思；也、表示停頓的語氣詞；已、與本篇第五章：「末之也已」的「已」字相同，用作動詞，可作「止」字講。全句的意思是：他這一生也就完了，表示沒有遷善改過的希望了。

【譯義】孔子說：「一個人年紀活到四十歲的時候，還在爲非作歹，被別人厭惡，他這一生也就完了，因爲不容易追改了。」

【析微】四十歲正當人生强壯的年齡，由青年而邁入壯年，應該是思想成熟、精神飽滿、體力充沛、經驗豐富、學問有成，而德業勇猛精進的時候，這正是孔子對一切事理「不惑」的年齡。可是有些人卻青春虛度，自甘墮落，不但不求長進，而且還作惡多端，直到四十歲還不知悔改，則簡直沒希望悔改了。所以朱註解釋說：「四十成德之時，見惡於人，則止於此而已，勉人及時遷善改過也。」因爲四十歲在生理上、心理上都是一個人思想、行爲定型的時候，四十以前還有轉變的可能，所以皇侃義疏說：「人年未四十，則德行猶進，當時雖未能善，猶望可改，若年四十，在不惑之時，猶爲衆人共所見憎惡者，則當終其一生，無復有善理。」子罕篇孔子曾說：「四十、五十而無聞焉，斯亦不足畏也已！」這話是泛論一般人在四、五十歲之間，學問、道德還沒有成就，沒有聲譽，也就不會再有重大的成就了，所以泛說四十、五十；而本章則是據實而言，指明四十歲，大約孔子當時曾親見某人「年四十而見惡」，所以下這樣的評語，以告誡門人，誠如朱註引蘇氏所說：「此亦有爲而言，不知其爲誰也？」

第十八篇　微子

前　言

本篇內容，大致如邢昺疏所說：「此篇論天下無道，禮壞樂崩，君子仁人，或去或死，否則隱淪巖野，周流四方，因記周公戒魯公之語，四乳生八士之名。」朱子集註則僅說：「此篇多記聖賢之出處。」因篇中多稱「孔子曰」，又多記孔子逸事，所以徐英論語會箋推測說：「蓋鄒魯諸儒之所記。」全篇共十一章。

第一章

微子去之㈠，箕子爲之奴㈡，比干諫而死㈢。孔子曰：「殷有三仁㈣焉。」

【提旨】孔子稱讚殷朝三位有仁德的人，行事雖然不同，而都出於憂君愛國的仁心。

【釋詞】

㈠微子去之　馬融註以爲微是國名，子是爵名。名啓，商紂的庶兄。因見紂王暴虐無道，屢諫不聽，故棄官去位，而逃亡於外。去、離去；之、指紂王。

㈡箕子爲之奴　馬融註也以爲箕是國名，子是爵名。據尸子及司馬彪莊子注，箕子名胥餘，紂的叔父。因紂王無道，屢諫不聽，被囚爲奴，因佯狂而受辱。爲、動詞，做的意思；之、仍指紂王。

㈢比干諫而死　比干也是紂的叔父，力諫紂王，紂王說：「我聽說聖人的心有七個孔。」便剖開他的胸部，剜出他的心臟而死。

㈣殷有三仁　商朝因盤庚遷都於殷，又稱殷朝。三仁、指微子、箕子、比干三人，都是商紂的臣子，孔子稱許他們都有憂君愛國的仁心。

【譯義】殷朝末年，紂王暴虐無道，微子屢諫不聽，他就棄官離去，逃往國外；箕子也屢諫不聽，便假裝瘋狂，被拘囚做奴隸；比干極力直諫，觸怒了紂王，因而被他剖腹剜心而死。孔子稱許說：「殷朝有三個憂君愛國的仁人。」

【析微】關於微子、箕子和比干力諫紂王的史實，見於史記殷本紀及宋世家。殷本紀說：「紂愈淫亂不止，微子數諫不聽，乃與太師、少師謀，遂去。比干曰：『爲人臣者，不得不以死爭。』迺强諫紂，紂怒曰：『吾聞聖人心有七竅。』剖比干，觀其心。箕子懼，乃詳（通佯）狂爲奴，紂又囚之。」這段文字先敍微子，次敍比干、箕子，而宋世家則說：「箕子諫不聽，乃被（通披）髮佯狂而爲奴。王子比干見箕子諫不聽而爲奴，乃直言諫紂，紂怒，遂殺王子比干。於是太師、少師乃勸微子去，遂行。」這段文字先敍箕子，次敍比干、微子，都與論語本章的次序不同。宋人吳英認爲：三人的事發生的先後，應以論語爲正，他說：「論語之文，一字不苟，豈有於三仁次第顚亂記者乎？本紀謂箕子因比干剖心而懼，乃詳狂，何其謬乎？」司馬遷著史記，前後自相矛盾，沒有定見，吳氏的這一批評是很對的。不過古人中也有認爲論語所記，並非以事發先後爲序的，如徐幹中論智行篇說：「君子以微子爲上，箕子次之，比干爲下，故春秋大夫見殺，皆譏其不能以智自免也。」以爲孔子對三人寓有褒貶的意思，這說法未必正確。又元人胡炳文四書通以爲先易後難，也屬揣測。後來周武王克殷而有天下，曾封微子於宋，封箕子於朝鮮，所以古代的宋國人是微子的後代，而如今的韓國人則是箕子的苗裔。他們三人都盡到了忠諫的責任，而做法各不相同，孔子何以稱許他們都是仁者呢？何晏集解說：「仁者愛人，三人行異而同稱仁，以其俱在憂亂寧民。」因爲三人都不忍見紂王的暴虐，使國家陷於危亡，百姓困於水火，而不惜犧牲個人的地位以至生命，都發揮了仁者愛人的精神則是一致的，所以孔子都以「仁」稱許他們。

第二章

柳下惠爲士師㈠，三黜㈡。人曰：「子未可以去㈢乎？」曰：「直道而事人，焉往㈣而不三黜？枉道㈤而事人，何必去父母之邦㈥？」

【提旨】弟子記柳下惠的賢德，以見他守道堅卓，而辭氣雍容。

【釋詞】

㈠士師　孔安國註說：「士師、典獄之官。」朱子集註則簡稱「獄官」。清儒閻若璩以爲是「獄官之長」，周禮秋官司寇之屬有「士師」的官職，掌刑獄的官稱「士」，獄官之長則稱「士師」。

㈡三黜　屢次被罷黜的意思。其中「三」字只是虛數，表示多次；黜、音處所的處（ㄔㄨˋ），罷職、黜退的意思。

㈢去　離去的意思，指離開魯國。

㈣焉往　猶如何往，往何處、到那裏的意思。

㈤枉道　與直道相反，指不正直的態度。枉、音往（ㄨㄤˇ），邪曲不正的意思。

㈥父母之邦　猶如今人所謂祖國，指魯國而言；因爲是己身所生長的邦國，故稱「父母之邦。」

【譯義】柳下惠做掌理刑獄的長官，屢次被朝廷罷黜官職。有人對他說：「您不可以離開魯國嗎？」他說：「以正直的態度去事奉人君，到那一個國家不會屢次被罷黜呢？如果以不正直的態度去事奉人君，那麼到處都能迎合君主的意旨，又何必離開自己的祖國呢？」

【析微】本章顯然是孔門弟子的記錄，專記柳下惠出處的德行，本來與孔子無關，但後來編論語的人，或者認爲是孔子的話，或者因爲是弟子的記載，所以編錄在這裏。柳下惠屢次被罷黜，都還仍舊做「士師」的官，所以本章所記，先說他「爲士師」，以顯示他多次被罷黜後，並非改任官職。有人建議他：何不離開自己的國土，前往其他國家，或許會被重用，但柳下惠卻不肯「枉道而事人」，也不肯「去父母之邦」，由此可見：他能堅守正道，志節卓越，而且語氣從容，並重視自己的祖國，這些地方都可見出他的賢德。皇侃疏引李充說：「舉世喪亂，不容正直，以國觀國，何往不黜？若不舍直爲曲，則是地皆合，又何必遠離舊邦？」這段話解釋本章最爲精當。當柳下惠被黜而不離去，等於是「降志辱身」的事，但他能不行枉道，所以孟子曾稱許他是「聖之和者」。戰國策燕策載燕王喜謝樂毅書說：「昔者柳下惠吏于魯，三黜而不去，或謂之曰：『可以去。』柳下惠曰：『苟與人之異，惡往而不黜乎？猶且黜乎！寧于故國耳。』」與本章大略相同，可引作參考。

第三章

齊景公待㈠孔子曰：「若季氏，則吾不能，以季、孟之間待之㈡。

曰㊂：「吾老矣！不能用㊃也。」孔子行。

【提旨】記齊景公自述以祿位待孔子之道，並自歎年老，不能重用孔子，而孔子離去的事。

【釋詞】

㊀待　邢昺疏說：「待、猶遇也，謂以祿位接遇孔子也。」

㊁以季、孟之間待之　孔安國註：「魯三卿，季氏爲上卿，最貴；孟氏爲下卿，不用事。言待之以二者之間。」在魯國三卿之中，季、孟之間爲叔孫氏；在齊國有田氏專政，齊國的田氏，地位相當於魯國的季氏。景公以魯卿爲比喻，表示將以如叔孫氏的地位待孔子，也就是在田氏之下，諸大夫之上。

㊂曰　依史記孔子世家，「吾老矣」二句仍爲景公所說。劉寶楠論語正義說：「待孔子與吾老之言，非在一時，故論語用兩『曰』字別之。」

㊃不能用　不能重用孔子的意思。

【譯義】齊景公談到以祿位對待孔子之禮的時候，曾說：「如果待孔子以上卿之位，像魯國的季氏一般，那我不能這樣做；我將以次於季氏而高於孟氏的祿位來接遇他。」後來，又說：

「我老了，不能重用孔子了。」孔子聽了這話，便離開了齊國。

【析微】本章所記的事，見史記孔子世家，但景公的兩番話，並非當面對孔子說的，而史記卻誤爲當面所說。朱註說：「此言（指景公說的話）必非面語孔子，蓋自以告其臣，而孔子聞之爾。」竹添光鴻論語會箋更說：「景公兩語，非一時之言，蓋上『曰』在未見孔子之前，下『曰』在既見孔子之後，記者下『齊景公待孔子曰』七字，則不是面語孔子，史記自誤。」何況景公所謂「待之」的「之」字，是在他人面前指孔子，當面說不會用「待之」，這是很明顯的。至於景公自稱不能用孔子的原因，可能只是推託之辭，因景公想行覇道，而孔子的王道政治，或許以爲迂遠，據史記孔子世家的記載，晏嬰曾以爲孔子之道：「累世不能殫其學，當年不能究其禮。」因而對景公說：「若欲用之，以移齊俗，非所以先細民也。」則景公之辭孔子，是由於晏嬰的疑惑與勸阻。至於孔子離去的原因，正如朱註引程子所說：「孔子去之，蓋不繫待之輕重，特以不用而去爾。」

第四章

齊人歸㊀女樂㊁，季桓子㊂受之，三日不朝㊃，孔子行㊄。

【提旨】記孔子在魯國不能行道的原因，在於邪正不能並立，所以棄官而去。

【釋詞】

㊀歸　通饋，鄭玄本卽作饋，贈送的意思。

㊁女樂　女子樂班，就是能歌善舞的美女組成的樂隊。

㊂季桓子　就是季孫斯，魯國定公以至哀公初年的執政上卿，死於哀公三年。

㊃三日不朝　指魯君一連三天不上朝處理政事。

㊄孔子行　孔子棄官而走，離開魯國。

【譯義】孔子在魯國做司寇，兼攝宰相職務，爲政三月，魯國大治，齊國惟恐魯國就此强盛起來，對齊國不利，就送了一批能歌善舞的美女，組成樂隊，想藉此惑亂魯君。魯國上卿季桓子竟勸魯君收留下來，君臣一同觀賞玩樂，一連三天魯君不上朝辦理政事，孔子見魯國君臣如此荒淫無度，不會有什麼作爲，就毅然辭官離開了魯國。

【析微】據史記孔子世家的記載，魯定公十四年，孔子五十八歲，在魯國任大司寇，並兼攝相事，於是誅殺了亂政的大夫少正卯，與聞國政，三個月的工夫，使魯國大治，人們路不拾遺，夜不閉戶，齊國人知道了這個消息，感到很恐懼，以爲孔子爲政，將來魯國必然稱覇，而齊國最接近魯國，可能首先遭殃，於是採用犂鉏的計策，選了八十個美女，穿上有文彩的衣服，組成歌舞樂隊，外加「文馬三十駟」，送給魯君，先陳列在魯國城南高門外，當時執政的權臣季桓子先微服往觀，並勸魯君收受，終日怠於政事，子路說：「夫子可以行矣！」孔子見季桓子果然接受「女樂」，自甘墮入齊國的美人計，而且君臣共享同樂，至於三日不理朝政的地步，後來舉行郊祭，又不致膰肉於大夫，他們如此荒淫無禮，自然不可能有所作爲，於是毅然決然，棄官離去，前往衞國。孔子由他們「三日不朝」的事實，看出他們簡慢賢者，拋棄正禮，看重女色，而輕視道德等種種不足與有爲的缺陷，才下定決心離開父母之邦的。前章記孔子去齊，本章又記孔子去魯，因兩事相關，所以連類而記。由於齊國曾想用孔子而不果，終被魯國自己重用了，景公本來知道孔子是有爲的，如今看到他成效卓著，一方面慚愧自己不能重用孔子，一方面又嫉妬魯國能用，因而發生恐懼的心理，所以採取這樣的計謀，以削弱魯國的力量，可惜魯定公和季桓子竟都如此昏庸，中了人家的計，這眞足以爲後世的烱戒。

第五章

楚狂接輿㈠歌而過孔子㈡曰：「鳳兮！鳳兮！何德之衰㈢？往者不可諫㈣，來者猶可追㈤。已而！已而㈥！今之從政者殆而㈦！」孔子下㈧，欲與之言。趨而辟之㈨，不得與之言。

【提旨】記孔子雖然一心濟世，但不能爲世所用，楚國隱士因而諷刺孔子不能知難而退。

【釋詞】

㈠楚狂接輿　楚國佯狂避世的隱士，名接輿。皇侃、邢昺疏據皇甫謐高士傳以爲姓陸、名通，字接輿。

㈡歌而過孔子　唱着歌、經過孔子的門前。

㈢鳳兮三句　鳳、古代神鳥名，雄的稱鳳，雌的稱凰。朱註說：「鳳有道則見(同現)，無道則隱，接輿以比孔子，而譏其不能隱爲德衰矣。」

㈣往者不可諫　孔安國註：「已往所行，不可復諫止。」意思是：過去的行爲，不可能再挽回。

㈤來者猶可追　朱註：「來者可追，言及今尚可隱去。」意思是：從今以後，隱居避世，還來得及。

㈥已而已而　孔安國註：「已而已而者，言世亂已甚，不可復治也。再言之者，傷之深也。」朱註：「已、止也；而、語助辭。」蔣伯潛廣解四書：「已而已而者，猶言可以休矣！可以休矣！」意思是：算了吧！停止吧！

㈦殆而　邢昺疏：「殆、危也。言今之從政者皆無德，自將危亡無日，故曰殆而。」而、仍爲語助辭。

㈧孔子下　鄭玄註：「下堂出門。」就是走下堂階，而後出門的意思。

㈨趨而辟之　趨、快步走；辟、通避，躲避的意思；之、指孔子。全句是說：接輿很快的避開孔子。

【譯義】當孔子周遊列國，到楚國的時候，有個假裝瘋狂的隱士，名叫接輿，經過孔子住所的門前，唱着歌說：「鳳凰啊！鳳凰啊！爲什麼你的德行這樣衰敗呢？過去的行爲，已不可能再挽回，未來的事情，還來得及補救。算了吧！停止吧！現在從事政治的人是很危險的啊！」

孔子走下堂來，正要走出門外，想和這位唱歌的隱士談談。但是，這位狂士卻急忙地避開了孔子，因而孔子竟沒機會和他談話。

【析微】本章描繪出孔子和當時一般隱士們不同的處世態度：孔子一心一意想要行道救世，所以率領一批弟子，不辭艱辛，跋涉千里，風塵僕僕，周遊列國，希望能尋找機會，遊說各國國君，勸他們採納並推行他以仁心行仁政的主張。可是，由於各國國君大都急功近利，而不了解仁政對天下的大利，所以孔子到處都碰壁，沒有國君重用他，或採納、推行他的主張。由本章接輿所唱的一段歌詞看來，當時的隱士們，只求逃避現實政治的禍亂，而處身於黑暗社會之外，對天下興亡，不聞不問，這種「明哲保身」的做法，孔子並非不知道，但他偏偏「知其不可而爲之」，這就是孔子滿腔熱誠的救世精神。不過這位楚國的狂士，從他歌詞的語氣裏，可以看出他不但是一位高蹈的隱士，而且也很有知人之明，他以鳳鳥比喻孔子，可見他極爲尊重孔子，只是對孔子生非其時深表惋惜，並勸孔子不如也隱居避世，完全是當時隱士們的一貫口吻。他所唱的歌詞，委婉含蓄，唱完就飄然而去，眞如「黃鶴一去不復返，白雲千載空悠悠。」不久孔子也失望而歸，由楚國折返蔡國，準備結束旅程，回自己的祖國了。

第六章

長沮、桀溺㊀耦而耕㊁，孔子過之，使子路問津焉㊂。長沮曰：「夫執輿者㊃爲誰？」

子路曰：「爲孔丘。」

曰：「是魯孔丘與？」

曰：「是也。」

曰：「是知津㈤矣！」

問於桀溺。桀溺曰：「子爲誰？」

曰：「爲仲由。」

曰：「是魯孔丘之徒㈥與？」

對曰：「然。」

曰：「滔滔㈦者天下皆是也，而誰以易之㈧？且而㈨與其從辟人之士㈩也，豈若從辟世之士㈡哉？」耰而不輟㈢。

子路行以告㈢。

夫子憮然(一四)曰：「鳥獸不可與同羣(一五)，吾非斯人之徒與而誰與(一六)？天下有道，丘不與易(一七)也。」

【提旨】記述長沮、桀溺兩位隱士諷刺孔子不能隱退，而孔子卻歎息他們不明白自己不忘天下的心意。

【釋詞】

㈠長沮、桀溺　楚國的兩位隱士。沮、音居（ㄐㄩ）；溺、音逆（ㄋㄧˋ）。

㈡耦而耕　耦、音偶（ㄡˇ），並的意思，凡共事並行稱爲耦。耦耕是古代耕田的一種方法，就是二人各拿一具耒耜（耕田的用具，耜、音似ㄙˋ），左右並行，而前面用牛牽引。

㈢問津焉　說文：「津、水渡也。」就是河流過渡的地方，俗稱渡口。問津焉、向二人詢問過渡的地方；焉、猶如「於是」，其中「是」字指長沮、桀溺。

㈣執輿者　在車上執轡的人，轡是駕馭馬的韁繩。本來是子路執轡，因下車問津，由孔子代執。

㈤知津　知道渡口的意思。這話是長沮譏諷孔子周遊天下，專門指點他人的迷津，自然應該知道過渡的地方。

㈥徒　門徒、弟子的意思。

㈦滔滔　大水橫流的樣子，比喻時局的混亂。

㈧誰以易之　是說天下大勢如此混亂，誰可以改變它呢？易、改易；之、指上文的「滔滔者」。

㈨且而　且、而且；而、通爾、汝，指子路。

㈩辟人之士　指孔子而言。因孔子周遊列國，到處不能相合，又避而往他國，猶如避人。辟、同避。

⑾辟世之士　桀溺自指。因他隱居田野，不問世事，是避世的人。

⑿耰而不輟　耰、音憂（ㄧㄡ），說文：「耰、摩田器。」這是「耰」字的本義。農人在播種之後，再用這摩田器擊碎土塊，摩平碎土，以覆蓋種子，使種子深入土中，鳥不能啄食，這是「耰」字的引申義，作動詞用，所以鄭玄、朱熹都解作「覆種」也。輟、音啜（ㄔㄨㄛ），停止的意思。鄭玄註：「覆種不止，不以津告。」

⒀子路行以告　「子路行，以之告孔子」的省略，就是子路只好走開，把長沮、桀溺二人說的話報告孔子。

⒁憮然　悵惘失意的樣子，憮、音武（ㄨˇ）。朱註：「憮然、猶悵然，惜其不喻己意也。」

⒂鳥獸不可與同羣　「不可與鳥獸同羣」的倒裝句，是針對桀溺「豈若從辟世之士」的話而

說。因山林是鳥獸棲息的地方，人若隱居山林，就是與鳥獸同羣而居。

㈥吾非斯人之徒與而誰與　「吾非與斯人之徒而與誰」的倒裝句，邢昺疏說：「與、謂相親與。我非天下人之徒衆相親與，而更誰親與？言吾自當與此天下人同羣，安能去人從鳥獸居乎？」意思是：我不與這世上的人同羣而居，與誰同羣而居呢？

㈦天下有道，丘不與易　朱註：「天下若已平治，則我無用變易之；正爲天下無道，故欲以道易之耳。」意思是：我不肯隱居，正因爲天下大亂，所以勞碌奔波，周遊列國，想改變這混亂的局面，如果天下已經太平，我孔丘也就用不着從事改革了。

【譯義】當孔子正要離開楚國，準備取道蔡國回陳國的時候，看見兩個農夫，一個叫長沮，一個叫桀溺，他們同在一起耕田。孔子經過他們面前，因爲要渡河，找不到過渡的地方，便叫子路下車問他們渡口在那裏。

長沮反問子路說：「那車上拿着轡繩的人是誰？」

子路說：「是孔丘。」

長沮說：「就是魯國的那位孔丘嗎？」

子路說：「是的。」

長沮說：「他是周遊列國的人，自然應該知道渡口在那裏。」

子路見他不肯說，又去問桀溺。桀溺說：「你是誰？」

子路說：「我是仲由。」

桀溺說：「你就是魯國孔丘的門徒嗎？」

子路回答說：「正是。」

於是桀溺批評說：「如今世局混亂，就像那橫流的洪水，到處泛濫，遍天下都是如此，誰能夠把它改變過來呢？而且你與其跟隨像孔丘那樣到處與人意見不合，只好東奔西走，避開他人，弄得徒勞無益；何不學我們一樣，乾脆避開世事，隱居起來，反倒落得清閒自在呢？」說完仍舊平土覆種，工作不停，也不告訴他渡口在那裏。

子路無可奈何地走了回來，把二人所說的話告訴孔子。

孔子聽了，心中悵然不樂，就很感慨地說：「人不可與飛鳥、走獸生活在一起，如果我不與這世上的人生活在一起，與誰在一起生活呢？如果天下已經太平的話，我孔丘也就用不着來從事改革了。」

【析微】史記孔子世家說：「孔子去葉反乎蔡，使子路問津於沮、溺。」葉、音射（ㄕㄜˋ），楚國邑名，在今河南省葉縣。劉寶楠論語正義因而推斷當時是魯哀公六年，孔子六十四歲。據水經潕水注，葉縣以西有黃城山，是長沮、桀溺耦耕的地方；有東流水，就是子路問津的地方。本章記子路與長沮、桀溺相問答的話，極為簡潔明當，充分描繪出隱者的口吻，和他們所抱的處世態度。當子路首先向長沮詢問過渡的地方，長沮不但不告訴他，反而問車上執轡的是誰？從「是魯孔丘與」的話，可見他明知孔子，桀溺也明知子路是聖人的門徒，但他們高蹈遠引，隱居於山林田野，對孔子的周流四方，勞碌奔波，而徒勞無功，很不以為然。從二人始終不肯告知渡口的事，可見他們一派傲然的態度。長沮只奚落地說：「是知津矣！」這話隱然含有譏諷的意味。桀溺則大肆批評了一番，既不相信孔子能改變天下混亂的局面，並奉勸子路也隱居避世，說完繼續工作，不理不睬，對渡口一字不提。子路碰了一鼻子灰，無可奈何，只好回來把經過情形報告孔子。孔子覺得很失望，他認為人生存在社會上，有改造社會、澄清天下的責任，鳥獸是棲息在山林中的動物，與人不是一類，所以我們人類是不能隱居山林和牠們同聚在一起的；正因為天下混亂，才願以自己所抱的「道」，去挽救天下的無道，否則又何須這樣辛苦地千里跋涉、僕僕風塵呢？可見孔子念念不忘的是天下生民，大有「道濟天下之溺」的胸懷，他的苦心孤詣和熱望宏願，那裏是消極避世的隱士們所能理解的呢？

第七章

子路從而後㈠，遇丈人㈡，以杖荷蓧㈢。

子路問曰：「子見夫子乎？」

丈人曰：「四體㈣不勤，五穀不分㈤，孰為夫子？」植其杖而芸㈥。

子路拱而立㈦。

止子路宿㈧，殺雞為黍㈨而食之㈩，見其二子㈡焉。

明日，子路行以告。

子曰：「隱者也。」使子路反㈡見之，至則行㈢矣。子路曰：「不仕無義㈣，長幼之節，不可廢也；君臣之義，如之何其廢之？欲潔其身，而亂大倫㈤。君子之仕也，行其義也；道之不行，已知之矣！」

【提旨】記述子路遇見隱士荷蓧丈人的經過，並奉命傳述夫子出處的大義。

【釋詞】

㈠從而後　劉寶楠論語正義說：「從而後者，謂從夫子行而在後也。」從、跟隨；後、落後的意思。

㈡丈人　包咸註：「丈人、老人也。」

㈢荷蓧　荷、音賀（ㄏㄜˋ），肩負的意思；蓧、音掉（ㄉㄧㄠˋ），古代田中除草的用具。

㈣四體　就是四肢，稱兩手兩腳。

㈤五穀不分　朱子集註：「分、辨也。五穀不分、猶言不辨菽麥爾，責其不事農業而從師遠遊也。」五穀、指稻、粱、麥、黍、稷五種穀類。

㈥植其杖而芸　植、豎立的意思；芸、同耘，除草。

㈦拱而立　拱手站立，以示尊敬的意思。

㈧止子路宿　留子路到他家裏住宿。止、作留講。

㈨爲黍　劉氏正義：「爲黍者、治黍爲飯。」就是用黍做成飯食。黍是一種帶黏性的稷，北方人稱爲黃米。

(一〇)食之　食、音飼（ㄙ），作動詞用，款待的意思；之、指子路。

(一一)見其二子　使他的兩個兒子出來與子路相見。見、朱註音現（ㄒㄧㄢ），使……相見的意思。

(一二)反　同返，返回原處。

(一三)行　出行而不在家的意思。

(一四)無義　失去君臣大義的意思。

(一五)亂大倫　亂、悖亂、違反的意思；大倫、指君臣間的倫理。

【譯義】子路跟隨孔子出行而落後了，途中遇見一位老人用拐杖肩負着除草的器具。

子路上前問他說：「您可曾看見我的老師嗎？」

那老人責備子路說：「你手足不勤於勞動，連五穀都不能分辨，誰是你的老師，我怎麼知道？」說完用手拄着拐杖，在田裏除草。

子路拱着手恭敬地站着。

老人見子路很有禮貌，便留他在家裏住宿，並且殺雞、做飯款待他，又叫他兩個兒子出來相見。

第二天，子路辭行，見到孔子時，把經過情形說了一遍。

孔子說：「這是一位隱士。」便叫子路轉回去再見他。可是再到他家的時候，老人已經外出了。

子路只好把孔子交待的話傳述給他家裏的人說：「一個人不替國家做事，就是廢棄了君臣的大義。昨天你們老人家使你們兩個兒子出來相見，這就是長幼尊卑的禮節，老先生既知道長幼的禮節不可廢棄，那麼君臣間的大義又怎麼可以廢棄呢？隱居是要想潔身自好，實際卻悖亂了君臣的大倫。君子出來做官，並非貪圖富貴功名，爲的是要實踐君臣的大義；至於良好的政治主張當今行不通，這是我們早就知道的了。」

【析微】本章子路所遇見的，是一位年老的農夫，也是一位有道德的隱士。文中「四體不勤，五穀不分」二句，其中「分」字包咸註訓爲分殖，鄭玄註訓爲理，與朱註不同。又這兩句皇侃、邢昺的疏、朱子集註都以爲是責備子路的話，而宋人呂本中說：「四體不勤二句，丈人自謂。」又張栻說：「丈人謂吾知勤四體、分五穀耳。」可能本於陶潛丈人贊所說：「四體不勤，五穀不分，超超丈人，日夕在芸。」因爲當時丈人正在勤勞四體、分理五穀，不暇注意道路上往來的行人，以上解釋也不無道理，可作參考。子路最後說的一段話，也就是孔子的話，是子路奉命來告知丈人的，因丈人不在，所以說給他兩個兒子聽，好讓他們轉達。全節以「不仕無義」一句爲總綱，以下數句都在申明這句的意義。其中「長幼之節」六句，是就丈人而言，以「亂大倫」相責；「君子之仕」四句，是就君子而言，在說明自己用世的本意，全段的重心在一個「義」字。

第八章

逸民㈠：伯夷、叔齊、虞仲㈡、夷逸㈢、朱張㈣、柳下惠、少連㈤。子曰：「不降其志，不辱其身，伯夷、叔齊與！」謂「柳下惠、少連，降志辱身矣，言中倫㈥，行中慮㈦，其斯而已矣！」謂「虞仲、夷逸，隱居放言㈧，身中清㈨，廢中權㈩。我則異於是，無可無不可⑪。」

【提旨】記孔子評論伯夷、叔齊等逸民的行事，並自述處世的態度。

【釋詞】

㈠逸民　指古今被遺落的人才。逸，通佚，遺逸的意思，孟子公孫丑篇上：「柳下惠……遺佚而不怨，阨窮而不閔。」堯曰篇：「舉逸民」的「逸民」，與本章同義。

㈡虞仲　據史記的記載，古代有兩個虞仲：一爲周太王的次子，泰伯的弟弟，就是仲雍；一爲仲雍的曾孫，周章的弟弟，周武王封他於北吳。吳有虞音，故又稱虞；虞人追尊仲雍爲始祖，故也稱仲雍爲虞仲。本章的虞仲，顏師古漢書地理志注以爲就是仲雍，朱子集註也說：「虞仲、卽仲雍，與泰伯同竄荆蠻者。」而宋人吳英、黃震則以爲當指後一虞仲，就是周章的弟弟。

㈢夷逸　古代隱士名，見尸子。有人勸他做官，他說寧願做一隻辛苦而自在的耕牛，而不願做一隻舒適而受拘束的犧牲。

㊃朱張　見漢書古今人表，事蹟不可考。

㊄少連　見禮記雜記篇，孔子說他善於守孝。

㊅言中倫　言語合乎法度的意思。中、讀去聲（ㄓㄨㄥˋ），作符合講，下文同；倫、朱註：「義理之次第也。」也就是法度。

㊆行中慮　行爲合乎思慮，就是左傳襄公二十五年子產所說：「行無越思」的意思。

㊇放言　放肆直言，任意吐露的意思。

㊈身中清　守身合乎純潔的意思。馬融註：「清、純潔也。」本句承上句「隱居」二字而言。

㊉廢中權　廢、經典釋文引鄭玄本作「發」，發動的意思，與前句「放言」的「放」字意義相應。發中權、發言合乎權宜的意思。

⑪無可無不可　馬融註：「亦不必進，亦不必退，唯義所在。」這是就出處來說：既不一定求仕進，也不一定要退隱，要看時勢所宜，宜於進則進，宜於退則退。

【譯義】古今被遺落的人才，有伯夷、叔齊、虞仲、夷逸、朱張、柳下惠、少連。孔子說：「能夠保持自己的意志而不肯屈服，尊重自己的身體而不肯受辱，這就是伯夷、叔齊爲人處世的態度吧！」又說：「柳下惠、少連犧牲了自己的意志，玷辱了自己的身體，可是言語合乎法度，行爲經過思慮，那也不過如此罷了。」又說：「虞仲、夷逸逃世隱名，放肆直言，而守身清廉，發言合乎權宜。我就和他們這些人不同，既不一定求仕進，也不一定要退隱，要看時勢所宜，宜於進則進，宜於退則退。」

【析微】本章「逸民」以下，一連列舉了七個人名，這是論語記者的品目；記論語的人，因為引述下文孔子評論這些人的話而列出他們的姓名。但孔子只評論了六個人，其中沒有朱張，王弼註說：「朱張、字子弓，荀卿以比孔子。」他以為朱張的言行與孔子同，所以孔子不加評論。但荀子非相篇、非十二子篇、儒效篇等以仲尼、子弓相提並論，楊倞注以子弓為仲弓，仲弓是孔子弟子，怎能列為古代的賢者呢？何況子弓是朱張的字，並沒有其他可靠的證據，所以王說並不可信。劉寶楠論語正義說：「竊以朱張行事，當夫子時已失傳，故下文論列諸賢不及朱張，而但存其姓名於逸民之列，蓋其愼也！」這說法比較合理。至於孔子自述的處世態度：「無可無不可」，除了應用在仕進、隱退方面之外，也可應用在心意的立定、行為的制斷方面，正如里仁篇所說：「君子之於天下也，無適也，無莫也，義之與比。」這說明孔子居心行事、以至立身處世，不以「可」與「不可」為主，只求合宜。孔子既說與這些「逸民」不同，則逸民必然「有可有不可」了，如孟子公孫丑篇說伯夷：「非其君不事，非其民不使。」又說他「不立於惡人之朝，不與惡人言。」這就是伯夷有所「不可」；又說柳下惠：「不羞汚君，不卑小官。」更說他「遺佚而不怨，阨窮而不憫。」

這就是所謂「可」。至於孔子，孟子說他：「可以仕則仕，可以止則止，可以久則久，可以速則速。」完全抱着中庸之道，以爲立身處世的準繩，這是他與衆不同的地方，也是他高超的地方。

第九章

大師摯㈠適齊，亞飯干㈡適楚，三飯繚適蔡，四飯缺適秦，鼓方叔㈢入於河㈣，播鼗武㈤入於漢㈥，少師陽㈦、擊磬襄㈧入於海㈨。

【提旨】記魯哀公時，禮壞樂崩，樂人紛紛離去的事。

【釋詞】

㈠大師摯　大、音泰（ㄊㄞˋ），同太。大師、樂官之長，名摯，摯、音至（ㄓˋ）。

㈡亞飯干　飯、朱註音反（ㄈㄢˇ）。亞飯、孔安國註：「亞、次也；次飯、樂師也。」據禮記王制，古代天子用飯時，有奏樂之禮，就是以音樂侑食。又諸侯也有此禮，據白虎通禮樂篇，天子一日四餐，諸侯三餐，都得奏樂。亞飯、三飯、四飯都是天子、諸侯用飯時主持奏樂的樂官名；干、繚、缺、都是他們的名，繚、朱註音了（ㄌㄧㄠˇ）。

㊂鼓方叔　鼓、擊鼓的樂師，名方叔。

㊃入於河　前往河濱居住的意思，河、泛指河邊，大約在黃河一帶。

㊄播鼗武　鼗、音桃（ㄊㄠˊ），小鼓，兩旁有耳、下有柄；播、搖的意思。播鼗、搖小鼓的樂師，名武。

㊅入於漢　前往漢水之濱居住的意思。

㊆少師陽　少師、朱註：「樂官之佐。」名陽。

㊇擊磬襄　擊磬、指擊磬的樂師，名襄。

㊈入於海　前往海濱隱居的意思。

【譯義】魯國當哀公時，政局衰亂，禮壞樂崩，樂師們都各自星散了，如樂官長摯流落到齊國，主持國君次飯奏樂侑食的樂師干則奔向楚國，三飯樂師繚前往蔡國，四飯樂師缺遠赴秦國，擊鼓的樂師方叔遷居於黃河之濱，搖小鼓的樂師武遷居於漢水之涯，樂官佐陽和擊磬的樂師襄則隱居到海邊去了。

【析微】本章大約是孔門弟子因親見魯國衰世時，雅樂再度廢壞，樂工們東奔西散，到各處去另覓生涯，或從此隱居的事實，而論語的編者，將這段記載編入了論語。孔子晚年從衞國返回魯國之後，曾有振興雅樂的事，如今又再度廢壞，使夫子正樂的貢獻前功盡滅，實在可惜！也許這就是當初記載的人的一番用意。所記的八個樂師，大約都與孔子同時，八佾篇記：「子語魯大師樂」，泰伯篇所謂：「師摯之始」，可能就是本章的大師摯，這可證明他們約與孔子同時，所以孔安國註說：「魯哀公時，禮壞樂崩，樂人皆去。」而漢書禮樂志說：「殷紂斷棄先祖之樂，乃作淫聲，樂官師瞽，抱其器而奔散，或適諸侯，或入河海。」大約紂時也有類似的事發生，有人因此以爲本章所記的八人是紂的樂官，這是不對的。史記禮書說：「周衰，禮廢樂壞。仲尼沒後，受業之徒，沈湮而不舉，或入齊楚，或入河海。」張守節正義引論語本章爲解說，與孔安國註相合。

第十章

周公謂魯公㊀曰：「君子不施㊁其親，不使大臣怨乎不以㊂。故舊無大故㈣，則不棄也。無求備㈤於一人。」

【提旨】記周公告誡他兒子魯公伯禽的話，以明人才各有所宜，不必求全責備。

【釋詞】

㈠魯公　周公的兒子伯禽，被周天子封於魯，故稱魯公。

㈡施　通弛，孔安國註：「易也。」朱註：「遺棄也。」有簡慢、遺忘、拋棄的意思。

㈢怨乎不以　孔安國註：「以、用也，怨不見聽用。」埋怨自己不被聽信、任用的意思。

㈣大故　孔安國註：「謂惡逆之事。」指罪惡、叛逆等重大的事故。

㈤無求備　不必求全責備的意思。

【譯義】周公對魯公說：「君子不簡慢、遺棄他的親族，不使大臣埋怨自己不被聽信、任用。故交舊友，若沒有犯過罪惡、叛逆等嚴重的過失，就不要遺棄他。不必對某一人求全責備。」

【析微】本章大約是周公的兒子伯禽接受周天子封地時，將往魯國之前，周公殷殷訓誡他的一番言辭。這番言辭，魯國人世世傳誦，久而不忘，可能孔子也曾與門弟子談到過，所以弟子記了下來，周公所說的四件事，都是本於人情，簡易眞切，忠厚之至，魯公以此爲立政的根本，治理魯國，尊賢而親親，完全是遵循周公的明訓。泰伯篇孔子曾說：「君子篤於親，則民興於仁；故舊不遺，則民不偸。」所謂「篤於親」，「篤」是厚待的意思，所以就是本章的「不施（弛）其親」，可見孔子的思想與周公相合，因周公是孔子最仰慕的古代聖人，當然會受他思想的影響，述而篇孔子曾感嘆地說：「甚矣！吾衰也。久矣！吾不復夢見周公。」由此可見孔子對周公仰慕之深。孔子的話，是說出對世風民俗的影響；而周公的話，則是政治上任用人才的準則。人才各有所宜，應該隨各人的才能予以任用，徐英論語會箋說：「天下無全材，亦無棄材，唯所用之宜與不宜耳。求全責備，則天下無材矣！」正說明了本章末句的意義。

第十一章

周有八士㈠：伯達、伯适、仲突、仲忽、叔夜、叔夏、季隨、季騧㈡。

【提旨】記周代盛世時賢才之衆多。

【釋詞】

㈠士　賢士，指有素養的人才。

㈡伯達至季騧　古代兄弟以伯、仲、叔、季排行，伯指長兄，仲指次兄，叔指少弟，季指幼弟。這八人恰成四對，而且各自依韻命名，其中适音瓜（ㄍㄨㄚ），與「達」字疊韻；突、忽疊韻；夜、古音訝（ㄧㄚˋ），與「夏」字疊韻；隨、古音通「橢」（ㄉㄨㄛˇ），見中華大字典，騧、今音瓜（ㄍㄨㄚ），古音通「過」（ㄍㄨㄛˋ），如朱駿聲說文通訓定聲說：「騧、叚借爲過，論語：『季隨、季騧。』」因此，前人認爲是四對雙生子。

【譯義】周朝有八個有素養的賢才，都生在一個家庭，他們是：伯達、伯适、仲突、仲忽、叔夜、叔夏、季隨、季騧。

【析微】本章既不是孔子所說的話，也沒有孔子的案語，更與孔門無關，可能是弟子得自他書的記載，偶然編錄在本篇末端；也可能是後人附記而混入正文的，先秦古書，往往如此。至於記錄本章的用意，誠如徐英論語會箋所說：「因周之微，而思周多士之盛。身世之感既切，家國之痛彌殷。考訂訓詁之家，寧能達其微旨哉？」又八人的生存時代，前人有幾種不同的異說，陸德明經典釋文引鄭玄說，以爲是成王時人；而劉向、馬融則以爲是宣王時人；賈逵又以爲是文王時人。漢書古今人表載周八士在中上，列於成叔武、霍叔處之前，這兩人都是文王的兒子，可見班固也以爲是文王時人。陶潛聖賢群輔錄、王應麟困學紀聞與賈逵說同，大約在文王、武王時。困學紀聞引周書和寤解：「尹氏八士。」注：「武王賢臣。」又引國語晉語：「文王詢八虞。」賈逵說：「周八士，皆在虞官。」大約這一說比較可信。又八士的姓氏問題，明人楊愼據周書克殷解，以爲八士都是南宮氏；而清人孔廣森經學卮言也據周書和寤篇及武寤篇，以爲八士都是尹氏；依困學紀聞所引看來，似乎後一說比較可信。董仲舒春秋繁露郊祭篇以爲本章是：「記四產得八男，皆君子雄俊，此天所以興周國。」因而包咸註也說：「周時四乳生八子，皆爲顯士，故記之爾。」這是古人認爲本章的八士是四對孿生兄弟的最早兩家，不知他們有什麼根據？大約包咸只是依董仲舒爲說，而董仲舒可能因伯、仲、叔、季各有兩人，故臆測立說。不過四胎生八個雙生子不足爲奇，如魏書靈徵志：「高祖延興三年，秀容郡婦人一產四男，四產十六男。」比八士多了一倍。可見董仲舒「四產得八男」的說法，未嘗不可以姑妄信之。

第十九篇 子張

前言

本篇所記，都是孔子弟子的言論，包括子張、子夏、子游、曾子、子貢等五人，其中以子夏最多，子貢次之。朱子集註因而推測說：「蓋孔門自顏子以下，穎悟莫若子貢；自曾子以下，篤實無如子夏；故特記之詳焉。」這意見並不可從，因爲才德過人的賢者，固然常多嘉言，但一篇之內，所記多少，只是偶然現象而已，何況篇內記曾子的只有四章，而顏子一句也沒有。大約孔子去世以後，弟子傳述他的遺教，以誘導各自的門人，或與朋友相切磋，由於這些言論頗能發明聖人的意旨，所以編者輯爲一篇，編置在孔子言論之後；至於沒有記顏淵、子路等弟子的言語，可能因他們先孔子而沒的緣故。全篇內容，大致如邢昺疏所說：「此篇記士行交情、仁人勉學，或接聞夫子之語，或辨揚聖師之德。」共計二十五章。

第一章

子張曰：「士見危致命㈠，見得思義㈡，祭思敬，喪思哀㈢，其可已矣！」

【提旨】子張因見當時士人，重利害而忘根本，故以見危致命等四事勉士子作立身的大節。

【釋詞】

㈠見危致命　遇見危難，能勇於犧牲生命，以盡忠職守的意思。致命、朱注說：「謂委致其命，猶言授命也。」就是捨命、捐軀，也就是奮不顧身、勇於犧牲生命的意思。

㈡見得思義　遇見可得的利益，要想想道義上是否應當取得？

㈢喪思哀　喪、音桑（ㄙㄤ）；居喪的時候，要想想是否盡到了哀思。

【譯義】子張說：「一個士人，遇見危難而不畏懼，能勇於犧牲生命，以盡忠職守；遇見可得的利益已在目前，能考慮是否合乎道義；祭祀的時候，能想到是否盡到了虔誠的敬意；居喪的時候，能想到是否盡到了哀痛的心情；能夠做到這些事，就可以算是一個士人了。」

【析微】子張以忠、孝大節來評論士人的行爲，「見危致命，見得思義」二句，是人臣盡忠、守義的大節；「祭思敬，喪思哀」二句，正如孝經紀孝行章所謂：「喪則致其哀，祭則致其嚴。」孟子曾以死喪的事爲人子盡孝的大事；可見子張所論士人的行爲，完全是忠臣、孝子的根本行爲，足以發明孔子對這方面的主張。憲問篇孔子回答子路問成人，有「見利思義，見危授命」的話，正與本章的前兩句相符。利祿當前，不可忘義；危難臨頭，不可苟避。禮記曲禮篇說：「臨財毋苟得，臨難毋苟免。」就是這個意思。孔子曾有「殺身以成仁」的話，孟子也有「舍生而取義」的話，可見子張的話，上與孔子相合，下與孟子相應。又憲問篇記衞國大夫公明賈稱述公叔文子的言行說：「義然後取，人不厭其取。」孟子離婁篇也說：「可以取，可以無取，取，傷廉。」都與本章「見得思義」的話相通。季氏篇所謂「君子有九思」，「見得思義」是其中之一。八佾篇說：「祭如在，祭神如神在。」又記孔子所說：「爲禮不敬，臨喪不哀，吾何以觀之哉？」都可以爲本章的「祭思敬，喪思哀」找到依據，可見子張的話全是根源孔子的。

第二章

子張曰：「執德不弘㈠，信道不篤㈡，焉能為有，焉能為無㈢？」

【提旨】子張指出對道德執守不大、信仰不堅的人，於世可有可無，不足輕重。

【釋詞】

㈠執德不弘　據守德性，不能弘大，也就是安於小成，才德不中用的意思。弘、作「大」講。

㈡信道不篤　信仰眞理，不能堅實的意思。篤、作堅固、厚實講。

㈢焉能為有，焉能為無　皇侃疏說：「世無此人，則不足為輕；世有此人，亦不足為重。」也就是可有可無，於世無補的意思。

【譯義】子張說：「執守德性，不能弘大；信仰眞理，不能堅實；這種人在世界上可有可無，不足輕重。」

【析微】劉寶楠論語正義解釋「執德不弘」說：「執德、猶言據德；弘者大也。執德不弘、卽子夏所言小道不能致遠者也。」本篇第四章記子夏說：「雖小道，必有可觀者焉；致遠恐泥，是以君子不爲也。」泥於小道，安於小成，而不能如大學所謂「明明德於天下」，也就是不能發揚自己天賦的德性，以盡到天地生人的職責。竹添光鴻論語會箋說得好：「弘者，謂養而大之、修而崇之也。執德不弘者，執守小德以自是也；不弘、是所執之德，偏小不中用耳。」儒家一向主張恢弘個人的德性，循着修、齊、治、平的一貫之道，達到內聖外王的理想。但若信道不堅，則容易爲異端所惑，而不能止於至善，適足爲學者的大病。所以泰伯篇說：「篤信好學，守死善道。」又說：「士不可以不弘毅，任重而道遠。」也就是說執德不可不弘，信道不可不篤，「毅」就是「篤」的意思。因爲實踐仁德的責任重大，而奉行仁道的路途又遙遠，所以必須弘揚德性，堅信眞理，持守不渝，以貫徹人生的責任和信仰，這樣才能對社會有所貢獻，否則眞將成爲無足輕重的人，徒然生存於世，何以發揮人的價値呢？

第三章

子夏之門人問交㈠於子張。子張曰：「子夏云何？」

對曰：「子夏曰：『可者與之，其不可拒之㈡。』」

子張曰：「異乎吾所聞：『君子尊賢而容衆，嘉善㈢而矜不能㈣。』我之大賢與㈤，於人何所不容㈥？我之不賢與，人將拒我，如之何其拒人也？」

【提旨】記子夏、子張論交友之道，見解不同。子夏主張謹慎擇交，子張則主張廣泛建交。

【釋詞】

㈠問交　問交友之道，就是如何結交朋友的意思。

㈡可者與之二句　可以結交的人，就與他結爲朋友；不可以結交的人，就拒絕與他交友。就是結交才德勝過自己的人。

㈢嘉善　嘉勉、讚許有好才能的人。

㈣矜不能　同情、憐憫沒有才能的人。矜，作憐恤講。

㈤大賢與　大賢，指大有賢德的人，也就是道德崇高的賢者。與，同歟。

㈥於人何所不容　是說對任何人沒有不可接納的，也就是人人可以相處、可以結交，應以自己的盛德去感化他人的意思。容，作接受、容納講。

【譯義】子夏的門人向子張請問交友的道理。子張說：「你的老師子夏說了些什麼？」子夏的門人回答說：「我的老師子夏說：『可以結交的，就和他做朋友；不可以結交的，就拒絕和他來往。』」

子張說：「這和我聽到的完全不同：『君子固然要尊重賢人，但也要容納一般平庸的人；固然要嘉許有才能的人，但也要同情沒才能的人。』假如我是一位德行高超的賢者，對任何人還有什麼不能容納的呢？假如我是一個沒有賢德的人，人家將先要拒絕我了，那裏談得到我去拒絕人家呢？」

【析微】本章記子夏、子張對交朋友的道理，所持的見解各不相同，但各有可取，可以並行而不悖，也都可以作爲交友的良好借鏡。子夏所主張的是深交，是有所選擇的，選擇的標準是「可、不可」，也就是看對方是否比自己更有賢德，或是否他的才學更勝過自己，學而篇孔子曾說：「無友不如己者。」因爲結交品德、才學不如自己的人，對自己沒有益處，必須像季氏篇所說：要「友直，友諒，友多聞。」只有正直無邪、誠信不欺、見多識廣的朋友，才是應當深交的益友。顏淵篇所謂「以友輔仁」，以上這種「益友」，方足以輔助自己仁德的培養、人格的增進。呂氏春秋觀周篇引周公的話說：「不如吾者，吾不與處，累我者也；與我齊者，吾不與處，無益我者也；惟賢者必與賢於己者處。」與孔子、子夏的意見正相同。至於子張所主張的是泛交，幾乎無所選擇，學而篇孔子曾說：「泛愛衆而親仁」，子張所說的就是「泛愛衆」，而子夏所說的就是「親仁」。大體說來：子張所說的，適合於成德的君子在尊卑之間的交誼；而子夏所說的，則適合於在學的青少年同輩之間的交誼。子夏並非不知道「泛愛衆」，因爲回答門人，不得不針對他們的需要而說。

第四章

子夏曰：「雖小道㈠必有可觀者焉㈡；致遠恐泥㈢，是以君子不爲㈣也。」

【提旨】子夏論君子求道的方法，不屑於小道，而從遠大處著想。

【釋詞】

㈠小道　指小技藝。

㈡必有可觀者焉　意思是：一定具有可供觀摩、研究的道理在；也就是有值得一看、值得採取的地方。

㈢致遠恐泥　致、到達、推展的意思；遠、指遠方、遠大的目標；泥、讀去聲，音逆（ㄋㄧˋ），窒塞不通。全句的意思是：要想向遠大的目標推展，恐怕要受到窒塞而難以通達。

㈣不爲　不肯去做、不願意這樣做的意思。

【譯義】子夏說：「雖然是小小的技藝，必然有可供觀摩的道理在；但如果想達到遠大的目標，恐怕要受到窒塞而難以通達了，所以君子不肯去做。」

【析微】朱子集註解釋「小道」說：「如農、圃、醫、卜之屬。」因爲種田、種菜之類務農、灌園的事，巫醫的方術，占卜、星象之流，在古代都不是專門教學的科目，而且都是些小技藝，不足以使個人由修身、齊家而達到治國、平天下的大道，所以列爲「小道」。除此之外，諸如御馬、射箭、博戲、弈棋之類，各種技能，也都屬於子夏所謂「小道」。子夏這種見解，大致本於孔子，子路篇記「樊遲請學稼」，孔子說：「吾不如老農」；又「請學爲圃」，孔子說：「吾不如老圃。」可見孔子自認在種田、種菜方面的技術、經驗，都不如老農夫和老園丁，也就表示其中「必有可觀者焉。」但孔子因此又批評樊遲是個志氣不大的人，這說明孔子把「學稼」、「學爲圃」的事看成「小道」，因爲它們遠不如修身行道、經邦濟世對國家、社會更有大益，正是本章所謂「致遠恐泥，是以君子不爲」的用意。不過我們必須了解，孔子和子夏的話，有他們的時代背景和學術思想的因素在內，是無可厚非的，因爲他們生當兩千多年前的春秋亂世，當時人心陷溺，道德淪喪，戰爭頻仍，民生疾苦，所以儒家認爲「救世」是人們尤其是知識份子責無旁貸、也是刻不容緩的第一要務，也就是唯一的人生「大道」，因而不免對修、齊、治、平以外，偏於技藝方面的事看成「小道」。如今時代進步了、變遷了，雖然道德依舊淪喪，戰爭依舊頻仍，仍然需要救世的大道，但知識的領域已大爲擴展，農業、園藝、醫術等都已成爲獨立而專門的學問，大學中早已設立農學系、園藝系和醫科，甚至有農學院、醫學院和這方面的研究所，對農業和醫學，有許多專門人才去作廣泛而精深的研究，它們再也不是「小道」了，因爲它們對民生需要、人類健康的關係至大、貢獻至大！這是我們要特別辨明的。雖然子夏並沒有明說「小道」包括農、圃、醫之類，但朱注曾如此說過，所以必須加以分辨，好使我們讀朱注之後，不至於誤會古人。況且子夏至少承認凡「小道」都「有可觀」，譬如下棋可算是「小道」，但如何運思？如何布局？如何攻守？如何制勝？都有很大的道理，不無可取、可觀的地方。

第五章

子夏曰：「日知其所亡㈠，月無忘其所能㈡，可謂好學也已矣！」

【提旨】子夏論爲學之道，應求日新月異，溫故知新。

【釋詞】

㈠日知其所亡　每天都去探知一些自己前所未聞的新知識。亡、同無，朱注：「謂己之所未有。」

㈡月無忘其所能　每個月不間斷的溫習，以保持已經知道的舊知識而免於遺忘。

【譯義】子夏說：「每天都去探知一些自己前所未聞的新知識，每個月都不斷地溫習，以免遺忘了自己所已經擁有的舊知識，能這樣日積月累的用功，就可算是喜歡研究學問的人了。」

【析微】泰伯篇孔子曾說：「學如不及，猶恐失之。」正描繪出一個勤學不懈的人、汲汲於學問的鑽研那種渴求新知的心情，一方面唯恐追趕不上未有的新知識，一方面又擔心失去已有的舊學問。本章子夏所說的三句話，正闡述了孔子的意思，並參入了時間詞「日」、「月」二字，可見日積月累的勤奮工夫，當然是「好學」的典型了。論語開宗明義的「學而時習之」，「學」就是「日知其所亡」，「時習之」就是「月無忘其所能」；又為政篇和中庸都說：「溫故而知新」，「日知其所亡」就是「知新」，「月無忘其所能」就是「溫故」。孔子曾以顏淵「不遷怒，不貳過」為好學的事實，這是見於實踐的功效，子夏則說出了好學者的精神。又學而篇孔子曾說：「君子食無求飽，居無求安，敏於事而慎於言，就有道而正焉，可謂好學也已。」與本章所謂「好學」稍有區別，本章是說好學者的精神意念，無時無刻不在學，所謂「須臾而不可離」，如曾子的「一息尚存，此志不容少懈」，就是這個工夫；而「敏事慎言」章是說好學者的精神意念，專在學問上，發現求學的樂趣無以復加，所謂「好之而無以尚」，如顏子的「欲罷不能」，就是這個意念。

第六章

子夏曰：「博學而篤志㈠，切問㈡而近思㈢，仁在其中㈣矣！」

【提旨】子夏教人致知求仁的方法。

【釋詞】

㈠篤志　立志不變、意志堅定的意思。

㈡切問　切實地問難而不空泛的意思。

㈢近思　切近地思考而不迂遠的意思。

㈣仁在其中　指仁道就在這四者之中。

【譯義】子夏說：「能夠廣博地學習，而且堅定志向不變，有疑問的時候，更能切實地向別人請教，並從淺近的地方去思索推究，如果能這樣下工夫，那本心上的天理自然漸存漸熟，仁道就在這裏面得到涵養的效果了。」

【析微】中庸說：「博學之，審問之，愼思之，明辨之，篤行之。」又說：「力行近乎仁。」本章所謂博學、篤志、切問、近思，都是中庸學、問、思、辨的道理，還沒有到「行」的工夫，何以說「仁在其中」呢？朱子集註說：「四者皆學、問、思、辨之事耳，未及乎力行而爲仁也，然從事於此，則心不外馳，而所存自熟，故曰仁在其中。」因爲人的本心中都有天理，都有仁道的生機，學問能存養這天理，孕育這生機，使它漸存漸熟，漸育漸活。朱註又引程子說：「學不博則不能守約，志不篤則不能力行，切問近思在己者，則仁在其中矣！」四者之中，「志」與「思」是由心中發出的，仁道是至爲篤實、至爲淺近的道理，所以「仁在其中」是從篤志、近思而來的。至於「學」與「問」，都是求仁的工夫。「博」字、「篤」字、「切」字、「近」字都頗堪玩味；唯有博學，才能會通；唯有篤志，才能成功；唯有切問而非泛問，才不至於落空；唯有近思而非遠思，才不至於徒勞無功。其中「篤志」二字，尤足以表現堅强的毅力，竹添光鴻論語會箋解釋得最好，他說：「篤志者，就所學之理，潛心深造，以求必得，謂之篤志。」又引困勉錄說：「篤志是勿以見異而遷，勿以得半而怠。」爲學最忌見異思遷、半途而廢，所以子夏開頭就說：「博學而篤志」，其中「而」字頗能傳達一種「可貴」的意味。

第七章

子夏曰：「百工㈠居肆㈡以成其事，君子學以致其道㈢。」

【提旨】子夏藉百工爲比喻，勸人勤學，以達成君子之道。

【釋詞】

㈠百工　指民間製作器物的各種工匠，因爲種類繁多，故稱百工。

㈡肆　市場中製作器物的場所，或陳列貨物的處所。

㈢致其道　達成君子之道，也就是獲得君子所要謀求的眞理。致、有極盡、達成的意思。

【譯義】子夏說：「民間各種工匠居住在製作器物的場所來完成他們的工作，君子則憑學習來達成他們所要謀求的人生眞理。」

【析微】本章的主旨在勸人勤學以求道，子夏以「百工」爲比喩，以說明兩者情形相同。朱子集註說：「工不居肆，則遷於異物而業不精；君子不學，則奪於外誘而志不篤。」意思是：各種工匠如果不居住在製作器物的場所專心而努力工作，就可能見異思遷，看到其他事物所費勞力較少，或所獲利潤更多，而想中途改行，結果自己所從事的行業做不精，也就不能有所精進；同樣的道理，人如果不專精、勤奮地學習，就可能被外界的誘惑所迷奪，因而爲學的志向不堅定。所以子夏的用意，在表明百工不可不居肆，猶如君子不可不學的道理。因爲市場百物紛陳，人口衆多，各種工匠住在這裏，對於貨物的優劣、民心的好惡，都知道得很清楚，以此作爲製作器物的準繩，才能適當地完成他的工作；譬如君子學了古聖先賢的遺訓，對於言語的是非、事理的得失，都了解得很透徹，以此作爲做人處世的原則，才能順利地達成他所謀求的人生眞理。可見「學以致其道」是本章的中心，「學」是工夫，「道」是目標，大學所謂：「大學之道，在明明德，在親民，在止於至善。」其中「止於至善」就是「致其道」；而「格物、致知、誠意、正心、修身」就是「學」，能夠「齊家、治國、平天下」就是「致其道」。

第八章

子夏曰：「小人之過㈠也必文㈡。」

【提旨】子夏評論小人往往自欺欺人，知過不改，反而自求掩飾，以勉人知過當改。

【釋詞】

㈠過　指過失，這裏兼動詞用，就是有了過失、犯了過錯的意思。

㈡文　讀去聲，音問（ㄨㄣˋ）；掩飾的意思。

【譯義】子夏說：「小人犯了過錯，一定加以掩飾。」

【析微】人都不免有過失，有人知過能改，有人卻知過不改，或者由於畏難的心理作祟，或者由於劣根性太深，寧可文過飾非，自欺欺人，結果更加重自己的罪過。這就是君子與小人的區別：君子能改，小人不能改。子夏只說小人有過必文，則君子善於改過，自然可知。

君子所犯的過失，往往由於一時不明事理，一旦明白了事理，就會坦誠地改過；小人對於自己所犯的過失，則往往出於虛僞的情意，所以不敢在人前坦白承認，而百般加以掩飾。大凡人有四等：行爲修養已達到爐火純青的聖人，可能沒有過失；行爲光明正大的君子，有了過失，必能悔改；一般平凡的衆人，則有時自諱其過，有時不掩其過；只有德性低劣的小人，明明自知是過，而不肯認錯，並處意掩飾，因而過失的累積愈來愈多，德性不能有尺寸的進步，始終是個小人，這豈不是很可悲的事嗎？論語中孔子常勸人勇於改過，如學而及子罕篇都說：「過則勿憚改。」衞靈公篇則說：「過而不改，是謂過矣！」左傳宣公十二年記晉國大夫士會稱揚晉靈公能改過說：「人誰無過？過而能改，善莫大焉。」可見知過能改是如何的可貴！孔子不但曾讚美過「不貳過」的顏回是好學的典型，也曾深以不能遷善改過爲自己可憂的事，就是述而篇所謂：「不善不能改，是吾憂也。」孔子尚且如此，那麼一般人又怎能文過飾非，甘爲小人以終身呢？

第九章

子夏曰：「君子有三變㊀：望之儼然㊁，即之㊂也溫㊃，聽其言也厲

㊄。」

【提旨】子夏形容君子三種不同的神態，以見其中和的氣象。

【釋詞】

㈠三變　在他人看來，有三種變化，也就是三種不同的態度。

㈡儼然　容貌顯得莊重的樣子。

㈢卽之　接近他的意思。卽、作就、接近講；之、指君子。

㈣溫　顏色溫和可親的意思。

㈤厲　語意嚴正的意思。

【譯義】子夏說：「君子的容態，在別人看來，覺得有三種變化：起初遠遠地望見他，覺得他容貌顯得很莊重的樣子；等到接近他之後，又覺得他顏色溫和可親；然而聽他說話的時候，卻又覺得他言語嚴正不苟。」

【析微】子夏所形容的君子，所謂「三變」，在君子本身來說，並非不同的變化，而是由他人感覺出來的。皇侃疏引李充說：「君子敬以直內，義以方外，而德容自然，人謂之變耳，君子無變也。」因爲君子以「敬」存心，以「義」處人，他的德性容態，總是自然而然的流露，三種態度是並行而不相悖的。所謂「儼然」，正如堯曰篇中孔子所說：「君子正其衣冠，尊其瞻視，儼然人望而畏之。」是一種莊重而令人敬畏的容態。至於「聽其言也厲。」是說君子的言語，剛正不阿，不因情勢而依違，不因利害而左右。一個有盛德的君子，正如子夏所形容，雖然他並非專指孔子而言，但孔子就是如此。譬如述而篇末章描摹孔子說：「子溫而厲，威而不猛，恭而安。」正與子夏的話相合，也許子夏就是根據夫子的氣象而畫出一幅君子的容態來。

第十章

子夏曰：「君子㊀信㊁而後勞其民；未信，則以爲厲己㊂也。信而後諫；未信，則以爲謗己㊃也。」

【提旨】子夏談論在位的君子，凡使用下民、事奉君上，應以精誠信實之心相感召。

【釋詞】

㈠君子　指在位的人，就是上有君、下有民的士大夫階級。

㈡信　指對人民先有信用，就是以至誠對待人民，使人民對自己有信仰心。下文「信而後諫」的「信」，則是指君主對自己的信任而言。

㈢厲己　虐待自己、苛擾自己的意思。厲、可作爲病字、害字講，以虐政害民爲厲。己、人民自指。

㈣謗己　毀謗自己的意思。己、君主自指。

【譯義】子夏說：「在位的君子先要取得人民的信仰，然後再去勞動他們；如果未曾取得人民的信仰就勞動他們，則人民會認爲是以苛政虐待自己。先要取得君主的信任，然後再去勸諫他；如果未曾取得君主的信任就勸諫他，則君主會認爲是在毀謗自己。」

【析微】本章子夏提出「信」字，作爲士大夫使用下民、勸諫君上的先決條件。無論對人民、對君主，這「信」字都來自至誠之心。所以朱子集註說：「事上使下，皆必誠意交孚，而後可以有爲。」惟有一本至誠之心，才能取信於民、取信於君，然後再使人民做勞苦的工役，或規諫君主的過失，才不至於使人民怨聲載道，使君主憤怒不已。徐英論語會箋正說明了這個道理，他說：「誠信著於內而孚於外，然後勞其民而民不怨，諫其君而君不怒。」對人民來說：這「信」是人民的信仰；對君主來說：這「信」是君主的信任。這種「信譽」不是空言所能感動的，而是基於具體的事實、實際的行爲所贏得的。平素言行謹愼而信實，足以取信於人，則臨事自然不難，否則當不免於所謂「厲己」、「謗己」的評論了。

第十一章

子夏曰：「大德㈠不踰閑㈡，小德㈢出入㈣可也。」

【提旨】子夏教人堅守大節，小節則不妨偶有出入，可不必拘泥。

【釋詞】

㈠大德　猶如大節，指重大的德行、節操。

㈡不踰閑　不超越範圍的意思。踰、同逾，音俞（ㄩˊ），作超越講；閑、本義爲門中的木闌，就是門限，引申作規矩、準繩、範圍講。

㈢小德　猶如小節，指小事體，如日常瑣碎的言行。

㈣出入　只是稍有出入於範圍的內外，而不太遠離範圍的意思。

【譯義】子夏說：「觀察一個人，只要他大節不越出範圍就好了，至於小節方面，卽使有些微出入，也是可以通融的。」

【析微】本章主旨，正如朱子集註所說：「言人能先立乎其大者，則小節雖或未盡合理，亦無害也。」子夏所謂「大德」，當指忠君、孝親之類，做人最重大的德行，不能有所虧失的；所謂「小德」，當指日常生活中對做人的道德、社會的禮法妨害不大的瑣碎言行，自然不必處處拘泥，只要不太離譜，不妨小有出入。當然，子夏的話不免有空泛的毛病，究竟大到什麼程度才算「大德」？「小德」小到什麼程度才可出入？可以出入多少？而且所謂「閑」又並不具體。但行爲方面的事就是如此，全靠個人的體認與實踐，是無法用一定的尺度、準確的科學儀器去衡量的。荀子王制篇記孔子的話說：「大節是也，小節是也，上君也；大節是也，小節一出焉一入焉，中君也；大節非也，小節雖是也，吾無觀其餘矣！」是就觀察人而說的，子夏的用意也相同，論人、待人當如此，並非自律、自處之道。晏子春秋及韓詩外傳都有這樣的話，大約是古語，而子夏傳述古語，爲拘守小節而敗壞大防的人而發，因爲某些事固然可以不拘小節，某些事卻必須謹慎，否則將如尙書旅獒篇所謂：「不矜細行，終累大德。」

第十二章

子游曰：「子夏之門人小子㈠，當洒掃㈡、應對㈢、進退㈣則可矣，抑末也㈤；本之則無㈥，如之何？」

子夏聞之，曰：「噫㈦！言游過矣㈧！君子之道，孰先傳焉？孰後倦㈨焉？譬諸草木，區以別矣㈩。君子之道，焉可誣⑪也？有始有卒⑫者，其惟聖人乎？」

【提旨】子游評論子夏的教學方法，只重末務，而沒有根本；子夏則以爲君子教人，應由淺而深，循序漸進。

【釋詞】

㈠門人小子　指門下的少年弟子。本來小子就是門人，這裏加在「門人」之下，指年幼的弟子而言。

㈡洒掃　洒、同灑；洒掃、用水揮洒地面，使灰塵不致揚起，然後掃地。

㈢應對　應諾對答、或應付酬對的意思。如長輩呼喚，則應聲唯諾，有所詢問，則對答如流；或周旋於賓客之間，應酬對付；都可稱爲「應對」。

㈣進退　長輩召見時，如何進身拜謁？事畢後，如何退身告辭？都有一定的禮儀節度，稱爲「進退」。

㈤抑末也　意思是：這只不過是些細微末節的事情。末、微末的事務，指洒掃、應對、進退的事。

㈥本之則無　意思是：做人的根本大道，卻沒有學到。本之、就是推原根本，指高大、遠大的根本道理。

㈦噫　音衣（一），感歎詞。

㈧言游過矣　言游、子游姓言，故稱言游，略去「子」字，猶如顏回字子淵，而稱顏淵。過、說得過份。

㈨孰先傳、孰後倦　意思是：那些應該先傳授、那些應該擱在後面而懶得傳授？傳、音船（ㄔㄨㄢ），傳授的意思；倦、如「誨人不倦」的「倦」，倦怠於傳授。

⑩譬諸草木、區以別矣　弟子才性有高下，程度有淺深，譬如草木，性質不同，種類各異，因而種植的方法也不同，要區分類別。

⑪焉可誣　意思是：怎麼可以不問學生的才性程度，一概教以高深的道理，誣妄地施教？

⑫有始有卒　始終如一、本末貫通的意思。卒就是終。

【譯義】子游說：「子夏門下的少年弟子，對於洒掃庭院、應對賓客、進退禮儀的事，都還可以做做。不過這只是一些細微末節的事情；至於做人的根本道理，卻沒有學到，這怎麼可以呢？」

子夏聽了這些話，嘆息着說：「唉！子游的話，未免說得過份了些。君子教人的方法，有一定的次序，那些是淺近、容易的細微末節，應該首先傳授給弟子呢？又有那些是高深、艱難的根本道理，應該擱在後面，而懶得傳授呢？只是因弟子們才性高下不同，程度深淺各異，譬如花草樹木，性質、種類各不相同，因而培植的方法也不同，要區分類別，施以培植。君子教人的方法也是如此，怎麼可以不問才性程度，一律教以高深的道理，誣妄地施教呢？至於始終如一、本末貫通的教育，那恐怕只有聖人才能做到吧？」

【析微】子游認爲洒掃、應對之類，只是童子之學，只是微末的禮儀；必須像大學所謂誠意、正心，夫子所謂忠恕一貫之道，才是大學之道，才是根本的道理。因而評論子夏的門人小子，只學了末務，而沒有學到根本。或許他主張要本末並進，或許他認爲要先教根本之學，後教微末之事，但他既然以本、末來區分，則顯然有重本輕末的意思。子夏聽了子游的批評，不以爲然，因而加以辯駁說明。他主張學不可以躐等，必須因材施教，由淺而深，循序漸進。大學說：「物有本末，事有終始，知所先後，則近道矣。」因此，他以草木爲比喻，說明教育人才的方法，正如培植草木一般，草木要分別性質、種類去培植，而人才要分別才性、程度去施以不同的教法。對少年子弟，當先教以淺近、微末的事務，逐漸再教以高深、根本的道理，並非只教他們洒掃、應對、進退的禮儀，而不教以誠意、正心的根本學問。如果本末倒施，非但違背教學原理，而且沒有效果可言。只有聖人才能本末兼到地施教，也只有智慮成熟的高材弟子，才能接受聖人「有始有卒」的教育；對於一般少年弟子，只能從洒掃、應對之類開始，按部就班地施教了。子夏的辯駁，說明了教學必須循序漸進的道理，足以糾正躐等教學的弊端，並澄清子游以爲他教學有末無本的誤會。

第十三章

子夏曰：「仕而優則學㊀，學而優則仕㊁。」

【提旨】子夏談論官吏與學者，應先盡本務，如有餘力，則爲官的應充實學問，以增進智能；學有所成的應出任官職，以發揮才學。

【釋詞】

㊀仕而優則學　仕、出任官職的意思；優則學、有餘力就充實學問。朱註：「優、有餘力也。」

㊁學而優則仕　學、求學問的意思；優則仕、學成而有餘裕，就出任官職。

【譯義】子夏說：「做官的人，職務內的事處理完善之後，如果還有餘力，應當去研究學問，以增進智能；讀書的人，學問有了成就，如果還有餘裕，應當去出任官職，以發揮才學。」

【析微】本章上下兩個「優」字，指本身事務已很精熟而有餘裕。春秋時代，人們大多仕而不學，也有不學而仕的；仕而不學，則智能淺陋，不能隨時從學問求得進益；至於不學而仕，則見識之鄙陋，自然更不在話下了。因此，子夏針對這兩種人，各有規正勸勉，他的用意，誠如朱註所說：「仕與學，理同而事異，故當其事者，必先有以盡其事，而後可及其餘。然仕而學，則所以資其仕者益深；學而仕，則所以驗其學者益廣。」因爲出任官職是爲了行道，而研究學問是爲了明道，看起來是兩回事，其實是一個道理。當出任官職的時候，自然是職務要緊，不能兼顧學問，但若職務閒暇，覺得還有多餘的心力時，應當去研究學問，以彌補平生的欠缺；當研求學問的時候，自然是切己工夫要緊，不必就想要任官，但若工夫充足，覺得還有多餘的心力時，也應當出任官職，以試驗平日所學。兩句話的關鍵在於「優」字，推究子夏的言外之意，如果仕未優而學，則不免有背棄公務而順應私心的過失；如果學既優而不仕，也不免有愛惜己身而忘懷君國的過失。

第十四章

子游曰：「喪㈠致乎哀㈡而止。」

【提旨】子游論居喪以能盡哀爲止。

【釋詞】

㈠喪　讀陰平聲，音桑（ㄙㄤ），指居喪的時候。

㈡致乎哀　充分表現哀痛的心情。致、有極盡的意思；乎、用法同「於」。

【譯義】子游說：「居喪的時候，能充分表現悲哀的心情就夠了。」

【析微】儒家主張喪禮以能盡哀爲本，如八佾篇記魯國人林放向孔子問禮的根本，孔子告訴他：「喪，與其易也，寧戚。」可見孔子對喪禮不重視外在的儀節文飾，而重視內心的哀痛憂戚。禮記檀弓篇上記子路述孔子的話說：「喪禮，與其哀不足而禮有餘也，不若禮不足而哀有餘也。」也同樣表明了孔子喪事主哀的主張。據禮記的記載，子游平日究心於喪禮，並非忽略儀文節度的人，他的話大約是爲挽救當時人的流弊而發。當時可能有毀傷過度、因而滅性害身的人，所以子游主張：人子居父母之喪，以能盡情悲哀爲止，不必過份毀傷，反而有損情性和身體，這與孔子的思想是一致的。

第十五章

子游曰：「吾友張㊀也，爲難能㊁也，然而未仁㊂。」

【提旨】子游評論子張的才德，有直言相規的用意。

【釋詞】

㊀張　指子張而言。

㊁難能　形容子張才量宏大，難能可貴。

㊂未仁　未能切合於仁道，指德性還不夠純粹。

【譯義】子游說：「我的朋友子張，才量宏大，這是他難能可貴的地方，然而他的德性還未能切合於仁道。」

【析微】本章子游對子張的批評，有直言相規的用意，絕不是反唇相譏，子游、子張都是孔門的賢弟子，互相譏刺，就不是賢者與朋友相處之道。子游所謂「難能」，並沒有表明子張那一點難能，朱註說：「子張行過高，而少誠實惻怛之意。」「行過高」三字似乎仍不夠具體。竹添光鴻論語會箋說：「子游所言，有『然而』一轉，則當分作兩截：一服其才量之宏大，一病其心德之未純，非『爲難』即『未仁』也。」這分析很可取。不過漢儒包咸註以爲「難能」是說：「子張容儀之難及。」因而明人焦循的論語補疏說：「此文但言『難能』，未言所以難能者何在？故下連載曾子之言『堂堂』，知『堂堂』爲『難能』，卽知『難能』指『堂堂』，此自相發明之例。」說得很有道理，可引作參考。

第十六章

曾子曰：「堂堂㊀乎張也，難與並爲仁㊁矣。」

【提旨】曾子評論子張：儀容過盛，而仁道不足。

【釋詞】

㊀堂堂　朱註：「堂堂，容貌之盛。」形容儀表堂皇，容貌美盛。

㈡難與並爲仁　難以與他共同實行仁道的意思。並、共同；爲仁、行仁。

【譯義】曾子說：「子張儀表堂皇，容貌美盛，但很難與他共同實行仁道。」

【析微】子張大約是一個注重外表的人，所以曾子才有這樣的批評。鄭玄註說：「言子張容儀盛而於仁道薄也。」朱熹集註也說：「言其務外自高，不可輔而爲仁，亦不能有以輔人之仁也。」子路篇孔子曾說：「剛毅木訥近仁。」因爲仁德全靠內心的修養，不在於外貌的修飾，所以一個能行仁道的人，往往外貌平凡，而內在的德性卻很充實，他總顯得忠信篤敬，平易近人，足可與人同行仁道。子張平時爲人，可能過份重視外貌，顯得莊嚴美盛，令人有高不可攀的感覺，所以有「難與並爲仁」的評語。先進篇孔子曾批評子張說：「師也辟。」朱註解釋「辟」字說：「辟、便辟也，謂習於容止、少誠實也。」與曾子的評論正相合。不過曾子的話，是朋友間勸勉的言詞，用意在希望子張不要過於講究外貌，可轉移這工夫用在內心修養上。

第十七章

曾子曰：「吾聞諸夫子：人未有自致㈠者也，必也親喪㈡乎！」

【提旨】曾子轉述孔子的話，論人遇父母喪事，必能自然盡其眞情。

【釋詞】

㈠自致　自然表達眞情、自動顯露誠意的意思。

㈡親喪　指父母的喪事。親、雙親；喪、音桑（ㄙㄤ），死喪的事。

【譯義】曾子說：「我聽老師說過：人們平常沒有能自動表露眞情的，如果有的話，一定是在父母死喪的時候吧！」

【析微】曾子是孔門最能盡孝道的弟子，平日在孔子面前聽到盡孝方面的言論，必能熟記而踐行，本章就是他熟記老師言論之後，在同學面前一度傳述的話。孔子和曾子的用意，都在說明人的眞性情，只有在自己父母去世的時候，完全自然而然地表露無遺。由於天倫骨肉之間的生死離別，而極盡哀痛之情的表現，是情不自已的，是基於天性的，也是人情之所同。其他事情，其他情感，或許還雜有某種因素在內，只有子女對於父母的永別人間，才是純粹自然地流露眞情。孟子也曾說：「親喪，固所自盡也。」（見孟子滕文公上）正與孔子同意。所謂「孩提之童，無不知愛其親也」，孟子大約要人識別這自然具備的良心，使人人能知道去「擴而充之」吧！

第十八章

曾子曰：「吾聞諸夫子：孟莊子㈠之孝也，其他可能㈡也；其不改父之臣與父之政㈢，是難能也。」

【提旨】曾子轉述孔子的話，評論魯國大夫孟莊子的孝行難能可貴。

【釋詞】

㈠孟莊子　魯國大夫，姓仲孫，名速，他的父親就是孟獻子，名蔑，以賢大夫著稱。
㈡其他可能　是說孟莊子其他的孝行，一般人還可能做得到。
㈢不改父之臣與父之政　不更改父親的遺臣，仍舊遵用；不變動父親生前的政治措施，依然遵守。

【譯義】曾子說：「我聽老師說過：孟莊子的孝行，別的都容易做到；而仍舊任用他父親的僚屬，仍舊遵守他父親的政治措施，都不加變動，這是很難能可貴的。」

【析微】據左傳的記載，孟獻子死於魯襄公十九年，而孟莊子死於二十三年，相隔只有四年。孟獻子是魯國很有賢德的大夫，因而他所任用的僚屬，必然也是賢良的人才；他所實行的政事，必然是善良的政治措施。所以，在他死後，他的兒子孟莊子對於父親生前所遺留的家臣和政事，一律遵用、遵行，而不予變動。由於人之常情，多半喜歡任用新進的人才，而厭棄老成的僚屬；喜歡變動局面，而厭棄守成不易。孟莊子卻能一反常情，保留了他父親所遺下的賢臣與善政，子繼父業，而能如此善於遵守前軌，古人認爲是難得的孝行。其他孝行，如披蔴戴孝的喪服，哭泣哀痛的心情，粗疏的飯食，簡陋的居住，一般人都可能做得到；惟有「不改父之臣與父之政」這一點，在一般人是「難能」，而在孟莊子卻是可貴的，因爲常人難以做到，而他卻做到了。中庸說：「夫孝者，善繼人之志，善述人之事者也。」孟莊子的行爲，可以說是善於繼承他父親的志業，所以孔子稱述他的孝行可貴。又學而篇、里仁篇孔子都曾說過：「三年無改於父之道，可謂孝矣！」與本章大致相同，所不同的，正如竹添光鴻論語會箋所說：「彼是在所當改，而不遽改，見其不忍忘親；此是在所不當改，而眞能不改，見其善於體親。」

第十九章

孟氏使陽膚㈠爲士師㈡，問於曾子㈢。曾子曰：「上失其道㈣，民散㈤久矣！如得其情㈥，則哀矜㈦而勿喜㈧。」

【提旨】曾子教弟子陽膚做典獄官，要能體諒民情，以惻隱爲懷。

【釋詞】

㈠陽膚　據包咸註，是曾子的弟子。

㈡士師　掌理獄訟的官吏，就是法官。
㈢問於曾子　陽膚問曾子。
㈣上失其道　指在上位的人，喪失了教養人民之道。
㈤民散　民心渙散，而輕易犯罪的意思。朱註：「民散、謂情義乖離，不相維繫。」
㈥得其情　審察出人民犯罪行爲的實際情形。
㈦哀矜　哀是悲哀他受到刑罰；矜、音今（ㄐㄧㄣ），或作矝、音鄰（ㄌㄧˊㄣ），作憐憫講，指可憐他的無知。
㈧勿喜　不要自以爲能而得意的意思。

【譯義】孟氏任用曾子的弟子陽膚做法官，陽膚來請教曾子。曾子說：「在上位的人已失去了教養人民的正道，人民的心很久就已經離散了！如果你能審察出人民犯罪的實情來，就應當哀憐他的受刑，同情他的無知，不要自以爲能而得意。」

【析微】當時魯國當權的世卿，如季氏等，大多剝削人民、壓榨人民，完全失去了先王教養人民之道。譬如爲人民制定產業，提倡禮教，崇尚道德，減輕賦稅，寬緩刑罰之類，就是教養人民、爲人民謀福利的正當措施。但春秋末年，這些良好的政教，久已蕩然無存，因而民心渙散，不免做出犯法的事情來。曾子認爲：這是在上位者的過失，並非人民的過失，因爲人民在苛虐的政府統治之下，衣食不能獲得溫飽，又缺乏良好的教育與養育，教他們怎能不作惡犯罪呢？所以，在這樣的社會環境下，出任審理獄訟案件的法官，自然要特別同情人民的處境，懷抱惻隱之心，去處置犯罪的人和事。通常一個獄訟案件，很難偵察出實情來，如果一旦水落石出，眞相大白，聽訟審案的人自然大爲欣喜，這是常情；但在「上失其道，民散久矣」的情境下，一旦查出兇犯，偵破案情，且慢竊竊自喜，也許犯罪的人出於不得已，或無知所致，這倒是值得哀憐同情的，因爲過不在老百姓，而在於政府對老百姓失去教養。朱註引謝氏說得好：「民之散也，以使之無道，教之無素；故其犯法也，非迫於不得已，則陷於不知也；故得其情，則哀矜而勿喜。」曾子說的話，充滿了惻隱之情，眞是一派仁者之言。

第二十章

子貢曰：「紂㈠之不善，不如是之甚㈡也。是以君子惡居下流㈢，天下

之惡㊃皆歸焉㊄。」

【提旨】子貢以殷紂爲戒，勸人潔身自愛，不要作惡。

【釋詞】

㊀紂　殷朝末年的暴君，帝乙的兒子，名辛，字受，又字紂；或以爲名受德，也單稱受，辛是廟號，紂是後人爲他作的壞諡號。後爲周武王所伐，自焚而死。

㊁不如是之甚　不像傳說那樣厲害。

㊂惡居下流　厭惡身居地形卑下、爲濁水流聚的地方。惡、音務（ㄨˋ），厭惡的意思；下流、以地勢低下、爲汚水所聚的地方，比喻人行爲汚下，也將爲惡名所歸。

㊃天下之惡　天下的罪惡，惡、音餓（ㄜˋ），指惡名。

㊄皆歸焉　等於「皆歸於是」，其中「是」字指「下流」，比喻行爲汚下的人。

【譯義】子貢說：「殷紂的不好，不像一般人傳說的那麼厲害；只因後人恨他暴虐無道，以致說他罪惡多端。所以君子最厭惡身居下流，因爲那是地勢低窪的地方，各處的汚水濁物都會聚集到那裏，人若行爲卑下，那天下的罪惡都會歸到他一個人身上了。」

【析微】本章的主要意旨，在勸戒人們不要做壞人、做壞事，否則將不免成爲一切壞名聲集中的目標。如果只泛泛地談論，不如舉出大家所熟知的壞人做例證，來得更爲確切，所以子貢舉殷紂爲例。紂是古代亡國君主中少數暴君之一，相傳他美酒成池，鮮肉成林，極盡奢侈享受之能事；又生性殘忍，諸侯被殺戮的不知凡幾，如鬼侯被殺，竟製成乾肉，鄂侯被殺，竟剁成肉醬；至於忠臣勸諫，無不受害，如箕子被囚禁，並以爲奴，又剜出王子比干的心；他這些荒淫暴虐的行爲，都是家喻戶曉的。後人因爲痛恨紂的殘暴，卽使並非他的惡行，也一概歸之於紂，好像他是一個萬惡的罪魁。因此，子貢首先說明這個現象：「紂之不善，不如是之甚也。」只因爲人的心理，往往好把一切惡名加在某一個大壞人身上，於是變本加厲，成爲衆惡所歸。同樣的，聖賢君子，也可能成爲衆善所歸，如列子楊朱篇說：「天下之美，歸之舜、禹、周、孔；天下之惡，歸之桀、紂。」近人顧頡剛先生曾作一篇文章，題爲「紂七十罪惡」，他搜集各種古書上有關紂的罪惡的記載，歸納爲七十件大罪，但其中最古而可靠的書，數說紂的罪惡的，不過少數幾件平常的而已，這很可作爲本章的實證。子貢又善於譬喻，江河的「下流」，是上游所有汚穢流聚的地方，人做了壞事，就像身居下流一樣，也將爲衆惡所歸。子貢的話，眞値得人們引爲警惕，一個君子，怎不「惡居下流」而力爭上游呢？

第二十一章

子貢曰：「君子之過㈠也，如日月之食㈡焉：過也，人皆見之；更㈢也，人皆仰之㈣。」

【提旨】子貢論君子犯過，不加掩飾，且有過必改。

【釋詞】

㈠過　指有了過失、犯了過錯。

㈡日月之食　就是日蝕、月蝕；食、同蝕。劉熙釋名釋天說：「日月虧曰食；稍稍侵虧，如蟲食草木葉也。」古代用「食」字，取象於「蟲食草木葉」；現代用「蝕」字，取義於「稍稍侵虧」，就是日、月有所虧蝕的意思。日、月食的成因，據清人凌曙的典故覈說：「日月之行於天，日居上，月居下，日爲月所揜（同掩），故日食；月在天上，日乃在地下，地球居中隔之，日光爲地球所掩，不能耀月，故月食。」說得大致不差。但以現代科學知識來說，太陽是恒星，固定不動；地球是行星，環繞太陽運轉；月亮是地球的衞星，環繞地球運轉。當月球運行到太陽與地球之間，三者成一直線時，日光被月球遮蔽，就形成日蝕。當地球運行到太陽與月球之間，三者成一直線時，太陽反射到月亮的光被地球遮蔽，就形成月蝕。

㊂更　說文：「更、改也。」這裏作改過講。

㊃人皆仰之　人人都仰望他。仰、也有敬仰的意思。

【譯義】子貢說：「君子有了過失，就像日蝕、月蝕一樣：當他犯過的時候，大家都看得到；當他改過的時候，就像日、月的復明一般，人人都仰望着他。」

【析微】本章又可證明子貢很善於運用譬喻，他以日蝕、月蝕來比喻君子的犯過，非常恰當！因爲古人認爲：日月經於天，一旦有所虧蝕，而失去光明，人人都可看見，表示君子犯過也是這樣明顯，不加掩飾。而且君子又善於改過，勇於改過，有過必改，豈不正如日蝕、月蝕過後，又恢復團圓，恢復明亮一樣嗎？這時人們仰望天空，太陽仍然燦爛，月亮也明朗如故；正如君子有過而更改之後，爲人人所仰望、尊敬，依舊信仰他是一個君子，以前所犯的過失，已經煙消雲散，不復存在，對於這位君子來說，沒有一點影響。誠如皇侃疏所說：「君子有過不隱，故並見之；由闇更明，故人並仰之；不以先過爲累。」本篇第八章子夏曾說：「小人之過也必文。」與本章語氣正相對，可見君子與小人的區別：一在有過而不遮瞞，而且勇於改過；一在有過必求掩飾，而且不肯改過。孟子公孫丑篇下有一段話說：「古之君子，其過也，如日月之食，民皆見之；及其更也，民皆仰之。」就是本於子貢的話而說的。

第二十二章

衞公孫朝㈠問於子貢曰：「仲尼焉學㈡？」

子貢曰：「文、武之道㈢，未墜於地㈣，在人㈤；賢者識㈥其大者，不賢者識其小者㈦，莫不有文武之道焉。夫子焉不學？而亦何常師㈧之有？」

【提旨】記衞國大夫公孫朝詢問子貢，孔子的學問從何而來？子貢以孔子學無常師相告。

【釋詞】

㈠公孫朝　衞國大夫，朝，音潮（ㄔㄠˊ）。清人翟灝四書考異說：「春秋時魯有成大夫公孫朝，見昭二十六年傳；楚有武城尹公孫朝，見哀十七年傳；鄭子產有弟曰公孫朝，見列子。記者故系『衞』以別之。」

㈡焉學　意思是：從那裏學來的？焉，作何處講。

㈢文武之道　指周代開國聖君文王、武王所建立的德行功業、所制定的禮樂文章。

㈣未墜於地　未曾墜落到地上，也就是未曾喪失的意思。墜，墜落，引申作亡失講。

㈤在人　還留在人間，爲人們所保存、記憶的意思。

㈥識　音義同誌，誌，本作志，作記憶講。與述而篇「多見而識之」的「識」相同。

㈦大者、小者　大者，指大綱領，就是重大的部份，如道德的精義、政治的原理等；小者，指小節目，就是細小的部份，如名物制度之類。

㈧常師　固定受業的老師。

【譯義】衞國大夫公孫朝問子貢說：「仲尼的學問是從那裏學來的？」

子貢說：「文王、武王的德行功業、禮樂文章，如今並沒有喪失，還留在人間，爲人們所保存、記憶；有才德的賢人，記住那重大的部份，沒有賢德的普通人，也記住那細小的部份，無論是賢人或不賢的人，莫不保有文王、武王的德業道統。夫子何處不學？又何必要有固定受業的老師呢？」

【析微】孔子生平好學，而且無所不學，所以學問淵博，衛國大夫公孫朝不知道孔子這樣淵博的學問是從那裏學來的？因而請問孔子弟子子貢，子貢回答他，卻從「文、武之道」說起，最後歸結到：「夫子無常師。」本來堯、舜、禹、湯以至周文王、武王相傳的道統，就是一個道統，由於孔子是周朝人，而且堯、舜以來的道統，遞傳到周朝，制禮作樂，文物燦然大備，所以中庸說：「仲尼祖述堯舜，憲章文武。」而論語子罕篇孔子更親自說：「文王既沒，文不在茲乎？」可見他以繼承文武，弘揚文武之道爲己任，這是子貢所深知的。所謂「未墜於地」，等於說文王、武王的肉體生命已經歸入泥土，然而他們精神德業卻仍留佈人間，爲人們所傳頌。又所謂賢者、不賢者，指孔子當時的人，就才德、器識而分；而所謂大者、小者，誠如徐英論語會箋引蘇轍所說：「大者、道德之妙；小者、形器度數之粗迹。」劉寶楠論語正義則說：「賢者識其承天治人之大；不賢者識其名物制度之細。」總之，「文、武之道」對後人影響深遠，孔子所學的就是這個「道」。平常人以「人」爲師，所以有常師；孔子以「道」爲師，所以沒有固定受業的老師。相傳孔子曾向老聃問禮，向萇弘請教音樂，向郯子詢問官職，向師襄學習琴藝，他認爲只要那人有一點善言善行，足供取法，就可以奉他爲師，向他學習。述而篇說：「三人行，必有我師焉。」這就是孔子的精神，也是他偉大的地方，孟子說他是「集大成」的人，這些地方可以看出。

第二十三章

叔孫武叔㈠語㈡大夫於朝㈢曰：「子貢賢於仲尼。」子服景伯㈣以告子貢。子貢曰：「譬之宮牆：賜之牆也及肩，窺見室家之好；夫子之牆數仞㈤，不得其門而入，不見宗廟㈥之美，百官之富。得其門者或寡矣！夫子㈦之云，不亦宜乎！」

【提旨】記魯國大夫叔孫武叔讚揚子貢賢於孔子，子貢以宮牆爲比喻，說明孔子之道博大精深，遠非自己所能及。

【釋詞】

㈠叔孫武叔　魯國大夫叔孫氏，名州仇，字叔，諡號武。

㈡語　讀去聲，音預（ㄩˋ），作告訴講，與八佾篇「子語魯太師樂」的「語」字相同。

㈢朝　音潮（ㄔㄠˊ），指朝廷。

㈣子服景伯　魯國大夫子服氏，名何，字伯，諡號景。

㈤仞　音任（ㄖㄣˋ），周代計算高度、深度的量名，相當於當時的七尺，或以爲八尺。

㈥宗廟　古代天子、諸侯祭祀祖先的廟堂。

㈦夫子　這裏指叔孫武叔而言。

【譯義】魯國大夫叔孫武叔在朝廷上告訴衆大夫說：「子貢的學問道德，實在勝過他的老師仲尼。」

子服景伯就把這話告訴子貢。子貢說：「譬如宮室的圍牆：我端木賜的圍牆，高度不過齊及人的肩膀，只要站在牆外，就可以探望到裏面房屋的美好；而我老師的圍牆，卻有好幾丈高，如果找不到大門走進去，就看不見裏面祖宗廟堂規模的華美，衆多官吏儀容的富盛。如今能夠找到大門的人或許很少吧！那麼叔孫夫子自然也不能明白夫子之道，他說我勝過老師，不是應該的嗎？」

【析微】孔子逝世以後，弟子們切磋砥礪，學問道德，都有精進，如有若曾被同學們尊敬，西河人民曾懷疑孔子與子夏無異，而叔孫武叔、陳子禽都以爲子貢「賢於仲尼」，可見子貢晚年進德修業的功效，幾乎已到了超賢入聖的境界。孟子曾說子貢「智足以知聖人。」而子貢曾說：「自生民以來，未有夫子也。」（以上並見公孫丑篇）所以，本章及下兩章，子貢對孔子都深致讚美。而本章子貢又善用他的譬喻，並針對「語大夫於朝」一句而發，所謂「宗廟之美」，是針對「朝」字、而「百官之富」是針對「大夫」作開示的。因爲叔孫武叔身處朝廷，他目所能見、口所能說的，只有這種境界而已！子貢以爲：他既在朝廷發議論，就不妨以朝廷爲比喻。所謂「賜之牆也及肩」，好比士、庶人居室的圍牆；而「夫子之牆數仞」，則好比天子、諸侯宮廷的圍牆，高達數丈，而且，其中有華美的宗廟、富盛的百官。但這些美盛的規模和儀容，只有入門的人才能親見，武叔未曾親受孔子敎誨，本來就在門外，他只從「宮牆」外面探望，所以只看得見士、庶人的「室家之好」，而看不見天子、諸侯的「宗廟之美，百官之富」。正因爲他有了這層蔽障，並不了解「夫子之道」高深，所以說出「子貢賢於仲尼」的話，豈不是很合宜的嗎？子貢的譬喻，正形容出叔孫武叔的淺見，並顯示他的評論是不正確的。

第二十四章

叔孫武叔毀㈠仲尼。子貢曰：「無以爲㈡也！仲尼不可毀也。他人之賢者，丘陵㈢也，猶可踰㈣也；仲尼，日月㈤也，無得而踰焉。人雖欲自絕㈥，其何傷於日月乎？多見㈦其不知量㈧也。」

【提旨】記叔孫武叔毀謗孔子，子貢形容孔子的學問道德，如日月經天，卽使毀謗，也無損於日月的光輝。

【釋詞】

㈠毀　詆毀、訕謗的意思。

㈡無以爲　朱註：「猶言無用爲此。」就是不要這樣做的意思。以、可作「用」字解。

㊂丘陵　朱註據說文解釋說：「土高曰丘，大阜曰陵。」就是不太高的土山，比喻一般賢人。

㊃踰　同逾，音俞（ㄩˊ），超越的意思。

㊄日月　比喻孔子的學問道德至高無上，像天空的太陽與月亮一樣。

㊅自絕　劉寶楠論語正義說：「絕、如『晉侯使呂相絕秦』之『絕』，絕棄於日月者，絕棄即謂毀也。」晉侯使呂相絕秦，見左傳成公十三年。子貢以自絕於日月比喻毀謗孔子。

㊆多見　多、朱註：「與祇同，適也。」見、音現（ㄒㄧㄢˋ），顯露的意思。

㊇不知量　不知自己的份量、也就是不自量力的意思。量，讀去聲，音亮（ㄌㄧㄤˋ），作份量講。

【譯義】叔孫武叔毀謗仲尼。子貢說：「不要這樣做吧！仲尼是毀謗不了的。別人的賢德，再高也不過像山丘一樣，還有人可以超越他；至於仲尼的賢德，就像太陽、月亮一樣，至高無上，沒有人再能超越他。有人雖然想要棄絕太陽、月亮，那對太陽、月亮又有什麼傷害呢？只顯得他自己不知道自己的份量罷了。」

【析微】孔子畢生精深的學問造詣，崇高的道德修養，誨人不倦、有教無類的教育精神，和「知其不可而為之」的救世精神，足以承當後世「至聖先師」、「萬世師表」的讚譽而無愧。

但是，孔子名滿天下，也謗滿天下；固然名震後世，極受國人的景仰崇拜，而後世幾乎歷代都有不滿孔子、毀謗孔子的人。俗語說：「樹大招風。」這也許是孔子的「盛名之累」吧？我們看論語的記載，在孔子當時，已有許多隱士們不諒解孔子，譏諷孔子；又據史記孔子世家的記載，鄭國人甚至形容孔子「纍纍若喪家之狗。」戰國以來的一般道家，在他們的著作裏，往往挖苦孔子，奚落孔子，甚至誣蔑孔子，不遺餘力，這是由於思想、主張的差異所造成的，其實，他們那裏能理解孔子悲天憫人的懷抱，和抱道救世的苦心呢？魯國大夫叔孫武叔大約是一個不甚了解孔子的人，不但發出「子貢賢於仲尼」的謬論，而且蓄意毀謗。子貢是孔門頗善於口才的弟子，往往能用很恰當的譬喻解說，本章把孔子形容成與日月比高、與日月爭光的偉人，並說明一個「自絕於日月」的人，無損於日月的崇高和光輝；同樣的道理，一個淺陋的人對偉人的攻擊，非但無損於偉人，而且將有損於自己，誠如韓文公的詩句所說：「蚍蜉撼大樹，可笑不自量。」

第二十五章

陳子禽㊀謂子貢曰：「子爲恭㊁也，仲尼豈賢於子乎？」

子貢曰：「君子一言以爲知㈢，一言以爲不知，言不可不愼也。夫子之不可及也，猶天之不可階而升㈣也。夫子之得邦家㈤者，所謂立之斯立㈥，道之斯行㈦，綏之斯來㈧，動之斯和㈨。其生也榮㈩，其死也哀⑪，如之何其可及也？」

【提旨】記陳子禽以爲子貢勝過孔子，子貢乃盛讚孔子才德的崇高，並揣摩他功業的偉大，將爲常人所不及，猶如天之不可登臨一般。

【釋詞】

㈠陳子禽　孔子弟子陳亢，字子禽，見學而篇。皇侃義疏以爲陳亢既在孔門，不當稱孔子爲仲尼，因而說：「陳子禽，非陳亢，爲另一同姓名之人。」

㈡爲恭　是自己謙恭，以尊重師長的意思。

㈢一言以爲知　說一句話，如果說得不錯，人家以爲他明智。知、音義同智（ㄓˋ），下句

「不知」同。

㈣階而升　乘梯而登臨的意思。階、階梯，這裏作動詞用；升、上升、登臨的意思。

㈤得邦家　指得到機會，成爲諸侯或卿大夫，以掌理國家政權。

㈥立之斯立　意思是：以禮義使人民自立，則人民自然受感化而能立身。立、與泰伯篇「立於禮」、季氏篇「不學禮，無以立」的「立」相同，指立身；之、指人民，下三句同；「斯」字以下，就孔子教化的功效說，下三句也同。

㈦道之斯行　意思是：以道德教導人民，則人民自然受感化而能奉行。道、與爲政篇「道之以德」的「道」相同，今作導，引導、教導的意思；行、遵行、奉行的意思。

㈧綏之斯來　意思是：以仁政安撫人民，則遠方人民自然聞風來歸附。綏、作安定、撫慰講；來、與子路篇「近者說，遠者來」的「來」相同，來歸的意思。

㈨動之斯和　意思是：以禮樂鼓舞人民，則人民自然受感化而能和悅。動、朱註：「謂鼓舞之也。」和、情意和諧的意思。

㈩其生也榮　夫子在生的時候，人人愛戴，何等尊榮！

⑪其死也哀　夫子死去的時候，人人思慕，極盡哀痛。

【譯義】陳子禽向子貢說：「你是自己謙恭，以尊重老師吧！仲尼難道眞的勝過你嗎？」

子貢說：「凡是君子，一句話說得好，人們將稱讚他聰明；一句話說得不對，人們將取笑他不聰明；所以說話不可不謹慎。夫子的德業崇高，是一般人趕不上的，好比天不可能用梯子升上去一般。假如夫子能得到機會，掌理國家的政權，而施行政教的話，那就像古語所說：以禮義使人民自立，則人民自然受感化而能立身；以道德教導人民，則人民自然受感化而能奉行；以仁政安撫人民，則人民自然聞風而來歸附；以禮樂鼓舞人民，則人民自然受感化而情意和諧。他在生的時候，人人愛戴，何等尊榮！他死去的時候，人人思慕，極盡哀悼；像夫子這樣的偉人，一般人怎麼趕得上呢？」

【析微】陳子禽輕易議論孔子，子貢首先告誡他出言不可輕率，要特別謹愼：眞正聰明的人，必有知人之明，不致有言語的過失；所以由一個人言語的得失，可以識出他的智與不智。子貢的意思，在隱約指責陳子禽的話說得不智。繼而又以天來比喻孔子道行的崇高，非常人可比；然後引述古代讚揚聖人的成語，以揣摩夫子的功業。因爲夫子的道德，像天一般崇高，所以他的感化力，也像天所施的陽光、雨露一般普遍，只要他一旦得到行道的機會，他對天下所施的政治教化，必將澤被群倫，化育萬民。最後，子貢又稱孔子生則榮耀，死則長留哀慕於人間，明人李卓吾說得好：「生榮死哀，是說聖人關係一世之象。聖人生而天下皆立皆行，皆來皆和，眞如太陽一出，而萬物欣欣，都有生色，豈不足榮？聖人死而天下皆不立不行，不來不和，眞如太陽一沒，天地慘闇，萬物俱有愁苦之狀，豈不是哀？」

本篇到此爲止，子貢凡三度推尊孔子，而且推尊備至，他所推尊的話，不但足以矯正一般淺人的謬見，且對孔子之道能昌明於世，也有很大的貢獻。

第二十篇 堯曰

前言

本篇內容，大致如邢昺疏所說：「此篇記二帝、三王及孔子之語，明天命政化之美，皆是聖人之道，可以垂訓將來。」共分三章。漢書藝文志說古論語有二十一篇，都出於孔子壁中，其中有兩個子張篇。何晏論語集解序也說古論語分堯曰篇下章「子張問」以下爲一篇，因而除第十九章爲子張篇之外，第二十一篇也稱子張篇，這樣一來，堯曰篇只有一章，而下子張篇只有兩章。魯論語沒有最後「不知命」一章，康有爲以爲當是齊論語，則堯曰篇只有兩章。

第一章

第一節

堯曰：「咨㊀！爾舜！天之曆數㊁在爾躬，允執其中㊂。四海困窮㊃，天祿永終㊄。」

舜亦以命禹。

【提旨】孔門弟子記堯、舜、湯和武王的言辭，並記孔子所曾稱述的話。

【分節大意】記堯禪讓帝位給舜時，告戒他的辭命；後來舜讓位給禹也如此。

【釋詞】

㊀咨　音資（ㄗ），表示嗟嘆的語氣詞。堯對舜有重大的誡命，所以嗟嘆而後發言。

㈡曆數　朱註：「帝王相繼之次第。」曆、本作厤，後作歷，曆是假借字，都作歷次講；曆數就是次第。

㈢允執其中　朱註：「允、信也；中者，無過不及之名。」允有誠信、實在的意思；執有保持、奉行的意思；中、指政事上不偏不倚、無過與不及的原則，也就是事物當然的道理。

㈣四海困窮　是假設的話，意思是：如果天下的老百姓都陷於困苦貧窮。

㈤天祿永終　天祿、指君位，是上天所賜的祿命，故稱天祿；永終、長久終絕的意思。

【譯義】堯將讓位給舜的時候，告誡舜說：「啊！你這位舜！上天安排帝王相繼的次第，就要落到你身上了，你應該誠實地奉行政事上中正不偏的道理。假如四海之內的老百姓生活都陷於困苦貧窮的話，上天所賜給你的祿位，也會永遠終止。」

後來舜讓位給禹的時候，也用這番話告誡他。

【析微】本章的文字，前後意思不相連貫，從宋朝蘇軾以來，就有許多人懷疑它有脫落。現在只得把它分成若干小節，逐節講解。

本節堯告訴舜的話中，最重要的是一個「中」字。由此可見：堯認爲天子統治天下，做人處事，要把握中道。所謂「執中」，就是執守中道而奉行運用的意思。中庸記孔子說：

「舜其大知也與！舜好問而好察邇言，隱惡而揚善；執其兩端，用其中於民。其斯以爲舜乎？」由這段記載，可知舜是用中道領導百姓的，孔子因此特別讚美他，說他是一個大智的人；同時，從這裏也可明白舜不只是接受，而且也實踐了堯的指示。本節有「舜亦以命禹」的話，在尙書大禹謨中，有關舜命禹的記載更爲詳盡，其中以「人心惟危，道心惟微，惟精惟一，允執厥中」四句說得最爲精要。這十六個字，被後人稱爲「十六字心傳」，是中國古代聖君遞相傳授的心法，其實這十六個字，只有一個「中」字而已。由此可知：禹也是奉行中道，中道精神是堯、舜、禹一脈相承的心法。據孟子離婁篇的記載，湯也是執中而行的。論語雍也篇孔子曾說：「中庸之爲德也，其至矣乎！民鮮久矣！」可見孔子也特別重視中道。中庸記孔子稱讚顏回說：「回之爲人也，擇乎中庸，得一善則拳拳服膺，而弗失之矣！」孔子最得意的學生顏淵，能以中庸爲行爲的準則，所以能成爲孔門的大弟子。孟子繼承孔子，也提倡中道，在孟子盡心篇中，他曾對中道精神作極爲透徹而精闢的闡發。由以上的引述，可知中國古代的聖賢，都極力倡導並實踐中道，使中道思想深入人心，逐漸成爲中國文化的中心思想，也成爲中華民族的重要特性。

第二節

曰㈠：「予小子履㈡敢用玄牡㈢，敢昭告㈣于皇皇后帝㈤：有罪不敢赦㈥，帝臣不蔽㈦，簡在帝心㈧。朕躬㈨有罪，無以萬方㈩；萬方有罪，罪在朕躬。」

【分節大意】記湯伐桀以後，向天帝禱告的言辭。

【釋詞】

㈠曰　這段話是商湯說的，朱子集註及劉寶楠正義都以為：「曰上當有湯字。」日人竹添光鴻論語會箋則說：「曰上無湯字者，上蒙堯曰文，下有小子履，其為湯曰可知，故不言湯，非脫字也。」

㈡予小子履　予小子、上古帝王自稱之詞，劉寶楠論語正義說：「稱小子者，王者父天母地，為天之子，湯告天，故謙言小子。」履、湯名。世本說：「湯名天乙，至為王改名履。」

㈢玄牡　黑色的牛。玄是黑色，夏代祭祀用牲崇尚黑色，湯最初仍採用，後則崇尚白色；牡、音母（ㄇㄨˇ），雄性的獸類，古代凡大祭牲用牛，故知牡在這裏指雄牛。

㈣昭告　明告上帝，不敢有所隱飾。昭、作明白講。

㈤皇皇后帝　說文：「皇、大也。」皇皇是疊字形容詞，偉大的意思；爾雅釋詁：「后、君也。」后帝是同義聯緜詞，尊稱天帝。

㈥有罪不敢赦　有罪的人，我不敢擅自赦免他。赦、音社（ㄕㄜˋ），免罪稱赦。

㈦帝臣不蔽　凡居官而賢善的人，都是天帝的臣僕，故稱帝臣；不蔽、一定舉用、不敢有所隱蔽的意思。

㈧簡在帝心　指以上有罪和賢良的臣子，我不敢赦罪和蔽賢，因天帝心裏早已閱見，早已熟悉，廢黜或舉用，完全依據天帝的心意。簡、動詞，集韻：「簡、閱也。」

㈨朕躬　我本人的意思。朕、音振（ㄓㄣˋ），上古自稱之詞，爾雅釋詁：「朕、我也。」郭璞注：「古者貴賤皆自稱朕，至秦世始爲天子尊稱。」躬、指本身。

㈩無以萬方　意思是：不要牽連天下人民、不要降臨罪苦給萬方的百姓。萬方、猶如天下，指人民。

【譯義】湯禱告天帝說：「我履謹用黑色的雄牛作祭品，明白地禱告偉大的天帝：有罪的人我不敢擅自去赦免他，您善良的臣僕我也不敢隱蔽，您的心裏早就熟悉了。如果我本身有罪過，就請不要牽連天下的百姓；如果天下百姓有了罪過，這罪過都歸我一個人來承擔。」

【析微】墨子兼愛篇下和呂氏春秋順民篇都以爲本節是成湯戰勝夏桀以後，遭逢大旱災，向上天祈禱求雨的言詞。孔安國註則以爲是湯伐桀的時候，明告上天的文字。朱子集註更以爲「簡在帝心」以上是湯最初請命天帝以討伐桀的話，而「朕躬有罪」以下則是湯放逐桀以後，宣告諸侯的話。本節統屬一個「曰」字，應當是一次說的話，朱註分爲兩段，顯然不妥當。墨子和呂氏春秋的說法，有可取的地方，因爲相傳湯伐桀之後，曾有七年大旱的災患；而且本節末四句：「朕躬有罪，無以萬方；萬方有罪，在予一人」的話，確有告天請罪的語氣。至於孔安國的意見，也有它的道理，據董仲舒的春秋繁露說，古代天子每將興動師旅，必先郊祭以告天，然後才敢實行征伐，如周文王伐崇就是如此。可能當初湯伐桀告天及祈禱求雨的言辭大略相同，所以墨子和呂氏春秋的記載與論語稍有出入。東晉僞古文尙書則將本節採入湯誥篇。

第三節

「周有大賚㈠，善人是富㈡。雖有周親㈢，不如仁人。百姓有過，在予一人㈣。」

【分節大意】記周武王大封諸侯時的言辭。

【釋詞】

㊀大賚　指武王大封諸侯的事。賚、音賚（ㄌㄞˋ），作賜予講。

㊁善人是富　富於善人的意思。善人是指善於經綸天下的人才。

㊂周親　就是至親，周作至講，見廣雅釋詁及尙書泰誓篇孔安國傳。

㊃予一人　上古帝王自稱之詞，猶後世諸侯之稱寡人。白虎通號篇：「尙書或稱一人，王者自謂一人者，謙也。」

【譯義】周武王大封諸侯時，發表言論說：「我們周朝承受天命，大封諸侯，有很多善於經綸天下的人才。雖然我有不少關係最密切的親人，卻不如這些有仁德的人對我更有幫助。如果百姓有什麼罪過的話，應該由我一個人來承擔。」

【析微】劉寶楠論語正義引宋翔鳳說，以為「雖有至親」以下四句是周武王封諸侯之辭，尤其像封姜太公於齊之辭。其實「周有大賚」兩句也在內，竹添光鴻論語會箋說：「此六句必是一時之言，以周字起，以予一人結，其為武王曰可知，故省耳。」這是他認為本節省略

「曰」字或「武王曰」的原因，說得不無道理。武王大封諸侯的事，見於古書記載的，如左傳昭公二十八年說：「昔武王克商，光有天下，其兄弟之國者十有五人，姬姓之國四十人。」又如禮記樂記篇說：「武王克殷反商，未及下車而封黃帝之後於薊，封帝堯之後於祝，封帝舜之後於陳；下車而封夏后氏之後於杞，投殷之後於宋。」當時周室人才濟濟，盛況可與唐、虞時代並稱，這是武王平治天下的大根本。泰伯篇記武王說：「予有亂臣十人。」這些治世的大臣，如周公、召公、太公、畢公等，都是武王所倚畀的重才，所以說：「善人是富。」又說：「雖有周親，不如仁人。」最後兩句，更顯出武王以天下爲己任的擔當。

第四節

「**謹權量㈠，審法度㈡，修廢官㈢，四方之政行焉；興滅國㈣，繼絕世㈤，舉逸民㈥，天下之民歸心焉。**」

【**分節大意**】記古代帝王推行政事、順應民心的種種措施。

【釋詞】

㈠謹權量　權、指稱物而知輕重的標準，如銖、兩、斤、鈞、石等；量、音亮（ㄌㄧㄤ），名詞，指量物而知多少的標準，如龠、合、升、斗、斛等；謹是謹愼制定或檢驗的意思。

㈡審法度　法度、指禮樂制度；審是仔細審察的意思。邢昺疏說：「法度、謂車服、旌旂之禮儀也；審察之，使貴賤有別，爲僭偪也。」

㈢修廢官　修飭已曠廢的官職。趙佑四書溫故錄說：「或有職而無其官，或有官而不舉其職，皆曰廢。」

㈣興滅國　復興被滅亡而無罪的諸侯國家。

㈤繼絕世　繼續已斷絕而有德的卿大夫世系。

㈥舉逸民　舉用被遺落而節行超逸的人才。

【譯義】謹愼地檢定權衡度量，仔細地審察禮樂制度，修飭已曠廢的官職，這樣做了，全國的政令就會通行無阻；復興被滅亡的諸侯國家，繼續已斷絕的卿大夫世系，舉用被遺落的賢良人才，這樣做了，天下的百姓都會心悅誠服。

【析微】從文章的風格來看，「謹權量，審法度」以下，和前面堯告誡舜、湯禱告天帝、武王封諸侯的文誥體確有不同，所以歷代的註釋家大多以為是孔子的話，這是大致可信的。本章前三節，約舉唐堯、虞舜、商湯、周武王的話，都是天子修養聖德、罪責己身的事，完全是尚書的教義，所以清儒陳蘭甫說：「尚書百篇，此提其要矣！」由本節起，誠如皇侃疏所說：「自權量以下，重明二帝、三王所修之政同。」竹添光鴻論語會箋申述說：「皇疏得之。此經所言，專罪己、務用賢、順民心三者，錯舉言之，此帝王之所同，百世莫能易也。」至於朱註所說：「興滅繼絕、謂封黃帝、堯、舜、夏、商之後；舉逸民、謂釋箕子之囚，復商容之位。」專指周武王而言，其實只是舉出較顯著的實例而已。

第五節

所重㈠：民㈡、食、喪㈢、祭。

【分節大意】記古代帝王所重視的四件大事。

【釋詞】

㈠所重　古代帝王所看重的事。

㈡民　指所統治下的人民。

㊂喪　音桑（ㄙㄤ），指死喪盡哀之禮。

【譯義】古代帝王所重視的有四件大事：就是人民、糧食、喪禮、祭祀。

【析微】孔安國註說：「重民，國之本也；重食，民之命也；重喪，所以盡哀；重祭，所以致敬。」將本節解釋得很精要。誠如孟子盡心篇下所說：「民爲貴。」又說：「諸侯之寶有人民。」本節述古代帝王首先看重的是人民，這是中國早期很可貴的民主思想。顏淵篇子貢問政，孔子告訴他的第一件大事就是「足食」，所謂「民以食爲天」，因爲食物是維持人民生命、增厚人民生計的大政，所以尙書洪範篇的八政，首先就是「食」，伏生傳說：「食者萬物之始，人事之所本，故八政先食。」至於喪、祭二事，一向是儒家特別重視的，如學而篇曾子說：「愼終追遠，民德歸厚矣！」愼終就是「喪」，追遠就是「祭」，因爲能使「民德歸厚」，所以被帝王重視。子張篇子張曾說：「祭思敬，喪思哀。」人民對喪祭的事能盡哀敬之情，才不會忘本。禮記經解篇說：「喪祭之禮廢，則臣子之恩薄；臣子之恩薄，則背死忘生者衆矣！」與曾子「愼終追遠」的話有相反相成的道理。

第六節

寬則得衆，信則民任焉㈠，敏則有功，公則說㈡。

【分節大意】記帝王所應有的德性，並述所得的功效。

【釋詞】

㈠信則民任焉　漢石經、皇侃義疏本、足利本、高麗本等都沒有這一句，因此阮元校勘記懷疑是因陽貨篇「子張問仁」章而誤衍。

㈡公則說　皇侃本、正平本等「說」上有「民」字。意思是：君主以公平治天下，則人民必心悅誠服。說、音義同悅（ㄩㄝˋ）。

【譯義】帝王統治天下，如果德性寬厚，就會得到群衆的擁戴；如果待人誠信，就會得到人民的信任；如果做事勤敏，就會著有功績；如果行政公平，就會使人民心悅誠服。

【析微】統治天下的君主，尤其是開國的帝王，如果沒有寬仁的德量，是不易獲得民心擁戴的。八佾篇孔子曾說：「居上不寬，……吾何以觀之哉？」尚書皋陶謨記皋陶陳述帝王的九種德性，以寬爲第一。次句「信則民任焉」，「民」字陽貨篇作「人」，如依皇侃、邢昺陽貨篇疏解釋「人任」爲「人所委任」，來解釋本節的「民任」二字，則顯然不通，可見這句確是衍文，如果勉强解釋，只好把「任」字解爲信任了。學而篇孔子曾說：「敏於事。」尙書兌命篇說：「敬孫務時敏，厥脩乃來。」正是「敏則有功」的意思，一般人做事固然要勤敏才能有成效，君主尤其要勤敏才能有政治上的功績。至於公平正直的態度，更是施行政教應有的條件，尙書洪範篇說：「無偏無黨，王道蕩蕩；無黨無偏，王道平平；無反無側，王道正直。」又如呂氏春秋貴公篇說：「昔先聖王之治天下也，必先公，公則天下平矣！」本節與陽貨篇孔子回答子張問仁的話大同小異，因而淸儒翟灝的四書考異懷疑是由於簡策錯亂脫誤所致，也許有此可能。不過陽貨篇是就常人實行仁道而說的，本節則是就帝王治理天下而說的，這是兩者的區別。

第二章

子張問於孔子曰：「何如斯可以從政矣？」

子曰：「尊五美㈠，屛四惡㈡，斯可以從政矣。」

子張曰：「何謂五美？」

子曰：「君子惠而不費㊂，勞而不怨，欲而不貪㊃，泰而不驕，威而不猛。」

子張曰：「何謂惠而不費？」

子曰：「因民之所利而利之㊄，斯不亦惠而不費乎？擇可勞而勞之㊅，又誰怨？欲仁而得仁，又焉貪？君子無衆寡㊆，無小大㊇，無敢慢㊈，斯不亦泰而不驕乎？君子正其衣冠，尊其瞻視㊉，儼然人望而畏之，斯不亦威而不猛乎？」

子張曰：「何謂四惡？」

子曰：「不教而殺謂之虐(一一)，不戒視成(一二)謂之暴(一三)，慢令致期(一四)謂之賊(一五)，猶之與人(一六)也，出納之吝(一七)，謂之有司(一八)。」

【提旨】孔子詳細告知子張從事政治工作的道理。

【釋詞】

(一)尊五美　尊重五件美事的意思。美、指美好的政事。

(二)屏四惡　屏除四件惡事的意思。屏、音丙（ㄅㄧㄥˇ），屏棄、除去的意思；或音並（ㄅㄧㄥˋ），同摒，仍作排除講。惡、音餓（ㄜˋ），指惡劣的手段。

(三)惠而不費　能施恩惠給人民，而自己卻不破費的意思。惠、恩惠；費、耗費。

(四)欲而不貪　下文說：「欲仁而得仁，又焉貪？」可見這「欲」字是指意欲行仁義而言，因而皇侃義疏說：「欲仁義者爲廉，欲財色者爲貪。」

(五)因民之所利而利之　就是依據人民原有的自然利益所在，而使他們獲得實際的利益。因、有依循的意思。所利、指所能獲得的自然環境與生產事業，「利」字兼動詞用，作獲得利益講。利之的「利」則作致使動詞用，利之、使人民得利的意思，之、指人民。

㊄擇可勞而勞之　選擇可以勞動人民的時令，如冬季農閒的時候；並選擇精壯可勞動的人，適宜可勞動的事，而使人民爲政府服勞役。勞之、與前句「利之」的文法相同，勞、作致使動詞用，之、指人民。

㊆無衆寡　待人無論人多人少。

㊇無小大　也不問對方地位卑微或尊貴。小指微賤小民，大指大人君子。

㊈無敢慢　都不敢有所怠慢的意思。

㊉尊其瞻視　就是儀容莊重。尊、作致使動詞用，使尊嚴、使莊重的意思；瞻視、指人的觀瞻、容態。

㊁不教而殺謂之虐　不先以禮義教導百姓，見百姓犯了罪，就把他殺了，這叫做殘酷不仁。虐、殘酷、暴虐的意思。

㊂不戒視成　不預先告戒百姓，卻立刻要看他的成績。視成、責求成效的意思。

㊃暴　兇惡、暴戾的意思。

㊃慢令致期　不及早頒行號令，怠慢延誤，臨時卻要百姓限期做成，否則必加刑罰。致期、猶如刻期、刻、或作尅，就是限期辦好的意思。

㊄賊　殘害百姓的意思。

㊅猶之與人　朱註：「猶之、猶言均之也，均之以物與人。」意思是：財物總是要散發給人民的。

㊆出納之吝　散發財物時，卻吝惜財物，或遲遲不發，或捨不得多發。出納、本指財物的出入而言，納、作入講，這裏雖舉「出納」二字，只有「出」的意思，正如史記刺客列傳：「多人不能無生得失。」只有「失」的意思，卻說「得失」一樣。吝、音藺（ㄌㄧㄣˋ），吝惜、吝嗇的意思。

㊇有司　凡職有所司的小官吏，簡稱有司，司是掌管的意思。皇侃疏：「有司、庫吏之屬。」如管倉庫的小官吏之類。

【譯義】子張問孔子說：「要怎麼樣才可以從事國家的政治事務呢？」

孔子說：「能夠尊崇五件美好的政事，排除四件惡劣的政事，這就可以從事國家的政治事務了。」

子張說：「什麼是五件美好的政事呢？」

孔子說：「在上位的君子，能施給人民恩惠，而自己卻不破費；使人民勞動，卻不致引起怨恨；心有仁義的嗜欲，卻不作私心的貪求；胸襟常安然舒泰，卻並不顯得驕傲；氣象總帶幾分威嚴，卻並不顯得兇猛。」

子張說：「怎樣能與人恩惠，而自己卻不破費呢？」

孔子說：「只要依據人民原有的自然利益所在，設法幫助他們開發，而使他們獲得實際的利益，這不就是施予人民恩惠，而自己卻並不破費嗎？國家需要人民服勞役的時候，選擇可以勞動人民的農閒時令，而使精壯的人從事適當的勞動，這樣又有誰會怨恨呢？心中想要實行仁德，能以仁德愛民，便能得到仁政的效果，還有什麼可貪求的呢？君子存心謹慎，待人無論對方人數多少，也不問地位大小，都不敢有所怠慢，這不就是胸襟舒泰而不驕傲嗎？君子端正自己的衣冠，莊重自己的儀容，一副儼然可敬的樣子，使人家一望見，就自然敬畏他，這不就是氣象威嚴而不兇猛嗎？」

子張說：「那麼什麼又是四件惡劣的政事呢？」

孔子說：「不先用禮義教化人民，人民犯了罪就殺，這叫做殘酷不仁的虐政；不先用政令告戒人民，草草施行之後，就立刻要看到成就，這叫做兇戾不義的暴政；不及早頒行號令，一再怠慢延誤，臨時卻要人民在限期內完成，這叫做殘害；反正都是要散發給人民的財物，卻在支出的時候顯得特別吝嗇，這就像管倉庫出納小吏般的見識。」

【析微】本章孔子把從政的原理歸納爲五美、四惡，又詳盡地分析、列舉出細目，以答覆子張的詢問，眞是有條而不紊。一般在上位的人，如果要施恩惠給人民，往往容易虛耗公帑，或破費私財；要勞動人民，往往容易引起怨恨；心中有所嗜欲，往往容易作非份的貪求；胸襟舒泰的人，往往容易顯得驕傲；氣象威嚴的人，往往容易顯得兇猛；惟獨君子則不然，所以成爲美事。其中惠而不費、勞而不怨兩件事，是君子治理人民的要領；至於欲而不貪、泰而不驕、威而不猛三件事，則是修養己身的要項；且修身是治民的根本。「惠而不費」是就「養民」說的，正如左傳襄公二十九年所謂「施而不費，取而不貪。」孔子自己的解釋是：「因民之所利而利之」，邢昺疏說得好：「民居五土，所利不同。山者利其禽獸，渚者利其漁鹽，中原利其五穀，人君因其所利，使各居其所安，不易其利，則是惠愛利民在政，且不費於財也。」因爲利益雖然是民間所自有，但如果不是在上位的君子爲他們規劃，協助他們開發，則利益也不能自己振興起來，所以「利」之所在就是「惠」；至於「不費」二字，全從「因」字產生，竹添光鴻論語會箋說：「若民利稼穡，君子因而使群吏不奪農時；民利材木，君子因而使斧斤以時入山林；民利魚鼈，君子因而使數罟不入洿池。」他用孟子推行王道政治的具體措施，來解釋孔子原則性的政治原理，使人感到親切而又恰當。至於「勞而不怨」，是就「使民」說的，孔子自己的解釋是：「擇可勞而勞之」，其中「擇可勞」三字大有道理，公冶長篇所謂：「其使民也義」，能做到「義」字最爲難得，一般暴君往往濫用民力，大建宮殿，無非是求滿足個人享受的私欲，而不選擇可以勞動的時令、事情和人員，也就是「使民不義」，結果使人民怨聲載道，苦不堪言，從此種下了國家覆亡的禍根，豈不值得警惕嗎？「欲而不貪」則是就「正心」說的，禮記曲禮篇說：「欲不可從（音義同縱）」，惟有聖人君子才可以放縱他的欲望，因爲他唯一的欲望是行愛民的仁政，所謂「欲仁而得仁」，「仁」字兼修己治人而言，由於仁德的發揮，足以達成「己立而立人，己達而達人」的效果，更能使「老者安之，朋友信之，少者懷之」，這樣豈有個人的私欲存在呢？「泰而不驕」是就「接物」說的，子路篇也說過：「君子泰而不驕」，一般人對待少數人，或身份卑微的人，容易生怠慢之心，或驕矜之態，君子則不然，誠如皇侃疏引殷仲堪所說：「君子處心以虛，接物以敬，不以衆寡異情、大小改意，無所敢慢，斯不驕也。」有所怠慢，就顯得驕傲；不敢怠慢，自然胸襟舒泰了。至於「威而不猛」，則是就「修身」說的，述而篇弟子們形容孔子的儀態就是「威而不猛」的，所謂「正其衣冠，尊其瞻視」，完全形容出一個衣冠整齊、目不斜視、儀容莊重的君子來，爲政篇孔子告訴季康子說：「臨之以莊，則敬。」衞靈公篇又說：「不莊以涖之，則民不敬。」從政的君子，必須有令人敬畏的威儀，而不像暴君、酷吏一般兇猛，才足以領導人民，使人民心服。以上是五項積極的、應該尊崇的美事；至於消極方面，更要避免四件惡事。「不教而殺」的虐政，正如孟子所謂：「及陷於罪，然後從而刑之，是罔民也；焉有仁人在位，罔民而可爲也？」所以應當避免。至於「不戒視成」的暴政，正如韓詩外傳引孔子所說：「不戒責成，害也。」「視成」是不可少的，錯在不事先警戒。「慢令致期」四字，猶如新序雜事篇的「緩令急誅」，所以朱註說：「緩於前而急於後，以誤其民，而必刑之，是賊害之也。」最後以「有司」形容吝嗇的作風，因守倉庫的小吏，雖然掌管大批財物，但卻不能自主，事事都要諮詢請示，不敢擅自予人，如今孔子用來與虐、暴、賊等相提並論，可見也同是有害而應該摒絕的惡事。

第三章

孔子曰：「不知命㈠，無以為君子也；不知禮，無以立也；不知言㈡，無以知人㈢也。」

【提旨】孔子舉出學者立命、安身與知人三件修身方面的急務。

【釋詞】

㈠不知命　命、指天命，就是天所賦予人的一定不移的氣數，如吉凶禍福、榮辱得失、死生窮通之類，所以孔安國註說：「命、謂窮達之分。」不知命、就是不了解天命的道理。

㈡不知言　不善於分析別人的言語，以辨知其是非善惡的意思。「知言」二字與孟子公孫丑篇上「我知言」的「知言」相同。

㈢知人　因言辭的是非善惡，而了解他爲人的是非善惡。

【譯義】孔子說：「不了解天命的道理，將不足以成爲君子；不懂得做人的禮儀，將無從立身於社會；不善於辨知他人的言語，將無從了解他爲人的是非善惡。」

【析微】據鄭玄的論語註及陸德明的經典釋文，魯論語沒有這一章，古論語有。又皇侃、邢昺義疏本、唐石經本及經典釋文本都作「孔子曰」，只有朱子集註本作「子曰」，當是誤脫「孔」字。漢書董仲舒傳載董氏對策說：「天命之謂命，人受命於天，固超然異於群生，貴於物也，故曰天地之性人爲貴。明於天性，知自貴於物，然後知仁誼，重禮節，安處善，樂循理，謂之君子。故孔子曰：『不知命，無以爲君子。』此之謂也。」董氏以「德命」解釋本章的「命」字，義理很精，劉寶楠論語正義說：「蓋言德命可兼祿命也。」所以窮通禍福的氣數自然包括在內。朱註引程子解釋「不知命，無以爲君子」的道理說：「知命者，知有命而信之也。人不知命，則見害必避，見利必趨，何以爲君子？」一個不知天命有常、只知道趨利避害，而不修德命的人，自然不足以成爲君子了。至於「不知禮，無以立」的道理，正如左傳昭公七年載孟僖子所說：「禮，人之幹也；無禮，無以立。」因爲禮是人立身處世的主要骨幹，沒有它當然不足以自立了。泰伯篇孔子曾說：「立於禮。」季氏篇又曾告誡他的兒子說：「不學禮，無以立。」在古代重視禮儀的社會上，禮的重要性的確如此，卽使現代是科學文明的社會，一個不懂禮儀的人，又何嘗可以立身呢？至於「不知言，無以知人」的道理，誠如劉寶楠論語正義所說：「言者心聲，言有是非，故聽而別之，則人之是非亦知也。」如易經繫辭傳說：「將叛者其辭慙，中心疑者其辭枝。吉人之辭寡，躁人之辭多。誣善之人其辭游，失其守者其辭屈。」這就是孔子知言就可以知人的學問。孟子曾自許：「我知言。」公孫丑篇說：「詖辭知其所蔽，淫辭知其所陷，邪辭知其所離，遁辭知其所窮。」也是說知言就足以知人。一個做政治領袖的人，固然要知人善任；卽使平常人與人相處，也須有知人之明，才會交到「益友」，而避免交上「損友」，可見由言語以辨知人情的重要了。

國家圖書館出版品預行編目資料

論語通釋(全二冊)

王熙元編著. – 初版. – 臺北市：臺灣學生，1981
冊；公分

ISBN 978-957-15-0914-3(精裝)
ISBN 978-957-15-0915-0(平裝)

1. 論語 – 註釋

121.222 87014154

論語通釋(全二冊)

編著者	王熙元
出版者	臺灣學生書局有限公司
發行人	楊雲龍
發行所	臺灣學生書局有限公司
地址	臺北市和平東路一段 75 巷 11 號
劃撥帳號	00024668
電話	(02)23928185
傳真	(02)23928105
E-mail	student.book@msa.hinet.net
網址	www.studentbook.com.tw
登記證字號	行政院新聞局局版北市業字第玖捌壹號
定價	精裝新臺幣一四〇〇元 平裝新臺幣　八〇〇元

一九八一年二月初版
二〇二三年八月初版四刷

09703

ISBN 978-957-15-0914-3(精裝)
ISBN 978-957-15-0915-0(平裝)